Hinnerk Wißmann

Europäische Verfassungen
1789–1990

2. Auflage

Europäische Verfassungen 1789–1990

Textsammlung

2. Auflage

herausgegeben und eingeleitet von
Hinnerk Wißmann

Mohr Siebeck

Prof. Dr. *Hinnerk Wißmann,* geb. 1971; 2001 Promotion; 2007 Habilitation; Inhaber eines Lehrstuhls für Öffentliches Recht an der Westfälischen Wilhelms-Universität Münster.

Der Exzellenzcluster „Religion und Politik in den Kulturen der Vormoderne und der Moderne" an der Universität Münster fördert die Veröffentlichung der Sammlung mit einem Druckkostenzuschuss.

ISBN 978-3-16-157038-4 / eISBN 978-3-16-157039-1
DOI: 10.1628/978-3-16-157039-1

Die Deutsche Nationalbibliothek verzeichnet diese Publikation in der Deutschen Nationalbibliographie; detaillierte bibliographische Daten sind im Internet über *http://dnb.dnb.de* abrufbar.

© 2019 Mohr Siebeck Tübingen. www.mohr.de

Das Werk einschließlich aller seiner Teile ist urheberrechtlich geschützt. Jede Verwertung außerhalb der engen Grenzen des Urheberrechtsgesetzes ist ohne Zustimmung des Verlags unzulässig und strafbar. Das gilt insbesondere für Vervielfältigungen, Übersetzungen, Mikroverfilmungen und die Einspeicherung und Verarbeitung in elektronischen Systemen.

Das Buch wurde von Martin Fischer in Tübingen aus der Minion Pro gesetzt und von der Druckerei C. H. Beck in Nördlingen gedruckt und gebunden.

Vorwort zur 2. Auflage

Im Verfassungsjahr 2019 legen wir eine gründlich durchgesehene und punktuell erweiterte Neuauflage des Textbuchs vor. Weiterhin gilt: Das „Projekt Verfassung" prägt Europa seit Beginn der staatsrechtlichen Moderne. Die in dieser Sammlung zusammengestellten Verfassungstexte geben Zeugnis davon, dass die europäischen Staaten in diesem langgestreckten Prozess in vielfältiger Weise aufeinander Bezug nehmen, Erfahrungen teilen und gemeinsame Überzeugungen entwickelt haben. Durch den epochen- und länderübergreifenden Vergleich kann Verfassungsgeschichte in erneuerter und vertiefter Weise betrieben werden und Orientierungswissen liefern: Als Vergewisserung, dass die Organisation und Bändigung von Herrschaftsmacht uns über Grenzen hinweg immer wieder aufs Neue als gemeinsame Aufgabe gestellt ist.

Ich danke den Mitarbeiterinnen und Mitarbeitern meines Teams in Münster für die tatkräftige Unterstützung bei der Vorbereitung der neuen Auflage. Das gilt besonders für Frau cand. iur. *Julia Sophie Dieball* und Frau cand. iur. *Hannah-Martha Wadephul*, die eine komplette Revision der ursprünglichen Fassung durchgeführt haben. Frau *Daniela Taudt* (LL.M.Eur.), und Frau *Susanne Mang* waren im Verlag in bewährter Weise verlässliche Ansprechpartnerinnen auf dem Weg der Fertigstellung.

Münster, im März 2019   Hinnerk Wißmann

Inhaltsverzeichnis

Einleitung 1

Verfassungstexte

[1] Die Erklärung der Menschen- und Bürgerrechte
vom 26. August 1789 11

[2] Die Verfassung Polens vom 3. Mai 1791
(„Mai-Verfassung") 14

[3] Die Verfassung Frankreichs vom 3. September 1791 .. 29

[4] Die Verfassung Frankreichs vom 4. Juni 1814
(„Charte Constitutionelle") 71

[5] Die Deutsche Bundesakte vom 8. Juni 1815 82

[6] Die Verfassung des Königreichs Bayern
vom 6. Juni 1818 98

[7] Die Schlußakte der Wiener Ministerkonferenzen
vom 15. Mai 1820 123

[8] Die Verfassung Belgiens vom 7. Februar 1831 145

[9] Bundesverfassung der Schweizerischen
Eidgenossenschaft vom 12. Herbstmonat 1848. 165

[10] Die Verfassung des Deutschen Reiches
vom 28. März 1849 („Paulskirchenverfassung") 191

[11] Die Verfassung Preußens vom 31. Januar 1850
(„Revidierte Verfassung") 227

[12] Die Verfassung des Deutschen Reiches
vom 16. April 1871 248

[13] Die Verfassung des Deutschen Reiches vom
11. August 1919 („Weimarer Reichsverfassung") 274

[14] Die Völkerbundsatzung vom 28. Juni 1919 (Teil I
[Artikel 1–26] des Friedensvertrages von Versailles) .. 315

Inhaltsverzeichnis VIII

[15] Bundesverfassungsgesetz Gesetz vom 1. Oktober 1920 womit die Republik Österreich als Bundesstaat eingerichtet wird 329

[16] Verordnung des Reichspräsidenten zum Schutz von Volk und Staat. Vom 28. Februar 1933 („Reichstagsbrandverordnung") 370

[17] Das Gesetz zur Behebung der Not von Volk und Reich. Vom 24. März 1933 („Ermächtigungsgesetz") .. 372

[18] Die Charta der Vereinten Nationen vom 26. Juni 1945 373

[19] Das Grundgesetz für die Bundesrepublik Deutschland vom 23. Mai 1949 407

[20] Die Verfassung der Deutschen Demokratischen Republik vom 7. Oktober 1949 456

[21] Konvention zum Schutze der Menschenrechte und Grundfreiheiten vom 4. November 1950 493

[22] Der Vertrag zur Gründung der Europäischen Wirtschaftsgemeinschaft vom 25. März 1957 (Auszug) 514

[23] Vertrag über die abschließende Regelung in bezug auf Deutschland (Zwei-plus-Vier-Vertrag) vom 12. September 1990 536

Anhang

[24] Die Habeas-Corpus-Akte vom 27. Mai 1679 (Auszug) 545

[25] Die Bill of Rights vom 23. Oktober 1689 (Auszug) 547

[26] Die Verfassung der Vereinigten Staaten von Amerika vom 17. September 1787 552

Nachweise 569

Sachregister 573

Einleitung

Zu dieser Sammlung

In der vorliegenden Sammlung sind maßgebliche Texte der europäischen Verfassungsgeschichte zusammengestellt. Den Mittelpunkt bilden deutsche Verfassungen des 19. und 20. Jahrhunderts, die typischerweise für Lehrveranstaltungen zur „Verfassungsgeschichte" im Grundlagen- oder Schwerpunktstudium herangezogen werden. Hinzu kommt eine Auswahl von weiteren Verfassungstexten, die die staatsrechtliche Moderne in Europa geprägt haben. Sie umfasst besonders wichtige Verfassungen europäischer Staaten ebenso wie zwischenstaatliche Vertragswerke. Der damit gespannte Bogen reicht von der Erklärung der Menschen- und Bürgerrechte in Frankreich 1789 bis zu den Römischen Verträgen von 1957 und dem 2+4-Vertrag von 1990. Ergänzt wird die Sammlung im Anhang durch die Verfassung der USA und Texte der englischen Rechtstradition, die erheblichen Einfluss auf das kontinentaleuropäische Verfassungsrecht hatten.

Grundmotiv der Auswahl ist die *innere Verbindung und Wechselwirkung* zwischen den hier versammelten Rechtstexten. Eine rein nationalstaatliche Verfassungsgeschichte, die diesen gegenseitigen Einfluss ausblendet, kann eine elementare Grundlage der Verfassungswirklichkeit und Verfassungstheorie nicht erfassen: Die Begründung des modernen Verfassungsstaats, der auf der Herrschaft des Rechts, der Anerkennung der Menschenrechte und der Mäßigung des Staats durch Gewaltenteilung beruht, ist ein staatenübergreifendes Projekt. Nicht erst in der Gegenwart der europäischen Integration ist die für die Gegenwart prägende rechtliche Verbindung der Staaten Europas entstanden, sondern in den wellenförmig verlaufenen Phasen der Verfassungsentwicklung seit der Französischen Revolution. Gerade die deutsche Entwicklung folgte in den Territorien wie später auf Reichsebene vielfach Vorbildern aus „frühen" Nationalstaaten; und auch die besondere Form des Bundesstaates lässt sich aus der allgemeineren, überstaatlichen Idee des Staatenbundes heraus nachvollziehen. Deswegen ist deutsche Verfassungsgeschichte notwendig stets (auch) europäische Verfassungsgeschichte.

Ob die Verfassungsgeschichte eine orientierende Bedeutung für die Entwicklung des Rechts in Gegenwart und Zukunft haben kann, hängt davon ab, ob sie die Tiefenprägung des Verfassungsstaats in nachvollziehbarer Weise aufschlüsselt. Die hier abgedruckten Verfassungen stehen für die Chancen, Enttäuschungen, Irrwege und Erfolge des „Projekts Verfassungsstaat". Ihnen war ein unterschiedliches Schicksal bestimmt. Gemeinsam bezeugen sie, dass Freiheit und Rechtlichkeit sich immer wieder neu bewähren müssen.

Zu den ausgewählten Verfassungen*

Die Textsammlung folgt dem heute verbreiteten Verständnis, dass als Verfassung solche Rechtstexte zu verstehen sind, die in umfassender Weise die Organisation und Ausübung der Herrschaftsgewalt regeln und die Rechte der Bürger mit der Staatsorganisation verkoppeln. In diesem pragmatischen Verfassungsbegriff sind somit formelle und materielle Aspekte zusammengezogen; er muss sich auch nicht auf eine förmliche „Verfassungsurkunde" beschränken, sondern kann – wie hier geschehen – maßgebliche völkervertragsrechtliche Grundlagen der Staatsorganisation oder bestimmte Sondergesetze mit einschließen. Obwohl richtig ist, dass in vielen Fällen gerade auch nachträgliche Veränderungen den Charakter der Verfassungen bestimmt haben (wie zum Beispiel die Grundrechte des First Amendments in der Verfassung der USA), sind alle Texte weiterhin nur in ihrer ursprünglichen Fassung abgedruckt. Dem liegt die Ordnungsidee zugrunde, dass so der besondere Moment der Verfassungsgebung möglichst präzise nachgezeichnet werden kann. Ggfs. sind die Übersetzungen zusätzlich zum Erscheinungsort nachgewiesen.

---

* Da die Textsammlung auch für Prüfungszwecke eingesetzt werden können soll, sind die Erläuterungen auf ein Minimum begrenzt. Eine ausführlichere Darstellung der gesamteuropäischen Entwicklung anhand der Verfassungstexte findet sich bei *Gosewinkel/Masing*, Die Verfassungen in Europa 1789–1949 – Wissenschaftliche Textedition, 2006, S. 9 ff.

Die hier in chronologischer Folge versammelten Verfassungen umfassen im Hauptteil einen Zeitraum von 200 Jahren. Damit sind das „lange" 19. Jahrhundert von 1789 bis 1914 und das „kurze" 20. Jahrhundert bis 1989/91 (*Eric Hobsbawm*) der Gegenstand der Sammlung: In diesem Zeitraum war der Verfassungsstaat ein gemeinsames europäisches Projekt in Zentraleuropa, sowohl in den überkommenen Territorien wie in den neu entstehenden Nationalstaaten. Kennzeichnend ist dabei insbesondere, dass die Entwicklung sich in Wellenbewegungen vollzog, die jeweils für Deutschland und seine Nachbarn in (grundsätzlich) gleicher Weise wirksam wurden. Damit ist nicht bestritten, dass es einen besonderen deutschen Entwicklungspfad gab, der von einer eigengearteten konstitutionellen Monarchie über den Reichs-Bundesstaat 1871/1918 bis zur Reichstagsbrandverordnung und dem Ermächtigungsgesetz reichte. Dennoch ist zunächst festzustellen, dass bestimmte Stufen der Verfassungsentwicklung sich auch allgemein, losgelöst vom nationalen Beispiel, beobachten lassen. Erst der Vergleich im Detail und vor allem der Blick auf die Verfassungspraxis ergeben dann signifikante Unterschiede.

1. Die Begründung des modernen Verfassungsstaats

Die rechtliche Begrenzung von Herrschaftsrechten ist keine Erfindung des Verfassungsstaats. Dafür steht das englische Konzept der „rule of law", das sich seit dem Mittelalter (Magna Charta 1215) zunächst als Schutz wohlerworbener, ständischer Rechte über einen langgestreckten Zeitraum entwickelt hat und hier in gekürzter Fassung durch die Habeas Corpus Akte von 1679 und die Bill of Rights von 1689 repräsentiert wird (Anhang Nr. 23 und 24). Auch gab es zahlreiche Versuche, durch allgemeine Normen zu einer Effektuierung der Staatsgewalt zu gelangen, wie dies etwa in der umfassenden, letztlich verspäteten Kodifikation des preußischen allgemeinen Landrechts 1794 unternommen wurde.

Durch die Zäsur von 1787/1789 fanden diese beiden Entwicklungspfade in einer neuen Symbiose zusammen: Mit der Verfassung der USA (Anhang Nr. 25) und der Erklärung der Menschen- und Bürgerrechte durch die französische Nationalversammlung (Nr. 1) wurde der Typus des modernen Verfassungsstaats geprägt, der sich dadurch auszeichnet, dass in ihm Herrschaftsmacht erst durch eine förmliche Verfassung begründet wird und die Staatsgewalt sich auf die Rechte der Bürger ausrichtet. Die polnische Mai-Verfassung von 1791 (Nr. 2) schuf dann erstmals den für Europa später lange prägenden Typus der „konstitutionellen Monarchie", hier freilich noch mit deutlich altständischen Grundüberzeugungen verbunden. Diesem Regierungsstatut war nur eine kurze Geltungsdauer beschert, es wurde nach der zweiten polnischen Teilung durch Russland und Preußen außer Kraft gesetzt. Auch die kurz darauf erlassene, deutlich modernere französische Verfassung von 1791 (Nr. 3) war schon nach zwei Jahren durch einen seinerseits gescheiterten republikanischen Verfassungsversuch überholt.

Auch wenn mit diesen frühen Verfassungen bereits ein weiterreichender Maßstab gesetzt war, konnte sich nach den Wirren der Französischen Revolution zunächst ein anderer, intermediärer Typus durchsetzen: Die durch den Monarchen einseitig oktroyierte Verfassung, die typologisch davon ausging, dass alle Herrschaftsgewalt beim König ressortiert und er aus freien Stücken – wenn auch verbindlich – in eine Beschränkung seiner Herrschaftsgewalt einwilligt. Die Charte Constitutionnelle (Nr. 4), mit der 1814 die nachnapoleonische Herrschaft der Bourbonen in Frankreich wieder errichtet wurde, versuchte noch einmal die absolutistische Staatsidee mit dem modernen Verfassungsdenken zu vereinigen. Auch die bayerische Verfassung von 1818 als wichtiges Beispiel der nachnapoleonischen Zeit (Nr. 6) und die Wiener Schlussakte von 1820 (Nr. 7) sind noch ganz in dem Gestus monarchischer Vollrechte gehalten (vgl. Art. 57 der Wiener Schlussakte).

2. Verfassungsbewegung und die Gründung von Nationalstaaten

Einen Gegenakzent hatte in der offenen Situation nach den Befreiungskriegen schon zuvor die deutsche Bundesakte 1815 (Nr. 5) gesetzt. Mit ihr war das Versprechen einer „landständischen Verfassung" verbunden worden. Das damit angesprochene liberale Moment einer gemeinsam verantworteten Verfassung wurde freilich in Europa und Deutschland nachhaltig erst ab 1830 aufgenommen und in einer neuen Phase des Verfassungsdenkens eingeführt. In den paktierten „mittleren" Verfassungen des deutschen Frühliberalismus wurde die Vereinbarung der Verfassung zwischen Königshaus und Parlament endgültig zur Grundlage der Staatsorganisation. Besonders fortschrittlich war die belgische Verfassung von 1831 (Nr. 8), die bereits einseitig vom Nationalkongress verabschiedet wurde. Auch in den materiellen Befugnissen wuchs das Parlament nun über seine Rolle als Kontrollorgan der königlichen Exekutive hinaus, versinnbildlicht wurde dieser Schritt durch sein eigenständiges Gesetzesinitiativrecht. Hinzu kam, dass in Belgien die Verfassung in besonderer Weise zu einem identitätsstiftenden Moment eines ganz neu geschaffenen Staates werden sollte – auch dieses Motiv begleitet die moderne Verfassungsgeschichte fast von Beginn an.

Die Integrationsfunktion der Verfassung spielte auch eine entscheidende Rolle für den Entwurf der Frankfurter Paulskirche von 1848/49 (Nr. 10). In einer neuerlichen Revolutionswelle, die halb Europa erfasste, war auch im Deutschen Bund die Gründung eines Nationalstaats in erreichbare Nähe gerückt, und dieses deutsche Reich sollte gegründet werden auf die Idee der Rechtlichkeit und damit des Verfassungsrechts. Die Paulskirchenverfassung, die bekanntlich nie in Kraft trat, wurde in ihrem Charakter als Vollverfassung eines starken Gesamtstaats (einschließlich eines bereits zuvor in Geltung gesetzten Grundrechtsteils, einer ausgebauten Verfassungsgerichtsbarkeit und bundesstaatlichen Elementen) später zu einem Vorbild für die Weimarer Verfassung ebenso wie für das Grundgesetz.

Für den deutschen Weg prägend wurde in den anschließenden Jahrzehnten allerdings zunächst der Dualismus zwischen deutschen Einzelstaaten und einer kompetentiell beschränkten Reichsebene. Für die Verfassungsordnung in den Territorien in dieser Phase steht die preußische Verfassung von 1850 (Nr. 11). Nachdem Preußen – ein aufgeklärt regierter Verwaltungsstaat (Stein-Hardenbergsche Reformen) – das Verfassungsversprechen der deutschen Bundesakte lange nicht erfüllt hatte, war der preußische König zuvor in den Revolutionswirren des Jahres 1848 gezwungen worden, eine nur vorgeblich „oktroyierte" Verfassung zu erlassen, die der Sache nach relativ liberal gehalten war. Es ist eine der Pointen der deutschen Verfassungsgeschichte, dass die zwei Jahre später erlassende Verfassung, die dann bis 1918 im größten deutschen Flächenstaat in Kraft blieb, formal zwischen Monarch und Abgeordnetenhaus paktiert war, der Sache nach aber als „revidierte" Verfassung einen Rückschritt darstellte gegenüber den Errungenschaften des Jahres 1848.

Die Reichsverfassung von 1871 (Nr. 12) zeigt dann den besonderen Charakter des deutschen Bundesstaates. Hervorgegangen war sie aus der weitgehend identischen Vorgängerverfassung des Norddeutschen Bundes von 1867, in ihr verband sich die politisch und militärisch erkämpfte „kleindeutsche Lösung" (unter Ausschluss Österreich-Ungarns und mit einer deutlichen Vorherrschaft Preußens) mit der alten Idee eines Fürstenbundes. Eine neue Entwicklung stellte dieser Bundesstaat aber insofern dar, als er einen formalen Vorrang der Reichsebene etablierte: Dieses Reich war nun anders als der Deutsche Bund kein völkerrechtlicher Verein mehr. Die Institutionen der Reichsebene konnten sich in den Jahrzehnten bis zum Ersten Weltkrieg immer stärker von den landesrechtlichen Spezifika fortentwickeln; ab 1914 war dann unter den Voraussetzungen des Kriegsrechts eine weitere starke Unitarisierung hin zu einem einheitlichen Reichsrecht zu beobachten.

3. Republikanische Verfassungen

Die besonderen Verhältnisse in der Schweiz hatten dort schon 1848 zu einer bundesstaatlich-republikanischen, auf direkte Volksherrschaft ausgerichteten Verfassung (Nr. 9) geführt. Damit war hier bereits früh auf die Alternative einer republikanischen Staatsorganisation hingewiesen, die im 19. Jahrhundert nach dem Vorbild der USA in Europa konzeptionell und in praktischen Versuchen wiederholt eine größere Rolle spielte.

In Deutschland setzte sich mit der Weimarer Reichsverfassung (Nr. 13) die Idee der Republik erst nach der Niederlage im Ersten Weltkrieg in der Revolution von 1918/19 durch. Verfassungsrechtlich bedeutsam war die starke Position des Reichs, das auf vielen zusätzlichen Feldern Gesetzgebungskompetenzen erlangte, sowie die Stärkung der Verfassung als Ganzes, die mit umfangreichen Vollregelungen, etwa zum Grundrechtsteil oder zur Kultusverwaltung die vorher noch bestehenden Unterschiede in den Bundesländern nivellieren wollte. Der Dualismus zwischen Reich und Preußen blieb freilich als ungelöste Strukturfrage der kleindeutschen Lösung erhalten. Österreich gründete sich als demokratische Republik und Bundesstaat mit dem Bundesverfassungsgesetz von 1920 (Nr. 15). Es ist in allgemeiner Hinsicht vor allem deshalb interessant, weil es die Rolle der Verfassungsgerichtsbarkeit neu und ausgreifend bestimmte.

Bereits 1919 war der Völkerbund gegründet worden (Nr. 14). Deutschland konnte 1926 beitreten, doch schon 1933 beendete Hitler die Mitwirkung an dem Versuch, die friedliche Konfliktlösung zum Grundmodus im Verhältnis der Staaten und Völker zu machen.

Mit Reichstagsbrandverordnung (Nr. 16) und Ermächtigungsgesetz (Nr. 17) von 1933 sind die wesentlichen „Verfassungsgesetze" des Dritten Reiches in diese Sammlung aufgenommen worden. Formal waren sie zwar einfachrechtliche Bestimmungen, die sich auf das Notverordnungsrecht des Reichspräsidenten bzw. auf das Prinzip der „Verfassungsdurchbrechung" stützten. Materiell wurden sie allerdings schon damals als Verfassungsgesetze des Dritten Reiches erkannt und beschrieben. Vor allem aber waren sie tatsächlich das rechtliche Fundament für die grauenhafte Diktatur, die Deutschland und bald die halbe Welt in das Elend des Zweiten Weltkriegs und in das Menschheitsverbrechen der Shoa zog.

4. Teilung und Wiedervereinigung Deutschlands und die europäische Integration

Nach dem Ende des Zweiten Weltkriegs wurden in Deutschland zunächst die Länder wieder errichtet. Nach ersten besatzungsstaatlichen Reglements wurden dort teilweise durch Volksentscheid freistaatliche Verfassungen verabschiedet; insbesondere in den neu zusammengefügten Ländern stellte der Prozess der Verfassungsgebung einen Baustein der Identitätsfindung dar. Auf gesamtstaatlicher Ebene wurde für die drei westlichen Besatzungszonen ab 1948 mit dem Herrenchiemseer Konvent und in den Verhandlungen des parlamentarischen Rates die Gründung der Bundesrepublik Deutschland vorbereitet, die mit der Verabschiedung des Grundgesetzes (Nr. 19) 1949 vollzogen wurde. Kurz darauf verabschiedete die provisorische Volkskammer für das Gebiet der sowjetischen Besatzungszone die Verfassung der DDR (Nr. 20), die später durch sozialistisch durchorganisierte Neufassungen von 1968 und 1974 ersetzt wurde.

Die Bundesrepublik gehörte 1950 als Mitglied des Europarats zu den Erstunterzeichnern der Europäischen Menschenrechtskonvention (EMRK), die hier als früher Beleg für die Einbindung Deutschlands in das System des internationalen Menschenrechtsschutzes neu abgedruckt wird (Nr. 21). Beide deutschen Staaten traten 1973 der UNO bei, die mit ihrer Charta von 1945 (Nr. 18) neue Institutionen und Formen der Zusammenarbeit zwischen den Staaten etabliert hat. In einem noch viel umfassenderen Sinne wichtig und prägend ist die europäische Integration geworden, die nach den ersten Anfängen der Montanunion durch die Römischen Verträge 1957 ihre maßgebliche Grundform erhielt, die hier in deutlich gekürzter Form mit aufgenommen wurde (Nr. 22). Völkerrecht, europäisches Recht und nationales Verfassungsrecht stehen von diesen Ausgangspunkten aus in der Gegenwart nebeneinander und miteinander verbunden in einem normativen Mehrebenensystem, das den Verfassungsstaat der Gegenwart kennzeichnet.

Das Grundgesetz ist zum Glücksfall der deutschen Verfassungsgeschichte geworden. Es nahm Traditionen und Konzepte der Paulskirche und der Weimarer Reichsverfassung auf, lernte aus bestimmten Fehlern, setzte die Bindung an die Grundrechte an die Spitze der Staatsorganisation, verpflichtete das politische System auf konstruktive Mitwirkung und baute die Institution der Verfassungsgerichtsbarkeit stark aus. In glücklichen äußeren Umständen konnte so der Verfassungsstaat das Vertrauen der Bevölkerung gewinnen. Mit dem Beitritt der sogenannten jungen Bundesländer und dem 2+4-Vertrag von 1990 (Nr. 23) wurde der Auftrag zur Wiederherstellung der deutschen Einheit in einem friedlichen Europa erfüllt.

Verfassungstexte

1. Die Erklärung der Menschen- und Bürgerrechte vom 26. August 1789

Da die Vertreter des französischen Volkes, als Nationalversammlung eingesetzt, erwogen haben, daß die Unkenntnis, das Vergessen oder die Verachtung der Menschenrechte die einzigen Ursachen des öffentlichen Unglücks und der Verderbtheit der Regierungen sind, haben sie beschlossen, die natürlichen, unveräußerlichen und heiligen Rechte der Menschen in einer feierlichen Erklärung darzulegen, damit diese Erklärung allen Mitgliedern der Gesellschaft beständig vor Augen ist und sie unablässig an ihre Rechte und Pflichten erinnert; damit die Handlungen der gesetzgebenden wie der ausübenden Gewalt in jedem Augenblick mit dem Endzweck jeder politischen Einrichtung verglichen werden können und dadurch mehr geachtet werden; damit die Ansprüche der Bürger, fortan auf einfache und unbestreitbare Grundsätze begründet, sich immer auf die Erhaltung der Verfassung und das Allgemeinwohl richten mögen.

Infolgedessen erkennt und erklärt die Nationalversammlung in Gegenwart und unter dem Schutze des Allerhöchsten folgende Menschen- und Bürgerrechte:

Art. 1. Die Menschen sind und bleiben von Geburt frei und gleich an Rechten. Soziale Unterschiede dürfen nur im gemeinen Nutzen begründet sein.

Art. 2. Das Ziel jeder politischen Vereinigung ist die Erhaltung der natürlichen und unveräußerlichen Menschenrechte. Diese Rechte sind Freiheit, Eigentum, Sicherheit und Widerstand gegen Unterdrückung.

Art. 3. Der Ursprung jeder Souveränität ruht letztlich in der Nation. Keine Körperschaften, kein Individuum können eine Gewalt ausüben, die nicht ausdrücklich von ihr ausgeht.

Art. 4. Die Freiheit besteht darin, alles tun zu können, was einem anderen nicht schadet. So hat die Ausübung der natürlichen Rechte eines jeden Menschen nur die Grenzen, die den anderen Gliedern der Gesellschaft den Genuß der gleichen Rechte sichern. Diese Grenzen können allein durch Gesetz festgelegt werden.

Art. 5. Nur das Gesetz hat das Recht, Handlungen, die der Gesellschaft schädlich sind, zu verbieten. Alles, was nicht durch Gesetz verboten ist, kann nicht verhindert werden, und niemand kann gezwungen werden zu tun, was es nicht befiehlt.

Art. 6. Das Gesetz ist der Ausdruck des allgemeinen Willens. Alle Bürger haben das Recht, persönlich oder durch ihre Vertreter an seiner Formung mitzuwirken. Es soll für alle gleich sein, mag es beschützen, mag es bestrafen. Da alle Bürger in seinen Augen gleich sind, sind sie gleicherweise zu allen Würden, Stellungen und Beamtungen nach ihrer Fähigkeit zugelassen ohne einen anderen Unterschied als den ihrer Tugenden und ihrer Talente.

Art. 7. Jeder Mensch kann nur in den durch das Gesetz bestimmten Fällen und in den Formen, die es vorschreibt, angeklagt, verhaftet und gefangengehalten werden. Diejenigen, die willkürliche Befehle betreiben, ausfertigen, ausführen oder ausführen lassen, sollen bestraft werden. Doch jeder Bürger, der auf Grund des Gesetzes vorgeladen oder ergriffen wird, muß sofort gehorchen. Er macht sich durch Widerstand strafbar.

Art. 8. Das Gesetz soll nur solche Strafen festsetzen, die offenbar unbedingt notwendig sind. Und niemand kann auf Grund eines Gesetzes bestraft werden, das nicht vor Begehung der Tat erlassen, verkündet und gesetzlich angewandt worden sind.

Art. 9. Da jeder Mensch so lange für unschuldig gehalten wird, bis er für schuldig erklärt worden ist, soll, wenn seine Verhaftung für unumgänglich erachtet wird, jede Härte, die nicht notwendig ist, um sich seiner Person zu versichern, durch Gesetz streng vermieden sein.

Art. 10. Niemand soll wegen seiner Meinungen, selbst religiöser Art, beunruhigt werden, solange ihre Äußerung nicht die durch das Gesetz festgelegte öffentliche Ordnung stört.

Art. 11. Die freie Mitteilung der Gedanken und Meinungen ist eines der kostbarsten Menschenrechte. Jeder Bürger kann also frei schreiben, reden und drucken unter Vorbehalt der Verantwortlichkeit für den Mißbrauch dieser Freiheit in den durch das Gesetz bestimmten Fällen.

Art. 12. Die Sicherung der Menschen und Bürgerrechte erfordert eine Streitmacht. Diese Macht ist also zum Vorteil aller eingesetzt und nicht für den besonderen Nutzen derer, denen sie anvertraut ist.

Art. 13. Für den Unterhalt der Streitmacht und für die Kosten der Verwaltung ist eine allgemeine Abgabe unumgänglich. Sie muß gleichmäßig auf alle Bürger unter Berücksichtigung ihrer Vermögensumstände verteilt werden.

Art. 14. Alle Bürger haben das Recht, selbst oder durch ihre Abgeordneten die Notwendigkeit der öffentlichen Abgabe festzustellen, sie frei zu bewilligen, ihre Verwendung zu überprüfen und ihre Höhe, ihre Veranlagung, ihre Eintreibung und Dauer zu bestimmen.

Art. 15. Die Gesellschaft hat das Recht, von jedem öffentlichen Beamten Rechenschaft über seine Verwaltung zu fordern.

Art. 16. Eine Gesellschaft, in der die Verbürgung der Rechte nicht gesichert und die Gewaltenteilung nicht festgelegt ist, hat keine Verfassung.

Art. 17. Da das Eigentum ein unverletzliches und heiliges Recht ist, kann es niemandem genommen werden, wenn es nicht die gesetzlich festgelegte, öffentliche Notwendigkeit augenscheinlich erfordert und unter der Bedingung einer gerechten und vorherigen Entschädigung.

2. Die Verfassung Polens vom 3. Mai 1791 („Mai-Verfassung")

Stanislaus Augustus von Gottes Gnaden und durch den Willen der Nation König von Polen, Großherzog von Litthauen u. s. f. zugleich mit den in verdoppelter Zahl die polnische Nation repräsentirenden conföderirten Ständen.

Da Wir überzeugt sind, daß unser aller gemeinschaftliches Schicksal einzig und allein von der Gründung und Vervollkommnung der Nationalverfassung abhängt, und durch eine lange Erfahrung die verjährten Fehler unserer Regierungsverfassung kennen gelernet haben; da wir die Lage, worin sich Europa befindet, und den zu Ende eilenden Augenblick, der uns wieder zu uns selbst gebracht hat, zu benutzen wünschen; da wir frei von den schändenden Befehlen auswärtiger Uebermacht, die äußere Unabhängigkeit und innere Freiheit der Nation, deren Schicksal unsern Händen anvertraut ist, höher schätzen, als unser Leben und unsere persönliche Glückseligkeit; da wir uns zu gleicher Zeit auch die Segnungen, und die Dankbarkeit unserer Zeitgenossen und der künftigen Geschlechter zu verdienen wünschen; so beschließen wir, ungeachtet der Hindernisse, welche bei uns selbst Leidenschaft entgegen stellen könnte, der allgemeinen Wohlfahrt wegen, zur Gründung der Freiheit, zur Erhaltung unsers Vaterlandes und seiner Grenzen, mit der festesten Entschlossenheit unsers Geistes gegenwärtige Verfassung, und erklären sie durchaus für heilig und unverletzbar, bis die Nation in der gesetzlich vorgeschriebenen Zeit, durch ihre ausdrückliche Willenserklärung, die Abänderung dieses oder jenes Artikels für nothwendig erachten wird. Eben dieser Verfassung sollen auch alle fernere Beschlüsse des jetzigen Reichstages in jeder Rücksicht angemessen seyn.

1. Herrschende Religion.

Die herrschende Nationalreligion ist und bleibt der heilige römisch-katholische Glaube mit allen seinen Rechten. Der Ueber-

gang von dem herrschenden Glauben zu irgend einer andern
Confession wird bei den Strafen der Apostasie untersagt. Da
uns aber eben dieser heilige Glaube befiehlt, unsern Nächsten
zu lieben; so sind wir deshalb schuldig, allen Leuten, von welchem
Bekenntnisse sie immer auch seyn mögen, Ruhe in ihrem
Glauben und den Schutz der Regierung angedeihen zu lassen.
Deshalb sichern wir hiemit, unsern Landesbeschlüssen gemäß,
die Freiheit aller religiösen Gebräuche und Bekenntnisse in den
polnischen Landen.

2. Edelleute, Landadel.

Mit Hochachtung des Andenkens unsrer Vorfahren, der Stifter
unsers freien Staats, sichern wir dem Adelstande aufs feierlichste
alle seine Gerechtsame, Freiheiten und Prärogativen, und den
Vorrang im Privatleben und öffentlichen Leben. Insonderheit
aber bestätigen und bekräftigen wir, und erklären für unverletzbar,
die diesem Stande von Casimir dem Großen, Ludwig von
Ungarn, Wladislaus Jagiello, und dessen Bruder Wittold, Großherzog
von Litthauen, wie auch von den Jagiellonen Wladislaus
und Casimir, von den Gebrüdern Johann Albrecht, Alexander
und Sigismund I., von Sigismund August, dem letzten von der jagiellonischen
Linie, rechtmäßig und gesetzlich ertheilten Rechte,
Statuten und Privilegien. Die Würde des Adelstandes in Polen
erklären wir für völlig gleich mit allen den verschiedenen Graden
des Adels, die nur irgendwo gebräuchlich sind. Wir erkennen die
Edelleute unter sich für gleich, und zwar nicht bloß in Rücksicht
der Bewerbung um Aemter und Verwaltung solcher Dienste im
Vaterlande, die Ehre, Ruhm und Vortheil bringen, sondern auch
in Rücksicht des gleichen Genusses der Privilegien und Prärogativen
des Adelstandes. Mehr als alles aber wollen wir die Rechte
der persönlichen Sicherheit und Freiheit, des beweglichen und
unbeweglichen Eigenthums, eben so heilig und unverletzlich,
als sie seit Jahrhunderten einem zu statten gekommen, bewahrt
und beibehalten haben, und verbürgen uns auf das feierlichste,
daß wir keine Veränderung noch Ausnahme im Gesetze gegen
das Eigenthum irgend Jemandes gestatten wollen: ja die höchste

Landesgewalt soll sich unter Vorschützung der jurium regalium, oder irgend einem andern Vorwande, auch nicht die allergeringsten Ansprüche auf das Eigenthum der Bürger, weder im Ganzen noch theilweise, erlauben. Daher verehren, verbürgen und bestätigen wir die persönliche Sicherheit und alles irgend Jemandem rechtmäßig zukommende Eigenthum, als das wahrhafte Band der Gesellschaft, als den Augapfel der bürgerlichen Freiheit, und wollen sie auch als solche für die künftigen Zeiten verehrt, verwahrt und unverletzt erhalten haben.

Den Adel erkennen wir für die erste Stütze der Freiheit und der gegenwärtigen Verfassung. Die Heiligkeit dieser Verfassung empfehlen wir der Verehrung jedes rechtschaffenen, patriotischen, ehrliebenden Edelmannes, und ihre Dauer seiner Wachsamkeit. Sie ist ja der einzige Schutz unsers Vaterlandes und unsrer Freiheiten!

3. Städte und Städter.

Das auf diesem Reichstage unter dem Titel: Unsere freien königlichen Städte in den Staaten der Republik gegebene Gesetz, wollen wir nach seinem ganzen Inbegriffe bestätigt wissen, und erklären es, da es ein Gesetz ist, welches dem freien polnischen Adel zur Sicherheit seiner Freiheiten, und Erhaltung des gemeinschaftlichen Vaterlandes eine neue, zuverlässige und wirksame Macht und Hülfe giebt, für einen Theil der gegenwärtigen Verfassung.

4. Bauern, Landleute.

Das Landvolk, unter dessen Händen die fruchtbarste Quelle der Reichthümer des Landes hervorfließt, das den zahlreichsten Theil der Nation ausmacht, und folglich der mächtigste Schutz für das Land ist, nehmen wir sowohl aus Gerechtigkeit und Christenpflicht, als auch um unsers eigenen wohlverstandenen Interesse willen, unter den Schutz des Gesetzes und der Landesregierung, und beschließen: daß von jetzt an alle die Freiheiten,

Concessionen oder Verabredungen, die die Gutsbesitzer mit den Bauern auf ihren Gütern authentisch werden eingegangen seyn, diese Freiheiten, Concessionen und Verabredungen mögen nun den Gemeinden, oder jedem Einwohner des Dorfes besonders zugestanden seyn, gemeinschaftliche und wechselseitige Verbindlichkeit auflegen sollen, nach der wahren Bedeutung der Bedingnißartikel, und des in solchen Concessionen und Verabredungen enthaltenen, unter den Schutz der Landesregierung fallenden Inhalts. Solche von einem Grundeigenthümer freiwillig übernommene Vergleiche mit den daraus fließenden Verbindlichkeiten, werden nicht bloß ihn selbst, sondern auch seine Nachfolger oder Rechtserben so verbinden, daß sie niemals im Stande seyn werden, sie willkührlich zu verändern. Dagegen aber sollen sich auch die Bauern, sie mögen Güter haben wie sie wollen, den freiwilligen Verabredungen, übernommenen Concessionen und damit verbundenen Schuldigkeiten nicht anders entziehen können, als auf die Art und den Bedingungsartikeln gemäß, die bei jenen Verabredungen ausdrücklich festgesetzt waren, und von ihnen, sie mögen sie nun auf immer, oder nur auf gewisse Zeit angenommen haben, auf das genaueste, als Schuldigkeit erfüllt werden müssen. So hätten wir denn den Grundbesitzern alle ihnen von den Bauern zukommende Vortheile gesichert, und da wir nun die Bevölkerung dieses Landes auf das wirksamste zu befördern streben; so verkündigen wir allen und jeden, sowohl den neu ankommenden, als auch denen, die ihr Vaterland ehemals verlassen haben, und nun dahin zurückkehren möchten, die völligste Freiheit, so daß ein Jeder, der von irgend einer Himmelsgegend her in die Staaten der Republik neu ankommt, oder zu uns zurückkehrt, so wie er nur den polnischen Boden betritt, die völlige Freiheit hat, seine Betriebsamkeit anzuwenden, wo und wie er will; daß er die Freiheit hat, über die Ansiedelung, Frohndienste oder Zinsen Verabredungen zu treffen, wie und auf wie lange er sich verabreden will; daß er die Freiheit hat, sich in der Stadt oder auf dem Lande nieder zu lassen, in Polen wohnen zu bleiben, oder sich, wenn er den Verbindlichkeiten, die er gutwillig auf sich genommen hatte, Genüge gethan hat, in ein Land zu wenden, wohin es ihm belieben wird.

5. Regierung, oder Bestimmung der öffentlichen Gewalten.

Jede Gewalt in der menschlichen Gesellschaft entspringt aus dem Willen der Nation. Um nun die bürgerliche Freiheit, die Ordnung in der Gesellschaft, und die Unverletzlichkeit der Staaten der Republik auf immer sicher zu stellen, soll die Regierungsform der polnischen Nation aus drei Gewalten, und zwar nach dem Willen des gegenwärtigen Gesetzes auf immer bestehen, nämlich: aus der gesetzgebenden Gewalt, bei den versammelten Ständen; aus der höchsten vollziehenden Gewalt, beim Könige und dem Staatsrathe, und aus der richterlichen Gewalt, bei den zu diesem Ende niedergesetzten, oder noch niederzusetzenden Gerichtsstellen.

6. Der Reichstag, oder die gesetzgebende Gewalt.

Der Reichstag oder die versammelten Stände sollen sich in zwei Stuben theilen, in die Landbotenstube und Senatorenstube, unter dem Vorsitze des Königs.

Die Landbotenstube soll, als Repräsentant und Inbegriff der Souverainetät der Nation, das Heiligthum der Gesetzgebung seyn; daher soll auch zuerst in der Landbotenstube über alle Projecte decidirt werden, und zwar 1) in Rücksicht der allgemeinen, das heißt der politischen, Zivil- und Criminalgesetze, und der Anwendung fester Abgaben. Unter diesen Materien sollen die den Woywodschaften, Bezirken und Kreisen vom Throne zur Prüfung übergebenen, und durch die Instructionen in die Stube gelangten Propositionen zuerst zur Entscheidung kommen. 2) In Rücksicht der Reichstagsbeschlüsse, das heißt der Beschlüsse über einstweilige Steuern, über den Münzfuß, über Staatsanleihen, über das Adeln und andere Gattungen zufälliger Belohnungen, über die Eintheilung der öffentlichen ordentlichen und außerordentlichen Ausgaben, über Krieg und Frieden, über die endliche Ratification der Allianz- und Handelstractate, über alle aufs Völkerrecht sich beziehende diplomatische Acten und Verabredungen, über das Quittiren der vollziehenden Magistraturen, und über ähnliche Hauptbedürfnisse der Nation betreffende Vorfälle. Unter diesen Materien sollen die vom Throne geradezu an die Landbotenstube abzugebenden Propositionen zuerst vorgenommen werden.

Die Senatorenstube, die unter dem Vorsitze des Königs – der das Recht hat, einmal seine Stimme zu geben, und dann auch die Stimmengleichheit persönlich oder durch Uebersendung seiner Meinung an diese Stube zu heben – aus den Bischöfen, Woywoden, Kastellanen und Ministern besteht, hat folgende Verpflichtungen auf sich: 1) jedes Gesetz, das nach seinem formellen Durchgange durch die Landbotenstube auf der Stelle an den Senat abgeschickt werden muß, entweder anzunehmen, oder durch die gesetzlich vorgeschriebene Stimmenmehrheit der fernern Deliberation der Nation vorzubehalten. Durch die Annahme wird das Gesetz Kraft und Heiligkeit bekommen; durch den Vorbehalt hingegen bloß bis zum künftigen ordinären Reichstage ausgesetzt bleiben, wo dieses vom Senate aufgeschobene Gesetz, wenn man zum zweitenmale darüber einig wird, angenommen werden muß. 2) Soll sie über jeden Reichstagsbeschluß über die oben angeführten Materien, der ihr von der Landbotenstube auf der Stelle überschickt werden muß, zugleich mit der Landbotenstube nach der Stimmenmehrheit decidiren. Die vereinigte, dem Gesetze gemäße Stimmenmehrheit beider Stuben wird den Ausspruch und Willen der Stände ausmachen.

Hierbei behalten wir uns vor, daß die Senatoren und Minister, bei den Materien über die Rechtfertigung ihrer Amtsführung im Staatsrathe oder in den Commissionen keine entscheidende Stimme im Reichstage haben, und alsdann bloß deshalb im Senat sitzen sollen, um auf das Begehren des Reichstages Auskunft zu geben. Der Reichstag soll stets fertig seyn, der gesetzgebende und ordinäre soll aller zwei Jahre seinen Anfang nehmen, und die im Gesetze von den Reichstagen bestimmte Zeit hindurch dauern. Der fertige, bei dringenden Bedürfnissen berufene, Reichstag soll bloß über die Materien entscheiden, derentwegen er berufen wurde, aber auch über ein zur Zeit seiner Zusammenberufung sich ereignendes Bedürfniß. Kein Gesetz kann auf dem nämlichen ordinären Reichstage, auf welchem es gegründet wurde, aufgehoben werden. Der vollständige Reichstag soll aus der in einem folgenden Gesetze bestimmten Anzahl Personen in der Landboten- und Senatorenstube bestehen. Das auf dem jetzigen

Reichstage gegründete Gesetz von den Landtagen wollen wir als die wesentliche Grundlage der bürgerlichen Freiheit feierlich sicher gestellt wissen.

Da nun aber die Gesetzgebung nicht von allen verwaltet werden kann, und sich die Nation durch freiwillig gewählte Repräsentanten oder Landboten derselben entledigt; so setzen wir deshalb fest, daß die auf dem Landtage erwählten Landboten, der jetzigen Verfassung zu Folge, bei der Gesetzgebung und bei allgemeinen Nationalbedürfnissen, als Repräsentanten der ganzen Nation, als Inhaber des allgemeinen Zutrauens angesehen werden sollen.

Alles und allenthalben soll nach der Stimmenmehrheit entschieden werden; daher heben wir auch das liberum veto, alle Arten von Conföderationen und die Conföderations-Reichstage, als dem Geiste gegenwärtiger Verfassung zuwider, die Regierung zertrümmernd, die Gesellschaft vernichtend, auf immer auf.

Indem wir auf der einen Seite gewaltthätigen und öftern Abänderungen der Nationalverfassung vorzubeugen suchen, erkennen Wir nichts destoweniger auf der andern die Nothwendigkeit ihrer Vervollkommnung, wenn man ihre Wirkungen auf das allgemeine Wohl wird erfahren haben. Wir bestimmen demnach alle fünf und zwanzig Jahre zur Revision und Verbesserung der Verfassung. Der dann zu haltende Verfassungsreichstag soll ein außerordentlicher seyn, nach der in einem besonderen Gesetze gegebenen Vorschrift.

7. Der König, die vollziehende Gewalt.

Auch die vollkommenste Regierung kann ohne eine wirksame vollziehende Gewalt nicht bestehen. Das Glück der Nationen hängt von gerechten Gesetzen, die Wirkung der Gesetze von ihrer Vollziehung ab. Die Erfahrung hat zur Genüge gelehrt, daß die Hintansetzung dieses Theiles der Regierung, Polen mit Unglück aller Art erfüllt hat. Nachdem wir daher der freien polnischen Nation die Gewalt, sich selbst Gesetze zu geben, und die Macht, über jede vollziehende Gewalt zu wachen, ingleichen auch die Wahl der Beamten zu den Magistraturen vorbehalten haben; so übergeben wir die Gewalt der höchsten Vollziehung der Gesetze dem Könige in seinem Staatsrathe, der den Namen Wache der Gesetze (straz) führen soll.

Die vollziehende Gewalt ist aufs genaueste verbunden, über die Gesetze und ihre Erhaltung Obacht zu haben. Sie wird durch sich selbst thätig seyn, wo es die Gesetze erlauben, wo sie Aufsicht, Vollziehung und wirksame Hülfe erheischen. Ihr sind alle Magistraturen stets Gehorsam schuldig; in ihre Hände übergeben wir die Macht, ungehorsame und ihre Pflichten hintansetzende Magistraturen zu ihrer Schuldigkeit anzutreiben.

Die vollziehende Gewalt soll keine Gesetze weder geben noch erklären, keine Abgaben und Steuern, unter welchem Namen es auch sey, auflegen, keine Staatsanleihen machen, die vom Reichstage gemachte Eintheilung der Schatzeinkünfte nicht abändern, keine Kriege erklären, keinen Frieden, keinen Tractat und keine diplomatische Acten definitiv abschließen können. Es soll ihr bloß freistehen, einstweilige Unterhandlungen mit den auswärtigen Höfen zu pflegen, ingleichen einstweiligen und gemeinen Bedürfnissen zur Sicherheit und Ruhe des Landes abzuhelfen; aber hievon ist sie verpflichtet, der nächsten Reichstagsversammlung Bericht zu erstatten.

Wir wollen und verordnen, daß der polnische Thron auf immer ein Familienwahlthron sein soll. Die zur Genüge erfahrnen Uebel der die Regierung periodisch zertrümmernden Zwischenreiche; unsere Pflicht, das Schicksal jedes Einwohners in Polen sicher zu stellen, und dem Einfluß auswärtiger Mächte auf immer zu steuern; das Andenken der Herrlichkeit und Glückseligkeit unseres Vaterlandes zu den Zeiten der ununterbrochenen regierenden Familien; die Nothwendigkeit, Fremde von dem Streben nach dem Throne zurückzuhalten, und dagegen mächtige Polen zur einmüthigen Beschützung der Nationalfreiheit zurückzuführen, haben uns nach reifer Ueberlegung bewogen, den polnischen Thron nach dem Gesetze der Erbfolge zu vergeben. Wir verordnen daher, daß nach unserm der Gnade Gottes heimgestellten Ableben der jetzige Churfürst von Sachsen in Polen König seyn soll. Die Dynastie der künftigen Könige von Polen wird also mit der Person Friedrich Augusts, jetzigen Churfürsten von Sachsen, ihren Anfang nehmen, dessen Nachkommen de Iumbis männlichen Geschlechts wir den polnischen Thron bestimmen. Der älteste Sohn des regierenden Königs soll dem Vater auf dem Throne nachfolgen. Sollte aber der jetzige Churfürst von Sachsen keine Nachkommen männlichen Geschlechts erhalten; so soll, auf den Fall, der vom Churfürsten mit Genehmigung der versammelten Stände für seine Prinzessin Tochter gewählte Gemahl die Linie der männlichen Erbfolge auf dem polnischen Throne anfangen. Daher erklären wir nun auch die Maria Augusta Nepomucena, Prinzessin Tochter des Churfürsten, für die Infantin von Polen, behalten aber dabei der Nation das keiner Verjährung unterworfene Recht vor, nach Erlöschung des ersten Hauses auf dem Throne, ein anderes zu wählen.

Jeder König wird bei seiner Thronbesteigung Gott und der Nation den Eid leisten, auf die Erhaltung gegenwärtiger Verfassung, und auf die pacta conventa, die mit dem jetzigen Churfürsten von Sachsen, als ernanntem Thronfolger, werden abgeschlossen worden seyn, und die ihn eben so, als die alten, verpflichten werden.

Die Person des Königs ist heilig und unverletzlich. Da er nichts für sich selbst thut; so kann er auch der Nation für nichts verantwortlich seyn. Nicht Selbstherrscher, sondern Vater und Haupt der Nation soll er seyn; und dafür erkennt und erklärt ihn das Gesetz und die gegenwärtige Verfassung.

Die Einkünfte, wie sie in den pactis conventis werden bestimmt werden, und die dem Throne eigenthümlichen, dem künftig zu wählenden, durch diese Verfassung sicher vorbehaltenen Prärogativen sollen nie angetastet werden können.

Alle öffentliche Acten, alle Tribunale, Gerichte und Magistraturen, alle Geldstempel, müssen den Namen des Königs führen. Der König, der Macht haben soll Gutes zu thun, wird das Recht haben, die zum Tode Verdammten zu begnadigen, Staatsverbrecher allein ausgenommen. Dem Könige soll die höchste Herrschaft über die bewaffnete Landesmacht, und die Ernennung der Anführer des Kriegsheeres zukommen, doch dabei die Abänderung derselben nach dem Willen der Nation vorbehalten bleiben. Seine Pflicht wird es auch seyn, die Officiere zu bestellen, Beamte nach der Vorschrift eines später folgenden Gesetzes zu erwählen, Bischöfe und Senatoren nach der Vorschrift eben dieses Gesetzes, ingleichen Minister als die ersten Beamten der vollziehenden Gewalt zu ernennen.

Der dem Könige zur Aufsicht, Erhaltung und Vollziehung der Gesetze zugegebene königliche Staatsrath (straz) soll bestehen: 1) Aus dem Primas, als dem Haupte der polnischen Geistlichkeit und Vorsitzer der Erziehungscommission. Seine Stelle im Staatsrathe kann durch den ersten Bischoff der Ordnung nach vertreten werden; aber weder jener noch dieser können Resolutionen unterschreiben. 2) Aus fünf Ministern, nämlich dem Polizeiminister, dem Justizminister, dem Kriegsminister, dem Schatzminister und dem Minister für auswärtige Angelegenheiten. 3) Aus zwei Secretairen, von denen der eine das Protocoll des Staatsraths, der andere das Protocoll der auswärtigen Angelegenheiten führen wird, beide ohne entscheidende Stimme.

Der Thronfolger darf, wenn er mündig geworden ist, und den Eid auf die Verfassung geleistet hat, bei allen Sitzungen des Staatsraths, doch ohne Stimme, gegenwärtig seyn.

Der Reichstagsmarschall, der auf zwei Jahre erwählt wird, soll mit zu der Zahl der im Staatsrate sitzenden Personen gehören, doch ohne an dessen Resolutionen Theil zu nehmen, sondern blos deswegen, um unter folgenden Umständen den fertigen Reichstag zusammen zu rufen: wenn er nämlich bei Vorfällen, die das Berufen des fertigen Reichstages nothwendig erheischen, das wirkliche Bedürfniß desselben erkennen, der König hingegen sich weigern sollte, ihn zu berufen; alsdann soll dieser Marschall Kreisschreiben an die Landboten und Senatoren ergehen lassen, sie zum fertigen Reichstage berufen, und die Beweggründe dazu anzeigen.

Die Fälle, wo die Berufung des Reichstages nothwendig wird, sind blos folgende: 1) bei einem dringenden, auf das Völkerrecht sich beziehenden Bedürfnisse, insonderheit bei einem benachbarten Kriege. 2) Bei innerlichen Unruhen, die dem Lande mit einer Revolution, oder mit Collisionen zwischen den Magistraturen drohen. 3) Bei der augenscheinlichen Gefahr einer allgemeinen Hungersnoth. 4) Bei Verwaisung des Vaterlandes durch den Tod des Königs, oder bei einer gefährlichen Krankheit desselben.

Alle Resolutionen sollen im Staatsrathe von der oben auseinandergesetzten Personenzahl geprüft werden. Nach Anhörung aller Meinungen soll die Decision des Königs das Uebergewicht haben, damit es bei Vollziehung des Gesetzes nur eine Willensmeinung gebe. Daher soll auch keine Resolution anders aus dem Staatsrathe kommen, als unter dem Namen des Königs, und mit seiner eigenhändigen Unterschrift. Außerdem muß sie aber auch von einem der im Staatsrathe sitzenden Minister unterschrieben seyn. So unterschrieben soll sie erst zum Gehorsam verbinden, und von den Commissionen oder irgend einer vollziehenden Magistratur befolgt werden; doch blos in den Materien, die durch gegenwärtiges Gesetz nicht ausdrücklich ausgeschlossen sind. Auf den Fall, daß keiner von den Sitz und Stimme habenden Ministern die Decision unterschreiben wollte, soll der König von der Decision abstehen. Sollte er aber darauf bestehen; so wird bei diesem Ereigniß der Reichstagsmarschall um die Berufung des fertigen Reichstages bitten, und wenn der König diese Berufung verzögern sollte, ihn selbst berufen.

So wie der König das Recht hat, alle Minister zu ernennen; so hat er auch das Recht, einen von ihnen aus jeder Abtheilung der Regierungsverwaltung zum Staatrathe zu rufen. Diese Berufung des Ministers zum Sitze im Staatsrathe soll auf zwei Jahre gelten, doch die weitere Bestätigung derselben dem Könige freistehen. Die zum Staatsrathe berufenen Minister sollen in keinen Commissionen sitzen.

In dem Falle hingegen, daß beide auf dem Reichstage vereinigte Stuben mit einer Mehrheit von zwei Dritteln geheimer Stimmen die Entfernung eines Ministers aus dem Staatsrathe oder aus seiner Stelle verlangten, soll der König gehalten seyn, sogleich einen andern an dessen Statt zu ernennen.

Da wir wollen, daß der Staatsrath, die Wache der Nationalgesetze, für jede Uebertretung derselben der genauesten Verantwortlichkeit bei der Nation unterworfen seyn soll; so verordnen wir, daß, wenn die Minister von der zur Prüfung ihrer Handlungen niedergesetzten Deputation, wegen Uebertretung der Gesetze, angeklagt werden, sie mit ihrer Person und ihrem Vermögen verantwortlich seyn sollen. Bei allen solchen Klagen sollen die versammelten Stände die angeschuldigten Minister durch die simple Stimmenmehrheit der vereinigten Stuben an die Reichsgerichte abschicken, wo ihnen entweder die gerechte, ihrem Verbrechen angemessene Strafe, oder, bei erwiesener Unschuld, die Freisprechung von der Klage und Strafe zu Theil werden soll.

Der ordentlichen Ausübung der vollziehenden Macht wegen, verordnen wir besondere, mit dem Staatsrathe in Verbindung stehende, ihm zu gehorsamen verpflichtete Commissionen. Die Commissarien dazu werden vom Reichstage erwählt werden, und ihre Aemter die im Gesetze vorgeschriebene Zeit hindurch verwalten. Diese Commissionen sind: 1) Die Erziehungs-, 2) die Polizei-, 3) die Kriegs-, 4) die Schatzcommission.

Die auf diesem Reichstage niedergesetzten woywodschaftlichen Ordnungscommissionen stehen gleichfalls unter der Aufsicht des Staatsraths, und werden die Befehle desselben mittelbar durch die oben erwähnten Commissionen erhalten, respective auf die der Macht und den Pflichten eines jeden zukommenden Gegenstände.

8. Richterliche Gewalt.

Die richterliche Gewalt kann weder von der gesetzgebenden, noch vom Könige ausgeübt werden, sondern von den zu diesem Ende gegründeten und erwählten Magistraturen. Sie muß auch mit den Orten in solcher Verbindung stehen, daß jeder die Gerechtigkeit in der Nähe hat, und der Verbrecher allenthalben die drohende Hand der Landesregierung über sich erblickt. Wir verordnen daher: 1) Gerichte erster Instanz für jede Woywodschaft, jeden Bezirk und Kreis, und hiezu sollen die Richter auf den Landtagen gewählt werden. Die Gerichte erster Instanz werden stets bereit und wachsam seyn, denen, die es bedürfen, zur Gerechtigkeit zu verhelfen. Von diesen Gerichten soll an die für jede Provinz niederzusetzenden Haupttribunnale appellirt werden, und diese sollen ebenfalls aus Personen bestehen, die man auf den Landtagen erwählt hat. Diese Gerichte, sowohl die erster, als auch die zweiter Instanz, werden für den Adel und alle Landeigenthümer in causis juris et facti, es betreffe wen es wolle, Landgerichte seyn. 2) Bestätigen wir allen Städten die Gerichtsjurisdictionen, zufolge des auf dem gegenwärtigen Reichstage gegebenen Gesetzes von den freien königlichen Städten. 3) Die Referendargerichte sollen für jede Provinz besonders gehalten werden; zum Behuf der Processe der freien, nach alten Rechten diesen Gerichten unterworfenen Bauern. 4) Die Hofassessorial-, Relations- und Kurländischen Gerichte sollen beibehalten bleiben. 5) Die vollziehenden Commissionen werden in den Angelegenheiten, die zu ihrer Administration gehören, Gericht halten. 6) Außer den Gerichten für die Civil- und Criminalprocesse, soll es auch für alle Stände ein höchstes Gericht, Reichstagsgericht genannt, geben, wozu die Personen bei Eröffnung jedes Reichstages erwählt werden sollen. Vor dieses Gericht sollen die Verbrechen gegen die Nation und den König, oder die crimina status gehören.

Wir befehlen, daß ein neuer Codex der Civil- und Criminalgesetze von den durch den Reichstag dazu erwählten Personen geschrieben werden soll.

9. Reichsverwesung.

Der Staatsrath wird zugleich Reichsverweser seyn, und dabei die Königin, oder in deren Abwesenheit den Primas an der Spitze haben. Die Reichsverwesung kann blos in folgenden drei Fällen Statt finden. 1) Bei der Minderjährigkeit des Königs, 2) bei einer Schwachheit, die bei ihm eine anhaltende Gemüthsverwirrung hervorbringt, 3) im Fall der König im Kriege gefangen werden sollte. Die Minderjährigkeit wird nicht länger als volle achtzehn Jahre dauern; die Schwäche einer anhaltenden Gemüthsverwirrung aber kann nicht anders, als durch den fertigen Reichstag mit der Stimmenmehrheit von drei Viertel beider vereinigten Stuben declarirt werden. Der fertige Reichstag wird die Ordnung der in der Reichsverwesung sitzenden Minister bestimmen, und die Königin zur Vertretung der Pflichten des Königs bevollmächtigen. Wenn nun aber der König im ersten Falle mündig wird, im zweiten zur völligen Gesundheit gelangt, im dritten aus der Gefangenschaft zurückkommt; so sollen ihm die Reichsverweser von ihrem Verhalten Rechenschaft ablegen, und der Nation für die Zeit ihrer Amtsführung, so wie dieses auch dem Staatsrathe vorgeschrieben ist, auf jedem ordinären Reichstage, mit ihren Personen und ihrem Vermögen verantwortlich seyn.

10. Erziehung der Kinder des Königs.

Die Söhne des Königs, die die Verfassung zu Nachfolgern auf dem Throne bestimmt, sind die ersten Kinder des Vaterlandes; daher kommt auch die Sorge für ihre gute Erziehung der Nation zu, ohne jedoch damit den Rechten der Aeltern zu nahe zu treten. Führt der König die Regierung; so soll er selbst mit dem Staatsrathe und dem von den Ständen ernannten Aufseher der Erziehung der Prinzen, sich mit der Bildung derselben beschäftigen. Führt sie aber die Reichsverwesung; so wird dieser, zugleich mit dem erwähnten Aufseher, die Erziehung derselben anvertraut werden. Aber in beiden Fällen soll der von den Ständen ernannte Aufseher auf jedem ordinären Reichstage von der Erziehung und den Fortschritten der Prinzen Bericht erstatten. Die Erziehungscommission hingegen wird die Pflicht auf sich haben, dem Reichstage den Plan des Unterrichts und der Erziehung der königlichen Prinzen zur Bestätigung vorzulegen, damit durch übereinstimmende Erziehungsgrundsätze, früh und ununterbrochen, den Gemüthern der künftigen Thronfolger, Religion, Liebe zur Tugend, zum Vaterlande, zur Freiheit und Landesverfassung eingeflößt werde.

11. Bewaffnete Macht der Nation.

Die Nation ist es sich selbst schuldig, sich gegen Ueberfälle zu vertheidigen, und ihre Unverletztheit zu bewahren; folglich sind alle Bürger Vertheidiger der Unverletztheit und Freiheit der Nation. Die Armee ist nichts anders, als eine aus der Gesammtmacht der Nation gezogene, bewaffnete und geordnete Macht. Die Nation ist ihrer Armee dafür, daß sie sich einzig und allein ihrer Vertheidigung weihet, Belohnung und Achtung schuldig. Die Armee ist der Nation schuldig, über die Grenzen und die allgemeine Ruhe zu wachen, kurz, für sie die mächtigste Schutzwehr zu seyn. Damit sie nun diese ihre Bestimmung wirklich erfülle; so hat sie die Pflicht auf sich, den Vorschriften des Gesetzes gemäß, ununterbrochen unter dem Gehorsam der vollziehenden Gewalt zu bleiben, und auf treue Ergebenheit gegen die Nation und den

König, und auf die Vertheidigung der Nationalverfassung zu schwören. Die Nationalarmee kann folglich gebraucht werden: zur allgemeinen Landesvertheidigung, zur Bewahrung der Festungen und Grenzen, oder auch zur Unterstützung des Gesetzes, wenn Jemand der Vollziehung desselben nicht gehorsamen wollte.

3. Die Verfassung Frankreichs vom 3. September 1791

Da die Nationalversammlung die Französische Verfassung auf den Grundsätzen aufbauen will, die sie eben anerkannt und erklärt hat, schafft sie unwiderruflich die Einrichtungen ab, welche die Freiheit und die Gleichheit der Rechte verletzen.

Es gibt keinen Adel mehr, keinen Hochadel, keine erblichen Unterschiede, keine Standesunterschiede, keine Lehnsherrschaft, keine Patrimonialgerichtsbarkeiten, keine Titel, Benennungen und Vorrechte, die davon herrührten, keinen Ritterorden, keine Körperschaften oder Auszeichnungen, die Adelsproben erforderten oder die auf Unterschieden der Geburt beruhten, und keine andere Überlegenheit als die der öffentlichen Beamten in Ausübung ihres Dienstes.

Kein öffentliches Amt kann mehr gekauft oder ererbt werden.

Für keinen Teil der Nation, für kein Individuum gibt es mehr irgendein Privileg oder eine Ausnahme vom gemeinsamen Recht aller Franzosen.

Es gibt keine Zünfte mehr, keine Körperschaften von Berufen, Künsten oder Handwerken. Das Gesetz anerkennt keine geistlichen Gelübde noch irgendwelche andere Verbindlichkeiten, die den natürlichen Rechten oder der Verfassung entgegenstehen.

Titel I. Grundeinrichtungen, von der Verfassung verbürgt

Die Verfassung verbürgt als natürliche und bürgerliche Rechte:
1. daß alle Staatsbürger zu allen Stellungen und Beamtungen zugelassen sind ohne einen anderen Unterschied als den ihrer Tugenden und ihrer Talente;
2. daß alle Abgaben auf alle Bürger gleichmäßig unter Berücksichtigung ihrer Vermögensverhältnisse verteilt werden;
3. daß dieselben Verbrechen mit denselben Strafen belegt werden ohne irgendeinen Unterschied der Person.

Die Verfassung verbürgt gleichfalls als natürliche und bürgerliche Rechte:

die Freiheit jedes Menschen zu gehen, zu bleiben, zu reisen, ohne verhaftet oder gefangengehalten zu werden als in den durch die Verfassung festgelegten Formen;

die Freiheit jedes Menschen zu reden, zu schreiben, zu drucken und seine Gedanken zu veröffentlichen, ohne daß seine Schriften irgendeiner Zensur oder Aufsicht vor ihrer Veröffentlichung unterworfen sein dürfen, und den religiösen Kult auszuüben, dem er anhängt;

die Freiheit der Bürger, sich friedlich und ohne Waffen zu versammeln in Übereinstimmung mit den Polizeigesetzen;

die Freiheit, an die errichteten Behörden persönlich unterzeichnete Bittschriften zu richten.

Die gesetzgebende Gewalt kann keine Gesetze erlassen, welche die Ausübung der natürlichen und bürgerlichen Rechte, die in diesem Abschnitt bezeichnet und durch die Verfassung verbürgt sind, beeinträchtigen oder hindern. Und da die Freiheit nur darin besteht, alles das tun zu können, was weder den Rechten eines anderen noch der öffentlichen Sicherheit schadet, kann das Gesetz Strafen gegen die Handlungen festsetzen, welche die öffentliche Sicherheit oder die Rechte eines anderen angreifen und dadurch der Gesellschaft schaden würden.

Die Verfassung verbürgt die Unverletzlichkeit des Eigentums oder die gerechte und vorherige Entschädigung von dem, was die gesetzlich festgestellte, öffentliche Notwendigkeit als Opfer erfordert.

Die Güter, die für die Ausgaben der Kirchen und alle Zweige der öffentlichen Wohlfahrt bestimmt waren, gehören der Nation und stehen in jedem Falle zu ihrer Verfügung.

Die Verfassung verbürgt die Verkäufe der Nationalgüter, die in den durch das Gesetz festgelegten Formen geschehen sind oder noch geschehen werden.

Die Bürger haben das Recht, die Diener ihres Gottesdienstes selbst zu wählen.

Es soll eine allgemeine Einrichtung öffentlicher Hilfeleistungen geschaffen und gebildet werden, um verlassene Kinder zu erziehen, armen Kranken zu helfen und verarmten Gesunden, die sich keine Arbeit verschaffen können, diese zu besorgen.

Es soll ein öffentliches Schulwesen eingerichtet und gebildet werden, das für alle Bürger gemeinsam und in den Bereichen des Unterrichts, die für alle Menschen notwendig sind, kostenlos ist. Seine Anstalten sollen entsprechend der Einteilung des Königreiches auf die einzelnen Gebiete verteilt werden.

Es sollen Nationalfeste eingeführt werden, um die Erinnerung an die Französische Revolution zu bewahren, die Brüderlichkeit unter den Bürgern zu stärken und sie an die Verfassung, das Vaterland und die Gesetze zu binden.

Es soll ein Gesetzbuch der dem ganzen Königreich gemeinsamen bürgerlichen Gesetze geschaffen werden.

Titel II. Von der Einteilung des Königreiches und dem Stand der Bürger

Art. 1. Das Königreich ist einheitlich und unteilbar. Sein Gebiet ist in 83 Departements eingeteilt, jedes Departement in Distrikte, jeder Distrikt in Kantone.

Art. 2. Französische Bürger sind:

diejenigen, welche in Frankreich von einem französischen Vater gezeugt sind;

diejenigen, welche in Frankreich von einem ausländischen Vater gezeugt sind und ihren Wohnsitz in Frankreich aufgeschlagen haben;

diejenigen, welche im Ausland von einem französischen Vater gezeugt sind, aber nach Frankreich gekommen sind und sich hier niedergelassen und den Bürgereid geleistet haben;

endlich diejenigen, welche in der Fremde geboren sind und, in welchem Grade es auch sei, von einem Franzosen oder einer Französin abstammen, die um ihrer Religion willen vertrieben wurden und nach Frankreich zurückkehren, um hier zu wohnen und den Bürgereid leisten.

Art. 3. Diejenigen, welche außerhalb des Königreiches von fremden Eltern geboren wurden und in Frankreich wohnen, werden nach einer ununterbrochenen Niederlassung von fünf Jahren im Königreich Bürger, wenn sie außerdem Grundbesitz erworben oder eine Französin geheiratet oder auch einen Landwirtschafts- oder Gewerbebetrieb eingerichtet und den Bürgereid geleistet haben.

Art. 4. Die gesetzgebende Gewalt kann aus wichtigen Gründen einen Ausländer einbürgern, ohne andere Bedingungen, als daß er seinen Wohnsitz in Frankreich aufschlägt und dort den Bürgereid leistet.

Art. 5. Der Bürgereid lautet: „Ich schwöre, der Nation, dem Gesetz und dem Könige treu zu sein und mit allen meinen Kräften die Verfassung des Königreiches, die durch die verfassunggebende Nationalversammlung in den Jahren 1789, 1790 und 1791 beschlossen wurde, aufrechtzuerhalten."

Art. 6. Die Eigenschaft eines französischen Bürgers geht verloren:
1. durch die Einbürgerung in einem fremden Lande; – 2. durch die Verurteilung zu Strafen, die die Aberkennung der Bürgerrechte einschließen, solange der Verurteilte nicht rehabilitiert ist; – 3. durch eine Verurteilung in Abwesenheit, solange das Urteil nicht aufgehoben ist; – 4. durch den Beitritt zu einem ausländischen Ritterorden oder einer ausländischen Körperschaft, die auf Adelsproben oder Geburtsunterschieden beruht oder religiöse Gelübde verlangen.

Art. 7. Das Gesetz betrachtet die Ehe nur als einen bürgerlichen Vertrag.

Die gesetzgebende Gewalt wird für alle Einwohner ohne Unterschied die Art festsetzen, in der Geburten, Heiraten und Todesfälle festgestellt werden sollen. Sie wird auch die öffentlichen Beamten ernennen, die die Urkunden darüber aufnehmen und sie aufbewahren.

Art. 8. Die französischen Bürger bilden auf Grund der örtlichen Beziehungen, die aus ihrer Vereinigung in den Städten und in bestimmten Bezirken des Gebiets auf dem Lande entstehen, die Gemeinden.

Die gesetzgebende Gewalt kann den Umfang des Bezirks einer jeden Gemeinde festsetzen.

Art. 9. Die Bürger, die eine Gemeinde bilden, haben das Recht, auf Zeit und in den durch das Gesetz festgelegten Formen die unter ihnen zu wählen, die als Gemeindebeamte die besonderen Angelegenheiten der Gemeinde zu führen beauftragt sind.

Den Gemeindebeamten können einige Aufgaben, die sich auf das allgemeine Staatsinteresse beziehen, übertragen werden.

Art. 10. Die Richtlinien, nach denen sich die Gemeindebeamten in Wahrnehmung der Gemeindeangelegenheiten wie der ihnen übertragenen Aufgaben des allgemeinen Interesses zu richten haben, werden durch Gesetze bestimmt.

Titel III. Von den öffentlichen Gewalten

Art. 1. Die Souveränität ist einheitlich, unteilbar, unveräußerlich und unverjährbar. Sie gehört der Nation. Kein Teil des Volkes und keine einzelne Person kann sich ihre Ausübung aneignen.

Art. 2. Die Nation, von der allein alle Gewalten ihren Ursprung haben, kann sie nur durch Übertragung ausüben.

Die französische Verfassung ist eine Repräsentativverfassung. Ihre Repräsentaten sind die gesetzgebende Körperschaft und der König.

Art. 3. Die gesetzgebende Gewalt ist einer Nationalversammlung übertragen, die aus Abgeordneten besteht, die durch das Volk frei und auf Zeit gewählt werden, um sie mit Billigung des Königs auf die Art auszuüben, die nachstehend bestimmt wird.

Art. 4. Die Regierung ist monarchisch. Die ausführende Gewalt ist dem König übertragen, um unter seiner Autorität durch die Minister und andere verantwortliche Beamte auf die Art ausgeübt zu werden, die nachstehend bestimmt wird.

Art. 5. Die richterliche Gewalt ist den durch das Volk auf Zeit gewählten Richtern übertragen.

Kapitel I. Von der gesetzgebenden Nationalversammlung

Art. 1. Die Nationalversammlung, welche die gesetzgebende Körperschaft bildet, ist immerwährend und ist nur aus einer Kammer zusammengesetzt.

Art. 2. Sie wird alle zwei Jahre durch Neuwahlen gebildet.
Jeder Zeitraum von zwei Jahren bildet eine Legislaturperiode.

Art. 3. Die Anordnungen des vorstehenden Artikels finden auf die nächste gesetzgebende Körperschaft keine Anwendung. Ihre Befugnisse erlöschen am letzten April 1793.

Art. 4. Die Erneuerung der gesetzgebenden Körperschaft erfolgt rechtskräftig.

Art. 5. Die gesetzgebende Körperschaft kann durch den König nicht aufgelöst werden.

Abschnitt I. Zahl der Abgeordneten. Grundlagen der Abordnung

Art. 1. Die Zahl der Abgeordneten der gesetzgebenden Körperschaft beträgt 745 nach Maßgabe der 83 Departements, aus denen sich das Königreich zusammensetzt, und ohne Rücksicht auf diejenigen, welche den Kolonien bewilligt werden dürfen.

Art. 2. Die Abgeordneten werden auf die 83 Departements nach den drei Verhältnissen des Gebietes, der Bevölkerung und der direkten Besteuerung verteilt.

Art. 3. Von den 745 Abgeordneten werden 247 dem Gebiet zugeordnet. Jedes Departement wird davon 3 wählen mit Ausnahme des Departements von Paris, das nur einen wählt.

Art. 4. 249 Abgeordnete sind der Bevölkerung zugeordnet.
Die Gesamtzahl der wahlberechtigten Bevölkerung des Königreiches wird in 249 Teile eingeteilt. Jedes Departement wählt soviel Abgeordnete, als es Teile der Bevölkerung hat.

Art. 5. 249 Abgeordnete sind der Bevölkerung nach der direkten Besteuerung zugeordnet.

Die Gesamtsumme der direkten Besteuerung des Königreiches wird ebenfalls in 249 Teile eingeteilt, und jedes Departement wählt so viele Abgeordnete, wie es Teile der Steuer bezahlt.

Abschnitt II. Urversammlungen. Bestellung der Wahlmänner

Art. 1. Um die gesetzgebende Nationalversammlung zu wählen, treten die aktiven Bürger alle zwei Jahre in den Städten und den Kantonen zu Urversammlungen zusammen.

Die Urversammlungen treten rechtmäßig am zweiten Märzsonntag zusammen, wenn sie nicht schon früher durch die vom Gesetz bestimmten öffentlichen Beamten einberufen worden sind.

Art. 2. Um aktiver Bürger zu sein, ist es notwendig:
als Franzose geboren oder Franzose geworden zu sein,
das 25. Lebensjahr vollendet zu haben,
seinen Wohnsitz in der Stadt oder dem Kanton seit der durch das Gesetz festgelegten Zeit zu haben.
in irgendeinem Orte des Königreiches eine direkte Steuer zu zahlen, die wenigstens dem Wert von drei Arbeitstagen gleichkommt und darüber eine Quittung vorzulegen,
nicht dem Bedientenstand anzugehören, d. h. Lohndiener zu sein,
im Rathaus seines Wohnsitzes in die Liste der Nationalgarde eingeschrieben zu sein,
den Bürgereid geleistet zu haben.

Art. 3. Alle sechs Jahre wird die gesetzgebende Körperschaft den niedrigsten und den höchsten Satz des Wertes eines Arbeitstages festsetzen, und die Verwalter der Departements werden ihn für jeden Bezirk örtlich festlegen.

Art. 4. Keiner kann die aktiven Bürgerrecht an mehr als einem Orte ausüben, noch sich durch einen anderen vertreten lassen.

Art. 5. Von der Ausübung des aktiven Bürgerrechts sind ausgeschlossen:
diejenigen, welche im Anklagezustand stehen,

diejenigen, welche nach glaubwürdigem Zeugnis bankrott oder zahlungsunfähig gewesen waren und keine Generalquittung ihrer Gläubiger vorweisen können.

Art. 6. Die Urversammlungen wählen die Wahlmänner im Verhältnis zur Zahl der aktiven in der Stadt oder im Kanton wohnenden Bürger. Es wird auf 100 Aktivbürger, ob in der Versammlung anwesend oder nicht, ein Wahlmann zur Versammlung gewählt. Auf 151 bis 250 sollen zwei gewählt werden und so fort.

Art. 7. Keiner soll zum Wahlmann gewählt werden können, der nicht mit den notwendigen Bedingungen für das aktive Bürgerrecht folgende verbindet:

In Städten über 6000 Einwohner die, Besitzer oder Nutznießer eines Grundstücks zu sein, das zur Steuerrolle mit einem Einkommen veranlagt ist, das dem örtlichen Wert von 200 Arbeitstagen gleichkommt, oder Mieter einer Wohnung zu sein, die zur gleichen Rolle mit einem Einkommen, das dem Wert von 750 Arbeitstagen gleichkommt, veranlagt ist.

In Städten unter 6000 Einwohner die, Besitzer oder Nutznießer eines Vermögens zu sein, das zur Steuerrolle mit einem Einkommen veranlagt ist, das dem örtlichen Wert von 150 Arbeitstagen gleichkommt, oder Mieter einer Wohnung zu sein, die zur gleichen Rolle mit einem Einkommen, das dem Wert von 100 Arbeitstagen gleichkommt, veranlagt ist.

Und auf dem Lande die, Besitzer oder Nutznießer eines Gutes zu sein, das zur Steuerrolle mit einem Einkommen veranlagt ist, das dem örtlichen Wert von 150 Arbeitstagen gleichkommt oder Pächter oder Meier von Gütern zu sein, die zur gleichen Rolle mit dem Wert von 400 Arbeitstagen veranlagt sind.

Bei denen, die gleichzeitig Eigentümer oder Nutznießer einerseits, Mieter, Pächter oder Meier andererseits sind, wird das Vermögen aus verschiedenen Titeln zusammengezählt bis zu dem für ihre Wählbarkeit notwendigen Steuersatz.

Abschnitt III. Wahlversammlung. Wahl der Abgeordneten

Art. 1. Die in jedem Departement gewählten Wahlmänner treten zusammen, um die Anzahl der Abgeordneten, die ihrem

Departement zugeteilt ist, und eine Anzahl von Stellvertretern, die einem Drittel der Abgeordneten gleichkommt, zu wählen.

Die Wahlversammlungen vereinigen sich rechtskräftig am letzten Märzsonntag, wenn sie nicht schon früher durch die vom Gesetz bestimmten öffentlichen Beamten einberufen worden sind.

Art. 2. Die Abgeordneten und ihre Stellvertreter werden mit absoluter Stimmenmehrheit gewählt. Sie können nur unter den aktiven Bürgern des Departements gewählt werden.

Art. 3. Alle aktiven Bürger, gleich welchen Standes, Berufes oder welcher Steuerleistung können zu Abgeordneten der Nation gewählt werden.

Art. 4. Doch sollen verpflichtet sein sich zu entscheiden die Minister und die anderen nach Belieben absetzbaren Beamten der vollziehenden Gewalt, die Kommissare des Staatsschatzes, die Einheber und Einnehmer der direkten Steuern, die Aufseher über die Erhebung und die Verwaltung der indirekten Steuern und der Nationalgüter und die, die unter irgendeinem Namen zum militärischen oder zivilen Haushalt des Königs gehören. Gleicherweise sind verpflichtet, sich zu entscheiden die Administratoren und Unteradministratoren, die Gemeindebeamten und die Kommandanten der Nationalgarden.

Art. 5. Die Ausübung des Richteramtes ist mit der Stellung eines Abgeordneten der Nation während der ganzen Dauer der Legislaturperiode unvereinbar.

Die Richter werden durch ihre Stellvertreter ersetzt, und der König wird durch Patente für Ersatz seiner Kommissare bei den Gerichtshöfen sorgen.

Art. 6. Die Mitglieder der gesetzgebenden Körperschaft können für die folgende Legislatur wiedergewählt werden, darauf aber nur nach einem Zeitraum von zwei Jahren.

Art. 7. Die in einem Departement gewählten Abgeordneten sollen nicht Abgeordnete eines besonderen Departements, sondern der ganzen Nation sein. Und es kann ihnen kein Auftrag gegeben werden.

Abschnitt IV. Abhaltung und Einrichtung der Ur- und Wahlversammlungen

Art. 1. Die Aufgaben der Ur- und Wahlversammlungen beschränken sich auf das Wählen. Sie sollen alsbald nach vollzogener Wahl auseinandertreten und können von neuem nur zusammentreten, wenn sie einberufen werden, außer im Falle des obigen 1. Artikels des 2. Abschnitts und des 1. Artikels des 3. Abschnitts.

Art. 2. Kein aktiver Bürger kann in die Versammlung kommen und seine Stimme abgeben, wenn er bewaffnet ist.

Art. 3. Die bewaffnete Macht kann in den Sitzungsraum nicht eingelassen werden ohne den ausdrücklichen Willen der Versammlung, es sei denn, daß Gewalttätigkeiten begangen würden. In diesem Falle genügt die Anordnung des Präsidenten, um die öffentliche Macht herbeizurufen.

Art. 4. Alle zwei Jahre sollen in jedem Distrikt kantonweise Listen der aktiven Bürger aufgestellt werden. Die Liste jedes Kantons wird zwei Monate vor dem Zeitpunkt der Urversammlung veröffentlicht und angeschlagen werden.

Reklamationen, die erfolgen, um die Eigenschaft der auf der Liste angeführten Bürger zu bestreiten, oder von seiten derer, die glauben, zu Unrecht ausgelassen zu sein, sollen vor die Gerichtshöfe gebracht werden, um dort kurz entschieden zu werden.

Die Liste soll für die Zulassung der Bürger zur nächsten Urversammlung in alldem als Grundlage dienen, was nicht vor dem Abhalten der Versammlung durch richterlichen Entscheid verbessert worden ist.

Art. 5. Die Wahlversammlungen haben das Recht, die Eigenschaft und die Vollmachten derer, die sich dort melden, zu prüfen. Ihre Entscheidungen sollen vorläufig ausgeführt werden, vorbehaltlich des Urteils der gesetzgebenden Körperschaft bei der Prüfung der Vollmachten der Abgeordneten.

Art. 6. In keinem Falle und unter keinem Vorwande können der König oder einer der von ihm ernannten Beamten Kenntnis von Fragen nehmen, die sich auf die Richtigkeit der Einberufungen, die Abhaltung der Versammlungen, die Form der Wahlen oder die politischen Rechte der Bürger beziehen, unter Vorbehalt der Aufgaben der königlichen Kommissare in den durch das Gesetz bestimmten Fällen und der Fragen bezüglich der politischen Rechte der Bürger, die vor die Gerichtshöfe gebracht werden müssen.

Abschnitt V. Zusammentritt der Abgeordneten zur gesetzgebenden Nationalversammlung

Art. 1. Die Abgeordneten treten am ersten Montag im Mai am Sitzungsort der letzten Legislaturperiode zusammen.

Art. 2. Sie vereinigen sich vorläufig unter dem Vorsitz des Alterspräsidenten zur Versammlung, um die Vollmachten der anwesenden Abgeordneten zu prüfen.

Art. 3. Sobald 373 Mitglieder geprüft sind, konstituieren sie sich als gesetzgebende Nationalversammlung. Sie wählt einen Präsidenten, einen Vizepräsidenten und Sekretäre und beginnt mit der Ausübung ihrer Aufgaben.

Art. 4. Während des Monats Mai kann die Versammlung keinen gesetzgebenden Akt vornehmen, wenn die Zahl der anwesenden Abgeordneten weniger als 373 Mitglieder beträgt.

Sie kann einen Beschluss fassen, daß die abwesenden Mitglieder sich spätestens binnen 14 Tagen bei einer Strafe von 3000 Franken an ihre Aufgaben begeben, wenn sie nicht eine Entschuldigung, die durch die Versammlung als rechtmäßig anerkannt wird, vorweisen.

Art. 5. Am letzten Mai konstituieren sie sich zur gesetzgebenden Nationalversammlung, welches auch die Zahl der anwesenden Mitglieder sei.

Art. 6. Die Abgeordneten sprechen gemeinsam im Namen des französischen Volkes den Eid aus, frei zu leben oder zu sterben.

Anschließend leisten sie jeder für sich den Eid, mit aller Kraft die durch die verfassunggebende Nationalversammlung in den Jahren 1789, 1790 und 1791 beschlossene Verfassung des Königreiches aufrechtzuerhalten, während der Legislaturperiode nichts vorzuschlagen oder zu bewilligen, was sie verletzen kann und in allem der Nation, dem Gesetz und dem Könige treu zu sein.

Art. 7. Die Abgeordneten der Nation sind unverletzlich. Sie können zu keiner Zeit für das, was sie in Ausübung ihrer Aufgaben als Abgeordnete gesagt, geschrieben oder getan haben, verfolgt, angeklagt oder verurteilt werden.

Art. 8. Sie können im Falle eines Verbrechens auf frischer Tat oder auf Grund eines Haftbefehls ergriffen werden. Es muss aber sogleich der gesetzgebenden Körperschaft Nachricht gegeben werden, und die Untersuchung kann nur dann ihren Fortgang nehmen, wenn die gesetzgebende Körperschaft entschieden hat, daß der Anklage stattgegeben wird.

Kapitel II. Vom Königtum, der Regentschaft und den Ministern

Abschnitt I. Vom Königtum und dem König

Art. 1. Das Königtum ist unteilbar und dem regierenden Hause im Mannesstamm nach dem Rechte der Erstgeburt erblich übertragen unter dauerndem Ausschluss der Frauen und ihrer Nachkommenschaft.

(Über die Wirkung von Verzichtleistungen im gegenwärtig regierenden Hause ist nichts im voraus bestimmt.)

Art. 2. Die Person des Königs ist unverletzlich und heilig. Sein einziger Titel ist König der Franzosen.

Art. 3. Es gibt in Frankreich keine Autorität, die über dem Gesetze steht. Der König regiert nur durch dieses. Und nur im Namen des Gesetzes kann er Gehorsam verlangen.

Art. 4. Der König soll bei seiner Thronbesteigung, oder sobald er großjährig geworden ist, der Nation in Gegenwart der gesetzgebenden Körperschaft den Eid leisten, der Nation und dem Gesetze treu zu sein, alle ihm übertragene Macht zur Aufrechterhaltung der durch die verfassunggebende Nationalversammlung in den Jahren 1789, 1790 und 1791 beschlossenen Verfassung anzuwenden und die Gesetze ausführen zu lassen.

Wenn die gesetzgebende Körperschaft nicht versammelt ist, wird der König eine Proklamation erlassen, in der dieser Eid und das Versprechen, ihn zu wiederholen, sobald die gesetzgebende Körperschaft zusammengetreten ist, enthalten ist.

Art. 5. Wenn der König einen Monat nach der Aufforderung durch die gesetzgebende Körperschaft den Eid nicht geleistet hat, oder wenn er ihn zurücknimmt, nachdem er ihn geleistet hat, wird angenommen, daß er abgedankt hat.

Art. 6. Wenn der König sich an die Spitze einer Armee stellt und ihre Kräfte gegen die Nation führt oder wenn er sich nicht durch einen formellen Akt einem solchen Unternehmen, das in seinem Namen durchgeführt wird, widersetzt, wird angenommen, daß er abgedankt hat.

Art. 7. Wenn der König das Königreich verlassen hat und dorthin nicht nach einer Aufforderung durch die gesetzgebende Körperschaft in der in der Proklamation festgesetzten Frist, die nicht unter zwei Monaten sein darf, zurückkehrt, wird angenommen, daß er abgedankt hat.
Die Frist beginnt von dem Tage an zu laufen, an dem die Proklamation von der gesetzgebenden Körperschaft inmitten ihrer Versammlung verkündet worden ist. Die Minister sind verantwortlich und verpflichtet, alle Akte der vollziehenden Gewalt auszuführen, deren Ausübung in der Hand des abwesenden Königs liegen würde.

Art. 8. Nach der ausdrücklichen oder gesetzlichen Abdankung gehört der König zur Klasse der Bürger und kann für Handlungen nach seiner Abdankung wie sie angeklagt und verurteilt werden.

Art. 9. Der Privatbesitz, den der König bei seiner Thronbesteigung besitzt, wird unwiderruflich mit den Nationalgütern vereinigt. Er hat über die, die er unter einem besonderen Titel erwirbt, die Verfügung. Wenn er über sie nicht verfügt, werden sie bei Ende seiner Regierung gleichfalls einverleibt.

Art. 10. Die Nation sorgt für den Glanz des Thrones durch eine Zivilliste, deren Summe die gesetzgebende Körperschaft bei jedem Regierungswechsel für die ganze Dauer der Regierung festlegt.

Art. 11. Der König ernennt einen Verwalter der Zivilliste, der die gerichtliche Vertretung des Königs übernimmt und gegen den alle Klagen gegen den König gerichtet und alle Urteile verkündet werden. Durch die Gläubiger der Zivilliste erlangte Urteile werden gegen den Verwalter persönlich und auf seinen eigenen Gütern vollstreckt.

Art. 12. Der König hat unabhängig von der Ehrengarde, die ihm am Orte seiner Residenz durch die Bürger der Nationalgarde gestellt wird, eine aus den Mitteln der Zivilliste bezahlte Garde. Sie darf die Zahl von 1200 Mann zu Fuß und 600 zu Pferde nicht überschreiten. Die Dienstgrade und die Beförderungsregeln sind die gleichen wie bei den Linientruppen. Aber diejenigen, welche die Garde des Königs bilden, beschränken sich in ihren Dienstgraden ausschließlich auf diese und können keinen anderen in der Linientruppe erhalten.

Der König kann die Männer seiner Garde nur unter denen wählen, die augenblicklich aktiv in den Linientruppen dienen oder unter den Bürgern, die ein Jahr in der Nationalgarde Dienst getan haben, vorausgesetzt, daß sie im Königreich wohnen und daß sie vorher den Bürgereid geleistet haben.

Die Garde des Königs kann für keinen anderen öffentlichen Dienst befohlen oder verwendet werden.

Abschnitt II. Von der Regentschaft

Art. 1. Der König ist bis zum vollendeten 18. Lebensjahr minderjährig. Während seiner Minderjährigkeit gibt es einen Regenten des Königtums.

Art. 2. Die Regentschaft steht dem nächsten Verwandten des Königs nach der Erbfolge am Throne zu, wenn er das 25. Lebensjahr vollendet hat, Franzose und Staatsangehöriger ist, nicht voraussichtlicher Erbe einer anderen Krone ist und zuvor den Bürgereid geleistet hat. Frauen sind von der Regentschaft ausgeschlossen.

Art. 3. Wenn ein minderjähriger König keinen Verwandten hat, der diese oben angeführten Eigenschaften vereinigt, wird der Regent des Königs gemäß den folgenden Artikeln gewählt werden.

Art. 4. Die gesetzgebende Körperschaft kann den Regenten nicht wählen.

Art. 5. Die Wahlmänner jedes Distrikts treten am Hauptort des Distrikts auf Grund einer Proklamation zusammen, die in der ersten Woche der neuen Herrschaft durch die gesetzgebende Körperschaft erlassen wird, falls sie vereinigt ist. Wenn sie auseinandergegangen ist, ist der Justizminister angewiesen, diese Proklamation in der gleichen Woche zu erlassen.

Art. 6. Die Wahlmänner wählen in jedem Distrikt in persönlicher Abstimmung mit der absoluten Mehrheit der Stimmen einen in dem Distrikt wählbaren und ansässigen Bürger, dem sie durch das Wahlprotokoll den besonderen, auf die einzige Aufgabe beschränkten Auftrag geben, den Bürger zu wählen, den er seinem Gewissen nach für den würdigsten hält, als Regent des Königreichs gewählt zu werden.

Art. 7. Die in den Distrikten gewählten beauftragten Bürger sind angewiesen, sich spätestens am 40. Tage nach der Thronbesteigung des minderjährigen Königs in der Stadt, in der die gesetzgebende Körperschaft ihre Sitzungen abhält, zu versammeln und die Wahlversammlung zu bilden, welche die Wahl des Regenten vornimmt.

Art. 8. Die Wahl des Regenten erfolgt in persönlicher Abstimmung mit absoluter Stimmenmehrheit.

Art. 9. Die Wahlversammlung kann sich nur mit der Wahl beschäftigen und löst sich auf, sobald die Wahl beendet ist. Jede andere Handlung, die sie unternehmen würde, ist verfassungswidrig und nichtig.

Art. 10. Die Wahlversammlung wird durch ihren Präsidenten das Protokoll der Wahl der gesetzgebenden Körperschaft übergeben, die es nach der Prüfung der Rechtmäßigkeit der Wahl durch eine Proklamation im ganzen Königreich veröffentlichen wird.

Art. 11. Der Regent übt bis zur Großjährigkeit des Königs alle Obliegenheiten des Königtums aus und ist für die Handlungen seiner Verwaltung nicht persönlich verantwortlich.

Art. 12. Der Regent kann die Ausübung seiner Obliegenheiten nur beginnen, nachdem er der Nation in Gegenwart der gesetzgebenden Körperschaft den Eid geleistet hat, der Nation, dem Gesetz und dem König treu zu sein, alle dem König übertragene Macht, deren Ausübung ihm während der Minderjährigkeit des Königs anvertraut ist, zur Aufrechterhaltung der durch die verfassunggebende Nationalversammlung in den Jahre 1789, 1790 und 1791 beschlossenen Verfassung anzuwenden und die Gesetze ausführen zu lassen.

Wenn die gesetzgebende Körperschaft nicht versammelt ist, wird der Regent eine Proklamation erlassen, in der dieser Eid und das Versprechen, ihn zu wiederholen, sobald die gesetzgebende Körperschaft zusammengetreten ist, enthalten ist.

Art. 13. Solange der Regent die Ausübung seiner Obliegenheiten nicht begonnen hat, bleibt die Bestätigung der Gesetze aufgeschoben. Die Minister fahren fort, unter ihrer Verantwortlichkeit alle Handlungen der vollziehenden Gewalt auszuführen.

Art. 14. Sobald der Regent den Eid geleistet hat, setzt die gesetzgebende Körperschaft sein Gehalt fest, das während der Dauer der Regentschaft nicht verändert werden darf.

Art. 15. Wenn sie auf Grund der Minderjährigkeit des zur Regentschaft berufenen Verwandten einem entfernteren Verwandten zugefallen oder durch Wahl übertragen ist, wird der Regent, der ihre Ausübung begonnen hat, seine Obliegenheiten bis zur Großjährigkeit des Königs fortsetzen.

Art. 16. Die Regentschaft des Königtums erteilt kein Recht auf die Person des minderjährigen Königs.

Art. 17. Die Aufsicht über den minderjährigen König soll seiner Mutter anvertraut sein. Wenn er keine Mutter hat, oder wenn sie zur Zeit der Thronbesteigung ihres Sohnes wieder verheiratet ist oder sich während seiner Minderjährigkeit wieder verheiratet, wird die Aufsicht durch die gesetzgebende Körperschaft übertragen.

Für die Aufsicht über den minderjährigen König können weder der Regent und seine Nachkommen noch Frauen gewählt werden.

Art. 18. Im Falle der offenkundigen Geistesgestörtheit des Königs, die durch die gesetzgebende Körperschaft in drei mit Monatsfrist aufeinanderfolgenden Beratungen gesetzlich festgestellt und erklärt werden muß, findet eine Regentschaft statt, solange die Geistesgestörtheit andauert.

Abschnitt III. Von der Familie des Königs

Art. 1. Der voraussichtliche Thronerbe führt den Namen Königlicher Prinz.

Er kann das Königreich ohne einen Beschluss der gesetzgebenden Körperschaft und die Zustimmung des Königs nicht verlassen.

Wenn er es verlassen hat und nach Erlangung des 18. Lebensjahres nicht nach Frankreich zurückkehrt, nachdem er durch eine Proklamation der gesetzgebenden Körperschaft dazu aufgefordert worden ist, so wird angenommen, daß er auf das Recht der Thronfolge verzichtet hat.

Art. 2. Wenn der voraussichtliche Thronerbe minderjährig ist, ist der großjährige Verwandte, der als erster zur Regentschaft berufen ist, verpflichtet, im Königreich zu residieren.

Im Falle, daß er es verlässt und auf Anfordern der gesetzgebenden Körperschaft nicht zurückkehrt, wird angenommen, daß er auf sein Recht an der Regentschaft verzichtet.

Art. 3. Die Mutter des minderjährigen Königs, die seine Aufsicht hat, oder der erwählte Hüter gehen der Aufsicht verlustig, wenn sie das Königreich verlassen.

Wenn die Mutter des voraussichtlichen minderjährigen Thronerben das Königreich verlassen würde, könnte sie auch nach ihrer Rückkehr die Aufsicht über ihren minderjährigen, inzwischen

König gewordenen Sohn nur durch einen Beschluss der gesetzgebenden Körperschaft erlangen.

Art. 4. Es wird ein Gesetz erlassen werden, um die Erziehung des minderjährigen Königs und die des voraussichtlichen minderjährigen Thronerben zu regeln.

Art. 5. Die Mitglieder der königlichen Familie, die gegebenenfalls zur Thronfolge berufen sind, genießen die Rechte aktiver Staatsbürger. Sie sind aber zu allen Stellungen, Beamtungen und Funktionen, die von der Wahl des Volkes abhängen, nicht wählbar.

Mit Ausnahme der Ministerien, können sie Stellungen und Beamtungen bekleiden, die von der Ernennung des Königs abhängen. Doch können sie Streitkräfte zu Wasser oder zu Lande nur befehligen und die Obliegenheiten eines Botschafters nur ausfüllen mit der Zustimmung der gesetzgebenden Körperschaft in Übereinstimmung mit einem Vorschlag des Königs.

Art. 6. Die Mitglieder der königlichen Familie, die gegebenenfalls zur Thronfolge berufen sind, fügen die Bezeichnung Französischer Prinz dem Namen zu, der ihnen bei der standesamtlichen Eintragung ihrer Geburt gegeben worden ist. Dieser Name kann kein Geschlechtsname sein noch irgendeine der durch die gegenwärtige Verfassung abgeschafften Eigenschaften begründen.

Der Beiname Prinz kann keiner anderen Person gegeben werden. Er ist mit keinem Privileg und keiner Ausnahme von dem allen Franzosen gemeinsamen Rechte verbunden.

Art. 7. Die Urkunden, durch die Geburten, Heiraten und Sterbefälle der französischen Prinzen gesetzlich festgestellt werden, werden der gesetzgebenden Körperschaft eingereicht, die deren Aufnahme in ihre Archive anordnet.

Art. 8. Den Mitgliedern der königlichen Familie soll keine Apanage an Grundbesitz bewilligt werden.

Die jüngeren Söhne des Königs erhalten nach vollendetem 25. Lebensjahr oder im Falle der Heirat eine Leibrente, die durch die gesetzgebende Körperschaft festgelegt wird und mit dem Erlöschen ihrer männlichen Nachkommenschaft endet.

Abschnitt IV. Von den Ministern

Art. 1. Allein dem König stehen die Wahl und die Entlassung der Minister zu.

Art. 2. Die Mitglieder der gegenwärtigen Nationalversammlung und die der folgenden Legislaturperiode, die Mitglieder des Kassationshofes und die des Hochgeschworenengerichts können nicht in das Ministerium eintreten noch irgendwelche Stellungen, Geschenke, Pensionen, Gehälter oder Aufträge der vollziehenden Gewalt oder ihrer Beamten während der Dauer ihres Amtes und binnen zweier Jahre nach dessen Niederlegung erhalten.

Dasselbe gilt von denen, die nur auf der Liste des Hochgeschworenengerichts eingeschrieben sind, während der ganzen Zeit ihrer Eintragung.

Art. 3. Keiner darf die Ausübung irgendeines Amtes in den Büros der Ministerien, in denen der Aufsicht oder der Verwaltung der öffentlichen Einkünfte noch überhaupt irgendeines Amtes auf Grund der Ernennung der vollziehenden Gewalt beginnen, ohne den Bürgereid zu leisten oder zu belegen, daß er ihn geleistet hat.

Art. 4. Kein königlicher Befehl kann ausgeführt werden, wenn er nicht durch ihn gezeichnet und durch den Minister oder den Vorgesetzten des Departements gegengezeichnet ist.

Art. 5. Die Minister sind verantwortlich für alle Verbrechen, die durch sie gegen die nationale Sicherheit und die Verfassung begangen werden,

für jeden Angriff auf das Eigentum und die persönliche Freiheit,

für jede Verschwendung der für die Ausgaben ihres Ressorts bestimmten Gelder.

Art. 6. In keinem Fall kann der mündliche oder schriftliche Befehl des Königs einen Minister von seiner Verantwortlichkeit entbinden.

Art. 7. Die Minister sind verpflichtet, jedes Jahr bei Eröffnung der Sitzungsperiode der gesetzgebenden Körperschaft eine Übersicht über die Ausgaben ihres Ressorts zu geben, Rechenschaft abzulegen über die Verwendung der dafür bestimmten Summen und die Missbräuche anzuzeigen, die sich in die verschiedenen Zweige der Regierung einschleichen konnten.

Art. 8. Kein im Dienst oder außer Dienst befindlicher Minister kann in Kriminalfällen seiner Verwaltung ohne einen Beschluss der gesetzgebenden Körperschaft verfolgt werden.

Kapitel III. Von der Ausübung der gesetzgebenden Gewalt

Abschnitt I. Macht und Aufgaben der gesetzgebenden Nationalversammlung

Art. 1. Die Verfassung überträgt ausschließlich der gesetzgebenden Körperschaft die folgenden Vollmachten und Aufgaben:

1. Gesetze vorzuschlagen und zu beschließen. Der König kann allein die gesetzgebende Körperschaft auffordern, eine Sache in Beratung zu nehmen;

2. die öffentlichen Ausgaben festzusetzen;

3. die öffentlichen Steuern anzusetzen, ihre Art, Höhe, Dauer und Erhebungsweise festzulegen;

4. die direkten Steuern unter die Departements des Königreiches zu verteilen, die Verwendung aller öffentlichen Einkünfte zu überwachen und sich davon Rechenschaft geben zu lassen;

5. die Errichtung oder Aufhebung der öffentlichen Ämter zu beschließen;

6. den Feingehalt, den Münzfuß, das Gepräge und die Benennung der Münzen zu bestimmen;

7. die Einführung fremder Truppen in französisches Gebiet oder fremder Seestreitkräfte in die Häfen des Königreiches zu erlauben oder zu verbieten;

8. jährlich nach dem Vorschlag des Königs die Zahl der Männer und der Schiffe festzulegen, aus denen die Streitkräfte zu Wasser und zu Lande zusammengesetzt sind, den Sold und die Zahl der Personen jeden Dienstgrades, die Grundsätze der Zulassung und der Beförderung, die Formen der Werbung und der Entlassung, die Bildung der Schiffsbesatzungen, die Zulassung von fremden Truppen oder Seestreitkräften zum Dienste Frankreichs und die Besoldung der Truppen im Falle der Entlassung;

9. über die Verwaltung zu entscheiden und die Veräußerung der Nationalgüter zu befehlen;

10. vor dem hohen Nationalgericht die Verantwortlichkeit der Minister und der vornehmsten Beamten der ausübenden Gewalt zu verfolgen;

vor dem gleichen Gericht diejenigen zu verklagen und zu verfolgen, die eines Attentats oder einer Verschwörung gegen die allgemeine Sicherheit des Staates oder gegen die Verfassung verdächtig sind;

11. die Gesetze festzulegen, nach denen die rein persönlichen Ehrenzeichen und Auszeichnungen denen verliehen werden, die dem Staate Dienste geleistet haben;

12. die gesetzgebende Körperschaft hat allein das Recht, die öffentlichen Ehrungen zum Gedächtnis großer Männer zu beschließen.

Art. 2. Der Krieg kann nur durch ein Dekret der gesetzgebenden Körperschaft, das auf förmlichen und notwendigen Vorschlag des Königs erlassen und von ihm bestätigt wird, beschlossen werden.

Im Falle drohender oder begonnener Feindseligkeiten, der Unterstützung eines Verbündeten oder der Wahrung eines Rechtes durch Waffengewalt wird der König ohne jede Verzögerung der gesetzgebenden Körperschaft davon Kenntnis und die Gründe bekannt geben. Wenn die gesetzgebende Körperschaft vertagt ist, wird der König sie alsbald zusammenrufen.

Wenn die gesetzgebende Körperschaft entscheidet, daß der Krieg nicht stattfinden darf, wird der König sogleich Maßnahmen ergreifen, um alle Feindseligkeiten zu beenden oder ihnen zuvorzukommen. Die Minister bleiben für den Verzug verantwortlich.

Wenn die gesetzgebende Körperschaft der Ansicht ist, daß die begonnenen Feindseligkeiten ein schuldhafter Angriff irgendeines Ministers oder eines anderen Beamten der ausübenden Macht sind, wird der Urheber des Angriffs strafrechtlich verfolgt werden.

Während des ganzen Verlaufes des Krieges kann die gesetzgebende Körperschaft den König ersuchen, über den Frieden zu verhandeln; und der König ist gehalten, diesem Ersuchen nachzukommen.

Im Augenblick des Kriegsendes wird die gesetzgebende Körperschaft die Frist festsetzen, in der die über den Friedensstand hinaus ausgehobenen Truppen verabschiedet und die Armee auf ihren gewöhnlichen Stand zurückgeführt werden soll.

Art. 3. Es steht der gesetzgebenden Körperschaft zu, die Friedens-, Bündnis und Handelsverträge zu ratifizieren. Jeder Vertrag tritt nur durch diese Ratifikation in Kraft.

Art. 4. Die gesetzgebende Körperschaft hat das Recht, den Ort ihrer Sitzungen festzusetzen, sie fortzuführen, solange sie es für notwendig hält, und sich zu vertragen. Zu Beginn jeder Regierung muß sie sich, wenn sie nicht beisammen ist, ohne Aufschub versammeln.

Sie hat das Polizeirecht am Sitzungsort und außerhalb in dem Umkreis, den sie bestimmen wird.

Sie hat das Disziplinarrecht über ihre Mitglieder. Aber sie darf keine härtere Strafe als den Tadel, Haft für 8 Tage oder Gefängnis für 3 Tage aussprechen.

Sie hat das Recht, zu ihrer Sicherheit und zur Erhaltung der Achtung, die man ihr schuldig ist, über die Streitkräfte zu verfügen, die mit ihrer Zustimmung in der Stadt liegen, in der ihre Sitzungen stattfinden.

Art. 5. Außer auf ihre Anforderung oder mit ihrer Ermächtigung darf die ausübende Gewalt keinen Teil der Linientruppen in einer Entfernung von 30000 Klaftern von der gesetzgebenden Körperschaft marschieren oder sich aufhalten lassen.

Abschnitt II. Abhaltung der Sitzungen. Form der Beratung

Art. 1. Die Beratungen der gesetzgebenden Körperschaft sind öffentlich. Die Protokolle der Sitzungen werden gedruckt.

Art. 2. Die gesetzgebende Körperschaft kann sich indessen bei jeder Gelegenheit zu einem allgemeinen Ausschuß umbilden.
50 Mitglieder haben das Recht, es zu fordern.

Während der Dauer des allgemeinen Ausschusses zieht sich das Bureau zurück, der Stuhl des Präsidenten bleibt frei, die Ordnung wird durch den Vizepräsidenten aufrechterhalten.

Art. 3. Jeder gesetzgebende Akt kann nur in der folgenden Form beraten und beschlossen werden.

Art. 4. Es finden drei Lesungen des Gesetzvorschlages mit drei Zwischenzeiten, von denen jede wenigstens 8 Tage betragen soll, statt.

Art. 5. Nach jeder Lesung findet eine freie Aussprache statt. Trotzdem kann nach der ersten oder zweiten Lesung die gesetzgebende Körperschaft erklären, daß die Vertagung oder keine Beratung stattfindet. Im letzteren Falle kann der Gesetzesvorschlag in der gleichen Sitzungsperiode wieder vorgelegt werden.

Jeder Gesetzesvorschlag wird gedruckt und verteilt, ehe die zweite Lesung stattfinden kann.

Art. 6. Nach der dritten Lesung hat der Präsident das Gesetz zur Beratung zu stellen und die gesetzgebende Körperschaft zu entscheiden, ob ein endgültiger Beschluss stattfinden oder ob die Entscheidung auf einen anderen Zeitpunkt verschoben werden soll, um sich weitere Aufklärungen zu verschaffen.

Art. 7. Die gesetzgebende Körperschaft kann nicht beraten, wenn die Sitzung nicht wenigstens aus 200 Mitgliedern besteht, und jeder Beschluss kann nur mit absoluter Stimmenmehrheit gefasst werden.

Art. 8. Ein Gesetzesvorschlag, der der Aussprache unterworfen und nach der dritten Lesung abgelehnt worden ist, kann in der gleichen Sitzungsperiode nicht wieder vorgelegt werden.

Art. 9. Die Präambel jedes endgültigen Beschlusses soll enthalten 1. die Daten der Sitzungen, in denen die drei Lesungen des Vorschlages stattgefunden haben, 2. den Beschluss, durch den nach der 3. Lesung festgesetzt wurde, endgültig zu entscheiden.

Art. 10. Der König wird seine Bestätigung einem Beschluss verweigern, dessen Präambel die Beachtung obiger Formen nicht bezeugt. Wenn einer dieser Beschlüsse schon bestätigt wäre, können ihn die Minister weder besiegeln noch verkünden. Ihre Verantwortlichkeit in dieser Hinsicht wird 6 Jahre dauern.

Art. 11. Ausgenommen von den obigen Verfügungen sind die durch eine vorherige Beratung der gesetzgebenden Körperschaft als dringend anerkannten und erklärten Beschlüsse; doch können sie im Verlauf der gleichen Sitzungsperiode verändert oder widerrufen werden.

Der Beschluss, durch den der Gegenstand für dringend erklärt wird, muss die Gründe hierfür enthalten. Im Eingang des endgültigen Beschlusses wird des vorläufigen Beschlusses Erwähnung getan.

Abschnitt III. Von der königlichen Bestätigung

Art. 1. Die Beschlüsse der gesetzgebenden Körperschaft werden dem König vorgelegt, der ihnen seine Zustimmung verweigern kann.

Art. 2. Im Falle, daß der König seine Zustimmung verweigert, ist diese Verweigerung nur von aufschiebender Wirkung.

Wenn die beiden Legislaturperioden, die derjenigen folgen, die den Beschluss vorgelegt hat, nacheinander den gleichen Beschluss in der gleichen Fassung wieder vorlegen, so wird angenommen, daß der König seine Bestätigung erteilt hat.

Art. 3. Die Zustimmung des Königs wird auf jedem Beschluss durch diese vom König unterzeichnete Formel ausgedrückt: „Der König stimmt zu und läßt es ausführen."

Die aufschiebende Verweigerung wird so ausgedrückt: „Der König wird es prüfen."

Art. 4. Der König ist verpflichtet, seine Zustimmung oder seine Verweigerung auf jedem Dekret binnen zwei Monaten nach der Vorlage auszudrücken.

Art. 5. Ein Dekret, dem der König seine Zustimmung verweigert hat, kann ihm in der gleichen Legislaturperiode nicht wieder vorgelegt werden.

Art. 6. Die Beschlüsse, die durch den König bestätigt sind und die, die ihm durch drei aufeinander folgende Legislaturperioden vorgelegt sind, haben Gesetzeskraft und führen den Namen und Titel „Gesetz".

Art. 7. Ohne der Bestätigung unterworfen zu sein, werden als Gesetzes ausgeführt die Akte der gesetzgebenden Körperschaft, die ihre Verfassung als beratende Versammlung betreffen;

die Polizei im Innern derselben und außerhalb in dem Umkreis, den sie bestimmen wird;

die Prüfung der Vollmachten ihrer anwesenden Mitglieder;

die Befehle an abwesende Mitglieder;

die Einberufung der Urversammlungen, wenn sie in Verzug sind;

die Ausübung der verfassungsmäßigen Polizei über die Verwaltungs- und Gemeindebeamten;

die Fragen der Wahlfähigkeit und der Gültigkeit von Wahlen.

Ebenso sind der Bestätigung nicht unterworfen die Akte, welche die Verantwortlichkeit der Minister betreffen, und die Beschlüsse, die festlegen, daß eine Anklage stattfindet.

Art. 8. Die Beschlüsse der gesetzgebenden Körperschaft, welche die Einrichtung, die Verschiebung und die Erhebung von öffentlichen Steuern betreffen, tragen den Namen und Titel von Gesetzen. Sie werden, ohne der Bestätigung unterworfen zu sein, verkündet und ausgeführt, wenn sie keine anderen Strafen als Bußen und Geldstrafen festsetzen.

Diese Beschlüsse können nur unter Beachtung der durch die Artikel 4.5.6.7.8. und 9 des II. Abschnittes dieses Kapitels vorgeschriebnenen Formen gefaßt werden. Die gesetzgebende Körperschaft kann keine andersartige Verfügung diesem Gegenstand hinzufügen.

Abschnitt IV. Beziehungen der gesetzgebenden Körperschaft zum Könige

Art. 1. Wenn die gesetzgebende Körperschaft endgültig gebildet ist, sendet sie dem König eine Abordnung, um ihn davon zu unterrichten. Der König kann jedes Jahr die Sitzungsperiode eröffnen und die Gegenstände vorschlagen, von denen er glaubt, daß sie während der Dauer dieser Sitzungsperiode in Beratung genommen werden müssen. Doch darf diese Förmlichkeit nicht als notwendig für die Tätigkeit der gesetzgebenden Körperschaft betrachtet werden.

Art. 2. Wenn die gesetzgebende Körperschaft sich länger als 14 Tage vertagen will, ist sie verpflichtet, den König wenigstens 8 Tage zuvor durch eine Abordnung davon zu benachrichtigen.

Art. 3. Wenigstens 8 Tage vor dem Ende jeder Sitzungsperiode schickt die gesetzgebende Körperschaft dem König eine Abordnung, um ihm den Tag mitzuteilen, an dem sie vorhat, ihre Sitzungen zu beenden. Der König kann kommen, um den Abschluß der Sitzungsperiode vorzunehmen.

Art. 4. Wenn der König es dem Besten des Staates zuträglich findet, daß die Sitzungsperiode fortdauert oder daß keine Vertagung oder nur eine für kürzere Zeit stattfindet, kann er eine Botschaft senden, worüber die gesetzgebende Körperschaft beraten muß.

Art. 5. Der König wird die gesetzgebende Körperschaft in der Zeit zwischen den Sitzungsperioden jedesmal zusammenrufen, wenn es ihm das Staatsinteresse zu erfordern scheint, sowie in den Fällen, die durch die gesetzgebende Körperschaft vor ihrer Vertagung vorgesehen und bestimmt sind.

Art. 6. Sooft der König sich an den Sitzungsort der gesetzgebenden Körperschaft begibt, wird er durch eine Abordnung empfangen und zurückgeleitet. Er darf in das Innere des Saales nur durch den Kronprinzen und die Minister begleitet werden.

Art. 7. In keinem Fall darf der Präsident an einer Deputation teilnehmen.

Art. 8. Die gesetzgebende Körperschaft hört auf, eine beratende Körperschaft zu sein, sooft der König anwesend ist.

Art. 9. Die Akten des Schriftwechsels des Königs mit der gesetzgebenden Körperschaft sollen immer durch einen Minister gegengezeichnet sein.

Art. 10. Die königlichen Minister haben Zutritt zur gesetzgebenden Nationalversammlung. Sie haben dort einen bestimmten Platz.

Sie sollen jedesmal über Gegenstände ihrer Verwaltung gehört werden, wenn sie es fordern, oder wenn sie ersucht werden, Aufklärungen zu geben.

Sie sollen ebenso über Gegenstände gehört werden, die ihrer Verwaltung fremd sind, wenn die Nationalversammlung ihnen das Wort erteilt.

Kapitel IV. Von der Ausübung der vollziehenden Gewalt

Art. 1. Die oberste vollziehende Gewalt ruht ausschließlich in der Hand des Königs.

Der König ist der oberste Chef der allgemeinen Verwaltung des Königsreiches. Die Sorge, über die Aufrechterhaltung der öffentlichen Ordnung und Ruhe zu wachen, ist ihm anvertraut. Der König ist der oberste Chef der Streitkräfte zu Wasser und zu Lande.

Dem König ist die Sorge übertragen, über die äußere Sicherheit des Königreiches zu wachen und dessen Rechte und Besitzungen zu erhalten.

Art. 2. Der König ernennt die Botschafter und die anderen diplomatischen Geschäftsträger.

Er verleiht das Kommando über Armee und Flotte und die Würden eines Marschalls von Frankreich und eines Admirals. Er ernennt zwei Drittel der Konteradmirale, die Hälfte der Generalleutnante, Generalmajore, Kapitäne von Kriegsschiffen und Obersten der Nationalgarde.

Er ernennt ein Drittel der Obersten und Oberstleutnante und ein Sechstel der Kapitänleutnants.

Und das alles in Übereinstimmung mit den Gesetzen über die Beförderung.

Er ernennt in der Zivilverwaltung der Marine die Vorsteher, Kontrolleure und Schatzmeister der Arsenale, die Leiter der Arbeiten, die Unterleiter der Zivilbauten, die Hälfte der Verwaltungsleiter und der Unterbauleiter.

Er ernennt die Kommissare bei den Tribunalen.

Er ernennt die Chefs bei der Verwaltung der indirekten Abgaben und der Verwaltung der Nationalgüter.

Er überwacht die Prägung der Münzen und ernennt die Beamten, die mit dieser Überwachung in der allgemeinen Kommission und in den Münzhäusern beauftragt sind.

Das Bild des Königs ist allen Münzen des Königreiches eingeprägt.

Art. 3. Der König läßt die Patente, Diplome und Bestallungen für die öffentlichen Beamten und andere, die sie erhalten müssen, ausstellen.

Art. 4. Der König läßt die Liste der Pensionen und Belohnungen aufstellen, die der gesetzgebenden Körperschaft in jeder Sitzungsperiode vorzulegen und von ihr gegebenenfalls zu beschließen ist.

Abschnitt I. Von der Verkündung von Gesetzen

Art. 1. Die vollziehende Gewalt muß die Gesetze mit dem Staatssiegel besiegeln und verkünden. Sie muß gleichermaßen die Akte der gesetzgebenden Körperschaft, die nicht der Sanktion des Königs bedürfen, verkünden und ausführen.

Art. 2. Sie soll von allen Gesetzen zwei Originalausfertigungen herstellen, beide vom König unterzeichnet, vom Justizminister gegengezeichnet und mit dem Staatssiegel besiegelt.

Die eine verbleibt in den Archiven des Siegelbewahrers, die andere wird den Archiven der gesetzgebenden Körperschaft übergeben.

Art. 3. Die Verkündung soll so lauten: „N. (der Name des Königs), von Gottes Gnaden und durch das Verfassungsgesetz des Staates König der Franzosen, allen Gegenwärtigen und Künftigen Heil. Die Nationalversammlung hat beschlossen und wir wollen und befehlen das folgende:

(Die wörtliche Abschrift des Beschlusses wird ohne jede Änderung angefügt.)

„Wir ordnen an und befehlen allen Verwaltungskörperschaften und Gerichtshöfen, daß sie diese Urkunde in ihrer Register eintragen, lesen, veröffentlichen und in ihren Departments und

Ressorts anschlagen und als Gesetz des Königreiches ausführen. Zu Urkund dessen haben wir diese Urkunde unterzeichnet und mit dem Staatssiegel besiegeln lassen."

Art. 4. Wenn der König minderjährig ist, werden die Gesetze, Proklamationen und andere Akte der königlichen Autorität während der Regentschaft folgendermaßen lauten: „N. (der Name des Regenten), Regent des Königreiches im Namen des N. (der Name des Königs), durch Gottes Gnade und durch das Verfassungsgesetz des Staates König der Franzosen usw."

Art. 5. Die vollziehende Gewalt muß die Gesetze den Verwaltungskörperschaften und Gerichtshöfen zusenden und diese Zusendung bescheinigen lassen und davon der gesetzgebenden Körperschaft Rechenschaft ablegen.

Art. 6. Die vollziehende Gewalt kann kein Gesetz, nicht einmal provisorisch, erlassen, sondern nur Proklamationen in Übereinstimmung mit den Gesetzen, um deren Ausführung zu befehlen oder an sie zu erinnern.

Abschnitt II. Von der inneren Verwaltung

Art. 1. In jedem Departement gibt es eine obere Verwaltung, in jedem Distrikt eine untergeordnete Verwaltung.

Art. 2. Die Administratoren sind keine Vertreter des Volkes. Sie sind durch das Volk auf Zeit gewählte Beamte, um unter der Aufsicht und der Autorität des Königs die Verwaltungsaufgaben auszuführen.

Art. 3. Sie können sich nicht in die Ausübung der gesetzgebenden Gewalt einmischen, die Ausführung der Gesetze aufschieben noch etwas gegen richterliche Anordnungen oder militärische Verfügungen und Operationen unternehmen.

Art. 4. Die Administratoren sind vor allem verpflichtet, die direkten Steuern zu verteilen und das Eingehen aller Abgaben und öffentlichen Einkünfte in ihrem Gebiet zu überwachen.

Es steht der gesetzgebenden Gewalt zu, die Grundsätze und die Art ihrer Amtsführung zu bestimmen, sowohl hinsichtlich der oben ausdrücklich genannten Gegenstände, wie aller anderen Zweige der inneren Verwaltung.

Art. 5. Der König hat das Recht, die Verfügungen der Administratoren der Departements aufzuheben, die den Gesetzen und den Anordnungen, die er ihnen gegeben hat, widersprechen.

Er kann sie im Falle dauernder Gehorsamsverweigerung oder, wenn sie durch ihre Verfügung die öffentliche Sicherheit oder Ruhe gefährden, von ihren Geschäften entheben.

Art. 6. Die Administratoren der Departements haben auch das Recht, die Verfügungen der Unteradministratoren der Distrikte aufzuheben, die den Gesetzen oder den Befehlen der Administratoren des Departements oder den Anordnungen, die diesen gegeben oder zugestellt sind, widersprechen.

Sie können auch im Falle dauernden Ungehorsams der Unteradministratoren, oder wenn diese durch ihre Verfügungen die öffentliche Ruhe oder Sicherheit gefährden, sie von ihren Geschäften entheben, unter der Bedingung, daß sie davon den König unterrichten, der die Suspension aufheben oder bestätigen kann.

Art. 7. Der König kann, wenn die Administratoren der Departements die Macht, die ihnen in den vorstehenden Artikeln übertragen ist, nicht gebrauchen, unmittelbar die Verfügungen der Unteradministratoren aufheben und sie ebenfalls suspendieren.

Art. 8. Wenn der König die Suspension von Administratoren oder Unteradministratoren ausgesprochen oder bestätigt hat, unterrichtet er davon jedesmal die gesetzgebende Körperschaft.

Diese kann die Suspension aufheben oder bestätigen oder darüber hinaus die schuldige Verwaltung auflösen und alle Administratoren oder einige von ihnen den Strafgerichten übergeben oder gegen sie Anklage erheben.

Abschnitt III. Von den auswärtigen Beziehungen

Art. 1. Allein der König unterhält politische Beziehungen zum Auslande, führt die Verhandlungen, trifft Kriegsvorbereitungen im Verhältnis zu denen der Nachbarstaaten, verteilt die Streitkräfte zu Wasser und zu Lande, so wie es ihm angemessen erscheint, und regelt ihre Verwendung im Kriegsfalle.

Art. 2. Jede Kriegserklärung soll in dieser Form geschehen: „Von seiten des Königs der Franzosen im Namen der Nation."

Art. 3. Dem König steht es zu, mit allen fremden Mächten die Friedens-, Bündnis- und Handelsverträge und andere Übereinkommen, die er zugunsten des Staates für notwendig hält, abzuschließen und zu unterzeichnen, vorbehaltlich der Ratifizierung durch die gesetzgebende Körperschaft.

Kapitel V. Von der richterlichen Gewalt

Art. 1. Die richterliche Gewalt kann in keinem Fall durch die gesetzgebende Körperschaft oder durch den König ausgeübt werden.

Art. 2. Die Rechtsprechung erfolgt kostenlos durch die auf Zeit durch das Volk gewählten und durch Patente des Königs, die er nicht verweigern kann, eingesetzten Richter.
Sie können nur wegen eines gehörig abgeurteilten Amtsvergehens abgesetzt oder wegen einer zugelassenen Anklage suspendiert werden.
Der öffentliche Ankläger wird durch das Volk gewählt.

Art. 3. Die Gerichtshöfe können sich nicht in die Ausübung der gesetzgebenden Gewalt einmischen oder die Ausführung der Gesetze aufheben noch etwas gegen die Verwaltungsbehörden unternehmen oder die Administratoren auf Grund ihrer Funktion vorladen.

Art. 4. Die Bürger können ihren gesetzlichen Richtern durch keine Mandate, Verfügungen oder Anordnungen, als die durch die Gesetze bestimmten, entzogen werden.

Art. 5. Das Recht der Bürger, auf schiedsrichterlichem Wege ihre Streitsachen endgültig zu entscheiden, kann durch Verfügungen der gesetzgebenden Gewalt nicht eingeschränkt werden.

Art. 6. Die gewöhnlichen Gerichtshöfe können keinen Zivilfall annehmen, wenn ihnen nicht nachgewiesen wird, daß die

Parteien erschienen sind oder daß der Kläger die Gegenpartei vor Mittelmännern geladen hat, um zu einem Ausgleich zu gelangen.

Art. 7. In den Städten und Kantonen wird es einen oder mehrere Friedensrichter geben. Ihre Zahl wird durch die gesetzgebende Gewalt festgesetzt.

Art. 8. Es steht der gesetzgebenden Gewalt zu, die Zahl und die Bezirke der Gerichtshöfe und die Zahl der Richter an jedem Gerichtshof zu bestimmen.

Art. 9. In Straffällen kann ein Bürger nur durch eine von Geschworenen erhobene oder von der gesetzgebenden Körperschaft in den Fällen, in denen ihr die Erhebung der Anklage zusteht, beschlossene Anklage verurteilt werden.

Nach zugelassener Anklage wird der Tatbestand durch Geschworene erkannt und festgestellt.

Der Angeklagte hat das Recht, bis zu 20 [der Geschworenen] abzulehnen, ohne Gründe anzugeben.

Die Geschworenen, die den Tatbestand feststellen, können nicht weniger als 12 sein.

Die Anwendung des Gesetzes erfolgt durch die Richter.

Die Verhandlung soll öffentlich sein. Den Angeklagten kann der Beistand eines Anwaltes nicht verweigert werden.

Jeder, der durch ein Geschworenengericht rechtskräftig freigesprochen ist, kann für den gleichen Tatbestand nicht erneut ergriffen oder angeklagt werden.

Art. 10 Niemand kann ergriffen werden, ohne vor einen Polizeibeamten geführt zu werden. Und niemand kann verhaftet oder in Haft gehalten werden, als auf Grund eines Befehls eines Polizeibeamten, eines Haftbefehls eines Gerichtshofes, eines Anklagebeschlusses der gesetzgebenden Körperschaft in den Fällen, in denen es ihr zukommt, sie zu erheben, oder einer Verurteilung zu Gefängnis oder Zuchthaus.

Art. 11. Jeder, der ergriffen und vor einen Untersuchungsrichter geführt ist, muß sofort oder spätestens binnen 24 Stunden verhört werden.

Ergibt sich aus dem Verhör, daß keine Ursache zur Anklage

gegen ihn vorliegt, ist er sofort in Freiheit zu setzen. Ist es nötig, ihn dem Untersuchungsgefängnis zu überantworten, so ist er dorthin in der kürzesten Frist, die keinesfalls 3 Tage überschreiten darf, zu übergeben.

Art. 12. Kein Verhafteter darf in Haft gehalten werden, wenn er in den Fällen, in denen es das Gesetz erlaubt, gegen Stellung einer Kaution auf freiem Fuß zu bleiben, eine genügende Kaution stellt.

Art. 13. Im Falle, daß die Verhaftung durch das Gesetz begründet ist, darf man nur in die gesetzlich und öffentlich bezeichneten Gebäude, die als Untersuchungsgefängnis, Hafthaus oder Gefängnis dienen, gebracht und in ihnen in Haft gehalten werden.

Art. 14. Ein Gefängniswärter oder Kerkermeister darf einen Menschen nur auf Grund eines der im Artikel 10 erwähnten Haftbefehle, Anklagebeschlüsse und Urteile in Empfang nehmen und behalten und muß darüber in seine Register eine Eintragung gemacht haben.

Art. 15. Jeder Gefängniswärter oder Kerkermeister ist verpflichtet, ohne daß ihn irgendein Befehl davon entbinden kann, den Häftling dem Beamten, der die Polizeiaufsicht über das Gefängnis hat, jedesmal vorzuführen, wenn es dieser verlangt.

Die Vorführung eines Häftlings kann auch seinen Verwandten und Freunden nicht verweigert werden, wenn diese den Befehl des Beamten vorzeigen, den dieser ihnen stets zugestehen muß, es sei denn, daß der Gefängniswärter oder Kerkermeister einen in sein Register eingetragenen richterlichen Befehl vorweist, den Gefangenen in Sonderhaft zu halten.

Art. 16. Jeder, welches Standes oder Amtes er sei, mit Ausnahme derer, denen das Gesetz das Recht zur Verhaftung gibt, der einen Haftbefehl gegen einen Bürger ausstellt, unterzeichnet, ausführt oder ausführen läßt, oder wer selbst in den durch das Gesetz gerechtfertigten Fällen der Verhaftung einen Bürger an einen nicht öffentlich und gesetzmäßig bezeichneten Haftort bringt, aufnimmt oder zurückhält, und jeder Gefängniswärter oder Kerkermeister, der den Anordnungen der obigen Artikel 14 und 15 zuwiderhandelt, machen sich des Verbrechens der willkürlichen Verhaftung schuldig.

Art. 17. Niemand kann auf Grund von Schriften, die er über irgendwelche Gegenstände hat drucken oder veröffentlichen lassen, zur Untersuchung gezogen oder verfolgt werden, es sei denn, daß er zum Ungehorsam gegen das Gesetz, zur Verächtlichmachung der verfassungsmäßigen Gewalten, zum Widerstand gegen ihre Verfügungen oder zu irgendwelchen durch das Gesetz als Verbrechen oder Vergehen erklärten Handlung auffordert.

Die Kritik der Verfügungen der verfassungsmäßigen Gewalten ist erlaubt. Aber willkürliche Verleumdungen gegen die Rechtmäßigkeit der Beamten und die Rechtlichkeit ihrer Absichten bei Ausübung ihres Dienstes können von denen die davon betroffen werden, verfolgt werden.

Verleumdungen und Beleidigungen irgendwelcher Personen, die sich auf ihr Privatleben erstrecken, können auf ihre Anklage hin bestraft werden.

Art. 18. Keiner kann in Zivil- oder Straffällen für den Druck oder die Veröffentlichung von Schriften verurteilt werden, wenn nicht ein Geschworenengericht erkannt und erklärt hat, daß die betreffende Schrift ein Vergehen enthält und daß der Angeklagte dessen schuldig ist.

Art. 19. Für das ganze Königreich gibt es nur einen Kassationshof, der bei der gesetzgebenden Körperschaft eingerichtet wird. Er hat die Aufgabe, einen Ausspruch zu fällen über die Forderung der Kassation gegen die in letzter Instanz durch die Gerichtshöfe gefällten Urteile, über die Forderung der Überweisung von einem Gerichtshof an einen anderen im Falle eines rechtmäßigen Verdachtes, über die Dienstordnung der Richter und über Beschuldigungen gegen einen ganzen Gerichtshof.

Art. 20. Im Falle der Kassation kann der Kassationshof niemals über den Tatbestand erkennen. Aber nachdem das Urteil kassiert ist, weil es auf Grund eines Verfahrens ergangen ist, in dem die Formen verletzt wurden, oder weil es einen ausdrücklichen Widerspruch zum Gesetz enthält, wird er die Streitsache dem Gerichtshof, der darüber erkennen muß, zurücksenden.

Art. 21. Wenn nach zwei Kassationen das Urteil des dritten Gerichtes mit den gleichen Mitteln wie die beiden ersten angefochten wird, kann die Frage vom Kassationshof nicht mehr behandelt werden, ohne der gesetzgebenden Körperschaft vorgelegt zu werden, die einen erklärenden Beschluß zu dem Gesetz fassen wird, nach dem sich der Kassationshof zu richten hat.

Art. 22. Jedes Jahr muß der Kassationshof eine Deputation von 8 seiner Mitglieder vor die Schranken der gesetzgebenden Körperschaft schicken. Sie haben ihr eine Übersicht über die gefällten Urteilssprüche mit einem kurzen Abriß der Sache und des Gesetzestextes, der die Entscheidung bestimmt hat, zu übergeben.

Art. 23. Ein nationales Hochgericht, daß aus Mitgliedern des Kassationshofes und Hochgeschworenen gebildet wird, erkennt über die Vergehen der Minister und der vornehmsten Beamten der vollziehenden Gewalt und Verbrechen, die die allgemeine Sicherheit des Staates berühren, wenn die gesetzgebende Körperschaft einen Anklagebeschluss faßt.

Es versammelt sich nur auf die Proklamation der gesetzgebenden Körperschaft hin und in einer Entfernung von mindestens 30000 Klaftern von dem Ort, an dem die gesetzgebende Körperschaft ihre Sitzungen hält.

Art. 24. Die Ausfertigungen der Urteile der Gerichtshöfe sollen wie folgt gefaßt sein:

„N. (der Name des Königs), durch Gottes Gnaden und durch das Verfassungsgesetz des Staates König der Franzosen, allen Gegenwärtigen und Zukünftigen Heil. Der Gerichtshof von … hat das folgende Urteil gefällt:" (Hier folgt der Wortlaut des Urteils, in dem der Name der Richter zu erwähnen ist.) „Wir ordnen an und befehlen daraufhin, daß alle Gerichtsdiener dies Urteil zur Ausführung bringen, daß unsere Kommissare bei den Gerichtshöfen dazu behilflich sind, und daß alle Kommandanten und Offiziere der öffentlichen Streitkräfte standhaft Hilfe leisten, wenn sie gesetzmäßig darum ersucht werden. Zu Urkund dessen ist das gegenwärtige Urteil durch den Präsidenten des Gerichtshofes und den Gerichtsschreiber unterzeichnet."

Art. 25. Die Aufgaben der königlichen Kommissare bei den Gerichtshöfen bestehen darin, die Beobachtung der Gesetze bei den zu fällenden Urteilen zu verlangen und die gefällten Urteile ausführen zu lassen. Sie sollen keine öffentlichen Ankläger sein, aber über alle Anklagen gehört werden. Sie sollen während der Verhandlung für die Beobachtung der Formen und vor dem Urteil für die Anwendung des Gesetzes eintreten.

Art. 26. Die königlichen Kommissare bei den Gerichtshöfen sollen dem Direktor des Geschwornengerichts, sei es von Amts wegen, sei es auf königlichen Befehl hin, Anzeige erstatten

von Angriffen gegen die persönliche Freiheit der Bürger, gegen den freien Vertrieb der Lebensmittel und andere Handelsartikel und gegen die Erhebung der Steuern;

von Verbrechen, durch welche die Ausführung der Befehle, die der König in Ausübung der ihm übertragenen Funktionen erteilt, gestört oder gehindert wird;

von Angriffen gegen das Völkerrecht

und von Auflehnungen gegen die Ausführung der Urteile und alle ausführenden Maßnahmen der verfassungsmäßigen Gewalten.

Art. 27. Der Justizminister zeigt dem Kassationshof durch den königlichen Kommissar und unter Vorbehalt des Rechts der beteiligten Parteien die Fälle an, in denen die Richter die Grenzen ihrer Macht überschritten haben.

Der Gerichtshof wird sie annullieren. Und wenn sie zur Strafverfolgung Anlaß geben, wird er sie der gesetzgebenden Körperschaft anzeigen, die gegebenenfalls den Anklagebeschluß faßt und die Angeklagten vor das nationale Hochgericht stellt.

Titel IV. Von den Streitkräften

Art. 1. Die Streitkräfte sind dazu da, um den Staat gegen äußere Feinde zu verteidigen und die Aufrechterhaltung der Ordnung und die Ausführung der Gesetze im Innern zu sichern.

Art. 2. Sie bestehen aus dem Heer und der Flotte, den besonders zum inneren Dienst bestimmten Truppen und ergänzend aus den aktiven Bürgern und ihren Söhnen, die Waffen tragen können und in die Liste der Nationalgarde eingetragen sind.

Art. 3. Die Nationalgarden bilden kein militärisches Korps und keine Institution im Staate. Es sind die Bürger selbst, die zum Dienst in den Streitkräften gerufen werden.

Art. 4. Die Bürger können als Nationalgarden nur auf Grund einer gesetzlichen Anforderung oder Ermächtigung zusammentreten und handeln.

Art. 5. Sie sind in dieser Eigenschaft einer durch das Gesetz bestimmten Organisation unterworfen.

Sie können im ganzen Königreich nur eine Disziplinarordnung und eine Uniform haben.

Die Dienstgrade und die Unterordnung bestehen nur hinsichtlich des Dienstes und während seiner Dauer.

Art. 6. Die Offiziere werden auf Zeit gewählt und können nur gewählt werden, nachdem sie eine Zeitlang als Soldat Dienst getan haben. Niemand kann die Nationalgarde von mehr als einem Distrikt befehligen.

Art. 7. Alle Teile der Streitkräfte, die für die Sicherheit des Staates gegen äußere Feinde verwendet werden, handeln unter dem Befehl des Königs.

Art. 8. Kein Korps und keine Abteilung der Linientruppen kann im Innern des Königreiches ohne gesetzliche Anforderungen verwendet werden.

Art. 9. Ein Beauftragter der Streitkräfte kann in das Haus eines Bürgers nur zur Ausführung von Befehlen der Polizei oder der Justiz oder in den durch das gesetz ausdrücklich vorgesehenen Fällen eintreten.

Art. 10. Die Anforderung der Streitkräfte im Innern des Königreiches steht den Zivilbeamten nach den durch die gesetzgebende Körperschaft bestimmten Grundsätzen zu.

Art. 11. Wenn Unruhen in einem ganzen Departement herrschen, soll der König unter der Verantwortlichkeit seiner Minister die notwendigen Befehle für die Ausführung der Gesetze und Wiederherstellung der Ordnung geben. Aber er soll zugleich die gesetzgebende Körperschaft, wenn sie versammelt ist, davon benachrichtigen und sie einberufen, wenn sie vertagt ist.

Art. 12. Die Streitkräfte sind ihrem Wesen nach gehorchend. Kein bewaffnetes Korps kann beraten.

Art. 13. Die Streitkräfte zu Wasser und zu Lande und die Truppe, die für die innere Sicherheit bestimmt ist, sind besonderen Gesetzen für die Aufrechterhaltung der Disziplin und die Form der Urteile und die Art der Strafen bei militärischen Vergehen unterworfen.

Titel V. Von den öffentlichen Abgaben

Art. 1. Die öffentlichen Abgaben werden jährlich durch die gesetzgebende Körperschaft beraten und festgesetzt und können, wenn sie nicht ausdrücklich erneuert werden, nicht über den letzten Tag der folgenden Sitzungsperiode hinaus bestehen.

Art. 2. Unter keinem Vorwand dürfen die notwendigen Mittel für die Zahlung der Nationalschuld und für die Zahlung der Zivilliste verweigert oder aufgeschoben werden.

Das Gehalt der pensionierten, beibehaltenen oder durch Beschluß der verfassungsgebenden Nationalversammlung gewählten oder ernannten Diener des katholischen Gottesdienstes bildet einen Teil der Nationalschuld.

Die gesetzgebende Körperschaft kann in keinem Fall die Nation mit der Bezahlung der Schulden eines einzelnen belasten.

Art. 3. Die ausführlichen, durch die Minister oder Generalsekretäre gezeichneten und bestätigten Rechnungen der Ausgaben der Ministerien sollen bei Beginn der Sitzungen einer jeden Legislaturperiode durch Druck veröffentlicht werden.

In gleicher Weise soll es mit den Übersichten über die Einnahmen der öffentlichen Abgaben und alle öffentlichen Einkünfte gehalten werden.

Die Übersichten der Ausgaben und Einnahmen sollen ihrer Art nach getrennt sein und die jährlich in jedem Distrikt eingenommenen und ausgegebenen Beträge enthalten.

Die besonderen Ausgaben jedes Departements und die der Gerichtshöfe, Verwaltungskörper und anderer Institutionen sollen in gleicher Weise veröffentlicht werden.

Art. 4. Die Administratoren der Departements und die Unteradministratoren können weder eine öffentliche Abgabe festsetzen noch irgendeine Verteilung vornehmen, die über die von der gesetzgebenden Körperschaft festgesetzten Fristen und Summen hinausgeht noch, ohne von ihr dazu ermächtigt zu sein, irgendeine örtliche Anleihe zu Lasten der Bürger des Departments beraten oder erlauben.

Art. 5. Die vollziehende Gewalt leitet und überwacht die Erhebung und Einnahme der Abgaben und gibt alle hierzu notwendigen Befehle.

Titel VI. Von den Beziehungen der französischen Nation zu fremden Nationen

Die französische Nation verzichtet darauf, einen Krieg zu unternehmen, um Eroberungen zu machen. Sie wird ihre Streitkräfte niemals gegen die Freiheit eines anderen Volkes verwenden.

Die Verfassung lässt das Heimfallrecht nicht zu.

Ausländer, in Frankreich ansässig oder nicht, folgen ihren ausländischen oder französischen Verwandten nach.

Sie können Schulden machen, in Frankreich gelegene Güter erwerben und empfangen und gleich jedem französischen Bürger mit allen durch das Gesetz erlaubten Mitteln darüber verfügen. In Frankreich befindliche Ausländer sind den gleichen Straf- und Polizeigesetzen unterworfen wie die französischen Bürger vorbehaltlich der mit fremden Mächten getroffenen Übereinkünfte.

Ihre Person, ihre Güter, ihr Gewerbe, ihre Religion sind in gleicher Weise durch das Gesetz geschützt.

Titel VII. Von der Revision der Verfassungsbeschlüsse

Art. 1. Die verfassunggebende Nationalversammlung erklärt, daß die Nation das unveräußerliche Recht hat, ihre Verfassung zu ändern; jedoch in Anbetracht dessen, daß es dem nationalen Interesse angemessener ist, die Artikel, deren Unzuträglichkeit die Erfahrung lehren wird, nur mit den in der Verfassung selbst vorgesehenen Mitteln zu reformieren, beschließt sie, daß [eine Änderung] durch die Revisionsversammlung in folgender Form vorgenommen werden soll:

Art. 2. Wenn drei aufeinanderfolgende gesetzgebende Versammlungen den einstimmigen Wunsch auf Änderung eines Verfassungsartikels geäußert haben, soll die geforderte Revision stattfinden.

Art. 3. Die nächste und die darauffolgende können keine Revision eines Verfassungsartikels vorschlagen.

Art. 4. Von den drei gesetzgebenden Versammlungen, die nacheinander irgendwelche Änderungen vorschlagen können, sollen sie die beiden ersten mit dieser Frage nur in den beiden letzten Monaten ihrer letzten Sitzungsperiode und die dritte am Ende ihrer ersten jährlichen Sitzungsperiode oder zu Beginn der zweiten befassen.

Die Beratungen über diesen Gegenstand sind den gleichen Formen wie die gesetzgebenden Akte unterworfen. Aber die Beschlüsse, durch die die gesetzgebenden Körperschaften ihren Wunsch geäußert haben, bedürfen nicht der königlichen Bestätigung.

Art. 5. Die vierte gesetzgebende Körperschaft, vermehrt um 249 in den einzelnen Departements durch Verdoppelung der gewöhnlichen, auf Grund seiner Bevölkerungszahl gewählten Mitglieder bildet die Revisionsversammlung.

Diese 249 Mitglieder werden, nachdem die Wahl der Abgeordneten zur gesetzgebenden Körperschaft beendet ist, gewählt, und es wird darüber ein besonderes Protokoll aufgenommen.

Die Revisionsversammlung besteht nur aus einer Kammer.

Art. 6 Die Mitglieder der dritten gesetzgebenden Körperschaft, die die Abänderung gefordert hat, können zur Revisionsversammlung nicht gewählt werden.

Art. 7. Die Mitglieder der Revisionsversammlung leisten, nachdem sie gemeinsam den Eid frei zu leben oder zu sterben ausgesprochen haben, persönlich den Eid, sich auf Beschlüsse über die Gegenstände zu beschränken, die ihnen auf einstimmigen Wunsch der drei vorhergehenden gesetzgebenden Körperschaften überwiesen sind, darüber hinaus mit allen ihren Kräften die durch die verfassunggebende Nationalversammlung in den Jahren 1789, 1790 und 1791 beschlossene Verfassung aufrechtzuerhalten und in allem der Nation, dem Gesetz und dem König treu zu sein.

Art. 8. Die Revisionsversammlung ist verpflichtet, sich ununterbrochen und ohne Aufschub mit den Gegenständen, die ihrer Prüfung übergeben sind, zu beschäftigen. Sobald ihre Arbeit abgeschlossen ist, ziehen sich die 249 überzähligen Mitglieder zurück, ohne in irgendeinem Falle an den gesetzgebenden Akten teilzunehmen.

Die Kolonien und französischen Besitzungen in Asien, Afrika und Amerika sind, obgleich sie Teile des Französischen Reiches sind, in der vorliegenden Verfassung nicht inbegriffen.

Keine der durch die Verfassung eingesetzten Gewalten hat das Recht, diese insgesamt oder teilweise zu verändern, vorbehaltlich der Verbesserungen, die in Übereinstimmung mit den Anordnungen des obigen Titels VII durch den Wunsch nach Revision vorgenommen werden können.

Die verfassunggebende Nationalversammlung vertraut sie der Treue der gesetzgebenden Körperschaft, des Königs und der Richter, der Wachsamkeit der Familienväter, den Gattinnen und Müttern, der Liebe der jungen Bürger, dem Mute aller Franzosen an.

Die Beschlüsse der verfassunggebenden Nationalversammlung, die nicht in der Verfassung enthalten sind, werden als Gesetze ausgeführt. Die früheren Gesetze, die sie nicht aufgehoben hat, sollen in gleicher Weise betrachtet werden, bis die einen oder die anderen durch die gesetzgebende Gewalt widerrufen oder abgeändert werden.

Die Nationalversammlung erklärt, nachdem sie die Verlesung der vorliegenden Verfassung angehört und sie gebilligt hat, daß die Verfassung beschlossen ist und daß sie nicht daran ändern könne.

Sie wählt sofort eine Abordnung von 60 Mitgliedern, um heute die Verfassung dem König vorzulegen.

4. Die Verfassung Frankreichs vom 4. Juni 1814 („Charte Constitutionelle")

Wir Ludwig von Gottes Gnaden König von Frankreich und Navarra. Allen denen, welche Gegenwärtiges zu Gesichte kommt, Unseren Gruß zuvor. Die göttliche Vorsehung legte Uns, indem sie Uns nach einer langen Abwesenheit in Unsere Staaten zurückrief, schwere Pflichten auf. Der Friede war das erste Bedürfnis unserer Unterthanen; Wir haben uns ohne Unterlaß mit demselben beschäftigt, und nun ist dieser Friede, dessen Frankreich so sehr als das übrige Europa bedurfte, unterzeichnet. Der dermalige Zustand des Königreichs forderte eine neue Staatsverfassung, Wir versprachen sie, und sie wird hier öffentlich bekannt gemacht. Wir haben erwogen, daß obgleich in Frankreich alle öffentliche Gewalt auf der Person des Königs beruht, Unsere Vorfahren dennoch keinen Anstand nahmen, deren Ausübung nach den verschiedenen Zeitbedürfnissen zu modifizieren, daß solchergestalt die Gemeinen unter Ludwig dem Dicken die Befreiung von der Leibeigenschaft erhielten, daß unter dem heiligen Ludwig und Philipp dem Schönen diese Befreiung bestätigt und vermehrt ward, daß durch Ludwig II., Heinrich II. und Karl IX. die Gerichtsverfassung gegründet und entwickelt worden ist, und daß endlich Ludwig XIV. durch mehrere Verordnungen, deren Weisheit noch unübertroffen blieb, beinahe alle Zweige der öffentlichen Administration reguliert hat. Wir glauben nun auch, nach dem Beispiele der Könige Unserer Vorfahren, die Wirkungen der immer zunehmenden Aufklärung, die neuen Verhältnisse, welche diese Fortschritte in der bürgerlichen Gesellschaft hervorgebracht haben, die dem menschlichen Geiste seit einem halben Jahrhunderte dadurch gegebene Richtung, und die tief greifenden Veränderungen, welche daraus hervorgegangen sind, würdigen zu müssen. Wir erblickten in dem Wunsche Unserer Unterthanen nach einer neuen Verfassungsurkunde den Ausdruck eines wesentlichen Bedürfnisses; allein, indem Wir diesem Wunsche nachgeben, haben Wir zugleich alle Maßregeln ergriffen, diese Verfassung sowohl Unserer als des Volkes würdig zu machen, auf dessen Beherrschung Wir stolz sind. Mit Kommissarien Unseres

Conseils haben sich weise Männer aus den ersten Staatskörpern vereinigt, um an diesem wichtigen Werke zu arbeiten. Indem Wir den Grundsatz anerkannten, daß eine freie und monarchische Verfassung den Erwartungen des aufgeklärten Europas entsprechen müsse, durften Wir zugleich nicht vergessen, daß Unsere erste Pflicht gegen Unsere Völker darin bestand, die Rechte und Vorzüge Unserer Krone in ihrer ganzen Reinheit aufrecht zu erhalten. Wir hoffen, daß Unsere Völker, von der Erfahrung belehrt, sich davon überzeugt haben werden, daß die höchste Staatsgewalt allein den von ihr getroffenen Einrichtungen jene Kraft, jene Dauer und jene Majestät verleihen kann, womit sie selbst bekleidet ist; daß daher nur dann, wenn die Weisheit der Könige mit den Wünschen ihrer Völker im zwanglosen Einklange steht, eine solche Verfassungs-Urkunde von langer Dauer sein kann, und daß dagegen dort, wo Trotz und Gewalttätigkeit einer schwachen Regierung Bewilligungen abzwingen, die öffentliche Freiheit in eben so großer Gefahr schwebt, als der Thron selbst. Wir suchten endlich die Grundlagen Unserer neuen Verfassungsurkunde in dem französischen Charakter, und in den ehrwürdigen Denkmälern der vergangenen Jahrhunderte auf. Daher erblicken Wir in der Wiederherstellung der Pairswürde eine wahrhafte Nationaleinrichtung, wodurch jede Erinnerung der Vergangenheit mit allen Hoffnungen verknüpft und die alte und neue Zeit mit einem Bande umschlossen wird.

Durch die Kammer der Deputierten wollten Wir jene alten Versammlungen des März- und Maifeldes, so wie die Kammer des dritten Standes, ersetzen, welche insgesamt so viele Proben von ihrem Eifer für das Wohl des Volkes und ihrer Treue und Verehrung gegen ihre Könige abgelegt haben. Indem wir auf diese Weise bemüht waren, die Kette der Zeiten, welche traurige Verirrungen zerrissen hatten, wieder zusammen zu knüpfen, bestrebten Wir Uns, das Andenken an alle die Übel, welche das Vaterland während Unserer Abwesenheit erlitten hat, in Unserem Gedächtnisse zu verlöschen, und wünschten, daß dieses in dem Buche der Weltgeschichte eben so zu bewerkstelligen wäre. Durch unsere Zurückkunft in den Schoß Unserer großen Familie beglückt, glaubten Wir den vielfältigen Beweisen, die Wir von ihrer Liebe empfangen, nur dadurch entsprechen zu können, daß Wir

Worte des Friedens und des Trostes an sie zu richten bemüht sind. Der teuerste Wunsch Unseres Herzens besteht darin, daß sich alle Franzosen als Brüder lieben, und daß kein bitteres Andenken jene Ruhe und Sicherheit trüben möge, die ihnen die feierliche Urkunde gewähren soll, welche Wir ihnen am heutigen Tage bewilligen. Unserer guten Absichten gewiß, und stark durch die Reinheit Unseres Gewissens, verpflichten Wir Uns hiermit im Angesichte der gegenwärtigen Versammlung, dieser neuen Verfassungsurkunde getreu zu sein, und behalten Uns vor, deren Aufrechterhaltung bei einer neuen feierlichen Handlung vor dem Altare desjenigen zu beschwören, welcher die Könige und die Nationen in der nämlichen Wagschale abwiegt. Aus diesen Gründen haben Wir freiwillig und in freier Ausübung unserer königlichen Gewalt sowohl für Uns, als für Unsere Nachfolger, auf ewige Zeiten Unseren Untertanen diese Verfassungsurkunde, so wie sie hier folgt, zugestanden, übergeben und bewilligt.

Staatsrechte der Franzosen.

Art. 1. Die Franzosen sind vor dem Gesetze gleich, ihre Titel und Rang seien übrigens, welche sie wollen.

Art. 2. Sie tragen ohne Unterschied, nach Verhältnis ihres Vermögens, zu den Lasten des Staates bei.

Art. 3. Sie können alle, ohne Unterschied, zu den Zivil- und Militärämtern gelangen.

Art. 4. Ihre individuelle Freiheit wird ebenfalls garantiert; niemand kann verfolgt oder verhaftet werden, außer in den von den Gesetzen vorgesehenen Fällen, und nur nach der gesetzlichen Form.

Art. 5. Jeder übt seine Religion mit gleicher Freiheit aus, und erhält für seinen Gottesdienst den nämlichen Schutz.

Art. 6. Indessen ist die römisch-katholische Religion die Religion des Staates.

Art. 7. Die Diener der römisch-apostolisch-katholischen Religion, und jene der anderen christlichen Gottesverehrungen, erhalten allein ihre Besoldungen aus dem königlichen Schatze.

Art. 8. Die Franzosen haben das Recht, ihre Meinungen öffentlich bekannt machen und drucken zu lassen, wenn sie sich nach den Gesetzen fügen, welche die Missbräuche dieser Freiheiten verhindern sollen.

Art. 9. Alles Eigentum ist, ohne Ausnahme von jenem, welches man Nationaleigentum nennt, unverletzlich, da das Gesetz zwischen beiden keinen Unterschied macht.

Art. 10. Der Staat kann die Aufopferung eines Eigentums für ein gesetzlich erwiesenes Staatsinteresse verlangen; jedoch nur nach vorausgegangener Entschädigung.

Art. 11. Alle Nachforschungen über Meinungen und Vota bis zur Wiederherstellung der jetzigen Regierung sind untersagt. Die nämliche Vergessenheit wird den Tribunalen und den Bürgern anbefohlen.

Art. 12. Die Konskription ist abgeschafft. Die Art der Rekrutierung für die Land- und Seearmee wird von dem Gesetze bestimmt.

Formen der Regierung des Königs.

Art. 13. Die Person des Königs ist unverletzlich und heilig. Seine Minister sind verantwortlich. Dem Könige allein steht die vollziehende Gewalt zu.

Art. 14. Der König ist höchstes Oberhaupt des Staates; er befehligt die Land- und Seemacht, erklärt Krieg, schließt Friedens-, Allianz- und Handelstraktate, ernennt zu allen Stellen der öffentlichen Verwaltung, und erlässt die zur Vollziehung der Gesetze und zur Sicherheit des Staates nötigen Verfügungen und Verordnungen.

Art. 15. Die gesetzgebende Gewalt wird gemeinschaftlich von dem Könige, der Kammer der Pairs und der Kammer der Deputierten der Departements ausgeübt.

Art. 16. Der König schlägt das Gesetz vor.

Art. 17. Der Vorschlag eines Gesetzes geschieht, nach Gutbefinden des Königs, in der Kammer der Pairs oder in der Kammer der Deputierten; das die Auflagen betreffende Gesetz ausgenommen, welches zuerst vor die Kammer der Deputierten gebracht werden muß.

Art. 18. Jedes Gesetz fordert freie Beratung und Zustimmung von seiten der Mehrheit jeder der beiden Kammern.

Art. 19. Die Kammern haben das Recht, den König zu bitten, über irgend einen Gegenstand ein Gesetz vorzuschlagen, und anzugeben, was sie glauben, daß das Gesetz enthalten solle.

Art. 20. Ein solcher Vorschlag kann von jeder der beiden Kammern gemacht werden, jedoch muß er im geheimen Ausschusse beraten werden. Er darf von der vorschlagenden Kammer erst nach Verfluß von 10 Tagen der anderen Kammer zugefertigt werden.

Art. 21. Wird der Vorschlag von der anderen Kammer angenommen, so wird er dem Könige vorgelegt. Wird er verworfen, so kann er in der nämlichen Session nicht wiederholt werden.

Art. 22. Der König allein sanktioniert und promulgiert die Gesetze.

Art. 23. Die Zivilliste wird durch die erste Legislatur nach der Thronbesteigung des Königs für die ganze Regierungsdauer festgesetzt.

Von der Kammer der Pairs.

Art. 24. Die Kammer der Pairs ist ein wesentlicher Teil der Gesetzgebung.

Art. 25. Sie wird von dem Könige zu gleicher Zeit mit der Kammer der Deputierten der Departements zusammen berufen. Die Session der einen beginnt und endigt zu gleicher Zeit mit der andern.

Art. 26. Jede Versammlung der Kammer der Pairs, die außer der Zeit der Session der Kammer der Deputierten gehalten, oder nicht vom Könige befohlen sein würde, ist unerlaubt und in sich nichtig.

Art. 27. Die Ernennung der Pairs von Frankreich steht dem König zu. Ihre Zahl ist unbeschränkt; der König kann nach Willkür ihre Würden abwechseln, sie auf Lebenszeit ernennen oder erblich machen.

Art. 28. Die Pairs haben Zutritt in der Kammer mit ihrem 25., eine Deliberativstimme aber erst mit ihrem 30. Jahre.

Art. 29. Die Kammer der Pairs wird von dem Kanzler von Frankreich, und in dessen Abwesenheit von einem durch den König ernannten Pair präsidiert.

Art. 30. Die Glieder der königlichen Familie und die Prinzen vom Geblüte sind Pairs durch Geburtsrecht; sie haben ihren Sitz unmittelbar nach dem Präsidenten, allein eine Deliberativstimme erst mit 25 Jahren.

Art. 31. Die Prinzen können nur auf einen in einer Botschaft für jede Session ausgedrückten Befehl des Königs Sitz in der Kammer nehmen, bei Strafe der Nichtigkeit von allem, was in ihrer Gegenwart verhandelt worden wäre.

Art. 32. Alle Beratschlagungen der Kammer der Pairs sind geheim.

Art. 33. Die Kammer der Pairs erkennt über die Verbrechen des Hochverrats und der Gefährdung der Sicherheit des Staates, worüber das Gesetz das Nötige bestimmen wird.

Art. 34. Kein Pair kann in Kriminalsachen anders, als vermöge eines Befehls der Kammer, arretiert und gerichtet werden.

Von der Kammer der Deputierten der Departements.

Art. 35. Die Kammer der Deputierten besteht aus den von den Wahlkollegien, deren Organisation durch die Gesetze festgesetzt werden wird, ernannten Deputierten.

Art. 36. Jedes Departement behält die Zahl der Deputierten, die es bis jetzt hatte.

Art. 37. Die Deputierten werden auf 5 Jahre erwählt, und so, daß die Kammer jedes Jahr zum fünften Teile erneuert wird.

Art. 38. Kein Deputierter kann in die Kammer zugelassen werden, wenn er nicht 40 Jahre alt ist, und eine direkte Steuer von 1000 Fr. bezahlt.

Art. 39. Wenn sich inzwischen in einem Departement keine 50 Personen von dem angegebenen Alter, die nicht wenigstens 1000 Fr. direkte Steuern bezahlen, vorfinden, so wird deren Zahl durch solche ergänzt, welche die stärksten Steuern unter 1000 Fr. bezahlen, welche jedoch mit erstern nicht zugleich erwählt werden können.

Art. 40. Die Wähler, welche an der Ernennung der Deputierten teilnehmen, haben kein Stimmrecht, wenn sie nicht eine direkte Steuer von 300 Fr. bezahlen und wenigstens 30 Jahre alt sind.

Art. 41. Die Präsidenten der Wahlkollegien werden von dem Könige ernannt, und sind gesetzlich Mitglieder des Kollegiums.

Art. 42. Wenigstens die Hälfte der Deputierten wird aus den Wählbaren ernannt, welche ihren politischen Wohnsitz in dem Departement haben.

Art. 43. Der Präsident der Kammer der Deputierten wird von dem König aus einer von der Kammer vorgelegten Liste von 5 Mitgliedern ernannt.

Art. 44. Die Sitzungen der Kammer sind öffentlich; das Begehren von 5 Mitgliedern reicht aber hin, zu bewirken, daß sie sich in einen geheimen Ausschuss bildet.

Art. 45. Die Kammer teilt sich in Bureaus, um die von Seiten des Königs vorgelegten Gesetzentwürfe zu beraten.

Art. 46. Keine Abänderung kann in einem Gesetze getroffen werden, wenn sie nicht in einem Ausschuß vom Könige vorgeschlagen, und nicht in die Bureaus geschickt und darin beraten worden ist.

Art. 47. Die Kammer der Deputierten empfängt alle, die Auflagen betreffenden Vorschläge, und nur, wenn dieselben darin zulässig befunden worden sind, können sie in die Kammer der Pairs gebracht werden.

Art. 48. Keine Auflage kann ausgeschrieben noch erhoben werden, wenn sie nicht von beiden Kammern bewilligt und von dem Könige sanktioniert worden ist.

Art. 49. Die Grundsteuer wird nur für ein Jahr bewilligt. Die indirekten Auflagen können für mehrere Jahre bewilligt werden.

Art. 50. Der König ruft jedes Jahr beide Kammern zusammen; er prorogiert sie, und kann die der Deputierten der Departements auflösen; im letzteren Falle aber muss er binnen 3 Monaten eine neue Versammlung zusammen berufen.

Art. 51. Es kann keine Verhaftnehmung gegen ein Mitglied der Kammer während der Session, und in den vorhergehenden oder folgenden 6 Wochen statt haben.

Art. 52. Kein Mitglied der Kammer kann während der Dauer der Session in Kriminalsachen, ohne vorgängige Erlaubnis der Kammer, verfolgt oder arretiert werden, den Fall einer Ergreifung auf frischer That ausgenommen.

Art. 53. Alle Petitionen an eine oder die andere Kammer müssen schriftlich abgefasst werden. Das Gesetz verbietet, sie persönlich und vor den Schranken zu überreichen.

Von den Ministern.

Art. 54. Die Minister können Mitglieder der Kammer der Pairs und der Kammer der Deputierten sein. Sie haben überdies freien Zutritt in einer oder der anderen Kammer, und müssen gehört werden, wenn sie es verlangen.

Art. 55. Die Kammer der Deputierten hat das Recht, die Minister anzuklagen und sie vor die Kammer der Pairs zu ziehen, die allein das Recht hat, sie zu richten.

Art. 56. Sie können nur wegen Verräterei oder Veruntreuung angeklagt werden. Besondere Gesetze werden diese Gattung von Verbrechen und die dabei eintretende Procedur bestimmen.

Von der Gerichtsverfassung.

Art. 57. Alle Rechtspflege geht vom Könige aus; sie wird in seinem Namen durch Richter verwaltet, die er ernennt und einsetzt.

Art. 58. Die vom Könige ernannten Richter sind unabsetzbar.

Art. 59. Die dermalen bestehenden ordentlichen Gerichtshöfe und Tribunale werden beibehalten. Es darf in Hinsicht derselben nichts geändert werden, als vermittelt eines Gesetzes.

Art. 60. Die dermalige Einrichtung der Handelsgerichte wird beibehalten.

Art. 61. Die Friedensgerichte werden gleichfalls beibehalten. Die Friedensrichter, obgleich vom Könige ernannt, sind inzwischen nicht unabsetzbar.

Art. 62. Niemand kann seinen natürlichen Richtern entzogen werden.

Art. 63. Es können demnach keine außerordentliche Kommissionen und Tribunale errichtet werden, unter welcher Benennung jedoch die Prevotalgerichte nicht begriffen sind, insofern deren Wiederherstellung nötig erachtet werden sollte.

Art. 64. Die Verhandlungen in Kriminalfällen sind öffentlich, insofern diese Publicität nicht für Ordnung und Sitten gefährlich ist; in welchem Falle das Tribunal dieses durch einen Urteilsspruch erklärt.

Art. 65. Die Geschworenen werden beibehalten; die Veränderungen, die eine längere Erfahrung in dieser Einrichtung anraten könnte, dürfen nur mittels eines Gesetzes statt haben.

Art. 66. Die Strafe der Güterkonfiskation ist abgeschafft, und kann nicht wieder eingeführt werden.

Art. 67. Der König hat das Recht, zu begnadigen und die Strafen zu mildern.

Art. 68. Das bürgerliche Gesetzbuch und die dermalen bestehenden Gesetze, welche gegenwärtiger Urkunde nicht entgegen sind, bleiben in Kraft, bis sie auf gesetzlichem Wege abgeschafft werden.

Besondere, vom Staate garantierte Rechte.

Art. 69. Die Militärpersonen in Dienstthätigkeit, die Offiziere und Soldaten, welche ihre Retraite haben, die pensionierten Witwen, Offiziere und Soldaten behalten ihre Grade, ihren Rang und ihre Pensionen.

Art. 70. Die öffentliche Schuld ist garantiert; jeden von seiten des Staats gegen seine Gläubiger übernommene Verbindlichkeit ist unverletzlich.

Art. 71. Der alte Adel nimmt wieder seine Titel an; der neue behält die seinigen. Der König erhebt nach Willkür in den Adelstand; aber er verleiht Titel und Rang ohne irgend eine Befreiung von den Lasten und Pflichten der Gesellschaft.

Art. 72. Die Ehrenlegion wird beibehalten. Der König wird ihre innere Einrichtung und Dekoration bestimmen.

Art. 73. Die Kolonieen sollen nach besonderen Gesetzen und Reglements regiert werden.

Art. 74. Der König und seine Nachfolger schwören bei der Feierlichkeit ihrer Krönung die gegenwärtige Verfassungsurkunde treu zu beachten.

Artikel von vorübergehender Wirksamkeit.

Art. 75. Die Deputierten der Departemente von Frankreich, welche in dem gesetzgebenden Körper zur Zeit der letzten Vertragung desselben Sitz hatten, bleiben bis zu ihrer Ersetzung Mitglieder der Kammer der Deputierten.

Art. 76. Die erste Erneuerung eines Fünftels der Kammer der Deputierten wird spätestens im Jahre 1816, nach der unter den Serien eingeführten Ordnung, statt haben.

Wir befehlen, daß gegenwärtige Verfassungsurkunde, Unserer Proklamation vom 2. Mai gemäß, dem Senat und dem gesetzgebenden Körper vorgelegt, und dann sogleich der Kammer der Pairs und der Depuierten zugefertigt werde.

Gegeben zu Paris im Jahre der Gnade 1814, und Unserer Regierung dem neunzehnten
Ludwig der Abbé von Montesquiou.

5. Die Deutsche Bundesakte vom 8. Juni 1815

Im Nahmen der allerheiligsten und untheilbaren Dreyeinigkeit.

Die Souverainen Fürsten und freyen Städte Deutschlands den gemeinsamen Wunsch hegend den 6ten Artikel des Pariser Friedens vom 30. May 1814 in Erfüllung zu setzen, und von den Vortheilen überzeugt, welche aus ihrer festen und dauerhaften Verbindung für die Sicherheit und Unabhängigkeit Deutschlands, und die Ruhe und das Gleichgewicht Europas hervorgehen würden, sind übereingekommen, sich zu einem beständigen Bunde zu vereinigen, und haben zu diesem Behuf ihre Gesandten und Abgeordneten am Congresse in Wien mit Vollmachten versehen, nämlich:

Seine K. K. Apostolische Majestät den Herrn Clemens Wenzeslaus Fürsten von Metternich-Winneburg-Ochsenhausen, Ritter des goldenen Vließes, Großkreuz des Königlich Ungarischen St. Stephans Ordens, Ritter des Ordens der heiligen Anna erster Klasse, Großkreuz der Ehrenlegion, Ritter des Ordens vom Elephanten, des Ordens der Annunciation, des schwarzen Adlers und des rothen Adlers, des Seraphinen-Ordens, des heiligen Josephs von Toskana, des heiligen Hubertus, des goldnen Adlers von Württemberg, der Treue von Baden, des heiligen Johannes von Jerusalem u. a. m. Kanzler des militärischen Marien Theresien Ordens, Curator der K. K. Akademie der vereinigten bildenden Künste, Kämmerer, wirklicher geheimer Rat Seiner Majestät des Kaisers von Oesterreich, Königs von Ungarn und Böhmen, Allerhöchst dessen Staats und Konferenz-Minister, auch Minister der auswärtigen Angelegenheiten und ersten Plenipotentiarius am Congreß; und

Den Herrn Johann Philipp Baron von Wessenberg Großkreuz des königlich Sardinischen Ordens des heiligen Mauritius und heiligen Lazarus, wie auch des königlichen Ordens der Bairischen Krone u. Kammerherrn und wirklichen geheimen Rath Seiner Kaiserlich Königlich Apostolischen Majestät, Höchstdesselben zweyten Plenipotentiarius am Congreß.

Seine Königliche Majestät von Preußen: den Herrn Fürsten von Hardenberg, Ihro Staatskanzler, Ritter des schwarzen und rothen Adler-Ordens, des Preußischen St. Johanniter Ordens und des Preußischen eisernen Kreutzes, Ritter des Russischen St. Andreas, St. Alexander Remskh-Ordens und St. Annen Ordens erster Klasse, Großkreutz des Ungarischen St. Stephans Ordens, Großkreutz der Ehrenlegion; Großkreutz des Spanischen St. Karls-Ordens, Ritter des Sardinischen Annunciation, des Schwedischen Seraphinen, des Dänischen Elephanten, des Bayrischen St. Hubertus, des Württembergischen goldenen Adlers und m.a.; und

Den Herrn Karl Wilhelm Freyherrn von Humboldt Ihro Staatsminister, Kammerherrn, ausserordentlichen Gesandten und bevollmächtigten Minister bey Ihrer K.K.A Majestät, Ritter des rothen Adler Ordens, des Preußischen eisernen Kreutzes erster Klasse; Großkreutz des Kaiserlich-Oesterreichischen Leopolds, des Russischen St. Annen Ordens und des Ordens des Verdienstes der Baierischen Krone.

Seine Königliche Majestät von Dänemark den Herrn Christian Günther Grafen von Bernstorf, Ihren geheimen Conferenzrath, ausserordentlichen Abgesandten und bevollmächtigten Minister am Hofe Seiner K.K.A postolischen Majestät, und Bevollmächtigten am Congreß: Ritter des Elephanten Ordens, Großkreutz des Danneborgs-Ordens und des königlich Ungarischen St. Stephans Ordens; und

Den Herrn Joachim Friedrich Grafen von Bernstorf, Ihren geheimen Conferenzrath, Bevollmächtigten am Congreß, Großkreutz des Danneborgs-Ordens;

Seine Königliche Majestät von Bayern den Herrn Alois Franz Xavier Grafen von Rechberg und Rothen-Löwen, Kämmerer und wirklichen geheimen Rath, ausserordentlichen Gesandten und bevollmächtigten Minister am K. K. Hofe, Großkreutz des St.Hubertus-Ordens, Kapitular- Kommenthur des St. Georgs, und Großkreutz des Bayerischen Civil-Verdienst-Ordens;

Seine Majestät der König von Sachsen den Herrn Hanns August Fürchtegott von Globig Ihro geheimen Rath, Kammerherrn, Hof- und Justizrath und geheimen Referendar.

Seine Majestät der König der Niederlande den Herrn Hanns Christoph Freyherrn von Gagern, Plenipotentiarius Seiner Majestät des Königs der Niederlande, und Ihrer Durchlauchten des Herzogs und des Fürsten von Nassau; Großkreuz des Hessischen Ordens vom goldenen Löwen, und des Badenschen Ordens der Treue.

Seine Majestät der König von Großbritannien und Hannover den Herrn Ernst Friedrich Herbert Grafen von Münster Erblandmarschall des Königreichs Hannover, Großkreuz des Königlich-Ungarischen St. Stephans Ordens, Sr. Königlichen Majestät von Großbritannien und Hannover Staats- und Kabinetts-Minister, ersten Bevollmächtigten am Congreß zu Wien; und

den Herrn Ernst Christian August Grafen von Hardenberg, Großkreuz des Kais. Oesterreichischen Leopold-Ordens, Ritter des königlich Preußischen rothen Adler Ordens und des Johanniter Ordens, Seiner Königlichen Majestät von Großbritannien und Hannover, Staats- und Cabinets-Minister; dessen ausserordentlichen Abgesandten und bevollmächtigten Minister an dem Hofe Seiner Kaiserlich königlich Apostolischen Majestät und dessen zweyten Bevollmächtigten am Congreß zu Wien.

Seine Königliche Hoheit der Kurfürst von Hessen den Herren Dorotheus Ludwig Grafen von Keller, Höchst Ihro Staatsminister, Großkreuz vom goldenen Löwen und des Preußischen rothen Adlers; und

den Herrn Georg Ferdinand Freyherrn von Lepel, Ihro Kammerherrn und geheimen Regierungsrath

Seine Königl. Hoheit der Großherzog von Hessen den Herrn Johann Freyherrn von Türckheim von Altdorf, Ihren geheimen Rath, Staatsminister und ausserordentlichen Abgesandten am Congreß, Großkreuz des Hessischen Verdienstordens, Commandeur des Königlich Ungarischen St. Stephans Ordens.

Seine Königliche Hoheit der Großherzog von Sachsen Weimar den Herrn Ernst August Freyherrn von Gerstorf Ihro wirklichen geheimen Rath (jetzt an dessen Stelle den Herrn Friedrich August Freyherrn von Minckwitz).

Seine Durchlaucht der Herzog von Sachsen Gotha: den Herrn Friedrich August Freyherrn von Minckwitz Ihro geheimen Rath.

Ihre Durchlaucht die Herzogin von Sachsen Coburg Meiningen, als Regentinn und Vormünderin Ihres Sohnes, ebendenselben Freyherrn von Minckwitz.

Seine Durchlaucht der Herzog von Sachsen Hildburghausen den Herrn Carl Ludwig Friedrich Freyherrn von Baumbach, Ihro geheimen Rath und Regierungs-Präsidenten.

Seine Durchlaucht der Herzog von Sachsen Coburg-Saalfeld den Herrn Franz Xavier Freyherrn von Fischler von Treuberg, Ihro Obersten, Ritter des Kaiserlich Oesterreichischen Leopold-Ordens und des Ordens der bayerischen Krone

Seine Durchlaucht der Herzog von Braunschweig Wolfenbüttel; an die Stelle des Herrn Wilhelm Justus Eberhardt von Schmidt Phiseldeck Ihro geheimen Raths, ex substitutione den Herrn Dorotheus Ludwig Grafen von Keller, Kurfürstlich-Hessischen Staatsminister, u.f.f.

Seine Durchlaucht der Herzog von Holstein Oldenburg den Herrn Albert Freyherrn von Maltzahn, Präsidenten der Regierung des Fürstenthums Lübeck, Großkreutz des Russischen Ordens der heiligen Anna und Ritter des Ordens des heiligen Johannes von Jerusalem.

Seine Durchlaucht der Herzog von Mecklenburg Schwerin den Herrn Leopold Freyherrn von Pleßen, Ihro Staatsminister, Großkreutz des Dannebrog Ordens.

Seine Durchlaucht der Herzog von Mecklenburg Strelitz, den Herrn August Otto Ernst Freyherrn von Oertzen Ihro Staatsminister, Großkreutz des Preußischen rothen Adlerordens.

Seine Durchlaucht der Herzog von Anhalt Dessau für sich und als Vormund des minorennen Herzogs von Anhalt Cöthen und Seine Durchlaucht der Herzog von Anhalt Bernburg gemeinschaftlich den Herrn Wolf Carl August von Wolframsdorf Präsidenten der Regierung zu Dessau.

Seine Durchlaucht der Fürst von Hohenzollern Hechingen den Herrn Franz Anton Freyherrn von Frank, Ihro wirklichen geheimen Rath.

Seine Durchlaucht der Fürst von Hohenzollern-Sigmaringen den Herrn Franz Ludwig von Kirchbauer, Ihro geheimen Legationsrath.

Seine Durchlaucht der Herzog, und Seine Durchlaucht der Fürst von Nassau den Herrn Franz Chistoph Freyherrn von Gagern, und Herrn Ernst Franz[1] Ludwig Freyherrn von Marschall von Biberstein, Plenipotentiarius Seiner Majestät des Königs der Niederlande, für seine deutschen Staaten und Ihrer Durchlauchten des Herzogs und des Fürsten von Nassau, Großkreutz des Ordens der Treue.

Seine Durchlaucht der Fürst von Lichtenstein den Herrn Georg Walther Vinzenz von Wiese, Vizecanzler der Regierung des Fürsten von Reuß zu Gera.

Seine Durchlaucht der Fürst von Schwarzburg Sondershausen den Herrn Adolph von Weise, Ihro geheimen Rath und Kanzler.

Seine Durchlaucht der Fürst von Schwarzburg Rudolstadt den Herrn Friedrich Wilhelm Freyherrn von Kettelhodt Ihro Kanzler und Präsidenten auch Erbschenk der gefürsteten Grafschaft Henneberg, des Großherzoglich Badischen Ordens der Treue Großkreutz.

Seine Durchlaucht der Fürst von Waldeck und Pyrmont den Herrn Günther Heinrich von Berg, Doctor der Rechte und Regierungs-Presidenten des Fürsten von Schaumburg Lippe.

---

[1] Lies Hannes.

Ihre Durchlauchten die Fürsten von Reuß älterer und jüngerer Linie den Herrn Georg Walther Vinzenz von Wiese, Vizecanzler der Regierung zu Gera.

Seine Durchlaucht der Fürst von Schaumburg Lippe den Herrn Günther Heinrich von Berg.

Ihre Durchlaucht die Fürstinn von der Lippe als Regentinn und Vormünderin des Fürsten ihres Sohnes, den Herrn Friedrich Wilhelm Hellwing Ihro Regierungsrath.

Die Freye Stadt Lübeck den Herrn Johann Friedrich Hach, Doctor der Rechte und Senator dieser Stadt.

Die freye Stadt Frankfurth den Herrn Johann Ernst Friedrich Danz Doktor der Rechte, Syndicus dieser Stadt.

Die freye Stadt Bremen den Herrn Johann Smidt Senator dieser Stadt.

Die freye Stadt Hamburg den Herrn Johann Michael Gries, Syndicus dieser Stadt.

In Gemäßheit dieses Beschlusses haben die vorstehenden Bevollmächtigten, nach geschehener Auswechslung ihrer richtig befundenen Vollmachten, folgende Artikel verabredet.

I. Allgemeine Bestimmungen.

Art. I. Die souverainen Fürsten und freyen Städte Deutschlands mit Einschluß Ihrer Majestäten des Kaisers von Oesterreich und der Könige von Preußen, von Dänemark und der Niederlande, und zwar

Der Kaiser von Österreich, der König von Preußen, beyde für ihre gesammten vormals zum deutschen Reich gehörigen Besitzungen,

der König von Dänemark für Holstein, der König der Niederlande für das Großherzogthum Luxemburg vereinigen sich zu einem beständigen Bunde, welcher der deutsche Bund heißen soll.

Art. II. Der Zweck desselben ist Erhaltung der äußeren und inneren Sicherheit Deutschlands und der Unabhängigkeit und Unverletzbarkeit der einzelnen deutschen Staaten.

Art. III. Alle Bundes-Glieder haben als solche gleiche Rechte; sie verpflichten sich alle gleichmäßig die Bundes-Akte unverbrüchlich zu halten.

Art. IV. Die Angelegenheiten des Bundes werden durch eine Bundesversammlung besorgt in welcher alle Glieder desselben durch ihre Bevollmächtigten theils einzelne, theils Gesammtstimmen folgendermaßen, jedoch unbeschadet ihres Ranges führen:

1. Österreich 1 Stimme,
2. Preußen 1 Stimme,
3. Bayern 1 Stimme,
4. Sachsen 1 Stimme,
5. Hannover 1 Stimme
6. Württemberg 1 Stimme,
7. Baaden 1 Stimme,
8. Kurhessen 1 Stimme,
9. Großherzogthum Hessen 1 Stimme,
10. Dänemark wegen Holstein 1 Stimme,
11. Niederlande wegen des Großherzogthums Luxemburg 1 Stimme,
12. Die Großherzoglich und Herzoglich Sächsischen Häuser 1 Stimme,
13. Braunschweig und Nassau 1 Stimme,
14. Mecklenburg Schwerin und Mecklenburg Strelitz 1 Stimme,
15. Holstein-Oldenburg, Anhalt und Schwarzburg 1 Stimme,
16. Hohenzollern, Lichtenstein, Reuß, Schaumburg Lippe, Lippe und Waldeck 1 Stimme,
17. Die freyen Städte Lübeck, Bremen, Frankfurth und Hamburg 1 Stimme

Totale 17 Stimmen.

Art. V. Österreich hat bey der Bundesversammlung den Vorsitz, jedes Bundes-Glied ist befugt Vorschläge zu machen und in Vortrag zu bringen, und der Vorsitzende ist verpflichtet, solche in einer zu bestimmenden Zeitfrist der Berathung zu übergeben.

Art. VI. Wo es auf Abfassung und Abänderung von Grundgesetzen des Bundes, auf Beschlüsse, welche die Bundes-Akte selbst betreffen, auf organische Bundes-Einrichtungen und auf gemeinnützige Anordnungen sonstiger Art ankömmt, bildet sich die Versammlung zu einem Plenum, wobey jedoch mit Rücksicht auf die Verschiedenheit der Größe der einzelnen Bundesstaaten folgende Berechnung und Vertheilung der Stimmen verabredet ist:

1. Österreich erhält 4 Stimmen,
2. Preußen 4 Stimmen,
3. Sachsen 4 Stimmen,
4. Bayern 4 Stimmen,
5. Hannover 4 Stimmen,
6. Würtemberg 4 Stimmen,
7. Baaden 3 Stimmen,
8. Kurhessen 3 Stimmen,
9. Großherzogthum Hessen 3 Stimmen,
10. Holstein 3 Stimmen,
11. Luxemburg 3 Stimmen,
12. Braunschweig 2 Stimmen,
13. Mecklenburg Schwerin 2 Stimmen,
14. Nassau 2 Stimmen,
15. Sachsen Weimar 1 Stimme,
16. Sachsen Gotha 1 Stimme,
17. Sachsen Coburg 1 Stimme,
18. Sachsen Meiningen 1 Stimme,
19. Sachsen Hildburghausen 1 Stimme,
20. Mecklenburg Strelitz 1 Stimme,
21. Holstein Oldenburg 1 Stimme,
22. Anhalt Dessau 1 Stimme,
23. Anhalt Bernburg 1 Stimme,
24. Anhalt Cöthen 1 Stimme,
25. Schwarzburg Sondershausen 1 Stimme,

26. Schwarzburg Rudolstadt 1 Stimme,
27. Hohenzollern Hechingen 1 Stimme,
28. Lichtenstein 1 Stimme,
29. Hohenzollern Sigmaringen 1 Stimme,
30. Waldeck 1 Stimme,
31. Reuß ältere Linie 1 Stimme,
32. Reuß jüngere Linie 1 Stimme,
33. Schaumburg Lippe 1 Stimme,
34. Lippe 1 Stimme,
35. Die freye Stadt Lübeck 1 Stimme,
36. Die freye Stadt Frankfurth 1 Stimme,
37. Die freye Stadt Bremen 1 Stimme,
38. Die freye Stadt Hamburg 1 Stimme,
Totale 69 Stimmen.

Ob den mediatisierten vormaligen Reichständen auch einige Curiatstimmen in Pleno zugestanden werden sollen, wird die Bundes-Versammlung bey der Berathung der organischen Bundes-Gesetze in Erwägung nehmen.

Art. VII. In wie fern ein Gegenstand nach obiger Bestimmung für das Plenum geeignet sey, wird in der engern Versammlung durch Stimmen-Mehrheit entschieden.

Die der Entscheidung des Pleni zu unterziehenden Beschluß-Entwürfe werden in der engern Versammlung vorbereitet und bis zur Annahme oder Verwerfung zur Reife gebracht; sowohl in der engern Versammlung, als in Pleno werden die Beschlüsse nach der Mehrheit der Stimmen gefaßt, jedoch in der Art, daß in der erstern die absolute, in letzterer aber nur eine auf 2/3 der Abstimmung beruhende Mehrheit entscheidet.

Bey Stimmen Gleichheit in der engeren Versammlung stehet dem Vorsitzenden die Entscheidung zu.

Wo es aber auf Annahme oder Abänderung der Grundgesetze, auf organische Bundes Einrichtungen, auf jura singulorum oder Religions-Angelegenheiten ankommt, kann weder in der engeren Versammlung, noch in Pleno ein Beschluß durch Stimmenmehrheit gefaßt werden.

Die Bundesversammlung ist beständig, hat aber die Befugniß, wenn die ihrer Berathung unterzogenen Gegenstände erlediget sind, auf eine bestimmte Zeit, jedoch nicht auf länger als vier Monathe sich zu vertagen. Alle näheren die Vertagung und die Besorgung der etwa während derselben vorkommenden dringenden Geschäfte betreffenden Bestimmungen werden der Bundesversammlung bey Abfassung der organischen Gesetze vorbehalten.

Art. VIII. Die Abstimmungs-Ordnung der Bundesglieder betreffend, wird festgesetzt, daß so lange die Bundesversammlung mit Abfassung der organischen Gesetze beschäftiget ist, hierüber keinerlei Bestimmung gelte, und die zufällig sich fügende Ordnung keinem der Mitglieder zum Nachtheil gereichen, noch eine Regel begründen soll. Nach Abfassung der organischen Gesetze wird die Bundesversammlung die künftige als beständige Folge einzuführende Stimmenordnung in Berathung nehmen und sich darin so wenig als möglich von der ehemals auf dem Reichstage und namentlich in Gemäßheit des Reichsdeputationsschlusses von 1803 beobachteten entfernen. Auch diese Ordnung kann aber auf den Rang der Bundes-Glieder überhaupt, und ihren Vortritt außer den Verhältnissen der Bundes Versammlung keinen Einfluß ausüben.

Art. IX. Die Bundes Versammlung hat ihren Sitz zu Frankfurth am Mayn die Eröffnung derselben ist auf den 1ten September 1815 festgesetzt.

Art. X. Das erste Geschäft der Bundesversammlung nach ihrer Eröffnung wird die Abfassung der Grundgesetze des Bundes und dessen organische Einrichtung in Rücksicht auf seine auswärtigen, militärischen und inneren Verhältnisse seyn.

Art. XI. Alle Mitglieder des Bundes versprechen sowohl ganz Deutschland als jeden einzelnen Bundesstaat gegen jeden Angriff in Schutz zu nehmen und garantiren sich gegenseitig ihre sämmtlichen unter dem Bunde begriffenen Besitzungen.

Bey einmal erklärtem Bundeskrieg darf kein Mitglied einseitige Unterhandlungen mit dem Feinde eingehen, noch einseitig Waffenstillstand oder Frieden schließen.

Die Bundes-Glieder behalten zwar das Recht der Bündnisse aller Art; verpflichten sich jedoch in keine Verbindungen einzugehen, welche gegen die Sicherheit des Bundes oder einzelner Bundesstaaten gerichtet wären.

Die Bundesglieder machen sich ebenfalls verbindlich einander unter keinerlei Vorwand zu bekriegen, noch ihre Streitigkeiten mit Gewalt zu verfolgen, sondern sie bey der Bundesversammlung anzubringen. Dieser liegt alsdann ob die Vermittlung durch einen Ausschuß zu versuchen; falls dieser Versuch fehlschlagen sollte, und demnach eine richterliche Entscheidung nothwendig würde, solche durch eine wohlgeordnete Austrägal Instanz zu bewirken, deren Ausspruch die streitenden Theile sich sofort zu unterwerfen haben.

II. Besondere Bestimmungen.

Ausser den in den vorhergehenden Artikeln bestimmten auf die Feststellung des Bundes gerichteten Punkten sind die verbündeten Mitglieder übereingekommen hiemit über folgende Gegenstände die in den nachstehenden Artikeln enthaltenen Bestimmungen zu treffen, welche mit jenen Artikeln gleiche Kraft haben sollen.

Art. XII. Diejenigen Bundesglieder, deren Besitzungen nicht eine Volkszahl von 300.000 Seelen erreichen, werden sich mit den ihnen verwandten Häusern oder andern Bundes-Gliedern mit welchen sie wenigstens eine solche Volkszahl ausmachen zu Bildung eines gemeinschaftlichen Obersten-Gerichts vereinigen.

In den Staaten von solcher Volksmenge, wo schon jetzt dergleichen Gerichte dritter Instanz vorhanden sind, werden jedoch diese in ihrer bisherigen Eigenschaft erhalten, wofern nur die Volkszahl, über welche sie sich erstrecken, nicht unter 150.000 Seelen ist.

Den vier freyen Städten steht das Recht zu sich unter einander über die Errichtung eines gemeinsamen obersten Gerichts zu vereinigen.

Bey den solcher gestalt errichteten gemeinschaftlichen obersten Gerichten soll jeder der Partheyen gestattet seyn, auf die

Verschickung der Akten auf eine deutsche Fakultät oder an einen Schöppenstuhl zu Abfassung des Endurtheils anzutragen.

Art. XIII. In allen Bundesstaaten wird eine landständische Verfassung statt finden.

Art. XIV. Um den im Jahr 1806 und seitdem mittelbar gewordenen ehemaligen Reichsständen und Reichs-Angehörigen in Gemäßheit der gegenwärtigen Verhältnisse in allen Bundesstaaten einen gleichförmig bleibenden Rechts-Zustand zu verschaffen, so vereinigen die Bundesstaaten sich dahin:

a) Daß diese Fürstlichen und gräflichen Häuser fortan nichts destoweniger zu dem hohen Adel in Deutschland gerechnet werden, und ihnen das Recht der Ebenbürtigkeit, in dem bisher damit verbundenen Begriff verbleibt;

b) sind die Häupter dieser Häuser die ersten Standesherrn in dem Staate zu dem sie gehören; – Sie und ihre Familien bilden die privilegirteste Klasse in demselben, insbesondere in Ansehung der Besteuerung;

c) es sollen ihnen überhaupt in Rücksicht ihrer Personen, Familien und Besitzungen alle diejenigen Rechte und Vorzüge zugesichert werden oder bleiben, welche aus ihrem Eigenthum und dessen ungestörten Genusse herrühren, und nicht zu der Staatsgewalt und den höhern Regierungsrechten gehören. Unter vorerwähnten Rechten sind insbesondere und namentlich begriffen:

1. die unbeschränkte Freyheit ihren Aufenthalt in jedem zu dem Bunde gehörenden, oder mit demselben im Frieden lebenden Staat zu nehmen;

2. werden nach den Grundsätzen der früheren deutschen Verfassung die noch bestehenden Familien Verträge aufrecht erhalten, und ihnen die Befugniß zugesichert über ihre Güter und Familien-Verhältnisse verbindliche Verfügungen zu treffen, welche jedoch dem Souverain vorgelegt und bey den höchsten Landesstellen zur allgemeinen Kenntniß und Nachachtung gebracht werden müssen. Alle bisher dagegen erlassenen Verordnungen sollen für künftige Fälle nicht weiter anwendbar seyn;

3. privilegirter Gerichtsstand und Befreiung von aller Militairpflichtigkeit für sich und ihre Familien;

4. die Ausübung der bürgerlichen und peinlichen Gerechtigkeitspflege in erster, und wo die Besitzung groß genug ist in zweiter Instanz, der Forstgerichtbarkeit, Orts Polizey und Aufsicht in Kirchen und Schulsachen, auch über milde Stiftungen, jedoch nach Vorschrift der Landesgesetze, welchen sie so, wie der Militärverfassung und der Oberaufsicht der Regierungen über jene Zuständigkeiten unterworfen bleiben.

Bey der näheren Bestimmung der angeführten Befugnisse sowohl, wie überhaupt und in allen übrigen Punkten wird zur weitern Begründung und Feststellung eines in allen deutschen Bundes-Staaten übereinstimmenden Rechtszustandes der mittelbar gewordenen Fürsten, Grafen und Herren die in dem Betreff erlassene Königlich Bayerische Verordnung vom Jahr 1807 als Basis und Norm unterlegt werden.

Dem ehemaligen Reichsadel werden die Sub N. 1 und 2 angeführten Rechte, Antheil der Begüterten an Landstandschaft, Patrimonial- und Forst-Gerichtsbarkeit, Orts Polizey, Kirchen Patronat und der privilegirte Gerichtsstand zugesichert. Diese Rechte werden jedoch nur nach der Vorschrift der Landesgesetze ausgeübt.

In den durch den Frieden von Luneville vom 9. Februar 1801 von Deutschland abgetretenen und jetzt wieder damit vereinigten Provinzen werden bey Anwendung der obigen Grundsätze auf den ehemaligen unmittelbaren Reichsadel diejenigen Beschränkungen stattfinden, welche die dort bestehenden besondern Verhältnisse nothwendig machen.

Art. XV. Die Fortdauer der auf die Rhein-Schifffahrts-Octroi angewiesenen directen und subsidiarischen Renten, die durch den Reichsdeputationsschluß vom 25ten Februar 1803 getroffenen Verfügungen, in Betreff des Schuldenwesens und forgesetzter Pensionen an Geist- und weltliche Individuen, werden von dem Bunde garantirt.

Die Mitglieder der ehemaligen Dohm und freyen Reichsstifter haben die Befugniß ihre durch den erwähnten Reichsdeputationsschluß festgesetzten Pensionen ohne Abzug in jedem mit dem deutschen Bunde im Frieden stehenden Staate verzehren zu dürfen.

Die Mitglieder des deutschen Ordens werden ebenfalls nach den in dem Reichsdeputations Hauptschluß von 1803 für die Domstifter festgesetzten Grundsätzen Pensionen erhalten, in so fern sie ihnen noch nicht hinreichend bewilligt worden, und diejenigen Fürsten, welche eingezogene Besitzungen des deutschen Ordens erhalten haben, werden diese Pensionen nach Verhältniß ihres Antheils an den ehemaligen Besitzungen bezahlen.

Die Berathung über die Regulirung der Sustentations Kassa und der Pensionen für die überrheinischen Bischöfe und Geistliche, welche Pensionen auf die Besitzer des linken Rhein Ufers übertragen werden, ist der Bundes-Versammlung vorbehalten. Diese Regulirung ist binnen Jahresfrist zu beendigen, bis dahin wird die Bezahlung der erwähnten Pensionen auf die bisherige Art fortgesetzt.

Art. XVI. Die Verschiedenheit der christlichen Religions-Partheyen kann in den Ländern und Gebieten des deutschen Bundes keinen Unterschied in dem Genusse der bürgerlichen und politischen Rechte begründen.

Die Bundesversammlung wird in Berathung ziehen, wie auf eine möglichst übereinstimmende Weise die bürgerliche Verbesserung der Bekenner des jüdischen Glaubens in Deutschland zu bewirken sey, und wie insonderheit denselben der Genuß der bürgerlichen Rechte gegen die Uebernahme aller Bürgerpflichten in den Bundesstaaten verschafft und gesichert werden könne; jedoch werden den Bekennern dieses Glaubens bis dahin die denselben von den einzelnen Bundesstaaten bereits eingeräumten Rechte erhalten.

Art. XVII. Das Fürstliche Haus Thurn und Taxis bleibt in dem durch den Reichsdeputationsschluß vom 25. Februar 1803 oder spätere Verträge bestättigten Besitz und Genuß der Posten in den verschiedenen Bundes-Staaten, so lange als nicht etwa durch freye Uebereinkunft anderweitige Verträge abgeschlossen werden sollten.

In jedem Falle werden demselben, in Folge des Artikels 13 des erwähnten Reichsdeputationhauptschlusses, seine auf Belassung der Posten, oder auf eine angemessene Entschädigung gegründeten Rechte und Ansprüche versichert.

Dieses soll auch da Statt finden, wo die Aufhebung der Posten seit 1803 gegen den Innhalt des Reichsdeputationshauptschlusses bereits geschehen wäre, in sofern diese Entschädigung durch Verträge nicht schon definitiv festgesetzt ist.

Art. XVIII. Die verbündeten Fürsten und freyen Städte kommen überein den Unterthanen der deutschen Bundesstaaten folgende Rechte zuzusichern:

a) Grundeigenthum ausserhalb des Staates, den sie bewohnen, zu erwerben und zu besitzen, ohne deshalb in dem fremden Staate mehreren Abgaben und Lasten unterworfen zu seyn, als dessen eigene Unterthanen;

b) Die Befugniß

1tens des freien Wegziehens aus einem deutschen Bundesstaat in den andern, der erweislich sie zu Unterthanen annehmen will, auch

2tens in Civil- und Militärdienste desselben zu treten, beydes jedoch nur in so fern keine Verbindlichkeit zu Militärdiensten gegen das bisherige Vaterland im Wege stehe; und damit wegen der dermalen vorwaltenden Verschiedenheit der gesetzlichen Vorschriften über Militärpflichtigkeit hierunter nicht ein ungleichartiges für einzelne Bundes Staaten nachtheiliges Verhältniß entstehen möge, so wird bey der Bundesversammlung die Einführung möglichst gleichförmiger Grundsätze über diesen Gegenstand in Berathung genommen werden.

c) Die Freiheit von aller Nachsteuer (jus detractus, gabella emigrationis), in sofern das Vermögen in einen andern deutschen Bundesstaat übergeht und mit diesem nicht besondere Verhältnisse durch Freyzügigkeits Verträge bestehen.

d) Die Bundesversammlung wird sich bey ihrer ersten Zusammenkunft mit Abfassung gleichförmiger Verfügungen über die Preßfreyheit und die Sicherstellung der Rechte der Schriftsteller und Verleger gegen den Nachdruck beschäftigen.

Art. XIX. Die Bundesglieder behalten sich vor bey der ersten Zusammenkunft der Bundesversammlung in Frankfurth wegen des Handels und Verkehrs zwischen den verschiedenen Bundesstaaten, so wie wegen der Schifffahrt nach Anleitung der auf dem

Kongreß zu Wien angenommenen Grundsätze in Berathung zu treten.

Art. XX. Der gegenwärtige Vertrag wird von allen contrahirenden Theilen ratifizirt werden und die Ratifikazionen sollen binnen der Zeit von sechs Wochen, oder wo möglich noch früher nach Wien an die Kaiserlich Oesterreichische Hof und Staatskanzleyn eingesandt und bey Eröffnung des Bundes in das Archiv desselben niedergelegt werden.

6. Die Verfassung des Königreichs Bayern vom 6. Juni 1818

Maximilian Joseph, von Gottes Gnaden König von Baiern.
Von den hohen Regenten-Pflichten durchdrungen und geleitet – haben Wir Unsere bisherige Regierung mit solchen Einrichtungen bezeichnet, welche Unser fortgesetztes Bestreben, das Gesammt-Wohl Unserer Unterthanen zu befördern, beurkunden. – Zur festern Begründung desselben gaben Wir schon im Jahre 1808 Unserem Reiche eine seinen damaligen äußern und innern Verhältnißen angemessene Verfassung, in welche Wir schon die Einführung einer ständischen Versammlung, als eines wesentlichen Bestandtheiles, aufgenommen haben. – Kaum hatten die großen seit jener Zeit eingetretenen Weltbegebenheiten, von welchen kein deutscher Staat unberührt geblieben ist, und während welcher das Volk von Baiern gleich groß im erlittenen Drucke wie im bestandenen Kampfe sich gezeigt hat, in der Acte des Wiener-Congresses ihr Ziel gefunden, als Wir sogleich das nur durch die Ereignisse der Zeit unterbrochene Werk, mit unverrücktem Blicke auf die allgemeinen und besondern Forderungen des Staatszwekkes zu vollenden suchten; – die im Jahre 1814 dafür angeordneten Vorarbeiten und das Decret vom 2. Februar 1817 bestätigen Unsern hierüber schon früher gefaßten festen Entschluß. – Die gegenwärtige Acte ist, nach vorgegangener reifer und vielseitiger Berathung, und nach Vernehmung Unseres Staats-Rathes – das Werk Unseres ebenso freyen als festen Willens. – Unser Volk wird in dem Inhalte desselben die kräftigste Gewährleistung Unserer landesväterlichen Gesinnungen finden.

Freyheit der Gewissen, und gewissenhafte Scheidung und Schützung dessen, was des Staates und der Kirche ist;

Freyheit der Meinungen, mit gesetzlichen Beschränkungen gegen den Mißbrauch;

Gleiches Recht der Eingebornen zu allen Graden des Staatsdienstes und zu allen Bezeichnungen des Verdienstes;

Gleiche Berufung zur Pflicht und zur Ehre der Waffen;

Gleichheit der Gesetze und vor dem Gesetze;

Unpartheylichkeit und Unaufhaltbarkeit der Rechtspflege;

Gleichheit der Belegung und der Pflichtigkeit ihrer Leistung;

Ordnung durch alle Theile des Staats-Haushaltes, rechtlicher Schutz des Staats-Credits, und gesicherte Verwendung der dafür bestimmten Mittel;

Wiederbelebung der Gemeinde-Körper durch die Wiedergabe der Verwaltung der ihr Wohl zunächst berührenden Angelegenheiten;

Eine Standschaft – hervorgehend aus allen Klassen der im Staate ansäßigen Staatsbürger, – mit den Rechten des Beyrathes, der Zustimmung, der Willigung, der Wünsche und der Beschwerdeführung wegen verletzter verfassungsmäßiger Rechte, -berufen, um in öffentlichen Versammlungen die Weisheit der Berathung zu verstärken ohne die Kraft der Regierung zu schwächen.

Endlich eine Gewähr der Verfassung, sichernd gegen willkührlichen Wechsel, aber nicht hindernd das Fortschreiten zum Bessern nach geprüften Erfahrungen.

Baiern! – Dies sind die Grundzüge der aus Unserm freyen Entschluße euch gegebenen Verfassung, – sehet darin die Grundsätze eines Königs, welcher das Glück seines Herzens und den Ruhm seines Thrones nur von dem Glücke des Vaterlandes und von der Liebe seines Volkes empfangen will! –

Wir erklären hiernach folgende Bestimmungen als Verfassung des Königreiches Baiern:

Titel I.
Allgemeine Bestimmungen.

§. 1. Das Königreich Baiern in der Gesammt-Vereinigung aller ältern und neuern Gebietstheile ist ein souverainer monarchischer Staat nach den Bestimmungen der gegenwärtigen Verfassungs-Urkunde.

§. 2. Für das ganze Königreich besteht eine allgemeine in zwey Kammern abgetheilte Stände-Versammlung.

Titel II.
Von dem Könige und der Thronfolge, dann der Reichs-Verwesung.

§. 1. Der König ist das Oberhaupt des Staats, vereiniget in sich alle Rechte der Staats-Gewalt, und übt sie unter den von Ihm gegebenen in der gegenwärtigen Verfassungs-Urkunde festgesetzten Bestimmungen aus.

Seine Person ist heilig und unverletzlich.

§. 2. Die Krone ist erblich in dem Mannsstamme des Königlichen Hauses nach dem Rechte der Erstgeburt und der agnatisch-linealischen Erbfolge.

§. 3. Zur Successions-Fähigkeit wird eine rechtmäßige Geburt aus einer ebenbürtigen – mit Bewilligung des Königs geschlossenen Ehe erfordert.

§. 4. Der Mannsstamm hat vor den weiblichen Nachkommen den Vorzug, und die Prinzessinnen sind von der Regierungs-Folge in so lange ausgeschlossen, als in dem Königlichen Hause noch ein successionsfähiger männlicher Sproße oder ein durch Erbverbrüderung zur Thronfolge berechtigter Prinz vorhanden ist.

§. 5. Nach gänzlicher Erlöschung des Mannsstammes und in Ermanglung einer mit einem andern fürstlichen Hause aus dem deutschen Bunde für diesen Fall geschlossenen Erbverbrüderung geht die Thronfolge auf die weibliche Nachkommenschaft nach eben der Erbfolge-Ordnung, die für den Mannsstamm festgesetzt ist, über, so daß die zur Zeit des Ablebens des letzt regierenden Königs lebenden Baierischen Prinzessinnen oder Abkömmlinge von denselben, ohne Unterschied des Geschlechtes eben so, als wären sie Prinzen des ursprünglichen Mannsstammes des Baierischen Hauses, nach dem Erstgeburts-Rechte und der Lineal-Erbfolge-Ordnung zur Thronfolge berufen werden.

Wenn in dem regierenden neuen Königlichen Hause wieder Abkömmlinge des ersten Grades von beyderley Geschlecht geboren werden, tritt alsdann der Vorzug des männlichen Geschlechts vor dem weiblichen wieder ein.

§. 6. Sollte die Baierische Krone nach Erlöschung des Mannsstamms an den Regenten einer größern Monarchie gelangen, welcher seine Residenz im Königreiche Baiern nicht nehmen könnte, oder würde, so soll dieselbe an den zweytgebornen Prinzen dieses Hauses übergehen, und in dessen Linie sodann dieselbe Erbfolge eintreten, wie sie oben vorgezeichnet ist.

Kömmt aber die Krone an die Gemahlin eines auswärtigen größern Monarchen, so wird sie zwar Königin, sie muß jedoch einen Vice-König, der seine Residenz in der Hauptstadt des Königreichs zu nehmen hat, ernennen, und die Krone geht nach ihrem Ableben an ihren zweytgebornen Prinzen über.

§. 7. Die Volljährigkeit der Prinzen und Prinzessinnen des Königlichen Hauses tritt mit dem zurückgelegten Achtzehnten Jahre ein.

§. 8. Die übrigen Verhältnisse der Mitglieder des Königlichen Hauses richten sich nach den Bestimmungen des pragmatischen Familien-Gesetzes.

§. 9. Die Reichs-Verwesung tritt ein:
a) während der Minderjährigkeit des Monarchen;
b) wenn derselbe an der Ausübung der Regierung auf längere Zeit verhindert ist, und für die Verwaltung des Reichs nicht selbst Vorsorge getroffen hat, oder treffen kann.

§. 10. Dem Monarchen steht es frey, unter den volljährigen Prinzen des Hauses den Reichs-Verweser für die Zeit der Minderjährigkeit seines Nachfolgers zu wählen.

In Ermanglung einer solchen Bestimmung gebührt die Reichs-Verwesung demjenigen volljährigen Agnaten, welcher nach der festgesetzten Erbfolge-Ordnung der Nächste ist.

Wäre der Prinz, welchem dieselbe nach obiger Bestimmung gebührt, selbst noch minderjährig, oder durch ein sonstiges Hinderniß abgehalten, die Regentschaft zu übernehmen, so fällt sie auf denjenigen Agnaten, welcher nach ihm der Nächste ist.

§. 11. Sollte der Monarch durch irgend eine Ursache, die in ihrer Wirkung länger als ein Jahr dauert, an der Ausübung der Regierung gehindert werden, und für diesen Fall nicht selbst

Vorsehung getroffen haben, oder treffen können, so findet mit Zustimmung der Stände, welchen die Verhinderungs-Ursachen anzuzeigen sind, gleichfalls die für den Fall der Minderjährigkeit bestimmte gesetzliche Regentschaft statt.

§. 12. Wenn der König nach §. 10. den Reichs-Verweser für den Fall der Minderjährigkeit ernennt, so wird die darüber ausgefertigte Urkunde durch denjenigen Minister, welchem die Verrichtungen eines Ministers des Königlichen Hauses übertragen sind, im Haus-Archiv bis zum Ableben des Monarchen aufbewahrt und dann dem Gesammt-Staats-Ministerium zur Einsicht und öffentlichen Bekanntmachung vorgelegt. Dem Reichs-Verweser wird die über seine Ernennung ausgefertigte Urkunde zugleich mitgetheilt.

§. 13. Wenn kein zur Reichs-Verwesung geeigneter Agnat vorhanden ist, der Monarch jedoch eine verwittibte Königin hinterläßt, so gebührt dieser die Reichs-Verwesung.

In Ermanglung derselben aber übernimmt sie jener Kron-Beamte, welchen der letzte Monarch hiezu ernennt, und wenn von demselben keine solche Bestimmung getroffen ist, so geht sie an den ersten Kron-Beamten über, welchem kein gesetzliches Hinderniß entgegen steht.

§. 14. In jedem Falle gebührt einer verwittibten Königin unter der Aufsicht des Reichs-Verwesers die Erziehung ihrer Kinder nach den in dem Familien-Gesetze hierüber enthaltenen nähern Bestimmungen.

§. 15. In den im §. 9. a und b bezeichneten Fällen wird die Regierung im Nahmen des minderjährigen oder in der Ausübung der Regierung gehinderten Monarchen geführt.

Alle Ausfertigungen werden in seinem Nahmen und unter dem gewöhnlichen Königlichen Siegel erlassen; alle Münzen mit seinem Brustbilde, Wappen und Titel geprägt.

Der Regent unterzeichnet als:

„des Königreichs Baiern Verweser".

§. 16. Der Prinz des Hauses, die verwittibte Königin oder derjenige Kron-Beamte, welchem die Reichs-Verwesung übertragen wird, muß gleich nach dem Antritte der Regentschaft die Stände versammeln und in ihrer Mitte und in Gegenwart der Staats-Minister, so wie der Mitglieder des Staats-Rathes nachstehenden Eid ablegen:

„Ich schwöre, den Staat in Gemäßheit der Verfassung und der Gesetze des Reichs zu verwalten, die Integrität des Königreiches und die Rechte der Krone zu erhalten und dem Könige die Gewalt, deren Ausübung mir anvertraut ist, getreu zu übergeben, so wahr mir Gott helfe und sein heiliges Evangelium;"

worüber eine besondere Urkunde aufgenommen wird.

§. 17. Der Regent übt während seiner Reichs-Verwesung alle Regierungs-Rechte aus, welche durch die Verfassung nicht besonders ausgenommen sind.

§. 18. Alle erledigten Aemter, mit Ausnahme der Justiz-Stellen, können während der Reichs-Verwesung nur provisorisch besetzt werden. Der Reichs-Verweser kann weder Krongüter veräußern, oder heimgefallene Lehen verleihen, noch neue Aemter einführen.

§. 19. Das Gesammt-Staats-Ministerium bildet den Regentschafts-Rath, und der Reichs-Verweser ist verbunden, in allen wichtigen Angelegenheiten das Gutachten desselben zu erholen.

§. 20. Der Reichs-Verweser hat während der Dauer der Regentschaft seine Wohnung in der Königlichen Residenz, und wird auf Kosten des Staates unterhalten; auch werden ihm nebstdem zu seiner eigenen Verfügung jährlich zweymal hundert tausend Gulden in monatlichen Raten auf die Staats-Kasse angewiesen.

§. 21. Die Regentschaft dauert in den in §. 9. bemerkten zwey Fällen – im ersten bis zur Großjährigkeit des Königs, und im zweyten – bis das eingetretene Hinderniß aufhört.

§. 22. Nachdem die Regentschaft beendiget ist, und der in die Regierung eintretende neue König den feyerlichen Eid (Tit. X. §. 1.) abgelegt hat, werden alle Verhandlungen der Regentschaft geschlossen, und der Regierungs-Antritt des Königs wird in der Residenz und in dem ganzen Königreiche feyerlich kund gemacht.

Titel III.
Von dem Staatsgute.

§. 1. Der ganze Umfang des Königreichs Baiern bildet eine einzige untheilbare unveräußerliche Gesammt-Masse aus sämmtlichen Bestandtheilen an Landen, Leuten, Herrschaften, Gütern, Regalien und Renten mit allem Zugehör.

Auch alle neuen Erwerbungen aus Privat-Titeln an unbeweglichen Gütern, sie mögen in der Haupt- oder Neben-Linie geschehen, wenn der erste Erwerber während seines Lebens nicht darüber verfügt hat, kommen in den Erbgang des Mannsstammes und werden als der Gesammt-Masse einverleibt angesehen.

§. 2. Zu dem unveräußerlichen Staatsgute, welches im Falle einer Sonderung des Staats-Vermögens von der Privat-Verlassenschaft in das Inventar der letztern nicht gebracht werden darf, gehören:

1) Alle Archive und Registraturen;

2) Alle öffentlichen Anstalten und Gebäude mit ihrem Zugehör;

3) Alles Geschütz, Munition, alle Militaire-Magazine und was zur Landeswehr nöthig ist;

4) Alle Einrichtungen der Hof-Capellen und Hof-Aemter mit allen Mobilien, welche der Aufsicht der Hof-Stäbe und Hof-Intendanzen anvertraut, und zum Bedarf oder zum Glanze des Hofes bestimmt sind;

5) Alles, was zur Einrichtung oder zur Zierde der Residenzen und Lustschlösser dienet;

6) Der Hausschatz und was von dem Erblasser mit demselben bereits vereiniget worden ist;

7) Alle Sammlungen für Künste und Wissenschaften, als: Bibliotheken, physicalische, Naturalien- und Münz-Cabinette, Antiquitäten, Statuen, Sternwarten mit ihren Instrumenten, Gemählde- und Kupferstich-Sammlungen und sonstige Gegenstände, die zum öffentlichen Gebrauche oder zur Beförderung der Künste und Wissenschaften bestimmt sind;

8) Alle vorhandenen Vorräthe an baarem Gelde und Capitalien

in den Staats-Kassen oder an Naturalien bey den Aemtern, samt allen Ausständen an Staatsgefällen;

9) Alles was aus Mitteln des Staats erworben wurde.

§. 3. Sämmtliche Bestandtheile des Staatsguts sind, wie bereits in der Pragmatik vom 20. October 1804 bestimmt war, aus welcher die nach den veränderten Verhältnissen hierüber noch geltenden Bestimmungen in gegenwärtige Verfassungs-Urkunde übertragen sind, auf ewig unveräußerlich, vorbehaltlich der unten folgenden Modificationen.

Vorzüglich sollen, ohne Ausnahme, alle Rechte der Souverainetät bey der Primogenitur ungetheilt und unveräußert erhalten werden.

§. 4. Als Veräußerung des Staatsguts ist anzusehen, nicht nur jeder wirkliche Verkauf, sondern auch eine Schenkung unter den Lebenden oder eine Vergebung durch eine letzte Willens-Verordnung, Verleihung neuer Lehen oder Beschwerung mit einer ewigen Last oder Verpfändung oder Hingabe durch einen Vergleich gegen Annahme einer Summe Geldes.

Auch kann keinem Staatsbürger eine Befreyung von den öffentlichen Lasten bewilliget werden.

§. 5. Die bisher zu Belohnung vorzüglicher dem Staate geleisteter Dienste verliehenen Lehen, Staats-Domainen und Renten sind von obigem Verbote ausgenommen.

Auch steht dem Könige die Wiederverleihung heimfallender Lehen jederzeit frey.

Zu Belohnung großer und bestimmter dem Staate geleisteter Dienste können auch andere Staats-Domainen oder Renten, jedoch mit Zustimmung der Stände, in der Eigenschaft als Mannlehen der Krone verliehen werden.

Anwartschaften auf künftige der Krone heimfallende Güter, Renten und Rechte, können eben so wenig als auf Aemter oder Würden ertheilet werden.

§. 6. Unter dem Veräußerungs-Verbote sind ferner nicht begriffen:

1) alle Staats-Handlungen des Monarchen, welche innerhalb der Grenzen des Ihm zustehenden Regierungs-Rechts nach dem

Zwecke und zur Wohlfahrt des Staats mit Auswärtigen oder mit Unterthanen im Lande über Stamm- und Staatsgüter vorgenommen werden; insbesondere was

2) an einzelnen Gütern und Gefällen zur Beendigung eines anhängigen Rechtsstreits gegen Erhaltung oder Erlangung anderer Güter, Renten oder Rechte, oder zur Grenzberichtigung mit benachbarten Staaten gegen andern angemessenen Ersatz abgetreten wird;

3) Was gegen andere Realitäten und Rechte von gleichem Werthe vertauscht wird;

4) Alle einzelnen Veräußerungen oder Veränderungen, welche bey den Staatsgütern dem Staatszwecke gemäß und in Folge der bereits erlassenen Vorschriften nach richtigen Grundsätzen der fortschreitenden Staatswirthschaft zur Beförderung der Landes-Cultur oder sonst zur Wohlfahrt des Landes, oder zum Besten des Staats-Aerars und zur Aufhebung einer nachtheiligen Selbstverwaltung für gut gefunden werden.

§. 7. In allen diesen Fällen (§. 6.) dürfen jedoch die Staats-Einkünfte nicht geschmälert, sondern es soll als Ersatz entweder eine Dominical-Rente – wo möglich in Getreide, dafür bedungen, oder der Kaufschilling zu neuen Erwerbungen oder zur zeitlichen Aushülfe des Schuldentilgungs-Fonds, oder zu andern das Wohl des Landes bezielenden Absichten verwendet werden.

Mit dem unter dem Staatsgute begriffenen beweglichen Vermögen (§. 2.) kann der Monarch nach Zeit und Umständen zweckmäßige Veränderungen und Verbesserungen vornehmen.

Titel IV.
Von allgemeinen Rechten und Pflichten.

§. 1. Zum vollen Genuße aller bürgerlichen, öffentlichen und Privatrechte in Baiern wird das Indigenat erfordert, welches entweder durch die Geburt oder durch die Naturalisirung nach den nähern Bestimmungen des Edictes über das Indigenat erworben wird (Beylage I.)[1].

---

[1] Die Beylagen sind nicht abgedruckt.

§. 2. Das Baierische Staats-Bürgerrecht wird durch das Indigenat bedingt, und geht mit demselben verloren.

§. 3. Nebst diesem wird zu dessen Ausübung noch erfordert:
a) die gesetzliche Volljährigkeit;
b) die Ansässigkeit im Königreiche, entweder durch den Besitz besteuerter Gründe, Renten oder Rechte, oder durch die Ausübung besteuerter Gewerbe, oder durch den Eintritt in ein öffentliches Amt.

§. 4. Kron-Aemter, oberste Hof-Aemter, Civil-Staatsdienste und oberste Militaire-Stellen, wie auch Kirchen-Aemter oder Pfründen können nur Eingebornen oder verfassungsmäßig Naturalisirten ertheilt werden.

§. 5. Jeder Baier ohne Unterschied kann zu allen Civil-, Militaire- und Kirchen-Aemtern oder Pfründen gelangen.

§. 6. In dem Umfange des Reichs kann keine Leibeigenschaft bestehen, nach den nähern Bestimmungen des Edictes vom 3. August 1808.

§. 7. Alle ungemessenen Frohnen sollen in Gemessene umgeändert werden und auch diese ablösbar seyn.

§. 8. Der Staat gewährt jedem Einwohner Sicherheit seiner Person, seines Eigenthums und seiner Rechte.

Niemand darf seinem ordentlichen Richter entzogen werden.

Niemand darf verfolgt oder verhaftet werden, als in den durch die Gesetze bestimmten Fällen, und in der gesetzlichen Form.

Niemand darf gezwungen werden, sein Privat-Eigenthum, selbst für öffentliche Zwecke abzutreten, als nach einer förmlichen Entscheidung des versammelten Staatsraths, und nach vorgängiger Entschädigung, wie solches in der Verordnung vom 14. August 1815 bestimmt ist.

§. 9. Jedem Einwohner des Reichs wird vollkommene Gewissens-Freyheit gesichert; die einfache Haus-Andacht darf daher Niemanden, zu welcher Religion er sich bekennen mag, untersagt werden.

Die in dem Königreiche bestehenden drey christlichen Kirchen-Gesellschaften genießen gleiche bürgerliche und politische Rechte.

Die nicht christlichen Glaubens-Genossen haben zwar vollkommene Gewissens-Freyheit; sie erhalten aber an den Staatsbürgerlichen Rechten nur in dem Maaße einen Antheil, wie ihnen derselbe in den organischen Edicten über ihre Aufnahme in die Staats-Gesellschaft zugesichert ist.

Allen Religionstheilen, ohne Ausnahme, ist das Eigenthum der Stiftungen und der Genuß ihrer Renten nach den ursprünglichen Stiftungs-Urkunden und dem rechtmäßigen Besitze, sie seyen für den Cultus, den Unterricht oder die Wohlthätigkeit bestimmt, vollständig gesichert.

Die geistliche Gewalt darf in ihrem eigentlichen Wirkung-Kreise nie gehemmt werden, und die weltliche Regierung darf in rein geistlichen Gegenständen der Religions-Lehre und des Gewissens sich nicht einmischen, als in soweit das Obersthoheitliche Schutz- und Aufsichts-Recht eintritt, wonach keine Verordnungen und Gesetze der Kirchen-Gewalt ohne vorgängige Einsicht und das Placet des Königs verkündet und vollzogen werden dürfen.

Die Kirchen und Geistlichen sind in ihren bürgerlichen Handlungen und Beziehungen – wie auch in Ansehung des ihnen zustehenden Vermögens den Gesetzen des Staates und den weltlichen Gerichten untergeben; auch können sie von öffentlichen Staatslasten keine Befreyung ansprechen.

Die übrigen nähern Bestimmungen über die äußern Rechts-Verhältnisse der Bewohner des Königreichs, in Beziehung auf Religion und kirchliche Gesellschaften, sind in dem der gegenwärtigen Verfassungs-Urkunde beygefügten besondern Edicte enthalten (Beylage II.).

§. 10. Das gesammte Stiftungs-Vermögen nach den drey Zwecken des Cultus, des Unterrichts und der Wohlthätigkeit, wird gleichfalls unter den besondern Schutz des Staates gestellt; es darf unter keinem Vorwande zu dem Finanz-Vermögen eingezogen und in der Substanz für andere, als die drey genannten Zwecke, ohne Zustimmung der Betheiligten, und bey allgemeinen

Stiftungen ohne Zustimmung der Stände des Reiches veräußert, oder verwendet werden.

§. 11. Die Freyheit der Presse und des Buchhandels ist nach den Bestimmungen des hierüber erlassenen besondern Edictes gesichert(Beylage III.).

§. 12. Alle Baiern haben gleiche Pflichtigkeit zu dem Kriegsdienste und zur Landwehr nach den dießfalls bestehenden Gesetzen.

§. 13. Die Theilnahme an den Staats-Lasten ist für alle Einwohner des Reichs allgemein, ohne Ausnahme irgend eines Standes, und ohne Rücksicht auf vormals bestandene besondere Befreyungen.

§. 14. Es ist den Baiern gestattet, in einen andern Bundesstaat, welcher erweißlich sie zu Unterthanen annehmen will, auszuwandern, auch in Civil- und Militaire-Dienste desselben zu treten, wenn sie den gesetzlichen Verbindlichkeiten gegen ihr bisheriges Vaterland Genüge geleistet haben.

Sie dürfen, solange sie im Unterthans-Verbande bleiben, ohne ausdrückliche Erlaubniß des Monarchen von einer auswärtigen Macht weder Gehalte noch Ehrenzeichen annehmen.

Titel V.
Von besondern Rechten und Vorzügen.

§. 1. Die Kron-Aemter werden als oberste Würden des Reichs, entweder auf die Lebenszeit der Würdeträger oder auf deren männliche Erben, nach dem Rechte der Erstgeburt und der agnatisch-linealischen Erbfolge als Thron-Lehen verliehen.

Die Kron-Beamten sind durch ihre Reichswürden Mitglieder der ersten Kammer in der Stände-Versammlung.

§. 2. Den vormals Reichsständischen Fürsten und Grafen werden alle jene Vorzüge und Rechte zugesichert, welche in dem ihre Verhältnisse bestimmenden besondern Edicte ausgesprochen sind (Beylage IV.).

§. 3. Die der Baierischen Hoheit untergebenen ehemaligen unmittelbaren Reichsadeligen genießen diejenigen Rechte, welche in Gemäßheit der Königlichen Declaration durch die constitutionellen Edicte ihnen zugesichert werden.

§. 4. Der gesammte übrige Adel des Reichs behält, wie jeder Guts-Eigenthümer, seine gutsherrlichen Rechte nach den gesetzlichen Bestimmungen (Beylage V.).

Uebrigens hat derselbe folgende Vorzüge zu genießen:

1) ausschließend das Recht, eine gutsherrliche Gerichtsbarkeit ausüben zu können; (Beylage VI.)

2) Familien-Fidei-Commisse auf Grundvermögen zu errichten; (Beylage VII.)

3) Einen von dem landgerichtlichen befreyten Gerichtsstand in bürgerlichen und strafrechtlichen Fällen;

4) die Rechte der Siegelmäßigkeit unter den Beschränkungen der Gesetze über das Hypothekenwesen; (Beylage VIII.) endlich

5) bey der Militaire-Conscription die Auszeichnung, daß die Söhne der Adeligen als Cadetten eintreten.

§. 5. Einige dieser Vorzüge theilen für ihre Personen die geistlichen und die wirklichen Collegial-Räthe, und die mit diesen in gleicher Categorie stehenden höhern Beamten.

Die Geistlichen genießen denselben befreyten Gerichtsstand in bürgerlichen und strafrechtlichen Fällen; – die Collegial-Räthe und höhern Beamten außer diesem auch die Rechte der Siegelmäßigkeit und die obige Auszeichnung bey der Militaire-Conscription.

§. 6. Die Dienstes-Verhältnisse und Pensions-Ansprüche der Staatsdiener und öffentlichen Beamten richten sich nach den Bestimmungen der Dienstes-Pragmatik. (Beylage IX.)

Titel VI.
Von der Stände-Versammlung.

§. 1. Die zwey Kammern der allgemeinen Versammlung der Stände des Reichs sind:

a) die der Reichs-Räthe,
b) die der Abgeordneten.

§. 2. Die Kammer der Reichs-Räthe ist zusammengesetzt aus
1) den volljährigen Prinzen des Königlichen Hauses;
2) den Kron-Beamten des Reichs;
3) den beyden Erz-Bischöfen;
4) den Häuptern der ehemals Reichsständischen – fürstlichen und gräflichen Familien, als erblichen Reichs-Räthen, so lange sie im Besitze ihrer vormaligen Reichsständischen im Königreiche gelegenen Herrschaften bleiben;
5) einem vom Könige ernannten Bischofe und dem jedesmaligen Präsidenten des protestantischen General-Consistoriums;
6) aus denjenigen Personen, welche der König entweder wegen ausgezeichneter dem Staate geleisteter Dienste, oder wegen ihrer Geburt, oder ihres Vermögens zu Mitgliedern dieser Kammer entweder erblich oder lebenslänglich besonders ernennt.

§. 3. Das Recht der Vererbung wird der König nur adeligen Gutsbesitzern verleihen, welche im Königreiche das volle Staatsbürgerrecht, und ein mit dem Lehen- oder Fidei-Commissarischen Verbande belegtes Grund-Vermögen besitzen, von welchem sie an Grund- und Dominical-Steuern in simplo Dreyhundert Gulden entrichten, und wobey eine agnatisch-linealische Erbfolge nach dem Rechte der Erstgeburt eingeführt ist.

Die Würde eines erblichen Reichs-Raths geht jedesmal mit den Gütern, worauf das Fidei-Commiß gegründet ist, nur auf den nach dieser Erbfolge eintretenden Besitzer über.

§. 4. Die Zahl der lebenslänglichen Reichs-Räthe kann den dritten Theil der erblichen nicht übersteigen.

§. 5. Die Reichs-Räthe haben Zutritt in die erste Kammer nach erreichter Volljährigkeit; eine entscheidende Stimme aber kömmt den Prinzen des Königlichen Hauses erst mit dem Einundzwanzigsten, den übrigen Reichs-Räthen mit dem Fünfundzwanzigsten Lebensjahre zu.

§. 6. Die Kammer der Reichs-Räthe kann nur dann eröffnet werden, wenn wenigstens die Hälfte der sämmtlichen Mitglieder anwesend ist.

§. 7. Die zweyte Kammer der Stände-Versammlung bildet sich

a) aus den Grundbesitzern, welche eine gutsherrliche Gerichtsbarkeit ausüben und nicht Sitz und Stimme in der ersten Kammer haben;

b) aus Abgeordneten der Universitäten;

c) aus Geistlichen der katholischen und protestantischen Kirche;

d) aus Abgeordneten der Städte und Märkte;

e) aus den nicht zu a) gehörigen Landeigenthümern.

§. 8. Die Zahl der Mitglieder richtet sich im Ganzen nach der Zahl der Familien im Königreiche, in dem Verhältnisse, daß auf 7000 Familien ein Abgeordneter gerechnet wird.

§. 9. Von der auf solche Art bestimmten Zahl stellt:

a) die Klasse der adeligen Gutsbesitzer ein Achttheil;

b) die Klasse der Geistlichen der katholischen und protestantischen Kirche ein Achttheil;

c) die Klasse der Städte und Märkte ein Viertheil, – und

d) die Klasse der übrigen Landeigenthümer, welche keine gutsherrliche Gerichtsbarkeit ausüben, zwey Viertheile der Abgeordneten;

e) jede der drey Universitäten ein Mitglied.

§. 10. Die jede einzelne Klasse treffende Zahl von Abgeordneten wird nach den Bestimmungen des über die Stände-Versammlung hier beygefügten besondern Edictes auf die einzelnen Regierungs-Bezirke vertheilt (Beylage X.).

§. 11. Jede Klasse wählt in jedem Regierungs-Bezirke die sie daselbst treffende Zahl von Abgeordneten nach der in dem angeführten Edicte vorgeschriebenen Wahlordnung für die sechsjährige Dauer der Versammlung. Die während derselben erledigten Stellen werden aus denjenigen ersetzt, welche den Gewählten in der Stimmenzahl zunächst kommen.

§. 12. Jedes Mitglied der Kammer der Abgeordneten muß ohne Rücksicht auf Standes- oder Dienst-Verhältnisse ein selbstständiger Staatsbürger seyn, welcher das dreißigste Lebensjahr zurückgelegt hat und den freyen Genuß eines solchen im betreffenden Bezirke oder Orte gelegenen Vermögens besitzt, welches seinen unabhängigen Unterhalt sichert, und durch die im Edicte festgesetzte Größe der jährlichen Versteuerung bestimmt wird.

Er muß sich zu einer der drey christlichen Religionen bekennen und darf niemals einer Special-Untersuchung, wegen Verbrechen oder Vergehen unterlegen haben, wovon er nicht gänzlich freygesprochen worden ist.

§. 13. Alle sechs Jahre wird eine neue Wahl der Abgeordneten vorgenommen und sonst nur in dem Falle, wenn die Kammer von dem Könige aufgelöset wird.

Die austretenden Mitglieder sind wieder wählbar.

§. 14. Der Austritt eines bereits ernannten Mitgliedes erfolgt während der Dauer der Versammlung

1. Wenn dasselbe die Realität, das Gericht, Gewerbe oder die geistliche Pfründe, welche seine Wahl für den betreffenden Regierungs-Bezirk, oder die Klasse besonders begründeten, aus was immer für Veranlassungen zu besitzen aufhört, ohne einen gleichen Ersatz in demselben Bezirke, Orte oder in derselben Klasse zu erwerben;

2. Wenn das Mitglied unter der Zeit eine der oben (§. 12.) zur passiven Wahlfähigkeit wesentlich erforderlichen Eigenschaften verliert.

In diesen Fällen hat die Kammer der Abgeordneten auf die geschehene Anzeige und nach Vernehmung des Betheiligten zu entscheiden.

§. 15. Zur gültigen Constituirung der Kammer der Abgeordneten wird die Anwesenheit von wenigstens zwey Dritttheilen der gewählten Mitglieder erfordert.

§. 16. Die Kammer der Reichs-Räthe wird gleichzeitig mit jener der Abgeordneten zusammenberufen, eröffnet und geschloßen.

§. 17. Kein Mitglied der ersten oder zweyten Kammer darf sich in der Sitzung durch einen Bevollmächtigten vertreten lassen.

§. 18. Die Anträge über die Staats-Auflagen geschehen zuerst in der Kammer der Abgeordneten und werden dann durch diese an die Kammer der Reichs-Räthe gebracht.

Alle übrigen Gegenstände können nach der Bestimmung des Königs der einen oder der andern Kammer zuerst vorgelegt werden.

§. 19. Kein Gegenstand des den Ständen des Reichs angewiesenen gemeinschaftlichen Wirkungskreises kann von einer Kammer allein in Berathung gezogen werden, und die Wirkung einer gültigen Einwilligung der Stände erlangen.

**Titel VII.
Von dem Wirkungskreise der Stände-Versammlung.**

§. 1. Die beyden Kammern können nur über jene Gegenstände in Berathung treten, die in ihren Wirkungskreis gehören, welcher in den §§. 2. bis 19. näher bezeichnet ist.

§. 2. Ohne den Beyrath und die Zustimmung der Stände des Königreichs kann kein allgemeines neues Gesetz, welches die Freyheit der Personen oder das Eigenthum des Staats-Angehörigen betrifft, erlassen, noch ein schon bestehendes abgeändert, authentisch erläutert oder aufgehoben werden.

§. 3. Der König erholt die Zustimmung der Stände zur Erhebung aller directen Steuern, so wie zur Erhebung neuer indirecten Auflagen, oder zu der Erhöhung oder Veränderung der bestehenden.

§. 4. Den Ständen wird daher nach ihrer Eröffnung die genaue Uebersicht des Staatsbedürfnisses, so wie der gesammten Staats-Einnahmen (Budget) vorgelegt werden, welche dieselbe durch einen Ausschuß prüfen, und sodann über die zu erhebenden Steuern in Berathung treten.

§. 5. Die zur Deckung der ordentlichen beständigen und bestimmt vorherzusehenden Staats-Ausgaben mit Einschluß des nothwendigen Reserve-Fonds, erforderlichen directen Steuern werden jedesmal auf sechs Jahre bewilligt.

Um jedoch jede Stockung in der Staatshaushaltung zu vermeiden, werden in dem Etats-Jahre, in welchem die erste Stände-

Versammlung einberufen wird, die in dem vorigen Etats-Jahre erhobenen Staats-Auflagen fortentrichtet.

§. 6. Ein Jahr vor dem Ablaufe des Termins, für welchen die fixen Ausgaben festgesetzt sind, somit nach Verlauf von sechs Jahren, läßt der König für die sechs Jahre, welche diesem Termine folgen, den Ständen ein neues Budget vorlegen.

§. 7. In dem Falle, wo der König durch außerordentliche äußere Verhältnisse verhindert ist, in diesem letzten Jahre der ordentlichen Steuer-Bewilligung die Stände zu versammeln, kömmt Ihm die Befugniß einer Forterhebung der letztbewilligten Steuer auf ein halbes Jahr zu.

§. 8. In Fällen eines außerordentlichen und unvorhergesehenen Bedürfnisses und der Unzulänglichkeit der bestehenden Staats-Einkünfte zu dessen Deckung wird dieses den Ständen zur Bewilligung der erforderlichen außerordentlichen Auflagen vorgelegt werden.

§. 9. Die Stände können die Bewilligung der Steuern mit keiner Bedingung verbinden.

§. 10. Den Ständen des Reichs wird bey einer jeden Versammlung eine genaue Nachweisung über die Verwendung der Staats-Einnahmen vorgelegt werden.

§. 11. Die gesammte Staatsschuld wird unter die Gewährleistung der Stände gestellt.

Zu jeder neuen Staatsschuld, wodurch die zur Zeit bestehende Schulden-Masse im Capitals-Betrage oder der jährlichen Verzinsung vergrößert wird, ist die Zustimmung der Stände des Reichs erforderlich.

§. 12. Eine solche Vermehrung der Staatsschulden hat nur für jene dringenden und außerordentlichen Staatsbedürfnisse statt, welche weder durch die ordentlichen noch durch außerordentliche Beyträge der Unterthanen, ohne deren zu große Belastung bestritten werden können, und die zum wahren Nutzen des Landes gereichen.

§. 13. Den Ständen wird der Schuldentilgungs-Plan vorgelegt, und ohne ihre Zustimmung kann an dem von ihnen angenommenen Plane keine Abänderung getroffen, noch ein zur Schuldentilgung bestimmtes Gefäll zu irgend einem andern Zwecke verwendet werden.

§. 14. Jede der beyden Kammern hat aus ihrer Mitte einen Commissaire zu ernennen, welche gemeinschaftlich bey der Schuldentilgungs-Commission von allen ihren Verhandlungen genaue Kenntniß zu nehmen, und auf die Einhaltung der festgesetzten Normen zu wachen haben.

§. 15. In außerordentlichen Fällen, wo drohende äußere Gefahren die Aufnahme von Capitalien dringend erfordern, und die Einberufung der Stände durch äußere Verhältnisse unmöglich gemacht wird, soll diesen Commissaire's die Befugniß zustehen, zu diesen Anleihen im Nahmen der Stände vorläufig ihre Zustimmung zu ertheilen.

Sobald die Einberufung der Stände möglich wird, ist ihnen die ganze Verhandlung über diese Capitals-Aufnahme vorzulegen, um in das Staatsschulden-Verzeichniß eingetragen zu werden.

§. 16. Den Ständen wird bey jeder Versammlung die genaue Nachweisung des Standes der Staatsschulden-Tilgungs-Kasse vorgelegt werden.

§. 17. Die Stände haben das Recht der Zustimmung zur Veräußerung oder Verwendung allgemeiner Stiftungen in ihrer Substanz für andere als ihre ursprünglichen Zwecke.

§. 18. Eben so ist ihre Zustimmung zur Verleihung von Staats-Domainen oder Staats-Renten zu Belohnung großer und bestimmter dem Staate geleisteter Dienste erforderlich.

§. 19. Die Stände haben das Recht, in Beziehung auf alle zu ihrem Wirkungskreise gehörigen Gegenstände dem Könige ihre gemeinsamen Wünsche und Anträge in der geeigneten Form vorzubringen.

§. 20. Jeder einzelne Abgeordnete hat das Recht, in dieser Beziehung seine Wünsche und Anträge in seiner Kammer vorzubringen, welche darüber: ob dieselben in nähere Ueberlegung gezogen werden sollen, durch Mehrheit der Stimmen erkennt, und sie im bejahenden Falle an den betreffenden Ausschuß zur Prüfung und Würdigung bringt.

Die von einer Kammer über solche Anträge gefaßten Beschlüsse müssen der andern Kammer mitgetheilt und können erst nach deren erfolgter Beystimmung dem Könige vorgelegt werden.

§. 21. Jeder einzelne Staatsbürger, so wie jede Gemeinde kann Beschwerden über Verletzung der constitutionellen Rechte an die Stände-Versammlung, und zwar an jede der beyden Kammern bringen, welche sie durch den hierüber bestehenden Ausschuß prüft, und findet dieser sie dazu geeignet, in Berathung nimmt.

Erkennt die Kammer durch Stimmenmehrheit die Beschwerde für gegründet, so theilt sie ihren diesfalls an den König zu erstattenden Antrag der andern Kammer mit, welcher, wenn diese demselben beystimmt, in einer gemeinsamen Vorstellung dem Könige übergeben wird.

§. 22. Der König wird wenigstens alle drey Jahre die Stände zusammenberufen.

Der König eröffnet und schließt die Versammlung entweder in eigener Person, oder durch einen besonders hiezu Bevollmächtigten.

Die Sitzungen einer solchen Versammlung dürfen in der Regel nicht länger als zwey Monate dauern, und die Stände sind verbunden, in ihren Sitzungen die von dem Könige an sie gebrachten Gegenstände vor allen übrigen in Berathung zu nehmen.

§. 23. Dem Könige steht jederzeit das Recht zu, die Sitzungen der Stände zu verlängern, sie zu vertagen, oder die ganze Versammlung aufzulösen.

In dem letzten Falle muß wenigstens binnen drey Monaten eine neue Wahl der Kammer der Abgeordneten vorgenommen werden.

§. 24. Die Staats-Minister können den Sitzungen der beyden Kammern beywohnen, wenn sie auch nicht Mitglieder derselben sind.

§. 25. Jedes Mitglied der Stände-Versammlung hat folgenden Eid zu leisten:

„Ich schwöre Treue dem Könige, Gehorsam dem Gesetze, Beobachtung und Aufrechthaltung der Staats-Verfassung und in der Stände-Versammlung nur des ganzen Landes allgemeines Wohl und Beste ohne Rücksicht auf besondere Stände oder Klassen nach meiner innern Ueberzeugung zu berathen; – So wahr mir Gott helfe und sein heiliges Evangelium."

§. 26. Kein Mitglied der Stände-Versammlung kann während der Dauer der Sitzungen ohne Einwilligung der betreffenden Kammer zu Verhaft gebracht werden, den Fall der Ergreifung auf frischer That bey begangenem Verbrechen ausgenommen.

§. 27. Kein Mitglied der Stände-Versammlung kann für die Stimme, welche es in seiner Kammer geführt hat, anders als in Folge der Geschäfts-Ordnung durch die Versammlung selbst zur Rede gestellt werden.

§. 28. Ein Gegenstand, über welchen die beyden Kammern sich nicht vereinigen, kann in derselben Sitzung nicht wieder zur Berathung gebracht werden.

§. 29. Die Königliche Entschließung auf die Anträge der Reichsstände erfolgt nicht einzeln, sondern auf alle verhandelten Gegenstände zugleich bey dem Schluße der Versammlung.

§. 30. Der König allein sanctionirt die Gesetze und erläßt dieselben mit seiner Unterschrift und Anführung der Vernehmung des Staats-Raths und des erfolgten Beyraths und der Zustimmung der Lieben und Getreuen, der Stände des Reichs.

§. 31. Wenn die Versammlung der Reichsstände vertagt, förmlich geschlossen oder aufgelöst worden ist, können die Kammern nicht mehr gültig berathschlagen, und jede fernere Verhandlung ist ungesetzlich.

Titel VIII.
Von der Rechtspflege.

§. 1. Die Gerichtsbarkeit geht vom Könige aus. – Sie wird unter Seiner Oberaufsicht durch eine geeignete Zahl von Aemtern und Obergerichten in einer gesetzlich bestimmten Instanzen-Ordnung verwaltet.

§. 2. Alle Gerichtsstellen sind verbunden, ihren Urtheilen Entscheidungsgründe beyzufügen.

§. 3. Die Gerichte sind innerhalb der Grenzen ihrer amtlichen Befugniß unabhängig, und die Richter können nur durch einen Rechtsspruch von ihren Stellen mit Verlust des damit verbundenen Gehaltes entlassen – oder derselben entsetzt werden.

§. 4. Der König kann in strafrechtlichen Sachen Gnade ertheilen, die Strafe mildern oder erlassen; – aber in keinem Falle irgend eine anhängige Streitsache, oder angefangene Untersuchung hemmen.

§. 5. Der Königliche Fiscus wird in allen streitigen Privatrechts-Verhältnissen bey den Königlichen Gerichtshöfen Recht nehmen.

§. 6. Die Vermögens-Confiscation hat in keinem Falle, den der Desertion ausgenommen, statt.

§. 7. Es soll für das ganze Königreich ein und dasselbe bürgerliche und Straf-Gesetzbuch bestehen.

Titel IX.
Von der Militaire-Verfassung.

§. 1. Jeder Baier ist verpflichtet, zur Vertheidigung seines Vaterlandes, nach den hierüber bestehenden Gesetzen mitzuwirken.

Von der Pflicht, die Waffen zu tragen, ist der geistliche Stand ausgenommen.

§. 2. Der Staat hat zu seiner Vertheidigung eine stehende Armee, welche durch die allgemeine Militaire-Conscription ergänzt, und auch im Frieden gehörig unterhalten wird.

§. 3. Neben dieser Armee bestehen noch Reserve-Bataillons und die Landwehr.

§. 4. Die Reserve-Bataillons sind zur Verstärkung des stehenden Heeres bestimmt, und theilen im Falle des Aufgebots alle Verpflichtungen, Ehren und Vorzüge mit demselben.

Im Frieden bleibt sämmtliche in den Reserve-Bataillons eingereihte Mannschaft, die zu den Waffenübungen erforderliche Zeit ausgenommen, in ihrer Heimath, frey von allem militarischen Zwange, bloß der bürgerlichen Gerichtsbarkeit und den bürgerlichen Gesetzen unterworfen, ohne an der Veränderung des Wohnsitzes, der Ansässigmachung oder Verehelichung gehindert zu seyn.

§. 5. Die Landwehr kann in Kriegszeiten zur Unterstützung der schon durch die Reserve-Bataillons verstärkten Armee auf besondern Königlichen Aufruf, jedoch nur innerhalb der Grenzen des Reichs, in militärische Thätigkeit treten.

Zur zweckmäßigen Benützung dieser Masse wird dieselbe in zwey Abtheilungen ausgeschieden, deren zweyte die zur Mobilisirung weniger geeigneten Individuen begreift, und in keinem Falle außer ihrem Bezirke verwendet werden soll.

In Friedenszeiten wirkt die Landwehr zur Erhaltung der innern Sicherheit mit, in soferne es erforderlich ist, und die dazu bestimmten Truppen nicht hinreichen.

§. 6. Die Armee handelt gegen den äußern Feind und im Innern nur dann, wenn die Militaire-Macht von der competenten Civil-Behörde förmlich dazu aufgefordert wird.

§. 7. Die Militaire-Personen stehen in Dienstsachen, dann wegen Verbrechen oder Vergehen unter der Militaire-Gerichtsbarkeit, in Real- und gemischten Rechtssachen aber unter den bürgerlichen Gerichten.

Titel X.
Von der Gewähr der Verfassung.

§. 1. Bey dem Regierungs-Antritte schwört der König in einer feyerlichen Versammlung der Staats-Minister, der Mitglieder des Staats-Raths und einer Deputation der Stände, wenn sie zu der Zeit versammelt sind, folgenden Eid:

„Ich schwöre nach der Verfassung und den Gesetzen des Reichs zu regieren, so wahr mit Gott helfe, und sein heiliges Evangelium".

Ueber diesen Act wird eine Urkunde verfaßt, in das Reichs-Archiv hinterlegt und beglaubigte Abschrift davon der Stände-Versammlung mitgetheilt.

§. 2. Der Reichs-Verweser leistet in Beziehung auf die Erhaltung der Verfassung den Titel II. §. 16. vorgeschriebenen Eid.

Sämmtliche Prinzen des Königlichen Hauses leisten nach erlangter Volljährigkeit ebenfalls einen Eid auf die genaue Beobachtung der Verfassung.

§. 3. Alle Staatsbürger sind bey der Ansäßigmachung und bey der allgemeinen Landes-Huldigung, so wie alle Staatsdiener bey ihrer Anstellung verbunden folgenden Eid abzulegen:

„Ich schwöre Treue dem Könige, Gehorsam dem Gesetze und Beobachtung der Staats-Verfassung, so wahr mir Gott helfe, und sein heiliges Evangelium".

§. 4. Die Königlichen Staats-Minister und sämmtliche Staatsdiener sind für die genaue Befolgung der Verfassung verantwortlich.

§. 5. Die Stände haben das Recht, Beschwerden über die durch die Königlichen Staats-Ministerien oder andere Staatsbehörden geschehene Verletzung der Verfassung in einem gemeinsamen Antrag an den König zu bringen, welcher denselben auf der Stelle abhelfen, oder, wenn ein Zweifel dabey obwalten sollte, sie näher nach der Natur des Gegenstandes durch den Staatsrath oder die oberste Justiz-Stelle untersuchen und darüber entscheiden lassen wird.

§. 6. Finden die Stände sich durch ihre Pflichten aufgefordert, gegen einen höhern Staats-Beamten wegen vorsetzlicher Verletzung der Staats-Verfassung eine förmliche Anklage zu stellen, so sind die Anklags-Puncte bestimmt zu bezeichnen, und in jeder Kammer durch einen besondern Ausschuß zu prüfen.

Vereinigen sich beyde Kammern hierauf in ihren Beschlüssen über die Anklage; so bringen sie dieselbe mit ihren Belegen in vorgeschriebener Form an den König.

Dieser wird sie sodann der obersten Justiz-Stelle – in welcher im Falle der nothwendigen oder freywilligen Berufung auch die zweyte Instanz durch Anordnung eines andern Senats gebildet wird – zur Entscheidung übergeben, und die Stände von dem gefällten Urtheile in Kenntniß setzen.

§. 7. Abänderungen in den Bestimmungen der Verfassungs-Urkunde, oder Zusätze zu derselben können ohne Zustimmung der Stände nicht geschehen.

Die Vorschläge hiezu gehen allein vom Könige aus, und nur wenn Derselbe sie an die Stände gebracht hat, dürfen diese darüber berathschlagen.

Zu einem gültigen Beschlusse in dieser höchst wichtigen Angelegenheit wird wenigstens die Gegenwart von drey Viertheilen der bey der Versammlung anwesenden Mitglieder in jeder Kammer und eine Mehrheit von zwey Dritttheilen der Stimmen erfordert.

Indem Wir dieses Staats-Grundgesetz zur allgemeinen Befolgung und genauen Beobachtung in seinem ganzen Inhalte, einschlüßig der dasselbe ergänzenden und in der Haupt-Urkunde als Beylagen bezeichneten Edicte, hierdurch kundmachen, so verordnen Wir zugleich, daß die darin angeordnete Versammlung der Stände zur Ausübung der zu ihrem Wirkungskreise gehörigen Rechte am 1. Januar 1819 einberufen, und inzwischen die hiezu erforderliche Einleitung veranstaltet werde.

Gegeben in Unserer Haupt- und Residenzstadt München, am sechs und zwanzigsten Tage des Monats May im Eintausend achthundert und achtzehnten Jahre, Unseres Reiches im dreyzehnten.

7. Die Schlußakte der Wiener Ministerkonferenzen vom 15. Mai 1820

Die souverainen Fürsten und freien Städte Deutschlands, eingedenk ihrer bey Stiftung des deutschen Bundes übernommenen Verpflichtung, den Bestimmungen der Bundes-Acte durch ergänzende und erläuternde Grundgesetze eine zweckgemäße Entwickelung, und hiemit dem Bundes-Verein selbst die erforderliche Vollendung zu sichern, überzeugt, daß sie, um das Band, welches das gesammte Deutschland in Friede und Eintracht verbindet, unauflöslich zu befestigen, nicht länger anstehen durften, jener Verpflichtung und einem allgemein gefühlten Bedürfnisse durch gemeinschaftliche Berathungen Genüge zu leisten, haben zu diesem Ende nachstehen Bevollmächtigte ernannt, nämlich:

1. Seine Majestät der Kaiser von Oesterreich, König von Hungarn und Böheim:

den Herrn Clemens Wenzel Lothar Fürsten von Metternich-Winneburg, Fürsten zu Ochsenhausen, Herzog von Portella, Ritter des goldnen Vliesses; Großkreuz des Königlich-ungarischen St. Stephans-Ordens, des goldnen Civil-Ehrenkreutzes und des Ordens des heiligen Johanns von Jerusalem, Ritter der Russisch-Kaiserlichen Orden des heil. Andreas, des heil. Alexander Rewsky und der heil. Anna erster Classe, des Königlich Sardinischen Ordens der Annunciade, des Königlich-Dänischen Elephanten-Ordens, des Königlich-Preussischen schwarzen Adlers und rothen Adlers und des Königlich Schwedischen Seraphinen Ordens, Großkreuz des Königlich-Spanischen Ordens von Karl III., des Königlich-Portugiesischen Christus Ordens und des Königlich Französischen Ordens der Ehrenlegion, Ritter des Königlich-Sicilianischen St. Januarius- und Großkreuz des Königlich-Sicilianischen St. Ferdinand- und Verdienst-Ordens; Ritter des Königlich-Baierischen St. Hubert Ordens, Großkreuz des Großherzoglich Toscanischen St. Joseph Ordens, Ritter des Königlich Württembergischen goldnen Adlers, und des Königlich-Sächsischen Ordens der Rauten Krone, Großkreuz des Königlich Niederländischen Löwen, des Königlich Hannöverischen

Guelphen und des Kurfürstlich Hessischen Löwen Ordens, und des Großherzoglich Hessischen Hausordens; Ritter des Großherzoglich Badisch Ordens der Treue, und Großkreutz des Konstantinischen St. Georg Ordens von Parma; Kanzler des militärischen Marien Theresien Ordens, Kurator der K. K. Akademie der bildenden Künste und Konservator der Universität zu Krakau; Kämmerer, wirklichen geheimen Rath, Staats- und Conferenz-, dann dirigirenden Minister der auswärtigen Angelegenheiten etc.

2. Seine Majestät der König von Preussen:

den Herrn Grafen Christian Günther von Bernstorff, Ihren wirklichen geheimen Staats- und Cabinets-Minister, wie auch Minister der auswärtigen Angelegenheiten, Ritter des schwarzen und rothen Adler-Ordens, des St. Andreas und des Elephanten Ordens, Großkreutz des St. Stephans Ordens, der Ehrenlegion, des Danebrog-Ordens, des Großherzoglich Badischen Ordens der Treue, des Zähringer Löwen und des Hessischen Löwen-Ordens;

den Herrn Friedrich Wilhelm Ludwig Freiherrn von Krusemark, Ihren General-Lieutenant, ausserordentlichen Gesandten und bevollmächtigten Minister bey Sr. Kaiserlich Königlich Apostolischen Majestät, Ritter des rothen Adler Ordens erster Klasse, des Verdienst-Ordens und des eisernen Kreutzes, Großkreutz des Schwedischen Militair-Schwert-Ordens;

und den Herrn Johann Emanuel von Küster, Ihren geheimen Staatsrath, ausserordentlichen Gesandten und bevollmächtigten Minister bei Sr. Majestät dem König von Württemberg und Sr. Königlichen Hoheit dem Großherzog von Baden, Ritter des rothen Adler Ordens zweiter Classe und des eisernen Kreutzes.

3. Seine Majestät der König von Baiern:

den Herrn Freiherrn Friedrich von Zentner, Ihren wirklichen Staatsrath und General-Director im Staats-Ministerium des Innern, Reichsrath, Großkreutz des Civil-Verdienst-Ordens der Baierischen Krone; und den Herrn Freiherrn Johann Gottlieb Eduard von Stainlein, Ihren geheimen Rath und bevollmächtigten Minister am Kaiserlich Königlich Oesterreichischen Hofe, Ritter des Civil-Verdienst-Ordens der Baierischen Krone, Commandeur des K. K. Oesterreichischen St. Leopold-Ordens und Ritter des Königlich-Preussischen rothen Adler-Ordens III. Classe.

4. Seine Majestät der König von Sachsen:

den Herrn Detlev Grafen von Einsiedel, Ihren Cabinets Minister, Staats Secretair der innern Angelegenheiten, Kammerherrn und Domdechant zu Wurzen; Ritter des Königlich Sächsischen Hausordens der Rauten Krone, des Königlich Sächsischen Civil Verdienst Ordens, des Königlich ungarischen St. Stephans, des Königlich Spanischen Ordens Carl des III und des Großherzoglich Weimarischen Falken-Ordens, Großkreutz;

den Herrn Friedrich Albrecht Grafen von der Schulenburg-Closteroda, Ihren wirklichen geheimen Rath, Kammerherrn und Bevollmächtigten Minister am Kaiserlich Oesterreichischen Hofe, Ritter des Königlich Sächsischen Ordens der Rauten Krone, des Königlich-Sächsischen Civil-Verdienst Ordens, des K. K. Oesterreichischen Leopold, und des Königlich-Preussischen rothen Adler Ordens Großkreutz, Ritter des St. Johanniter Maltheser Ordens; und den Herrn Hanns August Fürchtegott von Globig, Ihren Geheimen Rath und Kammerherrn, Großkreutz des Königlich Sächsischen Civil-Verdienst- und des Königlich Preussischen rothen Adler-Ordens.

5. Seine Majestät der König von Großbritannien und Hannover:

den Herrn Ernst Friedrich Norbert Grafen von Münster, Erblandmarschall des Königreichs Hannover, Großkreutz des Königlich Hannöverischen Guelphen-Ordens und des Königlich ungarischen St. Stephans-Ordens, Ihren Staats- und Cabinets-Minister;

und den Herrn Ernst Christian Georg August Grafen von Hardenberg, Großkreutz des Königlich Hannöverischen Guelphen Ordens, des Kaiserlich Oesterreichischen Leopold-Ordens, des Königlich Preussischen rothen Adler-Ordens, Ritter des Johanniter Ordens; Ihren Staats und Cabinets Minister, ausserordentlichen Abgesandten und bevollmächtigten Abgesandten an dem Hofe Sr. Kaiserlich Königlich Apostolischen Majestät.

6. Seine Majestät der König von Würtemberg:

den Herrn Ulrich Lebrecht Grafen von Mandelsloh, Ihren Staats-Minister und außerordentlich bevollmächtigten Minister am Kaiserlich Oesterreichischen Hofe; Großkreutz des Königlichen Ordens der Württembergischen Krone, Ritter des Königlich-Baierischen St. Hubertus-Ordens.

7. Seine Königliche Hoheit der Großherzog von Baden:

den Herrn Reinhart Freiherrn von Berstett, Ihren wirklichen Geheimen Rath, Staats-Minister der auswärtigen Angelegenheiten, Großkreutz des Großherzoglichen Haus-Ordens der Treue und des Zähringer Löwens, wie auch des Kaiserlich Russischen Alexander Rewsky und des Großherzoglich Sachsen Weimarischen Ordens vom weissen Falken;

und den Herrn Friedrich Carl Freiherrn von Tettenborn, Commandeur des Großherzoglich Badischen Militair Ordens, Ritter des Militair Theresien- und des Oesterreichisch Kaiserlichen Leopold-Ordens, Ritter des Russisch-Kaiserlichen Ordens der heil. Anna erster Classe, des heil. Wladimir zweiter, des heil. Georgs dritter Classe und des goldnen Ehrensäbels mit Brillanten, Offizier der Königlich Französischen Ehrenlegion, Commandeur des Königlich Preussischen rothen Adlers und des Königlich Schwedischen Schwert Ordens, Großkreutz des Großherzoglich Hessischen Haus-Ordens und des Churhessischen Löwen Ordens, Ritter des Königlich Bairischen Militair-Ordens stattdessen, Großherzoglicher General-Lieutenant und General-Adjutanten der Kavallerie, ausserordentlicher Gesandter und bevollmächtigter Minister am Kaiserlich Königlich Oesterreichischen Hofe.

8. Seine Königliche Hoheit der Kurfürst von Hessen,

den Herrn Freiherrn von Münchhausen, Ihren Geheimen Rath und Kammerherrn, ausserordentlichen Gesandten und bevollmächtigten Minister am K.K. Oesterreichischen Hofe, Commandeur 2ter Classe des Kurhessischen Hausordens vom goldnen Löwen.

9. Seine Königliche Hoheit der Großherzog von Hessen,

den Herrn Carl du Bos Freiherrn zu Thil, Ihren wirklichen Geheimen Rath, Commandeur, Großkreutz des Großherzoglichen Haus Ordens und Commandeur 1ter Classe des Kurfürstlich-Hessischen Ordens vom goldnen Löwen.

10. Seine Majestät der König von Dänemark, Herzog von Holstein und Lauenburg,

den Herrn Joachim Friedrich Grafen von Bernstorff, Ihren Geheimen Conferenz-Rath, ausserordentlichen Abgesandten und bevollmächtigten Minister am Kaiserlich Oesterreichischen Hofe, Großkreuz des Danebrog Ordens.

11. Seine Majestät der König der Niederlande, Herzog von Luxemburg

den Herrn Anton Reinhart von Falck, Commandeur des Niederländischen Löwen Ordens, Minister für den öffentlichen Unterricht, die National-Industrie und die Colonien.

12. Seine Königliche Hoheit der Großherzog von Sachsen-Weimar und Ihre Durchlauchten die Herzoge von Sachsen-Gotha, Sachsen-Koburg, Sachsen-Meinungen und Sachsen-Hidburghausen

den Herrn Karl Wilhelm Freiherrn von Fritsch, Großherzoglich Sachsen Weimar Eisenachischer wirklicher geheimer Rath und Staats-Minister, Großkreuz des Großherzoglichen Haus Ordens vom weissen Falken.

13. Seine Durchlaucht der Herzog von Braunschweig Wolfenbüttel:

den Herrn Grafen von Münster etc.;

und den Herrn Grafen von Hardenberg etc.

Seine Durchlaucht der Herzog von Nassau

den Herrn Freiherrn Ernst Franz Ludwig Marschall von Bieberstein, Ihren dirigirenden Staatsminister, des Preussischen rothen Adler-Ordens, und des Großherzoglich Badischen der Treue Großkreuz.

14. Ihre Königlichen Hoheiten die Groherzoge von Mecklenburg-Schwerin und Mecklenburg-Strelitz:

den Herrn Leopold Hartwig Freiherrn von Plessen, Großherzoglich Mecklenburg Schwerinischen Staats- und Cabinets Minister, Großkreuz des Königlich-Dänischen Dannebrog-Ordens.

15. Ihre Durchlauchten die Herzoge von Holstein-Oldenburg, von Anhalt-Köthen, Anhalt-Dessau, und Anhalt-Bernburg; die Fürsten von Schwarzburg-Sondershausen und Rudolstadt
den Herrn Günther Heinrich von Berg, Präsidenten des Ober Appellations-Gerichts zu Oldenburg, Herzoglich Holstein-Oldenburgischer, Herzoglich-Anhaltischer- und Fürstlich Schwarzburgischer Bundestags-Gesandter, Commandeur des Guelphen-Ordens.

16. Ihre Durchlauchten die Fürsten von Hohenzollern Hechingen und Hohenzollern Sigmaringen, Liechtenstein, Reuß ältere und jüngere Linie, Schaumburg-Lippe, Lippe und Waldeck
den Herrn Freiherrn von Marschall etc.

17. Die freien Städte: Lübeck, Frankfurt, Bremen und Hamburg
den Herrn Johann Friedrich Hach, J. U. D., Senator zu Lübeck und Gesandter.

welche zu Wien, nach geschehener Auswechslung ihrer richtig befundenen Vollmachten, in Cabinets-Conferenzen zusammengetreten, und, nach sorgfältiger Erwägung und Ausgleichung der wechselseitigen Ansichten, Wünsche und Vorschläge ihrer Regierungen, zu einer definitiven Vereinbarung über folgende Artikel gelangt sind:

Art. I. Der deutsche Bund ist ein völkerrechtlicher Verein der deutschen souveränen Fürsten und freien Städte zur Bewahrung der Unabhängigkeit und Unverletzbarkeit ihrer im Bunde begriffenen Staaten und zur Erhaltung der innern und äußern Sicherheit Deutschlands.

Art. II. Dieser Verein besteht in seinem Innern als eine Gemeinschaft selbstständiger unter sich unabhängiger Staaten, mit wechselseitigen gleichen Vertrags-Rechten und Vertrags-Obliegenheiten, in seinen äußern Verhältnissen aber als eine in politischer Einheit verbundene Gesammt-Macht.

Art III. Der Umfang und die Schranken, welche der Bund seiner Wirksamkeit vorgezeichnet hat, sind in der Bundes-Acte bestimmt, die der Grundvertrag und das erste Grundgesetz dieses Vereins ist. Indem dieselbe die Zwecke des Bundes ausspricht, bedingt und begrenzt sie zugleich dessen Befugnisse und Verpflichtungen.

Art. IV. Der Gesammtheit der Bundes-Glieder steht die Befugniß der Entwickelung und Ausbildung der Bundes-Acte zu, in so fern die Erfüllung der darin aufgestellten Zwecke solche nothwendig macht. Die deßhalb zu fassenden Beschlüsse dürfen aber mit dem Geiste der Bundes-Acte nicht im Widerspruch stehen, noch von dem Grund-Charakter des Bundes abweichen.

Art. V. Der Bund ist als ein unauflöslicher Verein gegründet, und es kann daher der Austritt aus diesem Verein keinem Mitgliede desselben frey stehen.

Art. VI. Der Bund ist nach seiner ursprünglichen Bestimmung auf die gegenwärtig daran Theil nehmenden Staaten beschränkt. – Die Aufnahme eines neuen Mitgliedes kann nur Statt haben, wenn die Gesammtheit der Bundes-Glieder solche mit den bestehenden Verhältnissen vereinbar und dem Vortheil des Ganzen angemessen findet. – Veränderungen in dem gegenwärtigen Besitzstande der Bundes-Glieder können keine Veränderungen in den Rechten und Verpflichtungen derselben in Bezug auf den Bund, ohne ausdrückliche Zustimmung der Gesammtheit, bewirken. – Eine freiwillige Abtretung auf einem Bundes-Gebiete haftender Souverainetäts-Rechte kann ohne solche Zustimmung nur zu Gunsten eines Mitverbündeten geschehen.

Art. VII. Die Bundes-Versammlung, aus den Bevollmächtigten sämmtlicher Bundes-Glieder gebildet, stellt den Bund in seiner Gesammtheit vor, und ist das beständige verfassungsmäßige Organ seines Willens und Handelns.

Art. VIII. Die einzelnen Bevollmächtigten am Bundestage sind von ihren Committenten unbedingt abhängig, und diesen allein wegen getreuer Befolgung der ihnen ertheilten Instructionen, so wie wegen ihrer Geschäftsführung überhaupt verantwortlich.

Art. IX. Die Bundes-Versammlung übt ihre Rechte und Obliegenheiten nur innerhalb der ihr vorgezeichneten Schranken aus. Ihre Wirksamkeit ist zunächst durch die Vorschriften der Bundes-Acte, und durch die in Gemäßheit derselben beschlossenen oder ferner zu beschließenden Grundgesetze, wo aber diese nicht zureichen, durch die im Grundvertrage bezeichneten Bundeszwecke bestimmt.

Art. X. Der Gesammtwille des Bundes wird durch verfassungsmäßige Beschlüsse der Bundes-Versammlung ausgesprochen; verfassungsmäßig aber sind diejenigen Beschlüsse, die innerhalb der Grenzen der Competenz der Bundes-Versammlung, nach vorgängiger Berathung, durch freie Abstimmung entweder im engern Rathe oder im Plenum gefaßt werden, je nachdem das Eine oder das Andere durch die grundgesetzlichen Bestimmungen vorgeschrieben ist.

Art. XI. In der Regel fasst die Bundes-Versammlung die zur Besorgung der gemeinsamen Angelegenheiten des Bundes erforderlichen Beschlüsse im engern Rathe nach absoluter Stimmenmehrheit. Diese Form der Schlußfassung findet in allen Fällen Statt, wo bereits feststehenden allgemeine Grundsätze in Anwendung, oder beschlossene Gesetze und Einrichtungen zur Ausführung zu bringen sind, überhaupt aber bey allen Berathungs-Gegenständen, welche die Bundes-Acte oder spätere Beschlüsse nicht bestimmt davon ausgenommen haben.

Art. XII. Nur in den in der Bundes-Acte ausdrücklich bezeichneten Fällen, und, wo es auf eine Kriegs-Erklärung oder Friedens-Schluß-Bestätigung von Seiten des Bundes ankömmt, wie auch, wenn über die Aufnahme eines neuen Mitgliedes in den Bund entschieden werden soll, bildet sich die Versammlung zu einem Plenum. Ist in einzelnen Fällen die Frage, ob ein Gegenstand vor das Plenum gehört, zweifelhaft, so steht die Entscheidung derselben dem engern Rathe zu. Im Plenum findet keine Erörterung noch Berathung Statt, sondern es wird nur darüber abgestimmt, ob ein im engern Rathe vorbereiteter Beschluß angenommen oder verworfen werden soll. – Ein gültiger Beschluß im Plenum setzt eine Mehrheit von zwey Drittheilen der Stimmen voraus.

Art. XIII. Ueber folgende Gegenstände:
1. Annahme neuer Grundgesetze, oder Abänderung der bestehenden;

2. Organische Einrichtungen, das heisst, bleibende Anstalten, als Mittel zur Erfüllung der ausgesprochenen Bundeszwecke;

3. Aufnahme neuer Mitglieder in den Bund;

4. Religions-Angelegenheiten;

findet kein Beschluß durch Stimmenmehrheit Statt; jedoch kann eine definitive Abstimmung über Gegenstände dieser Art nur nach genauer Prüfung und Erörterung der den Widerspruch einzelner Bundes-Glieder bestimmenden Gründe, deren Darlegung in keinem Falle verweigert werden darf, erfolgen.

Art. XIV. Was insbesondere die organischen Einrichtungen betrifft, so muß nicht nur über die Vorfrage, ob solche unter den obwaltenden Umständen nothwendig sind, sondern auch über Entwurf und Anlage derselben in ihren allgemeinen Umrissen und wesentlichen Bestimmungen, im Plenum, und durch Stimmen-Einhelligkeit entschieden werden. Wenn die Entscheidung zu Gunsten der vorgeschlagenen Einrichtung ausgefallen ist, so bleiben die sämmtlichen weiteren Verhandlungen über die Ausführung im Einzelnen der engern Versammlung überlassen, welche alle dabey noch vorkommenden Fragen durch Stimmenmehrheit entscheidet, auch nach Befinden der Umstände eine Commission aus ihrer Mitte anordnet, um die verschiednen Meinungen und Anträge mit möglichster Schonung und Berücksichtigung der Verhältnisse und Wünsche der Einzelnen auszugleichen.

Art. XV. In Fällen, wo die Bundes-Glieder nicht in ihrer vertragsmäßigen Einheit, sondern als einzelne, selbstständige und unabhängige Staaten erscheinen, folglich jura singulorum obwalten, oder wo einzelnen Bundesgliedern eine besondere, nicht in den gemeinsamen Verpflichtungen Aller begriffene Leistung oder Verwilligung für den Bund zugemuthet werden sollte, kann ohne freie Zustimmung sämmtlicher Betheiligten kein dieselben verbindender Beschluß gefaßt werden.

Art. XVI. Wenn die Besitzungen eines souverainen deutschen Hauses durch Erbfolge auf ein anderes übergehen, so hängt es von der Gesammtheit des Bundes ab, ob und in wie fern die auf jenen Besitzungen haftenden Stimmen im Plenum, da im engern Rathe kein Bundes-Glied mehr als eine Stimme führen kann, dem neuen Besitzer beigelegt werden sollen.

Art. XVII. Die Bundesversammlung ist berufen, zur Aufrechterhaltung des wahren Sinnes der Bundes-Acte, die darin enthaltenen Bestimmungen, wenn über deren Auslegung Zweifel entstehen sollten, dem Bundeszweck gemäß zu erklären, und in allen vorkommenden Fällen den Vorschriften dieser Urkunde ihre richtige Anwendung zu sichern.

Art. XVIII. Da Eintracht und Friede unter den Bundes-Gliedern ungestört aufrecht erhalten werden soll, so hat die Bundes-Versammlung, wenn die innere Ruhe und Sicherheit des Bundes auf irgend eine Weise bedroht oder gestört ist, über Erhaltung oder Wiederherstellung derselben Rath zu pflegen, und die dazu geeigneten Beschlüsse nach Anleitung der in den folgenden Artikeln enthaltenen Bestimmungen zu fassen.

Art. XIX. Wenn zwischen Bundes-Gliedern Thätlichkeiten zu besorgen, oder wirklich ausgeübt worden sind, so ist die Bundes-Versammlung berufen, vorläufige Maßregeln zu ergreifen, wodurch jeder Selbsthülfe vorgebeugt, und der bereits unternommenen Einhalt gethan werde. Zu dem Ende hat sie vor allem für Aufrechterhaltung des Besitzstandes Sorge zu tragen.

Art. XX. Wenn die Bundes-Versammlung von einem Bundes-Gliede zum Schutze des Besitzstandess angerufen wird, und der jüngste Besitzstand streitig ist, so soll sie für diesen besondern Fall befugt seyn, ein bey der Sache nicht betheiligtes Bundes-Glied in der Nähe des zu schützenden Gebietes aufzufordern, die Thatsache des jüngsten Besitzes, und die angezeigte Störung desselben ohne Zeitverlust durch seinen obersten Gerichtshof summarisch untersuchen, und darüber einen rechtlichen Bescheid abfassen zu lassen, dessen Vollziehung die Bundes-Versammlung, wenn der Bundesstaat, gegen welchen er gerichtet ist, sich nicht auf vorgängige Aufforderung freiwillig dazu versteht, durch die ihr zu diesem Ende angewiesenen Mittel zu bewirken hat.

Art. XXI. Die Bundes-Versammlung hat in allen, nach Vorschrift der Bundes-Acte bey ihr anzubringenden Streitigkeiten der

Bundes-Glieder die Vermittlung durch einen Ausschluß zu versuchen. Können die entstandnen Streitigkeiten auf diesem Wege nicht beygelegt werden, so hat sie die Entscheidung derselben durch eine Austrägal-Instanz zu veranlassen, und dabey, so lange nicht wegen der Austrägal- Gerichte überhaupt eine anderweitige Uebereinkunft zwischen den Bundes-Gliedern Statt gefunden hat, die in dem Bundes-Tags-Beschlusse vom sechszehnten Juny achtzehn-hundert und siebenzehn enthaltnen Vorschriften, so wie den, in Folge gleichzeitig an die Bundes-Tags-Gesandten ergehender Instructionen, zu fassenden besondern Beschluß zu beobachten.

Art. XXII. Wenn nach Anleitung des obgedachten Bundes-Tags-Beschlusses der oberste Gerichtshof eines Bundes-Staats zur Austrägal-Instanz gewählt ist, so steht demselben die Leitung des Processes und die Entscheidung des Streits in allen seinen Haupt- und Neben-Punkten uneingeschränkt, und ohne alle weitere Einwirkung der Bundes-Versammlung oder der Landesregierung zu. Letztere wird jedoch, auf Antrag der Bundes-Versammlung, oder der streitenden Theile im Fall einer Zögerung von Seiten des Gerichts, die zur Beförderung der Entscheidung nöthigen Verfügungen erlassen.

Art. XXIII. Wo keine besondere Entscheidungs-Normen vorhanden sind, hat das Austrägal-Gericht nach den in Rechts-Streitigkeiten derselben Art vormals von den Reichs-Gerichten subsidiarisch befolgten Rechtsquellen, in so fern solche auf die jetzigen Verhältnisse der Bundes-Glieder noch anwendbar sind, zu erkennen.

Art. XXIV. Es steht übrigens den Bundes-Gliedern frey, sowohl bey einzelnen vorkommenden Streitigkeiten als für alle künftigen Fälle, wegen besonderer Austräge oder Compromisse übereinzukommen, wie denn auch frühere Familien- oder Vertrags-Austräge durch Errichtung der Bundes-Austrägal-Instanz nicht aufgehoben, noch abgeändert werden.

Art. XXV. Die Aufrechterhaltung der innern Ruhe und Ordnung in den Bundesstaaten steht den Regierungen allein zu. Als Ausnahme kann jedoch, in Rücksicht auf die innere Sicherheit des gesammten Bundes, und in Folge der Verpflichtung der Bundes-Glieder zu gegenseitiger Hülfsleistung, die Mitwirkung der Gesammtheit zur Erhaltung oder Wiederherstellung der Ruhe, im Fall einer Widergesetzlichkeit der Unterthanen gegen die Regierung, eines offenen Aufruhs, oder gefährlicher Bewegungen in mehreren Bundesstaaten, Statt finden.

Art. XXVI. Wenn in einem Bundesstaate durch Widergesetzlichkeit der Unterthanen gegen die Obrigkeit die innere Ruhe unmittelbar gefährdet, und eine Verbreitung aufrührerischer Bewegungen zu fürchten, oder ein wirklicher Aufruhr zum Ausbruch gekommen ist, und die Regierung selbst, nach Erschöpfung der verfassungsmäßigen und gesetzlichen Mittel, den Beistand des Bundes anruft, so liegt der Bundes-Versammlung ob, die schleunigste Hülfe zur Wiederherstellung der Ordnung zu veranlassen. Sollte im letztgedachten Falle die Regierung notorisch außer Stande seyn den Aufruhr durch eigene Kräfte zu unterdrücken, zugleich aber durch die Umstände gehindert werden, die Hülfe des Bundes zu begehren, so ist die Bundes-Versammlung nichts desto weniger verpflichtet auch unaufgerufen zur Wiederherstellung der Ordnung und Sicherheit einzuschreiten. In jedem Falle aber dürfen die verfügten Maßregeln von keiner längern Dauer seyn, als die Regierung, welcher die bundesmäßige Hülfe geleistet wird, es nothwendig erachtet.

Art. XXVII. Die Regierung, welcher eine solche Hülfe zu Theil geworden, ist gehalten, die Bundes-Versammlung von der Veranlassung der eingetretenen Unruhen in Kenntniß zu setzen, und von den zur Befreiung der wiederhergestellten gesetzlichen Ordnung getroffenen Maßregeln eine beruhigende Anzeige an dieselbe gelangen zu lassen.

Art. XXVIII. Wenn die öffentliche Ruhe und gesetzliche Ordnung in mehreren Bundesstaaten durch gefährliche Verbindungen und Anschläge bedroht sind, und dagegen nur durch Zusammenwirken der Gesammtheit zureichenden Maaßregeln ergriffen werden können, so ist die Bundes-Versammlung befugt und berufen, nach vorgängiger Rücksprache mit den zunächst bedrohten Regierungen solche Maaßregeln zu berathen und zu beschließen.

Art. XXIX. Wenn in einem Bundesstaate der Fall einer Justiz-Verweigerung eintritt, und auf gesetzlichen Wegen ausreichende Hülfe nicht erlangt werden kann, so liegt der Bundes-Versammlung ob, erwiesne, nach der Verfassung und den bestehenden Gesetzen jedes Landes zu beurtheilende Beschwerden über verweigerte oder gehemmte Rechtspflege anzunehmen, und darauf die gerichtliche Hülfe bey der Bundes-Regierung, die zu der Beschwerde Anlaß gegeben hat, zu bewirken.

Art. XXX. Wenn Forderungen von Privat-Personen deßhalb nicht befriedigt werden können, weil die Verpflichtung, denselben Genüge zu leisten, zwischen mehreren Bundes-Gliedern zweifelhaft oder bestritten ist, so hat die Bundes-Versammlung, auf Anrufen der Betheiligten, zuvörderst eine Ausgleichung auf gütlichem Wege zu versuchen, im Fall aber, daß dieser Versuch ohne Erfolg bliebe, und die in Anspruch genommenen Bundes-Glieder sich nicht in einer zu bestimmenden Frist über ein Compromiß vereinigten, die rechtliche Entscheidung der streitigen Vorfrage durch eine Austrägal-Instanz zu veranlassen.

Art. XXXI. Die Bundes-Versammlung hat das Recht und die Verbindlichkeit, für die Vollziehung der Bundes-Acte und übrigen Grundgesetze des Bundes, der in Gemäßheit ihrer Competenz von ihr gefaßten Beschlüsse, der durch Austräge gefällten schiedsrichterlichen Erkenntnisse, der unter die Gewährleistung des Bundes gestellten compromissarischen Entscheidungen und der am Bundestage vermittelten Vergleiche, so wie für die Aufrechterhaltung der von dem Bunde übernommenen besonderen Garantien, zu sorgen, auch zu diesem Ende, nach Erschöpfung aller andern bundesverfassungsmäßigen Mittel, die erforderlichen Executions-Maßregeln, mit genauer Beobachtung der in einer besonderen Executions-Ordnung dieserhalb festgesetzten Bestimmungen und Normen, in Anwendung zu bringen.

Art. XXXII. Da jede Bundes-Regierung die Obliegenheit hat, auf Vollziehung der Bundes-Beschlüsse zu halten, der Bundes-Versammlung aber eine unmittelbare Einwirkung auf die innere Verwaltung der Bundesstaaten nicht zusteht, so kann in der Regel nur gegen die Regierung selbst ein Executions-Verfahren Statt finden. – Ausnahmen von dieser Regel treten jedoch ein, wenn eine Bundes-Regierung, in Ermangelung eigener zureichenden Mittel, selbst die Hülfe des Bundes in Anspruch nimmt, oder, wenn die Bundes-Versammlung unter den im sechs und zwanzigsten Artikel bezeichneten Umständen, zur Wiederherstellung der allgemeinen Ordnung und Sicherheit unaufgerufen einzuschreiten verpflichtet ist. Im ersten Fall muß jedoch immer in Uebereinstimmung mit den Anträgen der Regierung, welcher die bundesmäßige Hülfe geleistet wird, verfahren, und im zweiten Fall ein Gleiches, sobald die Regierung wieder in Thätigkeit gesetzt ist, beobachtet werden.

Art. XXXIII. Die Executions-Maßregeln werden im Nahmen der Gesammtheit des Bundes beschlossen und ausgeführt. Die Bundes-Versammlung ertheilt zu dem Ende, mit Berücksichtigung aller Local-Umstände und sonstigen Verhältnisse, einer oder mehreren, bey der Sache nicht betheiligten Regierungen, den Auftrag zur Vollziehung der beschlossenen Maßregeln, und bestimmt zugleich sowohl die Stärke der dabey zu verwendenden Mannschaft, als die nach dem jedesmaligen Zweck des Executions-Verfahrens zu bemessende Dauer desselben.

Art. XXXIV. Die Regierung, an welche der Auftrag gerichtet ist, und welche solchen als eine Bundes-Pflicht zu übernehmen hat, ernennt zu diesem Behuf einen Civil-Commissair, der, in Gemäßheit einer, nach den Bestimmungen der Bundes-Versammlung, von der beauftragten Regierung zu ertheilenden besondern Instruction, das Executions-Verfahren unmittelbar leitet. Wenn der Auftrag an mehrere Regierungen ergangen ist, so bestimmt die Bundes-Versammlung, welche derselben den Civil-Commissair zu ernennen hat. – Die beauftragte Regierung wird, während der Dauer des Executions-Verfahrens, die Bundes-Versammlung von dem Erfolge desselben in Kenntniß erhalten, und sie, sobald der Zweck vollständig erfüllt ist, von der Beendigung des Geschäfts unterrichten.

Art. XXXV. Der Bund hat als Gesammt-Macht das Recht, Krieg, Frieden, Bündnisse, und andere Verträge zu beschließen. Nach dem im zweiten Artikel der Bundes-Acte ausgesprochenen

Zwecke des Bundes übt derselbe aber diese Rechte nur zu seiner Selbstvertheidigung, zur Erhaltung der Selbstständigkeit und äußern Sicherheit Deutschlands, und der Unabhängigkeit und Unverletzbarkeit der einzelnen Bundes-Staaten aus.

Art. XXXVI. Da in dem elften Artikel der Bundes-Acte alle Mitglieder des Bundes sich verbindlich gemacht haben, sowohl ganz Deutschland als jeden einzelnen Bundes-Staat gegen jeden Angriff in Schutz zu nehmen, und sich gegenseitig ihre sämmtlichen unter dem Bunde begriffenen Besitzungen zu garantiren, so kann kein einzelner Bundesstaat von Auswärtigen verletzt werden, ohne daß die Verletzung zugleich und in demselben Maße die Gesammtheit des Bundes treffe. –

Dagegen sind die einzelnen Bundes-Staaten verpflichtet von ihrer Seite weder Anlaß zu dergleichen Verletzungen zu geben, noch auswärtigen Staaten solche zufügen. Sollte von Seiten eines fremden Staates über eine von einem Mitgliede des Bundes ihm widerfahrne Verletzung bey der Bundes-Versammlung Beschwerde geführt, und diese gegründet befunden werden, so liegt der Bundes-Versammlung ob, das Bundes-Glied, welches die Beschwerde veranlaßt hat, zur schleunigen und genügenden Abhülfe aufzufordern, und mit dieser Aufforderung, nach Befinden der Umstände, Maßregeln, wodurch weitern friedestörenden Folgen zur rechten Zeit vorgebeugt werde, zu verbinden.

Art. XXXVII. Wenn ein Bundes-Staat, bey einer zwischen ihm und einer auswärtigen Macht entstandenen Irrung, die Dazwischenkunft des Bundes anruft, so hat die Bundes-Versammlung den Ursprung solcher Irrung und das wahre Sachverhältniß sorgfältig zu prüfen. – Ergibt sich aus dieser Prüfung, daß dem Bundesstaate das Recht nicht zur Seite steht, so hat die Bundesversammlung denselben von Fortsetzung des Streites ernstlich abzumahnen, und die begehrte Dazwischenkunft zu verweigern, auch erforderlichen Falls zur Erhaltung des Friedensstandes geeignete Mittel anzuwenden. Ergibt sich das Gegentheil, so ist die Bundes-Versammlung verpflichtet, dem verletzten Bundes-Staate ihre wirksamste Verwendung und Vertretung angedeihen zu lassen, und solche so weit auszudehnen, als nöthig ist, damit demselben volle Sicherheit und angemessene Genugthuung zu Theil werde.

Art. XXXVIII. Wenn aus der Anzeige eines Bundesstaats, oder aus andern zuverlässigen Angaben, Grund zu der Besorgniß geschöpft wird, daß ein einzelner Bundes-Staat, oder die Gesammtheit des Bundes, von einem feindlichen Angriffe bedroht sey, so muß die Bundesversammlung sofort die Frage, ob die Gefahr eines solchen Angriffes wirklich vorhanden ist, in Berathung nehmen, und darüber in der kürzest-möglichen Zeit einen Ausspruch thun. Wird die Gefahr anerkannt, so muß, gleichzeitig mit diesem Ausspruche, wegen der in solchem Falle unverzüglich in Wirksamkeit zu setzenden Vertheidigungs-Maßregeln, ein Beschluß gefaßt werden. Beides, jener Ausspruch und dieser Beschluß, ergeht von der engern Versammlung, die dabey nach der in ihr geltenden absoluten Stimmen-Mehrheit verfährt.

Art. XXXIX. Wenn das Bundes-Gebiet von einer auswärtigen Macht feindlich überfallen wird, tritt sofort der Stand des Krieges ein, und es muß in diesem Falle, was auch ferner von der Bundes-Versammlung beschlossen werden mag, ohne weitern Verzug zu den erforderlichen Vertheidigungs-Maßregeln geschritten werden.

Art. XL. Sieht sich der Bund zu einer förmlichen Kriegs-Erklärung genöthiget, so kann solche nur in der vollen Versammlung nach der für dieselbe vorgeschriebenen Stimmenmehrheit von zwey Drittheilen beschlossen werden.

Art. XLI. Der in der engern Versammlung gefaßte Beschluß über die Wirklichkeit der Gefahr eines feindlichen Angriffes verbindet sämmtliche Bundesstaaten zur Theilnahme an den vom Bundestage nothwendig erachteten Vertheidigungs-Maßregeln. Gleicherweise verbindet die in der vollen Versammlung ausgesprochene Kriegs-Erklärung sämmtliche Bundesstaaten zur unmittelbaren Theilnahme an dem gemeinschaftlichen Kriege.

Art. XLII. Wenn die Vorfrage, ob Gefahr vorhanden ist, durch die Stimmenmehrheit verneinend entschieden wird, so bleibt nichts desto weniger denjenigen Bundes-Staaten, welche von der

Wirklichkeit der Gefahr überzeugt sind, unbenommen, gemeinschaftliche Vertheidigungs-Maaßregeln unter einander zu verabreden.

Art. XLIII. Wenn in einem Falle, wo es die Gefahr und Beschützung einzelner Bundes-Staaten gilt, einer der streitenden Theile auf die förmliche Vermittlung des Bundes anträgt, so wird derselbe, in so fern er es der Lage der Sachen und seiner Stellung angemessen findet, unter vorausgesetzter Einwilligung des andern Theils, diese Vermittelung übernehmen; jedoch darf dadurch der Beschluß wegen der zur Sicherheit des Bundes-Gebiets zu ergreifenden Vertheidigungs-Maßregeln nicht aufgehalten werden, noch in der Ausführung der bereits beschlossnen ein Stillstand oder eine Verzögerung eintreten.

Art. XLIV. Bey ausgebrochnem Kriege steht jedem Bundes-Staate frey, zur gemeinsamen Vertheidigung eine größere Macht zu stellen, als sein Bundes-Contingent beträgt; es kann jedoch in dieser Hinsicht keine Forderung an den Bund Statt finden.

Art. XLV. Wenn in einem Kriege zwischen auswärtigen Mächten, oder in andern Fällen Verhältnisse eintreten, welche die Besorgniß einer Verletzung der Neutralität des Bundes-Gebiets veranlassen, so hat die Bundes-Versammlung ohne Verzug im engern Rathe die zur Behauptung dieser Neutralität erforderlichen Maßregeln zu beschließen.

Art. XLVI. Beginnt ein Bundes-Staat, der zugleich außerhalb des Bundes-Gebiets Besitzungen hat, in seiner Eigenschaft als Europäische Macht einen Krieg, so bleibt ein solcher, die Verhältnisse und Verpflichtungen des Bundes nicht berührender Krieg dem Bunde ganz fremd.

Art. XLVII. In den Fällen, wo ein solcher Bundesstaat in seinen außer dem Bunde belegenen Besitzungen bedroht oder angegriffen wird, tritt für den Bund die Verpflichtung zu gemeinschaftlichen Vertheidigungs-Maßregeln, oder zur Theilnahme und Hülfsleistung nur in so fern ein, als derselbe nach vorgängiger Berathung durch Stimmenmehrheit in der engern Versammlung Gefahr für das Bundes-Gebiet erkennt. Im letztern Falle finden die Vorschriften der vorhergehenden Artikel ihre gleichmäßige Anwendung.

Art. XLVIII. Die Bestimmung der Bundes-Acte, vermöge welcher, nach einmahl erklärtem Bundes-Kriege, kein Mitglied des Bundes einseitige Unterhandlungen mit dem Feinde eingehen, noch einseitig Waffenstillstand oder Frieden schließen darf, ist für sämmtliche Bundesstaaten, sie mögen außerhalb des Bundes Besitzungen haben oder nicht, gleich verbindlich.

Art. XLIX. Wenn von Seiten des Bundes Unterhandlungen über Abschluß des Friedens oder eines Waffenstillstandes Statt finden, so hat die Bundes-Versammlung zu spezieller Leitung derselben einen Ausschuß zu bestellen, zu dem Unterhandlungs-Geschäft selbst aber eigne Bevollmächtigte zu ernennen, und mit gehörigen Instructionen zu versehen. – Die Annahme und Bestätigung eines Friedens-Vertrags kann nur in der vollen Versammlung geschehen.

Art. L. In Bezug auf die auswärtigen Verhältnisse überhaupt liegt der Bundes-Versammlung ob:
1. Als Organ der Gesammtheit des Bundes für die Aufrechthaltung friedlicher und freundschaftlicher Verhältnisse mit den auswärtigen Staaten Sorge zu tragen;
2. Die von fremden Mächten bey dem Bunde beglaubigten Gesandten anzunehmen, und wenn es nöthig befunden werden sollte, im Nahmen des Bundes Gesandte an fremde Mächte abzuordnen;
3. In eintretenden Fällen Unterhandlungen für die Gesammtheit des Bundes zu führen, und Verträge für denselben abzuschließen;
4. Auf Verlangen einzelner Bundes-Regierungen, für dieselben die Verwendung des Bundes bei fremden Regierungen, und in gleicher Art, auf Verlangen fremder Staaten die Dazwischenkunft des Bundes bei einzelnen Bundesgliedern eintreten zu lassen.

Art. LI. Die Bundes-Versammlung ist ferner verpflichtet, die auf das Militair-Wesen des Bundes Bezug habenden organischen Einrichtungen, und die zur Sicherstellung seines Gebiets erforderlichen Vertheidigungs-Anstalten zu beschließen.

Art. LII. Da zu Erreichung der Zwecke und Besorgung der Angelegenheiten des Bundes, von der Gesammtheit der Mitglieder Geld-Beiträge zu leisten sind, so hat die Bundes-Versammlung

1. den Betrag der gewöhnlichen verfassungsmäßigen Ausgaben, so weit solches im Allgemeinen geschehen kann, festzusetzen;

2. in vorkommenden Fällen die zur Ausführung besondrer in Hinsicht auf anerkannte Bundeszwecke gefaßten Beschlüsse erforderlichen außerordentlichen Ausgaben und die zur Bestreitung derselben zu leistenden Beiträge zu bestimmen;

3. das matrikelmäßige Verhältniß, nach welchem von den Mitgliedern des Bundes beizutragen ist, festzusetzen;

4. die Erhebung, Verwendung und Verrechnung der Beiträge anzuordnen und darüber die Aufsicht zu führen.

Art. LIII. Die durch die Bundes-Acte den einzelnen Bundes-Staaten garantirte Unabhängigkeit schließt zwar im Allgemeinen jede Einwirkung des Bundes in die innere Staats-Einrichtung und Staats-Verwaltung aus. Da aber die Bundes-Glieder sich in dem zweiten Abschnitte der Bundes-Acte über einige besondre Bestimmungen vereinigt haben, welche sich theils auf Gewährleistung zugesicherter Rechte, theils auf bestimmte Verhältnisse der Unterthanen beziehen, so liegt der Bundes-Versammlung ob, die Erfüllung der durch diese Bestimmungen übernommenen Verbindlichkeiten, wenn sich aus hinreichend begründeten Anzeigen der Betheiligten ergiebt, daß solche nicht Statt gefunden habe, zu bewirken. – Die Anwendung der in Gemäßheit dieser Verbindlichkeiten getroffnen allgemeinen Anordnungen auf die einzelnen Fälle bleibt jedoch den Regierungen allein überlassen.

Art. LIV. Da nach dem Sinn des dreizehnten Artikels der Bundes-Acte, und den darüber erfolgten spätern Erklärungen, in allen Bundes-Staaten landständische Verfassungen Statt finden sollen, so hat die Bundes-Versammlung darüber zu wachen, daß diese Bestimmung in keinem Bundesstaate unerfüllt bleibe.

Art. LV. Den souverainen Fürsten der Bundes-Staaten bleibt überlassen, diese innere Landes-Angelegenheit mit Berücksichtigung sowohl der früherhin gesetzlich bestandnen ständischen Rechte, als der gegenwärtig obwaltenden Verhältnisse zu ordnen.

Art. LVI. Die in anerkannter Wirksamkeit bestehenden landständischen Verfassungen können nur auf verfassungsmäßigem Wege wieder abgeändert werden.

Art. LVII. Da der deutsche Bund, mit Ausnahme der freien Städte, aus souverainen Fürsten besteht, so muß dem hierdurch gegebenen Grundbegriffe zufolge, die gesammte Staats-Gewalt in dem Oberhaupte des Staats vereinigt bleiben, und der Souverain kann durch eine landständische Verfassung nur in der Ausübung bestimmter Rechte an die Mitwirkung der Stände gebunden werden.

Art. LVIII. Die im Bunde vereinten souverainen Fürsten dürfen durch keine landständische Verfassung in der Erfüllung ihrer bundesmäßigen Verpflichtungen gehindert oder beschränkt werden.

Art. LIX. Wo die Oeffentlichkeit landständischer Verhandlungen durch die Verfassung gestattet ist, muß durch die Geschäfts-Ordnung dafür gesorgt werden, daß die gesetzlichen Grenzen der freien Aeußerung, weder bey den Verhandlungen selbst noch bey deren Bekanntnmachung durch den Druck, auf eine die Ruhe des einzelnen Bundesstaats oder des gesammten Deutschlands gefährdende Weise überschritten werden.

Art. LX. Wenn von einem Bundes-Gliede die Garantie des Bundes für die in seinem Lande eingeführte landständische Verfassung nachgesucht wird, so ist die Bundes-Versammlung berechtigt, solche zu übernehmen. Sie erhält dadurch die Befugniß, auf Anrufen der Betheiligten, die Verfassung aufrecht zu erhalten, und die über Auslegung oder Anwendung derselben entstandenen Irrungen, so fern dafür nicht anderweitig Mittel und Wege gesetzlich vorgeschrieben sind, durch gütliche Vermittelung oder compromissarische Entscheidung beizulegen.

Art. LXI. Außer dem Fall der übernommnen besondern Garantie einer landständischen Verfassung, und der Aufrechthaltung der über den dreizehnten Artikel der Bundes-Acte hier festgesetzten Bestimmungen, ist die Bundes-Versammlung nicht berechtigt, in landständische Angelegenheiten, oder in Streitigkeiten zwischen den Landesherren und ihren Ständen einzuwirken, so lange solche nicht den im sechs und zwanzigsten Artikel bezeichneten Character annehmen, in welchem Falle die Bestimmung dieses, so wie des sieben und zwanzigsten Artikels auch hiebey ihre Anwendung finden. Der sechs und vierzigste Artikel der Wiener Congreß-Acte vom Jahre 1815 in Betreff der Verfassung der freien Stadt Frankfurt erhält jedoch hierdurch keine Abänderung.

Art. LXII. Die vorstehenden Bestimmungen in Bezug auf den dreizehnten Artikel der Bundes-Acte sind auf die freien Städte in so weit anwendbar, als die besondern Verfassungen und Verhältnisse derselben es zulassen.

Art. LXIII. Es liegt der Bundes-Versammlung ob, auf die genaue und vollständige Erfüllung derjenigen Bestimmungen zu achten, welche der vierzehnte Artikel der Bundes-Acte in Betreff der mittelbar gewordnen ehemaligen Reichsstände und des ehemaligen unmittelbaren Reichs-Adels enthält. Diejenigen Bundes-Glieder, deren Ländern die Besitzungen derselben einverleibt worden, bleiben gegen den Bund zur unverrückten Aufrechterhaltung der durch jene Bestimmungen begründeten staatsrechtlichen Verhältnisse verpflichtet. Und wenn gleich die über die Anwendung der in Gemäßheit des vierzehnten Artikels der Bundes-Acte erlaßnen Verordnungen, oder abgeschloßnen Verträge entstehenden Streitigkeiten in einzelnen Fällen an die competenten Behörden des Bundes-Staats, in welchem die Besitzungen der Mittelbar gewordenen Fürsten, Grafen und Herren gelegen sind, zur Entscheidung gebracht werden müssen, so bleibt denselben doch, im Fall der verweigerten gesetzlichen und verfassungsmäßigen Rechtshülfe, oder einer einseitigen zu ihrem Nachtheil erfolgten legislativen Erklärung der durch die Bundes-Acte ihnen zugesicherten Rechte, der Recurs an die Bundes-Versammlung vorbehalten; und diese ist in einem solchen Falle verpflichtet, wenn sie die Beschwerde gegründet findet, eine genügende Abhülfe zu bewirken.

Art. LXIV. Wenn Vorschläge zu gemeinnützigen Anordnungen deren Zweck nur durch die zusammenwirkende Theilnahme aller Bundesstaaten vollständig erreicht werden kann, von einzelnen Bundes-Gliedern an die Bundesversammlung gebracht werden, und diese sich von der Zweckmäßigkeit und Ausführbarkeit solcher Vorschläge im Allgemeinen überzeugt, so liegt ihr ob, die Mittel zur Vollführung derselben in sorgfältige Erwägung zu ziehen, und ihr anhaltendes Bestreben dahin zu richten, die zu dem Ende erforderliche freiwillige Vereinbarung unter den sämmtlichen Bundes-Gliedern zu bewirken.

Art. LXV. Die in den besondern Bestimmungen der Bundes-Acte, Artikel 16, 18, 19 zur Berathung der Bundes-Versammlung gestellten Gegenstände bleiben derselben, um durch gemeinschaftliche Uebereinkunft zu möglichst gleichförmigen Verfügungen darüber zu gelangen, zur fernern Bearbeitung vorbehalten. –

Die vorstehende Acte wird als das Resultat einer unabänderlichen Vereinbarung zwischen den Bundes-Gliedern, mittelst Präsidial-Vortrags an den Bundestag gebracht, und dort, in Folge gleichlautender Erklärungen der Bundes-Regierungen, durch förmlichen Bundes-Beschluß zu einem Grund Gesetz erhoben werden, welches die nämliche Kraft und Gültigkeit wie die Bundes-Acte selbst haben und der Bundes-Versammlung zur unabweichlichen Richtschnur dienen soll.

8. Die Verfassung Belgiens vom 7. Februar 1831

Der Nationalkongress hat erlassen:

Titel I. Vom Land und seinen Unterteilen

Art. 1. Belgien ist in Provinzen eingeteilt. Diese Provinzen sind: Antwerpen, Brabant, West- und Ostflandern, Hennegau, Lüttich, Limburg, Luxemburg und Namur, unbeschadet der Verbindung Luxemburgs mit dem Deutschen Bunde.

Es kommt dem Gesetz zu, das Land gegebenenfalls in eine größere Anzahl von Provinzen einzuteilen.

Art. 2. Die Untereinteilungen der Provinzen können nur durch Gesetz bestimmt werden.

Art. 3. Die Grenzen des Staates, der Provinzen und der Gemeinden können nur durch ein Gesetz geändert oder verbessert werden.

Titel II. Von den Belgiern und ihren Rechten

Art. 4. Die Eigenschaft eines Belgiers wird erlangt, bewahrt und verloren nach den durch das bürgerliche Recht bestimmten Regeln.

Die gegenwärtige Verfassung und die anderen Gesetze über die politischen Rechte bestimmen, welche außer dieser Eigenschaft die notwendigen Bedingungen für die Ausübung dieser Rechte sind.

Art. 5. Die Einbürgerung wird durch die gesetzgebende Gewalt bewilligt.

Allein die große Einbürgerung stellt den Ausländer in der Ausübung der politischen Rechte dem Belgier gleich.

Art. 6. Es gibt im Staate keine Standesunterschiede.

Die Belgier sind vor dem Gesetz gleich; sie allein sind zu den bürgerlichen und militärischen Ämtern zugelassen, unbeschadet der Ausnahmen, die durch ein Gesetz für besondere Fälle bestimmt werden können.

Art. 7. Die persönliche Freiheit ist gesichert.

Keiner kann, außer in den durch das Gesetz vorgesehenen Fällen und in den Formen, die es vorschreibt, verfolgt werden.

Außer auf frischer Tat kann man nur auf Grund einer begründeten richterlichen Anordnung verhaftet werden, die im Augenblick der Verhaftung oder spätestens 24 Stunden danach vorzuzeigen ist.

Art. 8. Keiner kann gegen seinen Willen dem Richter, den das Gesetz ihm zuweist, entzogen werden.

Art. 9. Eine Strafe kann nur durch Gesetz festgesetzt und angewendet werden.

Art. 10. Die Wohnung ist unverletzlich; eine Haussuchung kann nur in den durch das Gesetz vorgesehenen Fällen und in den Formen, die es vorschreibt, stattfinden.

Art. 11. Keiner kann enteignet werden außer zugunsten des Gemeinwohls in den Fällen und auf die Art, die das Gesetz bestimmt, und mittels einer gerechten und vorherigen Entschädigung.

Art. 12. Die Strafe der Vermögenseinziehung darf nicht eingeführt werden.

Art. 13. Der Verlust der bürgerlichen Ehrenrechte ist abgeschafft; er kann nicht wieder eingeführt werden.

Art. 14. Die Freiheit der Religion, ihre öffentliche Ausübung sowie die Freiheit der Meinungsäußerung werden gewährleistet, unbeschadet der Bestrafung der Vergehen, die infolge des Gebrauchs dieser Freiheiten begangen werden.

Art. 15. Niemand kann gezwungen werden, auf irgendwelche Weise an Handlungen und Feiern eines Kultes teilzunehmen, noch deren Ruhetage zu beobachten.

Art. 16. Der Staat hat nicht das Recht, in die Ernennung und Einführung der Diener irgendeiner Religion einzugreifen, noch darf er ihnen verbieten, mit ihren Oberhirten zu korrespondieren und ihre Erlasse zu veröffentlichen. Doch bleibt in diesem letzteren Fall die gewöhnliche Verantwortlichkeit in Sachen der Presse und Publikation vorbehalten.

Die bürgerliche Heirat muß immer der kirchlichen Einsegnung vorausgehen bis auf die bei Bedarf durch das Gesetz zu bestimmenden Ausnahmen.

Art. 17. Der Unterricht ist frei. Jede vorbeugende Strafmaßnahme ist untersagt. Die Verfolgung von Vergehen wird nur durch Gesetz geregelt.

Der öffentliche, auf Staatskosten erteilte Unterricht wird gleichfalls durch Gesetz geordnet.

Art. 18. Die Presse ist frei; die Zensur darf niemals eingeführt werden. Von Schriftstellern, Herausgebern und Druckern kann keine Kaution gefordert werden.

Wenn der Verfasser bekannt ist und in Belgien wohnt, können der Herausgeber, der Drucker und der Verteiler nicht verfolgt werden.

Art. 19. Die Belgier haben das Recht, sich friedlich und ohne Waffen zu versammeln, in Übereinstimmung mit den Gesetzen, welche die Ausübung dieses Rechtes ordnen können, ohne es indessen einer vorherigen Genehmigung zu unterwerfen.

Diese Bestimmung wird nicht auf Versammlungen unter freiem Himmel angewandt. Diese bleiben völlig den Polizeigesetzen unterworfen.

Art. 20. Die Belgier haben das Recht, Vereinigungen zu bilden; dieses Recht darf durch keine vorbeugenden Maßnahmen beeinträchtigt werden.

Art. 21. Jeder hat das Recht, an die öffentlichen Behörden durch eine oder mehrere Personen unterzeichnete Bittschriften zu richten.

Die verfassungsmäßigen Gewalten allein haben das Recht, Bittschriften im Namen der Gesamtheit einzureichen.

Art. 22. Das Briefgeheimnis ist unverletzlich.

Das Gesetz bestimmt, welche Angestellten für die Verletzung des Geheimnisses der Briefe, die der Post anvertraut werden, verantwortlich sind.

Art. 23. Der Gebrauch der in Belgien benutzten Sprachen ist freigestellt. Er kann nur durch Gesetz und allein für den Gebrauch der öffentlichen Gewalt und das Gerichtswesen geordnet werden.

Art. 24. Für Strafverfahren gegen öffentliche Beamte wegen Handlungen ihrer Verwaltung ist keine vorherige Ermächtigung notwendig mit Ausnahme der Bestimmungen über die Minister.

Titel III. Von den Gewalten

Art. 25. Alle Gewalt geht von der Nation aus.
Sie wird in der durch die Verfassung festgesetzten Form ausgeübt.

Art. 26. Die gesetzgebende Gewalt wird durch den König, die Abgeordnetenkammer und den Senat gemeinsam ausgeübt.

Art. 27. Die Gesetzesinitiative steht jedem der drei Träger der gesetzgebenden Gewalt zu.

Indessen muß jedes Gesetz, das sich auf die Einnahmen und Ausgaben des Staates oder auf die Stärke des Heeres bezieht, zuerst durch die Abgeordnetenkammer angenommen werden.

Art. 28. Die bindende Auslegung der Gesetze steht nur der gesetzgebenden Gewalt zu.

Art. 29. Dem König steht die ausübende Gewalt zu, wie sie durch die Verfassung geordnet wird.

Art. 30. Die richterliche Gewalt wird durch die Gerichtshöfe und Gerichte ausgeübt.

Beschlüsse und Urteile werden im Namen des Königs vollstreckt.

Art. 31. Angelegenheiten, die ausschließlich die Gemeinden oder Provinzen angehen, werden durch die Gemeinde- oder Provinzialräte nach den durch die Verfassung festgesetzten Grundsätzen geordnet.

Kapitel I. Von den Kammern

Art. 32. Die Mitglieder der beiden Kammern repräsentieren das Volk und nicht allein die Provinz oder den Teil der Provinz, die sie gewählt haben.

Art. 33. Die Sitzungen der Kammern sind öffentlich.

Jede Kammer kann indessen zu einer Geheimsitzung auf Aufforderung des Präsidenten oder von zehn Mitgliedern zusammentreten.

Es entscheidet dann die absolute Mehrheit, ob die Sitzung über den gleichen Gegenstand wieder öffentlich aufgenommen werden soll.

Art. 34. Jede Kammer prüft die Vollmachten ihrer Mitglieder und urteilt über die Streitfragen, die sich in dieser Hinsicht ergeben.

Art. 35. Niemand kann gleichzeitig Mitglied beider Kammern sein.

Art. 36. Das Mitglied der einen oder der anderen der beiden Kammern, das von der Regierung zu einem besoldeten Amt ernannt wird und es annimmt, verliert sofort seinen Sitz und kann seine Funktionen nur auf Grund einer Neuwahl wieder aufnehmen.

Art. 37. In jeder Sitzungsperiode wählt jede Kammer ihren Präsidenten, ihre Vizepräsidenten und setzt ihr Büro zusammen.

Art. 38. Jeder Beschluß wird von der absoluten Mehrheit der Stimmen gefaßt, vorbehaltlich dessen, was durch die Geschäftsordnungen der Kammern hinsichtlich der Wahlen und Wahlvorschläge festgesetzt wird.

Im Falle der Stimmengleichheit ist die zur Beratung stehende Vorlage abgelehnt.

Keine der beiden Kammern kann einen Beschluß fassen, wenn nicht die Mehrheit ihrer Mitglieder versammelt ist.

Art. 39. Die Abstimmungen werden mit lauter Stimme oder durch Sitzenbleiben und Erheben vorgenommen; die Schlußabstimmung über Gesetze ist immer in namentlicher Abstimmung mit lauter Stimme vorzunehmen. Wahlen und Vorschläge von Kandidaten geschehen in geheimer Abstimmung.

Art. 40. Jede Kammer hat das Recht der Untersuchung.

Art. 41. Eine Gesetzesvorlage kann durch eine Kammer nur angenommen werden, nachdem über jeden Artikel abgestimmt worden ist.

Art. 42. Die Kammern haben das Recht, Artikel und Abänderungsvorschläge zu ändern und zu teilen.

Art. 43. Verboten ist, den Kammern Bittschriften persönlich zu überreichen.

Jede Kammer hat das Recht, den Ministern Bittschriften, die an sie gerichtet wurden, weiterzureichen. Die Minister sind jedesmal, wenn die Kammer es fordert, verpflichtet, Erklärungen über ihren Inhalt abzugeben.

Art. 44. Kein Mitglied der einen oder der anderen Kammer kann auf Grund der Meinungen oder Abstimmungen, die es in Ausübung seiner Funktionen geäußert hat, verfolgt oder zur Rechenschaft gezogen werden.

Art. 45. Jedes Mitglied der einen oder der anderen Kammer kann während der Dauer der Sitzungsperiode nur mit Ermächtigung der Kammer, der es angehört, verfolgt oder verhaftet werden, es sei denn, es würde auf frischer Tat ergriffen.

Schuldhaft kann gegen ein Mitglied der einen oder der anderen Kammer während der Dauer der Sitzungsperiode nur mit der gleichen Ermächtigung verhängt werden.

Die Haft oder Verfolgung eines Mitgliedes der einen oder der anderen Kammer ist während der Sitzungsperiode und für ihre ganze Dauer aufzuheben, wenn die Kammer es fordert.

Art. 46. Jede Kammer bestimmt durch ihre Geschäftsordnung, in welcher Weise sie ihre Befugnisse ausübt.

Abschnitt 1. Von der Abgeordnetenkammer

Art. 47. Die Abgeordnetenkammer setzt sich aus Abgeordneten zusammen, die in direkter Wahl durch die Bürger gewählt werden, die einen durch das Wahlgesetz festgelegten Zensus bezahlen. Er kann 100 fl. direkter Steuer nicht überschreiten und darf nicht unter 20 fl. liegen.

Art. 48. Die Wahlen finden in den Teilen der Provinzen und an den Orten statt, die das Gesetz bestimmt.

Art. 49. Das Wahlgesetz legt die Zahl der Abgeordneten nach der Bevölkerung fest; diese Zahl kann das Verhältnis von einem Abgeordneten auf 40000 Einwohner nicht überschreiten. Es bestimmt in gleicher Weise die Bedingungen, die erforderlich sind, um Wähler zu sein, und den Verlauf der Wahlhandlungen.

Art. 50. Um wählbar zu sein, ist nötig:
1. von Geburt Belgier zu sein oder die große Einbürgerung erlangt zu haben,
2. die bürgerlichen und politischen Rechte zu genießen,
3. das 25. Lebensjahr vollendet zu haben,
4. in Belgien wohnhaft zu sein.

Für die Wählbarkeit darf keine andere Bedingung aufgestellt werden.

Art. 51. Die Mitglieder der Abgeordnetenkammer werden für vier Jahre gewählt. Sie werden zur Hälfte alle zwei Jahre in der durch das Wahlgesetz bestimmten Reihenfolge erneuert.

Im Fall der Auflösung der Kammer wird sie vollständig erneuert.

Art. 52. Jedes Mitglied der Abgeordnetenkammer genießt während der ganzen Dauer der Tagungsperiode eine monatliche Entschädigung von 200 fl. Diejenigen, welche in der Stadt wohnen, wo die Sitzung stattfindet, genießen keine Entschädigung.

Abschnitt 2. Vom Senat

Art. 53. Die Mitglieder des Senats werden auf Grund der Volkszahl jeder Provinz von den Bürgern, welche die Mitglieder der Abgeordnetenkammer wählen, gewählt.

Art. 54. Der Senat setzt sich aus einer Anzahl von Mitgliedern zusammen, die der Hälfte der Abgeordneten der anderen Kammer gleichkommen.

Art. 55. Die Senatoren werden auf acht Jahre gewählt, sie werden zur Hälfte alle vier Jahre in der durch das Wahlgesetz bestimmten Reihenfolge erneuert.

Im Fall der Auflösung des Senats wird er vollständig erneuert.

Art. 56. Um als Senator gewählt zu werden und es zu bleiben zu können, ist nötig:

1. von Geburt Belgier zu sein oder die große Einbürgerung erlangt zu haben,
2. die bürgerlichen und politischen Rechte zu genießen,
3. in Belgien wohnhaft zu sein,
4. wenigstens 40 Jahre alt zu sein,
5. in Belgien wenigstens 1000 fl. direkte Steuern, die Gewerbesteuer inbegriffen, zu bezahlen.

In den Provinzen, wo die Zahl der Bürger, die 1000 fl. direkte Steuern bezahlen, nicht das Verhältnis von 1 auf 6000 Seelen erreicht, wird sie durch die größten Steuerzahler der Provinz vervollständigt, bis dieses Verhältnis 1 zu 6000 erlangt ist.

Art. 57. Die Senatoren empfangen keine Besoldung oder Entschädigung.

Art. 58. Mit 18 Jahren ist der voraussichtliche Thronerbe von Rechts wegen Senator. Er hat beschließende Stimme erst im Alter von 25 Jahren.

Art. 59. Jede Versammlung des Senats, die außer der Zeit der Sitzungsperioden der Abgeordnetenkammer abgehalten wird, ist gesetzwidrig.

Kapitel II. Vom König und den Ministern

Abschnitt 1. Vom König

Art. 60. Die verfassungsmäßigen Gewalten des Königs sind erblich in der unmittelbaren, natürlichen und legitimen Abstammung von S. M. Leopold-Georg-Christian-Friedrich von Sachsen-Coburg im Mannesstamm nach dem Rechte der Erstgeburt und unter dauerndem Ausschluß der Frauen und ihrer Nachkommen.

Art. 61. Im Fall des Fehlens männlicher Nachkommen S. M. Leopold-Georg-Christian-Friedrich von Sachsen-Coburg wird er seinen Nachfolger mit Zustimmung der Kammern in der durch den folgenden Artikel vorgeschriebenen Art und Weise ernennen können.

Ist keine Ernennung in der vorstehenden Weise erfolgt, so ist der Thron erledigt.

Art. 62. Der König kann ohne Zustimmung beider Kammern nicht gleichzeitig Oberhaupt eines anderen Staates sein.

Keine der beiden Kammern kann über diese Frage verhandeln, wenn nicht wenigstens zwei Drittel ihrer Mitglieder anwesend sind. Und der Beschluß ist nur angenommen, wenn sich auf ihn wenigstens zwei Drittel der Stimmen vereinigt haben.

Art. 63. Die Person des Königs ist unverletzlich; seine Minister sind verantwortlich.

Art. 64. Kein Akt des Königs kann wirksam werden, wenn er nicht durch einen Minister, der damit allein die Verantwortung übernimmt, gegengezeichnet ist.

Art. 65. Der König ernennt und entläßt die Minister.

Art. 66. Er verleiht die Dienstgrade in der Armee.

Er ernennt die Beamten der allgemeinen Verwaltung und des auswärtigen Dienstes bis auf die durch Gesetz festgelegten Ausnahmen.

Er ernennt andere Beamte nur auf Grund einer ausdrücklichen gesetzlichen Verfügung.

Art. 67. Er trifft die für die Ausführung der Gesetze notwendigen Verfügung und Erlasse, ohne jemals die Gesetze selbst aufheben oder von ihrer Ausführung entbinden zu können.

Art. 68. Der König befehligt die Land- und Seestreitkräfte, er erklärt Krieg, schließt Friedens-, Bündnis- und Handelsverträge. Er gibt den Kammern davon Kenntnis, sobald es das Interesse und die Sicherheit des Staates erlauben, und fügt angemessene Mitteilungen hinzu.

Handelsverträge und Verträge, die den Staat belasten oder Belgier persönlich binden könnten, treten nur in Kraft, nachdem sie die Zustimmung der Kammern gefunden haben.

Eine Abtretung, ein Austausch oder ein Zuwachs des Staatsgebietes kann nur kraft Gesetzes stattfinden. In keinem Fall können die Geheimartikel eines Vertrages die offenen Artikel aufheben.

Art. 69. Der König bestätigt und verkündet die Gesetze.

Art. 70. Die Kammern treten rechtskräftig jährlich am zweiten Dienstag im November zusammen, wenn sie nicht zuvor durch den König einberufen worden sind.

Die Kammern müssen jedes Jahr mindestens 40 Tage vereinigt bleiben.

Der König spricht die Schließung der Sitzungsperiode aus.

Der König hat das Recht, die Kammern zu außerordentlichen Sitzungen einzuberufen.

Art. 71. Der König hat das Recht, die Kammern aufzulösen, sei es gleichzeitig oder getrennt. Die Auflösungsurkunde muß die Berufung der Wähler binnen 40 Tagen und der Kammern binnen zwei Monaten enthalten.

Art. 72. Der König kann die Kammern vertagen. Eine Vertagung darf jedoch weder die Frist von einem Monat überschreiten noch ohne Zustimmung der Kammern in der gleichen Sitzungsperiode erneuert werden.

Art. 73. Er hat das Recht, die durch die Richter verkündeten Strafen zu erlassen oder herabzusetzen, vorbehaltlich dessen, was bezüglich der Minister festgelegt ist.

Art. 74. Er hat das Recht, in Ausführung des Gesetzes Münzen zu schlagen.

Art. 75. Er hat das Recht, Adelstitel zu verleihen, ohne damit jemals ein Vorrecht verbinden zu können.

Art. 76. Er verleiht militärische Orden und beachtet in dieser Hinsicht, was das Gesetz vorschreibt.

Art. 77. Das Gesetz legt die Zivilliste für die Dauer jeder Regierung fest.

Art. 78. Der König hat keine anderen Befugnisse als die, welche ihm die Verfassung und die besonderen auf Grund der Verfassung erlassenen Gesetze ausdrücklich übertragen.

Art. 79 Beim Tode des Königs versammeln sich die Kammern ohne Einberufung spätestens am zehnten Tage nach dem Sterbetag. Wenn die Kammern zuvor aufgelöst worden sind und die Einberufung in dem Auflösungsakt für einen späteren Termin als den zehnten Tag festgesetzt war, nehmen die alten Kammern bis zum Zusammentritt derer, die sie ersetzen sollen, ihre Tätigkeit wieder auf.

Ist nur eine Kammer aufgelöst, so folgt man hinsichtlich dieser Kammer der gleichen Regel.

Vom Tode des Königs ab bis zur Eidesleistung durch seinen Nachfolger oder den Regenten werden die verfassungsmäßigen Rechte des Königs im Namen des belgischen Volkes durch die im Ministerrat vereinten Minister und unter ihrer Verantwortlichkeit ausgeübt.

Art. 80. Der König ist mit vollendetem 18. Lebensjahr mündig.

Er nimmt vom Throne nur Besitz, nachdem er feierlich inmitten der vereinten Kammern folgenden Eid geleistet hat:

„Ich schwöre, die Verfassung und die Gesetze des belgischen Volkes zu achten und die nationale Unabhängigkeit und die Unversehrtheit des Gebietes zu erhalten."

Art. 81. Wenn beim Tode des Königs sein Nachfolger minderjährig ist, vereinen sich die beiden Kammern zu einer einzigen

Versammlung, um für die Regentschaft und die Vormundschaft Sorge zu tragen.

Art. 82. Wenn der König unfähig ist zu regieren, berufen die Minister, nachdem sie diese Unfähigkeit festgestellt haben, unmittelbar die Kammern ein. Es wird für die Vormundschaft und die Regentschaft durch die vereinten Kammern Vorsorge getroffen.

Art. 83. Die Regentschaft kann nur einer Person übertragen werden.

Der Regent übernimmt erst sein Amt, nachdem er den in Artikel 80 vorgeschriebenen Eid geleistet hat.

Art. 84. Während einer Regentschaft kann keine Abänderung der Verfassung erfolgen.

Art. 85. Im Fall der Thronerledigung beraten die Kammern gemeinsam und sorgen vorläufig für die Regentschaft bis zum Zusammentritt der vollständig erneuerten Kammern. Dieser Zusammentritt erfolgt spätestens binnen zwei Monaten

Die neuen Kammern, die gemeinsam beraten, sorgen endgültig für die Besetzung des Thrones.

Abschnitt 2. Von den Ministern

Art. 86. Keiner kann Minister sein, der nicht von Geburt oder durch die große Einbürgerung Belgier ist.

Art. 87. Kein Mitglied der königlichen Familie kann Minister sein.

Art. 88. Die Minister haben in beiden Kammern nur beratende Stimme, wenn sie deren Mitglied sind.

Sie haben zu jeder Kammer Zutritt und müssen gehört werden, wenn sie es fordern.

Die Kammern können die Anwesenheit der Minister verlangen.

Art. 89. In keinem Fall kann eine mündliche oder schriftliche Anordnung des Königs einen Minister von seiner Verantwortlichkeit entbinden.

Art. 90. Die Abgeordnetenkammer hat das Recht, die Minister anzuklagen und sie vor den Kassationshof zu stellen, dessen vereinigte Kammern allein das Recht haben, sie zu verurteilen, mit Ausnahme dessen, was durch Gesetz für die Erhebung der Privatklage durch die verletzte Partei und für Verbrechen und Vergehen, welche die Minister außerhalb der Ausübung ihres Amtes begangen haben sollten, festgesetzt wird.

Ein Gesetz wird die Fälle der Verantwortlichkeit, die Strafen, die den Ministern aufzuerlegen sind und die Art des Vorgehens gegen sie festlegen, sei es auf Grund einer durch die Abgeordnetenkammer zugelassenen Anklage, sei es auf Grund einer Verfolgung durch die verletzten Parteien.

Art. 91. Der König kann einen durch den Kassationshof verurteilten Minister nur auf Ersuchen einer der beiden Kammern begnadigen.

Kapitel III. Von der richterlichen Gewalt

Art. 92. Bürgerlicher Rechtsstreitigkeiten gehören ausschließlich zur Zuständigkeit der Gerichte.

Art. 93. Streitigkeiten, welche die politischen Rechte betreffen, gehören zur Zuständigkeit der Gerichte bis auf die durch das Gesetz festgestellten Ausnahmen.

Art. 94. Kein Gerichtshof, keine Gerichtsbarkeit kann anders als kraft Gesetzes eingericht werden. Weder Sonder- noch Ausnahmegerichte können, unter welchem Namen auch immer, geschaffen werden.

Art. 95. Für ganz Belgien gibt es einen Kassationshof.
Dieser Hof erkennt nicht über den Tatbestand des Streitfalles, ausgenommen das Urteil über Minister.

Art. 96. Die Sitzungen der Gerichte sind öffentlich, wenn diese Öffentlichkeit nicht die Ordnung oder die Sitten gefährdet; in diesem Fall stellt dies das Gericht durch ein Urteil fest.

Bei politischen und Preßvergehen kann der Ausschluß der Öffentlichkeit nur einstimmig beschlossen werden.

Art. 97. Jedes Urteil wird begründet. Es wird in öffentlicher Sitzung verkündet.

Art. 98. In allen Strafsachen und für politische und Preßvergehen werden Geschworenengerichte eingesetzt.

Art. 99. Die Friedensrichter und die Richter der unteren Gerichte werden unmittelbar vom König ernannt.

Die Räte der Appellationsgerichte und die Präsidenten und Vizepräsidenten der Gerichte erster Instanz ihres Bereiches werden vom König auf Grund zweier doppelter Listen ernannt, von denen die eine durch diese Gerichtshöfe, die andere durch die Provinzialräte eingereicht werden.

Die Räte des Kassationshofs werden durch den König auf Grund zweier doppelter Listen ernannt, von denen die eine durch den Senat, die andere durch den Kassationshof eingereicht wird.

In diesen beiden Fällen können die Kandidaten, die auf einer Liste stehen, ebenso auf der anderen aufgestellt werden.

Alle Vorschläge werden mindestens 15 Tage vor der Ernennung veröffentlicht.

Die Gerichtshöfe wählen aus ihrer Mitte ihre Präsidenten und Vizepräsidenten.

Art. 100. Die Richter werden auf Lebenszeit ernannt.

Ein Richter kann nur durch ein Urteil seines Amtes enthoben oder beurlaubt werden.

Die Versetzung eines Richters ist nur im Falle einer Neuernennung und mit seiner Zustimmung möglich.

Art. 101. Der König ernennt und entläßt die Beamten der Staatsanwaltschaft bei den Gerichtshöfen und unteren Gerichten.

Art. 102. Die Besoldung der Mitglieder des Richterstandes wird durch Gesetz festgelegt.

Art. 103. Ein Richter kann von der Regierung besoldete Ämter nur annehmen, wenn er sie umsonst ausübt, mit Ausnahme der durch Gesetz bestimmten Fälle der Unverträglichkeit.

Art. 104. Es gibt drei Appellationshöfe in Belgien.

Das Gesetz bestimmt ihre Zuständigkeit und die Orte, an denen sie errichtet werden.

Art. 105. Besondere Gesetze ordnen die Organisation der Militärgerichte, ihre Befugnisse und die Rechte und Verpflichtungen der Mitglieder dieser Gerichte und die Dauer der Aufgaben.

In den durch das Gesetz bestimmten Orten gibt es Handelsgerichte.

Das Gesetz ordnet ihre Organisation, ihre Befugnisse, die Art der Ernennung ihrer Mitglieder und die Dauer der Aufgaben der letzteren.

Art. 106. Der Kassationshof entscheidet über Zuständigkeitskonflikte in der durch das Gesetz geregelten Weise.

Art. 107. Die Höfe und Gerichte sollen die allgemeinen provinzialen oder örtlichen Verfügungen und Verordnungen nur insoweit anwenden, als sie den Gesetzen entsprechen.

Kapitel IV. Von den provinzialen und örtlichen Einrichtungen

Art. 108. Die provinzialen und örtlichen Einrichtungen werden durch Gesetze geordnet.

Diese Gesetze sichern die Anwendung der folgenden Grundsätze:

1. die direkte Wahl, bis auf die Ausnahmen, die das Gesetz hinsichtlich der Vorstände der Gemeindeverwaltungen und der Regierungskommissare bei den Provinzialräten festsetzen kann;

2. die Zuständigkeit der Provinzial- und Gemeinderäte für alles, was von provinzialem oder örtlichem Interesse ist, vorbehaltlich der Billigung ihrer Handlungen in den Fällen und gemäß der Art, die das Gesetz festgelegt;

3. die Öffentlichkeit der Sitzungen der Provinzial- und Gemeinderäte in den durch das Gesetz festgelegten Grenzen;

4. die Öffentlichkeit des Haushalts und der Rechnungsberichte;

5. das Eingreifen des Königs oder der gesetzgebenden Gewalt, um zu verhindern, daß die Provinzial- und Gemeinderäte ihre Zuständigkeit überschreiten und das allgemeine Interesse verletzen.

Art. 109. Die Ausstellung der Personenstandsurkunden und die Führung der Standesamtsregister sind ausschließlich Befugnisse der Gemeindebehörden.

Titel IV. Von den Finanzen

Art. 110. Jede Steuer zugunsten des Staates kann nur durch Gesetz auferlegt werden.

Jede provinziale Auflage oder Steuer kann nur mit Zustimmung des Provinzialrates auferlegt werden.

Jede örtliche Auflage oder Steuer kann nur mit Zustimmung des Gemeinderates auferlegt werden.

Das Gesetz bestimmt die Ausnahmen, deren Notwendigkeit die Erfahrung zeigen wird, bezüglich der provinzialen und örtlichen Steuern.

Art. 111. Über die Steuern zugunsten des Staates wird jährlich abgestimmt. Die Gesetze, die sie festlegen, haben nur für ein Jahr Kraft, wenn sie nicht erneuert werden.

Art. 112. In Steuerangelegenheiten dürfen keine Privilegien eingeräumt werden. Eine Steuerbefreiung oder Steuerermäßigung kann nur durch ein Gesetz erfolgen.

Art. 113. Außer den ausdrücklich durch Gesetz vorbehaltenen Fällen kann mit Ausnahme der Staats-, Provinz- oder Gemeindesteuern keine Abgabe von den Bürgern gefordert werden. An der gegenwärtigen Verwaltung der Deiche und Kanäle wird nichts geändert. Sie bleibt der gewöhnlichen Gesetzgebung unterworfen.

Art. 114. Eine Pension oder Gratifikation zu Lasten des Staatsschatzes kann nur kraft Gesetzes bewilligt werden.

Art. 115. Die Kammern beschließen jährlich das Gesetz der Rechnungslegung und stimmen über den Staatshaushalt ab.

Alle Einnahmen und Ausgaben des Staates müsen im Budget und in die Rechnungslegung eingetragen sein.

Art. 116. Die Mitglieder des Rechnungshofes werden durch die Abgeordnetenkammer für die durch das Gesetz festgelegte Frist ernannt.

Dieser Rechnungshof ist mit der Prüfung und Abrechnung der Rechnungen der allgemeinen Verwaltung und aller Rechnungsbeamten gegenüber dem Staatsschatz beauftragt. Er sorgt dafür, daß in keinem Artikel Ausgaben des Staatshaushaltes überschritten sind und daß kein Übertrag (von einem Ausgabenposten auf den anderen) stattgefunden hat. Er beschließt über die Rechnungen der verschiedenen Staatsverwaltungen und ist berechtigt, in dieser Hinsicht jede Auskunft und jede nötige Rechnung einzuholen. Die allgemeine Staatsrechnung ist den Kammern mit den Bemerkungen des Rechnungshofes vorzulegen.

Dieser Hof wird durch ein Gesetz gebildet.

Art. 117. Die Besoldungen und Pensionen der Geistlichen gehen zu Lasten des Staates. Die zu ihrer Bestreitung notwendigen Summen sind jährlich in das Budget einzustellen.

Titel V. Von den Streitkräften

Art. 118. Die Art der Rekrutierung der Armee wird durch Gesetz bestimmt. Es regelt ebenso die Beförderung wie die Rechte und Pflichten der Soldaten.

Art. 119. Die Stärke der Armee wird jährlich beschlossen. Das Gesetz, welches sie festlegt, hat nur für ein Jahr Geltung, wenn es nicht erneuert wird.

Art. 120. Die Organisation und die Befugnisse der Gendarmerie bilden den Gegenstand eines Gesetzes.

Art. 121. Einer fremden Truppe kann die Aufnahme in den Staatsdienst und die Besetzung oder Durchquerung des Staatsgebietes nur kraft eines Gesetzes gestattet werden.

Art. 122. Es besteht eine Bürgergarde; ihre Organisation wird durch ein Gesetz geregelt.

Die Inhaber der Dienstgrade, wenigstens bis zum Hauptmann, werden durch die Gardisten gewählt, unbeschadet der für die die Rechnungsbeamten für notwendig erachteten Ausnahmen.

Art. 123. Die Mobilmachung der Bürgergarde kann nur auf Grund eines Gesetzes geschehen.

Art. 124. Den Soldaten können ihre Dienstgrade, Ehren und Pensionen nur auf die durch Gesetz bestimmte Weise entzogen werden.

Titel VI. Allgemeine Bestimmungen

Art. 125. Die belgische Nation nimmt die Farben Rot, Gelb und Schwarz und als Wappen des Königreiches den belgischen Löwen mit der Inschrift: „Einigkeit macht stark" an.

Art. 126. Brüssel ist die Hauptstadt Belgiens und der Sitz der Regierung.

Art. 127. Ein Eid kann nur kraft Gesetzes auferlegt werden. Es bestimmt die Eidesformel.

Art. 128. Jeder Ausländer, der sich auf belgischem Staatsgebiet befindet, genießt bis auf die durch das Gesetz festgestellten Ausnahmen den den Personen und Gütern zugebilligten Schutz.

Art. 129. Alle Gesetze, Beschlüsse oder Verordnungen der allgemeinen Provinzial- oder Gemeindeverwaltung sind nur gültig, nachdem sie in der durch das Gesetz vorgeschriebenen Form veröffentlicht worden sind.

Art. 130. Die Verfassung kann weder ganz noch teilweise zeitweilig außer Kraft gesetzt werden.

Titel VII. Von der Revision der Verfassung

Art. 131. Die gesetzgebende Gewalt hat das Recht zu erklären, daß die Revision einer Verfassungsbestimmung, die sie bezeichnet, vorgenommen werde.

Nach dieser Erklärung sind die beiden Kammern rechtmäßig aufgelöst. Es sind deren zwei neue gemäß Artikel 71 einzuberufen.

Diese Kammern befinden gemeinsam mit dem König über die der Revision unterworfenen Punkte.

Wenn nicht mindestens zwei Drittel der Mitglieder jeder einzelnen Kammer anwesend sind, sind die Kammern beratungsunfähig; und keine Änderung ist angenommen, wenn sie nicht mindestens zwei Drittel der Stimmen auf sich vereinigt.

Titel VIII. Vorübergehende Anordnungen

Art. 132. Für die erste Wahl des Staatsoberhauptes kann der ersten Bestimmung des Art. 80 zuwidergehandelt werden.

Art. 133. Die Ausländer, die sich in Belgien vor dem 1. Januar 1814 niedergelassen haben und seitdem dort ihren Wohnsitz haben, werden als Belgier von Geburt unter der Bedingung angesehen, daß sie erklären, die Absicht zu haben, in den Genuß dieser gegenwärtigen Verfügung zu kommen.

Diese Erklärung muß, wenn sie großjährig sind, binnen sechs Monaten von dem Tag an gerechnet, an dem die gegenwärtige Verfassung in Kraft getreten ist, abgegeben werden, und wenn sie minderjährig sind, in dem Jahr, das auf ihre Großjährigkeit folgt.

Diese Erklärung wird vor der Provinzialbehörde abgegeben, zu welcher der Ort, wo sie ihren Wohnsitz haben, gehört.

Sie muß persönlich oder durch einen beauftragten Inhaber einer besonderen und authentischen Vollmacht geleistet werden.

Art. 134. Bis zum Erlaß eines Gesetzes wird die Abgeordnetenkammer die richterliche Gewalt haben, einen Minister anzuklagen, und der Kassationshof, ihn zu verurteilen, indem er das Vergehen kennzeichnet und die Strafe dafür bestimmt.

Nichtsdestoweniger kann die Strafe nicht über Zuchthaus hinausgehen, ohne den ausdrücklich durch das Strafgesetz vorgesehenen Fällen vorzugreifen.

Art. 135. Das Personal der Gerichtshöfe und unteren Gerichte bleibt bis zu einer entsprechenden gesetzlichen Regelung im Amt. Dieses Gesetz muß während der ersten Legislaturperiode erlassen werden.

Art. 136. Ein in derselben Sitzungsperiode erlassenes Gesetz wird die Art der ersten Ernennung der Mitglieder des Kassationshofes bestimmen.

Art. 137. Das Grundgesetz vom 24. August 1815 sowie die provinzialen und örtlichen Statuten sind aufgehoben. Indessen behalten die provinzialen und örtlichen Gewalten ihre Befugnisse, bis das Gesetz darüber etwas anderes bestimmt.

Art. 138. Mit dem Tage des Inkrafttretens der Verfassung sind alle ihr entgegenstehenden Gesetze, Verordnungen, Erlasse, Regelungen und sonstigen Verfügungen aufgehoben.

Art. 139. Der Nationalkongreß erklärt, daß es notwendig ist, durch besondere Gesetze und in der kürzest möglichen Frist über folgende Gegenstände Gesetze zu erlassen:

1. die Presse;
2. die Organisation der Schwurgerichte;
3. die Finanzen;
4. die Organisation der Provinzen und der Gemeinden;
5. die Verantwortlichkeit der Minister und anderer Beamter;
6. die Gerichtsverfassung;
7. die Revision der Pensionsliste;
8. geeignete Maßnahmen, um dem Mißbrauch der Ämterhäufung vorzubeugen;
9. die Revision der Gesetzgebung über Bankrotte und Zahlungsaufschub;
10. die Organisation der Armee, die Rechte der Beförderung und des Ruhestandes und das Militärstrafgesetzbuch;
11. die Revision der Gesetzbücher.

9. Bundesverfassung der Schweizerischen Eidgenossenschaft vom 12. Herbstmonat 1848.

Im Namen Gottes des Allmächtigen!

Die schweizerische Eidgenossenschaft,
in der Absicht, den Bund der Eidgenossen zu befestigen, die Einheit, Kraft und Ehre der schweizerischen Nation zu erhalten und zu fördern, hat nachstehende Bundesverfassung angenommen:

Erster Abschnitt.
Allgemeine Bestimmungen.

Art. 1. Die durch gegenwärtigen Bund vereinigten Völkerschaften der zwei und zwanzig souveränen Kantone, als: Zürich, Bern, Luzern, Ury, Schwyz, Unterwalden (ob und nid dem Wald), Glarus, Zug, Freyburg, Solothurn, Basel (Stadt und Land), Schaffhausen, Appenzell (beider Rhoden), St. Gallen, Graubünden, Aargau, Thurgau, Tessin, Waadt, Wallis, Neuenburg und Genf, bilden in ihrer Gesammtheit die schweizerische Eidgenossenschaft.

Art. 2. Der Bund hat zum Zweck: Behauptung der Unabhängigkeit des Vaterlandes gegen Außen, Handhabung von Ruhe und Ordnung im Innern, Schutz der Freiheit und der Rechte der Eidgenossen und Beförderung ihrer gemeinsamen Wohlfahrt.

Art. 3. Die Kantone sind souverän, soweit ihre Souveränetät nicht durch die Bundesverfassung beschränkt ist, und üben als solche alle Rechte aus, welche nicht der Bundesgewalt übertragen sind.

Art. 4. Alle Schweizer sind vor dem Gesetze gleich. Es gibt in der Schweiz keine Unterthanenverhältnisse, keine Vorrechte des Orts, der Geburt, der Familien oder Personen.

Art. 5. Der Bund gewährleistet den Kantonen ihr Gebiet, ihre Souveränität inner den Schranken des Artikels 3, ihre Verfassungen, die Freiheit, die Rechte des Volkes und die verfassungsmäßigen Rechte der Bürger, gleich den Rechten und Befugnissen, welche das Volk den Behörden übertragen hat.

Art. 6. Die Kantone sind verpflichtet, für ihre Verfassungen die Gewährleistung des Bundes nachzusuchen.

Der Bund übernimmt diese Gewährleistung, insofern:

a. sie nichts den Vorschriften der Bundesverfassung Zuwiderlaufendes enthalten;

b. sie die Ausübung der politischen Rechte nach republikanischen – repräsentativen oder demokratischen – Formen sichern;

c. sie vom Volke angenommen worden sind und revidirt werden können, wenn die absolute Mehrheit der Bürger es verlangt.

Art. 7. Besondere Bündnisse und Verträge politischen Inhalts zwischen den Kantonen sind untersagt.

Dagegen steht ihnen das Recht zu, Verkommnisse über Gegenstände der Gesetzgebung, des Gerichtswesens und der Verwaltung unter sich abzuschließen; jedoch haben sie dieselben der Bundesbehörde zur Einsicht vorzulegen, welche, wenn diese Verkommnisse etwas dem Bunde oder den Rechten anderer Kantone Zuwiderlaufendes enthalten, deren Vollziehung zu hindern befugt ist. Im entgegengesetzten Falle sind die betreffenden Kantone berechtigt, zur Vollziehung die Mitwirkung der Bundesbehörden anzusprechen.

Art. 8. Dem Bunde allein steht das Recht zu, Krieg zu erklären und Frieden zu schließen, Bündnisse und Staatsverträge, namentlich Zoll- und Handelsverträge mit dem Auslande einzugehen.

Art. 9. Ausnahmsweise bleibt den Kantonen die Befugniß, Verträge über Gegenstände der Staatswirthschaft, des nachbarlichen Verkehrs und der Polizei mit dem Auslande abzuschließen; jedoch dürfen dieselben nichts dem Bunde oder den Rechten anderer Kantone Zuwiderlaufendes enthalten.

Art. 10. Der amtliche Verkehr zwischen Kantonen und auswärtigen Staatsregierungen, sowie ihren Stellvertretern, findet durch Vermittlung des Bundesrathes statt.

Ueber die im Art. 9 bezeichneten Gegenstände können jedoch die Kantone mit den untergeordneten Behörden und Beamten eines auswärtigen Staates in unmittelbaren Verkehr treten.

Art. 11. Es dürfen keine Militärkapitulationen abgeschlossen werden.

Art. 12. Die Mitglieder der Bundesbehörden, die eidgenössischen Civil- und Militärbeamten und die eidgenössischen Repräsentanten oder Kommissarien dürfen von auswärtigen Regierungen weder Pensionen oder Gehalte, noch Titel, Geschenke oder Orden annehmen.

Sind sie bereits im Besitze von Pensionen, Titeln oder Orden, so haben sie für ihre Amtsdauer auf den Genuß der Pensionen und das Tragen der Titel und Orden zu verzichten.

Untergeordneten Beamten und Angestellten kann jedoch vom Bundesrath der Fortbezug von Pensionen bewilligt werden.

Art. 13. Der Bund ist nicht berechtigt, stehende Truppen zu halten.

Ohne Bewilligung der Bundesbehörde darf kein Kanton oder in getheilten Kantonen kein Landestheil mehr als 300 Mann stehende Truppen halten, die Landjägerkorps nicht inbegriffen.

Art. 14. Die Kantone sind verpflichtet, wenn Streitigkeiten unter ihnen vorfallen, sich jeder Selbsthülfe, sowie jeder Bewaffnung zu enthalten und sich der bundesmäßigen Entscheidung zu unterziehen.

Art. 15. Wenn einem Kantone vom Auslande plötzlich Gefahr droht, so ist die Regierung des bedrohten Kantons verpflichtet, andere Kantone zur Hülfe zu mahnen, unter gleichzeitiger Anzeige an die Bundesbehörde und unvorgreiflich den spätern Verfügungen dieser letztern. Die gemahnten Kantone sind zum Zuzuge verpflichtet. Die Kosten trägt die Eidgenossenschaft.

Art. 16. Bei gestörter Ordnung im Innern, oder wenn von einem andern Kantone Gefahr droht, hat die Regierung des bedrohten Kantons dem Bundesrathe sogleich Kenntniß zu geben, damit dieser inner den Schranken seiner Kompetenz (Art. 90, Nr. 3, 10 und 11) die erforderlichen Maßregeln treffen oder die

Bundesversammlung einberufen kann. In dringenden Fällen ist die betreffende Regierung befugt, unter sofortiger Anzeige an den Bundesrath, andere Kantone zur Hülfe zu mahnen, und die gemahnten Stände sind zur Hülfeleistung verpflichtet.

Wenn die Kantonsregierung außer Stande ist, Hülfe anzusprechen, so kann, und wenn die Sicherheit der Schweiz gefährdet wird, so soll die kompetente Bundesbehörde von sich aus einschreiten.

In Fällen eidgenössischer Intervention sorgen die Bundesbehörden für Beachtung der Vorschriften der Art. 5.

Die Kosten trägt der mahnende oder die eidgenössische Intervention veranlassende Kanton, wenn nicht die Bundesversammlung wegen besonderer Umstände etwas Anderes beschließt.

Art. 17. In den durch Art. 15 und 16 bezeichneten Fällen ist jeder Kanton verpflichtet, den Truppen freien Durchzug zu gestatten. Diese sind sofort unter eidgenössische Leitung zu stellen.

Art. 18. Jeder Schweizer ist wehrpflichtig.

Art. 19. Das Bundesheer, welches aus den Kontingenten der Kantone gebildet wird, besteht:

a. aus dem Bundesauszug, wozu jeder Kanton auf 100 Seelen schweizerischer Bevölkerung 3 Mann zu stellen hat;

b. aus der Reserve, deren Bestand die Hälfte des Bundesauszuges beträgt.

In Zeiten der Gefahr kann der Bund auch über die übrigen Streitkräfte (die Landwehr) eines jeden Kantons verfügen.

Die Mannschaftsskala, welche nach dem bezeichneent Maßstabe das Kontingent für jeden Kanton festsetzt, ist alle zwanzig Jahre einer Revision zu unterwerfen.

Art. 20. Um in dem Bundesheere die erforderliche Gleichmäßigkeit und Dienstfähigkeit zu erzielen, werden folgende Grundsätze festgesetzt:

1) Ein Bundesgesetz bestimmt die allgemeine Organisation des Bundesheeres.

2) Der Bund übernimmt:

a. den Unterricht der Genietruppen, der Artillerie und der Kavallerie, wobei jedoch den Kantonen, welche diese Waffengattungen zu stellen haben, die Lieferung der Pferde obliegt;

b. die Bildung der Instruktoren für die übrigen Waffengattungen;

c. für alle Waffengattungen den höhern Militärunterricht, wozu er namentlich Militärschulen errichtet und Zusammenzüge von Truppen anordnet;

d. die Lieferung eines Theils des Kriegsmaterials.

Die Zentralisation des Militärunterrichts kann nöthigenfalls durch die Bundesgesetzgebung weiter entwickelt werden.

3) Der Bund überwacht den Militärunterricht der Infanterie und der Scharfschützen, sowie die Anschaffung, den Bau und Unterhalt des Kriegszeugs, welches die Kantone zu liefern haben.

4) Die Militärverordnungen der Kantone dürfen nichts enthalten, was der eidgenössischen Militärorganisation und den den Kantonen obliegenden bundesmäßigen Verpflichtungen entgegen ist, und müssen zu dießfälliger Prüfung dem Bundesrathe vorgelegt werden.

5) Alle Truppenabtheilungen im eidgenössischen Dienste führen ausschließlich die eidgenössische Fahne.

Art. 21. Dem Bunde steht das Recht zu, im Interesse der Eidgenossenschaft oder eines großen Theiles derselben, auf Kosten der Eidgenossenschaft öffentliche Werke zu errichten oder die Errichtung derselben zu unterstützen.

Zu diesem Zwecke ist er auch befugt, gegen volle Entschädigung das Recht der Expropriation geltend zu machen. Die nähern Bestimmungen hierüber bleiben der Bundesgesetzgebung vorbehalten.

Die Bundesversammlung kann die Errichtung öffentlicher Werke untersagen, welche die militärischen Interessen der Eidgenossenschaft verletzen.

Art. 22. Der Bund ist befugt, eine Universität und eine polytechnische Schule zu errichten.

Art. 23. Das Zollwesen ist Sache des Bundes.

Art. 24. Dem Bunde steht das Recht zu, die von der Tagsatzung bewilligten oder anerkannten Land- und Wasserzölle, Weg- und Brückengelder, verbindliche Kaufhaus- und andere Gebühren dieser Art, mögen dieselben von Kantonen, Gemeinden, Korporationen oder Privaten bezogen werden, gegen Entschädigung ganz oder theilweise aufzuheben. Diejenigen Zölle und Weggelder, welche auf dem Transit lasten, sollen jedenfalls im ganzen Umfange der Eidgenossenschaft und zwar gleichzeitig eingelöst werden.

Die Eidgenossenschaft hat das Recht, an der schweizerischen Grenze Eingangs-, Ausgangs- und Durchgangszölle zu erheben.

Sie ist berechtigt, gegenwärtig für das Zollwesen bestimmte Gebäulichkeiten an der schweizerischen Grenze gegen Entschädigung entweder als Eigenthum oder miethweise zur Benutzung zu übernehmen.

Art. 25. Bei Erhebung der Zölle sollen folgende Grundsätze beachtet werden:

1) Eingangsgebühren:

a. Die für die inländische Industrie erforderlichen Stoffe sind im Zolltarif möglichst gering zu taxiren.

b. Ebenso die zum nothwendigen Lebensbedarf erforderlichen Gegenstände.

c. Die Gegenstände des Luxus unterliegen der höchsten Taxe.

2) Durchgangsgebühren, und in der Regel auch die Ausgangsgebühren, sind möglichst mäßig festzusetzen.

3) Durch die Zollgesetzgebung sind zur Sicherung des Grenz- und Marktverkehrs geeignete Bestimmungen zu treffen.

Dem Bunde bleibt immerhin das Recht vorbehalten, unter außerordentlichen Umständen, in Abweichung von vorstehenden Bestimmungen, vorübergehend besondere Maßnahmen zu treffen.

Art. 26. Der Ertrag der Eingangs-, Ausgangs- und Durchgangszölle wird folgendermaßen verwendet:

a. Jeder Kanton erhält 4 Bazen auf den Kopf nach dem Maßstab der Gesammtbevölkerung, welche nach der Volkszählung von 1838 berechnet wird.

b. Wenn ein Kanton hierdurch für die nach Art. 24 aufgehobenen Gebühren nicht hinlänglich gedeckt wird, so hat er noch so viel zu beziehen, als erforderlich ist, um ihn für dieselben Gebühren nach dem Durchschnitt des Reinertrages der fünf Jahre, 1842 bis und mit 1846, zu entschädigen.

c. Die Mehreinnahme fällt in die Bundeskasse.

Art. 27. Wenn Zölle, Weg- und Brückengelder für Tilgung eines Baukapitals oder eines Theiles desselben bewilligt worden sind, so hört der Bezug derselben oder die Entschädigung auf, sobald das Kapital oder der betreffende Theil nebst Zinsen gedeckt ist.

Art. 28. Den in bereits abgeschlossenen Eisenbahnverträgen über Transitgebühren enthaltenen Verfügungen soll durch gegenwärtige Bestimmungen kein Abbruch geschehen. Dagegen tritt der Bund in die durch solche Verträge den Kantonen in Beziehung auf die Transitgebühren vorbehaltenen Rechte.

Art. 29. Für Lebensmittel, Vieh und Kaufmannswaaren, Landes- und Gewerbserzeugnisse jeder Art sind freier Kauf und Verkauf, freie Ein-, Aus- und Durchfuhr von einem Kanton in den andern gewährleistet.

Vorbehalten sind:

a. In Beziehung auf Kauf und Verkauf das Salz- und Pulverregal.

b. Polizeiliche Verfügungen der Kantone über die Ausübung von Handel und Gewerbe und über die Benutzung der Straßen.

c. Verfügungen gegen schädlichen Vorkauf.

d. Vorübergehende sanitätspolizeiliche Maßregeln bei Seuchen.

Die in Litt. b. und c. bezeichneten Verfügungen müssen die Kantonsbürger und die Schweizerbürger anderer Kantone gleich behandeln. Sie sind dem Bundesrathe zur Prüfung vorzulegen und dürfen nicht vollzogen werden, ehe sie die Genehmigung desselben erhalten haben.

e. Die von der Tagsatzung bewilligten oder anerkannten Gebühren, welche der Bund nicht aufgehoben hat (Art. 24 und 31).

f. Die Konsumogebühren auf Wein und andern geistigen Getränken, nach Vorschrift von Art. 32.

Art. 30. Der Bundesgesetzgebung bleibt vorbehalten, hinsichtlich der Abschaffung bestehender Vorrechte in Bezug auf Transport von Personen und Waaren jeder Art zwischen den Kantonen und im Innern derselben auf dem Wasser und auf dem Lande, die nöthigen Verfügungen zu treffen, so weit die Eidgenossenschaft hiebei ein Interesse hat.

Art. 31. Der Bezug der im Art. 29, Litt. e. bezeichneten Gebühren steht unter der Aufsicht des Bundesrathes. Sie dürfen nicht erhöht und der Bezug derselben darf ohne Genehmigung der Bundesversammlung, wenn er auf eine bestimmte Zeit beschränkt war, nicht verlängert werden.

Die Kantone dürfen weder Zölle, Weg- noch Brückengelder unter irgend welchem Namen neu einführen. Von der Bundesversammlung können jedoch auf bestimmte Zeit solche Gebühren bewilligt werden, um die Errichtung öffentlicher Werke zu unterstützen, welche im Sinne des Art. 21 von allgemeinem Interesse für den Verkehr sind und ohne solche Bewilligung nicht zu Stande kommen könnten.

Art. 32. Die Kantone sind befugt, außer den nach Art. 29, Litt. e. vorbehaltenen Berechtigungen, von Wein und andern geistigen Getränken Konsumogebühren zu erheben, jedoch unter folgenden Beschränkungen:

a. Bei dem Bezug derselben soll der Transit in keiner Weise belästigt und der Verkehr überhaupt so wenig als möglich gehemmt und mit keinen andern Gebühren belegt werden.

b. Werden die für den Verbrauch eingeführten Gegenstände wieder aus dem Kanton ausgeführt, so sind die bezahlten Konsumogebühren ohne weitere Belästigung zurückzuerstatten.

c. Die Erzeugnisse schweizerischen Ursprungs sind mit niedrigern Gebühren zu belegen als diejenigen des Auslandes.

d. Konsumogebühren auf Wein und andern geistigen Getränken schweizerischen Ursprungs dürfen da, wo solche schon bestehen, nicht erhöht, und in Kantonen, welche noch keine beziehen, nicht eingeführt werden.

e. Die Gesetze und Verordnungen der Kantone über den Bezug der Konsumogebühren sind der Bundesbehörde vor Vollziehung derselben zur Gutheißung vorzulegen, damit die Nichtbeachtung vorstehender Grundsätze verhindert werden kann.

Art. 33. Das Postwesen im ganzen Umfange der Eidgenossenschaft wird vom Bunde übernommen unter folgenden Vorschriften:

1) Die gegenwärtig bestehenden Postverbindungen dürfen im Ganzen ohne Zustimmung der betheiligten Kantone nicht vermindert werden.

2) Die Tarife werden im ganzen Gebiete der Eidgenossenschaft nach den gleichen möglichst billigen Grundsätzen bestimmt.

3) Die Unverletzbarkeit des Postgeheimnisses ist gewährleistet.

4) Für Abtretung des Postregals leistet der Bund Entschädigung, und zwar nach folgenden nähern Bestimmungen:

a. Die Kantone erhalten jährlich die Durchschnittssumme des reinen Ertrages, den sie in den drei Jahren 1844, 1845 und 1846, vom Postwesen auf ihrem Kantonalgebiete bezogen haben.

Wenn jedoch der reine Ertrag, welchen der Bund vom Postwesen bezieht, für Bestreitung dieser Entschädigung nicht hinreicht, so wird den Kantonen das Mangelnde nach Verhältniß der festgesetzten Durchschnittssummen in Abzug gebracht.

b. Wenn ein Kanton vom Postwesen unmittelbar noch gar nichts, oder in Folge eines mit einem andern Kanton abgeschlossenen Pachtvertrags bedeutend weniger bezogen hat, als die Ausübung des Postregals auf seinem Gebiete demjenigen Kanton, der dasselbe gepachtet hatte, erweislichermaßen rein ertragen hat, so sollen solche Verhältnisse bei Ausmittlung der Entschädigungssumme billige Berücksichtigung finden.

c. Wo die Ausübung des Postregals an Privaten abgetreten worden ist, übernimmt der Bund die dießfällige Entschädigung.

d. Der Bund ist berechtigt und verpflichtet, das zum Postwesen gehörige Material, soweit dasselbe zum Gebrauche tauglich und erforderlich ist, gegen eine den Eigenthümern abzureichende billige Entschädigung zu übernehmen.

e. Die eidgenössische Verwaltung ist berechtigt, die gegenwärtig für das Postwesen bestimmten Gebäulichkeiten gegen Entschädigung entweder als Eigenthum oder aber nur miethweise zur Benutzung zu übernehmen.

Art. 34. Bei der Verwaltung des Zoll- und Postwesens sind die Angestellten größtentheils aus den Einwohnern derjenigen Kantone zu wählen, für welche sie bestimmt sind.

Art. 35. Der Bund übt die Oberaufsicht über die Straßen und Brücken, an deren Erhaltung die Eidgenossenschaft ein Interesse hat.

Die nach Artikel 26 und 33 den Kantonen für Zölle und Posten zukommenden Summen werden von der Bundesbehörde zurückbehalten, wenn diese Straßen und Brücken von den betreffenden Kantonen, Korporationen oder Privaten nicht in gehörigem Zustand unterhalten werden.

Art. 36. Dem Bunde steht die Ausübung aller im Münzregale begriffenen Rechte zu.

Die Münzprägung durch die Kantone hört auf und geht einzig vom Bunde aus.

Es ist Sache der Bundesgesetzgebung, den Münzfuß festzusetzen, die vorhandenen Münzsorten zu tarifiren und die nähern Bestimmungen zu treffen, nach welchen die Kantone verpflichtet sind, von den von ihnen geprägten Münzen einschmelzen oder umprägen zu lassen.

Art. 37. Der Bund wird auf die Grundlagen des bestehenden eidgenössischen Konkordates für die ganze Eidgenossenschaft gleiches Maß und Gewicht einführen.

Art. 38. Fabrikation und Verkauf des Schießpulvers im Umfange der Eidgenossenschaft stehen ausschließlich dem Bunde zu.

Art. 39. Die Ausgaben des Bundes werden bestritten:
a. aus den Zinsen der eidgenössischen Kriegsfonds;
b. aus dem Ertrag der schweizerischen Grenzzölle;
c. aus dem Ertrag der Postverwaltung;
d. aus dem Ertrag der Pulververwaltung;
e. aus Beiträgen der Kantone, welche jedoch nur in Folge von Beschlüssen der Bundesversammlung erhoben werden können.

Solche Beiträge sind von den Kantonen nach Verhältniß der Geldskala zu leisten, welche alle zwanzig Jahre einer Revision zu unterwerfen ist. Bei einer solchen Revision sollen theils die

Bevölkerung, theils die Vermögens- und Erwerbsverhältnisse der Kantone zur Grundlage dienen.

Art. 40. Es soll jederzeit wenigstens der Betrag des doppelten Geldkontingentes für Bestreitung von Militärkosten bei eidgenössischen Aufgeboten baar in der Bundeskasse liegen.

Art. 41. Der Bund gewährleistet allen Schweizern, welche einer der christlichen Konfessionen angehören, das Recht der freien Niederlassung im ganzen Umfange der Eidgenossenschaft, nach folgenden nähern Bestimmungen:

1) Keinem Schweizer, der einer der christlichen Konfessionen angehört, kann die Niederlassung in irgend einem Kanton verweigert werden, wenn er folgende Ausweisschriften besitzt:

a. einen Heimathschein oder eine andere gleichbedeutende Ausweisschrift;

b. ein Zeugniß sittlicher Ausführung;

c. eine Bescheinigung, daß er in bürgerlichen Rechten und Ehren stehe;

und wenn er auf Verlangen sich ausweisen kann, daß er durch Vermögen, Beruf oder Gewerbe sich und seine Familie zu ernähren im Stande sei.

Naturalisirte Schweizer müssen überdieß die Bescheinigung beibringen, daß sie wenigstens fünf Jahre lang im Besitze eines Kantonsbürgerrechtes sich befinden.

2) Der Niedergelassene darf von Seite des die Niederlassung gestattenden Kantons mit keiner Bürgschaft und mit keinen andern besondern Lasten behufs der Niederlassung belegt werden.

3) Ein Bundesgesetz wird die Dauer der Niederlassungsbewilligung, so wie das Maximum der zu Erlangung derselben an den Kanton zu entrichtenden Kanzleigebühren bestimmen.

4) Der Niedergelassene genießt alle Rechte der Bürger des Kantons, in welchem er sich niedergelassen hat, mit Ausnahme des Stimmrechts in Gemeindeangelegenheiten und des Mitantheiles an Gemeinde- und Korporationsgütern. Insbesondere wird ihm freie Gewerbsausübung und das Recht der Erwerbung und Veräußerung von Liegenschaften zugesichert, nach Maßgabe der Gesetze und Verordnungen des Kantons, die in allen diesen

Beziehungen den Niedergelassenen dem eigenen Bürger gleich halten sollen.

5) Den Niedergelassenen anderer Kantone können von Seite der Gemeinden keine größern Leistungen an Gemeindelasten auferlegt werden, als den Niedergelassenen des eigenen Kantons.

6) Der Niedergelassene kann aus dem Kanton, in welchem er niedergelassen ist, weggewiesen werden:

a. durch gerichtliches Strafurtheil;

b. durch Verfügung der Polizeibehörden, wenn er die bürgerlichen Rechte und Ehren verloren hat, oder sich eines unsittlichen Lebenswandels schuldig macht, oder durch Verarmung zur Last fällt, oder schon oft wegen Uebertretung polizeilicher Vorschriften bestraft werden mußte.

Art. 42. Jeder Kantonsbürger ist Schweizerbürger. Als solcher kann er in eidgenössischen und kantonalen Angelegenheiten die politischen Rechte in jedem Kanton ausüben, in welchem er niedergelassen ist. Er kann aber diese Rechte nur unter den nämlichen Bedingungen ausüben, wie die Bürger des Kantons und in Beziehung auf die kantonalen Angelegenheiten erst nach einem längern Aufenthalte, dessen Dauer durch die Kantonalgesetzgebung bestimmt wird, jedoch nicht über zwei Jahre ausgedehnt werden darf.

Niemand darf in mehr als einem Kanton politische Rechte ausüben.

Art. 43. Kein Kanton darf einen Bürger des Bürgerrechtes verlustig erklären.

Ausländern darf kein Kanton das Bürgerrecht ertheilen, wenn sie nicht aus dem frühern Staatsverband entlassen werden.

Art. 44. Die freie Ausübung des Gottesdienstes ist den anerkannten christlichen Konfessionen im ganzen Umfange der Eidgenossenschaft gewährleistet.

Den Kantonen, sowie dem Bunde, bleibt vorbehalten, für Handhabung der öffentlichen Ordnung und des Friedens unter den Konfessionen die geeigneten Maßnahmen zu treffen.

Art. 45. Die Preßfreiheit ist gewährleistet.

Ueber den Mißbrauch derselben trifft die Kantonalgesetzgebung die erforderlichen Bestimmungen, welche jedoch der Genehmigung des Bundesrathes bedürfen.

Dem Bunde steht das Recht zu, Strafbestimmungen gegen den Mißbrauch der Presse zu erlassen, der gegen die Eidgenossenschaft und ihre Behörden gerichtet ist.

Art. 46. Die Bürger haben das Recht, Vereine zu bilden, sofern solche weder in ihrem Zwek noch in den dafür bestimmten Mitteln rechtswidrig oder staatsgefährlich sind. Ueber den Mißbrauch dieses Rechtes trifft die Kantonalgesetzgebung die erforderlichen Bestimmungen.

Art. 47. Das Petitionsrecht ist gewährleistet.

Art. 48. Sämmtliche Kantone sind verpflichtet, alle Schweizerbürger christlicher Konfession in der Gesetzgebung sowohl als im gerichtlichen Verfahren den Bürgern des eigenen Kantons gleich zu halten.

Art. 49. Die rechtskräftigen Civilurtheile, die in einem Kanton gefällt sind, sollen in der ganzen Schweiz vollzogen werden können.

Art. 50. Der aufrechtstehende schweizerische Schuldner, welcher einen festen Wohnsitz hat, muß für persönliche Ansprachen vor dem Richter seines Wohnortes gesucht, und es darf daher für Forderungen auf das Vermögen eines solchen außer dem Kanton, in welchem er wohnt, kein Arrest gelegt werden.

Art. 51. Alle Abzugsrechte im Innern der Schweiz, sowie die Zugrechte von Bürgern des einen Kantons gegen Bürger anderer Kantone sind abgeschafft.

Art. 52. Gegen die auswärtigen Staaten besteht Freizügigkeit, unter Vorbehalt des Gegenrechtes.

Art. 53. Niemand darf seinem verfassungsmäßigen Gerichtsstand entzogen, und es dürfen daher keine Ausnahmsgerichte eingeführt werden.

Art. 54. Wegen politischer Vergehen darf kein Todesurtheil gefällt werden.

Art. 55. Ein Bundesgesetz wird über die Auslieferung der Angeklagten von einem Kanton an den andern Bestimmungen treffen; die Auslieferung kann jedoch für politische Vergehen und für Preßvergehen nicht verbindlich gemacht werden.

Art. 56. Die Ausmittlung von Bürgerrechten für Heimathlose und die Maßregeln zur Verhinderung der Entstehung neuer Heimathlosen sind Gegenstand der Bundesgesetzgebung.

Art. 57. Dem Bunde steht das Recht zu, Fremde, welche die innere oder äußere Sicherheit der Eidgenossenschaft gefährden, aus dem schweizerischen Gebiete wegzuweisen.

Art. 58. Der Orden der Jesuiten und die ihm affiliirten Gesellschaften dürfen in keinem Theile der Schweiz Aufnahme finden.

Art. 59. Die Bundesbehörden sind befugt, bei gemeingefährlichen Seuchen gesundheitspolizeiliche Verfügungen zu erlassen.

**Zweiter Abschnitt.
Bundesbehörden.**

I. Bundesversammlung.

Art. 60. Die oberste Gewalt des Bundes wird durch die Bundesversammlung ausgeübt, welche aus zwei Abtheilungen besteht:
A. aus dem Nationalrath,
B. aus dem Ständerath.

A. Nationalrath.

Art. 61. Der Nationalrath wird aus Abgeordneten des schweizerischen Volkes gebildet. Auf je 20,000 Seelen der Gesammtbevölkerung wird ein Mitglied gewählt.

Eine Bruchzahl über 10,000 Seelen wird für 20,000 Seelen berechnet.

Jeder Kanton und bei getheilten Kantonen jeder der beiden Landestheile hat wenigstens ein Mitglied zu wählen.

Art. 62. Die Wahlen für den Nationalrath sind direkte. Sie finden in eidgenössischen Wahlkreisen statt, welche jedoch nicht aus Theilen verschiedener Kantone gebildet werden können.

Art. 63. Stimmberechtigt ist jeder Schweizer, der das zwanzigste Altersjahr zurükgelegt hat und im Uebrigen nach der Gesetzgebung des Kantons, in welchem er seinen Wohnsitz hat, nicht vom Aktivbürgerrecht ausgeschlossen ist.

Art. 64. Wahlfähig als Mitglied des Nationalrathes ist jeder stimmberechtigte Schweizerbürger weltlichen Standes.

Naturalisirte Schweizerbürger müssen seit wenigstens fünf Jahren das erworbene Bürgerrecht besitzen, um wahlfähig zu sein.

Art. 65. Der Nationalrath wird auf die Dauer von drei Jahren gewählt, und es findet jeweilen Gesammterneuerung statt.

Art. 66. Die Mitglieder des Ständerathes, des Bundesrathes und von letzterem gewählte Beamte können nicht zugleich Mitglieder des Nationalrathes sein.

Art. 67. Der Nationalrath wählt aus seiner Mitte für jede ordentliche oder außerordentliche Sitzung einen Präsidenten und Vicepräsidenten.

Dasjenige Mitglied, welches während einer ordentlichen Sitzung die Stelle eines Präsidenten bekleidete, ist für die nächstfolgende ordentliche Sitzung weder als Präsident, noch als Vicepräsident wählbar. Das gleiche Mitglied kann nicht während zwei unmittelbar auf einander folgenden ordentlichen Sitzungen Vicepräsident sein.

Der Präsident hat bei gleich getheilten Stimmen zu entscheiden; bei Wahlen übt er das Stimmrecht aus, wie jedes Mitglied.

Art. 68. Die Mitglieder des Nationalrathes werden aus der Bundeskasse entschädigt.

B. Ständerath.

Art. 69. Der Ständerath besteht aus 44 Abgeordneten der Kantone. Jeder Kanton wählt zwei Abgeordnete; in den getheilten Kantonen jeder Landestheil einen Abgeordneten.

Art. 70. Die Mitglieder des Nationalrathes und des Bundesrathes können nicht zugleich Mitglieder des Ständerathes sein.

Art. 71. Der Ständerath wählt für jede ordentliche oder außerordentliche Sitzung aus seiner Mitte einen Präsidenten und Vicepräsidenten.

Aus den Gesandten desjenigen Kantons, aus welchen für eine ordentliche Sitzung der Präsident gewählt worden ist, kann für die nächstfolgende ordentliche Sitzung weder der Präsident, noch der Vicepräsident gewählt werden.

Gesandte des gleichen Kantons können nicht während zwei unmittelbar auf einander folgenden ordentlichen Sitzungen die Stelle eines Vicepräsidenten bekleiden.

Der Präsident hat bei gleich getheilten Stimmen zu entscheiden; bei Wahlen übt er das Stimmrecht aus wie jedes Mitglied.

Art. 72. Die Mitglieder des Ständerathes werden von den Kantonen entschädigt.

C. Befugnisse der Bundesversammlung.

Art. 73. Der Nationalrath und der Ständerath haben alle Gegenstände zu behandeln, welche nach Inhalt der gegenwärtigen Verfassung in die Kompetenz des Bundes gehören und nicht einer andern Bundesbehörde zugeschieden sind.

Art. 74. Die Gegenstände, welche in den Geschäftskreis beider Räthe fallen, sind insbesondere folgende:

1) Gesetze und Beschlüsse zur Ausführung der Bundesverfassung, wie namentlich Gesetze über Bildung der Wahlkreise, über Wahlart, über Organisation und Geschäftsgang der Bundesbehörden und Bildung der Schwurgerichte.

2) Besoldung und Entschädigung der Mitglieder der Bundesbehörden und der Bundeskanzlei; Errichtung bleibender Beamtungen und Bestimmung ihrer Gehalte.

3) Wahl des Bundesrathes, des Bundesgerichtes, des Kanzlers, des Generals, des Chefs des Stabes und eidgenössischer Repräsentanten.

4) Anerkennung auswärtiger Staaten und Regierungen.

5) Bündnisse und Verträge mit dem Auslande, sowie die Gutheißung von Verträgen der Kantone unter sich oder mit dem Auslande. Solche Verträge der Kantone gelangen jedoch nur dann an die Bundesversammlung, wenn vom Bundesrath oder einem andern Kanton Einsprache erhoben wird.

6) Maßregeln für die äußere Sicherheit, für Behauptung der Unabhängigkeit und Neutralität der Schweiz, Kriegserklärungen und Friedensschlüsse.

7) Garantie der Verfassungen und des Gebietes der Kantone; Intervention in Folge der Garantie; Maßregeln für die innere Sicherheit, für Handhabung von Ruhe und Ordnung; Amnestie und Begnadigung.

8) Maßregeln, welche die Handhabung der Bundesverfassung, die Garantie der Kantonalverfassungen, die Erfüllung der bundesmäßigen Verpflichtungen und den Schutz der durch den Bund gewährleisteten Rechte zum Zweke haben.

9) Gesetzliche Bestimmungen über Organisation des eidgenössischen Militärwesens, über Unterricht der Truppen und über Leistungen der Kantone; Verfügungen über das Bundesheer.

10) Festsetzung der eidgenössischen Mannschafts- und Geldskala; gesetzliche Bestimmungen über Verwaltung und Verwendung der eidgenössischen Kriegsfonds; Erhebung direkter Beiträge der Kantone; Anleihen; Voranschlag und Rechnungen.

11) Gesetze und Beschlüsse über Zölle, Postwesen, Münzen, Maß und Gewicht, Fabrikation und Verkauf von Schießpulver, Waffen und Munition.

12) Errichtung öffentlicher Anstalten und Werke und hierauf bezügliche Expropriationen.

13) Gesetzliche Verfügungen über Niederlassungsverhältnisse; über Heimathlose, Fremdenpolizei und Sanitätswesen.

14) Die Oberaufsicht über die eidgenössische Verwaltung und Rechtspflege.

15) Beschwerden von Kantonen oder Bürgern über Verfügungen des Bundesrathes.

16) Streitigkeiten unter den Kantonen, welche staatsrechtlicher Natur sind.

17) Kompetenzstreitigkeiten insbesondere darüber:

a) ob ein Gegenstand in den Bereich des Bundes oder der Kantonalsouveränetät gehöre;

b) ob eine Frage in die Kompetenz des Bundesrathes oder des Bundesgerichtes falle.

18) Revision der Bundesverfassung.

Art. 75. Die beiden Räthe versammeln sich jährlich ein Mal zur ordentlichen Sitzung an einem durch das Reglement festzusetzenden Tage.

Sie werden außerordentlich einberufen durch Beschluß des Bundesrathes, oder wenn ein Viertheil der Mitglieder des Nationalrathes oder fünf Kantone es verlangen.

Art. 76. Um gültig verhandeln zu können, ist die Anwesenheit der absoluten Mehrheit der Mitglieder des betreffenden Rathes erforderlich.

Art. 77. Im Nationalrath und im Ständerath entscheidet die Mehrheit der Stimmenden.

Art. 78. Für Bundesgesetze und Bundesbeschlüsse ist die Zustimmung beider Räthe erforderlich.

Art. 79. Die Mitglieder beider Räthe stimmen ohne Instruktionen.

Art. 80. Jeder Rath verhandelt abgesondert. Bei Wahlen (Art. 74, Nr. 3), bei Ausübung des Begnadigungsrechtes und für Entscheidung von Kompetenzstreitigkeiten vereinigen sich jedoch beide Räthe unter der Leitung des Präsidenten des Nationalrathes zu einer gemeinschaftlichen Verhandlung, so daß die absolute Mehrheit der stimmenden Mitglieder beider Räthe entscheidet.

Art. 81. Jedem der beiden Räthe und jedem Mitglied derselben steht das Vorschlagsrecht (die Initiative) zu.

Das gleiche Recht können die Kantone durch Korrespondenz ausüben.

Art. 82. Die Sitzungen der beiden Räthe sind in der Regel öffentlich.

II. Bundesrath.

Art. 83. Die oberste vollziehende und leitende Behörde der Eidgenossenschaft ist ein Bundesrath, welcher aus sieben Mitgliedern besteht.

Art. 84. Die Mitglieder des Bundesrathes werden von der Bundesversammlung aus allen Schweizerbürgern, welche als Mitglieder des Nationalrathes wählbar sind, auf die Dauer von drei Jahren ernannt. Es darf jedoch nicht mehr als ein Mitglied aus dem nämlichen Kanton gewählt werden.

Nach jeder Gesammterneuerung des Nationalrathes findet auch eine Gesammterneuerung des Bundesrathes statt.

Die in der Zwischenzeit ledig gewordenen Stellen werden bei der nächstfolgenden Sitzung der Bundesversammlung für den Rest der Amtsdauer wieder besetzt.

Art. 85. Die Mitglieder des Bundesrathes dürfen keine andere Beamtung, sei es im Dienste der Eidgenossenschaft, sei es in einem Kantone, bekleiden, noch irgend einen andern Beruf oder Gewerbe treiben.

Art. 86. Den Vorsitz im Bundesrath führt der Bundespräsident, welcher, sowie auch der Vizepräsidenten von den vereinigten Räthen aus den Mitgliedern desselben für die Dauer eines Jahres gewählt wird.

Der abtretende Präsident ist für das nächstfolgende Jahr weder als Präsident, noch als Vicepräsident wählbar. Das gleiche Mitglied kann nicht während zwei unmittelbar auf einander folgenden Jahren die Stelle eines Vicepräsidenten bekleiden.

Art. 87. Der Bundespräsident und die übrigen Mitglieder des Bundesrathes beziehen einen jährlichen Gehalt aus der Bundeskasse.

Art. 88. Um gültig verhandeln zu können, müssen wenigstens vier Mitglieder des Bundesrathes anwesend sein.

Art. 89. Die Mitglieder des Bundesrathes haben bei den Verhandlungen der beiden Ahtheilungen der Bundesversammlung berathende Stimme und auch das Recht, über einen in Berathung liegenden Gegenstand Anträge zu stellen.

Art. 90. Der Bundesrath hat inner den Schranken der gegenwärtigen Verfassung vorzüglich folgende Befugnisse und Obliegenheiten:

1) Er leitet die eidgenössischen Angelegenheiten, gemäß der Bundesgesetze und Bundesbeschlüsse.

2) Er hat für Beobachtung der Verfassung, der Gesetze und Beschlüsse des Bundes, sowie der Vorschriften eidgenössischer Konkordate zu wachen; er trifft zu Handhabung derselben von sich aus oder auf eingegange Beschwerde die erforderlichen Verfügungen.

3) Er wacht für die Garantie der Kantonalverfassungen.

4) Er schlägt der Bundesversammlung Gesetze und Beschlüsse vor und begutachtet die Anträge, welche von den Räthen des Bundes oder von den Kantonen an ihn gelangen.

5) Er vollzieht die Bundesgesetze und Bundesbeschlüsse, die Urtheile des Bundesgerichtes, sowie die Vergleiche oder schiedsrichterlichen Sprüche über Streitigkeiten zwischen Kantonen.

6) Er hat diejenigen Wahlen zu treffen, welche nicht durch die Verfassung der Bundesversammlung und dem Bundesgericht oder durch die Gesetzgebung einer andern untergeordneten Behörde übertragen werden.

Er ernennt Kommissarien für Sendungen im Innern und nach Außen.

7) Er prüft die Verträge der Kantone unter sich oder mit dem Auslande und genehmigt dieselben, sofern sie zuläßig sind (Art. 74, Nr. 5.).

8) Er wahrt die Interessen der Eidgenossenschaft nach Außen, wie namentlich ihre völkerrechtlichen Beziehungen, und besorgt die auswärtigen Angelegenheiten überhaupt.

9) Er wacht für die äußere Sicherheit, für die Behauptung der Unabhängigkeit und Neutralität der Schweiz.

10) Er sorgt für die innere Sicherheit der Eidgenossenschaft, für Handhabung von Ruhe und Ordnung.

11) In Fällen von Dringlichkeit ist der Bundesrath befugt, sofern die Räthe nicht versammelt sind, die erforderliche Truppenzahl aufzubieten und über solche zu verfügen, unter Vorbehalt unverzüglicher Einberufung der Bundesversammlung, sofern die aufgebotenen Truppen zweitausend Mann übersteigen oder das Aufgebot länger als drei Wochen dauert.

12) Er besorgt das eidgenössische Militärwesen und alle Zweige der Verwaltung, welche dem Bunde angehören.

13) Er prüft die Gesetze und Verordnungen der Kantone, welche seiner Genehmigung bedürfen; er überwacht diejenigen Zweige der Kantonalverwaltung; welche durch den Bund seiner Aufsicht unterstellt sind, wie das Militärwesen, Zölle, Straßen und Brücken.

14) Er sorgt für die Verwaltung der Finanzen des Bundes, für die Entwerfung des Voranschlages und die Stellung der Rechnungen über die Einnahmen und Ausgaben des Bundes.

15) Er hat die Aufsicht über die Geschäftführung aller Beamten und Angestellten der eidgenössischen Verwaltung.

16) Er erstattet der Bundesversammlung jeweilen bei ihrer ordentlichen Sitzung Rechenschaft über seine Verrichtungen, sowie Bericht über den Zustand der Eidgenossenschaft im Innern sowohl als nach Außen, und wird ihrer Aufmerksamkeit diejenigen Maßregeln empfehlen, welche er zur Beförderung gemeinsamer Wohlfahrt für dienlich erachtet.

Er hat auch besondere Berichte zu erstatten, wenn die Bundesversammlung oder eine Abtheilung derselben es verlangt.

Art. 91. Die Geschäfte des Bundesrathes werden nach Departementen unter die einzelnen Mitglieder vertheilt. Diese Eintheilung hat aber einzig zum Zweck, die Prüfung und Besorgung der Geschäfte zu fördern; der jeweilige Entscheid geht von dem Bundesrathe als Behörde aus.

Art. 92. Der Bundesrath und seine Departemente sind befugt, für besondere Geschäfte Sachkundige beizuziehen.

III. Bundeskanzlei.

Art. 93. Eine Bundeskanzlei, welcher ein Kanzler vorsteht, besorgt die Kanzleigeschäfte bei der Bundesversammlung und beim Bundesrath.

Der Kanzler wird von der Bundesversammlung auf die Dauer von drei Jahren jeweilen gleichzeitig mit dem Bundesrath gewählt.

Die Bundeskanzlei steht unter der besondern Aufsicht des Bundesrathes.

Die nähere Organisation der Bundeskanzlei bleibt der Bundesgesetzgebung vorbehalten.

IV. Bundesgericht.

Art. 94. Zur Ausübung der Rechtspflege, so weit dieselbe in den Bereich des Bundes fällt, wird ein Bundesgericht aufgestellt.

Für Beurtheilung von Straffällen werden Schwurgerichte (Jury) gebildet.

Art. 95. Das Bundesgericht besteht aus elf Mitgliedern nebst Ersatzmännern, deren Anzahl durch die Bundesgesetzgebung bestimmt wird.

Art. 96. Die Mitglieder des Bundesgerichtes und die Ersatzmänner werden von der Bundesversammlung gewählt. Ihre Amtsdauer ist drei Jahre. Nach der Gesammterneuerung des Nationalrathes findet auch eine Gesammterneuerung des Bundesgerichtes statt.

Die in der Zwischenzeit ledig gewordenen Stellen werden bei der nächstfolgenden Sitzung der Bundesversammlung für den Rest der Amtsdauer wieder besetzt.

Art. 97. In das Bundesgericht kann jeder Schweizerbürger ernannt werden, der in den Nationalrath wählbar ist.

Die Mitglieder des Bundesrathes und die von ihm gewählten Beamten können nicht zugleich Mitglieder des Bundesgerichtes sein.

Art. 98. Der Präsident und der Vizepräsident des Bundesgerichtes werden von der Bundesversammlung aus den Mitgliedern desselben jeweilen auf ein Jahr gewählt.

Art. 99. Die Mitglieder des Bundesgerichtes werden aus der Bundeskasse durch Taggelder entschädigt.

Art. 100. Das Bundesgericht bestellt seine Kanzlei.

Art. 101. Das Bundesgericht urtheilt als Civilgericht:
1) über Streitigkeiten, welche nicht staatsrechtlicher Natur sind:
a. zwischen Kantonen unter sich;
b. zwischen dem Bund und einem Kanton;
2) über Streitigkeiten zwischen dem Bund einerseits und Korporationen oder Privaten anderseits, wenn diese Korporationen oder Privaten Kläger sind und der Streitgegenstand von einem beträchtlichen durch die Bundesgesetzgebung zu bestimmenden Werthe ist;
3) über Streitigkeiten in Bezug auf Heimathlosigkeit.

In den unter Nr. 1, Litt. a und b bezeichneten Fällen geschieht die Ueberweisung an das Bundesgericht durch den Bundesrath. Wenn dieser die Frage, ob ein Gegenstand vor das Bundesgericht gehöre, verneinend beantwortet, so entscheidet hierüber die Bundesversammlung.

Art. 102. Das Bundesgericht ist verpflichtet, auch die Beurtheilung anderer Fälle zu übernehmen, wenn dasselbe von beiden Parteien angerufen wird und der Streitgegenstand von einem beträchtlichen, durch die Bundesgesetzgebung festzusetzenden Werthe ist. Dabei fallen jedoch die Kosten ausschließlich auf Rechnung der Parteien.

Art. 103. Die Mitwirkung des Bundesgerichtes bei Beurtheilung von Straffällen wird durch die Bundesgesetzgebung bestimmt, welche über Versetzung in Anklagezustand, über Bildung des Assisen- und Kassationsgericht das Nähere festsezen wird.

Art. 104. Das Assisengericht, mit Zuziehung von Geschwornen, welche über die Thatfrage absprechen, urtheilt:
a. in Fällen, wo von einer Bundesbehörde die von ihr ernannten Beamten zur strafrechtlichen Beurtheilung überwiesen werden;
b. über Fälle von Hochverrath gegen die Eidgenossenschaft, von Aufruhr und Gewaltthat gegen die Bundesbehörden;
c. über Verbrechen und Vergehen gegen das Völkerrecht;

d. über politische Verbrechen und Vergehen, die Ursache oder Folge derjenigen Unruhen sind, durch welche eine bewaffnete eidgenössische Intervention veranlaßt worden ist.

Der Bundesversammlung steht das Recht zu, hinsichtlich solcher Verbrechen und Vergehen Amnestie oder Begnadigung auszusprechen.

Art. 105. Das Bundesgericht urtheilt im Fernern über Verletzung der durch die Bundesverfassung garantirten Rechte, wenn hierauf bezügliche Klagen von der Bundesversammlung an dasselbe gewiesen werden.

Art. 106. Es bleibt der Bundesgesetzgebung überlassen, außer den in den Art. 101, 104 und 105 bezeichneten Gegenständen auch noch andere Fälle in die Kompetenz des Bundesgerichtes zu legen.

Art. 107. Die Bundesgesetzgebung wird das Nähere bestimmen:

a. über Aufstellung eines Staatsanwaltes;

b. über die Verbrechen und Vergehen, welche in die Kompetenz des Bundesgerichtes fallen und über die Strafgesetze, welche anzuwenden sind;

c. über das Verfahren, welches mündlich und öffentlich sein soll;

d. über die Gerichtskosten.

V. Verschiedene Bestimmungen.

Art. 108. Alles, was sich auf den Sitz der Bundesbehörden bezieht, ist Gegenstand der Bundesgesetzgebung.

Art. 109. Die drei Hauptsprachen der Schweiz, die deutsche, französische und italienische, sind Nationalsprachen des Bundes.

Art. 110. Die Beamten der Eidgenossenschaft sind für ihre Geschäftsführung verantwortlich. Ein Bundesgesetz wird diese Verantwortlichkeit näher bestimmen.

Dritter Abschnitt.
Revision der Bundesverfassung.

Art. 111. Die Bundesverfassung kann jederzeit revidirt werden.

Art. 112. Die Revision geschieht auf dem Wege der Bundesgesetzgebung.

Art. 113. Wenn eine Abtheilung der Bundesversammlung die Revision beschließt und die andere nicht zustimmt, oder wenn fünfzigtausend stimmberechtigte Schweizerbürger die Revision der Bundesverfassung verlangen, so muß im einen wie im andern Falle die Frage, ob eine Revision stattfinden soll oder nicht, dem schweizerischen Volke zur Abstimmung vorgelegt werden.

Sofern in einem dieser Fälle die Mehrheit der stimmenden Schweizerbürger über die Frage sich bejahend ausspricht, so sind beide Räthe neu zu wählen, um die Revision zur Hand zu nehmen.

Art. 114. Die revidirte Bundesverfassung tritt in Kraft, wenn sie von der Mehrheit der stimmenden Schweizerbürger und von der Mehrheit der Kantone angenommen ist.

Übergangsbestimmungen.

Art. 1. Ueber die Annahme gegenwärtiger Bundesverfassung haben sich die Kantone auf die durch die Kantonalverfassungen vorgeschriebene, oder – wo die Verfassung hierüber keine Bestimmung enthält – auf die durch die oberste Behörde des betreffenden Kantons festzusetzende Weise auszusprechen.

Art. 2. Die Ergebnisse der Abstimmung sind dem Vororte zu Handen der Tagsatzung mitzutheilen, welche entscheidet, ob die neue Bundesverfassung angenommen sei.

Art. 3. Wenn die Tagsatzung die Bundesverfassung als angenommen erklärt hat, so trifft sie unmittelbar zur Einführung derselben die erforderlichen Bestimmungen.

Die Verrichtungen des eidgenössischen Kriegsrathes und des Verwaltungsrathes für die eidgenössischen Kriegsfonds gehen auf den Bundesrath über.

Art. 4. Die im Eingange und in Litt. c. des Art. 6 der gegenwärtigen Bundesverfassung enthaltenen Bestimmungen finden auf die schon in Kraft bestehenden Verfassungen der Kantone keine Anwendung.

Diejenigen Vorschriften der Kantonalverfassungen, welche mit den übrigen Bestimmungen der Bundesverfassung im Widerspruche stehen, sind vom Tage an, mit welchem diese letzere als angenommen erklärt wird, aufgehoben.

Art. 5. Der Bezug der schweizerischen Grenzgebühren dauert so lange fort, bis die Tarife der neu einzuführenden Grenzzölle ihre Vollziehung finden.

Art. 6. Die Beschlüsse der Tagsatzung und die Konkordate bleiben bis zu ihrer Aufhebung oder Abänderung in Kraft, so weit sie nicht dieser Bundesverfassung widersprechen.

Dagegen verlieren diejenigen Konkordate ihre Gültigkeit, deren Inhalt als Gegenstand der Bundesgesetzgebung erklärt wurde, und zwar von der Zeit an, in welcher die leztere in's Leben tritt.

Art. 7. Sobald die Bundesversammlung und der Bundesrath konstituirt sein werden, tritt der Bundesvertrag vom 7. August 1815 außer Kraft.

10. Die Verfassung des Deutschen Reiches vom 28. März 1849 („Paulskirchenverfassung")

Die deutsche verfassunggebende Nationalversammlung hat beschlossen, und verkündigt als Reichsverfassung:

Abschnitt I. Das Reich.

Artikel I.

§ 1. Das deutsche Reich besteht aus dem Gebiete des bisherigen deutschen Bundes.

Die Festsetzung der Verhältnisse des Herzogthums Schleswig bleibt vorbehalten.

§ 2. Hat ein deutsches Land mit einem nichtdeutschen Lande dasselbe Staatsoberhaupt, so soll das deutsche Land eine von dem nichtdeutschen Lande getrennte eigene Verfassung, Regierung und Verwaltung haben. In die Regierung und Verwaltung des deutschen Landes dürfen nur deutsche Staatsbürger berufen werden.

Die Reichsverfassung und Reichsgesetzgebung hat in einem solchen deutschen Lande dieselbe verbindliche Kraft, wie in den übrigen deutschen Ländern.

§ 3. Hat ein deutsches Land mit einem nichtdeutschen Lande dasselbe Staatsoberhaupt, so muß dieses entweder in seinem deutschen Lande residiren, oder es muß auf verfassungsmäßigem Wege in demselben eine Regentschaft niedergesetzt werden, zu welcher nur Deutsche berufen werden dürfen.

§ 4. Abgesehen von den bereits bestehenden Verbindungen deutscher und nichtdeutscher Länder soll kein Staatsoberhaupt eines nichtdeutschen Landes zugleich zur Regierung eines deutschen Landes gelangen noch darf ein in Deutschland regierender Fürst, ohne seine deutsche Regierung abzutreten, eine fremde Krone annehmen.

§ 5. Die einzelnen deutschen Staaten behalten ihre Selbstständigkeit, soweit dieselbe nicht durch die Reichsverfassung beschränkt ist; sie haben alle staatlichen Hoheiten und Rechte, soweit diese nicht der Reichsgewalt ausdrücklich übertragen sind.

Abschnitt II.
Die Reichsgewalt

Artikel I.

§ 6. Die Reichsgewalt ausschließlich übt dem Auslande gegenüber die völkerrechtliche Vertretung Deutschlands und der einzelnen deutschen Staaten aus.

Die Reichsgewalt stellt die Reichsgesandten und die Consuln an. Sie führt den diplomatischen Verkehr, schließt die Bündnisse und Verträge mit dem Auslande, namentlich auch die Handels- und Schifffahrtsverträge, so wie die Auslieferungsverträge ab. Sie ordnet alle völkerrechtlichen Maaßregeln an.

§ 7. Die einzelnen deutschen Regierungen haben nicht das Recht, ständige Gesandte zu empfangen oder solche zu halten.

Auch dürfen dieselben keine besonderen Consuln halten. Die Consuln fremder Staaten erhalten ihr Exequatur von der Reichsgewalt.

Die Absendung von Bevollmächtigten an das Reichsoberhaupt ist den einzelnen Regierungen unbenommen.

§ 8. Die einzelnen deutschen Regierungen sind befugt, Verträge mit anderen deutschen Regierungen abzuschließen.

Ihre Befugniß zu Verträgen mit nichtdeutschen Regierungen beschränkt sich auf Gegenstände des Privatrechts, des nachbarlichen Verkehrs und der Polizei.

§ 9. Alle Verträge nicht rein privatrechtlichen Inhalts, welche eine deutsche Regierung mit einer andern deutschen oder nichtdeutschen abschließt, sind der Reichsgewalt zur Kenntnißnahme und, insofern das Reichsinteresse dabei betheiligt ist, zur Bestätigung vorzulegen.

Artikel II.

§ 10. Der Reichsgewalt ausschließlich steht das Recht des Krieges und Friedens zu.

Artikel III.

§ 11. Der Reichsgewalt steht die gesammte bewaffnete Macht Deutschlands zur Verfügung.

§ 12. Das Reichsheer besteht aus der gesammten zum Zwecke des Kriegs bestimmten Landmacht der einzelnen deutschen Staaten. Die Stärke und Beschaffenheit des Reichsheeres wird durch das Gesetz über die Wehrverfassung bestimmt.

Diejenigen Staaten, welche weniger als 500)000 Einwohner haben, sind durch die Reichsgewalt zu größeren militärischen Ganzen, welche dann unter der unmittelbaren Leitung der Reichsgewalt stehen, zu vereinigen, oder einem angrenzenden größeren Staate anzuschließen.

Die näheren Bedingungen einer solchen Vereinigung sind in beiden Fällen durch Vereinbarung der betheiligten Staaten unter Vermittelung und Genehmigung der Reichsgewalt festzustellen.

§ 13. Die Reichsgewalt ausschließlich hat in Betreff des Heerwesens die Gesetzgebung und die Organisation; sie überwacht deren Durchführung in den einzelnen Staaten durch fortdauernde Controle.

Den einzelnen Staaten steht die Ausbildung ihres Kriegswesens auf Grund der Reichsgesetze und der Anordnungen der Reichsgewalt und beziehungsweise in den Grenzen der nach § 12 getroffenen Vereinbarungen zu. Sie haben die Verfügung über ihre bewaffnete Macht, soweit dieselbe nicht für den Dienst des Reiches in Anspruch genommen wird.

§ 14. In den Fahneneid ist die Verpflichtung zur Treue gegen das Reichsoberhaupt und die Reichsverfassung an erster Stelle aufzunehmen.

§ 15. Alle durch Verwendung von Truppen zu Reichszwecken entstehenden Kosten, welche den durch das Reich festgesetzten Friedensstand übersteigen, fallen dem Reiche zur Last.

§ 16. Über eine allgemeine für ganz Deutschland gleiche Wehrverfassung ergeht ein besonderes Reichsgesetz.

§ 17. Den Regierungen der einzelnen Staaten bleibt die Ernennung der Befehlshaber und Offiziere ihrer Truppen, soweit deren Stärke sie erheischt, überlassen.

Für die größeren militärischen Ganzen, zu denen Truppen mehrerer Staaten vereinigt sind, ernennt die Reichsgewalt die gemeinschaftlichen Befehlshaber.

Für den Krieg ernennt die Reichsgewalt die commandirenden Generale der selbstständigen Corps, sowie das Personale der Hauptquartiere.

§ 18. Der Reichsgewalt steht die Befugniß zu, Reichsfestungen und Küstenvertheidigungswerke anzulegen und, insoweit die Sicherheit des Reiches es erfordert, vorhandene Festungen gegen billige Ausgleichung, namentlich für das überlieferte Kriegsmaterial, zu Reichsfestungen zu erklären.

Die Reichsfestungen und Küstenvertheidigungswerke des Reiches werden auf Reichskosten unterhalten.

§ 19. Die Seemacht ist ausschließlich Sache des Reiches. Es ist keinem Einzelstaate gestattet, Kriegsschiffe für sich zuhalten oder Kaperbriefe auszugeben.

Die Bemannung der Kriegsflotte bildet einen Theil der deutschen Wehrmacht. Sie ist unabhängig von der Landmacht.

Die Mannschaft, welche aus einem einzelnen Staate für die Kriegsflotte gestellt wird, ist von der Zahl der von demselben zu haltenden Landtruppen abzurechnen. Das Nähere hierüber, so wie über die Kostenausgleichung zwischen dem Reiche und den Einzelstaaten, bestimmt ein Reichsgesetz.

Die Ernennung der Offiziere und Beamten der Seemacht geht allein vom Reiche aus.

Der Reichsgewalt liegt die Sorge für die Ausrüstung, Ausbildung und Unterhaltung der Kriegsflotte und die Anlegung, Ausrüstung und Unterhaltung von Kriegshäfen und See-Arsenälen ob.

Über die zur Errichtung von Kriegshäfen und Marine-Etablissements nöthigen Enteignungen, sowie über die Befugnisse der dabei anzustellenden Reichsbehörden, bestimmen die zu erlassenden Reichsgesetze.

Artikel IV.

§ 20. Die Schifffahrtsanstalten am Meere und in den Mündungen der deutschen Flüsse (Häfen, Seetonnen, Leuchtschiffe, das Lootsenwesen, das Fahrwasser u. s. w.) bleiben der Fürsorge der einzelnen Uferstaaten überlassen. Die Uferstaaten unterhalten dieselben aus eigenen Mitteln.

Ein Reichsgesetz wird bestimmen, wie weit die Mündungen der einzelnen Flüsse zu rechnen sind.

§ 21. Die Reichsgewalt hat die Oberaufsicht über diese Anstalten und Einrichtungen.

Es steht ihr zu, die betreffenden Staaten zu gehöriger Unterhaltung derselben anzuhalten, auch dieselben aus den Mitteln des Reiches zu vermehren und zu erweitern.

§ 22. Die Abgaben, welche in den Seeuferstaaten von den Schiffen und deren Ladungen für die Benutzung der Schifffahrtsanstalten erhoben werden, dürfen die zur Unterhaltung dieser Anstalten nothwendigen Kosten nicht übersteigen. Sie unterliegen der Genehmigung der Reichsgewalt.

§ 23. In Betreff dieser Abgaben sind alle deutschen Schiffe und deren Ladungen gleichzustellen.

Eine höhere Belegung fremder Schifffahrt kann nur von der Reichsgewalt ausgehen.

Die Mehrabgabe von fremder Schifffahrt fließt in die Reichskasse.

Artikel V.

§ 24. Die Reichsgewalt hat das Recht der Gesetzgebung und die Oberaufsicht über die in ihrem schiffbaren Lauf mehrere Staaten durchströmenden oder begrenzenden Flüsse und Seen und über die Mündungen der in dieselben fallenden Nebenflüsse, sowie über den Schifffahrtsbetrieb und die Flößerei auf denselben.

Auf welche Weise die Schiffbarkeit dieser Flüsse erhalten oder verbessert werden soll, bestimmt ein Reichsgesetz.

Die übrigen Wasserstraßen bleiben der Fürsorge der Einzelstaaten überlassen. Doch steht es der Reichsgewalt zu, wenn sie es im Interesse des allgemeinen Verkehrs für nothwendig erachtet, allgemeine Bestimmungen über den Schifffahrtsbetrieb und die Flößerei auf denselben zu erlassen, so wie einzelne Flüsse unter derselben Voraussetzung den oben erwähnten gemeinsamen Flüssen gleich zu stellen.

Die Reichsgewalt ist befugt, die Einzelstaaten zu gehöriger Erhaltung der Schiffbarkeit dieser Wasserstraßen anzuhalten.

§ 25. Alle deutschen Flüsse sollen für deutsche Schifffahrt von Flußzöllen frei seyn. Auch die Flößerei soll auf schiffbaren Flußstrecken solchen Abgaben nicht unterliegen. Das Nähere bestimmt ein Reichsgesetz.

Bei den mehrere Staaten durchströmenden oder begrenzenden Flüssen tritt für die Aufhebung dieser Flußzölle eine billige Ausgleichung ein.

§ 26. Die Hafen-, Krahn-, Waag-, Lager-, Schleusen- und dergleichen Gebühren, welche an den gemeinschaftlichen Flüssen und den Mündungen der in dieselben sich ergießenden Nebenflüsse erhoben werden, dürfen die zur Unterhaltung derartiger Anstalten nöthigen Kosten nicht übersteigen. Sie unterliegen der Genehmigung der Reichsgewalt.

Es darf in Betreff dieser Gebühren keinerlei Begünstigung der Angehörigen eines deutschen Staates vor denen anderer deutschen Staaten stattfinden.

§ 27. Flußzölle und Flußschifffahrtsabgaben dürfen auf fremde Schiffe und deren Ladungen nur durch die Reichsgewalt gelegt werden.

Artikel VI.

§ 28. Die Reichsgewalt hat über die Eisenbahnen und deren Betrieb, soweit es der Schutz des Reiches oder das Interesse des allgemeinen Verkehrs erheischt, die Oberaufsicht und das Recht der Gesetzgebung. Ein Reichsgesetz wird bestimmen, welche Gegenstände dahin zu rechnen sind.

§ 29. Die Reichsgewalt hat das Recht, soweit sie es zum Schutze des Reiches oder im Interesse des allgemeinen Verkehrs für nothwendig erachtet, die Anlage von Eisenbahnen zu bewilligen sowie selbst Eisenbahnen anzulegen, wenn der Einzelstaat, in dessen Gebiet die Anlage erfolgen soll, deren Ausführung ablehnt. Die Benutzung der Eisenbahnen für Reichszwecke steht der Reichsgewalt jederzeit gegen Entschädigung frei.

§ 30. Bei der Anlage oder Bewilligung von Eisenbahnen durch die einzelnen Staaten ist die Reichsgewalt befugt, den Schutz des Reichs und das Interesse des allgemeinen Verkehrs wahrzunehmen.

§ 31. Die Reichsgewalt hat über die Landstraßen die Oberaufsicht und das Recht der Gesetzgebung, soweit es der Schutz des Reiches oder das Interesse des allgemeinen Verkehrs erheischt. Ein Reichsgesetz wird bestimmen, welche Gegenstände dahin zu rechnen sind.

§ 32. Die Reichsgewalt hat das Recht, soweit sie es zum Schutze des Reiches oder im Interesse des allgemeinen Verkehrs für nothwendig erachtet, zu verfügen, daß Landstraßen und Kanäle angelegt, Flüsse schiffbar gemacht oder deren Schiffbarkeit erweitert werde.

Die Anordnung der dazu erforderlichen baulichen Werke erfolgt nach vorgängigem Benehmen mit den betheiligten Einzelstaaten durch die Reichsgewalt.

Die Ausführung und Unterhaltung der neuen Anlagen geschieht von Reichswegen und auf Reichskosten, wenn eine Verständigung mit den Einzelstaaten nicht erzielt wird.

Artikel VII.

§ 33. Das deutsche Reich soll ein Zoll- und Handelsgebiet bilden, umgeben von gemeinschaftlicher Zollgrenze, mit Wegfall aller Binnengrenzzölle.

Die Aussonderung einzelner Orte und Gebietstheile aus der Zolllinie bleibt der Reichsgewalt vorbehalten.

Der Reichsgewalt bleibt es ferner vorbehalten, auch nicht zum Reiche gehörige Länder und Landestheile mittelst besonderer Verträge dem deutschen Zollgebiete anzuschließen.

§ 34. Die Reichsgewalt ausschließlich hat die Gesetzgebung über das sammte Zollwesen, so wie über gemeinschaftliche Produktions- und Verbrauchs-Steuern. Welche Produktions- und Verbrauchs-Steuern gemeinschaftlich seyn sollen, bestimmt die Reichsgesetzgebung.

§ 35. Die Erhebung und Verwaltung der Zölle, so wie der gemeinschaftlichen Productions- und Verbrauchs-Steuern, geschieht nach Anordnung und unter Oberaufsicht der Reichsgewalt.

Aus dem Ertrage wird ein bestimmter Theil nach Maaßgabe des ordentlichen Budgets für die Ausgaben des Reiches vorweggenommen, das Uebrige wird an die einzelnen Staaten vertheilt.

Ein besonderes Reichsgesetz wird hierüber das Nähere feststellen.

§ 36. Auf welche Gegenstände die einzelnen Staaten Produktions- oder Verbrauchssteuern für Rechnung des Staates oder einzelner Gemeinden legen dürfen und welche Bedingungen und Beschränkungen dabei eintreten sollen, wird durch die Reichsgesetzgebung bestimmt.

§ 37. Die einzelnen deutschen Staaten sind nicht befugt, auf Güter, welche über die Reichsgränze ein- oder ausgehen, Zölle zu legen.

§ 38. Die Reichsgewalt hat das Recht der Gesetzgebung über den Handel und die Schifffahrt, und überwacht die Ausführung der darüber erlassenen Reichsgesetze.

§ 39. Der Reichsgewalt steht es zu, über das Gewerbewesen Reichsgesetze zu erlassen und die Ausführung derselben zu überwachen.

§ 40. Erfindungs-Patente werden ausschließlich von Reichswegen auf Grundlage eines Reichsgesetzes ertheilt; auch steht der Reichsgewalt ausschließlich die Gesetzgebung gegen den Nachdruck von Büchern, jedes unbefugte Nachahmen von Kunstwerken, Fabrikzeichen, Mustern und Formen und gegen andere Beeinträchtigungen des geistigen Eigenthums zu.

Artikel VIII.

§ 41. Die Reichsgewalt hat das Recht der Gesetzgebung und die Oberaufsicht über das Postwesen, namentlich über Organisation, Tarife, Transit, Portotheilung und die Verhältnisse zwischen den einzelnen Postverwaltungen.

Dieselbe sorgt für gleichmäßige Anwendung der Gesetze durch Vollzugsverordnungen, und überwacht deren Durchführung in den einzelnen Staaten durch fortdauernde Controle.

Der Reichsgewalt steht es zu, die innerhalb mehrerer Postgebiete sich bewegenden Course im Interesse des allgemeinen Verkehrs zu ordnen.

§ 42. Postverträge mit ausländischen Postverwaltungen dürfen nur von der Reichsgewalt oder mit deren Genehmigung geschlossen werden.

§ 43. Die Reichsgewalt hat die Befugniß, insofern es ihr nöthig scheint, das deutsche Postwesen für Rechnung des Reiches in Gemäßheit eines Reichsgesetzes zu übernehmen, vorbehaltlich billiger Entschädigung der Berechtigten.

§ 44. Die Reichsgewalt ist befugt, Telegraphenlinien anzulegen, und die vorhandenen gegen Entschädigung zu benutzen, oder auf dem Wege der Enteignung zu erwerben.

Weitere Bestimmungen hierüber, so wie über Benutzung von Telegraphen für den Privatverkehr, sind einem Reichsgesetz vorbehalten.

Artikel IX.

§ 45. Die Reichsgewalt ausschließlich hat die Gesetzgebung und die Oberaufsicht über das Münzwesen. Es liegt ihr ob, für ganz Deutschland dasselbe Münzsystem einzuführen.

Sie hat das Recht, Reichsmünzen zu prägen.

§ 46. Der Reichsgewalt liegt es ob, in ganz Deutschland dasselbe System für Maaß und Gewicht, sowie für den Feingehalt der Gold- und Silberwaaren zu begründen.

§ 47. Die Reichsgewalt hat das Recht, das Bankwesen und das Ausgeben von Papiergeld durch die Reichsgesetzgebung zu regeln. Sie überwacht die Ausführung der darüber erlassenen Reichsgesetze.

Artikel X.

§ 48. Die Ausgaben für alle Maaßregeln und Einrichtungen, welche von Reichswegen ausgeführt werden, sind von der Reichsgewalt aus den Mitteln des Reiches zu bestreiten.

§ 49. Zur Bestreitung seiner Ausgaben ist das Reich zunächst auf seinen Antheil an den Einkünften aus den Zöllen und den gemeinsamen Produktions- und Verbrauchs-Steuern angewiesen.

§ 50. Die Reichsgewalt hat das Recht, insoweit die sonstigen Einkünfte nicht ausreichen, Matrikularbeiträge aufzunehmen.

§ 51. Die Reichsgewalt ist befugt, in außerordentlichen Fällen Reichssteuern aufzulegen und zu erheben oder erheben zulassen, so wie Anleihen zu machen oder sonstige Schulden zu contrahiren.

Artikel XI.

§ 52. Den Umfang der Gerichtsbarkeit des Reiches bestimmt der Abschnitt vom Reichsgericht.

Artikel XII.

§ 53. Der Reichsgewalt liegt es ob, die kraft der Reichsverfassung allen Deutschen verbürgten Rechte oberaufsehend zu wahren.

§ 54. Der Reichsgewalt liegt die Wahrung des Reichsfriedens ob.

Sie hat die für die Aufrechterhaltung der innern Sicherheit und Ordnung erforderlichen Maaßregeln zu treffen:

1) wenn ein deutscher Staat von einem andern deutschen Staate in seinem Frieden gestört oder gefährdet wird;

2) wenn in einem deutschen Staate die Sicherheit und Ordnung durch Einheimische oder Fremde gestört oder gefährdet wird. Doch soll in diesem Falle von der Reichsgewalt nur dann eingeschritten werden, wenn die betreffende Regierung sie selbst dazu auffordert, es sey denn, daß dieselbe dazu notorisch außer Stande ist oder der gemeine Reichsfrieden bedroht erscheint;

3) wenn die Verfassung eines deutschen Staates gewaltsam oder einseitig aufgehoben oder verändert wird, und durch das Anrufen des Reichsgerichtes unverzügliche Hülfe nicht zu erwirken ist.

§ 55. Die Maaßregeln, welche von der Reichsgewalt zur Wahrung des Reichsfriedens ergriffen werden können, sind: 1) Erlasse, 2) Absendung von Commissarien, 3) Anwendung von bewaffneter Macht.

Ein Reichsgesetz wird die Grundsätze bestimmen, nach welchen die durch solche Maaßregeln veranlaßten Kosten zu tragen sind.

§ 56. Der Reichsgewalt liegt es ob, die Fälle und Formen, in welchen die bewaffnete Macht gegen Störungen der öffentlichen Ordnung angewendet werden soll, durch ein Reichsgesetz zu bestimmen.

§ 57. Der Reichsgewalt liegt es ob, die gesetzlichen Normen über Erwerb und Verlust des Reichs- und Staatsbürgerrechts festzusetzen.

§ 58. Der Reichsgewalt steht es zu, über das Heimathsrecht Reichsgesetze zu erlassen und die Ausführung derselben zu überwachen.

§ 59. Der Reichsgewalt steht es zu, unbeschadet des durch die Grundrechte gewährleisteten Rechts der freien Vereinigung und Versammlung, Reichsgesetze über das Associationswesen zu erlassen.

§ 60. Die Reichsgesetzgebung hat für die Aufnahme öffentlicher Urkunden diejenigen Erfordernisse festzustellen, welche die Anerkennung ihrer Ächtheit in ganz Deutschland bedingen.

§ 61. Die Reichsgewalt ist befugt, im Interesse des Gesammtwohls allgemeine Maaßregeln für die Gesundheitspflege zu treffen.

Artikel XIII.

§ 62. Die Reichsgewalt hat die Gesetzgebung, soweit es zur Ausführung der ihr verfassungsmäßig übertragenen Befugnisse und zum Schutze der ihr überlassenen Anstalten erforderlich ist.

§ 63. Die Reichsgewalt ist befugt, wenn sie im Gesammtinteresse Deutschlands gemeinsame Einrichtungen und Maaßregeln nothwendig findet, die zur Begründung derselben erforderlichen Gesetze in den für die Veränderung der Verfassung vorgeschriebenen Formen zu erlassen.

§ 64. Der Reichsgewalt liegt es ob, durch die Erlassung allgemeiner Gesetzbücher über bürgerliches Recht, Handels- und Wechselrecht, Strafrecht und gerichtliches Verfahren die Rechtseinheit im deutschen Volke zu begründen.

§ 65. Alle Gesetze und Verordnungen der Reichsgewalt erhalten verbindliche Kraft durch ihre Verkündigung von Reichswegen.

§ 66. Reichsgesetze gehen den Gesetzen der Einzelstaaten vor, insofern ihnen nicht ausdrücklich eine nur subsidiäre Geltung beigelegt ist.

Artikel XIV.

§ 67. Die Anstellung der Reichsbeamten geht vom Reiche aus. Die Dienstpragmatik des Reiches wird ein Reichsgesetz feststellen.

Abschnitt III.
Das Reichsoberhaupt

Artikel I.

§ 68. Die Würde des Reichsoberhauptes wird einem der regierenden deutschen Fürsten übertragen.

§ 69. Diese Würde ist erblich im Hause des Fürsten, dem sie übertragen worden. Sie vererbt im Mannsstamme nach dem Rechte der Erstgeburt.

§ 70. Das Reichsoberhaupt führt den Titel: Kaiser der Deutschen.

§ 71. Die Residenz des Kaisers ist am Sitze der Reichsregierung. Wenigstens während der Dauer des Reichstags wird der Kaiser dort bleibend residiren.

So oft sich der Kaiser nicht am Sitze der Reichsregierung befindet, muß einer der Reichsminister in seiner unmittelbaren Umgebung seyn.

Die Bestimmungen über den Sitz der Reichsregierung bleiben einem Reichsgesetz vorbehalten.

§ 72. Der Kaiser bezieht eine Civilliste, welche der Reichstag fest setzt.

Artikel II.

§ 73. Die Person des Kaisers ist unverletzlich.

Der Kaiser übt die ihm übertragene Gewalt durch verantwortliche von ihm ernannte Minister aus.

§ 74. Alle Regierungshandlungen des Kaisers bedürfen zu ihrer Gültigkeit der Gegenzeichnung von wenigstens einem der Reichsminister, welcher dadurch die Verantwortung übernimmt.

Artikel III.

§ 75. Der Kaiser übt die völkerrechtliche Vertretung des deutschen Reiches und der einzelnen deutschen Staaten aus. Er stellt die Reichsgesandten und die Consuln an und führt den diplomatischen Verkehr.

§ 76. Der Kaiser erklärt Krieg und schließt Frieden.

§ 77. Der Kaiser schließt die Bündnisse und Verträge mit den auswärtigen Mächten ab, und zwar unter Mitwirkung des Reichstages, insoweit diese in der Verfassung vorbehalten ist.

§ 78. Alle Verträge nicht rein privatrechtlichen Inhalts, welche deutsche Regierungen unter sich oder mit auswärtigen Regierungen abschließen, sind dem Kaiser zur Kenntnißnahme, und insofern das Reichsinteresse dabei betheiligt ist, zur Bestätigung vorzulegen.

§ 79. Der Kaiser beruft und schließt den Reichstag; er hat das Recht das Volkshaus aufzulösen.

§ 80. Der Kaiser hat das Recht des Gesetzvorschlages. Er übt die gesetzgebende Gewalt in Gemeinschaft mit dem Reichstage unter den verfassungsmäßigen Beschränkungen aus. Er verkündigt die Reichsgesetze und erläßt die zur Vollziehung derselben nöthigen Verordnungen.

§ 81. In Strafsachen, welche zur Zuständigkeit des Reichsgerichts gehören, hat der Kaiser das Recht der Begnadigung und Strafmilderung. Das Verbot der Einleitung oder Fortsetzung von Untersuchungen kann der Kaiser nur mit Zustimmung des Reichstages erlassen.

Zu Gunsten eines wegen seiner Amtshandlungen verurtheilten Reichsministers kann der Kaiser das Recht der Begnadigung und Strafmilderung nur dann ausüben, wenn dasjenige Haus, von welchem die Anklage ausgegangen ist, darauf anträgt. Zu Gunsten von Landesministern steht ihm ein solches Recht nicht zu.

§ 82. Dem Kaiser liegt die Wahrung des Reichsfriedens ob.

§ 83. Der Kaiser hat die Verfügung über die bewaffnete Macht.

§ 84. Überhaupt hat der Kaiser die Regierungsgewalt in allen Angelegenheiten des Reiches nach Maaßgabe der Reichsverfassung. Ihm als Träger dieser Gewalt stehen diejenigen Rechte und

Befugnisse zu, welche in der Reichsverfassung der Reichsgewalt beigelegt und dem Reichstage nicht zugewiesen sind.

Abschnitt IV.
Der Reichstag

Artikel I.

§ 85. Der Reichstag besteht aus zwei Häusern, dem Staatenhaus und dem Volkshaus.

Artikel II.

§ 86. Das Staatenhaus wird gebildet aus den Vertretern der deutschen Staaten.

§ 87. Die Zahl der Mitglieder vertheilt sich nach folgendem Verhältniß:
Preußen 40 Mitglieder,
Österreich 38,
Bayern 18,
Sachsen 10,
Hannover 10,
Württemberg 10,
Baden 9,
Kurhessen 6,
Großherzogthum Hessen 6,
Holstein (-Schleswig, s. Reich §. 1) 6,
Mecklenburg-Schwerin 4,
Luxemburg-Limburg 3,
Nassau 3,
Braunschweig 2,
Oldenburg 2,
Sachsen-Weimar 2,
Sachsen-Coburg-Gotha 1,
Sachsen-Meiningen-Hildburghausen 1,
Sachsen-Altenburg 1,
Mecklenburg-Strelitz 1,

Anhalt-Dessau 1,
Anhalt-Bernburg 1,
Anhalt-Köthen 1,
Schwarzburg-Sondershausen 1,
Schwarzburg-Rudolstadt 1,
Hohenzollern-Hechingen 1,
Liechtenstein 1,
Hohenzollern-Sigmaringen 1,
Waldeck 1,
Reuß ältere Linie 1,
Reuß jüngere Linie 1,
Schaumburg-Lippe 1,
Lippe-Detmold 1,
Hessen-Homburg 1,
Lauenburg 1,
Lübeck 1,
Frankfurt 1,
Bremen 1,
Hamburg 1,
gesamt 192 Mitglieder.

So lange die deutsch-österreichischen Lande an dem Bundesstaate nicht Theil nehmen, erhalten nachfolgende Staaten eine größere Anzahl von Stimmen im Staatenhause; nämlich:
Bayern 20,
Sachsen 12,
Hannover 12,
Württemberg 12,
Baden 10,
Großherzogthum Hessen 8,
Kurhessen 7,
Nassau 4,
Hamburg 2)

§ 88. Die Mitglieder des Staatenhauses werden zur Hälfte durch die Regierung und zur Hälfte durch die Volksvertretung der betreffenden Staaten ernannt.

In denjenigen deutschen Staaten, welche aus mehreren Provinzen oder Ländern mit abgesonderter Verfassung oder Verwaltung bestehen, sind die durch die Volksvertretung dieses Staates zu ernennenden Mitglieder des Staatenhauses nicht von der allgemeinen Landesvertretung, sondern von den Vertretungen der einzelnen Länder oder Provinzen (Provinzialständen) zu ernennen.

Das Verhältniß, nach welchem die Zahl der diesen Staaten zukommenden Mitglieder unter die einzelnen Länder oder Provinzen zu vertheilen ist, bleibt der Landesgesetzgebung vorbehalten.

Wo zwei Kammern bestehen und eine Vertretung nach Provinzen nicht stattfindet, wählen beide Kammern in gemeinsamer Sitzung nach absoluter Stimmenmehrheit.

§ 89. In denjenigen Staaten, welche nur ein Mitglied in das Staatenhaus senden, schlägt die Regierung drei Candidaten vor, aus denen die Volksvertretung mit absoluter Stimmenmehrheit wählt.

Auf dieselbe Weise ist in denjenigen Staaten, welche eine ungerade Zahl von Mitgliedern senden, in Betreff des letzten derselben zu verfahren.

§ 90. Wenn mehrere deutsche Staaten zu einem Ganzen verbunden werden, so entscheidet ein Reichsgesetz über die dadurch etwa nothwendig werdende Abänderung in der Zusammensetzung des Staatenhauses.

§ 91. Mitglied des Staatenhauses kann nur seyn, wer
1) Staatsbürger des Staates ist, welcher ihn sendet,
2) das 30ste Lebensjahr zurückgelegt hat,
3) sich in vollem Genuß der bürgerlichen und staatsbürgerlichen Rechte befindet.

§ 92. Die Mitglieder des Staatenhauses werden auf sechs Jahre gewählt. Sie werden alle drei Jahre zur Hälfte erneuert.

Auf welche Weise nach den ersten drei Jahren das Ausscheiden der einen Hälfte stattfinden soll, wird durch ein Reichsgesetz bestimmt. Die Ausscheidenden sind stets wieder wählbar.

Wird nach Ablauf dieser drei Jahre und vor Vollendung der neuen Wahlen für das Staatenhaus ein ausserordentlicher Reichstag berufen, so treten, so weit die neuen Wahlen noch nicht stattgefunden haben, die früheren Mitglieder ein.

Artikel III.

§ 93. Das Volkshaus besteht aus den Abgeordneten des deutschen Volkes.

§ 94. Die Mitglieder des Volkshauses werden für das erste Mal auf vier Jahre, demnächst immer auf drei Jahre gewählt.

Die Wahl geschieht nach den in dem Reichswahlgesetze enthaltenen Vorschriften.

Artikel IV.

§ 95. Die Mitglieder des Reichstages beziehen aus der Reichskasse ein gleichmäßiges Tagegeld und Entschädigung für ihre Reisekosten. Das Nähere bestimmt ein Reichsgesetz.

§ 96. Die Mitglieder beider Häuser können durch Instruktionen nicht gebunden werden.

§ 97. Niemand kann gleichzeitig Mitglied von beiden Häusern seyn.

Artikel V.

§ 98. Zu einem Beschluß eines jeden Hauses des Reichstages ist die Theilnahme von wenigstens der Hälfte der gesetzlichen Anzahl seiner Mitglieder und die einfache Stimmenmehrheit erforderlich.

Im Falle der Stimmengleichheit wird ein Antrag als abgelehnt betrachtet.

§ 99. Das Recht des Gesetzvorschlages, der Beschwerde, der Adresse und der Erhebung von Thatsachen, so wie der Anklage der Minister, steht jedem Hause zu.

§ 100. Ein Reichstagsbeschluß kann nur durch die Übereinstimmung beider Häuser gültig zu Stande kommen.

§ 101. Ein Reichstagsbeschluß, welcher die Zustimmung der Reichsregierung nicht erlangt hat, darf in derselben Sitzungsperiode nicht wiederholt werden.

Ist von dem Reichstage in drei sich unmittelbar folgenden ordentlichen Sitzungsperioden derselbe Beschluß unverändert gefaßt worden, so wird derselbe, auch wenn die Zustimmung der Reichsregierung nicht erfolgt, mit dem Schlusse des dritten Reichstages zum Gesetz. Eine ordentliche Sitzungsperiode welche nicht wenigstens vier Wochen dauert, wird in dieser Reihenfolge nicht mitgezählt.

§ 102. Ein Reichstagsbeschluß ist in folgenden Fällen erforderlich:
1) Wenn es sich um die Erlassung, Aufhebung, Abänderung oder Auslegung von Reichsgesetzen handelt.
2) Wenn der Reichshaushalt festgestellt wird, wenn Anleihen contrahirt werden, wenn das Reich eine im Budget nicht vorgesehene Ausgabe übernimmt, oder Matrikularbeiträge oder Steuern erhebt.
3) Wenn fremde See- und Flußschiffahrt mit höheren Abgaben belegt werden soll.
4) Wenn Landesfestungen zu Reichsfestungen erklärt werden sollen.
5) Wenn Handels-, Schifffahrts- und Auslieferungsverträge mit dem Auslande geschlossen werden, so wie überhaupt völkerrechtliche Verträge, insofern sie das Reich belasten.
6) Wenn nicht zum Reich gehörige Länder oder Landestheile dem deutschen Zollgebiete angeschlossen, oder einzelne Orte oder Gebietstheile von der Zolllinie ausgeschlossen werden sollen.
7) Wenn deutsche Landestheile abgetreten, oder wenn nichtdeutsche Gebiete dem Reiche einverleibt oder auf andere Weise mit demselben verbunden werden sollen.

§ 103. Bei Feststellung des Reichshaushaltes treten folgende Bestimmungen ein:
1) Alle die Finanzen betreffenden Vorlagen der Reichsregierung gelangen zunächst an das Volkshaus.
2) Bewilligungen von Ausgaben dürfen nur auf Antrag der Reichsregierung und bis zum Belauf dieses Antrages erfolgen. Jede Bewilligung gilt nur für den besonderen Zweck, für welchen sie bestimmt worden. Die Verwendung darf nur innerhalb der Grenze der Bewilligung erfolgen.

3) Die Dauer der Finanzperiode und Budgetbewilligung ist ein Jahr.

4) Das Budget über die regelmäßigen Ausgaben des Reiches und über den Reservefond, sowie über die für beides erforderlichen Deckungsmittel, wird auf dem ersten Reichstage durch Reichstagsbeschlüsse festgestellt. Eine Erhöhung dieses Budgets auf späteren Reichstagen erfordert gleichfalls einen Reichstagsbeschluß.

5) Dieses ordentliche Budget wird auf jedem Reichstage zuerst dem Volkshause vorgelegt, von diesem in seinen einzelnen Ansätzen nach den Erläuterungen und Belegen, welche die Reichsregierung vorzulegen hat, geprüft und ganz oder theilweise bewilligt oder verworfen.

6) Nach erfolgter Prüfung und Bewilligung durch das Volkshaus wird das Budget an das Staatenhaus abgegeben. Diesem steht, innerhalb des Gesammtbetrages des ordentlichen Budgets, so wie derselbe auf dem ersten Reichstage oder durch spätere Reichstagsbeschlüsse festgestellt ist, nur das Recht zu, Erinnerungen und Ausstellungen zu machen, über welche das Volkshaus endgültig beschließt.

7) Alle außerordentlichen Ausgaben und deren Deckungsmittel bedürfen, gleich der Erhöhung des ordentlichen Budgets, eines Reichstagsbeschlusses.

8) Die Nachweisung über die Verwendung der Reichsgelder wird dem Reichstage, und zwar zuerst dem Volkshause, zur Prüfung und zum Abschluß vorgelegt.

Artikel VI.

§ 104. Der Reichstag versammelt sich jedes Jahr am Sitze der Reichsregierung. Die Zeit der Zusammenkunft wird vom Reichsoberhaupt bei der Einberufung angegeben, insofern nicht ein Reichsgesetz dieselbe festsetzt.

Außerdem kann der Reichstag zu außerordentlichen Sitzungen jederzeit vom Reichsoberhaupt einberufen werden.

§ 105. Die ordentlichen Sitzungsperioden der Landtage in den Einzelstaaten sollen mit denen des Reichstages in der Regel nicht zusammenfallen. Das Nähere bleibt einem Reichsgesetz vorbehalten.

§ 106. Das Volkshaus kann durch das Reichsoberhaupt aufgelöst werden. In dem Falle der Auflösung ist der Reichstag binnen drei Monaten wieder zu versammeln.

§ 107. Die Auflösung des Volkshauses hat die gleichzeitige Vertagung des Staatenhauses bis zur Wiederberufung des Reichstages zur Folge.

Die Sitzungsperioden beider Häuser sind dieselben.

§ 108. Das Ende der Sitzungsperiode des Reichstages wird vom Reichsoberhaupt bestimmt.

§ 109. Eine Vertagung des Reichstages oder eines der beiden Häuser durch das Reichsoberhaupt bedarf, wenn sie nach Eröffnung der Sitzung auf länger als vierzehn Tage ausgesprochen werden soll, der Zustimmung des Reichstages oder des betreffenden Hauses.

Auch der Reichstag selbst so wie jedes der beiden Häuser kann sich auf vierzehn Tage vertagen.

Artikel VII.

§ 110. Jedes der beiden Häuser wählt seinen Präsidenten, seine Vicepräsidenten und seine Schriftführer.

§ 111. Die Sitzungen beider Häuser sind öffentlich. Die Geschäftsordnung eines jeden Hauses bestimmt, unter welchen Bedingungen vertrauliche Sitzungen stattfinden können.

§ 112. Jedes Haus prüft die Vollmachten seiner Mitglieder und entscheidet über die Zulassung derselben.

§ 113. Jedes Mitglied leistet bei seinem Eintritt den Eid: „Ich schwöre, die deutsche Reichsverfassung getreulich zu beobachten und aufrecht zu erhalten, so wahr mir Gott helfe".

§ 114. Jedes Haus hat das Recht, seine Mitglieder wegen unwürdigen Verhaltens im Hause zu bestrafen und äußersten Falls auszuschließen. Das Nähere bestimmt die Geschäftsordnung jedes Hauses.

Eine Ausschließung kann nur dann ausgesprochen werden, wenn eine Mehrheit von zwei Dritteln der Stimmen sich dafür entscheidet.

§ 115. Weder Überbringer von Bittschriften noch überhaupt Deputationen sollen in den Häusern zugelassen werden.

§ 116. Jedes Haus hat das Recht, sich seine Geschäftsordnung selbst zu geben. Die geschäftlichen Beziehungen zwischen beiden Häusern werden durch Übereinkunft beider Häuser geordnet.

Artikel VIII.

§ 117. Ein Mitglied des Reichstages darf während der Dauer der Sitzungsperiode ohne Zustimmung des Hauses, zu welchem es gehört, wegen strafrechtlicher Anschuldigungen weder verhaftet, noch in Untersuchung gezogen werden, mit alleiniger Ausnahme der Ergreifung auf frischer That.

§ 118. In diesem letzteren Falle ist dem betreffenden Hause von der angeordneten Maaßregel sofort Kenntniß zu geben. Es steht demselben zu, die Aufhebung der Haft oder Untersuchung bis zum Schlusse der Sitzungsperiode zu verfügen.

§ 119. Dieselbe Befugniß steht jedem Hause in Betreff einer Verhaftung oder Untersuchung zu, welche über ein Mitglied desselben zur Zeit seiner Wahl verhängt gewesen, oder nach dieser bis zu Eröffnung der Sitzungen verhängt worden ist.

§ 120. Kein Mitglied des Reichstages darf zu irgend einer Zeit wegen seiner Abstimmung oder wegen der in Ausübung seines Berufes gethanen Äußerungen gerichtlich oder disciplinarisch verfolgt oder sonst außerhalb der Versammlung zur Verantwortung gezogen werden.

Artikel IX.

§ 121. Die Reichsminister haben das Recht, den Verhandlungen beider Häuser des Reichstages beizuwohnen und jederzeit von denselben gehört zu werden.

§ 122. Die Reichsminister haben die Verpflichtung, auf Verlangen jedes der Häuser des Reichstages in demselben zu erscheinen und Auskunft zu ertheilen, oder den Grund anzugeben, weshalb dieselbe nicht ertheilt werden könne.

§ 123. Die Reichsminister können nicht Mitglieder des Staatenhauses seyn.

§ 124. Wenn ein Mitglied des Volkshauses im Reichsdienst ein Amt oder eine Beförderung annimmt, so muß es sich einer neuen Wahl unterwerfen; es behält seinen Sitz im Hause, bis die neue Wahl stattgefunden hat.

Abschnitt V.
Das Reichsgericht

Artikel I.

§ 125. Die dem Reiche zustehende Gerichtsbarkeit wird durch ein Reichsgericht ausgeübt.

§ 126. Zur Zuständigkeit des Reichsgerichts gehören:

a) Klagen eines Einzelstaates gegen die Reichsgewalt wegen Verletzung der Reichsverfassung durch Erlassung von Reichsgesetzen und durch Maaßregeln der Reichsregierung, so wie Klagen der Reichsgewalt gegen einen Einzelstaat wegen Verletzung der Reichsverfassung.

b) Streitigkeiten zwischen dem Staatenhause und dem Volkshause unter sich und zwischen jedem von ihnen und der Reichsregierung, welche die Auslegung der Reichsverfassung betreffen, wenn die streitenden Theile sich vereinigen, die Entscheidung des Reichsgerichts einzuholen.

c) Politische und privatrechtliche Streitigkeiten aller Art zwischen den einzelnen deutschen Staaten.

d) Streitigkeiten über Thronfolge, Regierungsfähigkeit und Regentschaft in den Einzelstaaten.

e) Streitigkeiten zwischen der Regierung eines Einzelstaates und dessen Volksvertretung über die Gültigkeit oder Auslegung der Landesverfassung.

f) Klagen der Angehörigen eines Einzelstaates gegen die Regierung desselben, wegen Aufhebung oder verfassungswidriger Veränderung der Landesverfassung.

Klagen der Angehörigen eines Einzelstaates gegen die Regierung wegen Verletzung der Landesverfassung können bei dem Reichsgericht nur angebracht werden, wenn die in der Landesverfassung gegebenen Mittel der Abhülfe nicht zur Anwendung gebracht werden können.

g) Klagen deutscher Staatsbürger wegen Verletzung der durch die Reichsverfassung ihnen gewährten Rechte. Die näheren Bestimmungen über den Umfang dieses Klagerechts und die Art und Weise dasselbe geltend zu machen, bleiben der Reichsgesetzgebung vorbehalten.

h) Beschwerden wegen verweigerter oder gehemmter Rechtspflege, wenn die landesgesetzlichen Mittel der Abhülfe erschöpft sind.

i) Strafgerichtsbarkeit über die Anklagen gegen die Reichsminister, insofern sie deren ministerielle Verantwortlichkeit betreffen.

k) Strafgerichtsbarkeit über die Anklagen gegen die Minister der Einzelstaaten, insofern sie deren ministerielle Verantwortlichkeit betreffen.

l) Strafgerichtsbarkeit in den Fällen des Hoch- und Landesverraths gegen das Reich.

Ob noch andere Verbrechen gegen das Reich der Strafgerichtsbarkeit des Reichsgerichts zu überweisen sind, wird späteren Reichsgesetzen vorbehalten.

m) Klagen gegen den Reichsfiscus.

n) Klagen gegen deutsche Staaten, wenn die Verpflichtung, dem Ansprüche Genüge zu leisten, zwischen mehreren Staaten zweifelhaft oder bestritten ist, so wie wenn die gemeinschaftliche Verpflichtung gegen mehrere Staaten in einer Klage geltend gemacht wird.

§ 127. Über die Frage, ob ein Fall zur Entscheidung des Reichsgerichts geeignet sey, erkennt einzig und allein das Reichsgericht selbst.

§ 128. Ueber die Einsetzung und Organisation des Reichsgerichts, über das Verfahren und die Vollziehung der reichsgerichtlichen Entscheidungen und Verfügungen wird ein besonderes Gesetz ergehen.

Diesem Gesetze wird auch die Bestimmung, ob und in welchen Fällen bei dem Reichsgericht die Urtheilsfällung durch Geschworene erfolgen soll, vorbehalten.

Ebenso bleibt vorbehalten: ob und wie weit dieses Gesetz als organisches Verfassungsgesetz zu betrachten ist.

§ 129. Der Reichsgesetzgebung bleibt es vorbehalten, Admiralitits- und Seegerichte zu errichten, sowie Bestimmungen über die Gerichtsbarkeit der Gesandten und Consuln des Reiches zu treffen.

Abschnitt VI.
Die Grundrechte des deutschen Volkes

§ 130. Dem deutschen Volke sollen die nachstehenden Grundrechte gewährleistet seyn. Sie sollen den Verfassungen der deutschen Einzelstaaten zur Norm dienen, und keine Verfassung oder Gesetzgebung eines deutschen Einzelstaates soll dieselben je aufheben oder beschränken können.

Artikel I.

§ 131. Das deutsche Volk besteht aus den Angehörigen der Staaten, welche das deutsche Reich bilden.

§ 132. Jeder Deutsche hat das deutsche Reichsbürgerrecht. Die ihm kraft dessen zustehenden Rechte kann er in jedem deutschen Lande ausüben. Über das Recht, zur deutschen Reichsversammlung zu wählen, verfügt das Reichswahlgesetz.

§ 133. Jeder Deutsche hat das Recht, an jedem Orte des Reichsgebietes seinen Aufenthalt und Wohnsitz zu nehmen, Liegenschaften jeder Art zu erwerben und darüber zu verfügen, jeden Nahrungszweig zu betreiben, das Gemeindebürgerrecht zu gewinnen.

Die Bedingungen für den Aufenthalt und Wohnsitz werden durch ein Heimathsgesetz, jene für den Gewerbebetrieb durch eine Gewerbeordnung für ganz Deutschland von der Reichsgewalt festgesetzt.

§ 134. Kein deutscher Staat darf zwischen seinen Angehörigen und andern Deutschen einen Unterschied im bürgerlichen, peinlichen und Prozeß-Rechte machen, welcher die letzteren als Ausländer zurücksetzt.

§ 135. Die Strafe des bürgerlichen Todes soll nicht stattfinden, und da, wo sie bereits ausgesprochen ist, in ihren Wirkungen aufhören, soweit nicht hierdurch erworbene Privatrechte verletzt werden.

§ 136. Die Auswanderungsfreiheit ist von Staatswegen nicht beschränkt; Abzugsgelder dürfen nicht erhoben werden.
Die Auswanderungsangelegenheit steht unter dem Schutze und der Fürsorge des Reiches.

Artikel II.

§ 137. Vor dem Gesetze gilt kein Unterschied der Stände. Der Adel als Stand ist aufgehoben.
Alle Standesvorrechte sind abgeschafft.
Die Deutschen sind vor dem Gesetze gleich.
Alle Titel, insoweit sie nicht mit einem Amte verbunden sind, sind aufgehoben und dürfen nie wieder eingeführt werden.
Kein Staatsangehöriger darf von einem auswärtigen Staate einen Orden annehmen.
Die öffentlichen Ämter sind für alle Befähigten gleich zugänglich.
Die Wehrpflicht ist für alle gleich; Stellvertretung bei derselben findet nicht statt.

Artikel III.

§ 138. Die Freiheit der Person ist unverletzlich.
Die Verhaftung einer Person soll, außer im Falle der Ergreifung auf frischer That, nur geschehen in Kraft eines richterlichen, mit

Gründen versehenen Befehls. Dieser Befehl muß im Augenblicke der Verhaftung oder innerhalb der nächsten vier und zwanzig Stunden dem Verhafteten zugestellt werden.

Die Polizeibehörde muß jeden, den sie in Verwahrung genommen hat, im Laufe des folgenden Tages entweder freilassen oder der richterlichen Behörde übergeben.

Jeder Angeschuldigte soll gegen Stellung einer vom Gericht zu bestimmenden Caution oder Bürgschaft der Haft entlassen werden, sofern nicht dringende Anzeigen eines schweren peinlichen Verbrechens gegen denselben vorliegen.

Im Falle einer widerrechtlich verfügten oder verlängerten Gefangenschaft ist der Schuldige und nöthigenfalls der Staat dem Verletzten zur Genugthuung und Entschädigung verpflichtet.

Die für das Heer- und Seewesen erforderlichen Modifikationen dieser Bestimmungen werden besonderen Gesetzen vorbehalten.

§ 139. Die Todesstrafe, ausgenommen wo das Kriegsrecht sie vorschreibt, oder das Seerecht im Fall von Meutereien sie zuläßt, so wie die Strafen des Prangers, der Brandmarkung und der körperlichen Züchtigung, sind abgeschafft.

§ 140. Die Wohnung ist unverletzlich.

Eine Haussuchung ist nur zulässig:

1) an Kraft eines richterlichen, mit Gründen versehenen Befehls, welcher sofort oder innerhalb der nächsten vier und zwanzig Stunden dem Betheiligten zugestellt werden soll,

2) im Falle der Verfolgung auf frischer That, durch den gesetzlich berechtigten Beamten,

3) in den Fällen und Formen, in welchen das Gesetz ausnahmsweise bestimmten Beamten auch ohne richterlichen Befehl dieselbe gestattet.

Die Haussuchung muß, wenn thunlich, mit Zuziehung von Hausgenossen erfolgen.

Die Unverletzlichkeit der Wohnung ist kein Hinderniß der Verhaftung eines gerichtlich Verfolgten.

§ 141. Die Beschlagnahme von Briefen und Papieren darf, außer bei einer Verhaftung oder Haussuchung, nur in Kraft eines richterlichen, mit Gründen versehenen Befehls vorgenommen werden, welcher sofort oder innerhalb der nächsten vier und zwanzig Stunden dem Betheiligten zugestellt werden soll.

§ 142. Das Briefgeheimniß ist gewährleistet.

Die bei strafgerichtlichen Untersuchungen und in Kriegsfällen nothwendigen Beschränkungen sind durch die Gesetzgebung festzustellen.

Artikel IV.

§ 143. Jeder Deutsche hat das Recht, durch Wort, Schrift, Druck und bildliche Darstellung seine Meinung frei zu äußern.

Die Preßfreiheit darf unter keinen Umständen und in keiner Weise durch vorbeugende Maaßregeln, namentlich Censur, Concessionen, Sicherheitsbestellungen, Staatsauflagen, Beschränkungen der Druckereien oder des Buchhandels, Postverbote oder andere Hemmungen des freien Verkehrs beschränkt, suspendirt oder aufgehoben werden.

Ueber Preßvergehen, welche von Amts wegen verfolgt werden, wird durch Schwurgerichte geurtheilt.

Ein Preßgesetz wird vom Reiche erlassen werden.

Artikel V.

§ 144. Jeder Deutsche hat volle Glaubens- und Gewissensfreiheit.

Niemand ist verpflichtet, seine religiöse Überzeugung zu offenbaren.

§ 145. Jeder Deutsche ist unbeschränkt in der gemeinsamen häuslichen und öffentlichen Übung seiner Religion.

Verbrechen und Vergehen, welche bei Ausübung dieser Freiheit begangen werden, sind nach dem Gesetze zu bestrafen.

§ 146. Durch das religiöse Bekenntniß wird der Genuß der bürgerlichen und staatsbürgerlichen Rechte weder bedingt noch beschränkt. Den staatsbürgerlichen Pflichten darf dasselbe keinen Abbruch thun.

§ 147. Jede Religionsgesellschaft ordnet und verwaltet ihre Angelegenheiten selbstständig, bleibt aber den allgemeinen Staatsgesetzen unterworfen.

Keine Religionsgesellschaft genießt vor andern Vorrechte durch den Staat; es besteht fernerhin keine Staatskirche.

Neue Religionsgesellschaften dürfen sich bilden; einer Anerkennung ihres Bekenntnisses durch den Staat bedarf es nicht.

§ 148. Niemand soll zu einer kirchlichen Handlung oder Feierlichkeit gezwungen werden.

§ 149. Die Formel des Eides soll künftig lauten: „So wahr mir Gott helfe".

§ 150. Die bürgerliche Gültigkeit der Ehe ist nur von der Vollziehung des Civilactes abhängig; die kirchliche Trauung kann nur nach der Vollziehung des Civilactes stattfinden.

Die Religionsverschiedenheit ist kein bürgerliches Ehehinderniß.

§ 151. Die Standesbücher werden von den bürgerlichen Behörden geführt.

Artikel VI.

§ 152. Die Wissenschaft und ihre Lehre ist frei.

§ 153. Das Unterrichts- und Erziehungswesen steht unter der Oberaufsicht des Staates, und ist, abgesehen vom Religionsunterricht, der Beaufsichtigung der Geistlichkeit als solcher enthoben.

§ 154. Unterrichts- und Erziehungsanstalten zu gründen, zu leiten und an solchen Unterricht zu ertheilen, steht jedem Deutschen frei, wenn er seine Befähigung der betreffenden Staatsbehörde nachgewiesen hat.

Der häusliche Unterricht unterliegt keiner Beschränkung.

§ 155. Für die Bildung der deutschen Jugend soll durch öffentliche Schulen überall genügend gesorgt werden.

Eltern oder deren Stellvertreter dürfen ihre Kinder oder Pflegebefohlenen nicht ohne den Unterricht lassen, welcher für die unteren Volksschulen vorgeschrieben ist.

§ 156. Die öffentlichen Lehrer haben die Rechte der Staatsdiener.

Der Staat stellt unter gesetzlich geordneter Betheiligung der Gemeinden aus der Zahl der Geprüften die Lehrer der Volksschulen an.

§ 157. Für den Unterricht in Volksschulen und niederen Gewerbeschulen wird kein Schulgeld bezahlt.

Unbemittelten soll auf allen öffentlichen Unterrichtsanstalten freier Unterricht gewahrt werden.

§ 158. Es steht einem jeden frei, seinen Beruf zu wählen und sich für denselben auszubilden, wie und wo er will.

Artikel VII.

§ 159. Jeder Deutsche hat das Recht, sich mit Bitten und Beschwerden schriftlich an die Behörden, an die Volksvertretungen und an den Reichstag zu wenden.

Dieses Recht kann sowohl von Einzelnen als von Corporationen und von Mehreren im Vereine ausgeübt werden; beim Heer und der Kriegsflotte jedoch nur in der Weise, wie es die Disciplinarvorschriften bestimmen.

§ 160. Eine vorgängige Genehmigung der Behörden ist nicht nothwendig, um öffentliche Beamte wegen ihrer amtlichen Handlungen gerichtlich zu verfolgen.

Artikel VIII.

§ 161. Die Deutschen haben das Recht, sich friedlich und ohne Waffen zu versammeln; einer besonderen Erlaubniß dazu bedarf es nicht.

Volksversammlungen unter freiem Himmel können bei dringender Gefahr für die öffentliche Ordnung und Sicherheit verboten werden.

§ 162. Die Deutschen haben das Recht, Vereine zu bilden. Dieses Recht soll durch keine vorbeugende Maaßregel beschränkt werden.

§ 163. Die in den §§ 161 und 162 enthaltenen Bestimmungen finden auf das Heer und die Kriegsflotte Anwendung, insoweit die militärischen Disciplinarvorschriften nicht entgegenstehen.

Artikel IX.

§ 164. Das Eigenthum ist unverletzlich.

Eine Enteignung kann nur aus Rücksichten des gemeinen Besten, nur auf Grund eines Gesetzes und gegen gerechte Entschädigung vorgenommen werden.

Das geistige Eigenthum soll durch die Reichsgesetzgebung geschützt werden.

§ 165. Jeder Grundeigenthümer kann seinen Grundbesitz unter Lebenden und von Todes wegen ganz oder theilweise veräußern. Den Einzelstaaten bleibt überlassen, die Durchführung des Grundsatzes der Theilbarkeit alles Grundeigenthums durch Uebergangsgesetze zu vermitteln.

Für die todte Hand sind Beschränkungen des Rechts, Liegenschaften zu erwerben und über sie zu verfügen, im Wege der Gesetzgebung aus Gründen des öffentlichen Wohls zulässig.

§ 166. Jeder Unterthänigkeits- und Hörigkeitsverband hört für immer auf.

§ 167. Ohne Entschädigung sind aufgehoben:

1) Die Patrimonialgerichtsbarkeit und die grundherrliche Polizei, sammt den aus diesen Rechten fließenden Befugnissen, Exemtionen und Abgaben.

2) Die aus dem guts- und schutzherrlichen Verbande fließenden persönlichen Abgaben und Leistungen.

Mit diesen Rechten fallen auch die Gegenleistungen und Lasten weg, welche dem bisher Berechtigten dafür oblagen.

§ 168. Alle auf Grund und Boden haftenden Abgaben und Leistungen, insbesondere die Zehnten, sind ablösbar: ob nur auf Antrag des Belasteten oder auch des Berechtigten, und in welcher Weise, bleibt der Gesetzgebung der einzelnen Staaten überlassen.

Es soll fortan kein Grundstück mit einer unablösbaren Abgabe oder Leistung belastet werden.

§ 169. Im Grundeigenthum liegt die Berechtigung zur Jagd auf eignem Grund und Boden.

Die Jagdgerechtigkeit auf fremden Grund und Boden, Jagddienste, Jagdfrohnden und andere Leistungen für Jagdzwecke sind ohne Entschädigung aufgehoben.

Nur ablösbar jedoch ist die Jagdgerechtigkeit, welche erweislich durch einen lästigen mit dem Eigenthümer des belasteten Grundstücks abgeschlossenen Vertrag erworben ist; über die Art und Weise der Ablösung haben die Landesgesetzgebungen das Weitere zu bestimmen.

Die Ausübung des Jagdrechts aus Gründen der öffentlichen Sicherheit und des gemeinen Wohls zu ordnen, bleibt der Landesgesetzgebung vorbehalten.

Die Jagdgerechtigkeit auf fremdem Grund und Boden darf in Zukunft nicht wieder als Grundgerechtigkeit bestellt werden.

§ 170. Die Familienfideicommisse sind aufzuheben. Die Art und Bedingungen der Aufhebung bestimmt die Gesetzgebung der einzelnen Staaten.

Über die Familienfideicommisse der regierenden fürstlichen Häuser bleiben die Bestimmungen den Landesgesetzgebungen vorbehalten.

§ 171. Aller Lehensverband ist aufzuheben. Das Nähere über die Art und Weise der Ausführung haben die Gesetzgebungen der Einzelstaaten anzuordnen.

§ 172. Die Strafe der Vermögenseinziehung soll nicht stattfinden.

§ 173. Die Besteuerung soll so geordnet werden, daß die Bevorzugung einzelner Stände und Güter in Staat und Gemeinde aufhört.

Artikel X.

§ 174. Alle Gerichtsbarkeit geht vom Staate aus. Es sollen keine Patrimonialgerichte bestehen.

§ 175. Die richterliche Gewalt wird selbstständig von den Gerichten geübt. Cabinets und Ministerialjustiz ist unstatthaft.

Niemand darf seinem gesetzlichen Richter entzogen werden. Ausnahmegerichte sollen nie stattfinden.

§ 176. Es soll keinen privilegirten Gerichtsstand der Personen oder Güter geben. Die Militärgerichtsbarkeit ist auf die Aburtheilung militärischer Verbrechen und Vergehen, so wie der Militär-Disciplinarvergehen beschränkt, vorbehaltlich der Bestimmungen für den Kriegsstand.

§ 177. Kein Richter darf, außer durch Urtheil und Recht, von seinem Amt entfernt, oder an Rang und Gehalt beeinträchtigt werden.

Suspension darf nicht ohne gerichtlichen Beschluß erfolgen.

Kein Richter darf wider seinen Willen, ausser durch gerichtlichen Beschluß in den durch das Gesetz bestimmten Fällen und Formen, zu einer andern Stelle versetzt oder in Ruhestand gesetzt werden.

§ 178. Das Gerichtsverfahren soll öffentlich und mündlich sein. Ausnahmen von der Öffentlichkeit bestimmt im Interesse der Sittlichkeit das Gesetz.

§ 179. In Strafsachen gilt der Anklageprozeß.

Schwurgerichte sollen jedenfalls in schwereren Strafsachen und bei allen politischen Vergehen urtheilen.

§ 180. Die bürgerliche Rechtspflege soll in Sachen besonderer Berufserfahrung durch sachkundige, von den Berufsgenossen frei gewählte Richter geübt oder mitgeübt werden.

§ 181. Rechtspflege und Verwaltung sollen getrennt und von einander unabhängig seyn.

Über Competenzconflicte zwischen den Verwaltungs- und Gerichtsbehörden in den Einzelstaaten entscheidet ein durch das Gesetz zu bestimmender Gerichtshof.

§ 182. Die Verwaltungsrechtspflege hört auf; über alle Rechtsverletzungen entscheiden die Gerichte.

Der Polizei steht keine Strafgerichtsbarkeit zu.

§ 183. Rechtskräftige Urtheile deutscher Gerichte sind in allen deutschen Landen gleich wirksam und vollziehbar.

Ein Reichsgesetz wird das Nähere bestimmen.

Artikel XI.

§ 184. Jede Gemeinde hat als Grundrechte ihrer Verfassung:
a) die Wahl ihrer Vorsteher und Vertreter;
b) die selbstständige Verwaltung ihrer Gemeindeangelegenheiten mit Einschluß der Ortspolizei, unter gesetzlich geordneter Oberaufsicht des Staates;
c) die Veröffentlichung ihres Gemeindehaushaltes;
d) Öffentlichkeit der Verhandlungen als Regel.

§ 185. Jedes Grundstück soll einem Gemeindeverbande angehören. Beschränkungen wegen Waldungen und Wüsteneien bleiben der Landesgesetzgebung vorbehalten.

Artikel XII.

§ 186. Jeder deutsche Staat soll eine Verfassung mit Volksvertretung haben. Die Minister sind der Volksvertretung verantwortlich.

§ 187. Die Volksvertretung hat eine entscheidende Stimme bei der Gesetzgebung, bei der Besteuerung, bei der Ordnung des Staatshaushaltes; auch hat sie -wo zwei Kammern vorhanden sind, jede Kammer für sich – das Recht des Gesetzvorschlags, der Beschwerde, der Adresse, so wie der Anklage der Minister.
Die Sitzungen der Landtage sind in der Regel öffentlich.

Artikel XIII.

§ 188. Den nicht deutsch redenden Volksstämmen Deutschlands ist ihre volksthümliche Entwickelung gewährleistet, namentlich die Gleichberechtigung ihrer Sprachen, soweit deren Gebiete reichen, in dem Kirchenwesen, dem Unterrichte, der inneren Verwaltung und der Rechtspflege.

Artikel XIV.

§ 189. Jeder deutsche Staatsbürger in der Fremde steht unter dem Schutze des Reichs.

Abschnitt VII.
Die Gewähr der Verfassung

Artikel I.

§ 190. Bei jedem Regierungswechsel tritt der Reichstag, falls er nicht schon versammelt ist, ohne Berufung zusammen, in der Art, wie er das letzte Mal zusammengesetzt war. Der Kaiser, welcher die Regierung antritt, leistet vor den zu einer Sitzung vereinigten beiden Häusern des Reichstages einen Eid auf die Reichsverfassung.

Der Eid lautet: „Ich schwöre, das Reich und die Rechte des deutschen Volkes zu schirmen, die Reichsverfassung aufrecht zu erhalten und sie gewissenhaft zu vollziehen. So wahr mir Gott helfe".

Erst nach geleistetem Eide ist der Kaiser berechtigt, Regierungshandlungen vorzunehmen.

§ 191. Die Reichsbeamten haben beim Antritt ihres Amtes einen Eid auf die Reichsverfassung zu leisten. Das Nähere bestimmt die Dienstpragmatik des Reiches.

§ 192. Ueber die Verantwortlichkeit der Reichsminister soll ein Reichsgesetz erlassen werden.

§ 193. Die Verpflichtung auf die Reichsverfassung wird in den Einzelstaaten mit der Verpflichtung auf die Landesverfassung verbunden und dieser vorangesetzt.

Artikel II.

§ 194. Keine Bestimmung in der Verfassung oder in den Gesetzen eines Einzelstaates darf mit der Reichsverfassung in Widerspruch stehen.

§ 195. Eine Aenderung der Regierungsform in einem Einzelstaate kann nur mit Zustimmung der Reichsgewalt erfolgen. Diese Zustimmung muß in den für Aenderungen der Reichsverfassung vorgeschriebenen Formen gegeben werden.

Artikel III.

§ 196. Abänderungen in der Reichsverfassung können nur durch einen Beschluß beider Häuser und mit Zustimmung des Reichsoberhauptes erfolgen.

Zu einem solchen Beschluß bedarf es in jedem der beiden Häuser:

1) der Anwesenheit von wenigstens zwei Dritteln der Mitglieder;

2) zweier Abstimmungen, zwischen welchen ein Zeitraum von wenigstens acht Tagen liegen muß;

3) einer Stimmenmehrheit von wenigstens zwei Dritteln der anwesenden Mitglieder bei jeder der beiden Abstimmungen.

Der Zustimmung des Reichsoberhaupts bedarf es nicht, wenn in drei sich unmittelbar folgenden ordentlichen Sitzungsperioden derselbe Reichstagsbeschluß unverändert gefaßt worden. Eine ordentliche Sitzungsperiode, welche nicht wenigstens vier Wochen dauert, wird in dieser Reihenfolge nicht mitgezählt.

Artikel IV.

§ 197. Im Falle des Kriegs oder Aufruhrs können die Bestimmungen der Grundrechte über Verhaftung, Haussuchung und Versammlungsrecht von der Reichsregierung oder der Regierung eines Einzelstaates für einzelne Bezirke zeitweise ausser Kraft gesetzt werden; jedoch nur unter folgenden Bedingungen:

1) die Verfügung muß in jedem einzelnen Falle von dem Gesammtministerium des Reiches oder Einzelstaates ausgehen:

2) das Ministerium des Reiches hat die Zustimmung des Reichstages, das Ministerium des Einzelstaates die des Landtages, wenn dieselben zur Zeit versammelt sind, sofort einzuholen. Wenn dieselben nicht versammelt sind, so darf die Verfügung nicht länger als 14 Tage dauern, ohne daß dieselben zusammenberufen und die getroffenen Maaßregeln zu ihrer Genehmigung vorgelegt werden.

Weitere Bestimmungen bleiben einem Reichsgesetz vorbehalten.

Für die Verkündigung des Belagerungszustandes in Festungen bleiben die bestehenden gesetzlichen Vorschriften in Kraft.

11. Die Verfassung Preußens vom 31. Januar 1850 ("Revidierte Verfassung")

Wir Friedrich Wilhelm von Gottes Gnaden, König von Preußen etc. etc. thun kund und fügen zu wissen, daß Wir, nachdem die von Uns unterm 5. Dezember 1848. vorbehaltlich der Revision im ordentlichen Wege der Gesetzgebung verkündigte und von beiden Kammern Unseres Königreichs anerkannte Verfassung des preußischen Staats der darin angeordneten Revision unterworfen ist, die Verfassung in Uebereinstimmung mit beiden Kammern endgültig festgestellt haben.

Wir verkünden demnach dieselbe als Staatsgrundgesetz, wie folgt:

Titel I.
Vom Staatsgebiete.

Art. 1. Alle Landestheile der Monarchie in ihrem gegenwärtigen Umfange bilden das preußische Staatsgebiet.

Art. 2. Die Gränzen dieses Staatsgebiets können nur durch ein Gesetz verändert werden.

Titel II.
Von den Rechten der Preußen.

Art. 3. Die Verfassung und das Gesetz bestimmen, unter welchen Bedingungen die Eigenschaft eines Preußen und die staatsbürgerlichen Rechte erworben, ausgeübt und verloren werden.

Art. 4. Alle Preußen sind vor dem Gesetze gleich. Standesvorrechte finden nicht statt. Die öffentlichen Aemter sind, unter Einhaltung der von den Gesetzen festgestellten Bedingungen, für alle dazu Befähigten gleich zugänglich.

Art. 5. Die persönliche Freiheit ist gewährleistet. Die Bedingungen und Formen, unter welchen eine Beschränkung derselben, insbesondere eine Verhaftung zulässig ist, werden durch das Gesetz bestimmt.

Art. 6. Die Wohnung ist unverletzlich. Das Eindringen in dieselbe und Haussuchungen, so wie die Beschlagnahme von Briefen und Papieren sind nur in den gesetzlich bestimmten Fällen und Formen gestattet.

Art. 7. Niemand darf seinem gesetzlichen Richter entzogen werden. Ausnahmegerichte und außerordentliche Kommissionen sind unstatthaft.

Art. 8. Strafen können nur in Gemäßheit des Gesetzes angedroht oder verhängt werden.

Art. 9. Das Eigenthum ist unverletzlich. Es kann nur aus Gründen des öffentlichen Wohles gegen vorgängige, in dringenden Fällen wenigstens vorläufig festzustellende Entschädigung nach Maaßgabe des Gesetzes entzogen oder beschränkt werden.

Art. 10. Der bürgerliche Tod und die Strafe der Vermögenseinziehung finden nicht statt.

Art. 11. Die Freiheit der Auswanderung kann von Staatswegen nur in Bezug auf die Wehrpflicht beschränkt werden.
Abzugsgelder dürfen nicht erhoben werden.

Art. 12. Die Freiheit des religiösen Bekenntnisses, der Vereinigung zu Religionsgesellschaften (Art. 30. und 31.) und der gemeinsamen häuslichen und öffentlichen Religionsübung wird gewährleistet. Der Genuß der bürgerlichen und staatsbürgerlichen Rechte ist unabhängig von dem religiösen Bekenntnisse. Den bürgerlichen und staatsbürgerlichen Pflichten darf durch die Ausübung der Religionsfreiheit kein Abbruch geschehen.

Art. 13. Die Religionsgesellschaften, so wie die geistlichen Gesellschaften, welche keine Korporationsrechte haben, können diese Rechte nur durch besondere Gesetze erlangen.

Art. 14. Die christliche Religion wird bei denjenigen Einrichtungen des Staats, welche mit der Religionsübung im Zusammenhange stehen, unbeschadet der im Art. 12. gewährleisteten Religionsfreiheit, zum Grunde gelegt.

Art. 15. Die evangelische und die römisch-katholische Kirche, so wie jede andere Religionsgesellschaft, ordnet und verwaltet ihre Angelegenheiten selbstständig und bleibt im Besitz und Genuß der für ihre Kultus-, Unterrichts- und Wohlthätigkeitszwecke bestimmten Anstalten, Stiftungen und Fonds.

Art. 16. Der Verkehr der Religionsgesellschaften mit ihren Oberen ist ungehindert. Die Bekanntmachung kirchlicher Anordnungen ist nur denjenigen Beschränkungen unterworfen, welchen alle übrigen Veröffentlichungen unterliegen.

Art. 17. Ueber das Kirchenpatronat und die Bedingungen, unter welchen dasselbe aufgehoben werden kann, wird ein besonderes Gesetz ergehen.

Art. 18. Das Ernennungs-, Vorschlags-, Wahl- und Bestätigungsrecht bei Besetzung kirchlicher Stellen ist, so weit es dem Staate zusteht, und nicht auf dem Patronat oder besonderen Rechtstiteln beruht, aufgehoben.

Auf die Anstellung von Geistlichen beim Militair und an öffentlichen Anstalten findet diese Bestimmung keine Anwendung.

Art. 19. Die Einführung der Civilehe erfolgt nach Maaßgabe eines besonderen Gesetzes, was auch die Führung der Civilstandsregister regelt.

Art. 20. Die Wissenschaft und ihre Lehre ist frei.

Art. 21. Für die Bildung der Jugend soll durch öffentliche Schulen genügend gesorgt werden.

Eltern und deren Stellvertreter dürfen ihre Kinder oder Pflegebefohlenen nicht ohne den Unterricht lassen, welcher für die öffentlichen Volksschulen vorgeschrieben ist.

Art. 22. Unterricht zu ertheilen und Unterrichtsanstalten zu gründen und zu leiten, steht Jedem frei, wenn er seine sittliche, wissenschaftliche und technische Befähigung den betreffenden Staatsbehörden nachgewiesen hat.

Art. 23. Alle öffentlichen und Privat-Unterrichts- und Erziehungsanstalten stehen unter der Aufsicht vom Staate ernannter Behörden.

Die öffentlichen Lehrer haben die Rechte und Pflichten der Staatsdiener.

Art. 24. Bei der Einrichtung der öffentlichen Volksschulen sind die konfessionellen Verhältnisse möglichst zu berücksichtigen.

Den religiösen Unterricht in der Volksschule leiten die betreffenden Religionsgesellschaften.

Die Leitung der äußeren Angelegenheiten der Volksschule steht der Gemeinde zu. Der Staat stellt unter gesetzlich geordneter Betheiligung der Gemeinden, aus der Zahl der Befähigten die Lehrer der öffentlichen Volksschulen an.

Art. 25. Die Mittel zur Errichtung, Unterhaltung und Erweiterung der öffentlichen Volksschule werden von den Gemeinden, und im Falle des nachgewiesenen Unvermögens, ergänzungsweise vom Staate aufgebracht. Die auf besonderen Rechtstiteln beruhenden Verpflichtungen Dritter bleiben bestehen.

Der Staat gewährleistet demnach den Volksschullehrern ein festes, den Lokalverhältnissen angemessenes Einkommen.

In der öffentlichen Volksschule wird der Unterricht unentgeltlich ertheilt.

Art. 26. Ein besonderes Gesetz regelt das ganze Unterrichtswesen.

Art. 27. Jeder Preuße hat das Recht, durch Wort, Schrift, Druck und bildliche Darstellung seine Meinung frei zu äußern.

Die Censur darf nicht eingeführt werden; jede andere Beschränkung der Preßfreiheit nur im Wege der Gesetzgebung.

Art. 28. Vergehen, welche durch Wort, Schrift, Druck oder bildliche Darstellung begangen werden, sind nach den allgemeinen Strafgesetzen zu bestrafen.

Art. 29. Alle Preußen sind berechtigt, sich ohne vorgängige obrigkeitliche Erlaubniß friedlich und ohne Waffen in geschlossenen Räumen zu versammeln.

Diese Bestimmung bezieht sich nicht auf Versammlungen unter freiem Himmel, welche auch in Bezug auf vorgängige obrigkeitliche Erlaubniß der Verfügung des Gesetzes unterworfen sind.

Art. 30. Alle Preußen haben das Recht, sich zu solchen Zwekken, welche den Strafgesetzen nicht zuwiderlaufen, in Gesellschaften zu vereinigen.

Das Gesetz regelt, insbesondere zur Aufrechthaltung der öffentlichen Sicherheit, die Ausübung des in diesem und in dem vorstehenden Artikel (29.) gewährleisteten Rechts.

Politische Vereine können Beschränkungen und vorübergehenden Verboten im Wege der Gesetzgebung unterworfen werden.

Art. 31. Die Bedingungen, unter welchen Korporationsrechte ertheilt oder verweigert werden, bestimmt das Gesetz.

Art. 32. Das Petitionsrecht steht allen Preußen zu. Petitionen unter einem Gesammtnamen sind nur Behörden und Korporationen gestattet.

Art. 33. Das Briefgeheimniß ist unverletzlich. Die bei strafgerichtlichen Untersuchungen und in Kriegsfällen nothwendigen Beschränkungen sind durch die Gesetzgebung festzustellen.

Art. 34. Alle Preußen sind wehrpflichtig. Den Umfang und die Art dieser Pflicht bestimmt das Gesetz.

Art. 35. Das Heer begreift alle Abtheilungen des stehenden Heeres und der Landwehr.

Im Falle des Krieges kann der König nach Maaßgabe des Gesetzes den Landsturm aufbieten.

Art. 36. Die bewaffnete Macht kann zur Unterdrückung innerer Unruhen und zur Ausführung der Gesetze nur in den vom Gesetze bestimmten Fällen und Formen und auf Requisition der Civilbehörde verwendet werden. In letzterer Beziehung hat das Gesetz die Ausnahmen zu bestimmen.

Art. 37. Der Militairgerichtsstand des Heeres beschränkt sich auf Strafsachen und wird durch das Gesetz geregelt. Die Bestimmungen über die Militairdisziplin im Heere bleiben Gegenstand besonderer Verordnungen.

Art. 38. Die bewaffnete Macht darf weder in noch außer dem Dienste berathschlagen oder sich anders, als auf Befehl versammeln. Versammlungen und Vereine der Landwehr zur Berathung militairischer Einrichtungen, Befehle und Anordnungen sind auch dann, wenn dieselbe nicht zusammenberufen ist, untersagt.

Art. 39. Auf das Heer finden die in den Art. 5. 6. 29. 30. und 32. enthaltenen Bestimmungen nur in soweit Anwendung, als die militairischen Gesetze u Disziplinarvorschriften nicht entgegenstehen.

Art. 40. Die Errichtung von Lehen und die Stiftung von Familien-Fideikommissen ist untersagt. Die bestehenden Lehen und Familien-Fideikommisse sollen durch gesetzliche Anordnung in freies Eigenthum umgestaltet werden. Auf Familien-Stiftungen finden diese Bestimmungen keine Anwendung.

Art. 41. Vorstehende Bestimmungen (Artikel 40.) finden auf die Thronlehen, das Königliche Haus- und Prinzliche Fideikommiß, sowie auf die außerhalb des Staats belegenen Lehen und die ehemals reichsunmittelbaren Besitzungen und Fideikommisse, insofern letztere durch das deutsche Bundesrecht gewährleistet sind, zur Zeit keine Anwendung. Die Rechtsverhältnisse derselben sollen durch besondere Gesetze geordnet werden

Art. 42. Das Recht der freien Verfügung über das Grundeigenthum unterliegt keinen anderen Beschränkungen, als denen der allgemeinen Gesetzgebung. Die Theilbarkeit des Grundeigenthums und die Ablösbarkeit der Grundlasten wird gewährleistet.

Für die todte Hand sind Beschränkungen des Rechts, Liegenschaften zu erwerben und über sie zu verfügen, zulässig.

Aufgehoben ohne Entschädigung sind:

1. die Gerichtsherrlichkeit, die gutsherrliche Polizei und obrigkeitliche Gewalt, sowie die gewissen Grundstücken zustehenden Hoheitsrechte und Privilegien;

2. die aus diesen Befugnissen, aus der Schutzherrlichkeit, der früheren Erbunterthänigkeit, der früheren Steuer- und Gewerbeverfassung herstammenden Verpflichtungen.

Mit den aufgehobenen Rechten fallen auch die Gegenleistungen und Lasten weg, welche den bisherigen Berechtigten dafür oblagen.

Bei erblicher Ueberlassung eines Grundstückes ist nur die Uebertragung des vollen Eigenthums zulässig; jedoch kann auch hier ein fester ablösbarer Zins vorbehalten werden.

Die weitere Ausführung dieser Bestimmungen bleibt besonderen Gesetzen vorbehalten.

Titel III.
Vom Könige.

Art. 43. Die Person des Königs ist unverletzlich.

Art. 44. Die Minister des Königs sind verantwortlich. Alle Regierungsakte des Königs bedürfen zu ihrer Gültigkeit der Gegenzeichnung eines Ministers, welcher dadurch die Verantwortlichkeit übernimmt.

Art. 45. Dem Könige allein steht die vollziehende Gewalt zu. Er ernennt und entläßt die Minister. Er befiehlt die Verkündigung der Gesetze und erläßt die zu deren Ausführung nöthigen Verordnungen.

Art. 46. Der König führt den Oberbefehl über das Heer.

Art. 47. Der König besetzt alle Stellen im Heere, sowie in den übrigen Zweigen des Staatsdienstes, sofern nicht das Gesetz ein Anderes verordnet.

Art. 48. Der König hat das Recht, Krieg zu erklären und Frieden zu schließen, auch andere Verträge mit fremden Regierungen zu errichten. Letztere bedürfen zu ihrer Gültigkeit der Zustimmung der Kammern, sofern es Handelsverträge sind, oder wenn dadurch dem Staate Lasten oder einzelnen Staatsbürgern Verpflichtungen auferlegt werden.

Art. 49. Der König hat das Recht der Begnadigung und Strafmilderung.

Zu Gunsten eines wegen seiner Amtshandlungen verurtheilten Ministers kann dieses Recht nur auf Antrag derjenigen Kammer ausgeübt werden, von welcher die Anklage ausgegangen ist.

Der König kann bereits eingeleitete Untersuchungen nur auf Grund eines besonderen Gesetzes niederschlagen.

Art. 50. Dem Könige steht die Verleihung von Orden und anderen mit Vorrechten nicht verbundenen Auszeichnungen zu.

Er übt das Münzrecht nach Maaßgabe des Gesetzes.

Art. 51. Der König beruft die Kammern und schließt ihre Sitzungen. Er kann sie entweder beide zugleich oder auch nur eine auflösen. Es müssen aber in einem solchen Falle innerhalb eines Zeitraums von sechzig Tagen nach der Auflösung die Wähler und innerhalb eines Zeitraums von neunzig Tagen nach der Auflösung die Kammern versammelt werden.

Art. 52. Der König kann die Kammern vertagen. Ohne deren Zustimmung darf diese Vertagung die Frist von dreißig Tagen nicht übersteigen und während derselben Session nicht wiederholt werden.

Art. 53. Die Krone ist, den Königlichen Hausgesetzen gemäß, erblich in dem Mannsstamme des Königlichen Hauses nach dem Rechte der Erstgeburt und der agnatischen Linealfolge.

Art. 54. Der König wird mit Vollendung des achtzehnten Lebensjahres volljährig.

Er leistet in Gegenwart der vereinigten Kammern das eidliche Gelöbniß, die Verfassung des Königreichs fest und unverbrüchlich zu halten und in Uebereinstimmung mit derselben und den Gesetzen zu regieren.

Art. 55. Ohne Einwilligung beider Kammern kann der König nicht zugleich Herrscher fremder Reiche sein.

Art. 56. Wenn der König minderjährig oder sonst dauernd verhindert ist, selbst zu regieren, so übernimmt derjenige volljährige Agnat (Art. 53.), welcher der Krone am nächsten steht, die Regentschaft. Er hat sofort die Kammern zu berufen, die in vereinigter Sitzung über die Nothwendigkeit der Regentschaft beschließen.

Art. 57. Ist kein volljähriger Agnat vorhanden und nicht bereits vorher gesetzliche Fürsorge für diesen Fall getroffen, so hat das Staatsministerium die Kammern zu berufen, welche in vereinigter Sitzung einen Regenten erwählen. Bis zum Antritt der Regentschaft von Seiten desselben führt das Staatsministerium die Regierung.

Art. 58. Der Regent übt die dem Könige zustehende Gewalt in dessen Namen aus. Derselbe schwört nach Einrichtung der Regentschaft vor den vereinigten Kammern einen Eid, die Verfassung des Königreichs fest und unverbrüchlich zu halten und in Uebereinstimmung mit derselben und den Gesetzen zu regieren.

Bis zu dieser Eidesleistung bleibt in jedem Falle das bestehende gesammte Staatsministerium für alle Regierungshandlungen verantwortlich.

Art. 59. Dem Kron-Fideikommißfonds verbleibt die durch das Gesetz vom 17. Januar 1820. auf die Einkünfte der Domainen und Forsten angewiesene Rente.

Titel IV.
Von den Ministern.

Art. 60. Die Minister, so wie die zu ihrer Vertretung abgeordneten Staatsbeamten haben Zutritt zu jeder Kammer und müssen auf ihr Verlangen zu jeder Zeit gehört werden.

Jede Kammer kann die Gegenwart der Minister verlangen.

Die Minister haben in einer oder der anderen Kammer nur dann Stimmrecht, wenn sie Mitglieder derselben sind.

Art. 61. Die Minister können durch Beschluß einer Kammer wegen des Verbrechens der Verfassungsverletzung, der Bestechung und des Verrathes angeklagt werden. Ueber solche Anklage entscheidet der oberste Gerichtshof der Monarchie in vereinigten Senaten. So lange noch zwei oberste Gerichtshöfe bestehen, treten dieselben zu obigem Zwecke zusammen.

Die näheren Bestimmungen über die Fälle der Verantwortlichkeit, über das Verfahren und über die Strafen werden einem besonderen Gesetze vorbehalten.

Titel V.
Von den Kammern.

Art. 62. Die gesetzgebende Gewalt wird gemeinschaftlich durch den König und durch zwei Kammern ausgeübt.

Die Uebereinstimmung des Königs und beider Kammern ist zu jedem Gesetze erforderlich.

Finanzgesetz-Entwürfe und Staatshaushalts-Etats werden zuerst der zweiten Kammer vorgelegt; letztere werden von der ersten Kammer im Ganzen angenommen oder abgelehnt.

Art. 63. Nur in dem Falle, wenn die Aufrechthaltung der öffentlichen Sicherheit, oder die Beseitigung eines ungewöhnlichen Nothstandes es dringend erfordert, können, insofern die Kammern nicht versammelt sind, unter Verantwortlichkeit des gesammten Staatsministeriums, Verordnungen, die der Verfassung nicht zuwiderlaufen, mit Gesetzeskraft erlassen werden. Dieselben sind aber den Kammern bei ihrem nächsten Zusammentritt zur Genehmigung sofort vorzulegen.

Art. 64. Dem Könige, so wie jeder Kammer, steht das Recht zu, Gesetze vorzuschlagen.

Gesetzesvorschläge, welche durch eine der Kammern oder den König verworfen worden sind, können in derselben Sitzungsperiode nicht wieder vorgebracht werden.

Art. 65. Die erste Kammer besteht:
a) aus den großjährigen Königlichen Prinzen;
b) aus den Häuptern der ehemals unmittelbaren reichsständischen Häuser in Preußen – und aus den Häuptern derjenigen

Familien, welchen durch Königliche Verordnung das nach der Erstgeburt und Linealfolge zu vererbende Recht auf Sitz und Stimme in der ersten Kammer beigelegt wird. In dieser Verordnung werden zugleich die Bedingungen festgesetzt, durch welche dieses Recht an einen bestimmten Grundbesitz geknüpft ist. Das Recht kann durch Stellvertretung nicht ausgeübt werden und ruht während der Minderjährigkeit oder während eines Dienstverhältnisses zu der Regierung eines nichtdeutschen Staats, ferner auch so lange der Berechtigte seinen Wohnsitz außerhalb Preußen hat;

c) aus solchen Mitgliedern, welche der König auf Lebenszeit ernennt. Ihre Zahl darf den zehnten Theil der zu a. und b. genannten Mitglieder nicht übersteigen;

d) aus neunzig Mitgliedern, welche in Wahlbezirken, die das Gesetz feststellt, durch die dreißigfache Zahl derjenigen Urwähler (Art. 70.), welche die höchsten direkten Staatssteuern bezahlen, durch direkte Wahl nach Maaßgabe des Gesetzes gewählt werden;

e) aus dreißig, nach Maaßgabe des Gesetzes von den Gemeinderäthen gewählten Mitgliedern aus den größeren Städten des Landes.

Die Gesammtzahl der unter a. bis c. genannten Mitglieder darf die Zahl der unter d. und e. bezeichneten nicht übersteigen.

Eine Auflösung der ersten Kammer bezieht sich nur auf die aus Wahl hervorgegangenen Mitglieder.

Art. 66. Die Bildung der ersten Kammer in der Art. 65. bestimmten Weise tritt am 7. August des Jahres 1852. ein.

Bis zu diesem Zeitpunkte verbleibt es bei dem Wahlgesetze für die erste Kammer vom 6. Dezember 1848.

Art. 67. Die Legislatur-Periode der ersten Kammer wird auf sechs Jahre festgesetzt.

Art. 68. Wählbar zum Mitgliede der ersten Kammer ist jeder Preuße, der das vierzigste Lebensjahr vollendet, den Vollbesitz der bürgerlichen Rechte in Folge rechtskräftigen richterlichen Erkenntnisses nicht verloren und bereits fünf Jahre lang dem preußischen Staatsverbande angehört hat.

Die Mitglieder der ersten Kammer erhalten weder Reisekosten, noch Diäten.

Art. 69. Die zweite Kammer besteht aus dreihundert und fünfzig Mitgliedern. Die Wahlbezirke werden durch das Gesetz festgestellt. Sie können aus einem oder mehreren Kreisen oder aus einer oder mehreren der größeren Städte bestehen.

Art. 70. Jeder Preuße, welcher das fünf und zwanzigste Lebensjahr vollendet hat und in der Gemeinde, in welcher er seinen Wohnsitz hat, die Befähigung zu den Gemeindewahlen besitzt, ist stimmberechtigter Urwähler.

Wer in mehreren Gemeinden an den Gemeindewahlen Theil zu nehmen berechtigt ist, darf das Recht als Urwähler nur in Einer Gemeinde ausüben.

Art. 71. Auf jede Vollzahl von zweihundert und fünfzig Seelen der Bevölkerung ist ein Wahlmann zu wählen. Die Urwähler werden nach Maaßgabe der von ihnen zu entrichtenden direkten Staatssteuern in drei Abtheilungen getheilt, und zwar in der Art, daß auf jede Abtheilung ein Drittheil der Gesammtsumme der Steuerbeträge aller Urwähler fällt.

Die Gesammtsumme wird berechnet:

a) gemeindeweise, falls die Gemeinde einen Urwahlbezirk für sich bildet;

b) bezirksweise, falls der Urwahlbezirk aus mehreren Gemeinden zusammengesetzt ist.

Die erste Abtheilung besteht aus denjenigen Urwählern, auf welche die höchsten Steuerbeträge bis zum Belaufe eines Drittheils der Gesammtsteuer fallen.

Die zweite Abtheilung besteht aus denjenigen Urwählern, auf welche die nächst niedrigeren Steuerbeträge bis zur Gränze des zweiten Drittheils fallen.

Die dritte Abtheilung besteht aus den am niedrigsten besteuerten Urwählern, auf welche das dritte Drittheil fällt.

Jede Abtheilung wählt besonders und zwar ein Drittheil der zu wählenden Wahlmänner.

Die Abtheilungen können in mehrere Wahlverbände eingetheilt werden, deren keiner mehr als fünfhundert Urwähler in sich schließen darf.

Die Wahlmänner werden in jeder Abtheilung aus der Zahl der stimmberechtigten Urwähler des Urwahlbezirks ohne Rücksicht auf die Abtheilungen gewählt.

Art. 72. Die Abgeordneten werden durch die Wahlmänner gewählt.

Das Nähere über die Ausführung der Wahlen bestimmt das Wahlgesetz, welches auch die Anordnung für diejenigen Städte zu treffen hat, in denen an Stelle eines Theils der direkten Steuern die Mahl- und Schlachtsteuer erhoben wird.

Art. 73. Die Legislatur-Periode der zweiten Kammer wird auf drei Jahre festgesetzt.

Art. 74. Zum Abgeordneten der zweiten Kammer ist jeder Preuße wählbar, der das dreißigste Lebensjahr vollendet, den Vollbesitz der bürgerlichen Rechte in Folge rechtskräftigen richterlichen Erkenntnisses nicht verloren und bereits drei Jahre dem preußischen Staatsverbande angehört hat.

Art. 75. Die Kammern werden nach Ablauf ihrer Legislatur-Periode neu gewählt. Ein Gleiches geschieht im Falle der Auflösung. In beiden Fällen sind die bisherigen Mitglieder wieder wählbar.

Art. 76. Die Kammern werden durch den König regelmäßig im Monat November jeden Jahres und außerdem, so oft es die Umstände erheischen, einberufen.

Art. 77. Die Eröffnung und die Schließung der Kammern geschieht durch den König in Person oder durch einen dazu von ihm beauftragten Minister in einer Sitzung der vereinigten Kammern.

Beide Kammern werden gleichzeitig berufen, eröffnet, vertagt und geschlossen.

Wird eine Kammer aufgelöst, so wird die andere gleichzeitig vertagt.

Art. 78. Jede Kammer prüft die Legitimation ihrer Mitglieder und entscheidet darüber. Sie regelt ihren Geschäftsgang und ihre

Disziplin durch eine Geschäftsordnung und erwählt ihren Präsidenten, ihre Vicepräsidenten und Schriftführer.

Beamte bedürfen keines Urlaubs zum Eintritt in die Kammer.

Wenn ein Kammermitglied ein besoldetes Staatsamt annimmt und im Staatsdienste in ein Amt eintritt, mit welchem ein höherer Rang oder ein höheres Gehalt verbunden ist, so verliert es Sitz und Stimme in der Kammer und kann seine Stelle in derselben nur durch neue Wahl wieder erlangen.

Niemand kann Mitglied beider Kammern sein.

Art. 79. Die Sitzungen beider Kammern sind öffentlich. Jede Kammer tritt auf den Antrag ihres Präsidenten oder von zehn Mitgliedern zu einer geheimen Sitzung zusammen, in welcher dann zunächst über diesen Antrag zu beschließen ist.

Art. 80. Keine der beiden Kammern kann einen Beschluß fassen, wenn nicht die Mehrheit der gesetzlichen Anzahl ihrer Mitglieder anwesend ist. Jede Kammer faßt ihre Beschlüsse nach absoluter Stimmenmehrheit, vorbehaltlich der durch die Geschäftsordnung für Wahlen etwa zu bestimmenden Ausnahmen.

Art. 81. Jede Kammer hat für sich das Recht, Adressen an den König zu richten.

Niemand darf den Kammern oder einer derselben in Person eine Bittschrift oder Adresse überreichen.

Jede Kammer kann die an sie gerichteten Schriften an die Minister überweisen und von denselben Auskunft über eingehende Beschwerden verlangen.

Art. 82. Eine jede Kammer hat die Befugniß, Behufs ihrer Information Kommissionen zur Untersuchung von Thatsachen zu ernennen.

Art. 83. Die Mitglieder beider Kammern sind Vertreter des ganzen Volkes. Sie stimmen nach ihrer freien Ueberzeugung und sind an Aufträge und Instruktionen nicht gebunden.

Art. 84. Sie können für ihre Abstimmungen in der Kammer niemals, für ihre darin ausgesprochenen Meinungen nur innerhalb der Kammer auf den Grund der Geschäftsordnung (Art. 78.) zur Rechenschaft gezogen werden.

Kein Mitglied einer Kammer kann ohne deren Genehmigung während der Sitzungsperiode wegen einer mit Strafe bedrohten Handlung zur Untersuchung gezogen oder verhaftet werden, außer wenn es bei Ausübung der That oder im Laufe des nächstfolgenden Tages nach derselben ergriffen wird.

Gleiche Genehmigung ist bei einer Verhaftung wegen Schulden nothwendig.

Jedes Strafverfahren gegen ein Mitglied der Kammer und eine jede Untersuchungs- oder Civilhaft wird für die Dauer der Sitzungsperiode aufgehoben, wenn die betreffende Kammer es verlangt.

Art. 85. Die Mitglieder der zweiten Kammer erhalten aus der Staatskasse Reisekosten und Diäten nach Maaßgabe des Gesetzes. Ein Verzicht hierauf ist unstatthaft.

Titel VI.
Von der richterlichen Gewalt.

Art. 86. Die richterliche Gewalt wird im Namen des Königs durch unabhängige, keiner anderen Autorität als der des Gesetzes unterworfene Gerichte ausgeübt.

Die Urtheile werden im Namen des Königs ausgefertigt und vollstreckt.

Art. 87. Die Richter werden vom Könige oder in dessen Namen auf ihre Lebenszeit ernannt.

Sie können nur durch Richterspruch aus Gründen, welche die Gesetze vorgesehen haben, ihres Amtes entsetzt oder zeitweise enthoben werden. Die vorläufige Amtssuspension, welche nicht kraft des Gesetzes eintritt, und die unfreiwillige Versetzung an eine andere Stelle oder in den Ruhestand können nur aus den Ursachen und unter den Formen, welche im Gesetze angegeben sind, und nur auf Grund eines richterlichen Beschlusses erfolgen.

Auf die Versetzungen, welche durch Veränderungen in der Organisation der Gerichte oder ihrer Bezirke nöthig werden, finden diese Bestimmungen keine Anwendung.

Art. 88. Den Richtern dürfen andere besoldete Staatsämter fortan nicht übertragen werden. Ausnahmen sind nur auf Grund eines Gesetzes zulässig.

Art. 89. Die Organisation der Gerichte wird durch das Gesetz bestimmt.

Art. 90. Zu einem Richteramte darf nur der berufen werden, welcher sich zu demselben nach Vorschrift der Gesetze befähigt hat.

Art. 91. Gerichte für besondere Klassen von Angelegenheiten, insbesondere Handels- und Gewerbegerichte sollen im Wege der Gesetzgebung an den Orten errichtet werden, wo das Bedürfniß solche erfordert.

Die Organisation und Zuständigkeit solcher Gerichte, das Verfahren bei denselben, die Ernennung ihrer Mitglieder, die besonderen Verhältnisse der letzteren und die Dauer ihres Amtes werden durch das Gesetz festgestellt.

Art. 92. Es soll in Preußen nur Ein oberster Gerichtshof bestehen.

Art. 93. Die Verhandlungen vor dem erkennenden Gerichte in Civil- und Strafsachen sollen öffentlich sein. Die Oeffentlichkeit kann jedoch durch einen öffentlich zu verkündenden Beschluß des Gerichts ausgeschlossen werden, wenn sie der Ordnung oder den guten Sitten Gefahr droht.

In anderen Fällen kann die Oeffentlichkeit nur durch Gesetze beschränkt werden.

Art. 94. Bei den mit schweren Strafen bedrohten Verbrechen, bei allen politischen Verbrechen und bei allen Preßvergehen, welche das Gesetz nicht ausdrücklich ausnimmt, erfolgt die Entscheidung über die Schuld des Angeklagten durch Geschworene.

Die Bildung des Geschworenengerichts regelt das Gesetz.

Art. 95. Es kann durch ein mit vorheriger Zustimmung der Kammern zu erlassendes Gesetz ein besonderer Schwurgerichtshof errichtet werden, dessen Zuständigkeit die Verbrechen des Hochvertraths und diejenigen schweren Verbrechen gegen die innere und äußere Sicherheit des Staats, welche ihm durch das Gesetz überwiesen werden, begreift. Die Bildung der Geschworenen bei diesem Gerichte regelt das Gesetz.

Art. 96. Die Kompetenz der Gerichte und Verwaltungsbehörden wird durch das Gesetz bestimmt. Ueber Kompetenzkonflikte zwischen den Verwaltungs- und Gerichtsbehörden entscheidet ein durch das Gesetz bezeichneter Gerichtshof.

Art. 97. Die Bedingungen, unter welchen öffentliche Civil- und Militairbeamte wegen durch Überschreitung ihrer Amtsbefugnisse verübter Rechtsverletzungen gerichtlich in Anspruch genommen werden können, bestimmt das Gesetz. Eine vorgängige Genehmigung der vorgesetzten Dienstbehörde darf jedoch nicht verlangt werden.

Titel VII.
Von den nicht zum Richterstande gehörigen Staatsbeamten.

Art. 98. Die besonderen Rechtsverhältnisse der nicht zum Richterstande gehörigen Staatsbeamten, einschließlich der Staatsanwälte, sollen durch ein Gesetz geregelt werden, welches, ohne die Regierung in der Wahl der ausführenden Organe zweckwidrig zu beschränken, den Staatsbeamten gegen willkürliche Entziehung von Amt und Einkommen angemessenen Schutz gewährt.

Titel VIII.
Von den Finanzen.

Art. 99. Alle Einnahmen und Ausgaben des Staats müssen für jedes Jahr im Voraus veranschlagt und auf den Staatshaushalts-Etat gebracht werden.
Letzterer wird jährlich durch ein Gesetz festgestellt.

Art. 100. Steuern und Abgaben für die Staatskasse dürfen nur, soweit sie in den Staatshaushalts-Etat aufgenommen oder durch besondere Gesetze angeordnet sind, erhoben werden.

Art. 101. In Betreff der Steuern können Bevorzugungen nicht eingeführt werden.

Die bestehende Steuergesetzgebung wird einer Revision unterworfen und dabei jede Bevorzugung abgeschafft.

Art. 102. Gebühren können Staats- oder Kommunalbeamte nur auf Grund des Gesetzes erheben.

Art. 103. Die Aufnahme von Anleihen für die Staatskasse findet nur auf Grund eines Gesetzes statt. Dasselbe gilt von der Uebernahme von Garantieen zu Lasten des Staats.

Art. 104. Zu Etats-Ueberschreitungen ist die nachträgliche Genehmigung der Kammern erforderlich.

Die Rechnungen über den Staatshaushalts-Etat werden von der Ober-Rechnungskammer geprüft und festgestellt. Die allgemeine Rechnung über den Staatshaushalt jeden Jahres, einschließlich einer Uebersicht der Staatsschulden, wird mit den Bemerkungen der Ober-Rechnungskammer zur Entlastung der Staatsregierung den Kammern vorlegt.

Ein besonderes Gesetz wird die Einrichtung und die Befugnisse der Ober-Rechnungskammer bestimmen.

Titel IX.
Von den Gemeinden, Kreis-, Bezirks- und Provinzialverbänden.

Art. 105. Die Vertretung und Verwaltung der Gemeinden, Kreise, Bezirke und Provinzen des preußischen Staats wird durch besondere Gesetze unter Festhaltung folgender Grundsätze näher bestimmt:

1. Ueber die innern und besondern Angelegenheiten der Provinzen, Bezirke, Kreise und Gemeinden beschließen aus gewählten Vertretern bestehende Versammlungen, deren Beschlüsse durch die Vorsteher der Provinzen, Bezirke, Kreise und Gemeinden ausgeführt werden.

Das Gesetz wird die Fälle bestimmen, in welchen die Beschlüsse dieser Vertretungen der Genehmigung einer höheren Vertretung oder der Staatsregierung unterworfen sind.

2. Die Vorsteher der Provinzen, Bezirke und Kreise werden von dem Könige ernannt.

Ueber die Betheiligung des Staats bei der Anstellung der Gemeindevorsteher und über die Ausübung des den Gemeinden zustehenden Wahlrechts wird die Gemeindeordnung das Nähere bestimmen.

3. Den Gemeinden insbesondere steht die selbstständige Verwaltung ihrer Gemeindeangelegenheiten unter gesetzlich geordneter Oberaufsicht des Staats zu.

Ueber die Betheiligung der Gemeinden bei Verwaltung der Ortspolizei bestimmt das Gesetz.

Zur Aufrechthaltung der Ordnung kann nach näherer Bestimmung des Gesetzes durch Gemeindebeschluß eine Gemeinde-Schutz- oder Bürgerwehr errichtet werden.

4. Die Berathungen der Provinzial-, Kreis- und Gemeindevertretungen sind öffentlich. Die Ausnahmen bestimmt das Gesetz. Ueber die Einnahmen und Ausgaben muß wenigstens jährlich ein Bericht veröffentlicht werden.

Allgemeine Bestimmungen.

Art. 106. Gesetze und Verordnungen sind verbindlich, wenn sie in der vom Gesetze vorgeschriebenen Form bekannt gemacht worden sind.

Die Prüfung der Rechtsgültigkeit gehörig verkündeter Königlicher Verordnungen steht nicht den Behörden, sondern nur den Kammern zu.

Art. 107. Die Verfassung kann auf dem ordentlichen Wege der Gesetzgebung abgeändert werden, wobei in jeder Kammer die gewöhnliche absolute Stimmenmehrheit bei zwei Abstimmungen, zwischen welchen ein Zeitraum von wenigstens ein und zwanzig Tagen liegen muß, genügt.

Art. 108. Die Mitglieder der beiden Kammern und alle Staatsbeamte leisten dem Könige den Eid der Treue und des Gehorsams und beschwören die gewissenhafte Beobachtung der Verfassung.

Eine Vereidigung des Heeres auf die Verfassung findet nicht statt.

Art. 109. Die bestehenden Steuern und Abgaben werden forterhoben, und alle Bestimmungen der bestehenden Gesetzbücher, einzelnen Gesetze und Verordnungen, welche der gegenwärtigen Verfassung nicht zuwiderlaufen, bleiben in Kraft, bis sie durch ein Gesetz abgeändert werden.

Art. 110. Alle durch die bestehenden Gesetze angeordneten Behörden bleiben bis zur Ausführung der sie betreffenden organischen Gesetze in Thätigkeit.

Art. 111. Für den Fall eines Krieges oder Aufruhrs können bei dringender Gefahr für die öffentliche Sicherheit die Artikel 5. 6. 7. 27. 28. 29. 30. und 36. der Verfassungs-Urkunde zeit- und distriktsweise außer Kraft gesetzt werden. Das Nähere bestimmt das Gesetz.

Uebergangsbestimmungen.

Art. 112. Bis zum Erlaß des im Art. 26. vorgesehenen Gesetzes bewendet es hinsichtlich des Schul- und Unterrichtswesens bei den jetzt geltenden gesetzlichen Bestimmungen.

Art. 113. Vor der erfolgten Revision des Strafrechts wird über Vergehen, welche durch Wort, Schrift, Druck oder bildliche Darstellung begangen werden, ein besonderes Gesetz ergehen.

Art. 114. Bis zur Emanirung der neuen Gemeindeordnung bleibt es bei den bisherigen Bestimmungen hinsichtlich der Polizeiverwaltung.

Art. 115. Bis zum Erlasse des im Art. 72. vorgesehenen Wahlgesetzes bleibt die Verordnung vom 30. Mai 1849. die Wahl der Abgeordneten zur zweiten Kammer betreffend, in Kraft.

Art. 116. Die noch bestehenden beiden obersten Gerichtshöfe sollen zu einem Einzigen vereinigt werden. Die Organisation erfolgt durch ein besonderes Gesetz.

Art. 117. Auf die Ansprüche der vor Verkündigung der Verfassungs-Urkunde etatsmäßig angestellten Staatsbeamten soll im Staatsdienergesetz besondere Rücksicht genommen werden.

Art. 118. Sollten durch die für den deutschen Bundesstaat auf Grund des Entwurfs vom 26. Mai 1849. festzustellende Verfassung Abänderungen der gegenwärtigen Verfassung nöthig werden, so wird der König dieselben anordnen und diese Anordnungen den Kammern bei ihrer nächsten Versammlung mittheilen.

Die Kammern werden dann Beschluß darüber fassen, ob die vorläufig angeordneten Abänderungen mit der Verfassung des deutschen Bundesstaats in Uebereinstimmung stehen.

Art. 119. Das im Art. 54. erwähnte eidliche Gelöbniß des Königs, so wie die vorgeschriebene Vereidigung der beiden Kammern und aller Staatsbeamten, erfolgen sogleich nach der auf dem Wege der Gesetzgebung vollendeten gegenwärtigen Revision dieser Verfassung (Art. 62. und 108.).

12. Die Verfassung des Deutschen Reiches vom 16. April 1871

Wir Wilhelm, von Gottes Gnaden Deutscher Kaiser, König von Preußen etc. verordnen hiermit im Namen des Deutschen Reichs, nach erfolgter Zustimmung des Bundesrathes und des Reichstages, was folgt:

§. 1. An die Stelle der zwischen dem Norddeutschen Bunde und den Großherzogthümern Baden und Hessen vereinbarten Verfassung des Deutschen Bundes (Bundesgesetzbl. vom Jahre 1870. S. 627 ff.), sowie der mit den Königreichen Bayern und Württemberg über den Beitritt zu dieser Verfassung geschlossenen Verträge vom 23. und 25. November 1870. (Bundesgesetzbl. vom Jahre 1871. S. 9 ff. und vom Jahre 1870. S. 654 ff.) tritt die beigefügte

Verfassungs-Urkunde für das Deutsche Reich.

§. 2. Die Bestimmungen in Artikel 80. der in §. 1. gedachten Verfassung des Deutschen Bundes (Bundesgesetzblatt vom Jahre 1870. S. 647), unter III. §. 8. des Vertrages mit Bayern vom 23. November 1870. (Bundesgesetzbl. vom Jahre 1871. S. 21 ff.), in Artikel 2. Nr. 6. des Vertrages mit Württemberg vom 25. November 1870. (Bundesgesetzbl. vom Jahre 1870. S. 656), über die Einführung der im Norddeutschen Bunde ergangenen Gesetze in diesen Staaten bleiben in Kraft.

Die dort bezeichneten Gesetze sind Reichsgesetze. Wo in denselben von dem Norddeutschen Bunde, dessen Verfassung, Gebiet, Mitgliedern oder Staaten, Indigenat, verfassungsmäßigen Organen, Angehörigen, Beamten, Flagge u.s.w. die Rede ist, sind das Deutsche Reich und dessen entsprechende Beziehungen zu verstehen.

Dasselbe gilt von denjenigen im Norddeutschen Bunde ergangenen Gesetzen, welche in der Folge in einem der genannten Staaten eingeführt werden.

§. 3. Die Vereinbarungen in dem zu Versailles am 15. November 1870. aufgenommenen Protokolle (Bundesgesetzbl. vom Jahre

1870. S. 650 ff.), in der Verhandlung zu Berlin vom 25. November 1870. (Bundesgesetzbl. vom Jahre 1870. S. 657), dem Schlußprotokolle vom 23. November 1870. (Bundesgesetzbl. vom Jahre 1871. S. 23 ff.), sowie unter IV. des Vertrages mit Bayern vom 23. November 1870. (a.a.O. S. 21 ff.) werden durch dieses Gesetz nicht berührt.

Verfassung des Deutschen Reichs.

Seine Majestät der König von Preußen im Namen des Norddeutschen Bundes, Seine Majestät der König von Bayern, Seine Majestät der König von Württemberg, Seine Königliche Hoheit der Großherzog von Baden und Seine Königliche Hoheit der Großherzog von Hessen und bei Rhein für die südlich vom Main belegenen Theile des Großherzogthums Hessen, schließen einen ewigen Bund zum Schutze des Bundesgebietes und des innerhalb desselben gültigen Rechtes, sowie zur Pflege der Wohlfahrt des Deutschen Volkes. Dieser Bund wird den Namen Deutsches Reich führen und wird nachstehende
Verfassung
haben.

I. Bundesgebiet.

Art. 1. Das Bundesgebiet besteht aus den Staaten Preußen mit Lauenburg, Bayern, Sachsen, Württemberg, Baden, Hessen, Mecklenburg-Schwerin, Sachsen-Weimar, Mecklenburg-Strelitz, Oldenburg, Braunschweig, Sachsen-Meiningen, Sachsen-Altenburg, Sachsen-Koburg-Gotha, Anhalt, Schwarzburg-Rudolstadt, Schwarzburg-Sondershausen, Waldeck, Reuß älterer Linie, Reuß jüngerer Linie, Schaumburg-Lippe, Lippe, Lübeck, Bremen und Hamburg.

II. Reichsgesetzgebung.

Art. 2. Innerhalb dieses Bundesgebietes übt das Reich das Recht der Gesetzgebung nach Maßgabe des Inhalts dieser Verfassung und mit der Wirkung aus, daß die Reichsgesetze den Landesgesetzen vorgehen. Die Reichsgesetze erhalten ihre verbindliche Kraft durch ihre Verkündigung von Reichswegen, welche vermittelst eines Reichsgesetzblattes geschieht. Sofern nicht in dem publizirten Gesetze ein anderer Anfangstermin seiner verbindlichen Kraft bestimmt ist, beginnt die letztere mit dem vierzehnten Tage nach dem Ablauf desjenigen Tages, an welchem das betreffende Stück des Reichsgesetzblattes in Berlin ausgegeben worden ist.

Art. 3. Für ganz Deutschland besteht ein gemeinsames Indigenat mit der Wirkung, daß der Angehörige (Unterthan, Staatsbürger) eines jeden Bundesstaates in jedem anderen Bundesstaate als Inländer zu behandeln und demgemäß zum festen Wohnsitz, zum Gewerbebetriebe, zu öffentlichen Ämtern, zur Erwerbung von Grundstücken, zur Erlangung des Staatsbürgerrechtes und zum Genusse aller sonstigen bürgerlichen Rechte unter denselben Voraussetzungen wie der Einheimische zuzulassen, auch in Betreff der Rechtsverfolgung und des Rechtsschutzes demselben gleich zu behandeln ist.

Kein Deutscher darf in der Ausübung dieser Befugniß durch die Obrigkeit seiner Heimath, oder durch die Obrigkeit eines anderen Bundesstaates beschränkt werden.

Diejenigen Bestimmungen, welche die Armenversorgung und die Aufnahme in den lokalen Gemeindeverband betreffen, werden durch den im ersten Absatz ausgesprochenen Grundsatz nicht berührt.

Ebenso bleiben bis auf Weiteres die Verträge in Kraft, welche zwischen den einzelnen Bundesstaaten in Beziehung auf die Übernahme von Auszuweisenden, die Verpflegung erkrankter und die Beerdigung verstorbener Staatsangehörigen bestehen.

Hinsichtlich der Erfüllung der Militairpflicht im Verhältniß zu dem Heimathslande wird im Wege der Reichsgesetzgebung das Nöthige geordnet werden.

Dem Auslande gegenüber haben alle Deutschen gleichmäßig Anspruch auf den Schutz des Reichs.

Art. 4. Der Beaufsichtigung Seitens des Reichs und der Gesetzgebung desselben unterliegen die nachstehenden Angelegenheiten:

1) die Bestimmungen über Freizügigkeit, Heimaths- und Niederlassungs-Verhältnisse, Staatsbürgerrecht, Paßwesen und Fremdenpolizei und über den Gewerbebetrieb, einschließlich des Versicherungswesens, soweit die Gegenstände nicht schon durch den Artikel 3. dieser Verfassung erledigt sind, in Bayern jedoch mit Ausschluß der Heimaths- und Niederlassungs-Verhältnisse, desgleichen über die Kolonisation und die Auswanderung nach außerdeutschen Ländern;

2) die Zoll- und Handelsgesetzgebung und die für die Zwecke des Reichs zu verwendenden Steuern;

3) die Ordnung des Maaß-, Münz- und Gewichtssystems, nebst Feststellung der Grundsätze über die Emission von fundirtem und unfundirtem Papiergelde;

4) die allgemeinen Bestimmungen über das Bankwesen;

5) die Erfindungspatente;

6) der Schutz des geistigen Eigenthums;

7) Organisation eines gemeinsamen Schutzes des Deutschen Handels im Auslande, der Deutschen Schiffahrt und ihrer Flagge zur See und Anordnung gemeinsamer konsularischer Vertretung, welche vom Reiche ausgestattet wird;

8) das Eisenbahnwesen, in Bayern vorbehaltlich der Bestimmung im Artikel 46., und die Herstellung von Land- und Wasserstraßen im Interesse der Landesvertheidigung und des allgemeinen Verkehrs;

9) der Flößerei- und Schiffahrtsbetrieb auf den mehreren Staaten gemeinsamen Wasserstraßen und der Zustand der letzteren, sowie die Fluß- und sonstigen Wasserzölle;

10) das Post- und Telegraphenwesen, jedoch in Bayern und Württemberg nur nach Maßgabe der Bestimmung im Artikel 52.;

11) Bestimmungen über die wechselseitige Vollstreckung von Erkenntnissen in Civilsachen und Erledigung von Requisitionen überhaupt;

12) sowie über die Beglaubigung von öffentlichen Urkunden;

13) die gemeinsame Gesetzgebung über das Obligationenrecht, Strafrecht, Handels- und Wechselrecht und das gerichtliche Verfahren;

14) das Militairwesen des Reichs und die Kriegsmarine;

15) Maßregeln der Medizinal- und Veterinairpolizei;

16) die Bestimmungen über die Presse und das Vereinswesen.

Art. 5. Die Reichsgesetzgebung wird ausgeübt durch den Bundesrath und den Reichstag. Die Übereinstimmung der Mehrheitsbeschlüsse beider Versammlungen ist zu einem Reichsgesetze erforderlich und ausreichend.

Bei Gesetzesvorschlägen über das Militairwesen, die Kriegsmarine und die im Artikel 35. bezeichneten Abgaben giebt, wenn im Bundesrathe eine Meinungsverschiedenheit stattfindet, die Stimme des Präsidiums den Ausschlag, wenn sie sich für die Aufrechthaltung der bestehenden Einrichtungen ausspricht.

III. Bundesrath.

Art. 6. Der Bundesrath besteht aus den Vertretern der Mitglieder des Bundes, unter welchen die Stimmführung sich in der Weise vertheilt, daß Preußen mit den ehemaligen Stimmen von
Hannover, Kurhessen, Holstein, Nassau und Frankfurt 17 Stimmen führt,
Bayern 6,
Sachsen 4,
Württemberg 4,
Baden 3,
Hessen 3,
Mecklenburg-Schwerin 2,
Sachsen-Weimar 1,
Mecklenburg-Strelitz 1,
Oldenburg 1,
Braunschweig 2,
Sachsen-Meiningen 1,
Sachsen-Altenburg 1,
Sachsen-Koburg-Gotha 1,
Anhalt 1,
Schwarzburg-Rudolstadt 1,
Schwarzburg-Sondershausen 1,
Waldeck 1,
Reuß älterer Linie 1,
Reuß jüngerer Linie 1,
Schaumburg-Lippe 1,

Lippe 1,
Lübeck 1,
Bremen 1,
Hamburg 1,
zusammen 58 Stimmen.

Jedes Mitglied des Bundes kann so viel Bevollmächtigte zum Bundesrathe ernennen, wie es Stimmen hat, doch kann die Gesammtheit der zuständigen Stimmen nur einheitlich abgegeben werden.

Art. 7. Der Bundesrath beschließt:

1) über die dem Reichstage zu machenden Vorlagen und die von demselben gefaßten Beschlüsse;

2) über die zur Ausführung der Reichsgesetze erforderlichen allgemeinen Verwaltungsvorschriften und Einrichtungen, sofern nicht durch Reichsgesetz etwas Anderes bestimmt ist;

3) über Mängel, welche bei der Ausführung der Reichsgesetze oder der vorstehend erwähnten Vorschriften oder Einrichtungen hervortreten.

Jedes Bundesglied ist befugt, Vorschläge zu machen und in Vortrag zu bringen, und das Präsidium ist verpflichtet, dieselben der Berathung zu übergeben.

Die Beschlußfassung erfolgt, vorbehaltlich der Bestimmungen in den Artikeln 5., 37., und 78., mit einfacher Mehrheit. Nicht vertretene oder nicht instruirte Stimmen werden nicht gezählt. Bei Stimmengleichheit gibt die Präsidialstimme den Ausschlag.

Bei der Beschlußfassung über eine Angelegenheit, welche nach den Bestimmungen dieser Verfassung nicht dem ganzen Reiche gemeinschaftlich ist, werden die Stimmen nur derjenigen Bundesstaaten gezählt, welchen die Angelegenheit gemeinschaftlich ist.

Art. 8. Der Bundesrath bildet aus seiner Mitte dauernde Ausschüsse

1) ... für das Landheer und die Festungen;

2) für das Seewesen;

3) für Zoll- und Steuerwesen;

4) für Handel und Verkehr;

5) für Eisenbahnen, Post und Telegraphen;

6) für Justizwesen;
7) für Rechnungswesen.

In jedem dieser Ausschüsse werden außer dem Präsidium mindestens vier Bundesstaaten vertreten sein, und führt innerhalb derselben jeder Staat nur Eine Stimme. In dem Ausschuß für das Landheer und die Festungen hat Bayern einen ständigen Sitz, die übrigen Mitglieder desselben, sowie die Mitglieder des Ausschusses für das Seewesen werden vom Kaiser ernannt; die Mitglieder der anderen Ausschüsse werden von dem Bundesrathe gewählt. Die Zusammensetzung dieser Ausschüsse ist für jede Session des Bundesrathes resp. mit jedem Jahre zu erneuern, wobei die ausscheidenden Mitglieder wieder wählbar sind.

Außerdem wird im Bundesrathe aus den Bevollmächtigten der Königreiche Bayern, Sachsen und Württemberg und zwei, vom Bundesrathe alljährlich zu wählenden Bevollmächtigten anderer Bundesstaaten ein Ausschuß für die auswärtigen Angelegenheiten gebildet, in welchem Bayern den Vorsitz führt.

Den Ausschüssen werden die zu ihren Arbeiten nöthigen Beamten zur Verfügung gestellt.

Art. 9. Jedes Mitglied des Bundesrathes hat das Recht, im Reichstage zu erscheinen und muß daselbst auf Verlangen jederzeit gehört werden, um die Ansichten seiner Regierung zu vertreten, auch dann, wenn dieselben von der Majorität des Bundesrathes nicht adoptirt worden sind. Niemand kann gleichzeitig Mitglied des Bundesrathes und des Reichstages sein.

Art. 10. Dem Kaiser liegt es ob, den Mitgliedern des Bundesrathes den üblichen diplomatischen Schutz zu gewähren.

IV. Präsidium.

Art. 11. Das Präsidium des Bundes steht dem Könige von Preußen zu, welcher den Namen Deutscher Kaiser führt. Der Kaiser hat das Reich völkerrechtlich zu vertreten, im Namen des Reichs Krieg zu erklären und Frieden zu schließen, Bündnisse und andere Verträge mit fremden Staaten einzugehen, Gesandte zu beglaubigen und zu empfangen.

Zur Erklärung des Krieges im Namen des Reichs ist die Zustimmung des Bundesrathes erforderlich, es sei denn, daß ein Angriff auf das Bundesgebiet oder dessen Küsten erfolgt.

Insoweit die Verträge mit fremden Staaten sich auf solche Gegenstände beziehen, welche nach Artikel 4. in den Bereich der Reichsgesetzgebung gehören, ist zu ihrem Abschluß die Zustimmung des Bundesrathes und zu ihrer Gültigkeit die Genehmigung des Reichstages erforderlich.

Art. 12. Dem Kaiser steht es zu, den Bundesrath und den Reichstag zu berufen, zu eröffnen, zu vertagen und zu schließen.

Art. 13. Die Berufung des Bundesrathes und des Reichstages findet alljährlich statt und kann der Bundesrath zur Vorbereitung der Arbeiten ohne den Reichstag, letzterer aber nicht ohne den Bundesrath berufen werden.

Art. 14. Die Berufung des Bundesrathes muß erfolgen, sobald sie von einem Drittel der Stimmenzahl verlangt wird.

Art. 15. Der Vorsitz im Bundesrathe und die Leitung der Geschäfte steht dem Reichskanzler zu, welcher vom Kaiser zu ernennen ist.

Der Reichskanzler kann sich durch jedes andere Mitglied des Bundesrathes vermöge schriftlicher Substitution vertreten lassen.

Art. 16. Die erforderlichen Vorlagen werden nach Maßgabe der Beschlüsse des Bundesrathes im Namen des Kaisers an den Reichstag gebracht, wo sie durch Mitglieder des Bundesrathes oder durch besondere von letzterem zu ernennende Kommissarien vertreten werden.

Art. 17. Dem Kaiser steht die Ausfertigung und Verkündigung der Reichsgesetze und die Überwachung der Ausführung derselben zu. Die Anordnungen und Verfügungen des Kaisers werden im Namen des Reichs erlassen und bedürfen zu ihrer Gültigkeit der Gegenzeichnung des Reichskanzlers, welcher dadurch die Verantwortlichkeit übernimmt.

Art. 18. Der Kaiser ernennt die Reichsbeamten, läßt dieselben für das Reich vereidigen und verfügt erforderlichen Falles deren Entlassung.

Den zu einem Reichsamte berufenen Beamten eines Bundesstaates stehen, sofern nicht vor ihrem Eintritt in den Reichsdienst im Wege der Reichsgesetzgebung etwas Anderes bestimmt ist, dem Reiche gegenüber diejenigen Rechte zu, welche ihnen in ihrem Heimathslande aus ihrer dienstlichen Stellung zugestanden hatten.

Art. 19. Wenn Bundesglieder ihre verfassungsmäßigen Bundespflichten nicht erfüllen, können sie dazu im Wege der Exekution angehalten werden. Diese Exekution ist vom Bundesrathe zu beschließen und vom Kaiser zu vollstrecken.

V. Reichstag.

Art. 20. Der Reichstag geht aus allgemeinen und direkten Wahlen mit geheimer Abstimmung hervor.

Bis zu der gesetzlichen Regelung, welche im §. 5. des Wahlgesetzes vom 31. Mai 1869. (Bundesgesetzbl. 1869. S. 145.) vorbehalten ist, werden in Bayern 48, in Württemberg 17, in Baden 14, in Hessen südlich des Main 6 Abgeordnete gewählt, und beträgt demnach die Gesammtzahl der Abgeordneten 382.

Art. 21. Beamte bedürfen keines Urlaubs zum Eintritt in den Reichstag.

Wenn ein Mitglied des Reichstages ein besoldetes Reichsamt oder in einem Bundesstaat ein besoldetes Staatsamt annimmt oder im Reichs- oder Staatsdienste in ein Amt eintritt, mit welchem ein höherer Rang oder ein höheres Gehalt verbunden ist, so verliert es Sitz und Stimme in dem Reichstag und kann seine Stelle in demselben nur durch neue Wahl wieder erlangen.

Art. 22. Die Verhandlungen des Reichstages sind öffentlich. Wahrheitsgetreue Berichte über Verhandlungen in den öffentlichen Sitzungen des Reichstages bleiben von jeder Verantwortlichkeit frei.

Art. 23. Der Reichstag hat das Recht, innerhalb der Kompetenz des Reichs Gesetze vorzuschlagen und an ihn gerichtete Petitionen dem Bundesrathe resp. Reichskanzler zu überweisen.

Art. 24. Die Legislaturperiode des Reichstages dauert drei Jahre. Zur Auflösung des Reichstages während derselben ist ein Beschluß des Bundesrathes unter Zustimmung des Kaisers erforderlich.

Art. 25. Im Falle der Auflösung des Reichstages müssen innerhalb eines Zeitraumes von 60 Tagen nach derselben die Wähler und innerhalb eines Zeitraumes von 90 Tagen nach der Auflösung der Reichstag versammelt werden.

Art. 26. Ohne Zustimmung des Reichstages darf die Vertagung desselben die Frist von 30 Tagen nicht übersteigen und während derselben Session nicht wiederholt werden.

Art. 27. Der Reichstag prüft die Legitimation seiner Mitglieder und entscheidet darüber. Er regelt seinen Geschäftsgang und seine Disziplin durch eine Geschäfts-Ordnung und erwählt seinen Präsidenten, seine Vizepräsidenten und Schriftführer.

Art. 28. Der Reichstag beschließt nach absoluter Stimmenmehrheit. Zur Gültigkeit der Beschlußfassung ist die Anwesenheit der Mehrheit der gesetzlichen Anzahl der Mitglieder erforderlich.

Bei der Beschlußfassung über eine Angelegenheit, welche nach den Bestimmungen dieser Verfassung nicht dem ganzen Reiche gemeinschaftlich ist, werden die Stimmen nur derjenigen Mitglieder gezählt, die in Bundesstaaten gewählt sind, welchen die Angelegenheit gemeinschaftlich ist.

Art. 29. Die Mitglieder des Reichstages sind Vertreter des gesammten Volkes und an Aufträge und Instruktionen nicht gebunden.

Art. 30. Kein Mitglied des Reichstages darf zu irgend einer Zeit wegen seiner Abstimmung oder wegen der in Ausübung seines Berufes gethanen Äußerungen gerichtlich oder disziplinarisch verfolgt oder sonst außerhalb der Versammlung zur Verantwortung gezogen werden.

Art. 31. Ohne Genehmigung des Reichstages kann kein Mitglied desselben während der Sitzungsperiode wegen einer mit Strafe bedrohten Handlung zur Untersuchung gezogen oder verhaftet werden, außer wenn es bei Ausübung der That oder im Laufe des nächstfolgenden Tages ergriffen wird.

Gleiche Genehmigung ist bei einer Verhaftung wegen Schulden erforderlich.

Auf Verlangen des Reichstages wird jedes Strafverfahren gegen ein Mitglied desselben und jede Untersuchungs- oder Civilhaft für die Dauer der Sitzungsperiode aufgehoben.

Art. 32. Die Mitglieder des Reichstages dürfen als solche keine Besoldung oder Entschädigung beziehen.

VI. Zoll- und Handelswesen.

Art. 33. Deutschland bildet ein Zoll- und Handelsgebiet, umgeben von gemeinschaftlicher Zollgrenze. Ausgeschlossen bleiben die wegen ihrer Lage zur Einschließung in die Zollgrenze nicht geeigneten einzelnen Gebietstheile.

Alle Gegenstände, welche im freien Verkehr eines Bundesstaates befindlich sind, können in jeden anderen Bundesstaat eingeführt und dürfen in letzterem einer Abgabe nur insoweit unterworfen werden, als daselbst gleichartige inländische Erzeugnisse einer inneren Steuer unterliegen.

Art. 34. Die Hansestädte Bremen und Hamburg mit einem dem Zweck entsprechenden Bezirke ihres oder des umliegenden Gebietes bleiben als Freihäfen außerhalb der gemeinschaftlichen Zollgrenze, bis sie ihren Einschluß in dieselbe beantragen.

Art. 35. Das Reich ausschließlich hat die Gesetzgebung über das gesammte Zollwesen, über die Besteuerung des im Bundesgebiete gewonnenen Salzes und Tabacks, bereiteten Branntweins und Bieres und aus Rüben oder anderen inländischen Erzeugnissen dargestellten Zuckers und Syrups, über den gegenseitigen Schutz der in den einzelnen Bundesstaaten erhobenen Verbrauchsabgaben gegen Hinterziehungen, sowie über die Maßregeln, welche in den Zollausschlüssen zur Sicherung der gemeinsamen Zollgrenze erforderlich sind.

In Bayern, Württemberg und Baden bleibt die Besteuerung des inländischen Branntweins und Bieres der Landesgesetzgebung vorbehalten. Die Bundesstaaten werden jedoch ihr Bestreben darauf richten, eine Übereinstimmung der Gesetzgebung über die Besteuerung auch dieser Gegenstände herbeizuführen.

Art. 36. Die Erhebung und Verwaltung der Zölle und Verbrauchssteuern (Art. 35.) bleibt jedem Bundesstaate, soweit derselbe sie bisher ausgeübt hat, innerhalb seines Gebietes überlassen.

Der Kaiser überwacht die Einhaltung des gesetzlichen Verfahrens durch Reichsbeamte, welche er den Zoll- oder Steuerämtern und den Direktivbehörden der einzelnen Staaten, nach Vernehmung des Ausschusses des Bundesrathes für Zoll- und Steuerwesen, beiordnet.

Die von diesen Beamten über Mängel bei der Ausführung der gemeinschaftlichen Gesetzgebung (Art. 35.) gemachten Anzeigen werden dem Bundesrathe zur Beschlußnahme vorgelegt.

Art. 37. Bei der Beschlußnahme über die zur Ausführung der gemeinschaftlichen Gesetzgebung (Art. 35.) dienenden Verwaltungsvorschriften und Einrichtungen gibt die Stimme des Präsidiums alsdann den Ausschlag, wenn sie sich für Aufrechthaltung der bestehenden Vorschrift oder Einrichtung ausspricht.

Art. 38. Der Ertrag der Zölle und der anderen in Artikel 35. bezeichneten Abgaben, letzterer soweit sie der Reichsgesetzgebung unterliegen, fließt in die Reichskasse.

Dieser Ertrag besteht aus der gesammten von den Zöllen und den übrigen Abgaben aufgekommenen Einnahme nach Abzug:

1) der auf Gesetzen oder allgemeinen Verwaltungsvorschriften beruhenden Steuervergütungen und Ermäßigungen,

2) der Rückerstattungen für unrichtige Erhebungen,

3) der Erhebungs- und Verwaltungskosten, und zwar:

a) bei den Zöllen der Kosten, welche an den gegen das Ausland gelegenen Grenzen und in dem Grenzbezirke für den Schutz und die Erhebung der Zölle erforderlich sind,

b) bei der Salzsteuer der Kosten, welche zur Besoldung der mit Erhebung und Kontrolirung dieser Steuer auf den Salzwerken beauftragten Beamten aufgewendet werden,

c) bei der Rübenzuckersteuer und Tabacksteuer der Vergütung, welche nach den jeweiligen Beschlüssen des Bundesrathes den einzelnen Bundesregierungen für die Kosten der Verwaltung dieser Steuern zu gewähren ist,

d) bei den übrigen Steuern mit fünfzehn Prozent der Gesammteinnahme.

Die außerhalb der gemeinschaftlichen Zollgrenze liegenden Gebiete tragen zu den Ausgaben des Reichs durch Zahlung eines Aversums bei.

Bayern, Württemberg und Baden haben an dem in die Reichskasse fließenden Ertrage der Steuern von Branntwein und Bier und an dem diesem Ertrage entsprechenden Theile des vorstehend erwähnten Aversums keinen Theil.

Art. 39. Die von den Erhebungsbehörden der Bundesstaaten nach Ablauf eines jeden Vierteljahrs aufzustellenden Quartal-Extrakte und die nach dem Jahres- und Bücherschlusse aufzustellenden Finalabschlüsse über die im Laufe des Vierteljahrs beziehungsweise während des Rechnungsjahres fällig gewordenen Einnahmen an Zöllen und nach Artikel 38. zur Reichskasse fließenden Verbrauchsabgaben werden von den Direktivbehörden der Bundesstaaten, nach vorangegangener Prüfung, in Hauptübersichten zusammengestellt, in welchen jede Abgabe gesondert nachzuweisen ist, und es werden diese Übersichten an den Ausschuß des Bundesrathes für das Rechnungswesen eingesandt.

Der letztere stellt auf Grund dieser Übersichten von drei zu drei Monaten den von der Kasse jedes Bundesstaates der Reichskasse schuldigen Betrag vorläufig fest und setzt von dieser Feststellung den Bundesrath und die Bundesstaaten in Kenntniß, legt auch alljährlich die schließliche Feststellung jener Beträge mit seinen Bemerkungen dem Bundesrathe vor. Der Bundesrath beschließt über diese Feststellung.

Art. 40. Die Bestimmungen in dem Zollvereinigungsvertrage vom 8. Juli 1867. bleiben in Kraft, soweit sie nicht durch die Vorschriften dieser Verfassung abgeändert sind und solange sie nicht auf dem im Artikel 7., beziehungsweise 78. bezeichneten Wege abgeändert werden.

VII. Eisenbahnwesen.

Art. 41. Eisenbahnen, welche im Interesse der Vertheidigung Deutschlands oder im Interesse des gemeinsamen Verkehrs für nothwendig erachtet werden, können kraft eines Reichsgesetzes auch gegen den Widerspruch der Bundesglieder, deren Gebiet die Eisenbahnen durchschneiden, unbeschadet der Landeshoheitsrechte, für Rechnung des Reichs angelegt oder an Privatunternehmer zur Ausführung konzessionirt und mit dem Expropriationsrechte ausgestattet werden.

Jede bestehende Eisenbahnverwaltung ist verpflichtet, sich den Anschluß neu angelegter Eisenbahnen auf Kosten der letzteren gefallen zu lassen.

Die gesetzlichen Bestimmungen, welche bestehenden Eisenbahn-Unternehmungen ein Widerspruchsrecht gegen die Anlegung von Parallel- oder Konkurrenzbahnen einräumen, werden, unbeschadet bereits erworbener Rechte, für das ganze Reich hierdurch aufgehoben. Ein solches Widerspruchsrecht kann auch in den künftig zu ertheilenden Konzessionen nicht weiter verliehen werden.

Art. 42. Die Bundesregierungen verpflichten sich, die Deutschen Eisenbahnen im Interesse des allgemeinen Verkehrs wie ein einheitliches Netz verwalten und zu diesem Behuf auch die neu herzustellenden Bahnen nach einheitlichen Normen anlegen und ausrüsten zu lassen.

Art. 43. Es sollen demgemäß in thunlichster Beschleunigung übereinstimmende Betriebseinrichtungen getroffen, insbesondere gleiche Bahnpolizei-Reglements eingeführt werden. Das Reich hat dafür Sorge zu tragen, daß die Eisenbahnverwaltungen die Bahnen jederzeit in einem die nöthige Sicherheit gewährenden baulichen Zustande erhalten und dieselben mit Betriebsmaterial so ausrüsten, wie das Verkehrsbedürfniß es erheischt.

Art. 44. Die Eisenbahnverwaltungen sind verpflichtet, die für den durchgehenden Verkehr und zur Herstellung ineinander greifender Fahrpläne nöthigen Personenzüge mit entsprechender Fahrgeschwindigkeit, desgleichen die zur Bewältigung des Güterverkehrs nöthigen Güterzüge einzuführen, auch direkte Expeditionen im Personen- und Güterverkehr, unter Gestattung des Überganges der Transportmittel von einer Bahn auf die andere, gegen die übliche Vergütung einzurichten.

Art. 45. Dem Reiche steht die Kontrole über das Tarifwesen zu. Dasselbe wird namentlich dahin wirken:

1) … daß baldigst auf allen Deutschen Eisenbahnen übereinstimmende Betriebsreglements eingeführt werden;

2) daß die möglichste Gleichmäßigkeit und Herabsetzung der Tarife erzielt, insbesondere, daß bei größeren Entfernungen für den Transport von Kohlen, Koaks, Holz, Erzen, Steinen, Salz, Roheisen, Düngungsmitteln und ähnlichen Gegenständen ein dem Bedürfniß der Landwirthschaft und Industrie entsprechender ermäßigter Tarif, und zwar zunächst thunlichst der Einpfennig-Tarif eingeführt werde.

Art. 46. Bei eintretenden Nothständen, insbesondere bei ungewöhnlicher Theuerung der Lebensmittel, sind die Eisenbahnverwaltungen verpflichtet, für den Transport, namentlich von Getreide, Mehl, Hülsenfrüchten und Kartoffeln, zeitweise einen dem Bedürfniß entsprechenden, von dem Kaiser auf Vorschlag des betreffenden Bundesraths-Ausschusses festzustellenden, niedrigen Spezialtarif einzuführen, welcher jedoch nicht unter den niedrigsten auf der betreffenden Bahn für Rohprodukte geltenden Satz herabgehen darf.

Die vorstehend, sowie die in den Artikeln 42. bis 45. getroffenen Bestimmungen sind auf Bayern nicht anwendbar.

Dem Reiche steht jedoch auch Bayern gegenüber das Recht zu, im Wege der Gesetzgebung einheitliche Normen für die Konstruktion und Ausrüstung der für die Landesvertheidigung wichtigen Eisenbahnen aufzustellen.

Art. 47. Den Anforderungen der Behörden des Reichs in Betreff der Benutzung der Eisenbahnen zum Zweck der Vertheidigung Deutschlands haben sämmtliche Eisenbahnverwaltungen unweigerlich Folge zu leisten. Insbesondere ist das Militair und alles Kriegsmaterial zu gleichen ermäßigten Sätzen zu befördern.

VIII. Post- und Telegraphenwesen.

Art. 48. Das Postwesen und das Telegraphenwesen werden für das gesammte Gebiet des Deutschen Reichs als einheitliche Staatsverkehrs-Anstalten eingerichtet und verwaltet.

Die im Artikel 4. vorgesehene Gesetzgebung des Reichs in Post- und Telegraphen-Angelegenheiten erstreckt sich nicht auf diejenigen Gegenstände, deren Regelung nach den in der Norddeutschen Post- und Telegraphenverwaltung maßgebend gewesenen Grundsätzen der reglementarischen Festsetzung oder administrativen Anordnung überlassen ist.

Art. 49. Die Einnahmen des Post- und Telegraphenwesens sind für das ganze Reich gemeinschaftlich. Die Ausgaben werden aus den gemeinschaftlichen Einnahmen bestritten. Die Überschüsse fließen in die Reichskasse (Abschnitt XII.).

Art. 50. Dem Kaiser gehört die obere Leitung der Post- und Telegraphenverwaltung an. Die von ihm bestellten Behörden haben die Pflicht und das Recht, dafür zu sorgen, daß Einheit in der Organisation der Verwaltung und im Betriebe des Dienstes, sowie in der Qualifikation der Beamten hergestellt und erhalten wird.

Dem Kaiser steht der Erlaß der reglementarischen Festsetzungen und allgemeinen administrativen Anordnungen, sowie die ausschließliche Wahrnehmung der Beziehungen zu anderen Post- und Telegraphenverwaltungen zu.

Sämmtliche Beamte der Post- und Telegraphenverwaltung sind verpflichtet, den Kaiserlichen Anordnungen Folge zu leisten. Diese Verpflichtung ist in den Diensteid aufzunehmen.

Die Anstellung der bei den Verwaltungsbehörden der Post und Telegraphie in den verschiedenen Bezirken erforderlichen oberen Beamten (z. B. der Direktoren, Räthe, Ober-Inspektoren), ferner die Anstellung der zur Wahrnehmung des Aufsichts- u.s.w. Dienstes in den einzelnen Bezirken als Organe der erwähnten Behörden fungirenden Post- und Telegraphenbeamten (z. B. Inspektoren, Kontroleure) geht für das ganze Gebiet des Deutschen Reichs vom Kaiser aus, welchem diese Beamten den Diensteid leisten. Den einzelnen Landesregierungen wird von den in Rede stehenden Ernennungen, soweit dieselben ihre Gebiete betreffen, Behufs der landesherrlichen Bestätigung und Publikation rechtzeitig Mittheilung gemacht werden.

Die anderen bei den Verwaltungsbehörden der Post und Telegraphie erforderlichen Beamten, sowie alle für den lokalen und technischen Betrieb bestimmten, mithin bei den eigentlichen Betriebsstellen fungirenden Beamten u.s.w. werden von den betreffenden Landesregierungen angestellt.

Wo eine selbstständige Landespost- resp. Telegraphenverwaltung nicht besteht, entscheiden die Bestimmungen der besonderen Verträge.

Art. 51. Bei Überweisung des Überschusses der Postverwaltung für allgemeine Reichszwecke (Art. 49.) soll, in Betracht der bisherigen Verschiedenheit der von den Landes-Postverwaltungen der einzelnen Gebiete erzielten Reineinnahmen, zum Zwecke einer entsprechenden Ausgleichung während der unten festgesetzten Übergangszeit folgendes Verfahren beobachtet werden.

Aus den Postüberschüssen, welche in den einzelnen Postbezirken während der fünf Jahre 1861. bis 1865. aufgekommen sind, wird ein durchschnittlicher Jahresüberschuß berechnet, und der Antheil, welchen jeder einzelne Postbezirk an dem für das gesammte Gebiet des Reichs sich darnach herausstellenden Postüberschusse gehabt hat, nach Prozenten festgestellt.

Nach Maßgabe des auf diese Weise festgestellten Verhältnisses werden den einzelnen Staaten während der auf ihren Eintritt in die Reichs-Postverwaltung folgenden acht Jahre die sich für sie aus den im Reiche aufkommenden Postüberschüssen ergebenden Quoten auf ihre sonstigen Beiträge zu Reichszwecken zu Gute gerechnet.

Nach Ablauf der acht Jahre hört jene Unterscheidung auf, und fließen die Postüberschüsse in ungetheilter Aufrechnung nach dem im Artikel 49. enthaltenen Grundsatz der Reichskasse zu.

Von der während der vorgedachten acht Jahre für die Hansestädte sich herausstellenden Quote des Postüberschusses wird alljährlich vorweg die Hälfte dem Kaiser zur Disposition gestellt zu dem Zwecke, daraus zunächst die Kosten für die Herstellung normaler Posteinrichtungen in den Hansestädten zu bestreiten.

Art. 52. Die Bestimmungen in den vorstehenden Artikeln 48. bis 51. finden auf Bayern und Württemberg keine Anwendung. An ihrer Stelle gelten für beide Bundesstaaten folgende Bestimmungen.

Dem Reiche ausschließlich steht die Gesetzgebung über die Vorrechte der Post und Telegraphie, über die rechtlichen Verhältnisse beider Anstalten zum Publikum, über die Portofreiheiten und das Posttaxwesen, jedoch ausschließlich der reglementarischen und Tarif-Bestimmungen für den internen Verkehr innerhalb Bayerns, beziehungsweise Württembergs, sowie, unter gleicher Beschränkung, die Feststellung der Gebühren für die telegraphische Korrespondenz zu.

Ebenso steht dem Reiche die Regelung des Post- und Telegraphenverkehrs mit dem Auslande zu, ausgenommen den eigenen unmittelbaren Verkehr Bayerns, beziehungsweise Württembergs mit seinen dem Reiche nicht angehörenden Nachbarstaaten, wegen dessen Regelung es bei der Bestimmung im Artikel 49. des Postvertrages vom 23. November 1867. bewendet.

An den zur Reichskasse fließenden Einnahmen des Post- und Telegraphenwesens haben Bayern und Württemberg keinen Theil.

IX. Marine und Schiffahrt.

Art. 53. Die Kriegsmarine des Reichs ist eine einheitliche unter dem Oberbefehl des Kaisers. Die Organisation und Zusammensetzung derselben liegt dem Kaiser ob, welcher die Offiziere und Beamten der Marine ernennt, und für welchen dieselben nebst den Mannschaften eidlich in Pflicht zu nehmen sind.

Der Kieler Hafen und der Jadehafen sind Reichskriegshäfen.

Der zur Gründung und Erhaltung der Kriegsflotte und der damit zusammenhängenden Anstalten erforderliche Aufwand wird aus der Reichskasse bestritten.

Die gesammte seemännische Bevölkerung des Reichs, einschließlich des Maschinenpersonals und der Schiffshandwerker, ist vom Dienste im Landheere befreit, dagegen zum Dienste in der Kaiserlichen Marine verpflichtet.

Die Vertheilung des Ersatzbedarfes findet nach Maßgabe der vorhandenen seemännischen Bevölkerung statt, und die hiernach von jedem Staate gestellte Quote kommt auf die Gestellung zum Landheere in Abrechnung.

Art. 54. Die Kauffahrteischiffe aller Bundesstaaten bilden eine einheitliche Handelsmarine.

Das Reich hat das Verfahren zur Ermittelung der Ladungsfähigkeit der Seeschiffe zu bestimmen, die Ausstellung der Meßbriefe, sowie der Schiffscertifikate zu regeln und die Bedingungen festzustellen, von welchen die Erlaubniß zur Führung eines Seeschiffes abhängig ist.

In den Seehäfen und auf allen natürlichen und künstlichen Wasserstraßen der einzelnen Bundesstaaten werden die Kauffahrteischiffe sämmtlicher Bundesstaaten gleichmäßig zugelassen und behandelt. Die Abgaben, welche in den Seehäfen von den Seeschiffen oder deren Ladungen für die Benutzung der Schifffahrtsanstalten erhoben werden, dürfen die zur Unterhaltung und gewöhnlichen Herstellung dieser Anstalten erforderlichen Kosten nicht übersteigen.

Auf allen natürlichen Wasserstraßen dürfen Abgaben nur für die Benutzung besonderer Anstalten, die zur Erleichterung des Verkehrs bestimmt sind, erhoben werden. Diese Abgaben, sowie die Abgaben für die Befahrung solcher künstlichen Wasserstraßen, welche Staatseigenthum sind, dürfen die zur Unterhaltung und gewöhnlichen Herstellung der Anstalten und Anlagen erforderlichen Kosten nicht übersteigen. Auf die Flößerei finden diese Bestimmungen insoweit Anwendung, als dieselbe auf schiffbaren Wasserstraßen betrieben wird.

Auf fremde Schiffe oder deren Ladungen andere oder höhere Abgaben zu legen, als von den Schiffen der Bundesstaaten oder deren Ladungen zu entrichten sind, steht keinem Einzelstaate, sondern nur dem Reiche zu.

Art. 55. Die Flagge der Kriegs- und Handelsmarine ist schwarz-weiß-roth.

X. Konsulatwesen.

Art. 56. Das gesammte Konsulatwesen des Deutschen Reichs steht unter der Aufsicht des Kaisers, welcher die Konsuln, nach Vernehmung des Ausschusses des Bundesrathes für Handel und Verkehr, anstellt.

In dem Amtsbezirk der Deutschen Konsuln dürfen neue Landeskonsulate nicht errichtet werden. Die Deutschen Konsuln üben für die in ihrem Bezirk nicht vertretenen Bundesstaaten die Funktionen eines Landeskonsuls aus. Die sämmtlichen bestehenden Landeskonsulate werden aufgehoben, sobald die Organisation der Deutschen Konsulate dergestalt vollendet ist, daß die Vertretung der Einzelinteressen aller Bundesstaaten als durch die Deutschen Konsulate gesichert von dem Bundesrathe anerkannt wird.

XI. Reichskriegswesen.

Art. 57. Jeder Deutsche ist wehrpflichtig und kann sich in Ausübung dieser Pflicht nicht vertreten lassen.

Art. 58. Die Kosten und Lasten des gesammten Kriegswesens des Reichs sind von allen Bundesstaaten und ihren Angehörigen gleichmäßig zu tragen, so daß weder Bevorzugungen, noch Prägravationen einzelner Staaten oder Klassen grundsätzlich zulässig sind. Wo die gleiche Vertheilung der Lasten sich in natura nicht herstellen läßt, ohne die öffentliche Wohlfahrt zu schädigen, ist die Ausgleichung nach den Grundsätzen der Gerechtigkeit im Wege der Gesetzgebung festzustellen.

Art. 59. Jeder wehrfähige Deutsche gehört sieben Jahre lang, in der Regel vom vollendeten 20. bis zum beginnenden 28. Lebensjahre, dem stehenden Heere – und zwar die ersten drei Jahre bei den Fahnen, die letzten vier Jahre in der Reserve – und die folgenden fünf Lebensjahre der Landwehr an. In denjenigen Bundesstaaten, in denen bisher eine längere als zwölfjährige Gesammtdienstzeit gesetzlich war, findet die allmälige Herabsetzung der Verpflichtung nur in dem Maaße statt, als dies die Rücksicht auf die Kriegsbereitschaft des Reichsheeres zuläßt.

In Bezug auf die Auswanderung der Reservisten sollen lediglich diejenigen Bestimmungen maßgebend sein, welche für die Auswanderung der Landwehrmänner gelten.

Art. 60. Die Friedens-Präsenzstärke des Deutschen Heeres wird bis zum 31. Dezember 1871. auf Ein Prozent der Bevölkerung von 1867. normirt, und wird pro rata derselben von den einzelnen Bundesstaaten gestellt. Für die spätere Zeit wird die Friedens-Präsenzstärke des Heeres im Wege der Reichsgesetzgebung festgestellt.

Art. 61. Nach Publikation dieser Verfassung ist in dem ganzen Reiche die gesammte Preußische Militairgesetzgebung ungesäumt einzuführen, sowohl die Gesetze selbst, als die zu ihrer Ausführung, Erläuterung oder Ergänzung erlassenen Reglements, Instruktionen und Reskripte, namentlich also das Militair-Strafgesetzbuch vom 3. April 1845. die Militair-Strafgerichtsordnung vom 3. April 1845. die Verordnung über die Ehrengerichte vom 20. Juli 1843. die Bestimmungen über Aushebung, Dienstzeit, Servis- und Verpflegungswesen, Einquartierung, Ersatz von Flurbeschädigungen, Mobilmachung usw. für Krieg und Frieden. Die Militair-Kirchenordnung ist jedoch ausgeschlossen.

Nach gleichmäßiger Durchführung der Kriegsorganisation des Deutschen Heeres wird ein umfassendes Reichs-Militairgesetz dem Reichstage und dem Bundesrathe zur verfassungsmäßigen Beschlußfassung vorgelegt werden.

Art. 62. Zur Bestreitung des Aufwandes für das gesammte Deutsche Heer und die zu demselben gehörigen Einrichtungen sind bis zum 31. Dezember 1871. dem Kaiser jährlich sovielmal 225 Thaler, in Worten zweihundert fünf und zwanzig Thaler, als die Kopfzahl der Friedensstärke des Heeres nach Artikel 60. beträgt, zur Verfügung zu stellen. Vergl. Abschnitt XII.

Nachdem 31. Dezember 1871. müssen diese Beiträge von den einzelnen Staaten des Bundes zur Reichskasse fortgezahlt werden. Zur Berechnung derselben wird die im Artikel 60. interimistisch festgestellte Friedens-Präsenzstärke so lange festgehalten, bis sie durch ein Reichsgesetz abgeändert ist.

Die Verausgabung dieser Summe für das gesammte Reichsheer und dessen Einrichtungen wird durch das Etatgesetz festgestellt.

Bei der Feststellung des Militair-Ausgabe-Etats wird die auf Grundlage dieser Verfassung gesetzlich feststehende Organisation des Reichsheeres zu Grunde gelegt.

Art. 63. Die gesammte Landmacht des Reichs wird ein einheitliches Heer bilden, welches in Krieg und Frieden unter dem Befehle des Kaisers steht.

Die Regimenter etc, führen fortlaufende Nummern durch das ganze Deutsche Heer. Für die Bekleidung sind die Grundfarben und der Schnitt der Königlich Preußischen Armee maßgebend. Dem betreffenden Kontingentsherrn bleibt es überlassen, die äußeren Abzeichen (Kokarden etc.) zu bestimmen.

Der Kaiser hat die Pflicht und das Recht, dafür Sorge zu tragen, daß innerhalb des Deutschen Heeres alle Truppentheile vollzählig und kriegstüchtig vorhanden sind und daß Einheit in der Organisation und Formation, in Bewaffnung und Kommando, in der Ausbildung der Mannschaften, sowie in der Qualifikation der Offiziere hergestellt und erhalten wird. Zu diesem Behuf ist der Kaiser berechtigt, sich jederzeit durch Inspektionen von der Verfassung der einzelnen Kontingente zu überzeugen und die Abstellung der dabei vorgefundenen Mängel anzuordnen.

Der Kaiser bestimmt den Präsenzstand, die Gliederung und Eintheilung der Kontingente des Reichsheeres, sowie die Organisation der Landwehr, und hat das Recht, innerhalb des Bundesgebietes die Garnisonen zu bestimmen, sowie die kriegsbereite Aufstellung eines jeden Theils des Reichsheeres anzuordnen.

Behufs Erhaltung der unentbehrlichen Einheit in der Administration, Verpflegung, Bewaffnung und Ausrüstung aller Truppentheile des Deutschen Heeres sind die bezüglichen künftig ergehenden Anordnungen für die Preußische Armee den Kommandeuren der übrigen Kontingente, durch den Artikel 8. Nr. 1. bezeichneten Ausschuß für das Landheer und die Festungen, zur Nachachtung in geeigneter Weise mitzutheilen.

Art. 64. Alle Deutsche Truppen sind verpflichtet, den Befehlen des Kaisers unbedingte Folge zu leisten. Diese Verpflichtung ist in den Fahneneid aufzunehmen.

Der Höchstkommendirende eines Kontingents, sowie alle Offiziere, welche Truppen mehr als eines Kontingents befehligen, und alle Festungskommandanten werden von dem Kaiser ernannt. Die von Demselben ernannten Offiziere leisten Ihm den Fahneneid. Bei Generalen und den Generalstellungen versehenden Offizieren innerhalb des Kontingents ist die Erennung von der jedesmaligen Zustimmung des Kaisers abhängig zu machen.

Der Kaiser ist berechtigt, Behufs Versetzung mit oder ohne Beförderung für die von Ihm im Reichsdienste, sei es im Preußischen Heere, oder in anderen Kontingenten zu besetzenden Stellen aus den Offizieren aller Kontingente des Reichsheeres zu wählen.

Art. 65. Das Recht, Festungen innerhalb des Bundesgebietes anzulegen, steht dem Kaiser zu, welcher die Bewilligung der dazu erforderlichen Mittel, soweit das Ordinarium sie nicht gewährt, nach Abschnitt XII. beantragt.

Art. 66. Wo nicht besondere Konventionen ein Anderes bestimmen, ernennen die Bundesfürsten, beziehentlich die Senate die Offiziere ihrer Kontingente, mit der Einschränkung des Artikels 64. Sie sind Chefs aller ihren Gebieten angehörenden Truppentheile und genießen die damit verbundenen Ehren. Sie haben namentlich das Recht der Inspizirung zu jeder Zeit und erhalten, außer den regelmäßigen Rapporten und Meldungen über vorkommende Veränderungen, Behufs der nöthigen landesherrlichen Publikation, rechtzeitige Mittheilung von den die betreffenden Truppentheile berührenden Avancements und Ernennungen.

Auch steht ihnen das Recht zu, zu polizeilichen Zwecken nicht blos ihre eigenen Truppen zu verwenden, sondern auch alle anderen Truppentheile des Reichsheeres, welche in ihren Ländergebieten dislocirt sind, zu requiriren.

Art. 67. Ersparnisse an dem Militair-Etat fallen unter keinen Umständen einer einzelnen Regierung, sondern jederzeit der Reichskasse zu.

Art. 68. Der Kaiser kann, wenn die öffentliche Sicherheit in dem Bundesgebiete bedroht ist, einen jeden Theil desselben in

Kriegszustand erklären. Bis zum Erlaß eines die Voraussetzungen, die Form der Verkündigung und die Wirkungen einer solchen Erklärung regelnden Reichsgesetzes gelten dafür die Vorschriften des Preußischen Gesetzes vom 4. Juni 1851. (Gesetz-Samml. für 1851. S. 451 ff.).

Schlußbestimmung zum XI. Abschnitt.

Die in diesem Abschnitt enthaltenen Vorschriften kommen in Bayern nach näherer Bestimmung des Bündnißvertrages vom 23. November 1870. (Bundesgesetzbl. 1871. S. 9.) unter III. §. 5., in Württemberg nach näherer Bestimmung der Militärkonvention vom 21./25. November 1870. (Bundesgesetzbl. 1870. S. 658.) zur Anwendung.

XII. Reichsfinanzen.

Art. 69. Alle Einnahmen und Ausgaben des Reichs müssen für jedes Jahr veranschlagt und auf den Reichshaushalts-Etat gebracht werden. Letzterer wird vor Beginn des Etatjahres nach folgenden Grundsätzen durch ein Gesetz festgestellt.

Art. 70. Zur Bestreitung aller gemeinschaftlichen Ausgaben dienen zunächst die etwaigen Überschüsse der Vorjahre, sowie die aus den Zöllen, den gemeinschaftlichen Verbrauchssteuern und aus dem Post- und Telegraphenwesen fließenden gemeinschaftlichen Einnahmen. Insoweit dieselben durch diese Einnahmen nicht gedeckt werden, sind sie, solange Reichssteuern nicht eingeführt sind, durch Beiträge der einzelnen Bundesstaaten nach Maßgabe ihrer Bevölkerung aufzubringen, welche bis zur Höhe des budgetmäßigen Betrages durch den Reichskanzler ausgeschrieben werden.

Art. 71. Die gemeinschaftlichen Ausgaben werden in der Regel für ein Jahr bewilligt, können jedoch in besonderen Fällen auch für eine längere Dauer bewilligt werden.

Während der im Artikel 60. normirten Übergangszeit ist der nach Titeln geordnete Etat über die Ausgaben für das Heer dem Bundesrathe und dem Reichstage nur zur Kenntnißnahme und zur Erinnerung vorzulegen.

Art. 72. Über die Verwendung aller Einnahmen des Reichs ist durch den Reichskanzler dem Bundesrathe und dem Reichstage zur Entlastung jährlich Rechnung zu legen.

Art. 73. In Fällen eines außerordentlichen Bedürfnisses kann im Wege der Reichsgesetzgebung die Aufnahme einer Anleihe, sowie die Übernahme einer Garantie zu Lasten des Reichs erfolgen.

Schlußbestimmung zum XII. Abschnitt.

Auf die Ausgaben für das Bayerische Heer finden die Artikel 69. und 71. nur nach Maßgabe der in der Schlußbestimmung zum XI. Abschnitt erwähnten Bestimmungen des Vertrages vom 23. November 1870. und der Artikel 72. nur insoweit Anwendung, als dem Bundesrathe und dem Reichstage die Überweisung der für das Bayerische Heer erforderlichen Summe an Bayern nachzuweisen ist.

XIII. Schlichtung von Streitigkeiten und Strafbestimmungen.

Art. 74. Jedes Unternehmen gegen die Existenz, die Integrität, die Sicherheit oder die Verfassung des Deutschen Reichs, endlich die Beleidigung des Bundesrathes, des Reichstages, eines Mitgliedes des Bundesrathes oder des Reichstages, einer Behörde oder eines öffentlichen Beamten des Reichs, während dieselben in der Ausübung ihres Berufes begriffen sind oder in Beziehung auf ihren Beruf, durch Wort, Schrift, Druck, Zeichen, bildliche oder andere Darstellung, werden in den einzelnen Bundesstaaten beurtheilt und bestraft nach Maßgabe der in den letzteren bestehenden oder künftig in Wirksamkeit tretenden Gesetze, nach welchen eine gleiche gegen den einzelnen Bundesstaat, seine Verfassung, seine Kammern oder Stände, seine Kammer- oder Ständemitglieder, seine Behörden und Beamten begangene Handlung zu richten wäre.

Art. 75. Für diejenigen in Artikel 74. bezeichneten Unternehmungen gegen das Deutsche Reich, welche, wenn gegen einen der einzelnen Bundesstaaten gerichtet, als Hochverrath oder Landesverrath zu qualifiziren wären, ist das gemeinschaftliche Ober-Appellationsgericht der drei freien und Hansestädte in Lübeck die zuständige Spruchbehörde in erster und letzter Instanz.

Die näheren Bestimmungen über die Zuständigkeit und das Verfahren des Ober-Appellationsgerichts erfolgen im Wege der Reichsgesetzgebung. Bis zum Erlasse eines Reichsgesetzes bewendet es bei der seitherigen Zuständigkeit der Gerichte in den einzelnen Bundesstaaten und den auf das Verfahren dieser Gerichte sich beziehenden Bestimmungen.

Art. 76. Streitigkeiten zwischen verschiedenen Bundesstaaten, sofern dieselben nicht privatrechtlicher Natur und daher von den kompetenten Gerichtsbehörden zu entscheiden sind, werden auf Anrufen des einen Theils von dem Bundesrathe erledigt.

Verfassungsstreitigkeiten in solchen Bundesstaaten, in deren Verfassung nicht eine Behörde zur Entscheidung solcher Streitigkeiten bestimmt ist, hat auf Anrufen eines Theiles der Bundesrath gütlich auszugleichen oder, wenn das nicht gelingt, im Wege der Reichsgesetzgebung zur Erledigung zu bringen.

Art. 77. Wenn in einem Bundesstaate der Fall einer Justizverweigerung eintritt, und auf gesetzlichen Wegen ausreichende Hülfe nicht erlangt werden kann, so liegt dem Bundesrathe ob, erwiesene, nach der Verfassung und den bestehenden Gesetzen des betreffenden Bundesstaates zu beurtheilende Beschwerden über verweigerte oder gehemmte Rechtspflege anzunehmen, und darauf die gerichtliche Hülfe bei der Bundesregierung, die zu der Beschwerde Anlaß gegeben hat, zu bewirken.

XIV. Allgemeine Bestimmungen.

Art. 78. Veränderungen der Verfassung erfolgen im Wege der Gesetzgebung. Sie gelten als abgelehnt, wenn sie im Bundesrathe 14 Stimmen gegen sich haben.

Diejenigen Vorschriften der Reichsverfassung, durch welche bestimmte Rechte einzelner Bundesstaaten in deren Verhältniß zur Gesammtheit festgestellt sind, können nur mit Zustimmung des berechtigten Bundesstaates abgeändert werden.

13. Die Verfassung des Deutschen Reiches vom 11. August 1919 („Weimarer Reichsverfassung")

Das Deutsche Volk, einig in seinen Stämmen und von dem Willen beseelt, sein Reich in Freiheit und Gerechtigkeit zu erneuen und zu festigen, dem inneren und dem äußeren Frieden zu dienen und den gesellschaftlichen Fortschritt zu fördern, hat sich diese Verfassung gegeben.

Erster Hauptteil
Aufbau und Aufgaben des Reichs

Erster Abschnitt
Reich und Länder

Art. 1. Das Deutsche Reich ist eine Republik.
Die Staatsgewalt geht vom Volke aus.

Art. 2. Das Reichsgebiet besteht aus den Gebieten der deutschen Länder. Andere Gebiete können durch Reichsgesetz in das Reich aufgenommen werden, wenn es ihre Bevölkerung kraft des Selbstbestimmungsrechts begehrt.

Art. 3. Die Reichsfarben sind schwarz-rot-gold. Die Handelsflagge ist schwarz-weiß-rot mit den Reichsfarben in der oberen inneren Ecke.

Art. 4. Die allgemein anerkannten Regeln des Völkerrechts gelten als bindende Bestandteile des deutschen Reichsrechts.

Art. 5. Die Staatsgewalt wird in Reichsangelegenheiten durch die Organe des Reichs auf Grund der Reichsverfassung, in Landesangelegenheiten durch die Organe der Länder auf Grund der Landesverfassungen ausgeübt.

Art. 6. Das Reich hat die ausschließliche Gesetzgebung über:
1. die Beziehungen zum Ausland;
2. das Kolonialwesen;

3. die Staatsangehörigkeit, die Freizügigkeit, die Ein- und Auswanderung und die Auslieferung;

4. die Wehrverfassung;

5. das Münzwesen;

6. das Zollwesen sowie die Einheit des Zoll- und Handelsgebiets und die Freizügigkeit des Warenverkehrs;

7. das Post- und Telegraphenwesen einschließlich des Fernsprechwesens.

Art. 7. Das Reich hat die Gesetzgebung über:

1. das bürgerliche Recht;

2. das Strafrecht;

3. das gerichtliche Verfahren einschließlich des Strafvollzugs sowie die Amtshilfe zwischen Behörden;

4. das Paßwesen und die Fremdenpolizei;

5. das Armenwesen und die Wandererfürsorge;

6. das Presse-, Vereins- und Versammlungswesen;

7. die Bevölkerungspolitik, die Mutterschafts-, Säuglings-, Kinder- und Jugendfürsorge;

8. das Gesundheitswesen, das Veterinärwesen und den Schutz der Pflanzen gegen Krankheiten und Schädlinge;

9. das Arbeitsrecht, die Versicherung und den Schutz der Arbeiter und Angestellten sowie den Arbeitsnachweis;

10. die Einrichtung beruflicher Vertretungen für das Reichsgebiet;

11. die Fürsorge für die Kriegsteilnehmer und ihre Hinterbliebenen;

12. das Enteignungsrecht;

13. die Vergesellschaftung von Naturschätzen und wirtschaftlichen Unternehmungen sowie die Erzeugung, Herstellung, Verteilung und Preisgestaltung wirtschaftlicher Güter für die Gemeinwirtschaft;

14. den Handel, das Maß- und Gewichtswesen, die Ausgabe von Papiergeld, das Bankwesen sowie das Börsenwesen;

15. den Verkehr mit Nahrungs- und Genußmitteln sowie mit Gegenständen des täglichen Bedarfs;

16. das Gewerbe und den Bergbau;

17. das Versicherungswesen;

18. die Seeschiffahrt, die Hochsee- und Küstenfischerei;

19. die Eisenbahnen, die Binnenschiffahrt, den Verkehr mit Kraftfahrzeugen zu Lande, zu Wasser und in der Luft, sowie den Bau von Landstraßen, soweit es sich um den allgemeinen Verkehr und die Landesverteidigung handelt;

20. das Theater- und Lichtspielwesen.

Art. 8. Das Reich hat ferner die Gesetzgebung über die Abgaben und sonstigen Einnahmen, soweit sie ganz oder teilweise für seine Zwecke in Anspruch genommen werden. Nimmt das Reich Abgaben oder sonstige Einnahmen in Anspruch, die bisher den Ländern zustanden, so hat es auf die Erhaltung der Lebensfähigkeit der Länder Rücksicht zu nehmen.

Art. 9. Soweit ein Bedürfnis für den Erlaß einheitlicher Vorschriften vorhanden ist, hat das Reich die Gesetzgebung über:

1. die Wohlfahrtspflege;
2. den Schutz der öffentlichen Ordnung und Sicherheit.

Art. 10. Das Reich kann im Wege der Gesetzgebung Grundsätze aufstellen für:

1. die Rechte und Pflichten der Religionsgesellschaften;
2. das Schulwesen einschließlich des Hochschulwesens und das wissenschaftlichen Büchereiwesens;
3. das Recht der Beamten aller öffentlichen Körperschaften;
4. das Bodenrecht, die Bodenverteilung, das Ansiedlungs- und Heimstättenwesen, die Bindung des Grundbesitzes, das Wohnungswesen und die Bevölkerungsverteilung;
5. das Bestattungswesen.

Art. 11. Das Reich kann im Wege der Gesetzgebung Grundsätze über die Zulässigkeit und Erhebungsart von Landesabgaben aufstellen, soweit sie erforderlich sind, um

1. Schädigung der Einnahmen oder der Handelsbeziehungen des Reichs,
2. Doppelbesteuerungen,
3. übermäßige oder verkehrsbehindernde Belastung der Benutzung öffentlicher Verkehrswege und Einrichtungen mit Gebühren,

4. steuerliche Benachteiligungen eingeführter Waren gegenüber den eigenen Erzeugnissen im Verkehre zwischen den einzelnen Ländern und Landesteilen oder

5. Ausfuhrprämien

auszuschließen oder wichtige Gesellschaftsinteressen zu wahren.

Art. 12. Solange und soweit das Reich von seinem Gesetzgebungsrechte keinen Gebrauch macht, behalten die Länder das Recht der Gesetzgebung. Dies gilt nicht für die ausschließliche Gesetzgebung des Reichs.

Gegen Landesgesetze, die sich auf Gegenstände des Artikel 7 Ziffer 13 beziehen, steht der Reichsregierung, sofern dadurch das Wohl der Gesamtheit im Reiche berührt wird, ein Einspruchsrecht zu.

Art. 13. Reichsrecht bricht Landrecht.

Bestehen Zweifel oder Meinungsverschiedenheiten darüber, ob eine landesrechtliche Vorschrift mit dem Reichsrecht vereinbar ist, so kann die zuständige Reichs- oder Landeszentralbehörde nach näherer Vorschrift eines Reichsgesetzes die Entscheidung eines obersten Gerichtshofs des Reichs anrufen.

Art. 14. Die Reichsgesetze werden durch die Landesbehörden ausgeführt, soweit nicht die Reichsgesetze etwas anderes bestimmen.

Art. 15. Die Reichsregierung übt die Aufsicht in den Angelegenheiten aus, in denen dem Reiche das Recht der Gesetzgebung zusteht.

Soweit die Reichsgesetze von den Landesbehörden auszuführen sind, kann die Reichsregierung allgemeine Anweisungen erlassen. Sie ist ermächtigt, zur Überwachung der Ausführung der Reichsgesetze zu den Landeszentralbehörden und mit ihrer Zustimmung zu den unteren Behörden Beauftragte zu entsenden.

Die Landesregierungen sind verpflichtet, auf Ersuchen der Reichsregierung Mängel, die bei der Ausführung der Reichsgesetze hervorgetreten sind, zu beseitigen. Bei Meinungsverschiedenheiten kann sowohl die Reichsregierung als die Landesregierung die Entscheidung des Staatsgerichtshofs anrufen, falls nicht durch Reichsgesetz ein anderes Gericht bestimmt ist.

Art. 16. Die mit der unmittelbaren Reichsverwaltung in den Ländern betrauten Beamten sollen in der Regel Landesangehörige sein. Die Beamten, Angestellten und Arbeiter der Reichsverwaltung sind auf ihren Wunsch in ihren Heimatgebieten zu verwenden, soweit dies möglich ist und nicht Rücksichten auf ihre Ausbildung oder Erfordernisse des Dienstes entgegenstehen.

Art. 17. Jedes Land muß eine freistaatliche Verfassung haben. Die Volksvertretung muß in allgemeiner, gleicher, unmittelbarer und geheimer Wahl von allen reichsdeutschen Männern und Frauen nach den Grundsätzen der Verhältniswahl gewählt werden. Die Landesregierung bedarf des Vertrauens der Volksvertretung.

Die Grundsätze für die Wahlen zur Volksvertretung gelten auch für die Gemeindewahlen. Jedoch kann durch Landesgesetz die Wahlberechtigung von der Dauer des Aufenthalts in der Gemeinde bis zu einem Jahre abhängig gemacht werden.

Art. 18. Die Gliederung des Reichs in Länder soll unter möglichster Berücksichtigung des Willens der beteiligten Bevölkerung der wirtschaftlichen und kulturellen Höchstleistung des Volkes dienen. Die Änderung des Gebiets von Ländern und die Neubildung von Ländern innerhalb des Reichs erfolgen durch verfassungsänderndes Reichsgesetz.

Stimmen die unmittelbar beteiligten Länder zu, so bedarf es nur eines einfachen Reichsgesetzes.

Ein einfaches Reichsgesetz genügt ferner, wenn eines der beteiligten Länder nicht zustimmt, die Gebietsänderung oder Neubildung aber durch den Willen der Bevölkerung gefordert wird und ein überwiegendes Reichsinteresse sie erheischt.

Der Wille der Bevölkerung ist durch Abstimmung festzustellen. Die Reichsregierung ordnet die Abstimmung an, wenn ein Drittel der zum Reichstag wahlberechtigten Einwohner des abzutrennenden Gebiets es verlangt.

Zum Beschluß einer Gebietsänderung oder Neubildung sind drei Fünftel der abgegebenen Stimmen, mindestens aber die Stimmenmehrheit der Wahlberechtigten erforderlich. Auch wenn es sich nur um Abtrennung eines Teiles eines preußischen Regierungsbezirkes, eines bayerischen Kreises oder in anderen Ländern eines entsprechenden Verwaltungsbezirkes handelt, ist der Wille der Bevölkerung des ganzen in Betracht kommenden Bezirkes festzustellen. Wenn ein räumlicher Zusammenhang des abzutrennenden Gebiets mit dem Gesamtbezirke nicht besteht, kann auf Grund eines besonderen Reichsgesetzes der Wille der Bevölkerung des abzutrennenden Gebiets als ausreichend erklärt werden.

Nach Feststellung der Zustimmung der Bevölkerung hat die Reichsregierung dem Reichstag ein entsprechendes Gesetz zur Beschlußfassung vorzulegen.

Entsteht bei der Vereinigung oder Abtrennung Streit über die Vermögensauseinandersetzung, so entscheidet hierüber auf Antrag einer Partei der Staatsgerichtshof für das Deutsche Reich.

Art. 19. Über Verfassungsstreitigkeiten innerhalb eines Landes, in dem kein Gericht zu ihrer Erledigung besteht, sowie über Streitigkeiten nichtprivatrechtlicher Art zwischen verschiedenen Ländern oder zwischen dem Reiche und einem Lande entscheidet auf Antrag eines der streitenden Teile der Staatsgerichtshof für das Deutsche Reich, soweit nicht ein anderer Gerichtshof des Reichs zuständig ist.

Der Reichspräsident vollstreckt das Urteil des Staatsgerichtshofs.

Zweiter Abschnitt
Der Reichstag

Art. 20. Der Reichstag besteht aus den Abgeordneten des deutschen Volkes.

Art. 21. Die Abgeordneten sind Vertreter des ganzen Volkes. Sie sind nur ihrem Gewissen unterworfen und an Aufträge nicht gebunden.

Art. 22. Die Abgeordneten werden in allgemeiner, gleicher, unmittelbarer und geheimer Wahl von den über zwanzig Jahre alten Männern und Frauen nach den Grundsätzen der Verhältniswahl gewählt. Der Wahltag muß ein Sonntag oder öffentlicher Ruhetag sein.

Das Nähere bestimmt das Reichswahlgesetz.

Art. 23. Der Reichstag wird auf vier Jahre gewählt. Spätestens am sechzigsten Tage nach ihrem Ablauf muß die Neuwahl stattfinden.

Der Reichstag tritt zum ersten Male spätestens am dreißigsten Tage nach der Wahl zusammen.

Art. 24. Der Reichstag tritt in jedem Jahre am ersten Mittwoch des November am Sitze der Reichsregierung zusammen. Der Präsident des Reichstags muß ihn früher berufen, wenn es der Reichspräsident oder mindestens ein Drittel der Reichstagsmitglieder verlangt.

Der Reichstag bestimmt den Schluß der Tagung und den Tag des Wiederzusammentritts.

Art. 25. Der Reichspräsident kann den Reichstag auflösen, jedoch nur einmal aus dem gleichen Anlaß.

Die Neuwahl findet spätestens am sechzigsten Tage nach der Auflösung statt.

Art. 26. Der Reichstag wählt seinen Präsidenten, dessen Stellvertreter und seine Schriftführer. Er gibt sich seine Geschäftsordnung.

Art. 27. Zwischen zwei Tagungen oder Wahlperioden führen Präsident und Stellvertreter der letzten Tagung ihre Geschäfte fort.

Art. 28. Der Präsident übt das Hausrecht und die Polizeigewalt im Reichstagsgebäude aus. Ihm untersteht die Hausverwaltung; er verfügt über die Einnahmen und Ausgaben des Hauses nach Maßgabe des Reichshaushalts und vertritt das Reich in allen Rechtsgeschäften und Rechtsstreitigkeiten seiner Verwaltung.

Art. 29. Der Reichstag verhandelt öffentlich. Auf Antrag von fünfzig Mitgliedern kann mit Zweidrittelmehrheit die Öffentlichkeit ausgeschlossen werden.

Art. 30. Wahrheitsgetreue Berichte über die Verhandlungen in den öffentlichen Sitzungen des Reichstags, eines Landtags oder ihrer Ausschüsse bleiben von jeder Verantwortlichkeit frei.

Art. 31. Bei dem Reichstag wird ein Wahlprüfungsgericht gebildet. Es entscheidet auch über die Frage, ob ein Abgeordneter die Mitgliedschaft verloren hat.

Das Wahlprüfungsgericht besteht aus Mitgliedern des Reichstags, die dieser für die Wahlperiode wählt, und aus Mitgliedern des Reichsverwaltungsgerichts, die der Reichspräsident auf Vorschlag des Präsidiums dieses Gerichts bestellt.

Das Wahlprüfungsgericht erkennt auf Grund öffentlicher mündlicher Verhandlung durch drei Mitglieder des Reichstags und zwei richterliche Mitglieder.

Außerhalb der Verhandlungen vor dem Wahlprüfungsgerichte wird das Verfahren von einem Reichsbeauftragten geführt, den der Reichspräsident ernennt. Im übrigen wird das Verfahren von dem Wahlprüfungsgerichte geregelt.

Art. 32. Zu einem Beschlusse des Reichstags ist einfache Stimmenmehrheit erforderlich, sofern die Verfassung kein anderes Stimmenverhältnis vorschreibt. Für die vom Reichstag vorzunehmenden Wahlen kann die Geschäftsordnung Ausnahmen zulassen.

Die Beschlußfähigkeit wird durch die Geschäftsordnung geregelt.

Art. 33. Der Reichstag und seine Ausschüsse können die Anwesenheit des Reichskanzlers und jedes Reichsministers verlangen.

Der Reichskanzler, die Reichsminister und die von ihnen bestellten Beauftragten haben zu den Sitzungen des Reichstags und seiner Ausschüsse Zutritt. Die Länder sich berechtigt, in diese Sitzungen Bevollmächtigte zu entsenden, die den Standpunkt ihrer Regierung zu dem Gegenstande der Verhandlung darlegen.

Auf ihr Verlangen müssen die Regierungsvertreter während der Beratung, die Vertreter der Reichsregierung auch außerhalb der Tagesordnung gehört werden.

Sie unterstehen der Ordnungsgewalt des Vorsitzenden.

Art. 34. Der Reichstag hat das Recht und auf Antrag von einem Fünftel seiner Mitglieder die Pflicht, Untersuchungsausschüsse einzusetzen. Diese Ausschüsse erheben in öffentlicher Verhandlung die Beweise, die sie oder die Antragsteller für erforderlich erachten. Die Öffentlichkeit kann vom Untersuchungsausschuß mit Zweidrittelmehrheit ausgeschlossen werden. Die Geschäftsordnung regelt das Verfahren des Ausschusses und bestimmt die Zahl seiner Mitglieder.

Die Gerichte und Verwaltungsbehörden sind verpflichtet, dem Ersuchen dieser Ausschüsse um Beweiserhebungen Folge zu leisten; die Akten der Behörden sind ihnen auf Verlangen vorzulegen.

Auf die Erhebungen der Ausschüsse und der von ihnen ersuchten Behörden finden die Vorschriften der Strafprozeßordnung sinngemäße Anwendung, doch bleibt das Brief-, Post-, Telegraphen- und Fernsprechgeheimnis unberührt.

Art. 35. Der Reichstag bestellt einen ständigen Ausschuß für auswärtige Angelegenheiten, der auch außerhalb der Tagung des Reichstags und nach der Beendigung der Wahlperiode oder der Auflösung des Reichstags bis zum Zusammentritte des neuen Reichstags tätig werden kann. Die Sitzungen dieses Ausschusses sind nicht öffentlich, wenn nicht der Ausschuß mit Zweidrittelmehrheit die Öffentlichkeit beschließt.

Der Reichstag bestellt ferner zur Wahrung der Rechte der Volksvertretung gegenüber der Reichsregierung für die Zeit außerhalb der Tagung und nach Beendigung einer Wahlperiode einen ständigen Ausschuß.

Diese Ausschüsse haben die Rechte von Untersuchungsausschüssen.

Art. 36. Kein Mitglied des Reichstags oder eines Landtags darf zu irgendeiner Zeit wegen seiner Abstimmung oder wegen der in Ausübung seines Berufs getanen Äußerungen gerichtlich oder dienstlich verfolgt oder sonst außerhalb der Versammlung zur Verantwortung gezogen werden.

Art. 37. Kein Mitglied des Reichstags oder eines Landtags kann ohne Genehmigung des Hauses, dem der Abgeordnete angehört, während der Sitzungsperiode wegen einer mit Strafe bedrohten Handlung zur Untersuchung gezogen oder verhaftet werden, es sei denn, daß das Mitglied bei Ausübung der Tat oder spätestens im Laufe des folgenden Tages festgenommen ist.

Die gleiche Genehmigung ist bei jeder anderen Beschränkung der persönlichen Freiheit erforderlich, die die Ausübung des Abgeordnetenberufs beeinträchtigt.

Jedes Strafverfahren gegen ein Mitglied des Reichstags oder eines Landtags und jede Haft oder sonstige Beschränkung seiner persönlichen Freiheit wird auf Verlangen des Hauses, dem der Abgeordnete angehört, für die Dauer der Sitzungsperiode aufgehoben.

Art. 38. Die Mitglieder des Reichstags und der Landtage sind berechtigt, über Personen, die ihnen in ihrer Eigenschaft als Abgeordneten Tatsachen anvertrauen, oder denen sie in Ausübung ihres Abgeordnetenberufs solche anvertraut haben, sowie über diese Tatsachen selbst das Zeugnis zu verweigern. Auch in Beziehung auf Beschlagnahme von Schriftstücken stehen sie den Personen gleich, die ein gesetzliches Zeugnisverweigerungsrecht haben.

Eine Durchsuchung oder Beschlagnahme darf in den Räumen des Reichstags oder eines Landtags nur mit Zustimmung des Präsidenten vorgenommen werden.

Art. 39. Beamte und Angehörige der Wehrmacht bedürfen zur Ausübung ihres Amtes als Mitglieder des Reichstags oder eines Landtags keines Urlaubs.

Bewerben sie sich um einen Sitz in diesen Körperschaften, so ist ihnen der zur Vorbereitung ihrer Wahl erforderliche Urlaub zu gewähren.

Art. 40. Die Mitglieder des Reichstags erhalten das Recht zur freien Fahrt auf allen deutschen Eisenbahnen sowie Entschädigung nach Maßgabe eines Reichsgesetzes.

Dritter Abschnitt
Der Reichspräsident und die Reichsregierung

Art. 41. Der Reichspräsident wird vom ganzen deutschen Volke gewählt.

Wählbar ist jeder Deutsche, der das fünfunddreißigste Lebensjahr vollendet hat. Das Nähere bestimmt ein Reichsgesetz.

Art. 42. Der Reichspräsident leistet bei der Übernahme seines Amtes vor dem Reichstag folgenden Eid:

„Ich schwöre, daß ich meine Kraft dem Wohle des deutschen Volkes widmen, seinen Nutzen mehren, Schaden von ihm wenden, die Verfassung und die Gesetze des Reichs wahren, meine Pflichten gewissenhaft erfüllen und Gerechtigkeit gegen jedermann üben werde."

Die Beifügung einer religiösen Beteuerung ist zulässig.

Art. 43. Das Amt des Reichspräsidenten dauert sieben Jahre. Wiederwahl ist zulässig

Vor Ablauf der Frist kann der Reichspräsident auf Antrag des Reichstags durch Volksabstimmung abgesetzt werden. Der Beschluß des Reichstags erfordert Zweidrittelmehrheit. Durch den Beschluß ist der Reichspräsident an der ferneren Ausübung des Amtes verhindert. Die Ablehnung der Absetzung durch die Volksabstimmung gilt als neue Wahl und hat die Auflösung des Reichstags zur Folge.

Der Reichspräsident kann ohne Zustimmung des Reichstags nicht strafrechtlich verfolgt werden.

Art. 44. Der Reichspräsident kann nicht zugleich Mitglied des Reichstags sein.

Art. 45. Der Reichspräsident vertritt das Reich völkerrechtlich. Er schließt im Namen des Reichs Bündnisse und andere Verträge mit auswärtigen Mächten. Er beglaubigt und empfängt die Gesandten.

Kriegserklärung und Friedensschluß erfolgen durch Reichsgesetz.

Bündnisse und Verträge mit fremden Staaten, die sich auf Gegenstände der Reichsgesetzgebung beziehen, bedürfen der Zustimmung des Reichstags.

Art. 46. Der Reichspräsident ernennt und entläßt die Reichsbeamten und die Offiziere, soweit nicht durch Gesetz etwas anderes bestimmt ist. Er kann das Ernennungs- und Entlassungsrecht durch andere Behörden ausüben lassen.

Art. 47. Der Reichspräsident hat den Oberbefehl über die gesamte Wehrmacht des Reichs.

Art. 48. Wenn ein Land die ihm nach der Reichsverfassung oder den Reichsgesetzen obliegenden Pflichten nicht erfüllt, kann der Reichspräsident es dazu mit Hilfe der bewaffneten Macht anhalten.

Der Reichspräsident kann, wenn im Deutschen Reiche die öffentliche Sicherheit und Ordnung erheblich gestört oder gefährdet wird, die zur Wiederherstellung der öffentlichen Sicherheit und Ordnung nötigen Maßnahmen treffen, erforderlichenfalls mit Hilfe der bewaffneten Macht einschreiten. Zu diesem Zwecke darf er vorübergehend die in den Artikeln 114, 115, 117, 118, 123, 124 und 153 festgesetzten Grundrechte ganz oder zum Teil außer Kraft setzen.

Von allen gemäß Abs. 1 oder Abs. 2 dieses Artikels getroffenen Maßnahmen hat der Reichspräsident unverzüglich dem Reichstag Kenntnis zu geben. Die Maßnahmen sind auf Verlangen des Reichstags außer Kraft zu setzen.

Bei Gefahr im Verzuge kann die Landesregierung für ihr Gebiet einstweilige Maßnahmen der in Abs. 2 bezeichneten Art treffen. Die Maßnahmen sind auf Verlangen des Reichspräsidenten oder des Reichstags außer Kraft zu setzen.

Das Nähere bestimmt ein Reichsgesetz.

Art. 49. Der Reichspräsident übt für das Reich das Begnadigungsrecht aus.

Reichsamnestien bedürfen eines Reichsgesetzes.

Art. 50. Alle Anordnungen und Verfügungen des Reichspräsidenten, auch solche auf dem Gebiete der Wehrmacht, bedürfen zu ihrer Gültigkeit der Gegenzeichnung durch den Reichskanzler oder den zuständigen Reichsminister. Durch die Gegenzeichnung wird die Verantwortung übernommen.

Art. 51. Der Reichspräsident wird im Falle seiner Verhinderung zunächst durch den Reichskanzler vertreten. Dauert die Verhinderung voraussichtlich längere Zeit, so ist die Vertretung durch ein Reichsgesetz zu regeln.

Das gleiche gilt für den Fall einer vorzeitigen Erledigung der Präsidentschaft bis zur Durchführung der neuen Wahl.

Art. 52. Die Reichsregierung besteht aus dem Reichskanzler und den Reichsministern.

Art. 53. Der Reichskanzler und auf seinen Vorschlag die Reichsminister werden vom Reichspräsidenten ernannt und entlassen.

Art. 54. Der Reichskanzler und die Reichsminister bedürfen zu ihrer Amtsführung des Vertrauens des Reichstags. Jeder von ihnen muß zurücktreten, wenn ihm der Reichstag durch ausdrücklichen Beschluß sein Vertrauen entzieht.

Art. 55. Der Reichskanzler führt den Vorsitz in der Reichsregierung und leitet ihre Geschäfte nach einer Geschäftsordnung, die von der Reichsregierung beschlossen und vom Reichspräsidenten genehmigt wird.

Art. 56. Der Reichskanzler bestimmt die Richtlinien der Politik und trägt dafür gegenüber dem Reichstag die Verantwortung. Innerhalb dieser Richtlinien leitet jeder Reichsminister den ihm anvertrauten Geschäftszweig selbständig und unter eigener Verantwortung gegenüber dem Reichstag.

Art. 57. Die Reichsminister haben der Reichsregierung alle Gesetzentwürfe, ferner Angelegenheiten, für welche Verfassung oder Gesetz dieses vorschreiben, sowie Meinungsverschiedenheiten über Fragen, die den Geschäftsbereich mehrerer Reichsminister berühren, zur Beratung und Beschlußfassung zu unterbreiten.

Art. 58. Die Reichsregierung faßt ihre Beschlüsse mit Stimmenmehrheit. Bei Stimmengleichheit entscheidet die Stimme des Vorsitzenden.

Art. 59. Der Reichstag ist berechtigt, den Reichspräsidenten, den Reichskanzler und die Reichsminister vor dem Staatsgerichtshof für das Deutsche Reich anzuklagen, daß sie schuldhafterweise die Reichsverfassung oder ein Reichsgesetz verletzt haben. Der Antrag auf Erhebung der Anklage muß von mindestens hundert Mitgliedern des Reichstags unterzeichnet sein und bedarf der Zustimmung der für Verfassungsänderungen vorgeschriebenen Mehrheit. Das Nähere regelt das Reichsgesetz über den Staatsgerichtshof.

Vierter Abschnitt
Der Reichsrat

Art. 60. Zur Vertretung der deutschen Länder bei der Gesetzgebung und Verwaltung des Reichs wird ein Reichsrat gebildet.

Art. 61. Im Reichsrat hat jedes Land mindestens eine Stimme. Bei den größeren Ländern entfällt auf eine Million Einwohner eine Stimme. Ein Überschuß, der mindestens der Einwohnerzahl des kleinsten Landes gleichkommt, wird einer vollen Million gleichgerechnet. Kein Land darf durch mehr als zwei Fünftel aller Stimmen vertreten sein.

Deutschösterreich erhält nach seinem Anschluß an das Deutsche Reich das Recht der Teilnahme am Reichsrat mit der seiner Bevölkerung entsprechenden Stimmenzahl. Bis dahin haben die Vertreter Deutschösterreichs beratende Stimme.

Die Stimmenzahl wird durch den Reichsrat nach jeder allgemeinen Volkszählung neu festgesetzt.

Art. 62. In den Ausschüssen, die der Reichsrat aus seiner Mitte bildet, führt kein Land mehr als eine Stimme.

Art. 63. Die Länder werden im Reichsrat durch Mitglieder ihrer Regierungen vertreten. Jedoch wird die Hälfte der preußischen Stimmen nach Maßgabe eines Landesgesetzes von den preußischen Provinzialverwaltungen bestellt.

Die Länder sind berechtigt, so viele Vertreter in den Reichsrat zu entsenden, wie sie Stimmen führen.

Art. 64. Die Reichsregierung muß den Reichsrat auf Verlangen von einem Drittel seiner Mitglieder einberufen.

Art. 65. Den Vorsitz im Reichsrat und in seinen Ausschüssen führt ein Mitglied der Reichsregierung. Die Mitglieder der Reichsregierung haben das Recht und auf Verlangen die Pflicht, an den Verhandlungen des Reichsrats und seiner Ausschüsse teilzunehmen. Sie müssen während der Beratung auf Verlangen jederzeit gehört werden.

Art. 66. Die Reichsregierung sowie jedes Mitglied des Reichsrats sind befugt, im Reichsrat Anträge zu stellen.

Der Reichsrat regelt seinen Geschäftsgang durch eine Geschäftsordnung.

Die Vollsitzungen des Reichsrats sind öffentlich. Nach Maßgabe der Geschäftsordnung kann die Öffentlichkeit für einzelne Beratungsgegenstände ausgeschlossen werden.

Bei der Abstimmung entscheidet die einfache Mehrheit der Abstimmenden.

Art. 67. Der Reichsrat ist von den Reichsministerien über die Führung der Reichsgeschäfte auf dem Laufenden zu halten. Zu Beratungen über wichtige Gegenstände sollen von den Reichsministerien die zuständigen Ausschüsse des Reichsrats zugezogen werden.

Fünfter Abschnitt
Die Reichsgesetzgebung

Art. 68. Die Gesetzesvorlagen werden von der Reichsregierung oder aus der Mitte des Reichstags eingebracht.

Die Reichsgesetze werden vom Reichstag beschlossen.

Art. 69. Die Einbringung von Gesetzesvorlagen der Reichsregierung bedarf der Zustimmung des Reichsrats. Kommt eine Übereinstimmung zwischen der Reichsregierung und dem Reichsrat nicht zustande, so kann die Reichsregierung die Vorlage gleichwohl einbringen, hat aber hierbei die abweichende Auffassung des Reichsrats darzulegen.

Beschließt der Reichsrat eine Gesetzesvorlage, welcher die Reichsregierung nicht zustimmt, so hat diese die Vorlage unter Darlegung ihres Standpunkts beim Reichstag einzubringen.

Art. 70. Der Reichspräsident hat die verfassungsmäßig zustande gekommenen Gesetze auszufertigen und binnen Monatsfrist im Reichs-Gesetzblatt zu verkünden.

Art. 71. Reichsgesetze treten, soweit sie nichts anderes bestimmen, mit dem vierzehnten Tage nach Ablauf des Tages in Kraft, an dem das Reichs-Gesetzblatt in der Reichshauptstadt ausgegeben worden ist.

Art. 72. Die Verkündung eines Reichsgesetzes ist um zwei Monate auszusetzen, wenn es ein Drittel des Reichstags verlangt. Gesetze, die der Reichstag und der Reichsrat für dringlich erklären, kann der Reichspräsident ungeachtet dieses Verlangens verkünden.

Art. 73. Ein vom Reichstag beschlossenes Gesetz ist vor seiner Verkündung zum Volksentscheid zu bringen, wenn der Reichspräsident binnen eines Monats es bestimmt.

Ein Gesetz, dessen Verkündung auf Antrag von mindestens einem Drittel des Reichstags ausgesetzt ist, ist dem Volksentscheid zu unterbreiten, wenn ein Zwanzigstel der Stimmberechtigten es beantragt.

Ein Volksentscheid ist ferner herbeizuführen, wenn ein Zehntel der Stimmberechtigten das Begehren nach Vorlegung eines Gesetzentwurfs stellt. Dem Volksbegehren muß ein ausgearbeiteter Gesetzentwurf zu Grunde liegen. Er ist von der Reichsregierung unter Darlegung ihrer Stellungnahme dem Reichstag zu unterbreiten. Der Volksentscheid findet nicht statt, wenn der begehrte Gesetzentwurf im Reichstag unverändert angenommen worden ist.

Über den Haushaltsplan, über Abgabengesetze und Besoldungsordnungen kann nur der Reichspräsident einen Volksentscheid veranlassen.

Das Verfahren beim Volksentscheid und beim Volksbegehren regelt ein Reichsgesetz.

Art. 74. Gegen die vom Reichstag beschlossenen Gesetze steht dem Reichsrat der Einspruch zu.

Der Einspruch muß innerhalb zweier Wochen nach der Schlußabstimmung im Reichstag bei der Reichsregierung eingebracht und spätestens binnen zwei weiteren Wochen mit Gründen versehen werden.

Im Falle des Einspruchs wird das Gesetz dem Reichstag zur nochmaligen Beschlußfassung vorgelegt. Kommt hierbei keine Übereinstimmung zwischen Reichstag und Reichsrat zustande, so kann der Reichspräsident binnen drei Monaten über den Gegenstand der Meinungsverschiedenheit einen Volksentscheid anordnen. Macht der Präsident von diesem Rechte keinen Gebrauch, so gilt das Gesetz als nicht zustande gekommen. Hat der Reichstag mit Zweidrittelmehrheit entgegen dem Einspruch des Reichsrats beschlossen, so hat der Präsident das Gesetz binnen drei Monaten in der vom Reichstag beschlossenen Fassung zu verkünden oder einen Volksentscheid anzuordnen.

Art. 75. Durch den Volksentscheid kann ein Beschluß des Reichstags nur dann außer Kraft gesetzt werden, wenn sich die Mehrheit der Stimmberechtigten an der Abstimmung beteiligt.

Art. 76. Die Verfassung kann im Wege der Gesetzgebung geändert werden. Jedoch kommen Beschlüsse des Reichstags auf Abänderung der Verfassung nur zustande, wenn zwei Drittel der gesetzlichen Mitgliederzahl anwesend sind und wenigstens zwei Drittel der Anwesenden zustimmen. Auch Beschlüsse des Reichsrats auf Abänderung der Verfassung bedürfen einer Mehrheit von zwei Dritteln der abgegebenen Stimmen. Soll auf Volksbegehren durch Volksentscheid eine Verfassungsänderung beschlossen werden, so ist die Zustimmung der Mehrheit der Stimmberechtigten erforderlich.

Hat der Reichstag entgegen dem Einspruch des Reichsrats eine Verfassungsänderung beschlossen, so darf der Reichspräsident dieses Gesetz nicht verkünden, wenn der Reichsrat binnen zwei Wochen den Volksentscheid verlangt.

Art. 77. Die zur Ausführung der Reichsgesetze erforderlichen allgemeinen Verwaltungsvorschriften erläßt, soweit die Gesetze nichts anderes bestimmen, die Reichsregierung. Sie bedarf dazu der Zustimmung des Reichsrats, wenn die Ausführung der Reichsgesetze den Landesbehörden zusteht.

Sechster Abschnitt
Die Reichsverwaltung

Art. 78. Die Pflege der Beziehungen zu den auswärtigen Staaten ist ausschließlich Sache des Reichs.

In Angelegenheiten, deren Regelung der Landesgesetzgebung zusteht, können die Länder mit auswärtigen Staaten Verträge schließen; die Verträge bedürfen der Zustimmung des Reichs.

Vereinbarungen mit fremden Staaten über Veränderung der Reichsgrenzen werden nach Zustimmung des beteiligten Landes durch das Reich abgeschlossen. Die Grenzveränderungen dürfen nur auf Grund eines Reichsgesetzes erfolgen, soweit es sich nicht um bloße Berichtigung der Grenzen unbewohnter Gebietsteile handelt.

Um die Vertretung der Interessen zu gewährleisten, die sich für einzelne Länder aus ihren besonderen wirtschaftlichen Beziehungen oder ihrer benachbarten Lage zu auswärtigen Staaten ergeben, trifft das Reich im Einvernehmen mit den beteiligten Ländern die erforderlichen Einrichtungen und Maßnahmen.

Art. 79. Die Verteidigung des Reichs ist Reichssache. Die Wehrverfassung des deutschen Volkes wird unter Berücksichtigung der besonderen landsmannschaftlichen Eigenarten durch ein Reichsgesetz einheitlich geregelt.

Art. 80. Das Kolonialwesen ist ausschließlich Sache des Reichs.

Art. 81. Alle deutschen Kauffahrteischiffe bilden eine einheitliche Handelsflotte.

Art. 82. Deutschland bildet ein Zoll- und Handelsgebiet, umgeben von einer gemeinschaftlichen Zollgrenze.

Die Zollgrenze fällt mit der Grenze gegen das Ausland zusammen. An der See bildet das Gestade des Festlandes und der zum Reichsgebiet gehörigen Inseln die Zollgrenze. Für den Lauf der Zollgrenze an der See und an anderen Gewässern können Abweichungen bestimmt werden.

Fremde Staatsgebiete oder Gebietsteile können durch Staatsverträge oder Übereinkommen dem Zollgebiete angeschlossen werden.

Aus dem Zollgebiete können nach besonderem Erfordernis Teile ausgeschlossen werden. Für Freihäfen kann der Ausschluß nur durch ein verfassungsänderndes Gesetz aufgehoben werden.

Zollausschlüsse können durch Staatsverträge oder Übereinkommen einem fremden Zollgebiet angeschlossen werden.

Alle Erzeugnisse der Natur sowie des Gewerbe- und Kunstfleißes, die sich im freien Verkehre des Reichs befinden, dürfen über die Grenze der Länder und Gemeinden ein-, aus- oder durchgeführt werden. Ausnahmen sind auf Grund eines Reichsgesetzes zulässig.

Art. 83. Die Zölle und Verbrauchssteuern werden durch Reichsbehörden verwaltet.

Bei der Verwaltung von Reichsabgaben durch Reichsbehörden sind Einrichtungen vorzusehen, die den Ländern die Wahrung besonderer Landesinteressen auf dem Gebiete der Landwirtschaft, des Handels, des Gewerbes und der Industrie ermöglichen.

Art. 84. Das Reich trifft durch Gesetz die Vorschriften über:

1. die Einrichtung der Abgabenverwaltung der Länder, soweit es die einheitliche und gleichmäßige Durchführung der Reichsabgabengesetze erfordert;

2. die Einrichtung und Befugnisse der mit der Beaufsichtigung der Ausführung der Reichsabgabengesetze betrauten Behörden;

3. die Abrechnung mit den Ländern;

4. die Vergütung der Verwaltungskosten bei Ausführung der Reichsabgabengesetze.

Art. 85. Alle Einnahmen und Ausgaben des Reichs müssen für jedes Rechnungsjahr veranschlagt und in den Haushaltsplan eingestellt werden.

Der Haushaltsplan wird vor Beginn des Rechnungsjahres durch ein Gesetz festgestellt.

Die Ausgaben werden in der Regel für ein Jahr bewilligt; sie können in besonderen Fällen auch für eine längere Dauer bewilligt werden. Im übrigen sind Vorschriften im Reichshaushaltsgesetz unzulässig, die über das Rechnungsjahr hinausreichen oder sich nicht auf die Einnahmen und Ausgaben des Reichs oder ihre Verwaltung beziehen.

Der Reichstag kann im Entwurfe des Haushaltsplans ohne Zustimmung des Reichsrats Ausgaben nicht erhöhen oder neu einsetzen.

Die Zustimmung des Reichsrats kann gemäß den Vorschriften des Artikel 74 ersetzt werden.

Art. 86. Über die Verwendung aller Reichseinnahmen legt der Reichsfinanzminister in dem folgenden Rechnungsjahre zur Entlastung der Reichsregierung dem Reichsrat und dem Reichstag Rechnung. Die Rechnungsprüfung wird durch Reichsgesetz geregelt.

Art. 87. Im Wege des Kredits dürfen Geldmittel nur bei außerordentlichem Bedarf und in der Regel nur für Ausgaben zu werbenden Zwecken beschafft werden. Eine solche Beschaffung sowie die Übernahme einer Sicherheitsleistung zu Lasten des Reichs dürfen nur auf Grund eines Reichsgesetzes erfolgen.

Art. 88. Das Post- und Telegraphenwesen samt dem Fernsprechwesen ist ausschließlich Sache des Reichs.

Die Postwertzeichen sind für das ganze Reich einheitlich.

Die Reichsregierung erläßt mit Zustimmung des Reichsrats die Verordnungen, welche Grundsätze und Gebühren für die Benutzung der Verkehrseinrichtungen festsetzen. Sie kann diese Befugnis mit Zustimmung des Reichsrats auf den Reichspostminister übertragen.

Zur beratenden Mitwirkung in Angelegenheiten des Post-, Telegraphen- und Fernsprechverkehrs und der Tarife errichtet die Reichsregierung mit Zustimmung des Reichsrats einen Beirat.

Verträge über den Verkehr mit dem Ausland schließt allein das Reich.

Art. 89. Aufgabe des Reichs ist es, die dem allgemeinen Verkehre dienenden Eisenbahnen in sein Eigentum zu übernehmen und als einheitliche Verkehrsanstalt zu verwalten.

Die Rechte der Länder, Privateisenbahnen zu erwerben, sind auf Verlangen dem Reiche zu übertragen.

Art. 90. Mit dem Übergang der Eisenbahnen übernimmt das Reich die Enteignungsbefugnis und die staatlichen Hoheitsrechte, die sich auf das Eisenbahnwesen beziehen. Über den Umfang dieser Rechte entscheidet im Streitfall der Staatsgerichtshof.

Art. 91. Die Reichsregierung erläßt mit Zustimmung des Reichsrats die Verordnungen, die den Bau, den Betrieb und den Verkehr der Eisenbahnen regeln. Sie kann diese Befugnis mit Zustimmung des Reichsrats auf den zuständigen Reichsminister übertragen.

Art. 92. Die Reichseisenbahnen sind, ungeachtet der Eingliederung ihres Haushalts und ihrer Rechnung in den allgemeinen Haushalt und die allgemeine Rechnung des Reichs, als ein selbständiges wirtschaftliches Unternehmen zu verwalten, das seine Ausgaben einschließlich Verzinsung und Tilgung der Eisenbahnschuld selbst zu bestreiten und eine Eisenbahnrücklage anzusammeln hat. Die Höhe der Tilgung und der Rücklage sowie die Verwendungszwecke der Rücklage sind durch besonderes Gesetz zu regeln.

Art. 93. Zur beratenden Mitwirkung in Angelegenheiten des Eisenbahnverkehrs und der Tarife errichtet die Reichsregierung für die Reichseisenbahnen mit Zustimmung des Reichsrats Beiräte.

Art. 94. Hat das Reich die dem allgemeinen Verkehre dienenden Eisenbahnen eines bestimmten Gebiets in seine Verwaltung übernommen, so können innerhalb dieses Gebiets neue, dem allgemeinen Verkehre dienende Eisenbahnen nur vom Reiche oder mit seiner Zustimmung gebaut werden. Berührt der Bau neuer oder die Veränderung bestehender Reichseisenbahnanlagen den Geschäftsbereich der Landespolizei, so hat die Reichseisenbahnverwaltung vor der Entscheidung die Landesbehörden anzuhören.

Wo das Reich die Eisenbahnen noch nicht in seine Verwaltung übernommen hat, kann es für den allgemeinen Verkehr oder die Landesverteidigung als notwendig erachtete Eisenbahnen kraft Reichsgesetzes auch gegen den Widerspruch der Länder, deren Gebiet durchschnitten wird, jedoch unbeschadet der Landeshoheitsrechte, für eigene Rechnung anlegen oder den Bau einem anderen zur Ausführung überlassen, nötigenfalls unter Verleihung des Enteignungsrechts.

Jede Eisenbahnverwaltung muß sich den Anschluß anderer Bahnen auf deren Kosten gefallen lassen.

Art. 95. Eisenbahnen des allgemeinen Verkehrs, die nicht vom Reiche verwaltet werden, unterliegen der Beaufsichtigung durch das Reich.

Die der Reichsaufsicht unterliegenden Eisenbahnen sind nach den gleichen vom Reiche festgesetzten Grundsätzen anzulegen und auszurüsten. Sie sind in betriebssicherem Zustand zu erhalten und entsprechend den Anforderungen des Verkehrs auszubauen. Personen- und Güterverkehr sind in Übereinstimmung mit dem Bedürfnis zu bedienen und auszugestalten.

Bei der Beaufsichtigung des Tarifwesens ist auf gleichmäßige und niedrige Eisenbahntarife hinzuwirken.

Art. 96. Alle Eisenbahnen, auch die nicht dem allgemeinen Verkehre dienenden, haben den Anforderungen des Reichs auf Benutzung der Eisenbahnen zum Zwecke der Landesverteidigung Folge zu leisten.

Art. 97. Aufgabe des Reichs ist es, die dem allgemeinen Verkehre dienenden Wasserstraßen in sein Eigentum und seine Verwaltung zu übernehmen.

Nach der Übernahme können dem allgemeinen Verkehre dienende Wasserstraßen nur noch vom Reiche oder mit seiner Zustimmung angelegt oder ausgebaut werden.

Bei der Verwaltung, dem Ausbau oder dem Neubau von Wasserstraßen sind die Bedürfnisse der Landeskultur und der Wasserwirtschaft im Einvernehmen mit den Ländern zu wahren. Auch ist auf deren Förderung Rücksicht zu nehmen.

Jede Wasserstraßenverwaltung hat sich den Anschluß anderer Binnenwasserstraßen auf Kosten der Unternehmer gefallen zu lassen. Die gleiche Verpflichtung besteht für die Herstellung einer Verbindung zwischen Binnenwasserstraßen und Eisenbahnen.

Mit dem Übergange der Wasserstraßen erhält das Reich die Enteignungsbefugnis, die Tarifhoheit sowie die Strom- und Schiffahrtspolizei.

Die Aufgaben der Strombauverbände in bezug auf den Ausbau natürlicher Wasserstraßen im Rhein-, Weser- und Elbegebiet sind auf das Reich zu übernehmen.

Art. 98. Zur Mitwirkung in Angelegenheiten der Wasserstraßen werden bei den Reichswasserstraßen nach näherer Anordnung der Reichsregierung unter Zustimmung des Reichsrats Beiräte gebildet.

Art. 99. Auf natürlichen Wasserstraßen dürfen Abgaben nur für solche Werke, Einrichtungen und sonstige Anstalten erhoben werden, die zur Erleichterung des Verkehrs bestimmt sind. Sie dürfen bei staatlichen und kommunalen Anstalten die zur Herstellung und Unterhaltung erforderlichen Kosten nicht übersteigen. Die Herstellungs- und Unterhaltungskosten für Anstalten, die nicht ausschließlich zur Erleichterung des Verkehrs, sondern auch zur Förderung anderer Zwecke bestimmt sind, dürfen nur zu einem verhältnismäßigen Anteil durch Schiffahrtsabgaben aufgebracht werden. Als Herstellungskosten gelten die Zinsen und Tilgungsbeträge für die aufgewandten Mittel.

Die Vorschriften des vorstehenden Absatzes finden Anwendung auf die Abgaben, die für künstliche Wasserstraßen sowie für Anstalten an solchen und in Häfen erhoben werden.

Im Bereiche der Binnenschiffahrt können für die Bemessung der Befahrungsabgaben die Gesamtkosten einer Wasserstraße, eines Stromgebiets oder eines Wasserstraßennetzes zu Grunde gelegt werden.

Diese Bestimmungen gelten auch für die Flößerei auf schiffbaren Wasserstraßen.

Auf fremde Schiffe und deren Ladungen andere oder höhere Abgaben zu legen als auf deutsche Schiffe und deren Ladungen, steht nur dem Reiche zu.

Zur Beschaffung von Mitteln für die Unterhaltung und den Ausbau des deutschen Wasserstraßennetzes kann das Reich die Schiffahrtsbeteiligten auch auf andere Weise durch Gesetz zu Beiträgen heranziehen.

Art. 100. Zur Deckung der Kosten für Unterhaltung und Bau von Binnenschifffahrtswegen kann durch ein Reichsgesetz auch herangezogen werden, wer aus dem Bau von Talsperren in anderer Weise als durch Befahren Nutzen zieht, sofern mehrere Länder beteiligt sind oder das Reich die Kosten der Anlage trägt.

Art. 101. Aufgabe des Reichs ist es, alle Seezeichen, insbesondere Leuchtfeuer, Feuerschiffe, Bojen, Tonnen und Baken in sein Eigentum und seine Verwaltung zu übernehmen. Nach der Übernahme können Seezeichen nur noch vom Reiche oder mit seiner Zustimmung hergestellt oder ausgebaut werden.

Siebenter Abschnitt
Die Rechtspflege

Art. 102. Die Richter sind unabhängig und nur dem Gesetz unterworfen.

Art. 103. Die ordentliche Gerichtsbarkeit wird durch das Reichsgericht und durch die Gerichte der Länder ausgeübt.

Art. 104. Die Richter der ordentlichen Gerichtsbarkeit werden auf Lebenszeit ernannt. Sie können wider ihrer Willen nur kraft richterlicher Entscheidung und nur aus den Gründen und unter den Formen, welche die Gesetze bestimmen, dauernd oder zeitweise ihres Amtes enthoben oder an eine andere Stelle oder in den Ruhestand versetzt werden. Die Gesetzgebung kann Altersgrenzen festsetzen, bei deren Erreichung Richter in den Ruhestand treten.

Die vorläufige Amtsenthebung, die kraft Gesetzes eintritt, wird hierdurch nicht berührt.

Bei einer Veränderung in der Einrichtung der Gerichte oder ihrer Bezirke kann die Landesjustizverwaltung unfreiwillige Versetzungen an ein anderes Gericht oder Entfernungen vom Amte, jedoch nur unter Belassung des vollen Gehalts, verfügen.

Auf Handelsrichter, Schöffen und Geschworene finden diese Bestimmungen keine Anwendung.

Art. 105. Ausnahmegerichte sind unstatthaft. Niemand darf seinem gesetzlichen Richter entzogen werden. Die gesetzlichen Bestimmungen über Kriegsgerichte und Standgerichte werden hiervon nicht berührt. Die militärischen Ehrengerichte sind aufgehoben.

Art. 106. Die Militärgerichtsbarkeit ist aufzuheben, außer für Kriegszeiten und an Bord der Kriegsschiffe. Das Nähere regelt ein Reichsgesetz.

Art. 107. Im Reiche und in den Ländern müssen nach Maßgabe der Gesetze Verwaltungsgerichte zum Schutze der einzelnen gegen Anordnungen und Verfügungen der Verwaltungsbehörden bestehen.

Art. 108. Nach Maßgabe eines Reichsgesetzes wird ein Staatsgerichtshof für das Deutsche Reich errichtet.

Zweiter Hauptteil
Grundrechte und Grundpflichten der Deutschen

Erster Abschnitt
Die Einzelperson

Art. 109. Alle Deutschen sind vor dem Gesetze gleich.

Männer und Frauen haben grundsätzlich dieselben staatsbürgerlichen Rechte und Pflichten.

Öffentlich-rechtliche Vorrechte oder Nachteile der Geburt oder des Standes sind aufzuheben. Adelsbezeichnungen gelten nur als Teil des Namens und dürfen nicht mehr verliehen werden.

Titel dürfen nur verliehen werden, wenn sie ein Amt oder einen Beruf bezeichnen; akademische Grade sind hierdurch nicht betroffen.

Orden und Ehrenzeichen dürfen vom Staat nicht verliehen werden.

Kein Deutscher darf von einer ausländischen Regierung Titel oder Orden annehmen.

Art. 110. Die Staatsangehörigkeit im Reiche und in den Ländern wird nach den Bestimmungen eines Reichsgesetzes erworben und verloren. Jeder Angehörige eines Landes ist zugleich Reichsangehöriger.

Jeder Deutsche hat in jedem Lande des Reichs die gleichen Rechte und Pflichten wie die Angehörigen des Landes selbst.

Art. 111. Alle Deutschen genießen Freizügigkeit im ganzen Reiche. Jeder hat das Recht, sich an beliebigem Orte des Reichs aufzuhalten und niederzulassen, Grundstücke zu erwerben und jeden Nahrungszweig zu betreiben. Einschränkungen bedürfen eines Reichsgesetzes.

Art. 112. Jeder Deutsche ist berechtigt, nach außerdeutschen Ländern auszuwandern. Die Auswanderung kann nur durch Reichsgesetz beschränkt werden.

Dem Ausland gegenüber haben alle Reichsangehörigen inner- und außerhalb des Reichsgebiets Anspruch auf den Schutz des Reichs.

Kein Deutscher darf einer ausländischen Regierung zur Verfolgung oder Bestrafung überliefert werden.

Art. 113. Die fremdsprachigen Volksteile des Reichs dürfen durch die Gesetzgebung und Verwaltung nicht in ihrer freien, volkstümlichen Entwicklung, besonders nicht im Gebrauch ihrer Muttersprache beim Unterricht, sowie bei der inneren Verwaltung und der Rechtspflege beeinträchtigt werden.

Art. 114. Die Freiheit der Person ist unverletzlich. Eine Beeinträchtigung oder Entziehung der persönlichen Freiheit durch die öffentliche Gewalt ist nur auf Grund von Gesetzen zulässig.

Personen, denen die Freiheit entzogen wird, sind spätestens am darauffolgenden Tage in Kenntnis zu setzen, von welcher Behörde und aus welchen Gründen die Entziehung der Freiheit angeordnet worden ist; unverzüglich soll ihnen Gelegenheit gegeben werden, Einwendungen gegen ihre Freiheitsentziehung vorzubringen.

Art. 115. Die Wohnung jedes Deutschen ist für ihn eine Freistätte und unverletzlich. Ausnahmen sind nur auf Grund von Gesetzen zulässig

Art. 116. Eine Handlung kann nur dann mit einer Strafe belegt werden, wenn die Strafbarkeit gesetzlich bestimmt war, bevor die Handlung begangen wurde.

Art. 117. Das Briefgeheimnis sowie das Post-, Telegraphen- und Fernsprechgeheimnis sind unverletzlich. Ausnahmen können nur durch Reichsgesetz zugelassen werden.

Art. 118. Jeder Deutsche hat das Recht, innerhalb der Schranken der allgemeinen Gesetze seine Meinung durch Wort, Schrift, Druck, Bild oder in sonstiger Weise frei zu äußern. An diesem Rechte darf ihn kein Arbeits- oder Anstellungsverhältnis hindern, und niemand darf ihn benachteiligen, wenn er von diesem Rechte Gebrauch macht.

Eine Zensur findet nicht statt, doch können für Lichtspiele durch Gesetz abweichende Bestimmungen getroffen werden. Auch sind zur Bekämpfung der Schund- und Schmutzliteratur sowie zum Schutze der Jugend bei öffentlichen Schaustellungen und Darbietungen gesetzliche Maßnahmen zulässig.

Zweiter Abschnitt
Das Gemeinschaftsleben

Art. 119. Die Ehe steht als Grundlage des Familienlebens und der Erhaltung und Vermehrung der Nation unter dem besonderen Schutz der Verfassung. Sie beruht auf der Gleichberechtigung der beiden Geschlechter.

Die Reinerhaltung, Gesundung und soziale Förderung der Familie ist Aufgabe des Staats und der Gemeinden. Kinderreiche Familien haben Anspruch auf ausgleichende Fürsorge.

Die Mutterschaft hat Anspruch auf den Schutz und die Fürsorge des Staats.

Art. 120. Die Erziehung des Nachwuchses zur leiblichen, seelischen und gesellschaftlichen Tüchtigkeit ist oberste Pflicht und natürliches Recht der Eltern, über deren Betätigung die staatliche Gemeinschaft wacht.

Art. 121. Den unehelichen Kindern sind durch die Gesetzgebung die gleichen Bedingungen für ihre leibliche, seelische und gesellschaftliche Entwicklung zu schaffen wie den ehelichen Kindern.

Art. 122. Die Jugend ist gegen Ausbeutung sowie gegen sittliche, geistige oder körperliche Verwahrlosung zu schützen. Staat und Gemeinde haben die erforderlichen Einrichtungen zu treffen.

Fürsorgemaßregeln im Wege des Zwanges können nur auf Grund des Gesetzes angeordnet werden.

Art. 123. Alle Deutschen haben das Recht, sich ohne Anmeldung oder besondere Erlaubnis friedlich und unbewaffnet zu versammeln.

Versammlungen unter freiem Himmel können durch Reichsgesetz anmeldepflichtig gemacht und bei unmittelbarer Gefahr für die öffentliche Sicherheit verboten werden.

Art. 124. Alle Deutschen haben das Recht, zu Zwecken, die den Strafgesetzen nicht zuwiderlaufen, Vereine oder Gesellschaften zu bilden. Dies Recht kann nicht durch Vorbeugungsmaßregeln beschränkt werden. Für religiöse Vereine und Gesellschaften gelten dieselben Bestimmungen.

Der Erwerb der Rechtsfähigkeit steht jedem Verein gemäß den Vorschriften des bürgerlichen Rechts frei. Er darf einem Vereine nicht aus dem Grunde versagt werden, daß er einen politischen, sozialpolitischen oder religiösen Zweck verfolgt.

Art. 125. Wahlfreiheit und Wahlgeheimnis sind gewährleistet. Das Nähere bestimmen die Wahlgesetze.

Art. 126. Jeder Deutsche hat das Recht, sich schriftlich mit Bitten oder Beschwerden an die zuständige Behörde oder an die Volksvertretung zu wenden. Dieses Recht kann sowohl von einzelnen als auch von mehreren gemeinsam ausgeübt werden.

Art. 127. Gemeinden und Gemeindeverbände haben das Recht der Selbstverwaltung innerhalb der Schranken der Gesetze.

Art. 128. Alle Staatsbürger ohne Unterschied sind nach Maßgabe der Gesetze und entsprechend ihrer Befähigung und ihren Leistungen zu den öffentlichen Ämtern zuzulassen.

Alle Ausnahmebestimmungen gegen weibliche Beamte werden beseitigt.

Die Grundlagen des Beamtenverhältnisses sind durch Reichsgesetz zu regeln.

Art. 129. Die Anstellung der Beamten erfolgt auf Lebenszeit, soweit nicht durch Gesetz etwas anderes bestimmt ist. Ruhegehalt und Hinterbliebenenversorgung werden gesetzlich geregelt. Die wohlerworbenen Rechte der Beamten sind unverletzlich. Für die vermögensrechtlichen Ansprüche der Beamten steht der Rechtsweg offen.

Die Beamten können nur unter den gesetzlich bestimmten Voraussetzungen und Formen vorläufig ihres Amtes enthoben, einstweilen oder endgültig in den Ruhestand oder in ein anderes Amt mit geringerem Gehalt versetzt werden.

Gegen jedes dienstliche Strafkerkenntnis muß ein Beschwerdeweg und die Möglichkeit eines Wiederaufnahmeverfahrens eröffnet sein. In die Nachweise über die Person des Beamten sind Eintragungen von ihm ungünstigen Tatsachen erst vorzunehmen, wenn dem Beamten Gelegenheit gegeben war, sich über sie zu äußern. Dem Beamten ist Einsicht in seine Personalnachweise zu gewähren.

Die Unverletzlichkeit der wohlerworbenen Rechte und die Offenhaltung des Rechtswegs für die vermögensrechtlichen Ansprüche werden besonders auch den Berufssoldaten gewährleistet. Im übrigen wird ihre Stellung durch Reichsgesetz geregelt.

Art. 130. Die Beamten sind Diener der Gesamtheit, nicht einer Partei.

Allen Beamten wird die Freiheit ihrer politischen Gesinnung und die Vereinigungsfreiheit gewährleistet.

Die Beamten erhalten nach näherer reichsgesetzlicher Bestimmung besondere Beamtenvertretungen.

Art. 131. Verletzt ein Beamter in Ausübung der ihm anvertrauten öffentlichen Gewalt die ihm einem Dritten gegenüber obliegende Amtspflicht, so trifft die Verantwortlichkeit grundsätzlich den Staat oder die Körperschaft, in deren Dienste der Beamte steht. Der Rückgriff gegen den Beamten bleibt vorbehalten. Der ordentliche Rechtsweg darf nicht ausgeschlossen werden.

Die nähere Regelung liegt der zuständigen Gesetzgebung ob.

Art. 132. Jeder Deutsche hat nach Maßgabe der Gesetze die Pflicht zur Übernahme ehrenamtlicher Tätigkeiten.

Art. 133. Alle Staatsbürger sind verpflichtet, nach Maßgabe der Gesetze persönliche Dienste für den Staat und die Gemeinde zu leisten.

Die Wehrpflicht richtet sich nach den Bestimmungen des Reichswehrgesetzes. Dieses bestimmt auch, wieweit für Angehörige der Wehrmacht zur Erfüllung ihrer Aufgaben und zur Erhaltung der Manneszucht einzelne Grundrechte einzuschränken sind.

Art. 134. Alle Staatsbürger ohne Unterschied tragen im Verhältnis ihrer Mittel zu allen öffentlichen Lasten nach Maßgabe der Gesetze bei.

Dritter Abschnitt
Religion und Religionsgesellschaften

Art. 135. Alle Bewohner des Reichs genießen volle Glaubens- und Gewissensfreiheit. Die ungestörte Religionsübung wird durch die Verfassung gewährleistet und steht unter staatlichem Schutz. Die allgemeinen Staatsgesetze bleiben hiervon unberührt.

Art. 136. Die bürgerlichen und staatsbürgerlichen Rechte und Pflichten werden durch die Ausübung der Religionsfreiheit weder bedingt noch beschränkt.

Der Genuß bürgerlicher und staatsbürgerlicher Rechte sowie die Zulassung zu öffentlichen Ämtern sind unabhängig von dem religiösen Bekenntnis.

Niemand ist verpflichtet, seine religiöse Überzeugung zu offenbaren. Die Behörden haben nur soweit das Recht, nach der Zugehörigkeit zu einer Religionsgesellschaft zu fragen, als davon Rechte und Pflichten abhängen oder eine gesetzlich angeordnete statistische Erhebung dies erfordert.

Niemand darf zu einer kirchlichen Handlung oder Feierlichkeit oder zur Teilnahme an religiösen Übungen oder zur Benutzung einer religiösen Eidesform gezwungen werden.

Art. 137. Es besteht keine Staatskirche.

Die Freiheit der Vereinigung zu Religionsgesellschaften wird gewährleistet. Der Zusammenschluß von Religionsgesellschaften innerhalb des Reichsgebiets unterliegt keinen Beschränkungen.

Jede Religionsgesellschaft ordnet und verwaltet ihre Angelegenheiten selbständig innerhalb der Schranken des für alle geltenden Gesetzes. Sie verleiht ihre Ämter ohne Mitwirkung des Staates oder der bürgerlichen Gemeinde.

Religionsgesellschaften erwerben die Rechtsfähigkeit nach den allgemeinen Vorschriften des bürgerlichen Rechtes.

Die Religionsgesellschaften bleiben Körperschaften des öffentlichen Rechtes, soweit sie solche bisher waren. Anderen Religionsgesellschaften sind auf ihren Antrag gleiche Rechte zu gewähren, wenn sie durch ihre Verfassung und die Zahl ihrer Mitglieder die Gewähr der Dauer bieten. Schließen sich mehrere derartige öffentlich-rechtliche Religionsgesellschaften zu einem Verbande zusammen, so ist auch dieser Verband eine öffentlich-rechtliche Körperschaft.

Die Religionsgesellschaften, welche Körperschaften des öffentlichen Rechtes sind, sind berechtigt, auf Grund der bürgerlichen Steuerlisten nach Maßgabe der landesrechtlichen Bestimmungen Steuern zu erheben.

Den Religionsgesellschaften werden die Vereinigungen gleichgestellt, die sich die gemeinschaftliche Pflege einer Weltanschauung zur Aufgabe machen.

Soweit die Durchführung dieser Bestimmungen eine weitere Regelung erfordert, liegt diese der Landesgesetzgebung ob.

Art. 138. Die auf Gesetz, Vertrag oder besonderen Rechtstiteln beruhenden Staatsleistungen an die Religionsgesellschaften werden durch die Landesgesetzgebung abgelöst. Die Grundsätze hierfür stellt das Reich auf.

Das Eigentum und andere Rechte der Religionsgesellschaften und religiösen Vereine an ihren für Kultus-, Unterrichts- und Wohltätigkeitszwecke bestimmten Anstalten, Stiftungen und sonstigen Vermögen werden gewährleistet.

Art. 139. Der Sonntag und die staatlich anerkannten Feiertage bleiben als Tage der Arbeitsruhe und der seelischen Erhebung gesetzlich geschützt.

Art. 140. Den Angehörigen der Wehrmacht ist die nötige freie Zeit zur Erfüllung ihrer religiösen Pflichten zu gewähren.

Art. 141. Soweit das Bedürfnis nach Gottesdienst und Seelsorge im Heer, in Krankenhäusern, Strafanstalten oder sonstigen öffentlichen Anstalten besteht, sind die Religionsgesellschaften zur Vornahme religiöser Handlungen zuzulassen, wobei jeder Zwang fernzuhalten ist.

Vierter Abschnitt
Bildung und Schule

Art. 142. Die Kunst, die Wissenschaft und ihre Lehre sind frei. Der Staat gewährt ihnen Schutz und nimmt an ihrer Pflege teil.

Art. 143. Für die Bildung der Jugend ist durch öffentliche Anstalten zu sorgen. Bei ihrer Einrichtung wirken Reich, Länder und Gemeinden zusammen.

Die Lehrerbildung ist nach den Grundsätzen, die für die höhere Bildung allgemein gelten, für das Reich einheitlich zu regeln.

Die Lehrer an öffentlichen Schulen haben die Rechte und Pflichten der Staatsbeamten.

Art. 144. Das gesamte Schulwesen steht unter der Aufsicht des Staates; er kann die Gemeinden daran beteiligen. Die Schulaufsicht wird durch hauptamtlich tätige, fachmännisch vorgebildete Beamte ausgeübt.

Art. 145. Es besteht allgemeine Schulpflicht. Ihrer Erfüllung dient grundsätzlich die Volksschule mit mindestens acht Schuljahren und die anschließende Fortbildungsschule bis zum vollendeten achtzehnten Lebensjahre. Der Unterricht und die Lernmittel in den Volksschulen und Fortbildungsschulen sind unentgeltlich.

Art. 146. Das öffentliche Schulwesen ist organisch auszugestalten. Auf einer für alle gemeinsamen Grundschule baut sich das mittlere und höhere Schulwesen auf. Für diesen Aufbau ist die Mannigfaltigkeit der Lebensberufe, für die Aufnahme eines Kindes in eine bestimmte Schule sind seine Anlage und Neigung, nicht die wirtschaftliche und gesellschaftliche Stellung oder das Religionsbekenntnis seiner Eltern maßgebend.

Innerhalb der Gemeinden sind indes auf Antrag von Erziehungsberechtigten Volksschulen ihres Bekenntnisses oder ihrer Weltanschauung einzurichten, soweit hierdurch ein geordneter Schulbetrieb, auch im Sinne des Abs. 1, nicht beeinträchtigt wird. Der Wille der Erziehungsberechtigten ist möglichst zu berücksichtigen. Das Nähere bestimmt die Landesgesetzgebung nach den Grundsätzen eines Reichsgesetzes.

Für den Zugang Minderbemittelter zu den mittleren und höheren Schulen sind durch Reich, Länder und Gemeinden öffentliche Mittel bereitzustellen, insbesondere Erziehungsbeihilfen für die Eltern von Kindern, die zur Ausbildung auf mittleren und höheren Schulen für geeignet erachtet werden, bis zur Beendigung der Ausbildung.

Art. 147. Private Schulen als Ersatz für öffentliche Schulen bedürfen der Genehmigung des Staates und unterstehen den Landesgesetzen. Die Genehmigung ist zu erteilen, wenn die Privatschulen in ihren Lehrzielen und Einrichtungen sowie in der wissenschaftlichen Ausbildung ihrer Lehrkräfte nicht hinter den öffentlichen Schulen zurückstehen und eine Sonderung der Schüler nach den Besitzverhältnissen der Eltern nicht gefördert wird. Die Genehmigung ist zu versagen, wenn die wirtschaftliche und rechtliche Stellung der Lehrkräfte nicht genügend gesichert ist.

Private Volksschulen sind nur zuzulassen, wenn für eine Minderheit von Erziehungsberechtigten, deren Wille nach Artikel 146 Abs. 2 zu berücksichtigen ist, eine öffentliche Volksschule ihres Bekenntnisses oder ihrer Weltanschauung in der Gemeinde nicht besteht oder die Unterrichtsverwaltung ein besonderes pädagogisches Interesse anerkennt.

Private Vorschulen sind aufzuheben.

Für private Schulen, die nicht als Ersatz für öffentliche Schulen dienen, verbleibt es bei dem geltenden Recht.

Art. 148. In allen Schulen ist sittliche Bildung, staatsbürgerliche Gesinnung, persönliche und berufliche Tüchtigkeit im Geiste des deutschen Volkstums und der Völkerversöhnung zu erstreben.

Beim Unterricht in öffentlichen Schulen ist Bedacht zu nehmen, daß die Empfindungen Andersdenkender nicht verletzt werden.

Staatsbürgerkunde und Arbeitsunterricht sind Lehrfächer der Schulen. Jeder Schüler erhält bei Beendigung der Schulpflicht einen Abdruck der Verfassung.

Das Volksbildungswesen, einschließlich der Volkshochschulen, soll von Reich, Ländern und Gemeinden gefördert werden.

Art. 149. Der Religionsunterricht ist ordentliches Lehrfach der Schulen mit Ausnahme der bekenntnisfreien (weltlichen) Schulen. Seine Erteilung wird im Rahmen der Schulgesetzgebung geregelt. Der Religionsunterricht wird in Übereinstimmung mit den Grundsätzen der betreffenden Religionsgesellschaft unbeschadet des Aufsichtsrechts des Staates erteilt.

Die Erteilung religiösen Unterrichts und die Vornahme kirchlicher Verrichtungen bleibt der Willenserklärung der Lehrer, die Teilnahme an religiösen Unterrichtsfächern und an kirchlichen Feiern und Handlungen der Willenserklärung desjenigen überlassen, der über die religiöse Erziehung des Kindes zu bestimmen hat.

Die theologischen Fakultäten an den Hochschulen bleiben erhalten.

Art. 150. Die Denkmäler der Kunst, der Geschichte und der Natur sowie die Landschaft genießen den Schutz und die Pflege des Staates.

Es ist Sache des Reichs, die Abwanderung deutschen Kunstbesitzes in das Ausland zu verhüten.

Fünfter Abschnitt
Das Wirtschaftsleben

Art. 151. Die Ordnung des Wirtschaftslebens muß den Grundsätzen der Gerechtigkeit mit dem Ziele der Gewährleistung eines menschenwürdigen Daseins für alle entsprechen. In diesen Grenzen ist die wirtschaftliche Freiheit des Einzelnen zu sichern.

Gesetzlicher Zwang ist nur zulässig zur Verwirklichung bedrohter Rechte oder im Dienst überragender Forderungen des Gemeinwohls.

Die Freiheit des Handels und Gewerbes wird nach Maßgabe der Reichsgesetze gewährleistet.

Art. 152. Im Wirtschaftsverkehr gilt Vertragsfreiheit nach Maßgabe der Gesetze.

Wucher ist verboten. Rechtsgeschäfte, die gegen die guten Sitten verstoßen, sind nichtig.

Art. 153. Das Eigentum wird von der Verfassung gewährleistet. Sein Inhalt und seine Schranken ergeben sich aus den Gesetzen.

Eine Enteignung kann nur zum Wohle der Allgemeinheit und auf gesetzlicher Grundlage vorgenommen werden. Sie erfolgt gegen angemessene Entschädigung, soweit nicht ein Reichsgesetz etwas anderes bestimmt. Wegen der Höhe der Entschädigung ist im Streitfalle der Rechtsweg bei den ordentlichen Gerichten offen zu halten, soweit Reichsgesetze nichts anderes bestimmen. Enteignung durch das Reich gegenüber Ländern, Gemeinden und gemeinnützigen Verbänden kann nur gegen Entschädigung erfolgen.

Eigentum verpflichtet. Sein Gebrauch soll zugleich Dienst sein für das Gemeine Beste.

Art. 154. Das Erbrecht wird nach Maßgabe des bürgerlichen Rechtes gewährleistet.

Der Anteil des Staates am Erbgut bestimmt sich nach den Gesetzen.

Art. 155. Die Verteilung und Nutzung des Bodens wird von Staats wegen in einer Weise überwacht, die Mißbrauch verhütet und dem Ziele zustrebt, jedem Deutschen eine gesunde Wohnung und allen deutschen Familien, besonders den kinderreichen, eine ihren Bedürfnissen entsprechende Wohn- und Wirtschaftsheimstätte zu sichern. Kriegsteilnehmer sind bei dem zu schaffenden Heimstättenrecht besonders zu berücksichtigen.

Grundbesitz, dessen Erwerb zur Befriedigung des Wohnungsbedürfnisses, zur Förderung der Siedlung und Urbarmachung oder zur Hebung der Landwirtschaft nötig ist, kann enteignet werden. Die Fideikommisse sind aufzulösen.

Die Bearbeitung und Ausnutzung des Bodens ist eine Pflicht des Grundbesitzers gegenüber der Gemeinschaft. Die Wertsteigerung des Bodens, die ohne eine Arbeits- oder eine Kapitalaufwendung auf das Grundstück entsteht, ist für die Gesamtheit nutzbar zu machen.

Alle Bodenschätze und alle wirtschaftlich nutzbaren Naturkräfte stehen unter Aufsicht des Staates. Private Regale sind im Wege der Gesetzgebung auf den Staat zu überführen.

Art. 156. Das Reich kann durch Gesetz, unbeschadet der Entschädigung, in sinngemäßer Anwendung der für Enteignung geltenden Bestimmungen, für die Vergesellschaftung geeignete private wirtschaftliche Unternehmungen in Gemeineigentum überführen. Es kann sich selbst, die Länder oder die Gemeinden an der Verwaltung wirtschaftlicher Unternehmungen und Verbände beteiligen oder sich daran in anderer Weise einen bestimmenden Einfluß sichern.

Das Reich kann ferner im Falle dringenden Bedürfnisses zum Zwecke der Gemeinwirtschaft durch Gesetz wirtschaftliche Unternehmungen und Verbände auf der Grundlage der Selbstverwaltung zusammenschließen mit dem Ziele, die Mitwirkung aller schaffenden Volksteile zu sichern, Arbeitgeber und Arbeitnehmer an der Verwaltung zu beteiligen und Erzeugung, Herstellung, Verteilung, Verwendung, Preisgestaltung sowie Ein- und Ausfuhr der Wirtschaftsgüter nach gemeinwirtschaftlichen Grundsätzen zu regeln.

Die Erwerbs- und Wirtschaftsgenossenschaften und deren Vereinigungen sind auf ihr Verlangen unter Berücksichtigung ihrer Verfassung und Eigenart in die Gemeinwirtschaft einzugliedern.

Art. 157. Die Arbeitskraft steht unter dem besonderen Schutz des Reichs.

Das Reich schafft ein einheitliches Arbeitsrecht.

Art. 158. Die geistige Arbeit, das Recht der Urheber, der Erfinder und der Künstler genießt den Schutz und die Fürsorge des Reichs.

Den Schöpfungen deutscher Wissenschaft, Kunst und Technik ist durch zwischenstaatliche Vereinbarung auch im Ausland Geltung und Schutz zu verschaffen.

Art. 159. Die Vereinigungsfreiheit zur Wahrung und Förderung der Arbeits- und Wirtschaftsbedingungen ist für jedermann und für alle Berufe gewährleistet. Alle Abreden und Maßnahmen, welche diese Freiheit einzuschränken oder zu behindern suchen, sind rechtswidrig.

Art. 160. Wer in einem Dienst- oder Arbeitsverhältnis als Angestellter oder Arbeiter steht, hat das Recht auf die zur Wahrnehmung staatsbürgerlicher Rechte und, soweit dadurch der Betrieb nicht erheblich geschädigt wird, zur Ausübung ihm übertragener öffentlicher Ehrenämter nötige freie Zeit. Wieweit ihm der Anspruch auf Vergütung erhalten bleibt, bestimmt das Gesetz.

Art. 161. Zur Erhaltung der Gesundheit und Arbeitsfähigkeit, zum Schutz der Mutterschaft und zur Vorsorge gegen die wirtschaftlichen Folgen von Alter, Schwäche und Wechselfällen des Lebens schafft das Reich ein umfassendes Versicherungswesen unter maßgebender Mitwirkung der Versicherten.

Art. 162. Das Reich tritt für eine zwischenstaatliche Regelung der Rechtsverhältnisse der Arbeiter ein, die für die gesamte arbeitende Klasse der Menschheit ein allgemeines Mindestmaß der sozialen Rechte erstrebt.

Art. 163. Jeder Deutsche hat unbeschadet seiner persönlichen Freiheit die sittliche Pflicht, seine geistigen und körperlichen Kräfte so zu betätigen, wie es das Wohl der Gesamtheit erfordert.

Jedem Deutschen soll die Möglichkeit gegeben werden, durch wirtschaftliche Arbeit seinen Unterhalt zu erwerben. Soweit ihm angemessene Arbeitsgelegenheit nicht nachgewiesen werden kann, wird für seinen notwendigen Unterhalt gesorgt. Das Nähere wird durch besondere Reichsgesetze bestimmt.

Art. 164. Der selbständige Mittelstand in Landwirtschaft, Gewerbe und Handel ist in Gesetzgebung und Verwaltung zu fördern und gegen Überlastung und Aufsaugung zu schützen.

Art. 165. Die Arbeiter und Angestellten sind dazu berufen, gleichberechtigt in Gemeinschaft mit den Unternehmern an der Regelung der Lohn- und Arbeitsbedingungen sowie an der gesamten wirtschaftlichen Entwicklung der produktiven Kräfte mitzuwirken. Die beiderseitigen Organisationen und ihre Vereinbarungen werden anerkannt.

Die Arbeiter und Angestellten erhalten zur Wahrnehmung ihrer sozialen und wirtschaftlichen Interessen gesetzliche Vertretungen in Betriebsarbeiterräten sowie in nach Wirtschaftsgebieten gegliederten Bezirksarbeiterräten und in einem Reichsarbeiterrat.

Die Bezirksarbeiterräte und der Reichsarbeiterrat treten zur Erfüllung der gesamten wirtschaftlichen Aufgaben und zur Mitwirkung bei der Ausführung der Sozialisierungsgesetze mit den Vertretungen der Unternehmer und sonst beteiligter Volkskreise zu Bezirkswirtschaftsräten und zu einem Reichswirtschaftsrat zusammen. Die Bezirkswirtschaftsräte und der Reichswirtschaftsrat sind so zu gestalten, daß alle wichtigen Berufsgruppen entsprechend ihrer wirtschaftlichen und sozialen Bedeutung darin vertreten sind.

Sozialpolitische und wirtschaftspolitische Gesetzentwürfe von grundlegender Bedeutung sollen von der Reichsregierung vor ihrer Einbringung dem Reichswirtschaftsrat zur Begutachtung vorgelegt werden. Der Reichswirtschaftsrat hat das Recht, selbst solche Gesetzesvorlagen zu beantragen. Stimmt ihnen die Reichsregierung nicht zu, so hat sie trotzdem die Vorlage unter Darlegung ihres Standpunkts beim Reichstag einzubringen. Der Reichswirtschaftsrat kann die Vorlage durch eines seiner Mitglieder vor dem Reichstag vertreten lassen.

Den Arbeiter- und Wirtschaftsräten können auf den ihnen überwiesenen Gebieten Kontroll- und Verwaltungsbefugnisse übertragen werden.

Aufbau und Aufgabe der Arbeiter- und Wirtschaftsräte sowie ihr Verhältnis zu anderen sozialen Selbstverwaltungskörpern zu regeln, ist ausschließlich Sache des Reichs.

Übergangs- und Schlußbestimmungen

Art. 166. Bis zur Errichtung des Reichsverwaltungsgerichts tritt an seine Stelle für die Bildung des Wahlprüfungsgerichts das Reichsgericht.

Art. 167. Die Bestimmungen des Artikels 18 Abs. 3 bis 6 treten erst zwei Jahre nach Verkündung der Reichsverfassung in Kraft.

Art. 168. Bis zum Erlaß des im Artikel 63 vorgesehenen Landesgesetzes, aber höchstens auf die Dauer eines Jahres, können die sämtlichen preußischen Stimmen im Reichsrat von Mitgliedern der Regierung abgegeben werden.

Art. 169. Der Zeitpunkt des Inkrafttretens der Bestimmung im Artikel 83 Abs. 1 wird durch die Reichsregierung festgesetzt.

Für eine angemessene Übergangszeit kann die Erhebung und Verwaltung der Zölle und Verbrauchssteuern den Ländern auf ihren Wunsch belassen werden.

Art. 170. Die Post- und Telegraphenverwaltungen Bayerns und Württembergs gehen spätestens am 1. April 1921 auf das Reich über.

Soweit bis zum 1. Oktober 1920 noch keine Verständigung über die Bedingungen der Übernahme erzielt ist, entscheidet der Staatsgerichtshof.

Bis zur Übernahme bleiben die bisherigen Rechte und Pflichten Bayerns und Württembergs in Kraft. Der Post- und Telegraphenverkehr mit den Nachbarstaaten des Auslandes wird jedoch ausschließlich vom Reiche geregelt.

Art. 171. Die Staatseisenbahnen, Wasserstraßen und Seezeichen gehen spätestens am 1. April 1921 auf das Reich über.

Soweit bis zum 1. Oktober 1920 noch keine Verständigung über die Bedingungen der Übernahme erzielt ist, entscheidet der Staatsgerichtshof.

Art. 172. Bis zum Inkrafttreten des Reichsgesetzes über den Staatsgerichtshof übt seine Befugnisse ein Senat von sieben Mitgliedern aus, wovon der Reichstag vier und das Reichsgericht aus seiner Mitte drei wählt. Sein Verfahren regelt er selbst.

Art. 173. Bis zum Erlaß eines Reichsgesetzes gemäß Artikel 138 bleiben die bisherigen auf Gesetz, Vertrag oder besonderen Rechtstiteln beruhenden Staatsleistungen an die Religionsgesellschaften bestehen.

Art. 174. Bis zum Erlaß des in Artikel 146 Abs. 2 vorgesehenen Reichsgesetzes bleibt es bei der bestehenden Rechtslage. Das Gesetz hat Gebiete des Reichs, in denen eine nach Bekenntnissen nicht getrennte Schule gesetzlich besteht, besonders zu berücksichtigen.

Art. 175. Die Bestimmung des Artikel 109 findet keine Anwendung auf Orden und Ehrenzeichen, die für Verdienste in den Kriegsjahren 1914 – 1919 verliehen werden sollen.

Art. 176. Alle öffentlichen Beamten und Angehörigen der Wehrmacht sind auf diese Verfassung zu vereidigen. Das Nähere wird durch Verordnung des Reichspräsidenten bestimmt.

Art. 177. Wo in den bestehenden Gesetzen die Eidesleistung unter Benutzung einer religiösen Eidesform vorgesehen ist, kann die Eidesleistung rechtswirksam auch in der Weise erfolgen, daß der Schwörende unter Weglassung der religiösen Eidesform erklärt: „ich schwöre". Im übrigen bleibt der in den Gesetzen vorgesehene Inhalt des Eides unberührt.

Art. 178. Die Verfassung des Deutschen Reichs vom 16. April 1871 und das Gesetz über die vorläufige Reichsgewalt vom 10. Februar 1919 sind aufgehoben.

Die übrigen Gesetze und Verordnungen des Reichs bleiben in Kraft, soweit ihnen diese Verfassung nicht entgegensteht. Die Bestimmungen des am 28. Juni 1919 in Versailles unterzeichneten Friedensvertrags werden durch die Verfassung nicht berührt.

Anordnungen der Behörden, die auf Grund bisheriger Gesetze in rechtsgültiger Weise getroffen waren, behalten ihre Gültigkeit bis zur Aufhebung im Wege anderweitiger Anordnung oder Gesetzgebung.

Art. 179. Soweit in Gesetzen oder Verordnungen auf Vorschriften und Einrichtungen verwiesen ist, die durch diese Verfassung aufgehoben sind, treten an ihre Stelle die entsprechenden Vorschriften und Einrichtungen dieser Verfassung. Insbesondere treten an die Stelle der Nationalversammlung der Reichstag, an die Stelle des Staatenausschusses der Reichsrat, an die Stelle des auf Grund des Gesetzes über die vorläufige Reichsgewalt gewählten Reichspräsidenten der auf Grund dieser Verfassung gewählte Reichspräsident.

Die nach den bisherigen Vorschriften dem Staatenausschuß zustehende Befugnis zum Erlaß von Verordnungen geht auf die Reichsregierung über; sie bedarf zum Erlaß der Verordnungen der Zustimmung des Reichsrats nach Maßgabe dieser Verfassung.

Art. 180. Bis zum Zusammentritt des ersten Reichstags gilt die Nationalversammlung als Reichstag. Bis zum Amtsantritt des ersten Reichspräsidenten wird sein Amt von dem auf Grund des Gesetzes über die vorläufige Reichsgewalt gewählten Reichspräsidenten geführt.

Art. 181. Das deutsche Volk hat durch seine Nationalversammlung diese Verfassung beschlossen und verabschiedet. Sie tritt mit dem Tage ihrer Verkündung in Kraft.

14. Die Völkerbundsatzung vom 28. Juni 1919
(Teil I, [Artikel 1–26] des Friedensvertrages von Versailles)

In der Erwägung, daß es zur Förderung der Zusammenarbeit unter den Nationen und zur Gewährleistung des internationalen Friedens und der internationalen Sicherheit wesentlich ist,

bestimmte Verpflichtungen zu übernehmen, nicht zum Kriege zu schreiten;

in aller Öffentlichkeit auf Gerechtigkeit und Ehre begründete internationale Beziehungen zu unterhalten;

die Vorschriften des internationalen Rechtes, die fürderhin als Richtschnur für das tatsächliche Verhalten der Regierungen anerkannt sind, genau zu beobachten,

die Gerechtigkeit herrschen zu lassen und alle Vertragsverpflichtungen in den gegenseitigen Beziehungen der organisierten Völker peinlich zu achten,

nehmen die Hohen vertragschließenden Teile die gegenwärtige Satzung, die den Völkerbund errichtet, an.

Artikel 1.

Ursprüngliche Mitglieder des Völkerbunds sind diejenigen Signatarmächte, deren Namen in der Anlage zu der gegenwärtigen Satzung aufgeführt sind, sowie die ebenfalls in der Anlage genannten Staaten, die der gegenwärtigen Satzung ohne jeden Vorbehalt durch eine binnen zwei Monaten nach Inkrafttreten der Satzung im Sekretariat niedergelegte Erklärung beitreten; die Beitrittserklärung ist den andern Bundesmitgliedern bekanntzugeben.

Alle Staaten, Dominien oder Kolonien mit voller Selbstverwaltung, die nicht in der Anlage aufgeführt sind, können Bundesmitglieder werden, wenn ihrer Zulassung von zwei Dritteln der Bundesversammlung ausgesprochen wird, vorausgesetzt, daß sie für ihre aufrichtige Absicht, ihre internationalen Verpflichtungen zu beobachten, wirksame Gewähr leisten und die hinsichtlich ihrer Streitkräfte und Rüstungen zu Lande, zur See und in der Luft von dem Bunde festgesetzte Ordnung annehmen.

Jedes Bundesmitglied kann nach zweijähriger Kündigung aus dem Bunde austreten, vorausgesetzt, daß es zu dieser Zeit alle seine internationalen Verpflichtungen einschließlich derjenigen aus der gegenwärtigen Satzung erfüllt hat.

Artikel 2.

Der Bund übt seine in dieser Satzung bestimmte Tätigkeit durch eine Bundesversammlung und durch einen Rat, denen ein ständiges Sekretariat beigegeben ist, aus.

Artikel 3.

Die Bundesversammlung besteht aus Vertretern der Bundesmitglieder.

Sie tagt zu festgesetzten Zeitpunkten und außerdem dann, wenn die Umstände es erfordern, am Bundessitz oder an einem zu bestimmenden anderen Orte.

Die Bundesversammlung befindet über jede Frage, die in den Tätigkeitsbereich des Bundes fällt oder die den Weltfrieden berührt.

Jedes Bundesmitglied hat höchstens drei Vertreter in der Bundesversammlung und verfügt nur über eine Stimme.

Artikel 4.

Der Rat setzt sich aus Vertretern der alliierten und assoziierten Hauptmächte und aus Vertretern vier anderer Bundesmitglieder zusammen. Diese vier Bundesmitglieder werden von der Bundesversammlung nach freiem Ermessen und zu den Zeiten, die sie für gut befindet, bestimmt. Bis zu der ersten Bestimmung durch die Bundesversammlung sind die Vertreter Belgiens, Brasiliens, Spaniens und Griechenlands Mitglieder des Rates.

Mit Zustimmung der Mehrheit der Bundesversammlung kann der Rat andere Bundesmitglieder bestimmen, die von da ab ständig im Rat vertreten sind. Er kann mit der gleichen Zustimmung die Anzahl der Bundesmitglieder, die durch die Bundesversammlung als Vertreter in den Rat gewählt werden, erhöhen.

Der Rat tagt, wenn es die Umstände erfordern, am Bundessitz oder an einem zu bestimmenden anderen Orte, und zwar zum mindesten einmal im Jahre.

Der Rat befindet* über jede Frage, die in den Tätigkeitsbereich des Bundes fällt oder die den Weltfrieden berührt.

---

* Der englische Text fügt hinzu: „in seinen Sitzungen".

Jedes im Rate nicht vertretene Bundesmitglied wird eingeladen, zur Teilnahme an der Tagung einen Vertreter abzuordnen, wenn eine seine Interessen besonders berührende Frage auf der Tagesordnung des Rates steht.

Jedes im Rate vertretene Bundesmitglied verfügt** nur über eine Stimme und hat nur einen Vertreter.

Artikel 5.

Beschlüsse der Bundesversammlung oder des Rates erfordern Einstimmigkeit der in der Tagung vertretenen Bundesmitglieder, es sei denn, daß in den Vorschriften dieser Satzung oder den Bestimmungen des gegenwärtigen Vertrags ausdrücklich ein anderes vorgesehen ist.

Alle Verfahrensfragen, die sich im Laufe der Tagung der Bundesversammlung oder des Rates ergeben, einschließlich der Ernennung von Ausschüssen zur Untersuchung besonderer Angelegenheiten, werden durch die Bundesversammlung oder den Rat geregelt und durch die Mehrheit der anwesenden Bundesmitglieder entschieden.

Die erste Tagung der Bundesversammlung und die erste Tagung des Rates erfolgen auf Einberufung des Präsidenten der Vereinigten Staaten von Amerika.

Artikel 6.

Das ständige Sekretariat befindet sich am Bundessitz. Es besteht aus einen Generalsekretär sowie den erforderlichen Sekretären und dem erforderlichen Personal.

Der erste Generalsekretär ist in der Anlage benannt. Für die Folge wird der Generalsekretär mit Zustimmung der Mehrheit der Bundesversammlung durch den Rat ernannt.

Die Sekretäre und das Personal des Sekretariats werden mit Zustimmung des Rates durch den Generalsekretär ernannt.

Der Generalsekretär des Bundes ist ohne weiteres auch Generalsekretär der Bundesversammlung und des Rates.

Die Kosten des Sekretariats werden von den Bundesmitgliedern nach dem Verhältnis getragen, das für die Umlegung der Kosten des internationalen Büros des Weltpostvereins maßgebend ist.

** Der englische Text fügt hinzu: „in den Sitzungen des Rates".

Artikel 7.

Der Bundessitz ist Genf.

Der Rat ist berechtigt, ihn jederzeit an einen anderen Ort zu verlegen.

Alle Ämter des Bundes oder seines Verwaltungsdienstes, einschließlich des Sekretariats, sind in gleicher Weise Männern wie Frauen zugänglich.

Die Vertreter der Bundesmitglieder und die Beauftragten des Bundes genießen in der Ausübung ihres Amtes die Vorrechte und die Unverletzlichkeit der Diplomaten.

Die dem Bund, seiner Verwaltung oder seinen Tagungen dienenden Gebäude und Grundstücke sind unverletzlich.

Artikel 8.

Die Bundesmitglieder bekennen sich zu dem Grundsatz, daß die Aufrechterhaltung des Friedens eine Herabsetzung der nationalen Rüstungen auf das Mindestmaß erfordert, das mit der nationalen Sicherheit und mit der Erzwingung internationaler Verpflichtungen durch gemeinschaftliches Vorgehen vereinbar ist.

Der Rat entwirft unter Berücksichtigung der geographischen Lage und der besonderen Verhältnisse eines jeden Staates die Abrüstungspläne und unterbreitet sie den verschiedenen Regierungen zur Prüfung und Entscheidung.

Von zehn zu zehn Jahren sind diese Pläne einer Nachprüfung und gegebenenfalls einer Berichtigung zu unterziehen.

Die auf diese Weise festgesetzte Grenze der Rüstungen darf nach ihrer Annahme durch die verschiedenen Regierungen nicht ohne Zustimmung des Rates überschritten werden.

Mit Rücksicht auf die schweren Bedenken gegen die private Herstellung von Munition oder Kriegsgerät beauftragen die Bundesmitglieder den Rat, auf Mittel gegen die daraus entspringenden schlimmen Folgen Bedacht zu nehmen, und zwar unter Berücksichtigung der Bedürfnisse der Bundesmitglieder, die nicht in der Lage sind, selbst die für ihre Sicherheit erforderlichen Mengen an Munition und Kriegsgerät herzustellen.

Die Bundesmitglieder übernehmen es, sich in der offensten und erschöpfendsten Weise gegenseitig jede Auskunft über den Stand ihrer Rüstung, über ihr Heer-, Flotten- und Luftschiffahrtsprogramm und über die Lage ihrer auf Kriegszwecke einstellbaren Industrieen zukommen zu lassen.

Artikel 9.

Ein ständiger Ausschuß wird eingesetzt, um dem Rate sein Gutachten über die Ausführung der Bestimmungen in Artikel 1 und 8 und überhaupt über Heer-, Flotten- und Luftschiffahrtsfragen zu erstatten.

Artikel 10.

Die Bundesmitglieder verpflichten sich, die Unversehrtheit des Gebiets und die bestehende politische Unabhängigkeit aller Bundesmitglieder zu achten und gegen jeden äußeren Angriff zu wahren. Im Falle eines Angriffs, der Bedrohung mit einem Angriff oder einer Angriffsgefahr nimmt der Rat auf die Mittel zur Durchführung dieser Verpflichtung Bedacht.

Artikel 11.

Ausdrücklich wird hiermit festgestellt, daß jeder Krieg oder jede Bedrohung mit Krieg, mag davon unmittelbar ein Bundesmitglied betroffen werden oder nicht, eine Angelegenheit des ganzen Bundes ist, und daß dieser die zum wirksamen Schutz des Völkerfriedens geeigneten Maßnahmen zu ergreifen hat. Tritt ein solcher Fall ein, so beruft der Generalsekretär unverzüglich auf Antrag irgend eines Bundesmitglieds den Rat.

Es wird weiter festgestellt, daß jedes Bundesmitglied das Recht hat, in freundschaftlicher Weise die Aufmerksamkeit der Bundesversammlung oder des Rates auf jeden Umstand zu lenken, der von Einfluß auf die internationalen Beziehungen sein kann und daher* den Frieden oder das gute Einvernehmen zwischen den Nationen, von dem der Friede abhängt, zu stören droht.

Artikel 12.

Alle Bundesmitglieder kommen überein, eine etwa zwischen ihnen entstehende Streitfrage, die zu einem Bruche führen könnte, entweder der Schiedsgerichtsbarkeit oder der Prüfung durch den Rat zu unterbreiten. Sie kommen ferner überein, in keinem Falle

---

* „Daher" fehlt im englischen Text.

vor Ablauf von drei Monaten nach dem Spruch der Schiedsrichter oder dem Berichte des Rates zum Kriege zu schreiten.

In allen in diesem Artikel vorgesehenen Fällen ist der Spruch der Schiedsrichter binnen angemessener Frist zu erlassen und der Bericht des Rates binnen sechs Monaten nach dem Tage zu erstatten, an dem er mit der Streitfrage befaßt worden ist.

Artikel 13.

Die Bundesmitglieder kommen überein, daß, wenn zwischen ihnen eine Streitfrage entsteht, die nach ihrer Ansicht einer schiedsrichterlichen Lösung zugänglich ist und die auf diplomatischem Wege nicht zufriedenstellend geregelt werden kann, die Frage in ihrer Gesamtheit der Schiedsgerichtsbarkeit unterbreitet werden soll.

Streitfragen über die Auslegung eines Vertrags, über alle Fragen des internationalen Rechtes, über das Bestehen jeder Tatsache, welche die Verletzung einer internationalen Verpflichtung bedeuten würde, oder über Umfang und Art der Wiedergutmachung im Falle einer solchen Verletzung gelten allgemein als solche, die einer schiedsrichterlichen Lösung zugänglich sind.

Als Schiedsgericht, dem der Streitfall unterbreitet wird, wird das Gericht tätig, das von den Parteien bestimmt wird oder das in früheren Übereinkommen von ihnen vereinbart ist.

Die Bundesmitglieder verpflichten sich, den erlassenen Schiedsspruch nach Treu und Glauben auszuführen und gegen kein Bundesmitglied, das sich dem Schiedsspruch fügt, zum Kriege zu schreiten. Im Falle der Nichtausführung des Spruches schlägt der Rat die Schritte vor, die ihm Wirkung verschaffen sollen.

Artikel 14.

Der Rat wird mit dem Entwurf eines Planes zur Errichtung eines ständigen internationalen Gerichtshofs betraut und hat den Plan den Bundesmitgliedern zu unterbreiten. Dieser Gerichtshof befindet über alle ihm von den Parteien unterbreiteten internationalen Streitfragen. Er erstattet ferner gutachtliche Äußerungen über jede ihm vom Rate oder der Bundesversammlung vorgelegten Streitfrage oder sonstige Angelegenheit.

Artikel 15.

Entsteht zwischen Bundesmitgliedern eine Streitfrage, die zu einem Bruche führen könnte, und wird diese Streitfrage nicht, wie im Artikel 13 vorgesehen, der Schiedsgerichtsbarkeit unterbreitet, so kommen die Bundesmitglieder überein, sie vor den Rat zu bringen. Zu diesem Zwecke genügt es, wenn eine der Parteien den Generalsekretär von der Streitfrage benachrichtigt; dieser veranlaßt alles Nötige zu erschöpfender Untersuchung und Prüfung.

Die Parteien haben ihm binnen kürzester Frist eine Darlegung ihres Falles mit allen einschlägigen Tatsachen und Belegstücken mitzuteilen; der Rat kann deren sofortige Veröffentlichung anordnen.

Der Rat bemüht sich, die Schlichtung der Streitfrage herbeizuführen. Gelingt es, so veröffentlicht er, soweit er es für zweckdienlich hält, eine Darstellung des Tatbestandes mit den zugehörigen Erläuterungen und dem Wortlaut des Ausgleichs.

Kann die Streitfrage nicht geschlichtet werden, so erstattet und veröffentlicht der Rat einen auf einstimmigem Beschluß oder Mehrheitsbeschluß beruhenden Bericht, der die Einzelheiten der Streitfrage und die Vorschläge wiedergibt, die er zur Lösung der Frage als die gerechtesten und geeignetsten empfiehlt.

Jedes im Rate vertretene Bundesmitglied kann gleichfalls eine Darstellung des Tatbestandes der Streitfrage und seine eigene Stellungnahme dazu veröffentlichen.

Wird der Bericht des Rates von denjenigen seiner Mitglieder, die nicht Vertreter der Parteien sind, einstimmig angenommen, so verpflichten sich die Bundesmitglieder, gegen keine Partei, die sich dem Vorschlag fügt, zum Kriege zu schreiten.

Findet der Bericht des Rates nicht einstimmige Annahme bei denjenigen seiner Mitglieder, die nicht Vertreter der Parteien sind, so behalten sich die Bundesmitglieder das Recht vor, die Schritte zu tun, die sie zur Wahrung von Recht und Gerechtigkeit für nötig erachten.

Macht eine Partei geltend, und erkennt der Rat an, daß sich der Streit auf eine Frage bezieht, die nach internationalem Recht zur ausschließlichen Zuständigkeit dieser Partei gehört, so hat der Rat dies in einem Berichte festzustellen, ohne eine Lösung der Frage vorzuschlagen.

Der Rat kann in allen in diesem Artikel vorgesehenen Fällen die Streitfrage vor die Bundesversammlung bringen. Die Bundesversammlung hat sich auch auf Antrag einer der Parteien mit der Streitfrage zu befassen; der Antrag ist binnen vierzehn Tagen zu stellen, nachdem die Streitfrage vor den Rat gebracht worden ist.

In jedem der Bundesversammlung unterbreiteten Falle finden auf das Verfahren und die Befugnisse der Bundesversammlung die Bestimmungen dieses Artikels und des Artikel 12, die sich auf das Verfahren und die Befugnisse des Rates beziehen, mit der Maßgabe Anwendung, daß ein Bericht, den die Bundesversammlung unter Zustimmung der Vertreter der dem Rate angehörenden Bundesmitglieder und der Mehrheit der anderen Bundesmitglieder immer mit Ausschluß der Vertreter der Parteien verfaßt, dieselbe Bedeutung hat wie ein Bericht des Rates, den seine Mitglieder mit Ausnahme der Vertreter der Parteien einstimmig gutheißen.

Artikel 16.

Schreitet ein Bundesmitglied entgegen den in den Artikeln 12, 13 oder 15 übernommenen Verpflichtungen zum Kriege, so wird es ohne weiteres so angesehen, als hätte es eine Kriegshandlung gegen alle anderen Bundesmitglieder begangen. Diese verpflichten sich, unverzüglich alle Handels- und Finanzbeziehungen zu ihm abzubrechen, ihren Staatsangehörigen jeden Verkehr mit den Staatsangehörigen des vertragsbrüchigen Staates zu untersagen und alle finanziellen, Handels- oder persönlichen Verbindungen zwischen den Staatsangehörigen dieses Staates und jedes anderen Staates, gleichviel ob Bundesmitglied oder nicht, abzuschneiden.

In diesem Falle ist der Rat verpflichtet, den verschiedenen beteiligten Regierungen vorzuschlagen, mit welchen Land-, See- oder Luftstreitkräften jedes Bundesmitglied für seinen Teil zu der bewaffneten Macht beizutragen hat, die den Bundesverpflichtungen Achtung zu verschaffen bestimmt ist.

Die Bundesmitglieder sagen sich außerdem wechselseitige Unterstützung bei Ausführung der auf Grund dieses Artikels zu ergreifenden wirtschaftlichen und finanziellen Maßnahmen zu, um die damit verbundenen Verluste und Nachteile auf das Mindestmaß herabzusetzen. Sie unterstützen sich gleichfalls wechselseitig in dem Widerstand gegen jede Sondermaßnahme, die der vertragsbrüchige Staat gegen eines von ihnen richtet. Sie veranlassen alles Erforderliche, um den Streitkräften eines jeden Bundesmitglieds, das an einem gemeinsamen Vorgehen zur Wahrung der Bundesverpflichtungen teilnimmt, den Durchzug durch ihr Gebiet zu ermöglichen.

Jedes Mitglied, das sich der Verletzung einer aus der Satzung entspringenden Verpflichtung schuldig macht, kann aus dem Bunde ausgeschlossen werden. Die Ausschließung wird durch Abstimmung aller anderen im Rate vertretenen Bundesmitglieder ausgesprochen.

Artikel 17.

Bei Streitfragen zwischen einem Bundesmitglied und einem Nichtmitglied oder zwischen Staaten, die Nichtmitglieder sind, werden der Staat oder die Staaten, die Nichtmitglieder sind, aufgefordert, sich für die Beilegung der Streitfrage den den Bundesmitgliedern obliegenden Verpflichtungen zu unterwerfen, und zwar unter den vom Rat für gerecht erachteten Bedingungen. Wird dieser Aufforderung Folge geleistet, so gelangen unter Vorbehalt der Änderungen, die der Rat für erforderlich erachtet, die Bestimmungen der Artikel 12 bis 16 zur Anwendung.

Zugleich mit dem Erlaß dieser Aufforderung eröffnet der Rat eine Untersuchung über die Einzelheiten der Streitfrage und schlägt die Schritte vor, die er in dem besonderen Falle für die besten und wirksamsten hält.

Lehnt der so aufgeforderte Staat es ab, die Verpflichtungen eines Bundesmitglieds für die Beilegung der Streitfrage auf sich zu nehmen, und schreitet er zum Krieg gegen ein Bundesmitglied, so finden die Bestimmungen des Artikel 16 auf ihn Anwendung.

Weigern sich beide Parteien auf die Aufforderung hin, die Verpflichtungen eines Bundesmitglieds für die Beilegung der Streitfrage auf sich zu nehmen, so kann der Rat alle zur Vermeidung von Feindseligkeiten und zur Schlichtung des Streites geeigneten Maßnahmen ergreifen und Vorschläge machen.

Artikel 18.

Jeder Vertrag oder jede internationale Abmachung, die ein Bundesmitglied künftig abschließt, ist unverzüglich beim Sekretariat einzutragen und sobald wie möglich von ihm zu veröffentlichen. Kein solcher Vertrag und keine solche internationale Abmachung ist vor dieser Eintragung rechtsverbindlich.

Artikel 19.

Die Bundesversammlung kann von Zeit zu Zeit die Bundesmitglieder zu einer Nachprüfung der unanwendbar gewordenen Verträge und solcher internationalen Verhältnisse auffordern, deren Aufrechterhaltung den Weltfrieden gefährden könnte.

Artikel 20.

Die Bundesmitglieder erkennen, ein jedes für sein Teil, an, daß die gegenwärtige Satzung Verpflichtungen und Einzelverständigungen aufhebt, die mit ihren Bestimmungen unvereinbar sind, und verpflichten sich feierlich, solche in Zukunft nicht mehr einzugehen.

Hat ein Mitglied vor seinem Eintritt in den Bund Verpflichtungen übernommen, die mit den Bestimmungen der Satzung unvereinbar sind, so hat es die Pflicht, unverzüglich Maßnahmen zur Lösung dieser Verpflichtungen zu ergreifen.

Artikel 21.

Internationale Abreden wie Schiedsgerichtsverträge und Abmachungen über bestimmte Gebiete wie die Monroedoktrin, welche die Erhaltung des Friedens sicherstellen, gelten nicht als mit einer der Bestimmungen der gegenwärtigen Satzung unvereinbar.

Artikel 22.

Auf die Kolonien und Gebiete, die infolge des Krieges aufgehört haben, unter der Souveränität der Staaten zu stehen, die sie vorher beherrschten, und die von solchen Völkern bewohnt sind, die noch nicht imstande sind, sich unter der besonders schwierigen Bedingungen der heutigen Welt selbst zu leiten, finden die nachstehenden Grundsätze Anwendung: Das Wohlergehen und die Entwicklung dieser Völker bilden eine heilige Aufgabe der Zivilisation, und es ist geboten, in die gegenwärtige Satzung Bürgschaften für die Erfüllung dieser Aufgabe aufzunehmen.

Der beste Weg, diesen Grundsatz durch die Tat zu verwirklichen, ist die Übertragung der Vormundschaft über diese Völker an die fortgeschrittenen Nationen, die auf Grund ihrer Hilfsmittel, ihrer Erfahrung oder ihrer geographischen Lage am besten imstande sind, eine solche Verantwortung auf sich zu nehmen, und die hierzu bereit sind; sie hätten die Vormundschaft als Mandatare des Bundes und in seinem Namen zu führen.

Die Art des Mandats muß nach der Entwicklungsstufe des Volkes, nach der geographischen Lage des Gebiets, nach seinen wirtschaftlichen Verhältnissen und allen sonstigen Umständen dieser Art verschieden sein.

Gewisse Gemeinwesen, die ehemals zum Türkischen Reiche gehörten, haben eine solche Entwicklungsstufe erreicht, daß sie in ihrem Dasein als unabhängige Nationen vorläufig anerkannt werden können, unter der Bedingung, daß die Ratschläge und die Unterstützung eines Mandatars ihre Verwaltung bis zu dem Zeitpunkt leiten, wo sie imstande sein werden, sich selbst zu leiten. Bei der Wahl des Mandatars sind in erster Linie die Wünsche jener Gemeinwesen zu berücksichtigen.

Die Entwicklungsstufe, auf der sich andere Völker, insbesondere die mittelafrikanischen befinden, erfordert, daß der Mandatar dort die Verwaltung des Gebiets übernimmt*. Doch ist dies an Bedingungen geknüpft. Außer der Abstellung von Mißbräuchen, wie Sklaven-, Waffen- und Alkoholhandel muß Gewissens- und Religionsfreiheit, lediglich mit den Einschränkungen, die die Aufrechterhaltung der öffentlichen Ordnung und der guten Sitten erfordert, gewährleistet sein. Verbürgt muß weiter sein das Verbot der Errichtung von Befestigungen oder von Heeres- oder Flottenstützpunkten, sowie das Verbot militärischer Ausbildung der Eingeborenen, soweit sie nicht lediglich polizeilichen oder Landesverteidigungszwecken dient. Dem Güteraustausch und Handel der anderen Bundesmitglieder muß ferner die gleiche Möglichkeit der Betätigung gesichert sein.

Endlich gibt es Gebiete, wie Südwestafrika und gewisse Inseln des australischen Stillen Ozeans, die infolge ihrer schwachen Bevölkerungsdichte und geringen Ausdehnung, ihrer Entfernung von den Mittelpunkten der Zivilisation, ihrer geographischen

---

* Der englische Text lautet übersetzt: „Daß der Mandator verantwortlich für die Verwaltung des Gebiets sein muß."

Nachbarschaft zum Gebiet des Mandatars oder infolge anderer Umstände nicht wohl besser verwaltet werden können, als nach den Gesetzen des Mandatars und als integrierender Bestandteil seines Gebiets, unter Vorbehalt der Bürgschaften, die vorstehend im Interesse der eingeborenen Bevölkerung vorgesehen sind.

In allen Fällen hat der Mandatar dem Rate jährlich einen Bericht über die seiner Fürsorge anvertrauten Gebiete vorzulegen.

Ist der Grad von behördlicher Machtbefugnis, Überwachung und Verwaltung, den der Mandatar ausüben soll, nicht bereits Gegenstand eines vorgängigen Übereinkommens zwischen den Bundesmitgliedern, so trifft der Rat hierüber ausdrückliche Entscheidung.

Ein ständiger Ausschuß wird beauftragt, die Jahresberichte der Mandatare entgegenzunehmen und zu prüfen und dem Rate über alle die Ausführung der Mandatsverpflichtungen angehenden Fragen sein Gutachten zu erstatten.

Artikel 23.

Unter Vorbehalt der Bestimmungen der schon bestehenden oder künftig abzuschließenden internationalen Übereinkommen und im Einklang mit diesen Bestimmungen übernehmen die Bundesmitglieder folgendes:

a) sie werden sich bemühen, angemessene und menschliche Arbeitsbedingungen für Männer, Frauen und Kinder zu schaffen und aufrechtzuerhalten, sowohl in ihren eigenen Gebieten, wie in allen Ländern, auf die sich ihre Handels- und Gewerbebeziehungen erstrecken, und zu diesem Zwecke die erforderlichen internationalen Stellen zu errichten und zu unterhalten;

b) sie verbürgen der eingeborenen Bevölkerung in den ihrer Verwaltung unterstellten Gebiete eine gerechte Behandlung;

c) sie betrauen den Bunde mit der allgemeinen Überwachung der Abmachungen, betreffend den Mädchen- und Kinderhandel sowie über den Handel mit Opium und anderen schädlichen Mitteln;

d) sie betrauen den Bund mit der allgemeinen Überwachung des Waffen- und Munitionshandels mit den Ländern, bei denen die Überwachung dieses Handels im allgemeinen Interesse unumgänglich ist;

e) sie werden die nötigen Anordnungen treffen, um die Freiheit des Verkehrs und der Durchfuhr sowie die gerechte Regelung des Handels aller Bundesmitglieder zu gewährleisten und aufrechtzuerhalten mit der Maßgabe, daß die besonderen Bedürfnisse der während des Krieges 1914/1918 verwüsteten Gegenden berücksichtigt werden sollen;

f) sie werden sich bemühen, internationale Maßnahmen zur Verhütung und Bekämpfung der Krankheiten treffen.

Artikel 24.

Alle früher durch Gesamtverträge errichteten internationalen Stellen werden vorbehaltlich der Zustimmung der vertragschließenden Teile dem Bunde untergeordnet. Alle anderen künftig gebildeten internationalen Stellen und mit der Regelung von Angelegenheiten internationalen Interesses betrauten Ausschüsse werden dem Bunde untergeordnet.

In allen durch allgemeine Übereinkommen geregelten Angelegenheiten internationalen Interesses, die der Aufsicht internationaler Ausschüsse oder Stellen nicht unterstehen, hat das Sekretariat des Bundes, auf Antrag der vertragschließenden Teile und mit Zustimmung des Rates, alle geeigneten Unterlagen zu sammeln und weiterzuleiten sowie jede nötige oder wünschenswerte Unterstützung zu gewähren.

Der Rat kann bestimmen, daß zu den Ausgaben des Sekretariats auch die Ausgaben der dem Bunde untergeordneten Stellen oder Ausschüsse gehören sollen.

Artikel 25.

Die Bundesmitglieder verpflichten sich, die Errichtung und Zusammenarbeit anerkannter freiwilliger nationaler Organisationen des Roten Kreuzes zur Hebung der Gesundheit, Verhütung von Krankheiten und Milderung der Leiden in der Welt zu fördern und zu begünstigen.

Artikel 26.

Abänderungen der gegenwärtigen Satzung treten mit der Ratifikation durch die Gesamtheit der im Rate und die Mehrheit der in der Bundesversammlung vertretenen Bundesmitglieder in Kraft.

Jedem Bundesmitglied steht es frei, solche Abänderungen abzulehnen; in diesem Falle scheidet es aus dem Bunde aus.[1]

---

[1] Es folgt als Anlage im Reichsgesetzblatt die Aufzählung der ursprünglichen Mitglieder des Völkerbundes, der zum Beitritt zu der Satzung eingeladenen Staaten sowie der erste Generalsekretär des Völkerbundes wie folgt:

I. Ursprüngliche Mitglieder des Völkerbunds, Signatarmächte des Friedensvertrags: Vereinigte Staaten von Amerika, Belgien, Bolivien, Brasilien, Britisches Reich (Canada, Australien, Südafrika, Neuseeland, Indien), China, Cuba, Ecuador, Frankreich, Griechenland, Guatemala, Haiti, Hedjaz, Honduras, Italien, Japan, Liberia, Nicaragua, Panama, Peru, Polen, Portugal, Rumänien, der serbisch-kroatisch-slovenische Staat, Siam, Tschecho-Slovakei, Uruguay.

Zum Beitritt zu der Satzung eingeladene Staaten: Argentinien, Chile, Dänemark, Kolumbien, Niederlande, Norwegen, Paraguay, Persien, Salvador, Schweden, Schweiz, Spanien, Venezuela.

II. Erster Generalsekretär des Völkerbundes: Der Ehrenwerte Sir James Eric Drummond, K.C.M.G., C.B.

15. Bundes-Verfassungsgesetz
Gesetz vom 1. Oktober 1920 womit die Republik Österreich als Bundesstaat eingerichtet wird

Die Nationalversammlung hat beschlossen:

Erstes Hauptstück.
Allgemeine Bestimmungen.

Artikel 1. Österreich ist eine demokratische Republik. Ihr Recht geht vom Volk aus.

Artikel 2. (1) Österreich ist ein Bundesstaat.

(2) Der Bundesstaat wird gebildet aus den selbständigen Ländern: Burgenland, Kärnten, Niederösterreich (Niederösterreich-Land und Wien), Oberösterreich, Salzburg, Steiermark, Tirol, Vorarlberg.

Artikel 3. (1) Das Bundesgebiet umfaßt die Gebiete der Bundesländer.

(2) Eine Änderung des Bundesgebietes, die zugleich Änderung eines Landesgebietes ist, ebenso die Änderung einer Landesgrenze innerhalb des Bundesgebietes kann – abgesehen von Friedensverträgen – nur durch übereinstimmende Verfassungsgesetze des Bundes und jenes Landes erfolgen, dessen Gebiet eine Änderung erfährt.

(3) Die für Niederösterreich-Land und Wien geltenden Sonderbestimmungen enthält das vierte Hauptstück.

Artikel 4. (1) Das Bundesgebiet bildet ein einheitliches Währungs-, Wirtschafts- und Zollgebiet.

(2) Innerhalb des Bundes dürfen Zwischenzollinien oder sonstige Verkehrsbeschränkungen nicht errichtet werden.

Artikel 5. Bundeshauptstadt und Sitz der obersten Organe des Bundes ist Wien.

Artikel 6. (1) Für jedes Land besteht eine Landesbürgerschaft. Voraussetzung der Landesbürgerschaft ist das Heimatrecht in einer Gemeinde des Landes. Die Bedingungen für Erwerb und Verlust der Landesbürgerschaft ist in jedem Land gleich.

(2) Mit der Landesbürgerschaft wird die Bundesbürgerschaft erworben.

(3) Jeder Bundesbürger hat in jedem Land die gleichen Rechte und Pflichten wie die Bürger des Landes selbst.

Artikel 7. (1) Alle Bundesbürger sind vor dem Gesetz gleich. Vorrechte der Geburt, des Geschlechtes, des Standes, der Klasse und des Bekenntnisses sind ausgeschlossen.

(2) Den öffentlichen Angestellten, einschließlich der Angehörigen des Bundesheeres, ist die ungeschmälerte Ausübung ihrer politischen Rechte gewährleistet.

Artikel 8. Die deutsche Sprache ist, unbeschadet der den sprachlichen Minderheiten bundesgesetzlich eingeräumten Rechte, die Staatssprache der Republik.

Artikel 9. Die allgemein anerkannten Regeln des Völkerrechtes gelten als Bestandteile des Bundesrechtes.

Artikel 10. Bundessache ist die Gesetzgebung und die Vollziehung in folgenden Angelegenheiten:

1. Bundesverfassung, insbesondere Wahlen zum Nationalrat; Volksabstimmungen auf Grund der Bundesverfassung; Verfassungsgerichtsbarkeit;

2. äußere Angelegenheiten mit Einschluß der politischen und wirtschaftlichen Vertretung gegenüber dem Ausland, insbesondere Abschluß aller Staatsverträge; Grenzvermarkung; Waren- und Viehverkehr mit dem Ausland; Zollwesen;

3. Regelung und Überwachung des Eintrittes in das Bundesgebiet und des Austrittes aus ihm; Ein- und Auswanderungswesen; Paßwesen; Abschiebung, Abschaffung, Ausweisung und Auslieferung aus dem Bundesgebiet sowie Durchlieferung;

4. Bundesfinanzen, insbesondere öffentliche Abgaben, die ausschließlich oder teilweise für den Bund einzuheben sind; Monopolwesen;

5. Geld-, Kredit-, Börse- und Bankwesen; Maß- und Gewichts-, Normen- und Punzierungswesen;

6. Zivilrechtswesen einschließlich des wirtschaftlichen Assoziationswesens; Strafrechtswesen mit Ausschluß des Verwaltungsstrafrechtes und Verwaltungsstrafverfahrens in Angelegenheiten, die in den selbständigen Wirkungsbereich der Länder fallen; Justizpflege; Verwaltungsgerichtsbarkeit; Urheberrecht; Pressewesen; Enteignung, soweit sie nicht Angelegenheiten betrifft, die in den selbständigen Wirkungsbereich der Länder fallen; Angelegenheiten der Notare, der Rechtsanwälte und verwandter Berufe;

7. Vereins- und Versammlungsrecht;

8. Angelegenheiten des Gewerbes und der Industrie; Bekämpfung des unlauteren Wettbewerbes; Patentwesen sowie Schutz von Mustern, Marken und anderen Warenbezeichnungen; Angelegenheiten der Patentanwälte; Ingenieur- und Ziviltechnikerwesen; Kammern für Handel, Gewerbe und Industrie;

9. Verkehrswesen bezüglich der Eisenbahnen, der Schiffahrt und der Luftfahrt; Angelegenheiten der wegen ihrer Bedeutung für den Durchzugsverkehr durch Bundesgesetz als Bundesstraßen erklärten Straßenzüge; Strom- und Schiffahrtspolizei; Post-, Telegraphen- und Fernmeldewesen;

10. Bergwesen; Regulierung und Instandhaltung der schiffbaren und flößbaren Gewässer, dann solcher Gewässer, die die Grenze gegen das Ausland oder zwischen Ländern bilden oder die zwei oder mehrere Länder durchfließen; Bau und Instandhaltung derjenigen Wasserstraßen, die das Inland mit dem Ausland oder mehrere Länder verbinden; allgemeine technische Maßnahmen für die zweckmäßige Nutzbarmachung der Wasserkräfte ausschließlich der landwirtschaftlichen und kleingewerblichen Triebwerke; Normalisierung und Typisierung elektrischer Anlagen und Einrichtungen, Sicherheitsmaßnahmen auf diesem Gebiete; Starkstromwegerecht, soweit sich die Leitungsanlage auf zwei oder mehrere Länder erstreckt; Dampfkessel- und Kraftmaschinenwesen; Vermessungswesen;

11. Arbeiterrecht, sowie Arbeiter- und Angestelltenschutz, soweit es sich nicht um land- und forstwirtschaftliche Arbeiter und Angestellte handelt; Sozial- und Vertragsversicherungswesen;

12. Gesundheitswesen mit Ausnahme des Leichen- und Bestattungswesens sowie des Gemeindesanitätsdienstes und Rettungswesens, hinsichtlich der Heil- und Pflegeanstalten, des Kur-

ortewesens und der Heilquellen, jedoch nur die sanitäre Aufsicht; Veterinärwesen; Ernährungswesen einschließlich der Nahrungsmittelkontrolle;

13. Wissenschaftlicher und fachtechnischer Archiv- und Bibliotheksdienst; Angelegenheiten der künstlerischen und wissenschaftlichen Sammlungen und Einrichtungen; Denkmalschutz; Angelegenheiten des Kultus; Volkszählungswesen sowie sonstige Statistik, soweit sie nicht nur den Interessen eines einzelnen Landes dient; Stiftungs- und Fondswesen, soweit es sich um Stiftungen und Fonds handelt, die nach ihren Zwecken über den Interessenbereich eines Landes hinausgehen und nicht schon bisher von den Ländern autonom verwaltet wurden;

14. Bundespolizei und der Bundesgendarmerie;

15. Militärische Angelegenheiten; Kriegsschadenangelegenheiten und Fürsorge für Kriegsteilnehmer und deren Hinterbliebene; aus Anlaß eines Krieges oder im Gefolge eines solchen zur Sicherung der einheitlichen Führung der Wirtschaft notwendig erscheinende Maßnahmen, insbesondere auch hinsichtlich der Versorgung der Bevölkerung mit Bedarfsgegenständen;

16. Einrichtung der Bundesbehörden und sonstigen Bundesämter; Dienstrecht der Bundesangestellten.

Artikel 11. (1) Bundessache ist die Gesetzgebung, Landessache die Vollziehung in folgenden Angelegenheiten:

1. Staatsbürgerschaft und Heimatrecht; Personenstandsangelegenheiten einschließlich des Matrikenwesens und der Namensänderung; Fremdenpolizei;

2. berufliche Vertretungen, soweit sie nicht unter Artikel 10 fallen, jedoch mit Ausnahme jener auf land- und forstwirtschaftlichem Gebiet;

3. öffentliche Agentien und Privatgeschäftsvermittlung;

4. hinsichtlich der öffentlichen Abgaben, die nicht ausschließlich oder teilweise für den Bund eingehoben werden: Anordnungen zur Verhinderung von Doppelbesteuerungen oder sonstigen übermäßigen Belastungen, zur Verhinderung von Erschwerungen des Verkehres oder der wirtschaftlichen Beziehungen im Verhältnis zum Ausland oder zwischen den Ländern und Landesteilen, zur Verhinderung der übermäßigen oder verkehrserschwerenden

Belastung der Benutzung öffentlicher Verkehrswege und Einrichtungen mit Gebühren und zur Verhinderung der Schädigung der Bundesfinanzen;

5. Munitions-, Schieß- und Sprengmittelwesen, soweit es nicht dem Monopol unterliegt, sowie Waffenwesen; Kraftfahrwesen;

6. Volkswohnungswesen;

7. Verwaltungs- und Verwaltungsstrafverfahren einschließlich der Zwangsvollstreckung sowie die allgemeinen Bestimmungen des Verwaltungsstrafrechtes auch in Angelegenheiten, in denen die Gesetzgebung den Ländern zusteht.

(2) Die Durchführungsverordnungen zu den nach dem Absatz 1 ergehenden Gesetze sind, soweit in diesen Gesetzen nicht anderes bestimmt ist, vom Bund zu erlassen.

Artikel 12. (1) Bundessache ist die Gesetzgebung über die Grundsätze, Landessache die Erlassung von Ausführungsgesetzen und die Vollziehung in folgenden Angelegenheiten:

1. Organisation der Verwaltung in den Ländern;

2. Armenwesen; Bevölkerungspolitik; Volkspflegestätten; Mutterschafts-, Säuglings- und Jugendfürsorge; Heil- und Pflegeanstalten; Kurortewesen und Heilquellen;

3. Einrichtungen zum Schutz der Gesellschaft gegen verbrecherische, verwahrloste oder sonst gefährliche Personen, wie Zwangsarbeits- und ähnliche Anstalten; Abschiebung und Abschaffung aus einem in ein anderes Land;

4. öffentliche Einrichtungen zur außergerichtlichen Vermittlung von Streitigkeiten;

5. Arbeiterrecht sowie Arbeiter- und Angestelltenschutz, soweit es sich um land- und forstwirtschaftliche Arbeiter und Angestellte handelt;

6. Bodenreform, insbesondere agrarische Operationen und Wiederbesiedelung;

7. Forstwesen einschließlich des Triftwesens; Schutz der Pflanzen gegen Krankheiten und Schädlinge;

8. Elektrizitätswesen und Wasserrecht, soweit sie nicht unter Artikel 10 fallen;

9. Bauwesen;

10. Dienstrecht der Angestellten der Länder, die behördliche Aufgaben zu besorgen haben.

(2) Die Entscheidung oberster Instanz in Angelegenheiten der Bodenreform (Absatz 1, Z. 6) wird einer vom Bund eingesetzten, aus Richtern, Verwaltungsbeamten und Sachverständigen bestehenden Kommission übertragen.

Artikel 13. (1) Bundessache ist die Gesetzgebung und die Vollziehung hinsichtlich der Regelung, welche Abgaben dem Bund, den Ländern und den Gemeinden zustehen, der Regelung der Anteilnahme der Länder und der Gemeinden an den Einnahmen des Bundes und der Regelung der Beiträge und Zuschüsse aus Bundesmitteln zu den Ausgaben der Länder und der Gemeinden.

(2) Landessache ist die Gesetzgebung und die Vollziehung hinsichtlich der Regelung, welche Abgaben der Länder den Gemeinden übertragen werden, der Regelung der Anteilnahme der Gemeinden an den Einnahmen der Länder und der Regelung der Beiträge und der Zuschüsse aus Landesmitteln zu den Ausgaben der Gemeinden.

Artikel 14. Auf dem Gebiet des Schul-, Erziehungs- und Volksbildungswesens wird der Wirkungsbereich des Bundes und der Länder durch ein besonderes Bundesverfassungsgesetz geregelt.

Artikel 15. (1) Soweit eine Angelegenheit nicht ausdrücklich durch die Bundesverfassung der Gesetzgebung oder auch der Vollziehung des Bundes übertragen ist, verbleibt sie im selbständigen Wirkungsbereich der Länder.

(2) Soweit dem Bund bloß die Gesetzgebung über die Grundsätze vorbehalten ist, liegt innerhalb des bundesgesetzlich festgelegten Rahmens die nähere Ausführung der Landesgesetzgebung ob. Das Bundesgesetz kann für die Erlassung der Ausführungsgesetze eine Frist bestimmen, die ohne Zustimmung des Bundesrates nicht kürzer als sechs Monate und nicht länger als ein Jahr sein darf. Wird diese Frist von einem Land nicht eingehalten, so geht die Zuständigkeit zur Erlassung des Ausführungsgesetzes für dieses Land auf den Bund über. Sobald das Land das

Ausführungsgesetz erlassen hat, tritt das Ausführungsgesetz des Bundes außer Kraft.

(3) Wenn ein Akt der Vollziehung eines Landes in den Angelegenheiten der Artikel 11 und 12 für mehrere Länder wirksam werden soll, so haben die beteiligten Länder zunächst einvernehmlich vorzugehen. Falls sie sich nicht einigen können, geht die Zuständigkeit zu einem solchen Akt auf Antrag eines Landes an das zuständige Bundesministerium über. Das Nähere können die nach den Artikeln 11 und 12 ergehenden Bundesgesetze regeln.

(4) In den Angelegenheiten, die nach Artikel 11 und 12 der Bundesgesetzgebung vorbehalten sind, steht dem Bund das Recht zu, die Einhaltung der von ihm erlassenen Vorschriften wahrzunehmen.

(5) Die Länder sind im Bereich ihrer Gesetzgebung befugt, die zur Regelung des Gegenstandes erforderlichen Bestimmungen auch auf dem Gebiet des Straf- und Zivilrechtes zu treffen.

Artikel 16. (1) Die Länder sind verpflichtet, Maßnahmen zu treffen, die in ihrem selbstständigen Wirkungsbereich zur Durchführung von Staatsverträgen erforderlich werden; kommt ein Land dieser Verpflichtung nicht rechtzeitig nach, so geht die Zuständigkeit zu solchen Maßnahmen, insbesondere zur Erlassung der notwendigen Gesetze, auf den Bund über.

(2) Ebenso hat der Bund bei Durchführung von Verträgen mit fremden Staaten das Überwachungsrecht auch in solchen Angelegenheiten, die zum selbständigen Wirkungsbereich der Länder gehören. Hiebei stehen dem Bund die gleichen Rechte gegenüber den Ländern zu wie bei den Angelegenheiten der mittelbaren Bundesverwaltung (Artikel 102).

Artikel 17. (1) Durch die Bestimmungen der Artikel 10 bis 15 über die Zuständigkeit in Gesetzgebung und Vollziehung wird die Stellung des Bundes als Träger von Privatrechten in keiner Weise berührt.

(2) Der Bund kann in allen diesen Rechtsbeziehungen durch die Landesgesetzgebung niemals ungünstiger gestellt werden als das betreffende Land selbst.

Artikel 18. (1) Die gesamte staatliche Verwaltung darf nur auf Grund der Gesetze ausgeübt werden.

(2) Jede Verwaltungsbehörde kann im Rahmen der Gesetze innerhalb ihres Wirkungsbereiches Verordnungen erlassen.

Artikel 19. (1) Mit der Leitung der Vollziehung des Bundes und der Länder sind Volksbeauftragte betraut, die von den Vertretungen des Volkes im Bund und in den Ländern bestellt werden. Volksbeauftragte sind der Bundespräsident, die Bundesminister und Staatssekretäre und die Mitglieder der Landesregierungen.

(2) Die Geschäftsführung der Volksbeauftragten steht unter der Aufsicht der Volksvertretung, von der sie bestellt sind.

(3) Sie können wegen ihrer Handlungen und Unterlassungen, soweit es die Bundesverfassung oder die Landesverfassungen bestimmen, vor dem Verfassungsgerichtshof zur Verantwortung gezogen werden.

Artikel 20. Unter der Leitung der Volksbeauftragten führen nach den Bestimmungen der Gesetze auf Zeit gewählte Organe oder ernannte berufsmäßige Organe die Bundes- oder die Landesverwaltung. Sie sind, soweit nicht durch die Verfassung des Bundes oder der Länder anderes bestimmt wird, an die Weisungen ihrer vorgesetzten Volksbeauftragten gebunden und diesen für ihre amtliche Tätigkeit verantwortlich.

Artikel 21. (1) Das Dienstrecht, einschließlich des Besoldungssystems und des Disziplinarrechtes, wird für jene Angestellten des Bundes und der Länder, die behördliche Aufgaben zu besorgen haben, nach einheitlichen Grundsätzen durch Bundesgesetz geregelt (Artikel 10, Z. 16, und Artikel 12, Z. 10). Hiebei wird insbesondere auch festgesetzt, inwieweit bei der Regelung der Rechte und Pflichten dieser Abgestellten, unbeschadet der Diensthoheit des Bundes und der Länder, Personalvertretungen teilzunehmen haben.

(2) Die Diensthoheit des Bundes gegenüber seinen Angestellten wird von den Volksbeauftragten des Bundes, die Diensthoheit der Länder gegenüber ihren Angestellten von den Volksbeauftragten der Länder ausgeübt.

(3) Die Bestellung und das Dienstrecht jener Angestellten der Gebiets- und Ortsgemeinden, die behördliche Aufgaben zu vollziehen haben, werden im Zusammenhang mit der Organisation der Verwaltung geregelt.

(4) Die Möglichkeit des Wechsels zwischen dem Dienst beim Bund, den Ländern und den Gemeinden bleibt den öffentlichen Angestellten jederzeit gewahrt. Der Dienstwechsel wird im Einvernehmen der zur Ausübung der Diensthoheit berufenen Stellen vollzogen. Durch Bundesgesetz können besondere Einrichtungen zur Erleichterung des Dienstwechsels geschaffen werden.

(5) Amtstitel für die Organe des Bundes, der Länder und der Gemeinden können durch Bundesgesetz einheitlich festgesetzt werden. Sie sind gesetzlich geschützt.

Artikel 22. Alle Organe des Bundes, der Länder und der Gemeinden sind im Rahmen ihres gesetzmäßigen Wirkungsbereiches zur wechselseitigen Hilfeleistung verpflichtet.

Artikel 23. (1) Alle mit Aufgaben des Bundes, Landes- oder Gemeindeverwaltung oder der Gerichtsbarkeit betrauten Personen sind für jeden bei der Ausübung ihrer Tätigkeit durch vorsätzliche oder grobfahrlässige Rechtsverletzung wem immer zugefügten Schaden haftbar. Der Bund, die Länder oder die Gemeinden haften für die Rechtsverletzungen der von ihnen bestellten Personen.

(2) Das Nähere regelt ein Bundesgesetz.

Zweites Hauptstück.
Gesetzgebung des Bundes.

A. Nationalrat.

Artikel 24. Die Gesetzgebung des Bundes übt der vom ganzen Bundesvolk gewählte Nationalrat gemeinsam mit dem von den Landtagen gewählten Bundesrat aus.

Artikel 25. (1) Der Sitz des Nationalrates ist die Bundeshauptstadt Wien.

(2) Für die Dauer außerordentlicher Verhältnisse kann der Bundespräsident auf Antrag der Bundesregierung den Nationalrat in einen anderen Ort des Bundesgebietes berufen.

Artikel 26. (1) Der Nationalrat wird vom Bundesvolk auf Grund des gleichen, unmittelbaren, geheimen und persönlichen Wahlrechtes der Männer und Frauen, die vor dem 1. Jänner des Jahres der Wahl das zwanzigste Lebensjahr überschritten hatten, nach den Grundsätzen der Verhältniswahl gewählt.

(2) Das Bundesgebiet wird innerhalb der Landesgrenzen in räumlich geschlossene Wahlkreise geteilt. Die Zahl der Abgeordneten ist auf die Wahlberechtigten eines Wahlkreises (Wahlkörper) im Verhältnis der Bürgerzahl der Wahlkreise, das ist die Zahl der Bundesbürger zu verteilen, die nach dem Ergebnis der letzten Volkszählung in den Wahlkreisen ihren ordentlichen Wohnsitz hatten. Eine Gliederung der Wählerschaft in andere Wahlkörper ist nicht zulässig.

(3) Der Wahltag muß ein Sonntag oder ein anderer öffentlicher Ruhetag sein.

(4) Wählbar ist jeder Wahlberechtigte, der vor dem 1. Jänner des Jahres der Wahl das vierundzwanzigste Lebensjahr überschritten hat.

(5) Die Ausschließung vom Wahlrecht und von der Wählbarkeit kann nur die Folge einer gerichtlichen Verurteilung oder Verfügung sein.

Artikel 27. (1) Die Gesetzgebungsperiode des Nationalrates dauert vier Jahre, vom Tag seines ersten Zusammentrittes an gerechnet, jedenfalls aber bis zu dem Tag, an dem der neue Nationalrat zusammentritt.

(2) Der neugewählte Nationalrat ist vom Bundespräsidenten längstens innerhalb dreißig Tagen nach der Wahl einzuberufen. Diese ist von der Bundesregierung so anzuordnen, daß der neugewählte Nationalrat am Tag nach dem Ablauf des vierten Jahres der Gesetzgebungsperiode zusammentreten kann.

Artikel 28. Der Nationalrat kann nur durch seinen Beschluß vertagt werden. Die Wiedereinberufung erfolgt durch seinen Präsidenten. Dieser ist verpflichtet, den Nationalrat sofort einzuberufen, wenn wenigstens ein Viertel seiner Mitglieder oder die Bundesregierung es verlangt.

Artikel 29. Vor Ablauf der Gesetzgebungsperiode kann der Nationalrat durch einfaches Gesetz seine Auflösung beschließen. Auch in diesem Fall dauert die Gesetzgebungsperiode bis zum Zusammentritt des neugewählten Nationalrates.

Artikel 30. (1) Der Nationalrat wählt aus seiner Mitte den Präsidenten, den zweiten und dritten Präsidenten.

(2) Die Geschäfte des Nationalrates werden auf Grund eines besonderen Gesetzes und einer im Rahmen dieses Gesetzes vom Nationalrat zu beschließenden autonomen Geschäftsordnung geführt. Das Gesetz über die Geschäftsordnung kann nur bei Anwesenheit der Hälfte der Mitglieder und mit einer Mehrheit von zwei Dritteln der abgegebenen Stimmen beschlossen werden.

Artikel 31. Zu einem Beschluß des Nationalrates ist, soweit in diesem Gesetz nicht anderes bestimmt ist, die Anwesenheit von mindestens einem Drittel der Mitglieder und die unbedingte Mehrheit der abgegebenen Stimmen erforderlich.

Artikel 32. (1) Die Sitzungen des Nationalrates sind öffentlich.

(2) Die Öffentlichkeit wird ausgeschlossen, wenn es vom Vorsitzenden oder einem Fünftel der anwesenden Mitglieder verlangt und vom Nationalrat nach Entfernung der Zuhörer beschlossen wird.

Artikel 33. Wahrheitsgetreue Berichte über die Verhandlungen in den öffentlichen Sitzungen des Nationalrates und seiner Ausschüsse bleiben von jeder Verantwortung frei.

B. Bundesrat.

Artikel 34. (1) Im Bundesrat sind die Länder im Verhältnis zur Bürgerzahl im Land gemäß den folgenden Bestimmungen vertreten.

(2) Für die Vertretung und Stellung im Bundesrat gelten Wien und Niederösterreich-Land (Artikel 108 bis 114) als selbständige Länder.

(3) Das Land mit der größten Bürgerzahl entsendet zwölf, jedes andere Land so viele Mitglieder, als dem Verhältnis seiner Bürgerzahl zur erstangeführten Bürgerzahl entspricht, wobei Reste über die Hälfte der Verhältniszahl als voll gelten. Jedem Land gebührt jedoch eine Vertretung von wenigstens drei Mitgliedern. Für jedes Mitglied wird ein Ersatzmann bestellt.

(4) Die Zahl der demnach von jedem Land zu entsendenden Mitglieder wird vom Bundespräsidenten nach jeder allgemeinen Volkszählung festgesetzt.

Art. 35. (1) Die Mitglieder des Bundesrates und ihre Ersatzmänner werden von den Landtagen für die Dauer ihrer Gesetzgebungsperiode nach dem Grundsatz der Verhältniswahl gewählt, jedoch muß wenigstens ein Mandat der Partei zufallen, die die zweithöchste Anzahl von Sitzen im Landtag oder, wenn mehrere Parteien die gleiche Anzahl von Sitzen haben, die zweithöchste Zahl von Wählerstimmen bei der letzten Landtagswahl aufweist. Bei gleichen Ansprüchen mehrerer Parteien entscheidet das Los.

(2) Die Mitglieder des Bundesrates müssen nicht dem Landtag angehören, der sie entsendet; sie müssen jedoch zu diesem Landtag wählbar sein.

(3) Nach Ablauf der Gesetzgebungsperiode eines Landtages oder nach seiner Auflösung bleiben die von ihm entsendeten Mitglieder des Bundesrates solange in Funktion, bis der neue Landtag die Wahl in den Bundesrat vorgenommen hat.

(4) Die Bestimmungen dieses Artikels können nur abgeändert werden, wenn im Bundesrat – abgesehen von der für seine Beschlußfassung überhaupt erforderlichen Stimmenmehrheit – die Mehrheit der Vertreter von wenigstens vier Ländern die Änderung angenommen hat.

Artikel 36. (1) Im Vorsitz des Bundesrates wechseln die Länder halbjährlich in alphabetischer Reihenfolge.

(2) Als Vorsitzender fungiert der an erster Stelle entsendete Vertreter des zum Vorsitz berufenen Landes; die Bestellung der Stellvertreter regelt die Geschäftsordnung des Bundesrates.

(3) Der Bundesrat wird von seinem Vorsitzenden an den Sitz des Nationalrates einberufen. Der Vorsitzende ist verpflichtet,

den Bundesrat sofort einzuberufen, wenn wenigstens ein Viertel seiner Mitglieder oder die Bundesregierung es verlangt.

Artikel 37. (1) Zu einem Beschluß des Bundesrates ist, soweit in diesem Gesetz nicht anders bestimmt ist, die Anwesenheit von mindestens einem Drittel der Mitglieder und die unbedingte Mehrheit der abgegebenen Stimmen erforderlich.

(2) Der Bundesrat gibt sich seine Geschäftsordnung durch Beschluß. Dieser Beschluß kann nur bei Anwesenheit der Hälfte der Mitglieder mit einer Mehrheit von mindestens zwei Dritteln der abgegebenen Stimmen gefaßt werden.

(3) Die Sitzungen des Bundesrates sind öffentlich. Die Öffentlichkeit kann jedoch gemäß den Bestimmungen der Geschäftsordnung durch Beschluß aufgehoben werden. Die Bestimmungen des Artikels 33 gelten auch für öffentliche Sitzungen des Bundesrates und seiner Ausschüsse.

C. Bundesversammlung.

Artikel 38. Nationalrat und Bundesrat treten als Bundesversammlung in gemeinsamer öffentlicher Sitzung zur Wahl des Bundespräsidenten und zu dessen Angelobung, ferner zur Beschlußfassung über eine Kriegserklärung am Sitz des Nationalrates zusammen.

Artikel 39. (1) Die Bundesversammlung wird – abgesehen von den Fällen des Artikels 63, Absatz 2, des Artikels 64, Absatz 2, und des Artikels 68, Absatz 2 – vom Bundespräsidenten einberufen. Der Vorsitz wird abwechselnd vom Präsidenten des Nationalrates und vom Vorsitzenden des Bundesrates, das erstemal von jenem, geführt.

(2) In der Bundesversammlung wird die Geschäftsordnung des Nationalrates sinngemäß angewendet.

(3) Nationalrat und Bundesrat können den Gegenstand der Abstimmung vorher auch gesondert beraten.

(4) Die Bestimmungen des Artikels 33 gelten auch für die Sitzungen der Bundesversammlung.

Artikel 40. (1) Die Beschlüsse der Bundesversammlung werden von ihrem Vorsitzenden beurkundet und vom Bundeskanzler gegengezeichnet.

(2) Die amtliche Kundmachung liegt dem Bundeskanzler ob.

D. Der Weg der Bundesgesetzgebung.

Artikel 41. (1) Gesetzesvorschläge gelangen an den Nationalrat entweder als Anträge seiner Mitglieder oder als Vorlagen der Bundesregierung. Der Bundesrat kann durch Vermittlung der Bundesregierung Gesetzesanträge im Nationalrat stellen.

(2) Jeder von 200.000 Stimmberechtigten oder von je der Hälfte der Stimmberechtigten dreier Länder gestellte Antrag (Volksbegehren) ist von der Bundesregierung dem Nationalrat zur geschäftsordnungsmäßigen Behandlung vorzulegen. Das Volksbegehren muß in Form eines Gesetzentwurfes gestellt werden.

Artikel 42. (1) Jeder Gesetzesbeschluß des Nationalrates ist unverzüglich durch dessen Präsidenten dem Bundeskanzler zu übermitteln, der ihn sofort dem Bundesrat bekanntzugeben hat.

(2) Ein Gesetzesbeschluß kann, soweit nicht verfassungsgesetzlich anderes bestimmt ist, nur dann beurkundet und kundgemacht werden, wenn der Bundesrat gegen diesen Beschluß keinen mit Gründen versehenen Einspruch erhoben hat.

(3) Dieser Einspruch muß durch Vermittlung des Bundeskanzlers dem Nationalrat innerhalb acht Wochen nach Einlangen des Gesetzesbeschlusses beim Bundesrat schriftlich mitgeteilt werden.

(4) Wiederholt der Nationalrat seinen ursprünglichen Beschluß bei Anwesenheit von mindestens der Hälfte der Mitglieder, so ist dieser zu beurkunden und kundzumachen. Beschließt der Bundesrat, keinen Einspruch zu erheben, oder wird innerhalb der im Absatz 3 festgesetzten Frist kein mit Begründung versehener Einspruch erhoben, so ist der Gesetzesbeschluß zu beurkunden und kundzumachen.

(5) Gegen Beschlüsse des Nationalrates, die ein Gesetz über die Geschäftsordnung des Nationalrates, die Auflösung des Nationalrates, die Bewilligung des Bundesvoranschlages, die Genehmigung des Rechnungsabschlusses, die Aufnahme oder Konver-

tierung von Bundesanleihen oder die Verfügung über Bundesvermögen betreffen, kann der Bundesrat keinen Einspruch erheben. Diese Gesetzesbeschlüsse des Nationalrates sind ohne weiteres zu beurkunden und kundzumachen.

Artikel 43. Einer Volksabstimmung ist jeder Gesetzesbeschluß des Nationalrates vor seiner Beurkundung durch den Bundespräsidenten zu unterziehen, wenn der Nationalrat es beschließt oder die Mehrheit der Mitglieder des Nationalrates es verlangt.

Artikel 44. (1) Verfassungsgesetze oder in einfachen Gesetzen enthaltene Verfassungsbestimmungen können vom Nationalrat nur in Anwesenheit von mindestens der Hälfte der Mitglieder und mit einer Mehrheit von zwei Dritteln der abgegebenen Stimmen beschlossen werden; sie sind als solche („Verfassungsgesetz", „Verfassungsbestimmung") ausdrücklich zu bezeichnen.

(2) Jede Gesamtänderung der Bundesverfassung, eine Teiländerung aber nur, wenn dies von einem Drittel der Mitglieder des Nationalrates oder des Bundesrates verlangt wird, ist nach Beendigung des Verfahrens gemäß Artikel 42, jedoch vor der Beurkundung durch den Bundespräsidenten, einer Abstimmung des gesamten Bundesvolkes zu unterziehen.

Artikel 45. (1) In der Volksabstimmung entscheidet die unbedingte Mehrheit der gültig abgegebenen Stimmen.

(2) Das Ergebnis der Volksabstimmung ist amtlich zu verlautbaren.

Artikel 46. (1) Das Verfahren für das Volksbegehren und die Volksabstimmung wird durch Bundesgesetz geregelt.

(2) Stimmberechtigt ist jeder zum Nationalrat wahlberechtigte Bundesbürger.

(3) Der Bundespräsident ordnet die Volksabstimmung an.

Artikel 47. (1) Das verfassungsmäßige Zustandekommen der Bundesgesetze wird durch die Unterschrift des Bundespräsidenten beurkundet.

(2) Die Vorlage zur Beurkundung erfolgt durch den Bundeskanzler.

(3) Die Beurkundung ist vom Bundeskanzler und den zuständigen Bundesministern gegenzuzeichnen.

Artikel 48. Bundesgesetze und die in Artikel 50 bezeichneten Staatsverträge werden mit Berufung auf den Beschluß des Nationalrates, Bundesgesetze, die auf einer Volksabstimmung beruhen, mit Berufung auf das Ergebnis der Volksabstimmung kundgemacht.

Artikel 49. (1) Die Bundesgesetze und die in Artikel 50 bezeichneten Staatsverträge sind vom Bundeskanzler im Bundesgesetzblatt kundzumachen. Ihre verbindende Kraft beginnt, wenn nicht ausdrücklich anderes bestimmt ist, nach Ablauf des Tages, an dem das Stück des Bundesgesetzblattes, das die Kundmachung enthält, herausgegeben und versendet wird, und erstreckt sich, wenn nicht ausdrücklich anderes bestimmt ist, auf das gesamte Bundesgebiet.

(2) Über das Bundesgesetzblatt ergeht ein besonderes Bundesgesetz.

E. Mitwirkung des Nationalrates und des Bundesrates an der Vollziehung des Bundes.

Artikel 50. (1) Alle politische Staatsverträge, andere nur, sofern sie gesetzändernden Inhalt haben, bedürfen zu ihrer Gültigkeit der Genehmigung durch den Nationalrat.

(2) Auf Beschlüsse des Nationalrates über die Genehmigung von Staatsverträgen werden die Bestimmungen des Artikels 42, Absatz 1 bis 4, und, wenn durch den Staatsvertrag ein Verfassungsgesetz geändert wird, die Bestimmungen des Artikels 44, Absatz 1, sinngemäß angewendet.

Artikel 51. Dem Nationalrat ist spätestens acht Wochen vor Ablauf des Finanzjahres von der Bundesregierung ein Voranschlag der Einnahmen und Ausgaben des Bundes für das folgende Finanzjahr vorzulegen.

Artikel 52. Der Nationalrat und der Bundesrat sind befugt, die Geschäftsführung der Bundesregierung zu überprüfen, deren Mitglieder über alle Gegenstände der Vollziehung zu befragen und alle einschlägigen Auskünfte zu verlangen sowie ihren Wünschen über die Ausübung der Vollziehung in Entschließungen Ausdruck zu geben.

Artikel 53. (1) Der Nationalrat kann durch Beschluß Untersuchungsausschüsse einsetzen.

(2) Die Gerichte und alle anderen Behörden sind verpflichtet, dem Ersuchen dieser Ausschüsse um Beweiserhebungen Folge zu leisten; alle öffentlichen Ämter haben auf Verlangen ihre Akten vorzulegen.

(3) Das Verfahren der Untersuchungsausschüsse wird durch das Gesetz über die Geschäftsordnung des Nationalrates geregelt.

Artikel 54. Der Nationalrat wirkt an der Festsetzung von Eisenbahntarifen, Post-, Telegraphen- und Fernsprechgebühren und Preisen der Monopolgegenstände sowie von Bezügen der in Betrieben des Bundes ständig beschäftigten Personen mit. Diese Mitwirkung wird durch Bundesverfassungsgesetz geregelt.

Artikel 55. An der Vollziehung des Bundes wirkt der Nationalrat auch durch den aus seiner Mitte nach dem Grundsatz der Verhältniswahl gewählten Hauptausschuß in den durch dieses Gesetz bestimmten Fällen mit. Dem Hauptausschuß liegt insbesondere die Mitwirkung an der Bestellung der Bundesregierung ob (Artikel 70). Außerdem kann durch Bundesgesetze festgesetzt werden, daß bestimmte Verordnungen der Bundesregierung des Einvernehmens mit dem Hauptausschuß bedürfen.

F. Stellung der Mitglieder des Nationalrates und des Bundesrates.

Artikel 56. Die Mitglieder des Nationalrates und die Mitglieder des Bundesrates sind bei der Ausübung dieses Berufes an keinen Auftrag gebunden.

Artikel 57. (1) Die Mitglieder des Nationalrates können wegen der in Ausübung ihres Berufes geschehenen Abstimmungen niemals, wegen der in diesem Beruf gemachten Äußerungen nur vom Nationalrat verantwortlich gemacht werden.

(2) Kein Mitglied des Nationalrates darf wegen einer strafbaren Handlung – den Fall der Ergreifung auf frischer Tat bei Verübung eines Verbrechens ausgenommen – ohne Zustimmung des Nationalrates verhaftet oder sonst behördlich verfolgt werden.

(3) Im Fall der Ergreifung auf frischer Tat hat die Behörde dem Präsidenten des Nationalrates sogleich die geschehene Verhaftung bekanntzugeben.

(4) Wenn es der Nationalrat verlangt, muß die Haft aufgehoben oder die Verfolgung überhaupt auf die Dauer der Gesetzgebungsperiode aufgeschoben werden.

(5) Die Immunität der Organe des Nationalrates, deren Funktion über die Gesetzgebungsperiode hinausgeht, bleibt für die Dauer dieser Funktion bestehen.

Artikel 58. Die Mitglieder des Bundesrates genießen während der ganzen Dauer ihrer Funktion die Immunität von Mitgliedern des Landtages, der sie entsendet hat.

Artikel 59. (1) Niemand kann gleichzeitig dem Nationalrat und dem Bundesrat angehören.

(2) Öffentliche Angestellte, einschließlich der Angehörigen des Bundesheeres, bedürfen zur Ausübung eines Mandates im Nationalrat oder im Bundesrat keines Urlaubs. Bewerben sie sich um Mandate im Nationalrat, ist ihnen die dazu erforderliche freie Zeit zu gewähren. Das Nähere bestimmen die Dienstesvorschriften.

Drittes Hauptstück.
Vollziehung des Bundes.

A. Verwaltung.

1. Bundespräsident.

Artikel 60. (1) Der Bundespräsident wird von der Bundesversammlung gemäß Artikel 38 in geheimer Abstimmung gewählt.

(2) Seit Amt dauert vier Jahre. Eine Wiederwahl für die unmittelbar folgende Funktionsperiode ist nur einmal zulässig.

(3) Zum Bundespräsidenten kann nur gewählt werden, wer das Wahlrecht zum Nationalrat hat und vor dem 1. Jänner des Jahres der Wahl das fünfunddreißigste Lebensjahr überschritten hat.

(4) Ausgeschlossen von der Wählbarkeit sind Mitglieder regierender Häuser oder solcher Familien, die ehemals regiert haben.

(5) Gewählt ist, wer mehr als die Hälfte aller abgegebenen Stimmen für sich hat. Die Wahlgänge werden so lange wiederholt, bis sich eine unbedingte Mehrheit für eine Person ergibt.

Artikel 61. Der Bundespräsident darf während seiner Amtstätigkeit keinem allgemeinen Vertretungskörper angehören und keinen anderen Beruf ausüben.

Artikel 62. Der Bundespräsident leistet bei Antritt seines Amtes vor der Bundesversammlung das Gelöbnis:

„Ich gelobe, daß ich die Verfassung und alle Gesetze der Republik getreulich beobachten und meine Pflicht nach bestem Wissen und Gewissen erfüllen werde."

Artikel 63. (1) Eine behördliche Verfolgung des Bundespräsidenten ist nur zulässig, wenn ihr die Bundesversammlung zugestimmt hat.

(2) Der Antrag auf Verfolgung des Bundespräsidenten ist von der zuständigen Behörde beim Nationalrat zu stellen, der beschließt, ob die Bundesversammlung damit zu befassen ist. Spricht sich der Nationalrat dafür aus, hat der Bundeskanzler die Bundesversammlung sofort einzuberufen.

Artikel 64. (1) Wenn der Bundespräsident verhindert oder wenn seine Stelle dauernd erledigt ist, gehen alle seine Funktionen des Bundespräsidenten auf den Bundeskanzler über.

(2) Dieser hat im Fall der dauernden Erledigung der Stelle des Bundespräsidenten sofort die Bundesversammlung zur Neuwahl des Bundespräsidenten einzuberufen.

Artikel 65. (1) Der Bundespräsident vertritt die Republik nach außen, empfängt und beglaubigt die Gesandten, genehmigt die Bestellung der fremden Konsuln, bestellt die konsularischen Vertreter der Republik im Ausland und schließt die Staatsverträge ab.

(2) Weiter stehen ihm – außer den ihm nach anderen Bestimmungen dieser Verfassung übertragenen Befugnissen – zu:

a) die Ernennung der Bundesangestellten, einschließlich der Offiziere, und der sonstigen Bundesfunktionäre, die Verleihung von Amtstiteln an solche;

b) die Schaffung und Verleihung von Berufstiteln;

c) für Einzelfälle: die Begnadigung der von den Gerichten rechtskräftig Verurteilten, die Milderung und Umwandlung der von den Gerichten ausgesprochenen Strafen, die Nachsicht von Rechtsfolgen und die Tilgung von Verurteilungen im Gnadenweg, ferner die Niederschlagung des strafgerichtlichen Verfahrens bei den von Amts wegen zu verfolgenden strafbaren Handlungen;

d) die Erklärung unehelicher Kinder zu ehelichen auf Ansuchen der Eltern.

(3) Inwieweit dem Bundespräsidenten außerdem noch Befugnisse hinsichtlich Gewährung von Ehrenrechten, außerordentlichen Zuwendungen, Zulagen und Versorgungsgenüssen, Ernennungs- oder Bestätigungsrechten und sonstigen Befugnissen in Personalangelegenheiten zustehen, bestimmen besondere Gesetze.

Artikel 66. (1) Der Bundespräsident kann das ihm zustehende Recht der Ernennung von Bundesangestellten bestimmter Kategorien den zuständigen Mitgliedern der Bundesregierung übertragen.

(2) Der Bundespräsident kann zum Abschluß bestimmter Kategorien von Staatsverträgen, die nicht unter die Bestimmung des Artikels 50 fallen, die Bundesregierung oder die zuständigen Mitglieder der Bundesregierung ermächtigen.

Artikel 67. (1) Alle Akte des Bundespräsidenten erfolgen, soweit nicht verfassungsmäßig anderes bestimmt ist, auf Vorschlag der Bundesregierung oder des von ihr ermächtigten Bundesministers. Inwieweit die Bundesregierung oder der zuständige Bundesminister hiebei selbst an Vorschläge anderer Stellen gebunden ist, bestimmt das Gesetz.

(2) Alle Akte des Bundespräsidenten bedürfen zu ihrer Gültigkeit der Gegenzeichnung des Bundeskanzlers oder der zuständigen Bundesminister.

Artikel 68. (1) Der Bundespräsident ist für die Ausübung seiner Funktionen der Bundesversammlung gemäß Artikel 142 verantwortlich.

(2) Zur Geltendmachung dieser Verantwortung ist die Bundesversammlung auf Beschluß des Nationalrates oder des Bundesrates vom Bundeskanzler einzuberufen.

(3) Zu einem Beschluß, mit dem eine Anklage im Sinne des Artikels 142 erhoben wird, bedarf es der Anwesenheit von mehr als der Hälfte der Mitglieder jedes der beiden Vertretungskörper und einer Mehrheit von zwei Dritteln der abgegebenen Stimmen.

2. Bundesregierung.

Artikel 69. (1) Mit den obersten Verwaltungsgeschäften des Bundes sind, soweit diese nicht dem Bundespräsidenten übertragen sind, der Bundeskanzler, der Vizekanzler und die übrigen Bundesminister betraut. Sie bilden in ihrer Gesamtheit die Bundesregierung unter dem Vorsitz des Bundeskanzlers.

(2) Der Vizekanzler ist zur Vertretung des Bundeskanzlers in dessen gesamtem Wirkungsbereich berufen.

Artikel 70. (1) Die Bundesregierung wird vom Nationalrat in namentlicher Abstimmung auf einen vom Hauptausschuß zu erstattenden Gesamtvorschlag gewählt.

(2) In die Bundesregierung kann nur gewählt werden, wer zum Nationalrat wählbar ist; die Mitglieder der Bundesregierung müssen nicht dem Nationalrat angehören.

(3) Ist der Nationalrat nicht versammelt, wird die Bundesregierung vorläufig vom Hauptausschuß bestellt; sobald der Nationalrat zusammentritt, hat die Wahl zu erfolgen.

(4) Auf die Bestellung einzelner Mitglieder der Bundesregierung finden die Bestimmungen der Absätze 1 bis 3 sinngemäß Anwendung.

Artikel 71. Ist die Bundesregierung aus dem Amt geschieden, hat der Bundespräsident bis zur Bildung der neuen Bundesregierung Mitglieder der scheidenden Regierung oder höhere Beamte der Bundesämter mit der Fortführung der Verwaltung und einen von ihnen mit dem Vorsitz in der einstweiligen Bundesregierung zu betrauen. Diese Bestimmung wird sinngemäß angewendet, wenn einzelne Mitglieder aus der Bundesregierung ausgeschieden sind.

Artikel 72. (1) Die Mitglieder der Bundesregierung werden vor Antritt ihres Amtes vom Bundespräsidenten angelobt.

(2) Die Bestallungsurkunden des Bundeskanzlers, des Vizekanzlers und der übrigen Bundesminister werden vom Bundespräsidenten mit dem Tag der Angelobung ausgefertigt und vom neu bestellten Bundeskanzler gegengezeichnet.

(3) Diese Bestimmungen sind auch auf die Fälle des Artikels 71 sinngemäß anzuwenden.

Artikel 73. Im Falle der zeitweiligen Verhinderung eines Bundesministers betraut der Bundespräsident einen der Bundesminister oder einen höheren Beamten eines Bundesamtes mit der Vertretung. Dieser Vertreter trägt die gleiche Verantwortung wie ein Bundesminister (Artikel 76).

Artikel 74. (1) Versagt der Nationalrat der Bundesregierung oder einzelnen ihrer Mitglieder durch ausdrückliche Entschließung das Vertrauen, so ist die Bundesregierung oder der betreffende Bundesminister des Amtes zu entheben.

(2) Zu einem Beschluß des Nationalrates, mit dem das Vertrauen versagt wird, ist die Anwesenheit der Hälfte der Mitglieder des Nationalrates erforderlich. Doch ist, wenn es ein Fünftel der anwesenden Mitglieder verlangt, die Abstimmung auf den zweitnächsten Werktag zu vertagen. Eine neuerliche Vertagung der Abstimmung kann nur durch Beschluß des Nationalrates erfolgen.

(3) Die Bundesregierung und ihre einzelnen Mitglieder werden in den gesetzlich bestimmten Fällen oder auf ihren Wunsch vom Bundespräsidenten ihres Amtes enthoben.

Artikel 75. Die Mitglieder der Bundesregierung sowie die von ihnen entsendeten Vertreter sind berechtigt, an allen Beratungen des Nationalrates, des Bundesrates und der Bundesversammlung sowie der Ausschüsse dieser Vertretungskörper teilzunehmen, an den Beratungen des Hauptausschusses des Nationalrates nur auf besondere Einladung. Sie müssen auf ihr Verlangen jedesmal gehört werden. Der Nationalrat, der Bundesrat und die Bundesversammlung sowie deren Ausschüsse können die Anwesenheit der Mitglieder der Bundesregierung verlangen.

Artikel 76. (1) Die Mitglieder der Bundesregierung (Artikel 69 und 71) sind dem Nationalrat gemäß Artikel 142 verantwortlich.

(2) Zu einem Beschluß, mit dem eine Anklage gemäß Artikel 142 erhoben wird, bedarf es der Anwesenheit von mehr als der Hälfte der Mitglieder.

Artikel 77. (1) Zur Besorgung der Geschäfte der Bundesverwaltung sind die Bundesministerien und die ihnen unterstellten Ämter berufen.

(2) Die Zahl der Bundesministerien, ihr Wirkungsbereich und ihre Einrichtung werden durch Bundesgesetz bestimmt.

(3) Mit der Leitung des Bundeskanzleramtes ist der Bundeskanzler, mit der Leitung der anderen Bundesministerien je ein Bundesminister betraut.

(4) Der Bundeskanzler und die übrigen Bundesminister können ausnahmsweise auch mit der Leitung eines zweiten Bundesministeriums betraut werden.

Artikel 78. (1) In besonderen Fällen können Bundesminister auch ohne gleichzeitige Betrauung mit der Leitung eines Bundesministeriums bestellt werden.

(2) Den Bundesministern können zur Unterstützung in der Geschäftsführung und zur parlamentarischen Vertretung Staatssekretäre beigegeben werden, die in gleicher Weise wie die Bundesminister bestellt werden und aus dem Amt scheiden.

(3) Der Staatssekretär ist dem Bundesminister unterstellt und an seine Weisungen gebunden.

3. Bundesheer.

Artikel 79. (1) Dem Bundesheer liegt der Schutz der Grenzen der Republik ob.

(2) Das Bundesheer ist, soweit die gesetzmäßige bürgerliche Gewalt seine Mitwirkung in Anspruch nimmt, zum Schutz der verfassungsmäßigen Einrichtungen sowie zur Aufrechterhaltung der Ordnung und Sicherheit im Innern überhaupt und zur Hilfe-

leistung bei Elementarereignissen und Unglücksfällen außergewöhnlichen Umfanges bestimmt.

Artikel 80. (1) Über das Heer verfügt der Nationalrat. Insoweit diesem nicht durch das Wehrgesetz die unmittelbare Verfügung vorbehalten ist, wird mit der Verfügung die Bundesregierung oder innerhalb der von dieser erteilten Ermächtigung der zuständige Bundesminister betraut.

(2) Inwieweit auch die Behörden der Länder und Gemeinden die Mitwirkung des Bundesheeres zu den im Artikel 79, Absatz 2, erwähnten Zwecken unmittelbar in Anspruch nehmen können, bestimmt das Wehrgesetz.

Artikel 81. Durch Bundesgesetz wird geregelt, inwieweit die Länder bei der Ergänzung, Verpflegung und Unterbringung des Heeres und der Beistellung seiner sonstigen Erfordernisse mitwirken.

B. Gerichtsbarkeit.

Artikel 82. (1) Alle Gerichtsbarkeit geht vom Bund aus.
(2) Die Urteile und Erkenntnisse werden im Namen der Republik verkündet und ausgefertigt.

Artikel 83. (1) Die Verfassung und Zuständigkeit der Gerichte wird durch Bundesgesetz festgestellt.

(2) Niemand darf seinem ordentlichen Richter entzogen werden.

(3) Ausnahmegerichte sind nur in den durch die Gesetze über das Verfahren in Strafsachen geregelten Fällen zulässig.

Artikel 84. Die Militärgerichtsbarkeit ist – außer für Kriegszeiten – aufgehoben.

Artikel 85. Die Todesstrafe im ordentlichen Verfahren ist abgeschafft.

Artikel 86. (1) Die Richter werden, sofern nicht in diesem Gesetz anderes bestimmt ist, gemäß dem Antrag der Bundesregierung vom Bundespräsidenten oder auf Grund seiner Ermächtigung vom zuständigen Bundesminister ernannt; die Bundesregierung oder der Bundesminister hat Besetzungsvorschläge der durch die Gerichtsverfassung hiezu berufenen Senate einzuholen.

(2) Der dem zuständigen Bundesminister vorzulegende und der von ihm an die Bundesregierung zu leitende Besetzungsvorschlag hat, wenn genügend Bewerber vorhanden sind, mindestens drei Personen, wenn aber mehr als eine Stelle zu besetzen ist, mindestens doppelt so viele Personen zu umfassen, als Richter zu ernennen sind.

Artikel 87. (1) Die Richter sind in Ausübung ihres richterlichen Amtes unabhängig.

(2) In Ausübung seines richterlichen Amtes befindet sich ein Richter bei Besorgung aller ihm nach dem Gesetz und der Geschäftsverteilung zustehenden gerichtlichen Geschäfte, mit Ausschluß der Justizverwaltungssachen, die nicht nach Vorschrift des Gesetzes durch Senate oder Kommissionen zu erledigen sind.

(3) Die Geschäfte sind unter die Richter eines Gerichtes für die in der Gerichtsverfassung bestimmte Zeit im voraus zu verteilen. Eine nach dieser Einteilung einem Richter zufallende Sache darf ihm durch Verfügung der Justizverwaltung nur im Fall seiner Behinderung abgenommen werden.

Artikel 88. (1) In der Gerichtsverfassung wird eine Altersgrenze bestimmt, nach deren Erreichung die Richter in den dauernden Ruhestand zu versetzen sind.

(2) Im übrigen dürfen Richter nur in den vom Gesetz vorgeschriebenen Fällen und Formen und auf Grund eines förmlichen richterlichen Erkenntnisses ihres Amtes entsetzt oder wider ihren Willen an eine andere Stelle oder in den Ruhestand versetzt werden. Diese Bestimmungen finden jedoch auf Übersetzungen und Versetzungen in den Ruhestand keine Anwendung, die durch Veränderungen in der Verfassung der Gerichte nötig werden. In einem solchen Fall wird durch das Gesetz festgestellt, innerhalb welchen Zeitraumes Richter ohne die sonst vorgeschriebenen Förmlichkeiten übersetzt und in den Ruhestand versetzt werden können.

(3) Die zeitweise Enthebung der Richter vom Amt darf nur durch Verfügung des Gerichtsvorstandes oder der höheren Gerichtsbehörde bei gleichzeitiger Verweisung der Sache an das zuständige Gericht stattfinden.

Artikel 89. (1) Die Prüfung der Gültigkeit gehörig kundgemachter Gesetze steht den Gerichten nicht zu.

(2) Hat ein Gericht gegen die Anwendung einer Verordnung aus dem Grund der Gesetzwidrigkeit Bedenken, so hat es das Verfahren zu unterbrechen, und den Antrag auf Aufhebung dieser Verordnung beim Verfassungsgerichtshof zu stellen.

Artikel 90. (1) Die Verhandlungen in Zivil- und Strafrechtssachen vor dem erkennenden Gericht sind mündlich und öffentlich. Ausnahmen bestimmt das Gesetz.

(2) Im Strafverfahren gilt der Anklageprozeß.

Artikel 91. (1) Das Volk hat an der Rechtsprechung mitzuwirken.

(2) Bei den mit schweren Strafen bedrohten Verbrechen, die das Gesetz zu bezeichnen hat, sowie bei allen politischen Verbrechen und Vergehen entscheiden Geschworne über die Schuld des Angeklagten.

(3) Im Strafverfahren wegen anderer strafbarer Handlungen nehmen Schöffen an der Rechtsprechung teil, wenn die zu verhängende Strafe ein vom Gesetz zu bestimmendes Maß überschreitet.

Artikel 92. Oberste Instanz in Zivil- und Strafrechtssachen ist der Oberste Gerichtshof in Wien.

Artikel 93. Amnestien wegen gerichtlich strafbarer Handlungen werden durch Bundesgesetz erteilt.

Artikel 94. (1) Die Justiz ist von der Verwaltung in allen Instanzen getrennt.

(2) Wenn eine Verwaltungsbehörde über Privatrechtsansprüche zu entscheiden hat, steht es dem durch diese Entscheidung Benachteiligten frei, falls nicht im Gesetz anderes bestimmt ist, Abhilfe gegen die andere Partei im ordentlichen Rechtsweg zu suchen.

(3) In den Angelegenheiten der Bodenreform (Artikel 12, Absatz 1, Zahl 6) steht den aus Richtern, Verwaltungsbeamten und Sachverständigen bestehenden Kommissionen das ausschließliche Entscheidungsrecht zu.

Viertes Hauptstück.
Gesetzgebung und Vollziehung der Länder.

A. Allgemeine Bestimmungen.

Artikel 95. (1) Die Gesetzgebung der Länder wird von den Landtagen ausgeübt. Deren Mitglieder werden auf Grund des gleichen, unmittelbaren, geheimen und persönlichen Verhältniswahlrechtes aller nach den Landtagswahlordnungen wahlberechtigten männlichen und weiblichen Bundesbürger gewählt, die im Land ihren ordentlichen Wohnsitz haben.

(2) Die Landtagswahlordnungen dürfen die Bedingungen des aktiven und passiven Wahlrechtes nicht enger ziehen als die Wahlordnung zum Nationalrat.

(3) Die Wähler üben ihr Wahlrecht in Wahlkreisen aus, von denen jeder ein geschlossenes Gebiet umfassen muß. Die Zahl der Abgeordneten ist auf die Wahlkreise im Verhältnis der Bürgerzahl zu verteilen. Eine Gliederung der Wählerschaft in andere Wahlkörper ist nicht zulässig.

Artikel 96. (1) Die Mitglieder des Landtages genießen die gleiche Immunität wie die Mitglieder des Nationalrates; die Bestimmungen des Artikels 57 sind sinngemäß anzuwenden.

(2) Die Bestimmungen der Artikel 32 und 33 gelten auch für die Sitzungen der Landtage und ihrer Ausschüsse.

Artikel 97. (1) Zu einem Landesgesetz ist der Beschluß des Landtages, die Beurkundung und Gegenzeichnung nach den Bestimmungen der Landesverfassung und die Kundmachung durch den Landeshauptmann im Landesgesetzblatt erforderlich.

(2) Insoweit ein Landesgesetz bei der Vollziehung die Mitwirkung von Bundesbehörden vorsieht, muß zu dieser Mitwirkung die Zustimmung der Bundesregierung eingeholt werden. Vor Erteilung der Zustimmung kann ein solches Landesgesetz nicht kundgemacht werden.

Artikel 98. (1) Alle Gesetzesbeschlüsse der Landtage sind unmittelbar nach der Beschlußfassung des Landtages vor ihrer Kundmachung vom Landeshauptmann dem zuständigen Bundesministerium bekanntzugeben.

(2) Wegen Gefährdung von Bundesinteressen kann die Bundesregierung gegen den Gesetzesbeschluß eines Landtages binnen acht Wochen von dem Tag, an dem der Gesetzesbeschluß beim Bundeskanzleramt eingelangt ist, einen mit Gründen versehenen Einspruch erheben. In diesem Fall darf der Gesetzesbeschluß nur kundgemacht werden, wenn ihn der Landtag bei Anwesenheit von mindestens der Hälfte der Mitglieder wiederholt.

(3) Vor Ablauf der Einspruchsfrist ist die Kundmachung nur zulässig, wenn die Bundesregierung ausdrücklich zustimmt.

Artikel 99. (1) Die durch Landesgesetz zu erlassende Landesverfassung kann, insoweit dadurch die Bundesverfassung nicht berührt wird, durch Landesgesetz abgeändert werden.

(2) Ein Landesverfassungsgesetz kann nur bei Anwesenheit der Hälfte der Mitglieder des Landtages und mit einer Mehrheit von zwei Dritteln der abgegebenen Stimmen beschlossen werden.

Artikel 100. (1) Jeder Landtag kann auf Antrag der Bundesregierung mit Zustimmung des Bundesrates vom Bundespräsidenten aufgelöst werden. Die Zustimmung des Bundesrates muß bei Anwesenheit der Hälfte der Mitglieder und mit einer Mehrheit von zwei Dritteln der abgegebenen Stimmen beschlossen werden. An der Abstimmung dürfen die Vertreter des aufzulösenden Landtages nicht teilnehmen.

(2) Im Fall der Auflösung sind nach den Bestimmungen der Landesverfassung binnen drei Wochen Neuwahlen auszuschreiben; die Einberufung des neugewählten Landtages hat binnen vier Wochen nach der Wahl zu erfolgen.

Artikel 101. (1) Die Vollziehung jedes Landes übt eine vom Landtag zu wählende Landesregierung aus.

(2) Die Mitglieder der Landesregierung müssen nicht dem Landtag angehören. Jedoch kann in die Landesregierung nur gewählt werden, wer zum Landtag wählbar ist.

(3) Die Landesregierung besteht aus dem Landeshauptmann, der erforderlichen Zahl von Stellvertretern und weiteren Mitgliedern.

(4) Der Landeshauptmann wird vom Bundespräsidenten, die anderen Mitglieder der Landesregierung werden vom Landes-

hauptmann vor Antritt des Amtes auf die Bundesverfassung angelobt.

Artikel 102. (1) Im Bereich der Länder üben die Vollziehung des Bundes, soweit nicht eigene Bundesbehörden bestehen (unmittelbare Bundesverwaltung), der Landeshauptmann und die ihm unterstellten Landesbehörden aus (mittelbare Bundesverwaltung).

(2) Folgende Angelegenheiten können im Rahmen des verfassungsmäßig festgestellten Wirkungsbereiches unmittelbar von Bundesbehörden versehen werden:

Grenzvermarkung, Waren- und Viehverkehr mit dem Ausland, Zollwesen, Bundesfinanzen, Monopolwesen, Maß-, Gewichts-, Normen- und Punzierungswesen, technisches Versuchswesen, Justizwesen, Angelegenheiten des Gewerbes und der Industrie, Patentwesen, Schutz von Mustern, Marken und anderen Warenbezeichnungen, Ingenieur- und Zivaltechnikerwesen, Verkehrswesen, Bundesstraßen, Strom- und Schiffahrtspolizei, Post-, Telegraphen- und Fernsprechwesen, Bergwesen, Regulierung und Instandhaltung von Gewässern, Bau und Instandhaltung von Wasserstraßen, hydrographischer Dienst, Vermessungswesen, Arbeiterrecht, Arbeiter- und Angestelltenschutz, Sozialversicherungswesen, Denkmalschutz, Bundespolizei, Bundesgendarmerie, militärische Angelegenheiten, Fürsorge für Kriegsteilnehmer und deren Hinterbliebene.

(3) Dem Bund bleibt es vorbehalten, auch in den im Absatz 2 aufgezählten Angelegenheiten den Landeshauptmann mit der Vollziehung des Bundes zu beauftragen.

(4) Die Errichtung von eigenen Bundesbehörden für andere als die im Absatz 2 bezeichneten Angelegenheiten kann nur mit Zustimmung der beteiligten Länder erfolgen.

(5) Inwieweit die Landeshauptmänner über die Bundespolizei und die Bundesgendarmerie verfügen, regelt das im Artikel 120, Absatz 1, bezeichnete Gesetz.

Artikel 103. In den Angelegenheiten der mittelbaren Bundesverwaltung ist der Landeshauptmann an die Weisungen der Bundesregierung sowie der einzelnen Bundesminister gebunden; der administrative Instanzenzug geht in diesen Angelegenheiten, wenn nicht durch Bundesgesetz ausdrücklich anderes bestimmt ist, bis zu den zuständigen Bundesministerien.

Artikel 104. Die Bestimmungen des Artikels 102 sind auf Einrichtungen zur Besorgung der im Artikel 17 bezeichneten Geschäfte des Bundes nicht anzuwenden.

Artikel 105. (1) Der Landeshauptmann vertritt das Land. Er trägt in den Angelegenheiten der mittelbaren Bundesverwaltung die Verantwortung gegenüber der Bundesregierung gemäß Artikel 142. Der Geltendmachung dieser Verantwortung steht die Immunität nicht im Weg.

(2) Die Mitglieder der Landesregierung sind dem Landtag gemäß Artikel 142 verantwortlich.

(3) Zu einem Beschluß, mit dem eine Anklage im Sinne des Artikels 142 erhoben wird, bedarf es der Anwesenheit der Hälfte der Mitglieder.

Artikel 106. Zur Leitung des inneren Dienstes des Amtes der Landesregierung wird ein rechtskundiger Verwaltungsbeamter als Landesamtsdirektor bestellt. Er ist auch in den Angelegenheiten der mittelbaren Bundesverwaltung das Hilfsorgan des Landeshauptmannes.

Artikel 107. Vereinbarungen der Länder untereinander können nur über Angelegenheiten ihres selbständigen Wirkungsbereiches getroffen werden und sind der Bundesregierung unverzüglich zur Kenntnis zu bringen.

B. Die Bundeshauptstadt Wien und das Land Niederösterreich.

Artikel 108. (1) Der Landtag von Niederösterreich gliedert sich in zwei Kurien. Die eine (Kurie Land) wird gebildet von den Abgeordneten des Landes ausschließlich Wien. Die Wahl der anderen (Kurie Stadt) wird durch die Verfassung der Bundeshauptstadt Wien geregelt.

(2) Die Zahl der Abgeordneten ist auf die beiden Kurien im Verhältnis der Bürgerzahl zu verteilen.

Artikel 109. Als Landtag von Niederösterreich treten beide Kurien zur Gesetzgebung in allen Angelegenheiten der ehemals autonomen Landesverwaltung zusammen, die von der gemeinsamen Landesverfassung für gemeinsam erklärt werden. Zu diesen Angelegenheiten gehört insbesondere die gemeinsame Landesverfassung selbst.

Artikel 110. (1) In den nicht gemeinsamen Angelegenheiten hat jeder der beiden Landesteile die Stellung eines selbständigen Landes.

(2) In diesen Angelegenheiten hat für Wien der Gemeinderat der Stadt Wien, für Niederösterreich-Land die Kurie Land die Stellung des Landtages. Die Bestimmungen des Artikels 57 gelten sinngemäß auch für die Mitglieder des Wiener Gemeinderates.

Artikel 111. (1) Zu den nicht gemeinsamen Angelegenheiten gehören die Verfassung jedes der beiden Landesteile sowie die Wahl der Mitglieder zum Bundesrat (Artikel 35).

(2) Ebenso steht die Gesetzgebung hinsichtlich der Abgaben, soweit sie in den Wirkungsbereich der Länder fällt, dem Gemeinderat der Stadt Wien und dem Landtag (Kurie Land) zu.

(3) Die Aufbringung der Kosten für die gemeinsamen Angelegenheiten regelt die gemeinsame Landesverfassung.

Artikel 112. Für beide Landesteile gelten die allgemeinen Bestimmungen dieses Hauptstückes. Für Wien hat dabei der vom Gemeinderat gewählte Bürgermeister auch die Stellung eines Landeshauptmannes, der vom Gemeinderat gewählte Stadtsenat auch die Stellung einer Landesregierung und der Magistratsdirektor auch die Stellung eines Landesamtsdirektors.

Artikel 113. (1) Die gemeinsamen Angelegenheiten werden durch eine vom Landtag von Niederösterreich aus seiner Mitte nach dem Verhältniswahlrecht zu wählende Verwaltungskommission verwaltet.

(2) Der Bürgermeister der Stadt Wien und der Landeshauptmann von Niederösterreich-Land gehören der Verwaltungskommission an und führen abwechselnd den Vorsitz.

Artikel 114. Ein selbständiges Land Wien kann durch übereinstimmende Gesetze des Wiener Gemeinderates und des Landtages von Niederösterreich-Land gebildet werden.

C. Gemeinden.

Artikel 115. Die allgemeine staatliche Verwaltung in den Ländern wird gemäß den nachfolgenden Bestimmungen nach dem Grundsatz der Selbstverwaltung eingerichtet.

Artikel 116. (1) Verwaltungssprengel und Selbstverwaltungskörper, in die sich die Länder gliedern, sind die Ortsgemeinden und die Gebietsgemeinden.

(2) Die Ortsgemeinden sind den Gebietsgemeinden und diese den Ländern untergeordnet.

Artikel 117. (1) Ortsgemeinden mit mehr als 20.000 Einwohnern sind auf ihren Antrag zu Gebietsgemeinden zu erklären. Bei ihnen fällt die Bezirksverwaltung mit der Gemeindeverwaltung zusammen.

(2) Die bisherigen Städte mit eigenem Statut werden Gebietsgemeinden.

Artikel 118. Die Ortsgemeinden und Gebietsgemeinden sind auch selbständige Wirtschaftskörper; sie haben das Recht, Vermögen aller Art zu besitzen und zu erwerben und innerhalb der Schranken der Bundes- und Landesgesetze darüber zu verfügen, wirtschaftliche Unternehmungen zu betreiben, ihren Haushalt selbständig zu führen und Abgaben einzuheben.

Artikel 119. (1) Die Organe der Ortsgemeinde sind die Ortsgemeindevertretung und das Ortsgemeindeamt, die Organe der Gebietsgemeinde die Gebietsgemeindevertretung und das Gebietsgemeindeamt.

(2) Die Wahlen in alle Vertretungen finden auf Grund des gleichen, unmittelbaren, geheimen und persönlichen Verhältniswahlrechtes aller Bundesbürger statt, die im Bereich der zu wählenden Vertretung ihren ordentlichen Wohnsitz haben. Die Erlassung der Wahlordnungen liegt der Landesgesetzgebung ob; in diesen Wahlordnungen dürfen die Bedingungen des aktiven

und passiven Wahlrechtes nicht enger gezogen sein als in der Wahlordnung zum Landtag. Die Wahlordnung kann bestimmen, daß die Wähler ihr Wahlrecht in Wahlkreisen ausüben, von denen jeder ein geschlossenes Gebiet umfassen muß. Eine Gliederung der Wählerschaft in andere Wahlkörper ist nicht zulässig. Für die Wahlen in die Gebietsgemeindevertretungen ist der Gerichtsbezirk Wahlkreis. Die Zahl der Abgeordneten ist auf die Wahlkreise im Verhältnis der Bürgerzahl zu verteilen.

(3) In die Gebietsgemeindevertretungen sind nur Personen wählbar, die im Bereich der Gebietsgemeinde ihren ordentlichen Wohnsitz haben und zum Landtag wählbar sind.

(4) Die Vertretungen können nach dem Grundsatz der Verhältniswahl aus ihrer Mitte für die einzelnen Zweige der Verwaltung besondere Verwaltungsausschüsse bestellen, die, soweit bestimmte Berufs- oder Interessengruppen in Betracht kommen, auch noch durch die Heranziehung von Vertretern dieser Berufs- oder Interessengruppen erweitert werden können.

(5) Die Leiter der Gebietsgemeindeämter müssen rechtskundige Verwaltungsbeamte sein.

Artikel 120. (1) Die Festsetzung der weiteren Grundsätze für die Organisation der allgemeinen staatlichen Verwaltung in den Ländern nach den Artikeln 115 bis 119 ist Sache der Bundesverfassungsgesetzgebung; die Ausführung liegt den Landesgesetzgebungen ob.

(2) Welche Verwaltungsgeschäfte sachlich und instanzenmäßig den Vertretungen und Verwaltungsausschüssen sowie den Ämtern zukommen, bestimmen die Bundesgesetzgebung und die Landesgesetzgebungen innerhalb ihrer verfassungsmäßigen Zuständigkeit.

(3) Hiebei ist jedoch den Ortsgemeinden ein Wirkungsbereich in erster Instanz in folgenden Angelegenheiten gewährleistet:

1. Obsorge für die Sicherheit der Person und des Eigentums (örtliche Sicherheitspolizei);

2. Hilfs- und Rettungswesen;

3. Sorge für die Erhaltung der Straßen, Wege, Plätze und Brücken der Gemeinde;

4. Örtliche Straßenpolizei;

5. Flurschutz und Flurpolizei;
6. Markt- und Lebensmittelpolizei;
7. Gesundheitspolizei;
8. Bau- und Feuerpolizei.

Fünftes Hauptstück.
Rechnungskontrolle des Bundes.

Artikel 121. (1) Zur Überprüfung der Gebarung der gesamten Staatswirtschaft des Bundes, ferner der Gebarung der von Organen des Bundes verwalteten Stiftungen, Fonds und Anstalten ist der Rechnungshof berufen. Ihm kann auch die Überprüfung der Gebarung von Unternehmungen übertragen werden, an denen der Bund finanziell beteiligt ist.

(2) Der Rechnungshof verfaßt den Bundesrechnungsabschluß und legt ihn dem Nationalrat vor.

(3) Alle Urkunden über Staatsschulden (Finanz- und Verwaltungsschulden) sind, insoweit sie eine Verpflichtung des Bundes beinhalten, vom Präsidenten des Rechnungshofes gegenzuzeichnen; durch diese Gegenzeichnung wird lediglich die Gesetzmäßigkeit und rechnungsmäßige Richtigkeit der Gebarung bekräftigt.

Artikel 122. (1) Der Rechnungshof untersteht unmittelbar dem Nationalrat.

(2) Der Rechnungshof besteht aus einem Präsidenten und den erforderlichen Beamten und Hilfskräften.

(3) Der Präsident des Rechnungshofes wird auf Vorschlag des Hauptausschusses vom Nationalrat gewählt.

(4) Der Präsident des Rechnungshofes darf keinem allgemeinen Vertretungskörper angehören und in den letzten fünf Jahren nicht Mitglied der Bundesregierung oder einer Landesregierung gewesen sein.

Artikel 123. (1) Der Präsident des Rechnungshofes ist hinsichtlich der Verantwortlichkeit den Mitgliedern der Bundesregierung gleichgestellt.

(2) Er kann durch Beschluß des Nationalrates abberufen werden.

Artikel 124. (1) Der Präsident wird von dem im Rang nächsten Beamten des Rechnungshofes vertreten.

(2) Im Falle der Stellvertretung des Präsidenten gelten für den Stellvertreter die Bestimmungen des Artikels 123.

Artikel 125. (1) Die Beamten des Rechnungshofes ernennt auf Vorschlag und unter Gegenzeichnung des Präsidenten des Rechnungshofes der Bundespräsident; das gleiche gilt für die Verleihung von Amtstiteln. Doch kann der Bundespräsident den Präsidenten des Rechnungshofes ermächtigen, Beamte bestimmter Kategorien zu ernennen.

(2) Die Hilfskräfte ernennt der Präsident des Rechnungshofes.

Artikel 126. Kein Mitglied des Rechnungshofes darf an der Leitung und Verwaltung von Unternehmungen beteiligt sein, die dem Bund oder den Ländern Rechnung zu legen haben oder zum Bund oder einem Land in einem Subventions- oder Vertragsverhältnis stehen. Ausgenommen sind Unternehmungen, die ausschließlich die Förderung humanitärer Bestrebungen oder der wirtschaftlichen Verhältnisse von öffentlichen Angestellten oder deren Angehörigen zum Zweck haben.

Artikel 127. Durch die Landesverfassungsgesetze können dem Rechnungshof die ihm nach diesem Gesetz bezüglich der Gebarung des Bundes zustehenden Funktionen auch bezüglich der Gebarung des Landes übertragen werden.

Artikel 128. Die näheren Bestimmungen über die Tätigkeit des Rechnungshofes erfolgen durch Bundesgesetz.

Sechstes Hauptstück.
Garantien der Verfassung und Verwaltung.

A. Verwaltungsgerichtshof.

Artikel 129. (1) Wer durch eine rechtswidrige Entscheidung oder Verfügung einer Verwaltungsbehörde in seinen Rechten verletzt zu sein behauptet, kann nach Erschöpfung des administrativen Instanzenzuges Beschwerde beim Verwaltungsgerichtshof erheben.

(2) Erachtet in den Angelegenheiten der Artikel 11 und 12 der zuständige Bundesminister die Interessen des Bundes durch eine rechtswidrige Entscheidung oder Verfügung einer Landesbehörde für verletzt, so kann auch er namens des Bundes wegen der Rechtsverletzung beim Verwaltungsgerichtshof Beschwerde erheben.

(3) Eine Rechtsverletzung liegt nicht vor, soweit die Behörde nach den Bestimmungen des Gesetzes zur Entscheidung oder Verfügung nach freiem Ermessen befugt war und von diesem Ermessen im Sinne des Gesetzes Gebrauch gemacht hat.

Artikel 130. Für Angelegenheiten, in denen die Beschwerde an den Verwaltungsgerichtshof zulässig ist, kann der administrative Instanzenzug durch Bundes- oder Landesgesetz gemäß den Zuständigkeitsbestimmungen der Artikel 10 bis 15 abgekürzt werden.

Artikel 131. Von der Zuständigkeit des Verwaltungsgerichtshofes sind ausgeschlossen die Angelegenheiten:

1. die zur Kompetenz des Verfassungsgerichtshofes gehören;
2. über die den ordentlichen Gerichten die Entscheidung zusteht;
3. über die eine Kollegialbehörde zu entscheiden oder zu verfügen hat, der in erster oder höherer Instanz wenigstens ein Richter angehört.

Artikel 132. Jedem Senat des Verwaltungsgerichtshofes, der über die angefochtene Entscheidung oder Verfügung der Verwaltungsbehörde eines Landes zu erkennen hat, soll in der Regel ein Richter angehören, der aus dem Justiz- oder Verwaltungsdienst in diesem Land hervorgegangen ist.

Artikel 133. (1) Das stattgebende Erkenntnis des Verwaltungsgerichtshofes bewirkt die Aufhebung der rechtswidrigen Entscheidung oder Verfügung.

(2) Die Verwaltungsbehörden sind bei der neu zu treffenden Entscheidung oder Verfügung an die Rechtsanschauung des Verwaltungsgerichtshofes gebunden.

(3) Der Verwaltungsgerichtshof kann in der Sache selbst entscheiden, soweit nicht die Behörde nach den Bestimmungen des Gesetzes zur Entscheidung oder Verfügung nach freiem Ermessen befugt ist.

Artikel 134. (1) Der Verwaltungsgerichtshof hat seinen Sitz in der Bundeshauptstadt Wien.

(2) Er besteht aus einem Präsidenten, einem Vizepräsidenten und der erforderlichen Anzahl von Senatspräsidenten und Räten.

(3) Wenigstens die Hälfte der Mitglieder muß die Eignung zum Richteramt haben.

Artikel 135. Der Präsident, der Vizepräsident und die Mitglieder des Verwaltungsgerichtshofes werden auf Vorschlag der Bundesregierung vom Bundespräsidenten ernannt. Der Vorschlag der Bundesregierung bedarf bezüglich des Präsidenten und der Hälfte der Mitglieder der Zustimmung des Hauptausschusses des Nationalrates, bezüglich des Vizepräsidenten und der anderen Hälfte der Mitglieder der Zustimmung des Bundesrates.

Artikel 136. Die Verwaltungsgerichtsbarkeit und die Organisation des Verwaltungsgerichtshofes werden durch Bundesgesetz geregelt.

B. Verfassungsgerichtshof.

Artikel 137. Der Verfassungsgerichtshof erkennt über alle Ansprüche an den Bund, die Länder, die Bezirke oder die Gemeinden, die im ordentlichen Rechtsweg nicht auszutragen sind.

Artikel 138. Der Verfassungsgerichtshof erkennt ferner über Kompetenzkonflikte

a) zwischen Gerichten und Verwaltungsbehörden;

b) zwischen dem Verwaltungsgerichtshof und den Gerichten, insbesondere auch zwischen dem Verwaltungsgerichtshof und dem Verfassungsgerichtshof selbst;

c) zwischen den Ländern untereinander sowie zwischen einem Land und dem Bund.

Artikel 139. (1) Der Verfassungsgerichtshof erkennt über Gesetzwidrigkeit von Verordnungen einer Bundes- oder Landesbehörde auf Antrag eines Gerichtes, sofern aber eine solche Verordnung die Voraussetzung eines Erkenntnisses des Verfassungsgerichtshofs bilden soll, von Amts wegen;

über Gesetzwidrigkeit von Verordnungen einer Landesbehörde auch auf Antrag der Bundesregierung;

über Gesetzwidrigkeit von Verordnungen einer Bundesbehörde auch auf Antrag einer Landesregierung.

(2) Das Erkenntnis des Verfassungsgerichtshofes, mit dem die Verordnung als gesetzwidrig aufgehoben wird, verpflichtet die zuständige oberste Behörde zur unverzüglichen Kundmachung der Aufhebung; die Aufhebung tritt am Tage der Kundmachung in Kraft.

Artikel 140. (1) Der Verfassungsgerichtshof erkennt über Verfassungswidrigkeit von Landesgesetzen auf Antrag der Bundesregierung, über Verfassungswidrigkeit von Bundesgesetzen auf Antrag einer Landesregierung, sofern aber ein solches Gesetz die Voraussetzung eines Erkenntnisses des Verfassungsgerichtshofes bilden soll, von Amts wegen.

(2) Der im Absatz 1 erwähnte Antrag kann jederzeit gestellt werden; er ist vom Antragsteller sofort der zuständigen Landesregierung oder der Bundesregierung bekanntzugeben.

(3) Das Erkenntnis des Verfassungsgerichtshofes, mit dem ein Gesetz als verfassungswidrig aufgehoben wird, verpflichtet den Bundeskanzler oder den zuständigen Landeshauptmann zur unverzüglichen Kundmachung der Aufhebung; die Aufhebung tritt am Tage der Kundmachung in Kraft, wenn nicht der Verfassungsgerichtshof für das Außerkrafttreten eine Frist bestimmt. Diese Frist darf sechs Monate nicht überschreiten.

(4) Die Bestimmung des Artikels 89, Absatz 1, gilt nicht für die Prüfung der Verfassungsmäßigkeit von Gesetzen durch den Verfassungsgerichtshof.

Artikel 141. Der Verfassungsgerichtshof erkennt über Anfechtung von Wahlen zum Nationalrat, zum Bundesrat, zu den Landtagen und zu allen anderen allgemeinen Vertretungskörpern und auf Antrag eines dieser Vertretungskörper auf Erklärung des Mandatsverlustes eines seiner Mitglieder.

Artikel 142. (1) Der Verfassungsgerichtshof erkennt über die Anklage, mit der die verfassungsmäßige Verantwortlichkeit der obersten Bundes- und Landesorgane für die durch ihre Amtstätigkeit erfolgten schuldhaften Rechtsverletzungen geltend gemacht wird.

(2) Die Anklage kann erhoben werden:

a) gegen den Bundespräsidenten wegen Verletzung der Bundesverfassung: durch Beschluß der Bundesversammlung;

b) gegen die Mitglieder der Bundesregierung und die ihnen hinsichtlich der Verantwortlichkeit gleichgestellten Organe wegen Gesetzesverletzung: durch Beschluß des Nationalrates;

c) gegen die Mitglieder einer Landesregierung und die ihnen hinsichtlich der Verantwortlichkeit durch die Landesverfassung gleichgestellten Organe wegen Gesetzesverletzung: durch Beschluß des zuständigen Landtages;

d) gegen einen Landeshauptmann wegen Gesetzesverletzung sowie wegen Nichtbefolgung der Verordnungen oder sonstigen Anordnungen des Bundes in Angelegenheiten der mittelbaren Bundesverwaltung: durch Beschluß der Bundesregierung;

(3) Das verurteilende Erkenntnis des Verfassungsgerichtshofes hat auf Verlust des Amtes, unter besonders erschwerenden Umständen auch auf zeitlichen Verlust der politischen Rechte zu lauten; bei geringfügigen Rechtsverletzungen in den in Absatz 2 unter d) erwähnten Fällen kann sich der Verfassungsgerichtshof auf die Feststellung beschränken, daß eine Rechtsverletzung vorliegt.

Artikel 143. Die Anklage gegen die in Artikel 142 Genannten kann auch wegen strafgerichtlich zu verfolgender Handlungen erhoben werden, die mit der Amtstätigkeit des Anzuklagenden in Verbindung stehen. In diesem Fall wird der Verfassungsgerichtshof allein zuständig; die bei den ordentlichen Strafgerichten etwa bereits anhängige Untersuchung geht auf ihn über. Der Verfassungsgerichtshof kann in solchen Fällen neben dem Artikel 142, Absatz 3, auch die strafgesetzlichen Bestimmungen anwenden.

Artikel 144. (1) Der Verfassungsgerichtshof erkennt über Beschwerden wegen Verletzung der verfassungsmäßig gewährleisteten Rechte durch die Entscheidung oder Verfügung einer

Verwaltungsbehörde nach Erschöpfung des administrativen Instanzenzuges.

(2) Das stattgebende Erkenntnis des Verfassungsgerichtshofes bewirkt die Aufhebung der verfassungswidrigen Entscheidung oder Verfügung. Die Behörden sind bei der neu zu treffenden Entscheidung oder Verfügung an die Rechtsanschauung des Verfassungsgerichtshofes gebunden.

Artikel 145. Der Verfassungsgerichtshof erkennt über Verletzungen des Völkerrechtes nach den Bestimmungen eines besonderen Bundesgesetzes.

Artikel 146. Die Exekution der Erkenntnisse des Verfassungsgerichtshofes liegt dem Bundespräsidenten ob.

Artikel 147. (1) Der Verfassungsgerichtshof hat seinen Sitz in Wien.

(2) Er besteht aus einem Präsidenten, einem Vizepräsidenten, ferner der erforderlichen Anzahl von Mitgliedern und Ersatzmitgliedern.

(3) Der Präsident, der Vizepräsident sowie die Hälfte der Mitglieder und Ersatzmitglieder werden vom Nationalrat, die andere Hälfte der Mitglieder und Ersatzmitglieder vom Bundesrat auf Lebensdauer gewählt.

Artikel 148. Die nähere Organisation und das Verfahren des Verfassungsgerichtshofes wird durch Bundesgesetz geregelt.

Siebentes Hauptstück.
Schlußbestimmungen.

Artikel 149. (1) Neben diesem Gesetz haben im Sinne des Artikels 44, Absatz 1, unter Berücksichtigung der durch dieses Gesetz bedingten Änderungen als Verfassungsgesetze zu gelten:

Staatsgrundgesetz vom 21. Dezember 1867, R.G.Bl. Nr. 142, über die allgemeinen Rechte der Staatsbürger für die im Reichsrate vertretenen Königreiche und Länder;

Gesetz vom 27. Oktober 1862, R.G.Bl. Nr. 87, zum Schutze der persönlichen Freiheit;

Gesetz vom 27. Oktober 1862, R.G.Bl. Nr. 88, zum Schutze des Hausrechtes;

Beschluß der provisorischen Nationalversammlung vom 30. Oktober 1918, St.G.Bl. Nr. 3;

Gesetz vom 3. April 1919, St.G.Bl. Nr. 209, betreffend die Landesverweisung und die Übernahme des Vermögens des Hauses Habsburg-Lothringen;

Gesetz vom 3. April 1919, St.G.Bl. Nr. 211, über die Aufhebung des Adels, der weltlichen Ritter- und Damenorden und gewisser Titel und Würden;

Gesetz vom 8. Mai 1919, St.G.Bl. Nr. 257, über das Staatswappen und das Staatssiegel der Republik Deutschösterreich mit den durch die Artikel 2, 5 und 6 des Gesetzes vom 21. Oktober 1919, St.G.Bl. Nr. 484, bewirkten Änderungen;

Abschnitt V des III. Teiles des Staatsvertrages von St. Germain vom 10. September 1919, St.G.Bl. Nr. 303 aus 1920.

(2) Artikel 20 des Staatsgrundgesetzes vom 21. Dezember 1867, R.G.Bl. Nr. 142, sowie das auf Grund dieses Artikels erlassene Gesetz vom 5. Mai 1869, R.G.Bl. Nr. 66, treten außer Kraft.

Artikel 150. Der Übergang zu der durch dieses Gesetz eingeführten bundesstaatlichen Verfassung wird durch ein eigenes, zugleich mit diesem Gesetz in Kraft tretendes Verfassungsgesetz geregelt.

Artikel 151. (1) Dieses Gesetz tritt am Tag der ersten Sitzung des Nationalrates in Kraft, soweit nicht durch das im Artikel 150 bezeichnete Gesetz Ausnahmen festgesetzt werden.

(2) Die Bestimmungen des Artikels 50, Absatz 1, und des Artikels 66, Absatz 2, treten jedoch am Tag der Kundmachung in Kraft, wobei bis zum Inkrafttreten der andern Bestimmungen dieses Gesetzes das dem Nationalrat zustehende Genehmigungsrecht von der Nationalversammlung ausgeübt wird.

Artikel 152. Mit dem Vollzug dieses Gesetzes ist die Staatsregierung betraut.

16. Verordnung des Reichspräsidenten zum Schutz von Volk und Staat. Vom 28. Februar 1933 („Reichstagsbrandverordnung")

Auf Grund des Artikels 48 Abs. 2 der Reichsverfassung wird zur Abwehr kommunistischer staatsgefährdender Gewaltakte folgendes verordnet:

§ 1 Die Artikel 114, 115, 117, 118, 123, 124 und 153 der Verfassung des Deutschen Reichs werden bis auf weiteres außer Kraft gesetzt. Es sind daher Beschränkungen der persönlichen Freiheit, des Rechts der freien Meinungsäußerung, einschließlich der Pressefreiheit, des Vereins- und Versammlungsrechts, Eingriffe in das Brief-, Post-, Telegraphen- und Fernsprechgeheimnis, Anordnungen von Haussuchungen und von Beschlagnahmen sowie Beschränkungen des Eigentums auch außerhalb der sonst hierfür bestimmten gesetzlichen Grenzen zulässig.

§ 2 Werden in einem Lande die zur Wiederherstellung der öffentlichen Sicherheit und Ordnung nötigen Maßnahmen nicht getroffen, so kann die Reichsregierung insoweit die Befugnisse der obersten Landesbehörde vorübergehend wahrnehmen.

§ 3 Die Behörden der Länder und Gemeinden (Gemeindeverbände) haben den auf Grund des § 2 erlassenen Anordnungen der Reichsregierung im Rahmen ihrer Zuständigkeit Folge zu leisten.

§ 4 Wer den von den obersten Landesbehörden oder den ihnen nachgeordneten Behörden zur Durchführung dieser Verordnung erlassenen Anordnungen oder den von der Reichsregierung gemäß § 2 erlassenen Anordnungen zuwiderhandelt oder wer zu solcher Zuwiderhandlung auffordert oder anreizt, wird, soweit nicht die Tat nach anderen Vorschriften mit einer schwereren Strafe bedroht ist, mit Gefängnis nicht unter einem Monat oder mit Geldstrafe von 150 bis zu 15 000 Reichsmark bestraft.

Wer durch Zuwiderhandlung nach Abs. 1 eine gemeine Gefahr für Menschenleben herbeiführt, wird mit Zuchthaus, bei mildernden Umständen mit Gefängnis nicht unter sechs Monaten und, wenn die Zuwiderhandlung den Tod eines Menschen verursacht, mit dem Tode, bei mildernden Umständen mit Zuchthaus nicht unter zwei Jahren bestraft. Daneben kann auf Vermögenseinziehung erkannt werden.

Wer zu einer gemeingefährlichen Zuwiderhandlung (Abs. 2) auffordert oder anreizt, wird mit Zuchthaus, bei mildernden Umständen mit Gefängnis nicht unter drei Monaten bestraft.

§ 5 Mit dem Tode sind die Verbrechen zu bestrafen, die das Strafgesetzbuch in den §§ 81 (Hochverrat), 229 (Giftbeibringung), 307 (Brandstiftung), 311 (Explosion), 312 (Überschwemmung), 315 Abs. 2 (Beschädigung von Eisenbahnanlagen), 324 (gemeingefährliche Vergiftung) mit lebenslangem Zuchthaus bedroht.

Mit dem Tode oder, soweit nicht bisher eine schwerere Strafe angedroht ist, mit lebenslangem Zuchthaus oder mit Zuchthaus bis zu 15 Jahren wird bestraft:

1. Wer es unternimmt, den Reichspräsidenten oder ein Mitglied oder einen Kommissar der Reichsregierung oder einer Landesregierung zu töten oder wer zu einer solchen Tötung auffordert, sich erbietet, ein solches Erbieten annimmt oder eine solche Tötung mit einem anderen verabredet;

2. wer in den Fällen des § 115 Abs. 2 des Strafgesetzbuchs (schwerer Aufruhr) oder des § 125 Abs. 2 des Strafgesetzbuchs (schwerer Landfriedensbruch) die Tat mit Waffen oder in bewußtem und gewolltem Zusammenwirken mit einem Bewaffneten begeht;

3. wer eine Freiheitsberaubung (§ 239) des Strafgesetzbuchs in der Absicht begeht, sich des der Freiheit Beraubten als Geisel im politischen Kampfe zu bedienen.

§ 6 Diese Verordnung tritt mit dem Tage der Verkündung in Kraft.

Berlin, den 28. Februar 1933.
Der Reichspräsident von Hindenburg
Der Reichskanzler Adolf Hitler
Der Reichsminister des Innern Frick
Der Reichsminister der Justiz Dr. Gürtner

17. Das Gesetz zur Behebung der Not von Volk und Reich. Vom 24. März 1933 („Ermächtigungsgesetz")

Der Reichstag hat das folgende Gesetz beschlossen, das mit Zustimmung des Reichsrats hiermit verkündet wird, nachdem festgestellt ist, daß die Erfordernisse verfassungsändernder Gesetzgebung erfüllt sind:

Art. 1 Reichsgesetze können außer in dem in der Reichsverfassung vorgesehenen Verfahren auch durch die Reichsregierung beschlossen werden. Dies gilt auch für die in den Artikeln 85 Abs. 2 und 87 der Reichsverfassung bezeichneten Gesetze.

Art. 2 Die von der Reichsregierung beschlossenen Reichsgesetze können von der Reichsverfassung abweichen, soweit sie nicht die Einrichtung des Reichstags und des Reichsrats als solche zum Gegenstand haben. Die Rechte des Reichspräsidenten bleiben unberührt.

Art. 3 Die von der Reichsregierung beschlossenen Reichsgesetze werden vom Reichskanzler ausgefertigt und im Reichsgesetzblatt verkündet. Sie treten, soweit sie nichts anderes bestimmen, mit dem auf die Verkündung folgenden Tage in Kraft. Die Artikel 68 bis 77 der Reichsverfassung finden auf die von der Reichsregierung beschlossenen Gesetze keine Anwendung.

Art. 4 Verträge des Reichs mit fremden Staaten, die sich auf Gegenstände der Reichsgesetzgebung beziehen, bedürfen nicht der Zustimmung der an der Gesetzgebung beteiligten Körperschaften. Die Reichsregierung erläßt die zur Durchführung dieser Verträge erforderlichen Vorschriften.

Art. 5 Dieses Gesetz tritt mit dem Tage seiner Verkündung in Kraft. Es tritt mit dem 1. April 1937 außer Kraft; es tritt ferner außer Kraft, wenn die gegenwärtige Reichsregierung durch eine andere abgelöst wird.

18. Die Charta der Vereinten Nationen vom 26. Juni 1945

PRÄAMBEL

Wir, die Völker der Vereinten Nationen – fest entschlossen,

künftige Geschlechter vor der Geißel des Krieges zu bewahren, die zweimal zu unseren Lebzeiten unsagbares Leid über die Menschheit gebracht hat,

unseren Glauben an die Grundrechte des Menschen, an Würde und Wert der menschlichen Persönlichkeit, an die Gleichberechtigung von Mann und Frau sowie von allen Nationen, ob groß oder klein, erneut zu bekräftigen,

Bedingungen zu schaffen, unter denen Gerechtigkeit und die Achtung vor den Verpflichtungen aus Verträgen und anderen Quellen des Völkerrechts gewahrt werden können,

den sozialen Fortschritt und einen besseren Lebensstandard in größerer Freiheit zu fördern,

und für diese Zwecke

Duldsamkeit zu üben und als gute Nachbarn in Frieden miteinander zu leben,

unsere Kräfte zu vereinen, um den Weltfrieden und die internationale Sicherheit zu wahren,

Grundsätze anzunehmen und Verfahren einzuführen, die gewährleisten, daß Waffengewalt nur noch im gemeinsamen Interesse angewendet wird, und

internationale Einrichtungen in Anspruch zu nehmen, um den wirtschaftlichen und sozialen Fortschritt aller Völker zu fördern –

haben beschlossen, in unserem Bemühen um die Erreichung dieser Ziele zusammenzuwirken.

Dementsprechend haben unsere Regierungen durch ihre in der Stadt San Franzisko versammelten Vertreter, deren Vollmachten vorgelegt und in guter und gehöriger Form befunden wurden, diese Charta der Vereinten Nationen angenommen und errichten hiermit eine internationale Organisation, die den Namen „Vereinte Nationen" führen soll.

KAPITEL I Ziele und Grundsätze

Artikel 1

Die Vereinten Nationen setzen sich folgende Ziele:

1. den Weltfrieden und die internationale Sicherheit zu wahren und zu diesem Zweck wirksame Kollektivmaßnahmen zu treffen, um Bedrohungen des Friedens zu verhüten und zu beseitigen, Angriffshandlungen und andere Friedensbrüche zu unterdrücken und internationale Streitigkeiten oder Situationen, die zu einem Friedensbruch führen könnten, durch friedliche Mittel nach den Grundsätzen der Gerechtigkeit und des Völkerrechts zu bereinigen oder beizulegen;

2. freundschaftliche, auf der Achtung vor dem Grundsatz der Gleichberechtigung und Selbstbestimmung der Völker beruhende Beziehungen zwischen den Nationen zu entwickeln und andere geeignete Maßnahmen zur Festigung des Weltfriedens zu treffen;

3. eine internationale Zusammenarbeit herbeizuführen, um internationale Probleme wirtschaftlicher, sozialer, kultureller und humanitärer Art zu lösen und die Achtung vor den Menschenrechten und Grundfreiheiten für alle ohne Unterschied der Rasse, des Geschlechts, der Sprache oder der Religion zu fördern und zu festigen;

4. ein Mittelpunkt zu sein, in dem die Bemühungen der Nationen zur Verwirklichung dieser gemeinsamen Ziele aufeinander abgestimmt werden.

Artikel 2

Die Organisation und ihre Mitglieder handeln im Verfolg der in Artikel 1 dargelegten Ziele nach folgenden Grundsätzen:

1. Die Organisation beruht auf dem Grundsatz der souveränen Gleichheit aller ihrer Mitglieder.

2. Alle Mitglieder erfüllen, um ihnen allen die aus der Mitgliedschaft erwachsenden Rechte und Vorteile zu sichern, nach Treu und Glauben die Verpflichtungen, die sie mit dieser Charta übernehmen.

3. Alle Mitglieder legen ihre internationalen Streitigkeiten durch friedliche Mittel so bei, daß der Weltfriede, die internationale Sicherheit und die Gerechtigkeit nicht gefährdet werden.

4. Alle Mitglieder unterlassen in ihren internationalen Beziehungen jede gegen die territoriale Unversehrtheit oder die politische Unabhängigkeit eines Staates gerichtete oder sonst mit den Zielen der Vereinten Nationen unvereinbare Androhung oder Anwendung von Gewalt.

5. Alle Mitglieder leisten den Vereinten Nationen jeglichen Beistand bei jeder Maßnahme, welche die Organisation im Einklang mit dieser Charta ergreift; sie leisten einem Staat, gegen den die Organisation Vorbeugungs- oder Zwangsmaßnahmen ergreift, keinen Beistand.

6. Die Organisation trägt dafür Sorge, daß Staaten, die nicht Mitglieder der Vereinten Nationen sind, insoweit nach diesen Grundsätzen handeln, als dies zur Wahrung des Weltfriedens und der internationalen Sicherheit erforderlich ist.

7. Aus dieser Charta kann eine Befugnis der Vereinten Nationen zum Eingreifen in Angelegenheiten, die ihrem Wesen nach zur inneren Zuständigkeit eines Staates gehören, oder eine Verpflichtung der Mitglieder, solche Angelegenheiten einer Regelung auf Grund dieser Charta zu unterwerfen, nicht abgeleitet werden; die Anwendung von Zwangsmaßnahmen nach Kapitel VII wird durch diesen Grundsatz nicht berührt.

KAPITEL II Mitgliedschaft

Artikel 3
Ursprüngliche Mitglieder der Vereinten Nationen sind die Staaten, welche an der Konferenz der Vereinten Nationen über eine Internationale Organisation in San Franzisko teilgenommen oder bereits vorher die Erklärung der Vereinten Nationen vom

1. Januar 1942 unterzeichnet haben und nunmehr diese Charta unterzeichnen und nach Artikel 110 ratifizieren.

Artikel 4

(1) Mitglied der Vereinten Nationen können alle sonstigen friedliebenden Staaten werden, welche die Verpflichtungen aus dieser Charta übernehmen und nach dem Urteil der Organisation fähig und willens sind, diese Verpflichtungen zu erfüllen.

(2) Die Aufnahme eines solchen Staates als Mitglied der Vereinten Nationen erfolgt auf Empfehlung des Sicherheitsrats durch Beschluß der Generalversammlung.

Artikel 5

Einem Mitglied der Vereinten Nationen, gegen das der Sicherheitsrat Vorbeugungs- oder Zwangsmaßnahmen getroffen hat, kann die Generalversammlung auf Empfehlung des Sicherheitsrats die Ausübung der Rechte und Vorrechte aus seiner Mitgliedschaft zeitweilig entziehen. Der Sicherheitsrat kann die Ausübung dieser Rechte und Vorrechte wieder zulassen.

Artikel 6

Ein Mitglied der Vereinten Nationen, das die Grundsätze dieser Charta beharrlich verletzt, kann auf Empfehlung des Sicherheitsrats durch die Generalversammlung aus der Organisation ausgeschlossen werden.

KAPITEL III Organe

Artikel 7

(1) Als Hauptorgane der Vereinten Nationen werden eine Generalversammlung, ein Sicherheitsrat, ein Wirtschafts- und Sozialrat, ein Treuhandrat, ein Internationaler Gerichtshof und ein Sekretariat eingesetzt.

(2) Je nach Bedarf können in Übereinstimmung mit dieser Charta Nebenorgane eingesetzt werden.

Artikel 8
Die Vereinten Nationen schränken hinsichtlich der Anwartschaft auf alle Stellen in ihren Haupt- und Nebenorganen die Gleichberechtigung von Männern und Frauen nicht ein.

KAPITEL IV Die Generalversammlung

Zusammensetzung
Artikel 9
(1) Die Generalversammlung besteht aus allen Mitgliedern der Vereinten Nationen.
(2) Jedes Mitglied hat höchstens fünf Vertreter in der Generalversammlung.

Aufgaben und Befugnisse
Artikel 10
Die Generalversammlung kann alle Fragen und Angelegenheiten erörtern, die in den Rahmen dieser Charta fallen oder Befugnisse und Aufgaben eines in dieser Charta vorgesehenen Organs betreffen; vorbehaltlich des Artikels 12 kann sie zu diesen Fragen und Angelegenheiten Empfehlungen an die Mitglieder der Vereinten Nationen oder den Sicherheitsrat oder an beide richten.

Artikel 11
(1) Die Generalversammlung kann sich mit den allgemeinen Grundsätzen der Zusammenarbeit zur Wahrung des Weltfriedens und der internationalen Sicherheit einschließlich der Grundsätze für die Abrüstung und Rüstungsregelung befassen und in bezug auf diese Grundsätze Empfehlungen an die Mitglieder oder den Sicherheitsrat oder an beide richten.
(2) Die Generalversammlung kann alle die Wahrung des Weltfriedens und der internationalen Sicherheit betreffenden Fragen erörtern, die ihr ein Mitglied der Vereinten Nationen oder der Sicherheitsrat oder nach Artikel 35 Absatz 2 ein Nichtmitgliedstaat der Vereinten Nationen vorlegt; vorbehaltlich des Artikels 12 kann sie zu diesen Fragen Empfehlungen an den oder die betreffenden Staaten oder den Sicherheitsrat oder an beide richten. Macht eine derartige Frage Maßnahmen erforderlich, so wird sie

von der Generalversammlung vor oder nach der Erörterung an den Sicherheitsrat überwiesen.

(3) Die Generalversammlung kann die Aufmerksamkeit des Sicherheitsrats auf Situationen lenken, die geeignet sind, den Weltfrieden und die internationale Sicherheit zu gefährden.

(4) Die in diesem Artikel aufgeführten Befugnisse der Generalversammlung schränken die allgemeine Tragweite des Artikels 10 nicht ein.

Artikel 12

(1) Solange der Sicherheitsrat in einer Streitigkeit oder einer Situation die ihm in dieser Charta zugewiesenen Aufgaben wahrnimmt, darf die Generalversammlung zu dieser Streitigkeit oder Situation keine Empfehlung abgeben, es sei denn auf Ersuchen des Sicherheitsrats.

(2) Der Generalsekretär unterrichtet mit Zustimmung des Sicherheitsrats die Generalversammlung bei jeder Tagung über alle die Wahrung des Weltfriedens und der internationalen Sicherheit betreffenden Angelegenheiten, die der Sicherheitsrat behandelt; desgleichen unterrichtet er unverzüglich die Generalversammlung oder, wenn diese nicht tagt, die Mitglieder der Vereinten Nationen, sobald der Sicherheitsrat die Behandlung einer solchen Angelegenheit einstellt.

Artikel 13

(1) Die Generalversammlung veranlaßt Untersuchungen und gibt Empfehlungen ab,

a) um die internationale Zusammenarbeit auf politischem Gebiet zu fördern und die fortschreitende Entwicklung des Völkerrechts sowie seine Kodifizierung zu begünstigen;

b) um die internationale Zusammenarbeit auf den Gebieten der Wirtschaft, des Sozialwesens, der Kultur, der Erziehung und der Gesundheit zu fördern und zur Verwirklichung der Menschenrechte und Grundfreiheiten für alle ohne Unterschied der Rasse, des Geschlechts, der Sprache oder der Religion beizutragen.

(2) Die weiteren Verantwortlichkeiten, Aufgaben und Befugnisse der Generalversammlung in bezug auf die in Absatz 1 Buchstabe b genannten Angelegenheiten sind in den Kapiteln IX und X dargelegt.

Artikel 14

Vorbehaltlich des Artikels 12 kann die Generalversammlung Maßnahmen zur friedlichen Bereinigung jeder Situation empfehlen, gleichviel wie sie entstanden ist, wenn diese Situation nach ihrer Auffassung geeignet ist, das allgemeine Wohl oder die freundschaftlichen Beziehungen zwischen Nationen zu beeinträchtigen; dies gilt auch für Situationen, die aus einer Verletzung der Bestimmungen dieser Charta über die Ziele und Grundsätze der Vereinten Nationen entstehen.

Artikel 15

(1) Die Generalversammlung erhält und prüft Jahresberichte und Sonderberichte des Sicherheitsrats; diese Berichte enthalten auch eine Darstellung der Maßnahmen, die der Sicherheitsrat zur Wahrung des Weltfriedens und der internationalen Sicherheit beschlossen oder getroffen hat.

(2) Die Generalversammlung erhält und prüft Berichte der anderen Organe der Vereinten Nationen.

Artikel 16

Die Generalversammlung nimmt die ihr bezüglich des internationalen Treuhandsystems in den Kapiteln XII und XIII zugewiesenen Aufgaben wahr; hierzu gehört die Genehmigung der Treuhandabkommen für Gebiete, die nicht als strategische Zonen bezeichnet sind.

Artikel 17

(1) Die Generalversammlung prüft und genehmigt den Haushaltsplan der Organisation.

(2) Die Ausgaben der Organisation werden von den Mitgliedern nach einem von der Generalversammlung festzusetzenden Verteilungsschlüssel getragen.

(3) Die Generalversammlung prüft und genehmigt alle Finanz- und Haushaltsabmachungen mit den in Artikel 57 bezeichneten Sonderorganisationen; sie prüft deren Verwaltungshaushalt mit dem Ziel, Empfehlungen an sie zu richten.

Abstimmung
Artikel 18

(1) Jedes Mitglied der Generalversammlung hat eine Stimme.

(2) Beschlüsse der Generalversammlung über wichtige Fragen bedürfen einer Zweidrittelmehrheit der anwesenden und abstimmenden Mitglieder. Zu diesen Fragen gehören: Empfehlungen hinsichtlich der Wahrung des Weltfriedens und der internationalen Sicherheit, die Wahl der nichtständigen Mitglieder des Sicherheitsrats, die Wahl der Mitglieder des Wirtschafts- und Sozialrats, die Wahl von Mitgliedern des Treuhandrats nach Artikel 86 Absatz 1 Buchstabe c, die Aufnahme neuer Mitglieder in die Vereinten Nationen, der zeitweilige Entzug der Rechte und Vorrechte aus der Mitgliedschaft, der Ausschluß von Mitgliedern, Fragen betreffend die Wirkungsweise des Treuhandsystems sowie Haushaltsfragen.

(3) Beschlüsse über andere Fragen, einschließlich der Bestimmung weiterer Gruppen von Fragen, über die mit Zweidrittelmehrheit zu beschließen ist, bedürfen der Mehrheit der anwesenden und abstimmenden Mitglieder.

Artikel 19
Ein Mitglied der Vereinten Nationen, das mit der Zahlung seiner finanziellen Beiträge an die Organisation im Rückstand ist, hat in der Generalversammlung kein Stimmrecht, wenn der rückständige Betrag die Höhe der Beiträge erreicht oder übersteigt, die dieses Mitglied für die vorausgegangenen zwei vollen Jahre schuldet. Die Generalversammlung kann ihm jedoch die Ausübung des Stimmrechts gestatten, wenn nach ihrer Überzeugung der Zahlungsverzug auf Umständen beruht, die dieses Mitglied nicht zu vertreten hat.

Verfahren
Artikel 20
Die Generalversammlung tritt zu ordentlichen Jahrestagungen und, wenn die Umstände es erfordern, zu außerordentlichen Tagungen zusammen. Außerordentliche Tagungen hat der Generalsekretär auf Antrag des Sicherheitsrats oder der Mehrheit der Mitglieder der Vereinten Nationen einzuberufen.

Artikel 21
Die Generalversammlung gibt sich eine Geschäftsordnung. Sie wählt für jede Tagung ihren Präsidenten.

Artikel 22
Die Generalversammlung kann Nebenorgane einsetzen, soweit sie dies zur Wahrnehmung ihrer Aufgaben für erforderlich hält.

KAPITEL V Der Sicherheitsrat

Zusammensetzung
Artikel 23
(1) Der Sicherheitsrat besteht aus fünfzehn Mitgliedern der Vereinten Nationen. Die Republik China, Frankreich, die Union der Sozialistischen Sowjetrepubliken, das Vereinigte Königreich Großbritannien und Nordirland sowie die Vereinigten Staaten von Amerika sind ständige Mitglieder des Sicherheitsrats. Die Generalversammlung wählt zehn weitere Mitglieder der Vereinten Nationen zu nichtständigen Mitgliedern des Sicherheitsrats; hierbei sind folgende Gesichtspunkte besonders zu berücksichtigen: in erster Linie der Beitrag von Mitgliedern der Vereinten Nationen zur Wahrung des Weltfriedens und der internationalen Sicherheit und zur Verwirklichung der sonstigen Ziele der Organisation sowie ferner eine angemessene geographische Verteilung der Sitze.

(2) Die nichtständigen Mitglieder des Sicherheitsrats werden für zwei Jahre gewählt. Bei der ersten Wahl der nichtständigen Mitglieder, die nach Erhöhung der Zahl der Ratsmitglieder von elf auf fünfzehn stattfindet, werden zwei der vier zusätzlichen Mitglieder für ein Jahr gewählt. Ausscheidende Mitglieder können nicht unmittelbar wiedergewählt werden.

(3) Jedes Mitglied des Sicherheitsrats hat in diesem einen Vertreter.

Aufgaben und Befugnisse
Artikel 24
(1) Um ein schnelles und wirksames Handeln der Vereinten Nationen zu gewährleisten, übertragen ihre Mitglieder dem Sicherheitsrat die Hauptverantwortung für die Wahrung des Weltfriedens und der internationalen Sicherheit und erkennen an, daß der Sicherheitsrat bei der Wahrnehmung der sich aus dieser Verantwortung ergebenden Pflichten in ihrem Namen handelt.

(2) Bei der Erfüllung dieser Pflichten handelt der Sicherheitsrat im Einklang mit den Zielen und Grundsätzen der Vereinten Nationen. Die ihm hierfür eingeräumten besonderen Befugnisse sind in den Kapiteln VI, VII, VIII und XII aufgeführt.

(3) Der Sicherheitsrat legt der Generalversammlung Jahresberichte und erforderlichenfalls Sonderberichte zur Prüfung vor.

Artikel 25
Die Mitglieder der Vereinten Nationen kommen überein, die Beschlüsse des Sicherheitsrats im Einklang mit dieser Charta anzunehmen und durchzuführen.

Artikel 26
Um die Herstellung und Wahrung des Weltfriedens und der internationalen Sicherheit so zu fördern, daß von den menschlichen und wirtschaftlichen Hilfsquellen der Welt möglichst wenig für Rüstungszwecke abgezweigt wird, ist der Sicherheitsrat beauftragt, mit Unterstützung des in Artikel 47 vorgesehenen Generalstabsausschusses Pläne auszuarbeiten, die den Mitgliedern der Vereinten Nationen zwecks Errichtung eines Systems der Rüstungsregelung vorzulegen sind.

Abstimmung
Artikel 27
(1) Jedes Mitglied des Sicherheitsrats hat eine Stimme.

(2) Beschlüsse des Sicherheitsrats über Verfahrensfragen bedürfen der Zustimmung von neun Mitgliedern.

(3) Beschlüsse des Sicherheitsrats über alle sonstigen Fragen bedürfen der Zustimmung von neun Mitgliedern einschließlich sämtlicher ständigen Mitglieder, jedoch mit der Maßgabe, daß sich bei Beschlüssen auf Grund des Kapitels VI und des Artikels 52 Absatz 3 die Streitparteien der Stimme enthalten.

Verfahren
Artikel 28
(1) Der Sicherheitsrat wird so organisiert, daß er seine Aufgaben ständig wahrnehmen kann. Jedes seiner Mitglieder muß zu diesem Zweck jederzeit am Sitz der Organisation vertreten sein.

(2) Der Sicherheitsrat tritt regelmäßig zu Sitzungen zusammen; bei diesen kann jedes seiner Mitglieder nach Wunsch durch ein

Regierungsmitglied oder durch einen anderen eigens hierfür bestellten Delegierten vertreten sein.

(3) Der Sicherheitsrat kann außer am Sitz der Organisation auch an anderen Orten zusammentreten, wenn dies nach seinem Urteil seiner Arbeit am dienlichsten ist.

Artikel 29
Der Sicherheitsrat kann Nebenorgane einsetzen, soweit er dies zur Wahrnehmung seiner Aufgaben für erforderlich hält.

Artikel 30
Der Sicherheitsrat gibt sich eine Geschäftsordnung; in dieser regelt er auch das Verfahren für die Wahl seines Präsidenten.

Artikel 31
Ein Mitglied der Vereinten Nationen, das nicht Mitglied des Sicherheitsrats ist, kann ohne Stimmrecht an der Erörterung jeder vor den Sicherheitsrat gebrachten Frage teilnehmen, wenn dieser der Auffassung ist, daß die Interessen dieses Mitglieds besonders betroffen sind.

Artikel 32
Mitglieder der Vereinten Nationen, die nicht Mitglied des Sicherheitsrats sind, sowie Nichtmitgliedstaaten der Vereinten Nationen werden eingeladen, an den Erörterungen des Sicherheitsrats über eine Streitigkeit, mit der dieser befaßt ist, ohne Stimmrecht teilzunehmen, wenn sie Streitpartei sind. Für die Teilnahme eines Nichtmitgliedstaats der Vereinten Nationen setzt der Sicherheitsrat die Bedingungen fest, die er für gerecht hält.

KAPITEL VI Die friedliche Beilegung von Streitigkeiten

Artikel 33
(1) Die Parteien einer Streitigkeit, deren Fortdauer geeignet ist, die Wahrung des Weltfriedens und der internationalen Sicherheit zu gefährden, bemühen sich zunächst um eine Beilegung durch Verhandlung, Untersuchung, Vermittlung, Vergleich, Schiedsspruch, gerichtliche Entscheidung, Inanspruchnahme regionaler

Einrichtungen oder Abmachungen oder durch andere friedliche Mittel eigener Wahl.

(2) Der Sicherheitsrat fordert die Parteien auf, wenn er dies für notwendig hält, ihre Streitigkeit durch solche Mittel beizulegen.

Artikel 34

Der Sicherheitsrat kann jede Streitigkeit sowie jede Situation, die zu internationalen Reibungen führen oder eine Streitigkeit hervorrufen könnte, untersuchen, um festzustellen, ob die Fortdauer der Streitigkeit oder der Situation die Wahrung des Weltfriedens und der internationalen Sicherheit gefährden könnte.

Artikel 35

(1) Jedes Mitglied der Vereinten Nationen kann die Aufmerksamkeit des Sicherheitsrats oder der Generalversammlung auf jede Streitigkeit sowie auf jede Situation der in Artikel 34 bezeichneten Art lenken.

(2) Ein Nichtmitgliedstaat der Vereinten Nationen kann die Aufmerksamkeit des Sicherheitsrats oder der Generalversammlung auf jede Streitigkeit lenken, in der er Partei ist, wenn er im voraus hinsichtlich dieser Streitigkeit die in dieser Charta für eine friedliche Beilegung festgelegten Verpflichtungen annimmt.

(3) Das Verfahren der Generalversammlung in Angelegenheiten, auf die ihre Aufmerksamkeit gemäß diesem Artikel gelenkt wird, bestimmt sich nach den Artikeln 11 und 12.

Artikel 36

(1) Der Sicherheitsrat kann in jedem Stadium einer Streitigkeit im Sinne des Artikels 33 oder einer Situation gleicher Art geeignete Verfahren oder Methoden für deren Bereinigung empfehlen.

(2) Der Sicherheitsrat soll alle Verfahren in Betracht ziehen, welche die Parteien zur Beilegung der Streitigkeit bereits angenommen haben.

(3) Bei seinen Empfehlungen auf Grund dieses Artikels soll der Sicherheitsrat ferner berücksichtigen, daß Rechtsstreitigkeiten im allgemeinen von den Parteien dem Internationalen Gerichtshof im Einklang mit dessen Statut zu unterbreiten sind.

Artikel 37

(1) Gelingt es den Parteien einer Streitigkeit der in Artikel 33 bezeichneten Art nicht, diese mit den dort angegebenen Mitteln beizulegen, so legen sie die Streitigkeit dem Sicherheitsrat vor.

(2) Könnte nach Auffassung des Sicherheitsrats die Fortdauer der Streitigkeit tatsächlich die Wahrung des Weltfriedens und der internationalen Sicherheit gefährden, so beschließt er, ob er nach Artikel 36 tätig werden oder die ihm angemessen erscheinenden Empfehlungen für eine Beilegung abgeben will.

Artikel 38

Unbeschadet der Artikel 33 bis 37 kann der Sicherheitsrat, wenn alle Parteien einer Streitigkeit dies beantragen, Empfehlungen zu deren friedlicher Beilegung an die Streitparteien richten.

KAPITEL VII Maßnahmen bei Bedrohung oder Bruch des Friedens und bei Angriffshandlungen

Artikel 39

Der Sicherheitsrat stellt fest, ob eine Bedrohung oder ein Bruch des Friedens oder eine Angriffshandlung vorliegt; er gibt Empfehlungen ab oder beschließt, welche Maßnahmen auf Grund der Artikel 41 und 42 zu treffen sind, um den Weltfrieden und die internationale Sicherheit zu wahren oder wiederherzustellen.

Artikel 40

Um einer Verschärfung der Lage vorzubeugen, kann der Sicherheitsrat, bevor er nach Artikel 39 Empfehlungen abgibt oder Maßnahmen beschließt, die beteiligten Parteien auffordern, den von ihm für notwendig oder erwünscht erachteten vorläufigen Maßnahmen Folge zu leisten. Diese vorläufigen Maßnahmen lassen die Rechte, die Ansprüche und die Stellung der beteiligten Parteien unberührt. Wird den vorläufigen Maßnahmen nicht Folge geleistet, so trägt der Sicherheitsrat diesem Versagen gebührend Rechnung.

Artikel 41

Der Sicherheitsrat kann beschließen, welche Maßnahmen – unter Ausschluß von Waffengewalt – zu ergreifen sind, um seinen Beschlüssen Wirksamkeit zu verleihen; er kann die Mitglieder der Vereinten Nationen auffordern, diese Maßnahmen durchzuführen. Sie können die vollständige oder teilweise Unterbrechung der Wirtschaftsbeziehungen, des Eisenbahn-, See- und Luftverkehrs, der Post-, Telegraphen- und Funkverbindungen sowie sonstiger Verkehrsmöglichkeiten und den Abbruch der diplomatischen Beziehungen einschließen.

Artikel 42

Ist der Sicherheitsrat der Auffassung, daß die in Artikel 41 vorgesehenen Maßnahmen unzulänglich sein würden oder sich als unzulänglich erwiesen haben, so kann er mit Luft-, See- oder Landstreitkräften die zur Wahrung oder Wiederherstellung des Weltfriedens und der internationalen Sicherheit erforderlichen Maßnahmen durchführen. Sie können Demonstrationen, Blokkaden und sonstige Einsätze der Luft-, See- oder Landstreitkräfte von Mitgliedern der Vereinten Nationen einschließen.

Artikel 43

(1) Alle Mitglieder der Vereinten Nationen verpflichten sich, zur Wahrung des Weltfriedens und der internationalen Sicherheit dadurch beizutragen, daß sie nach Maßgabe eines oder mehrerer Sonderabkommen dem Sicherheitsrat auf sein Ersuchen Streitkräfte zur Verfügung stellen, Beistand leisten und Erleichterungen einschließlich des Durchmarschrechts gewähren, soweit dies zur Wahrung des Weltfriedens und der internationalen Sicherheit erforderlich ist.

(2) Diese Abkommen haben die Zahl und Art der Streitkräfte, ihren Bereitschaftsgrad, ihren allgemeinen Standort sowie die Art der Erleichterungen und des Beistands vorzusehen.

(3) Die Abkommen werden auf Veranlassung des Sicherheitsrats so bald wie möglich im Verhandlungswege ausgearbeitet. Sie werden zwischen dem Sicherheitsrat einerseits und Einzelmitgliedern oder Mitgliedergruppen andererseits geschlossen und von den Unterzeichnerstaaten nach Maßgabe ihres Verfassungsrechts ratifiziert.

Artikel 44

Hat der Sicherheitsrat die Anwendung von Gewalt beschlossen, so lädt er ein in ihm nicht vertretenes Mitglied, bevor er es zur Stellung von Streitkräften auf Grund der nach Artikel 43 übernommenen Verpflichtungen auffordert, auf dessen Wunsch ein, an seinen Beschlüssen über den Einsatz von Kontingenten der Streitkräfte dieses Mitglieds teilzunehmen.

Artikel 45

Um die Vereinten Nationen zur Durchführung dringender militärischer Maßnahmen zu befähigen, halten Mitglieder der Organisation Kontingente ihrer Luftstreitkräfte zum sofortigen Einsatz bei gemeinsamen internationalen Zwangsmaßnahmen bereit. Stärke und Bereitschaftsgrad dieser Kontingente sowie die Pläne für ihre gemeinsamen Maßnahmen legt der Sicherheitsrat mit Unterstützung des Generalstabsausschusses im Rahmen der in Artikel 43 erwähnten Sonderabkommen fest.

Artikel 46

Die Pläne für die Anwendung von Waffengewalt werden vom Sicherheitsrat mit Unterstützung des Generalstabsausschusses aufgestellt.

Artikel 47

(1) Es wird ein Generalstabsausschuß eingesetzt, um den Sicherheitsrat in allen Fragen zu beraten und zu unterstützen, die dessen militärische Bedürfnisse zur Wahrung des Weltfriedens und der internationalen Sicherheit, den Einsatz und die Führung der dem Sicherheitsrat zur Verfügung gestellten Streitkräfte, die Rüstungsregelung und eine etwaige Abrüstung betreffen.

(2) Der Generalstabsausschuß besteht aus den Generalstabschefs der ständigen Mitglieder des Sicherheitsrats oder ihren Vertretern. Ein nicht ständig im Ausschuß vertretenes Mitglied der Vereinten Nationen wird vom Ausschuß eingeladen, sich ihm zu assoziieren, wenn die Mitarbeit dieses Mitglieds für die wirksame Durchführung der Aufgaben des Ausschusses erforderlich ist.

(3) Der Generalstabsausschuß ist unter der Autorität des Sicherheitsrats für die strategische Leitung aller dem Sicherheitsrat

zur Verfügung gestellten Streitkräfte verantwortlich. Die Fragen bezüglich der Führung dieser Streitkräfte werden später geregelt.

(4) Der Generalstabsausschuß kann mit Ermächtigung des Sicherheitsrats nach Konsultation mit geeigneten regionalen Einrichtungen regionale Unterausschüsse einsetzen.

Artikel 48
(1) Die Maßnahmen, die für die Durchführung der Beschlüsse des Sicherheitsrats zur Wahrung des Weltfriedens und der internationalen Sicherheit erforderlich sind, werden je nach dem Ermessen des Sicherheitsrats von allen oder von einigen Mitgliedern der Vereinten Nationen getroffen.

(2) Diese Beschlüsse werden von den Mitgliedern der Vereinten Nationen unmittelbar sowie durch Maßnahmen in den geeigneten internationalen Einrichtungen durchgeführt, deren Mitglieder sie sind.

Artikel 49
Bei der Durchführung der vom Sicherheitsrat beschlossenen Maßnahmen leisten die Mitglieder der Vereinten Nationen einander gemeinsam handelnd Beistand.

Artikel 50
Ergreift der Sicherheitsrat gegen einen Staat Vorbeugungs- oder Zwangsmaßnahmen, so kann jeder andere Staat, ob Mitglied der Vereinten Nationen oder nicht, den die Durchführung dieser Maßnahmen vor besondere wirtschaftliche Probleme stellt, den Sicherheitsrat zwecks Lösung dieser Probleme konsultieren.

Artikel 51
Diese Charta beeinträchtigt im Falle eines bewaffneten Angriffs gegen ein Mitglied der Vereinten Nationen keineswegs das naturgegebene Recht zur individuellen oder kollektiven Selbstverteidigung, bis der Sicherheitsrat die zur Wahrung des Weltfriedens und der internationalen Sicherheit erforderlichen Maßnahmen getroffen hat. Maßnahmen, die ein Mitglied in Ausübung dieses Selbstverteidigungsrechts trifft, sind dem Sicherheitsrat sofort anzuzeigen; sie berühren in keiner Weise dessen auf dieser Charta beruhende Befugnis und Pflicht, jederzeit die Maßnahmen zu

treffen, die er zur Wahrung oder Wiederherstellung des Weltfriedens und der internationalen Sicherheit für erforderlich hält.

KAPITEL VIII Regionale Abmachungen

Artikel 52

(1) Diese Charta schließt das Bestehen regionaler Abmachungen oder Einrichtungen zur Behandlung derjenigen die Wahrung des Weltfriedens und der internationalen Sicherheit betreffenden Angelegenheiten nicht aus, bei denen Maßnahmen regionaler Art angebracht sind; Voraussetzung hierfür ist, daß diese Abmachungen oder Einrichtungen und ihr Wirken mit den Zielen und Grundsätzen der Vereinten Nationen vereinbar sind.

(2) Mitglieder der Vereinten Nationen, die solche Abmachungen treffen oder solche Einrichtungen schaffen, werden sich nach besten Kräften bemühen, durch Inanspruchnahme dieser Abmachungen oder Einrichtungen örtlich begrenzte Streitigkeiten friedlich beizulegen, bevor sie den Sicherheitsrat damit befassen.

(3) Der Sicherheitsrat wird die Entwicklung des Verfahrens fördern, örtlich begrenzte Streitigkeiten durch Inanspruchnahme dieser regionalen Abmachungen oder Einrichtungen friedlich beizulegen, sei es auf Veranlassung der beteiligten Staaten oder auf Grund von Überweisungen durch ihn selbst.

(4) Die Anwendung der Artikel 34 und 35 wird durch diesen Artikel nicht beeinträchtigt.

Artikel 53

(1) Der Sicherheitsrat nimmt gegebenenfalls diese regionalen Abmachungen oder Einrichtungen zur Durchführung von Zwangsmaßnahmen unter seiner Autorität in Anspruch. Ohne Ermächtigung des Sicherheitsrats dürfen Zwangsmaßnahmen auf Grund regionaler Abmachungen oder seitens regionaler Einrichtungen nicht ergriffen werden; ausgenommen sind Maßnahmen gegen einen Feindstaat im Sinne des Absatzes 2, soweit sie in Artikel 107 oder in regionalen, gegen die Wiederaufnahme der Angriffspolitik eines solchen Staates gerichteten Abmachungen vorgesehen sind; die Ausnahme gilt, bis der Organisation auf Er-

suchen der beteiligten Regierungen die Aufgabe zugewiesen wird, neue Angriffe eines solchen Staates zu verhüten.

(2) Der Ausdruck „Feindstaat" in Absatz 1 bezeichnet jeden Staat, der während des Zweiten Weltkriegs Feind eines Unterzeichners dieser Charta war.

Artikel 54

Der Sicherheitsrat ist jederzeit vollständig über die Maßnahmen auf dem laufenden zu halten, die zur Wahrung des Weltfriedens und der internationalen Sicherheit auf Grund regionaler Abmachungen oder seitens regionaler Einrichtungen getroffen oder in Aussicht genommen werden.

KAPITEL IX Internationale Zusammenarbeit auf wirtschaftlichem und sozialem Gebiet

Artikel 55

Um jenen Zustand der Stabilität und Wohlfahrt herbeizuführen, der erforderlich ist, damit zwischen den Nationen friedliche und freundschaftliche, auf der Achtung vor dem Grundsatz der Gleichberechtigung und Selbstbestimmung der Völker beruhende Beziehungen herrschen, fördern die Vereinten Nationen

a) die Verbesserung des Lebensstandards, die Vollbeschäftigung und die Voraussetzungen für wirtschaftlichen und sozialen Fortschritt und Aufstieg;

b) die Lösung internationaler Probleme wirtschaftlicher, sozialer, gesundheitlicher und verwandter Art sowie die internationale Zusammenarbeit auf den Gebieten der Kultur und der Erziehung;

c) die allgemeine Achtung und Verwirklichung der Menschenrechte und Grundfreiheiten für alle ohne Unterschied der Rasse, des Geschlechts, der Sprache oder der Religion.

Artikel 56

Alle Mitgliedstaaten verpflichten sich, gemeinsam und jeder für sich mit der Organisation zusammenzuarbeiten, um die in Artikel 55 dargelegten Ziele zu erreichen.

Artikel 57

(1) Die verschiedenen durch zwischenstaatliche Übereinkünfte errichteten Sonderorganisationen, die auf den Gebieten der Wirtschaft, des Sozialwesens, der Kultur, der Erziehung, der Gesundheit und auf verwandten Gebieten weitreichende, in ihren maßgebenden Urkunden umschriebene internationale Aufgaben zu erfüllen haben, werden gemäß Artikel 63 mit den Vereinten Nationen in Beziehung gebracht.

(2) Diese mit den Vereinten Nationen in Beziehung gebrachten Organisationen sind im folgenden als „Sonderorganisationen" bezeichnet.

Artikel 58

Die Organisation gibt Empfehlungen ab, um die Bestrebungen und Tätigkeiten dieser Sonderorganisationen zu koordinieren.

Artikel 59

Die Organisation veranlaßt gegebenenfalls zwischen den in Betracht kommenden Staaten Verhandlungen zur Errichtung neuer Sonderorganisationen, soweit solche zur Verwirklichung der in Artikel 55 dargelegten Ziele erforderlich sind.

Artikel 60

Für die Wahrnehmung der in diesem Kapitel genannten Aufgaben der Organisation sind die Generalversammlung und unter ihrer Autorität der Wirtschafts- und Sozialrat verantwortlich; dieser besitzt zu diesem Zweck die ihm in Kapitel X zugewiesenen Befugnisse.

KAPITEL X Der Wirtschafts- und Sozialrat

Zusammensetzung
Artikel 61

(1) Der Wirtschafts- und Sozialrat besteht aus siebenundzwanzig von der Generalversammlung gewählten Mitgliedern der Vereinten Nationen.

(2) Vorbehaltlich des Absatzes 3 werden alljährlich neun Mitglieder des Wirtschafts- und Sozialrats für drei Jahre gewählt.

Ein ausscheidendes Mitglied kann unmittelbar wiedergewählt werden.

(3) Bei der ersten Wahl, die nach Erhöhung der Zahl der Ratsmitglieder von achtzehn auf siebenundzwanzig stattfindet, werden zusätzlich zu den Mitgliedern, die anstelle der sechs Mitglieder gewählt werden, deren Amtszeit mit dem betreffenden Jahr endet, neun weitere Mitglieder des Wirtschafts- und Sozialrats gewählt. Die Amtszeit von drei dieser neun zusätzlichen Mitglieder endet nach einem Jahr, diejenige von drei weiteren Mitgliedern nach zwei Jahren; das Nähere regelt die Generalversammlung.

(4) Jedes Mitglied des Wirtschafts- und Sozialrats hat in diesem einen Vertreter.

Aufgaben und Befugnisse
Artikel 62
(1) Der Wirtschafts- und Sozialrat kann über internationale Angelegenheiten auf den Gebieten der Wirtschaft, des Sozialwesens, der Kultur, der Erziehung, der Gesundheit und auf verwandten Gebieten Untersuchungen durchführen oder bewirken sowie Berichte abfassen oder veranlassen; er kann zu jeder derartigen Angelegenheit an die Generalversammlung, die Mitglieder der Vereinten Nationen und die in Betracht kommenden Sonderorganisationen Empfehlungen richten.

(2) Er kann Empfehlungen abgeben, um die Achtung und Verwirklichung der Menschenrechte und Grundfreiheiten für alle zu fordern.

(3) Er kann über Angelegenheiten, für die er zuständig ist, Übereinkommen entwerfen und der Generalversammlung vorlegen.

(4) Er kann nach den von den Vereinten Nationen festgesetzten Regeln internationale Konferenzen über Angelegenheiten einberufen, für die er zuständig ist.

Artikel 63
(1) Der Wirtschafts- und Sozialrat kann mit jeder der in Artikel 57 bezeichneten Organisationen Abkommen schließen, in denen die Beziehungen der betreffenden Organisation zu den

Vereinten Nationen geregelt werden. Diese Abkommen bedürfen der Genehmigung durch die Generalversammlung.

(2) Er kann die Tätigkeit der Sonderorganisationen koordinieren, indem er Konsultationen mit ihnen führt und an sie, an die Generalversammlung und die Mitglieder der Vereinten Nationen Empfehlungen richtet.

Artikel 64
(1) Der Wirtschafts- und Sozialrat kann geeignete Schritte unternehmen, um von den Sonderorganisationen regelmäßig Berichte zu erhalten. Er kann mit den Mitgliedern der Vereinten Nationen und mit den Sonderorganisationen Abmachungen treffen, um Berichte über die Maßnahmen zu erhalten, die zur Durchführung seiner Empfehlungen und der Empfehlungen der Generalversammlung über Angelegenheiten getroffen werden, für die er zuständig ist.

(2) Er kann der Generalversammlung seine Bemerkungen zu diesen Berichten mitteilen.

Artikel 65
Der Wirtschafts- und Sozialrat kann dem Sicherheitsrat Auskünfte erteilen und ihn auf dessen Ersuchen unterstützen.

Artikel 66
(1) Der Wirtschafts- und Sozialrat nimmt alle Aufgaben wahr, für die er im Zusammenhang mit der Durchführung von Empfehlungen der Generalversammlung zuständig ist.

(2) Er kann mit Genehmigung der Generalversammlung alle Dienste leisten, um die ihn Mitglieder der Vereinten Nationen oder Sonderorganisationen ersuchen.

(3) Er nimmt alle sonstigen Aufgaben wahr, die ihm in dieser Charta oder durch die Generalversammlung zugewiesen werden.

Abstimmung
Artikel 67
(1) Jedes Mitglied des Wirtschafts- und Sozialrats hat eine Stimme.

(2) Beschlüsse des Wirtschafts- und Sozialrats bedürfen der Mehrheit der anwesenden und abstimmenden Mitglieder.

Verfahren
Artikel 68
Der Wirtschafts- und Sozialrat setzt Kommissionen für wirtschaftliche und soziale Fragen und für die Förderung der Menschenrechte sowie alle sonstigen zur Wahrnehmung seiner Aufgaben erforderlichen Kommissionen ein.

Artikel 69
Behandelt der Wirtschafts- und Sozialrat eine Angelegenheit, die für ein Mitglied der Vereinten Nationen von besonderem Belang ist, so lädt er es ein, ohne Stimmrecht an seinen Beratungen teilzunehmen.

Artikel 70
Der Wirtschafts- und Sozialrat kann Abmachungen dahingehend treffen, daß Vertreter der Sonderorganisationen ohne Stimmrecht an seinen Beratungen und an den Beratungen der von ihm eingesetzten Kommissionen teilnehmen und daß seine eigenen Vertreter an den Beratungen der Sonderorganisationen teilnehmen.

Artikel 71
Der Wirtschafts- und Sozialrat kann geeignete Abmachungen zwecks Konsultation mit nichtstaatlichen Organisationen treffen, die sich mit Angelegenheiten seiner Zuständigkeit befassen. Solche Abmachungen können mit internationalen Organisationen und, soweit angebracht, nach Konsultation des betreffenden Mitglieds der Vereinten Nationen auch mit nationalen Organisationen getroffen werden.

Artikel 72
(1) Der Wirtschafts- und Sozialrat gibt sich eine Geschäftsordnung; in dieser regelt er auch das Verfahren für die Wahl seines Präsidenten.

(2) Der Wirtschafts- und Sozialrat tritt nach Bedarf gemäß seiner Geschäftsordnung zusammen; in dieser ist auch die Einberufung von Sitzungen auf Antrag der Mehrheit seiner Mitglieder vorzusehen.

KAPITEL XI Erklärung über Hoheitsgebiete ohne Selbstregierung

Artikel 73

Mitglieder der Vereinten Nationen, welche die Verantwortung für die Verwaltung von Hoheitsgebieten haben oder übernehmen, deren Völker noch nicht die volle Selbstregierung erreicht haben, bekennen sich zu dem Grundsatz, daß die Interessen der Einwohner dieser Hoheitsgebiete Vorrang haben; sie übernehmen als heiligen Auftrag die Verpflichtung, im Rahmen des durch diese Charta errichteten Systems des Weltfriedens und der internationalen Sicherheit das Wohl dieser Einwohner aufs äußerste zu fördern; zu diesem Zweck verpflichten sie sich,

a) den politischen, wirtschaftlichen, sozialen und erzieherischen Fortschritt, die gerechte Behandlung und den Schutz dieser Völker gegen Mißbräuche unter gebührender Achtung vor ihrer Kultur zu gewährleisten;

b) die Selbstregierung zu entwickeln, die politischen Bestrebungen dieser Völker gebührend zu berücksichtigen und sie bei der fortschreitenden Entwicklung ihrer freien politischen Einrichtungen zu unterstützen, und zwar je nach den besonderen Verhältnissen jedes Hoheitsgebiets, seiner Bevölkerung und deren jeweiliger Entwicklungsstufe;

c) den Weltfrieden und die internationale Sicherheit zu festigen;

d) Aufbau- und Entwicklungsmaßnahmen zu fördern, die Forschungstätigkeit zu unterstützen sowie miteinander und gegebenenfalls mit internationalen Fachorganisationen zusammenzuarbeiten, um die in diesem Artikel dargelegten sozialen, wirtschaftlichen und wissenschaftlichen Ziele zu verwirklichen;

e) dem Generalsekretär mit der durch die Rücksichtnahme auf Sicherheit und Verfassung gebotenen Einschränkung zu seiner Unterrichtung regelmäßig statistische und sonstige Informationen technischer Art über das Wirtschafts-, Sozial- und Erziehungswesen in den nicht unter die Kapitel XII und XIII fallenden Hoheitsgebieten zu übermitteln, für die sie verantwortlich sind.

Artikel 74

Die Mitglieder der Vereinten Nationen sind sich ferner darin einig, daß die Politik, die sie für die unter dieses Kapitel fallenden Hoheitsgebiete verfolgen, nicht minder auf dem allgemeinen Grundsatz der guten Nachbarschaft in sozialen, wirtschaftlichen und Handelsangelegenheiten beruhen muß als die Politik, die sie für ihr Mutterland verfolgen; hierbei sind die Interessen und das Wohl der übrigen Welt gebührend zu berücksichtigen.

KAPITEL XII Das internationale Treuhandsystem

Artikel 75

Die Vereinten Nationen errichten unter ihrer Autorität ein internationales Treuhandsystem für die Verwaltung und Beaufsichtigung der Hoheitsgebiete, die auf Grund späterer Einzelabkommen in dieses System einbezogen werden. Diese Hoheitsgebiete werden im folgenden als Treuhandgebiete bezeichnet.

Artikel 76

Im Einklang mit den in Artikel 1 dieser Charta dargelegten Zielen der Vereinten Nationen dient das Treuhandsystem hauptsächlich folgenden Zwecken:

a) den Weltfrieden und die internationale Sicherheit zu festigen;

b) den politischen, wirtschaftlichen, sozialen und erzieherischen Fortschritt der Einwohner der Treuhandgebiete und ihre fortschreitende Entwicklung zur Selbstregierung oder Unabhängigkeit so zu fördern, wie es den besonderen Verhältnissen eines jeden dieser Hoheitsgebiete und seiner Bevölkerung sowie deren frei geäußerten Wünschen entspricht und in dem diesbezüglichen Treuhandabkommen vorgesehen ist;

c) die Achtung vor den Menschenrechten und Grundfreiheiten für alle ohne Unterschied der Rasse, des Geschlechts, der Sprache oder der Religion zu fördern und das Bewußtsein der gegenseitigen Abhängigkeit der Völker der Welt zu stärken;

d) die Gleichbehandlung aller Mitglieder der Vereinten Nationen und ihrer Staatsangehörigen in sozialen, wirtschaftlichen und Handelsangelegenheiten sowie die Gleichbehandlung dieser Staatsangehörigen in der Rechtspflege sicherzustellen, ohne jedoch die Verwirklichung der vorgenannten Zwecke zu beeinträchtigen; Artikel 80 bleibt unberührt.

Artikel 77

(1) Das Treuhandsystem findet auf die zu den folgenden Gruppen gehörenden Hoheitsgebiete Anwendung, soweit sie auf Grund von Treuhandabkommen in dieses System einbezogen werden:

a) gegenwärtig bestehende Mandatsgebiete;

b) Hoheitsgebiete, die infolge des Zweiten Weltkriegs von Feindstaaten abgetrennt werden;

c) Hoheitsgebiete, die von den für ihre Verwaltung verantwortlichen Staaten freiwillig in das System einbezogen werden.

(2) Die Feststellung, welche Hoheitsgebiete aus den genannten Gruppen in das Treuhandsystem einbezogen werden und welche Bestimmungen hierfür gelten, bleibt einer späteren Übereinkunft vorbehalten.

Artikel 78

Das Treuhandsystem findet keine Anwendung auf Hoheitsgebiete, die Mitglied der Vereinten Nationen geworden sind; die Beziehungen zwischen Mitgliedern beruhen auf der Achtung des Grundsatzes der souveränen Gleichheit.

Artikel 79

Für jedes in das Treuhandsystem einzubeziehende Hoheitsgebiet werden die Treuhandbestimmungen einschließlich aller ihrer Änderungen und Ergänzungen von den unmittelbar beteiligten Staaten, zu denen bei Mandatsgebieten eines Mitglieds der Vereinten Nationen auch die Mandatsmacht zählt, in Form eines Abkommens vereinbart; sie bedürfen der Genehmigung nach den Artikeln 83 und 85.

Artikel 80

(1) Soweit in einzelnen, auf Grund der Artikel 77, 79 und 81 geschlossenen Treuhandabkommen zur Einbeziehung eines Treuhandgebiets in das Treuhandsystem nichts anderes vereinbart wird und solange derartige Abkommen noch nicht geschlossen sind, ist dieses Kapitel nicht so auszulegen, als ändere es unmittel-

bar oder mittelbar die Rechte von Staaten oder Völkern oder in Kraft befindliche internationale Übereinkünfte, deren Vertragsparteien Mitglieder der Vereinten Nationen sind.

(2) Aus Absatz 1 kann keine Rechtfertigung dafür abgeleitet werden, Verhandlungen über Abkommen zu der in Artikel 77 vorgesehenen Einbeziehung von Mandatsgebieten und sonstigen Hoheitsgebieten in das Treuhandsystem oder den Abschluß solcher Abkommen zu verzögern oder aufzuschieben.

Artikel 81

Jedes Treuhandabkommen enthält die Bestimmungen, nach denen das Treuhandgebiet zu verwalten ist, und bezeichnet die verwaltende Obrigkeit. Diese, im folgenden als „Verwaltungsmacht" bezeichnet, kann ein Staat oder eine Staatengruppe oder die Organisation selbst sein.

Artikel 82

Jedes Treuhandabkommen kann eine oder mehrere strategische Zonen bezeichnen, die das ganze Treuhandgebiet, für welches das Abkommen gilt, oder einen Teil davon umfassen; Sonderabkommen nach Artikel 43 bleiben unberührt.

Artikel 83

(1) Alle Aufgaben der Vereinten Nationen in bezug auf strategische Zonen, einschließlich der Genehmigung der Treuhandabkommen sowie ihrer Änderungen und Ergänzungen, nimmt der Sicherheitsrat wahr.

(2) Die in Artikel 76 dargelegten Hauptzwecke gelten auch für die Bevölkerung jeder strategischen Zone.

(3) Unter Beachtung der Treuhandabkommen nimmt der Sicherheitsrat vorbehaltlich der Sicherheitserfordernisse die Unterstützung des Treuhandrats in Anspruch, um im Rahmen des Treuhandsystems diejenigen Aufgaben der Vereinten Nationen wahrzunehmen, die politische, wirtschaftliche, soziale und erzieherische Angelegenheiten in den strategischen Zonen betreffen.

Artikel 84

Die Verwaltungsmacht hat die Pflicht, dafür zu sorgen, daß das Treuhandgebiet seinen Beitrag zur Wahrung des Weltfriedens und der internationalen Sicherheit leistet. Zu diesem Zweck kann sie freiwillige Streitkräfte, Erleichterungen und Beistand von dem Treuhandgebiet in Anspruch nehmen, um die Verpflichtungen zu erfüllen, die sie in dieser Hinsicht gegenüber dem Sicherheitsrat übernommen hat, und um die örtliche Verteidigung und die Aufrechterhaltung von Recht und Ordnung innerhalb des Treuhandgebiets sicherzustellen.

Artikel 85
(1) Die Aufgaben der Vereinten Nationen in bezug auf Treuhandabkommen für alle nicht als strategische Zonen bezeichneten Gebiete, einschließlich der Genehmigung der Treuhandabkommen sowie ihrer Änderungen und Ergänzungen, werden von der Generalversammlung wahrgenommen.

(2) Bei der Durchführung dieser Aufgaben wird die Generalversammlung von dem unter ihrer Autorität handelnden Treuhandrat unterstützt.

KAPITEL XIII Der Treuhandrat

Zusammensetzung
Artikel 86
(1) Der Treuhandrat besteht aus folgenden Mitgliedern der Vereinten Nationen:

a) den Mitgliedern, die Treuhandgebiete verwalten;

b) den in Artikel 23 namentlich aufgeführten Mitgliedern, soweit sie keine Treuhandgebiete verwalten;

c) so vielen weiteren von der Generalversammlung für je drei Jahre gewählten Mitgliedern, wie erforderlich sind, damit der Treuhandrat insgesamt zur Hälfte aus Mitgliedern der Vereinten Nationen besteht, die Treuhandgebiete verwalten, und zur Hälfte aus solchen, die keine verwalten.

(2) Jedes Mitglied des Treuhandrats bestellt eine besonders geeignete Person zu seinem Vertreter im Treuhandrat.

Aufgaben und Befugnisse
Artikel 87
Die Generalversammlung und unter ihrer Autorität der Treuhandrat können bei der Wahrnehmung ihrer Aufgaben

a) von der Verwaltungsmacht vorgelegte Berichte prüfen;

b) Gesuche entgegennehmen und sie in Konsultation mit der Verwaltungsmacht prüfen;

c) regelmäßige Bereisungen der einzelnen Treuhandgebiete veranlassen, deren Zeitpunkt mit der Verwaltungsmacht vereinbart wird;

d) diese und sonstige Maßnahmen in Übereinstimmung mit den Treuhandabkommen treffen.

Artikel 88

Der Treuhandrat arbeitet einen Fragebogen über den politischen, wirtschaftlichen, sozialen und erzieherischen Fortschritt der Einwohner jedes Treuhandgebiets aus; die Verwaltungsmacht jedes Treuhandgebiets, für das die Generalversammlung zuständig ist, erstattet dieser auf Grund des Fragebogens alljährlich Bericht.

Abstimmung
Artikel 89

(1) Jedes Mitglied des Treuhandrats hat eine Stimme.

(2) Beschlüsse des Treuhandrats bedürfen der Mehrheit der anwesenden und abstimmenden Mitglieder.

Verfahren
Artikel 90

(1) Der Treuhandrat gibt sich eine Geschäftsordnung; in dieser regelt er auch das Verfahren für die Wahl seines Präsidenten.

(2) Der Treuhandrat tritt nach Bedarf gemäß seiner Geschäftsordnung zusammen; in dieser ist auch die Einberufung von Sitzungen auf Antrag der Mehrheit seiner Mitglieder vorzusehen.

Artikel 91

Der Treuhandrat nimmt gegebenenfalls die Unterstützung des Wirtschafts- und Sozialrats und der Sonderorganisationen in Angelegenheiten in Anspruch, für die sie zuständig sind.

KAPITEL XIV Der Internationale Gerichtshof

Artikel 92

Der Internationale Gerichtshof ist das Hauptrechtsprechungsorgan der Vereinten Nationen. Er nimmt seine Aufgaben nach Maßgabe des beigefügten Statuts wahr, das auf dem Statut des Ständigen Internationalen Gerichtshofs beruht und Bestandteil dieser Charta ist.

Artikel 93

(1) Alle Mitglieder der Vereinten Nationen sind ohne weiteres Vertragsparteien des Statuts des Internationalen Gerichtshofs.

(2) Ein Staat, der nicht Mitglied der Vereinten Nationen ist, kann zu Bedingungen, welche die Generalversammlung jeweils auf Empfehlung des Sicherheitsrats festsetzt, Vertragspartei des Statuts des Internationalen Gerichtshofs werden.

Artikel 94

(1) Jedes Mitglied der Vereinten Nationen verpflichtet sich, bei jeder Streitigkeit, in der es Partei ist, die Entscheidung des Internationalen Gerichtshofs zu befolgen.

(2) Kommt eine Streitpartei ihren Verpflichtungen aus einem Urteil des Gerichtshofs nicht nach, so kann sich die andere Partei an den Sicherheitsrat wenden; dieser kann, wenn er es für erforderlich hält, Empfehlungen abgeben oder Maßnahmen beschließen, um dem Urteil Wirksamkeit zu verschaffen.

Artikel 95

Diese Charta schließt nicht aus, daß Mitglieder der Vereinten Nationen auf Grund bestehender oder künftiger Abkommen die Beilegung ihrer Streitigkeiten anderen Gerichten zuweisen.

Artikel 96

(1) Die Generalversammlung oder der Sicherheitsrat kann über jede Rechtsfrage ein Gutachten des Internationalen Gerichtshofs anfordern.

(2) Andere Organe der Vereinten Nationen und Sonderorganisationen können mit jeweiliger Ermächtigung durch die Generalversammlung ebenfalls Gutachten des Gerichtshofs über Rechtsfragen anfordern, die sich in ihrem Tätigkeitsbereich stellen.

KAPITEL XV Das Sekretariat

Artikel 97
Das Sekretariat besteht aus einem Generalsekretär und den sonstigen von der Organisation benötigten Bediensteten. Der Generalsekretär wird auf Empfehlung des Sicherheitsrats von der Generalversammlung ernannt. Er ist der höchste Verwaltungsbeamte der Organisation.

Artikel 98
Der Generalsekretär ist in dieser Eigenschaft bei allen Sitzungen der Generalversammlung, des Sicherheitsrats, des Wirtschafts- und Sozialrats und des Treuhandrats tätig und nimmt alle sonstigen ihm von diesen Organen zugewiesenen Aufgaben wahr. Er erstattet der Generalversammlung alljährlich über die Tätigkeit der Organisation Bericht.

Artikel 99
Der Generalsekretär kann die Aufmerksamkeit des Sicherheitsrats auf jede Angelegenheit lenken, die nach seinem Dafürhalten geeignet ist, die Wahrung des Weltfriedens und der internationalen Sicherheit zu gefährden.

Artikel 100
(1) Der Generalsekretär und die sonstigen Bediensteten dürfen bei der Wahrnehmung ihrer Pflichten von einer Regierung oder von einer Autorität außerhalb der Organisation Weisungen weder erbitten noch entgegennehmen. Sie haben jede Handlung zu unterlassen, die ihrer Stellung als internationale, nur der Organisation verantwortliche Bedienstete abträglich sein könnte.

(2) Jedes Mitglied der Vereinten Nationen verpflichtet sich, den ausschließlich internationalen Charakter der Verantwortung des Generalsekretärs und der sonstigen Bediensteten zu achten und nicht zu versuchen, sie bei der Wahrnehmung ihrer Aufgaben zu beeinflussen.

Artikel 101
(1) Die Bediensteten werden vom Generalsekretär im Einklang mit Regelungen ernannt, welche die Generalversammlung erlässt.

(2) Dem Wirtschafts- und Sozialrat, dem Treuhandrat und erforderlichenfalls anderen Organen der Vereinten Nationen werden geeignete ständige Bedienstete zugeteilt. Sie gehören dem Sekretariat an.

(3) Bei der Einstellung der Bediensteten und der Regelung ihres Dienstverhältnisses gilt als ausschlaggebend der Gesichtspunkt, daß es notwendig ist, ein Höchstmaß an Leistungsfähigkeit, fachlicher Eignung und Ehrenhaftigkeit zu gewährleisten. Der Umstand, daß es wichtig ist, die Auswahl der Bediensteten auf möglichst breiter geographischer Grundlage vorzunehmen, ist gebührend zu berücksichtigen.

KAPITEL XVI Verschiedenes

Artikel 102

(1) Alle Verträge und sonstigen internationalen Übereinkünfte, die ein Mitglied der Vereinten Nationen nach dem Inkrafttreten dieser Charta schließt, werden so bald wie möglich beim Sekretariat registriert und von ihm veröffentlicht.

(2) Werden solche Verträge oder internationalen Übereinkünfte nicht nach Absatz 1 registriert, so können sich ihre Vertragsparteien bei einem Organ der Vereinten Nationen nicht auf sie berufen.

Artikel 103

Widersprechen sich die Verpflichtungen von Mitgliedern der Vereinten Nationen aus dieser Charta und ihre Verpflichtungen aus anderen internationalen Übereinkünften, so haben die Verpflichtungen aus dieser Charta Vorrang.

Artikel 104

Die Organisation genießt im Hoheitsgebiet jedes Mitglieds die Rechts- und Geschäftsfähigkeit, die zur Wahrnehmung ihrer Aufgaben und zur Verwirklichung ihrer Ziele erforderlich ist.

Artikel 105

(1) Die Organisation genießt im Hoheitsgebiet jedes Mitglieds die Vorrechte und Immunitäten, die zur Verwirklichung ihrer Ziele erforderlich sind.

(2) Vertreter der Mitglieder der Vereinten Nationen und Bedienstete der Organisation genießen ebenfalls die Vorrechte und Immunitäten, deren sie bedürfen, um ihre mit der Organisation zusammenhängenden Aufgaben in voller Unabhängigkeit wahrnehmen zu können.

(3) Die Generalversammlung kann Empfehlungen abgeben, um die Anwendung der Absätze 1 und 2 im einzelnen zu regeln, oder sie kann den Mitgliedern der Vereinten Nationen zu diesem Zweck Übereinkommen vorschlagen.

KAPITEL XVII Übergangsbestimmungen betreffend die Sicherheit

Artikel 106

Bis das Inkrafttreten von Sonderabkommen der in Artikel 43 bezeichneten Art den Sicherheitsrat nach seiner Auffassung befähigt, mit der Ausübung der ihm in Artikel 42 zugewiesenen Verantwortlichkeiten zu beginnen, konsultieren die Parteien der am 30. Oktober 1943 in Moskau unterzeichneten Viermächte- Erklärung und Frankreich nach Absatz 5 dieser Erklärung einander und gegebenenfalls andere Mitglieder der Vereinten Nationen, um gemeinsam alle etwa erforderlichen Maßnahmen zur Wahrung des Weltfriedens und der internationalen Sicherheit im Namen der Organisation zu treffen.

Artikel 107

Maßnahmen, welche die hierfür verantwortlichen Regierungen als Folge des Zweiten Weltkriegs in bezug auf einen Staat ergreifen oder genehmigen, der während dieses Krieges Feind eines Unterzeichnerstaats dieser Charta war, werden durch diese Charta weder außer Kraft gesetzt noch untersagt.

KAPITEL XVIII Änderungen

Artikel 108

Änderungen dieser Charta treten für alle Mitglieder der Vereinten Nationen in Kraft, wenn sie mit Zweidrittelmehrheit der Mitglieder der Generalversammlung angenommen und von zwei Dritteln der Mitglieder der Vereinten Nationen einschließlich aller ständigen Mitglieder des Sicherheitsrats nach Maßgabe ihres Verfassungsrechts ratifiziert worden sind.

Artikel 109

(1) Zur Revision dieser Charta kann eine Allgemeine Konferenz der Mitglieder der Vereinten Nationen zusammentreten; Zeitpunkt und Ort werden durch Beschluß einer Zweidrittelmehrheit der Mitglieder der Generalversammlung und durch Beschluß von neun beliebigen Mitgliedern des Sicherheitsrats bestimmt. Jedes Mitglied der Vereinten Nationen hat auf der Konferenz eine Stimme.

(2) Jede Änderung dieser Charta, die von der Konferenz mit Zweidrittelmehrheit empfohlen wird, tritt in Kraft, sobald sie von zwei Dritteln der Mitglieder der Vereinten Nationen einschließlich aller ständigen Mitglieder des Sicherheitsrats nach Maßgabe ihres Verfassungsrechts ratifiziert worden ist.

(3) Ist eine solche Konferenz nicht vor der zehnten Jahrestagung der Generalversammlung nach Inkrafttreten dieser Charta zusammengetreten, so wird der Vorschlag, eine solche Konferenz einzuberufen, auf die Tagesordnung jener Tagung gesetzt; die Konferenz findet statt, wenn dies durch Beschluß der Mehrheit der Mitglieder der Generalversammlung und durch Beschluß von sieben beliebigen Mitgliedern des Sicherheitsrats bestimmt wird.

KAPITEL XIX Ratifizierung und Unterzeichnung

Artikel 110

(1) Diese Charta bedarf der Ratifizierung durch die Unterzeichnerstaaten nach Maßgabe ihres Verfassungsrechts.

(2) Die Ratifikationsurkunden werden bei der Regierung der Vereinigten Staaten von Amerika hinterlegt; diese notifiziert jede Hinterlegung allen Unterzeichnerstaaten sowie dem Generalsekretär der Organisation, sobald er ernannt ist.

(3) Diese Charta tritt in Kraft, sobald die Republik China, Frankreich, die Union der Sozialistischen Sowjetrepubliken, das Vereinigte Königreich Großbritannien und Nordirland und die Vereinigten Staaten von Amerika sowie die Mehrheit der anderen Unterzeichnerstaaten ihre Ratifikationsurkunden hinterlegt haben. Die Regierung der Vereinigten Staaten von Amerika errichtet sodann über die Hinterlegung der Ratifikationsurkunden ein Protokoll, von dem sie allen Unterzeichnerstaaten Abschriften übermittelt.

(4) Die Unterzeichnerstaaten dieser Charta, die sie nach ihrem Inkrafttreten ratifizieren, werden mit dem Tag der Hinterlegung ihrer Ratifikationsurkunde ursprüngliche Mitglieder der Vereinten Nationen.

Artikel 111
Diese Charta, deren chinesischer, französischer, russischer, englischer und spanischer Wortlaut gleichermaßen verbindlich ist, wird im Archiv der Regierung der Vereinigten Staaten von Amerika hinterlegt. Diese übermittelt den Regierungen der anderen Unterzeichnerstaaten gehörig beglaubigte Abschriften.

ZU URKUND DESSEN haben die Vertreter der Regierungen der Vereinten Nationen diese Charta unterzeichnet.

GESCHEHEN in der Stadt San Franzisko am 26. Juni 1945.

19. Das Grundgesetz für die Bundesrepublik Deutschland vom 23. Mai 1949

Der Parlamentarische Rat hat am 23. Mai 1949 in Bonn am Rhein in öffentlicher Sitzung festgestellt, daß das am 8. Mai des Jahres 1949 vom Parlamentarischen Rat beschlossene Grundgesetz für die Bundesrepublik Deutschland in der Woche vom 16.-22. Mai 1949 durch die Volksvertretungen von mehr als Zweidritteln der beteiligten deutschen Länder angenommen worden ist.

Auf Grund dieser Feststellung hat der Parlamentarische Rat, vertreten durch seine Präsidenten, das Grundgesetz ausgefertigt und verkündet.

Das Grundgesetz wird hiermit gemäß Artikel 145 Absatz 3 im Bundesgesetzblatt veröffentlicht:

Präambel

Im Bewußtsein seiner Verantwortung vor Gott und den Menschen,

von dem Willen beseelt, seine nationale und staatliche Einheit zu wahren und als gleichberechtigtes Glied in einem vereinten Europa dem Frieden der Welt zu dienen, hat das Deutsche Volk

in den Ländern Baden, Bayern, Bremen, Hamburg, Hessen, Niedersachsen, Nordrhein-Westfalen, Rheinland-Pfalz, Schleswig-Holstein, Württemberg-Baden und Württemberg-Hohenzollern,

um dem staatlichen Leben für eine Übergangszeit eine neue Ordnung zu geben,

kraft seiner verfassungsgebenden Gewalt dieses Grundgesetz der Bundesrepublik Deutschland beschlossen.

Es hat auch für jene Deutschen gehandelt, denen mitzuwirken versagt war.

Das gesamte Deutsche Volk bleibt aufgefordert, in freier Selbstbestimmung die Einheit und Freiheit Deutschlands zu vollenden.

I. Die Grundrechte

Artikel 1

(1) Die Würde des Menschen ist unantastbar. Sie zu achten und zu schützen ist Verpflichtung aller staatlichen Gewalt.

(2) Das Deutsche Volk bekennt sich darum zu unverletzlichen und unveräußerlichen Menschenrechten als Grundlage jeder menschlichen Gemeinschaft, des Friedens und der Gerechtigkeit in der Welt.

(3) Die nachfolgenden Grundrechte binden Gesetzgebung, Verwaltung und Rechtsprechung als unmittelbar geltendes Recht.

Artikel 2

(1) Jeder hat das Recht auf die freie Entfaltung seiner Persönlichkeit, soweit er nicht die Rechte anderer verletzt und nicht gegen die verfassungsmäßige Ordnung oder das Sittengesetz verstößt.

(2) Jeder hat das Recht auf Leben und körperliche Unversehrtheit. Die Freiheit der Person ist unverletzlich. In diese Rechte darf nur auf Grund eines Gesetzes eingegriffen werden.

Artikel 3

(1) Alle Menschen sind vor dem Gesetz gleich.

(2) Männer und Frauen sind gleichberechtigt.

(3) Niemand darf wegen seines Geschlechtes, seiner Abstammung, seiner Rasse, seiner Sprache, seiner Heimat und Herkunft, seines Glaubens, seiner religiösen oder politischen Anschauungen benachteiligt oder bevorzugt werden.

Artikel 4

(1) Die Freiheit des Glaubens, des Gewissens und die Freiheit des religiösen und weltanschaulichen Bekenntnisses sind unverletzlich.

(2) Die ungestörte Religionsausübung wird gewährleistet.

(3) Niemand darf gegen sein Gewissen zum Kriegsdienst mit der Waffe gezwungen werden. Das Nähere regelt ein Bundesgesetz.

Artikel 5

(1) Jeder hat das Recht, seine Meinung in Wort, Schrift und Bild frei zu äußern und zu verbreiten und sich aus allgemein zugänglichen Quellen ungehindert zu unterrichten. Die Pressefreiheit und die Freiheit der Berichterstattung durch Rundfunk und Film werden gewährleistet. Eine Zensur findet nicht statt.

(2) Diese Rechte finden ihre Schranken in den Vorschriften der allgemeinen Gesetze, den gesetzlichen Bestimmungen zum Schutze der Jugend und in dem Recht der persönlichen Ehre.

(3) Kunst und Wissenschaft, Forschung und Lehre sind frei. Die Freiheit der Lehre entbindet nicht von der Treue zur Verfassung.

Artikel 6

(1) Ehe und Familie stehen unter dem besonderen Schutze der staatlichen Ordnung.

(2) Pflege und Erziehung der Kinder sind das natürliche Recht der Eltern und die zuvörderst ihnen obliegende Pflicht. Über ihre Betätigung wacht die staatliche Gemeinschaft.

(3) Gegen den Willen der Erziehungsberechtigten dürfen Kinder nur auf Grund eines Gesetzes von der Familie getrennt werden, wenn die Erziehungsberechtigten versagen oder wenn die Kinder aus anderen Gründen zu verwahrlosen drohen.

(4) Jede Mutter hat Anspruch auf den Schutz und die Fürsorge der Gemeinschaft.

(5) Den unehelichen Kindern sind durch die Gesetzgebung die gleichen Bedingungen für ihre leibliche und seelische Entwicklung und ihre Stellung in der Gesellschaft zu schaffen wie den ehelichen Kindern.

Artikel 7

(1) Das gesamte Schulwesen steht unter der Aufsicht des Staates.

(2) Die Erziehungsberechtigten haben das Recht, über die Teilnahme des Kindes am Religionsunterricht zu bestimmen.

(3) Der Religionsunterricht ist in den öffentlichen Schulen mit Ausnahme der bekenntnisfreien Schulen ordentliches Lehrfach. Unbeschadet des staatlichen Aufsichtsrechtes wird der Religionsunterricht in Übereinstimmung mit den Grundsätzen der Religi-

onsgemeinschaften erteilt. Kein Lehrer darf gegen seinen Willen verpflichtet werden, Religionsunterricht zu erteilen.

(4) Das Recht zur Errichtung von privaten Schulen wird gewährleistet. Private Schulen als Ersatz für öffentliche Schulen bedürfen der Genehmigung des Staates und unterstehen den Landesgesetzen. Die Genehmigung ist zu erteilen, wenn die privaten Schulen in ihren Lehrzielen und Einrichtungen sowie in der wissenschaftlichen Ausbildung ihrer Lehrkräfte nicht hinter den öffentlichen Schulen zurückstehen und eine Sonderung der Schüler nach den Besitzverhältnissen der Eltern nicht gefördert wird. Die Genehmigung ist zu versagen, wenn die wirtschaftliche und rechtliche Stellung der Lehrkräfte nicht genügend gesichert ist.

(5) Eine private Volksschule ist nur zuzulassen, wenn die Unterrichtsverwaltung ein besonderes pädagogisches Interesse anerkennt oder, auf Antrag von Erziehungsberechtigten, wenn sie als Gemeinschaftsschule, als Bekenntnis- oder Weltanschauungsschule errichtet werden soll und eine öffentliche Volksschule dieser Art in der Gemeinde nicht besteht.

(6) Vorschulen bleiben aufgehoben.

Artikel 8

(1) Alle Deutschen haben das Recht, sich ohne Anmeldung oder Erlaubnis friedlich und ohne Waffen zu versammeln.

(2) Für Versammlungen unter freiem Himmel kann dieses Recht durch Gesetz oder auf Grund eines Gesetzes beschränkt werden.

Artikel 9

(1) Alle Deutschen haben das Recht, Vereine und Gesellschaften zu bilden.

(2) Vereinigungen, deren Zwecke oder deren Tätigkeit den Strafgesetzen zuwiderlaufen oder die sich gegen die verfassungsmäßige Ordnung oder gegen den Gedanken der Völkerverständigung richten, sind verboten.

(3) Das Recht, zur Wahrung und Förderung der Arbeits- und Wirtschaftsbedingungen Vereinigungen zu bilden, ist für jedermann und für alle Berufe gewährleistet. Abreden, die dieses Recht einschränken oder zu behindern suchen, sind nichtig, hierauf gerichtete Maßnahmen sind rechtswidrig.

Artikel 10

Das Briefgeheimnis sowie das Post- und Fernmeldegeheimnis sind unverletzlich. Beschränkungen dürfen nur auf Grund eines Gesetzes angeordnet werden.

Artikel 11

(1) Alle Deutschen genießen Freizügigkeit im ganzen Bundesgebiet.

(2) Dieses Recht darf nur durch Gesetz eines Gesetzes und nur für die Fälle eingeschränkt werden, in denen eine ausreichende Lebensgrundlage nicht vorhanden ist und der Allgemeinheit daraus besondere Lasten entstehen würden und in denen es zum Schutze der Jugend vor Verwahrlosung, zur Bekämpfung von Seuchengefahr oder um strafbaren Handlungen vorzubeugen, erforderlich ist.

Artikel 12

(1) Alle Deutschen haben das Recht, Beruf, Arbeitsplatz und Ausbildungsstätte frei zu wählen. Die Berufsausübung kann durch Gesetz geregelt werden.

(2) Niemand darf zu einer bestimmten Arbeit gezwungen werden, außer im Rahmen einer herkömmlichen allgemeinen, für alle gleichen öffentlichen Dienstleistungspflicht.

(3) Zwangsarbeit ist nur bei einer gerichtlich angeordneten Freiheitsentziehung zulässig.

Artikel 13

(1) Die Wohnung ist unverletzlich.

(2) Durchsuchungen dürfen nur durch den Richter, bei Gefahr im Verzuge auch durch die in den Gesetzen vorgesehenen anderen Organe angeordnet und nur in der dort vorgeschriebenen Form durchgeführt werden.

(3) Eingriffe und Beschränkungen dürfen im übrigen nur zur Abwehr einer gemeinen Gefahr oder einer Lebensgefahr für einzelne Personen, auf Grund eines Gesetzes auch zur Verhütung dringender Gefahren für die öffentliche Sicherheit und Ordnung, insbesondere zur Behebung der Raumnot, zur Bekämpfung von Seuchengefahr oder zum Schutze gefährdeter Jugendlicher vorgenommen werden.

Artikel 14

(1) Das Eigentum und das Erbrecht werden gewährleistet. Inhalt und Schranken werden durch die Gesetze bestimmt.

(2) Eigentum verpflichtet. Sein Gebrauch soll zugleich dem Wohle der Allgemeinheit dienen.

(3) Eine Enteignung ist nur zum Wohle der Allgemeinheit zulässig. Sie darf nur durch Gesetz oder auf Grund eines Gesetzes erfolgen, das Art und Ausmaß der Entschädigung regelt. Die Entschädigung ist unter gerechter Abwägung der Interessen der Allgemeinheit und der Beteiligten zu bestimmen. Wegen der Höhe der Entschädigung steht im Streitfalle der Rechtsweg vor den ordentlichen Gerichten offen.

Artikel 15

Grund und Boden, Naturschätze und Produktionsmittel können zum Zwecke der Vergesellschaftung durch ein Gesetz, das Art und Ausmaß der Entschädigung regelt, in Gemeineigentum oder in andere Formen der Gemeinwirtschaft überführt werden. Für die Entschädigung gilt Artikel 14 Absatz 3 Satz 3 und 4 entsprechend.

Artikel 16

(1) Die deutsche Staatsangehörigkeit darf nicht entzogen werden. Der Verlust der Staatsangehörigkeit darf nur auf Grund eines Gesetzes und gegen den Willen des Betroffenen nur dann eintreten, wenn der Betroffene dadurch nicht staatenlos wird.

(2) Kein Deutscher darf an das Ausland ausgeliefert werden. Politisch Verfolgte genießen Asylrecht.

Artikel 17

Jedermann hat das Recht, sich einzeln oder in Gemeinschaft mit anderen schriftlich mit Bitten oder Beschwerden an die zuständigen Stellen und an die Volksvertretung zu wenden.

Artikel 18

Wer die Freiheit der Meinungsäußerung, insbesondere die Pressefreiheit (Artikel 5 Absatz 1), die Lehrfreiheit (Artikel 5 Absatz 3), die Versammlungsfreiheit (Artikel 8), die Vereinigungsfreiheit (Artikel 9), das Brief-, Post- und Fernmeldegeheimnis (Artikel 10), das Eigentum (Artikel 14) oder das Asylrecht (Artikel 16 Absatz 2) zum Kampfe gegen die freiheitliche demokratische Grundordnung mißbraucht, verwirkt diese Grundrechte. Die Verwirkung und ihr Ausmaß werden durch das Bundesverfassungsgericht ausgesprochen.

Artikel 19

(1) Soweit nach diesem Grundgesetz ein Grundrecht durch Gesetz oder auf Grund eines Gesetzes eingeschränkt werden kann, muß das Gesetz allgemein und nicht nur für den Einzelfall gelten. Außerdem muß das Gesetz das Grundrecht unter Angabe des Artikels nennen.

(2) In keinem Falle darf ein Grundrecht in seinem Wesensgehalt angetastet werden.

(3) Die Grundrechte gelten auch für inländische juristische Personen, soweit sie ihrem Wesen nach auf diese anwendbar sind.

(4) Wird jemand durch die öffentliche Gewalt in seinen Rechten verletzt, so steht ihm der Rechtsweg offen. Soweit eine andere Zuständigkeit nicht begründet ist, ist der ordentliche Rechtsweg gegeben.

II. Der Bund und die Länder

Artikel 20

(1) Die Bundesrepublik Deutschland ist ein demokratischer und sozialer Bundesstaat.

(2) Alle Staatsgewalt geht vom Volke aus. Sie wird vom Volke in Wahlen und Abstimmungen und durch besondere Organe der Gesetzgebung, der vollziehenden Gewalt und der Rechtsprechung ausgeübt.

(3) Die Gesetzgebung ist an die verfassungsmäßige Ordnung, die vollziehende Gewalt und die Rechtsprechung sind an Gesetz und Recht gebunden.

Artikel 21

(1) Die Parteien wirken bei der politischen Willensbildung des Volkes mit. Ihre Gründung ist frei. Ihre innere Ordnung muß demokratischen Grundsätzen entsprechen. Sie müssen über die Herkunft ihrer Mittel öffentlich Rechenschaft geben.

(2) Parteien, die nach ihren Zielen oder nach dem Verhalten ihrer Anhänger darauf ausgehen, die freiheitliche demokratische Grundordnung zu beeinträchtigen oder zu beseitigen oder den Bestand der Bundesrepublik Deutschland zu gefährden, sind verfassungswidrig. Über die Frage der Verfassungswidrigkeit entscheidet das Bundesverfassungsgericht.

(3) Das Nähere regeln Bundesgesetze.

Artikel 22
Die Bundesflagge ist schwarz-rot-gold.

Artikel 23
Dieses Grundgesetz gilt zunächst im Gebiete der Länder Baden, Bayern, Bremen, Groß-Berlin, Hamburg, Hessen, Niedersachsen, Nordrhein-Westfalen, Rheinland-Pfalz, Schleswig-Holstein, Württemberg-Baden und Württemberg-Hohenzollern. In anderen Teilen Deutschlands ist es nach deren Beitritt in Kraft zu setzen.

Artikel 24
(1) Der Bund kann durch Gesetz Hoheitsrechte auf zwischenstaatliche Einrichtungen übertragen.

(2) Der Bund kann sich zur Wahrung des Friedens einem System gegenseitiger kollektiver Sicherheit einordnen; er wird hierbei in die Beschränkungen seiner Hoheitsrechte einwilligen, die eine friedliche und dauerhafte Ordnung in Europa und zwischen den Völkern der Welt herbeiführen und sichern.

(3) Zur Regelung zwischenstaatlicher Streitigkeiten wird der Bund Vereinbarungen über eine allgemeine, umfassende, obligatorische, internationale Schiedsgerichtsbarkeit beitreten.

Artikel 25
Die allgemeinen Regeln des Völkerrechtes sind Bestandteil des Bundesrechtes. Sie gehen den Gesetzen vor und erzeugen Rechte und Pflichten unmittelbar für die Bewohner des Bundesgebietes.

Artikel 26
(1) Handlungen, die geeignet sind und in der Absicht vorgenommen werden, das friedliche Zusammenleben der Völker zu

stören, insbesondere die Führung eines Angriffskrieges vorzubereiten, sind verfassungswidrig. Sie sind unter Strafe zu stellen.

(2) Zur Kriegführung bestimmte Waffen dürfen nur mit Genehmigung der Bundesregierung hergestellt, befördert und in Verkehr gebracht werden. Das Nähere regelt ein Bundesgesetz.

Artikel 27
Alle deutschen Kauffahrteischiffe bilden eine einheitliche Handelsflotte.

Artikel 28
(1) Die verfassungsmäßige Ordnung in den Ländern muß den Grundsätzen des republikanischen, demokratischen und sozialen Rechtsstaates im Sinne dieses Grundgesetzes entsprechen. In den Ländern, Kreisen und Gemeinden muß das Volk eine Vertretung haben, die aus allgemeinen, unmittelbaren, freien, gleichen und geheimen Wahlen hervorgegangen ist. In Gemeinden kann an die Stelle einer gewählten Körperschaft die Gemeindeversammlung treten.

(2) Den Gemeinden muß das Recht gewährleistet sein, alle Angelegenheiten der örtlichen Gemeinschaft im Rahmen der Gesetze in eigener Verantwortung zu regeln. Auch die Gemeindeverbände haben im Rahmen ihres gesetzlichen Aufgabenbereiches nach Maßgabe der Gesetze das Recht der Selbstverwaltung.

(3) Der Bund gewährleistet, daß die verfassungsmäßige Ordnung der Länder den Grundrechten und den Bestimmungen der Absätze 1 und 2 entspricht.

Artikel 29
(1) Das Bundesgebiet ist unter Berücksichtigung der landsmannschaftlichen Verbundenheit, der geschichtlichen und kulturellen Zusammenhänge, der wirtschaftlichen Zweckmäßigkeit und des sozialen Gefüges durch Bundesgesetz neu zu gliedern. Die Neugliederung soll Länder schaffen, die nach Größe und Leistungsfähigkeit die ihnen obliegenden Aufgaben wirksam erfüllen können.

(2) In Gebietsteilen, die bei der Neubildung der Länder nach dem 8. Mai 1945 ohne Volksabstimmung ihre Landeszugehörigkeit geändert haben, kann binnen eines Jahres nach Inkraft-

treten des Grundgesetzes durch Volksbegehren eine bestimmte Änderung der über die Landeszugehörigkeit getroffenen Entscheidung gefordert werden. Das Volksbegehren bedarf der Zustimmung eines Zehntels der zu den Landtagen wahlberechtigten Bevölkerung. Kommt das Volksbegehren zustande, so hat die Bundesregierung in den Gesetzentwurf über die Neugliederung eine Bestimmung über die Landeszugehörigkeit des Gebietsteiles aufzunehmen.

(3) Nach Annahme des Gesetzes ist in jedem Gebiete, dessen Landeszugehörigkeit geändert werden soll, der Teil des Gesetzes, der dieses Gebiet betrifft, zum Volksentscheid zu bringen. Ist ein Volksbegehren nach Absatz 2 zustandegekommen, so ist in dem betreffenden Gebiete in jedem Falle ein Volksentscheid durchzuführen.

(4) Soweit dabei das Gesetz mindestens in einem Gebietsteil abgelehnt wird, ist es erneut bei dem Bundestage einzubringen. Nach erneuter Verabschiedung bedarf es insoweit der Annahme durch Volksentscheid im gesamten Bundesgebiete.

(5) Bei einem Volksentscheide entscheidet die Mehrheit der abgegebenen Stimmen.

(6) Das Verfahren regelt ein Bundesgesetz. Die Neugliederung soll vor Ablauf von drei Jahren nach Verkündung des Grundgesetzes und, falls sie als Folge des Beitritts eines anderen Teiles von Deutschland notwendig wird, innerhalb von zwei Jahren nach dem Beitritt geregelt sein.

(7) Das Verfahren über jede sonstige Änderung des Gebietsbestandes der Länder regelt ein Bundesgesetz, das der Zustimmung des Bundesrates und der Mehrheit der Mitglieder des Bundestages bedarf.

Artikel 30
Die Ausübung der staatlichen Befugnisse und die Erfüllung der staatlichen Aufgaben ist Sache der Länder, soweit dieses Grundgesetz keine andere Regelung trifft oder zuläßt.

Artikel 31
Bundesrecht bricht Landesrecht.

Artikel 32

(1) Die Pflege der Beziehungen zu auswärtigen Staaten ist Sache des Bundes.

(2) Vor dem Abschlusse eines Vertrages, der die besonderen Verhältnisse eines Landes berührt, ist das Land rechtzeitig zu hören.

(3) Soweit die Länder für die Gesetzgebung zuständig sind, können sie mit Zustimmung der Bundesregierung mit auswärtigen Staaten Verträge abschließen.

Artikel 33

(1) Jeder Deutsche hat in jedem Lande die gleichen staatsbürgerlichen Rechte und Pflichten.

(2) Jeder Deutsche hat nach seiner Eignung, Befähigung und fachlichen Leistung gleichen Zugang zu jedem öffentlichen Amte.

(3) Der Genuß bürgerlicher und staatsbürgerlicher Rechte, die Zulassung zu öffentlichen Ämtern sowie die im öffentlichen Dienste erworbenen Rechte sind unabhängig von dem religiösen Bekenntnis. Niemandem darf aus seiner Zugehörigkeit oder Nichtzugehörigkeit zu einem Bekenntnisse oder einer Weltanschauung ein Nachteil erwachsen.

(4) Die Ausübung hoheitsrechtlicher Befugnisse ist als ständige Aufgabe in der Regel Angehörigen des öffentlichen Dienstes zu übertragen, die in einem öffentlich-rechtlichen Dienst- und Treueverhältnis stehen.

(5) Das Recht des öffentlichen Dienstes ist unter Berücksichtigung der hergebrachten Grundsätze des Berufsbeamtentums zu regeln.

Artikel 34

Verletzt jemand in Ausübung eines ihm anvertrauten öffentlichen Amtes die ihm einem Dritten gegenüber obliegende Amtspflicht, so trifft die Verantwortlichkeit grundsätzlich den Staat oder die Körperschaft, in deren Dienst er steht. Bei Vorsatz oder grober Fahrlässigkeit bleibt der Rückgriff vorbehalten. Für den Anspruch auf Schadensersatz und für den Rückgriff darf der ordentliche Rechtsweg nicht ausgeschlossen werden.

Artikel 35

Alle Behörden des Bundes und der Länder leisten sich gegenseitig Rechts- und Amtshilfe.

Artikel 36

Bei den obersten Bundesbehörden sind Beamte aus allen Ländern in angemessenem Verhältnis zu verwenden. Die bei den übrigen Bundesbehörden beschäftigten Personen sollen in der Regel aus dem Lande genommen werden, in dem sie tätig sind.

Artikel 37

(1) Wenn ein Land die ihm nach dem Grundgesetze oder einem anderen Bundesgesetze obliegenden Bundespflichten nicht erfüllt, kann die Bundesregierung mit Zustimmung des Bundesrates die notwendigen Maßnahmen treffen, um das Land im Wege des Bundeszwanges zur Erfüllung seiner Pflichten anzuhalten.

(2) Zur Durchführung des Bundeszwanges hat die Bundesregierung oder ihr Beauftragter das Weisungsrecht gegenüber allen Ländern und ihren Behörden.

III. Der Bundestag

Artikel 38

(1) Die Abgeordneten des Deutschen Bundestages werden in allgemeiner, unmittelbarer, freier, gleicher und geheimer Wahl gewählt. Sie sind Vertreter des ganzen Volkes, an Aufträge und Weisungen nicht gebunden und nur ihrem Gewissen unterworfen.

(2) Wahlberechtigt ist, wer das einundzwanzigste, wählbar, wer das fünfundzwanzigste Lebensjahr vollendet hat.

(3) Das Nähere bestimmt ein Bundesgesetz.

Artikel 39

(1) Der Bundestag wird auf vier Jahre gewählt. Seine Wahlperiode endet vier Jahre nach dem ersten Zusammentritt oder mit seiner Auflösung. Die Neuwahl findet im letzten Vierteljahr der Wahlperiode statt, im Falle der Auflösung spätestens nach sechzig Tagen.

(2) Der Bundestag tritt spätestens am dreißigsten Tage nach der Wahl, jedoch nicht vor dem Ende der Wahlperiode des letzten Bundestages zusammen.

(3) Der Bundestag bestimmt den Schluß und den Wiederbeginn seiner Sitzungen. Der Präsident des Bundestages kann ihn früher einberufen. Er ist hierzu verpflichtet, wenn ein Drittel der Mitglieder, der Bundespräsident oder der Bundeskanzler es verlangen.

Artikel 40

(1) Der Bundestag wählt seinen Präsidenten, dessen Stellvertreter und die Schriftführer. Er gibt sich eine Geschäftsordnung.

(2) Der Präsident übt das Hausrecht und die Polizeigewalt im Gebäude des Bundestages aus. Ohne seine Genehmigung darf in den Räumen des Bundestages keine Durchsuchung oder Beschlagnahme stattfinden.

Artikel 41

(1) Die Wahlprüfung ist Sache des Bundestages. Er entscheidet auch, ob ein Abgeordneter des Bundestages die Mitgliedschaft verloren hat.

(2) Gegen die Entscheidung des Bundestages ist die Beschwerde an das Bundesverfassungsgericht zulässig.

(3) Das Nähere regelt ein Bundesgesetz.

Artikel 42

(1) Der Bundestag verhandelt öffentlich. Auf Antrag eines Zehntels seiner Mitglieder oder auf Antrag der Bundesregierung kann mit Zweidrittelmehrheit die Öffentlichkeit ausgeschlossen werden. Über den Antrag wird in nichtöffentlicher Sitzung entschieden.

(2) Zu einem Beschlusse des Bundestages ist die Mehrheit der abgegebenen Stimmen erforderlich, soweit dieses Grundgesetz nichts anderes bestimmt. Für die vom Bundestage vorzunehmenden Wahlen kann die Geschäftsordnung Ausnahmen zulassen.

(3) Wahrheitsgetreue Berichte über die öffentlichen Sitzungen des Bundestages und seiner Ausschüsse bleiben von jeder Verantwortlichkeit frei.

Artikel 43

(1) Der Bundestag und seine Ausschüsse können die Anwesenheit jedes Mitgliedes der Bundesregierung verlangen.

(2) Die Mitglieder des Bundesrates und der Bundesregierung sowie ihre Beauftragten haben zu allen Sitzungen des Bundestages und seiner Ausschüsse Zutritt. Sie müssen jederzeit gehört werden.

Artikel 44

(1) Der Bundestag hat das Recht und auf Antrag eines Viertels seiner Mitglieder die Pflicht, einen Untersuchungsausschuß einzusetzen, der in öffentlicher Verhandlung die erforderlichen Beweise erhebt. Die Öffentlichkeit kann ausgeschlossen werden.

(2) Auf Beweiserhebungen finden die Vorschriften über den Strafprozeß sinngemäß Anwendung. Das Brief-, Post- und Fernmeldegeheimnis bleibt unberührt.

(3) Gerichte und Verwaltungsbehörden sind zur Rechts- und Amtshilfe verpflichtet.

(4) Die Beschlüsse der Untersuchungsausschüsse sind der richterlichen Erörterung entzogen. In der Würdigung und Beurteilung des der Untersuchung zugrunde liegenden Sachverhaltes sind die Gerichte frei.

Artikel 45

(1) Der Bundestag bestellt einen Ausschuß, der die Rechte des Bundestages gegenüber der Bundesregierung zwischen zwei Wahlperioden zu wahren hat. Der ständige Ausschuß hat auch die Rechte eines Untersuchungsausschusses.

(2) Weitergehende Befugnisse, insbesondere das Recht der Gesetzgebung, der Wahl des Bundeskanzlers und der Anklage des Bundespräsidenten stehen dem ständigen Ausschuß nicht zu.

Artikel 46

(1) Ein Abgeordneter darf zu keiner Zeit wegen seiner Abstimmung oder wegen einer Äußerung, die er im Bundestage oder in einem seiner Ausschüsse getan hat, gerichtlich oder dienstlich verfolgt oder sonst außerhalb des Bundestages zur Verantwortung gezogen werden. Dies gilt nicht für verleumderische Beleidigungen.

(2) Wegen einer mit Strafe bedrohten Handlung darf ein Abgeordneter nur mit Genehmigung des Bundestages zur Verantwortung gezogen oder verhaftet werden, es sei denn, daß er bei Begehung der Tat oder im Laufe des folgenden Tages festgenommen wird.

(3) Die Genehmigung des Bundestages ist ferner bei jeder anderen Beschränkung der persönlichen Freiheit eines Abgeordneten oder zur Einleitung eines Verfahrens gegen einen Abgeordneten gemäß Artikel 18 erforderlich.

(4) Jedes Strafverfahren und jedes Verfahren gemäß Artikel 18 gegen einen Abgeordneten, jede Haft und jede sonstige Beschränkung seiner persönlichen Freiheit sind auf Verlangen des Bundestages auszusetzen.

Artikel 47
Die Abgeordneten sind berechtigt, über Personen, die ihnen in ihrer Eigenschaft als Abgeordnete oder denen sie in dieser Eigenschaft Tatsachen anvertraut haben, sowie über diese Tatsachen selbst das Zeugnis zu verweigern. Soweit dieses Zeugnisverweigerungsrecht reicht, ist die Beschlagnahme von Schriftstücken unzulässig.

Artikel 48
(1) Wer sich um einen Sitz im Bundestage bewirbt, hat Anspruch auf den zur Vorbereitung seiner Wahl erforderlichen Urlaub.

(2) Niemand darf gehindert werden, das Amt eines Abgeordneten zu übernehmen und auszuüben. Eine Kündigung oder Entlassung aus diesem Grunde ist unzulässig.

(3) Die Abgeordneten haben Anspruch auf eine angemessene, ihre Unabhängigkeit sichernde Entschädigung. Sie haben das Recht der freien Benutzung aller staatlichen Verkehrsmittel. Das Nähere regelt ein Bundesgesetz.

Artikel 49
Für die Mitglieder des Präsidiums und des ständigen Ausschusses sowie für deren erste Stellvertreter gelten die Artikel 46, 47 und die Absätze 2 und 3 des Artikels 48 auch für die Zeit zwischen zwei Wahlperioden.

IV. Der Bundesrat

Artikel 50
Durch den Bundesrat wirken die Länder bei der Gesetzgebung und Verwaltung des Bundes mit.

Artikel 51
(1) Der Bundesrat besteht aus Mitgliedern der Regierungen der Länder, die sie bestellen und abberufen. Sie können durch andere Mitglieder ihrer Regierungen vertreten werden.

(2) Jedes Land hat mindestens drei Stimmen, Länder mit mehr als zwei Millionen Einwohnern haben vier, Länder mit mehr als sechs Millionen Einwohnern fünf Stimmen.

(3) Jedes Land kann so viele Mitglieder entsenden, wie es Stimmen hat. Die Stimmen eines Landes können nur einheitlich und nur durch anwesende Mitglieder oder deren Vertreter abgegeben werden.

Artikel 52
(1) Der Bundesrat wählt seinen Präsidenten auf ein Jahr.

(2) Der Präsident beruft den Bundesrat ein. Er hat ihn einzuberufen, wenn die Vertreter von mindestens zwei Ländern oder die Bundesregierung es verlangen.

(3) Der Bundesrat faßt seine Beschlüsse mit mindestens der Mehrheit seiner Stimmen. Er gibt sich eine Geschäftsordnung. Er verhandelt öffentlich. Die Öffentlichkeit kann ausgeschlossen werden.

(4) Den Ausschüssen des Bundesrates können andere Mitglieder oder Beauftragte der Regierungen der Länder angehören.

Artikel 53
Die Mitglieder der Bundesregierung haben das Recht und auf Verlangen die Pflicht, an den Verhandlungen des Bundesrates und seiner Ausschüsse teilzunehmen. Sie müssen jederzeit gehört werden. Der Bundesrat ist von der Bundesregierung über die Führung der Geschäfte auf dem Laufenden zu halten.

V. Der Bundespräsident

Artikel 54

(1) Der Bundespräsident wird ohne Aussprache von der Bundesversammlung gewählt. Wählbar ist jeder Deutsche, der das Wahlrecht zum Bundestage besitzt und das vierzigste Lebensjahr vollendet hat.

(2) Das Amt des Bundespräsidenten dauert fünf Jahre. Anschließende Wiederwahl ist nur einmal zulässig.

(3) Die Bundesversammlung besteht aus den Mitgliedern des Bundestages und einer gleichen Anzahl von Mitgliedern, die von den Volksvertretungen der Länder nach den Grundsätzen der Verhältniswahl gewählt werden.

(4) Die Bundesversammlung tritt spätestens dreißig Tage vor Ablauf der Amtszeit des Bundespräsidenten, bei vorzeitiger Beendigung spätestens dreißig Tage nach diesem Zeitpunkt zusammen. Sie wird von dem Präsidenten des Bundestages einberufen.

(5) Nach Ablauf der Wahlperiode beginnt die Frist des Absatzes 4 Satz 1 mit dem ersten Zusammentritt des Bundestages.

(6) Gewählt ist, wer die Stimmen der Mehrheit der Mitglieder der Bundesversammlung erhält. Wird diese Mehrheit in zwei Wahlgängen von keinem Bewerber erreicht, so ist gewählt, wer in einem weiteren Wahlgang die meisten Stimmen auf sich vereinigt.

(7) Das Nähere regelt ein Bundesgesetz.

Artikel 55

(1) Der Bundespräsident darf weder der Regierung noch einer gesetzgebenden Körperschaft des Bundes oder eines Landes angehören.

(2) Der Bundespräsident darf kein anderes besoldetes Amt, kein Gewerbe und keinen Beruf ausüben und weder der Leitung noch dem Aufsichtsrate eines auf Erwerb gerichteten Unternehmens angehören.

Artikel 56

Der Bundespräsident leistet bei seinem Amtsantritt vor den versammelten Mitgliedern des Bundestages und des Bundesrates folgenden Eid:

„Ich schwöre, daß ich meine Kraft dem Wohle des deutschen Volkes widmen, seinen Nutzen mehren, Schaden von ihm wenden, das Grundgesetz und die Gesetze des Bundes wahren und verteidigen, meine Pflichten gewissenhaft erfüllen und Gerechtigkeit gegen jedermann üben werde. So wahr mir Gott helfe."

Der Eid kann auch ohne religiöse Beteuerung geleistet werden.

Artikel 57

Die Befugnisse des Bundespräsidenten werden im Falle seiner Verhinderung oder bei vorzeitiger Erledigung des Amtes durch den Präsidenten des Bundesrates wahrgenommen.

Artikel 58

Anordnungen und Verfügungen des Bundespräsidenten bedürfen zu ihrer Gültigkeit der Gegenzeichnung durch den Bundeskanzler oder durch den zuständigen Bundesminister. Dies gilt nicht für die Ernennung und Entlassung des Bundeskanzlers, die Auflösung des Bundestages gemäß Artikel 63 und das Ersuchen gemäß Artikel 69 Absatz 3.

Artikel 59

(1) Der Bundespräsident vertritt den Bund völkerrechtlich. Er schließt im Namen des Bundes die Verträge mit auswärtigen Staaten. Er beglaubigt und empfängt die Gesandten.

(2) Verträge, welche die politischen Beziehungen des Bundes regeln oder sich auf Gegenstände der Bundesgesetzgebung beziehen, bedürfen der Zustimmung oder der Mitwirkung der jeweils für die Bundesgesetzgebung zuständigen Körperschaften in der Form eines Bundesgesetzes. Für Verwaltungsabkommen gelten die Vorschriften über die Bundesverwaltung entsprechend.

Artikel 60

(1) Der Bundespräsident ernennt und entläßt die Bundesrichter und die Bundesbeamten, soweit gesetzlich nichts anderes bestimmt ist.

(2) Er übt im Einzelfalle für den Bund das Begnadigungsrecht aus.

(3) Er kann diese Befugnisse auf andere Behörden übertragen.

(4) Die Absätze 2 bis 4 des Artikels 46 finden auf den Bundespräsidenten entsprechende Anwendung.

Artikel 61

(1) Der Bundestag oder der Bundesrat können den Bundespräsidenten wegen vorsätzlicher Verletzung des Grundgesetzes oder eines anderen Bundesgesetzes vor dem Bundesverfassungsgericht anklagen. Der Antrag auf Erhebung der Anklage muß von mindestens einem Viertel der Mitglieder des Bundestages oder einem Viertel der Stimmen des Bundesrates gestellt werden. Der Beschluß auf Erhebung der Anklage bedarf der Mehrheit von zwei Dritteln der Mitglieder des Bundestages oder von zwei Dritteln der Stimmen des Bundesrates. Die Anklage wird von einem Beauftragten der anklagenden Körperschaft vertreten.

(2) Stellt das Bundesverfassungsgericht fest, daß der Bundespräsident einer vorsätzlichen Verletzung des Grundgesetzes oder eines anderen Bundesgesetzes schuldig ist, so kann es ihn des Amtes für verlustig erklären. Durch einstweilige Anordnung kann es nach der Erhebung der Anklage bestimmen, daß er an der Ausübung seines Amtes verhindert ist.

VI. Die Bundesregierung

Artikel 62

Die Bundesregierung besteht aus dem Bundeskanzler und aus den Bundesministern.

Artikel 63

(1) Der Bundeskanzler wird auf Vorschlag des Bundespräsidenten vom Bundestage ohne Aussprache gewählt.

(2) Gewählt ist, wer die Stimmen der Mehrheit der Mitglieder des Bundestages auf sich vereinigt. Der Gewählte ist vom Bundespräsidenten zu ernennen.

(3) Wird der Vorgeschlagene nicht gewählt, so kann der Bundestag binnen vierzehn Tagen nach dem Wahlgange mit mehr als der Hälfte seiner Mitglieder einen Bundeskanzler wählen.

(4) Kommt eine Wahl innerhalb dieser Frist nicht zustande, so findet unverzüglich ein neuer Wahlgang statt, in dem gewählt ist, wer die meisten Stimmen erhält. Vereinigt der Gewählte die Stimmen der Mehrheit der Mitglieder des Bundestages auf sich,

so muß der Bundespräsident ihn binnen sieben Tagen nach der Wahl ernennen. Erreicht der Gewählte diese Mehrheit nicht, so hat der Bundespräsident binnen sieben Tagen entweder ihn zu ernennen oder den Bundestag aufzulösen.

Artikel 64

(1) Die Bundesminister werden auf Vorschlag des Bundeskanzlers vom Bundespräsidenten ernannt und entlassen.

(2) Der Bundeskanzler und die Bundesminister leisten bei der Amtsübernahme vor dem Bundestage den in Artikel 56 vorgesehenen Eid.

Artikel 65

Der Bundeskanzler bestimmt die Richtlinien der Politik und trägt dafür die Verantwortung. Innerhalb dieser Richtlinien leitet jeder Bundesminister seinen Geschäftsbereich selbständig und unter eigener Verantwortung. Über Meinungsverschiedenheiten zwischen den Bundesministern entscheidet die Bundesregierung. Der Bundeskanzler leitet ihre Geschäfte nach einer von der Bundesregierung beschlossenen und vom Bundespräsidenten genehmigten Geschäftsordnung.

Artikel 66

Der Bundeskanzler und die Bundesminister dürfen kein anderes besoldetes Amt, kein Gewerbe und keinen Beruf ausüben und weder der Leitung noch ohne Zustimmung des Bundestages dem Aufsichtsrate eines auf Erwerb gerichteten Unternehmens angehören.

Artikel 67

(1) Der Bundestag kann dem Bundeskanzler das Mißtrauen nur dadurch aussprechen, daß er mit der Mehrheit seiner Mitglieder einen Nachfolger wählt und den Bundespräsidenten ersucht, den Bundeskanzler zu entlassen. Der Bundespräsident muß dem Ersuchen entsprechen und den Gewählten ernennen.

(2) Zwischen dem Antrage und der Wahl müssen achtundvierzig Stunden liegen.

Artikel 68

(1) Findet ein Antrag des Bundeskanzlers, ihm das Vertrauen auszusprechen, nicht die Zustimmung der Mehrheit der Mitglieder des Bundestages, so kann der Bundespräsident auf Vorschlag des Bundeskanzlers binnen einundzwanzig Tagen den Bundestag auflösen. Das Recht zur Auflösung erlischt, sobald der Bundestag mit der Mehrheit seiner Mitglieder einen anderen Bundeskanzler wählt.

(2) Zwischen dem Antrage und der Abstimmung müssen achtundvierzig Stunden liegen.

Artikel 69

(1) Der Bundeskanzler ernennt einen Bundesminister zu seinem Stellvertreter.

(2) Das Amt des Bundeskanzlers oder eines Bundesministers endigt in jedem Falle mit dem Zusammentritt eines neuen Bundestages, das Amt eines Bundesministers auch mit jeder anderen Erledigung des Amtes des Bundeskanzlers.

(3) Auf Ersuchen des Bundespräsidenten ist der Bundeskanzler, auf Ersuchen des Bundeskanzlers oder des Bundespräsidenten ein Bundesminister verpflichtet, die Geschäfte bis zur Ernennung seines Nachfolgers weiterzuführen.

VII. Die Gesetzgebung des Bundes

Artikel 70

(1) Die Länder haben das Recht der Gesetzgebung, soweit dieses Grundgesetz nicht dem Bunde Gesetzgebungsbefugnisse verleiht.

(2) Die Abgrenzung der Zuständigkeit zwischen Bund und Ländern bemißt sich nach den Vorschriften dieses Grundgesetzes über die ausschließliche und die konkurrierende Gesetzgebung.

Artikel 71

Im Bereiche der ausschließlichen Gesetzgebung des Bundes haben die Länder die Befugnis zur Gesetzgebung nur, wenn und soweit sie hierzu in einem Bundesgesetze ausdrücklich ermächtigt werden.

Artikel 72

(1) Im Bereich der konkurrierenden Gesetzgebung haben die Länder die Befugnis zur Gesetzgebung, solange und soweit der Bund von seinem Gesetzgebungsrechte keinen Gebrauch macht.

(2) Der Bund hat in diesem Bereiche das Gesetzgebungsrecht, soweit ein Bedürfnis nach bundesgesetzlicher Regelung besteht, weil

1. eine Angelegenheit durch die Gesetzgebung einzelner Länder nicht wirksam geregelt werden kann oder

2. die Regelung einer Angelegenheit durch ein Landesgesetz die Interessen anderer Länder oder der Gesamtheit beeinträchtigen könnte oder

3. die Wahrung der Rechts- oder Wirtschaftseinheit, insbesondere die Wahrung der Einheitlichkeit der Lebensverhältnisse über das Gebiet eines Landes hinaus sie erfordert.

Artikel 73

Der Bund hat die ausschließliche Gesetzgebung über:

1. die auswärtigen Angelegenheiten;

2. die Staatsangehörigkeit im Bunde;

3. die Freizügigkeit, das Paßwesen, die Ein- und Auswanderung und die Auslieferung;

4. das Währungs-, Geld- und Münzwesen, Maße und Gewichte sowie die Zeitbestimmung;

5. die Einheit des Zoll- und Handelsgebietes, die Handels- und Schiffahrtsverträge, die Freizügigkeit des Warenverkehrs und den Waren- und Zahlungsverkehr mit dem Auslande einschließlich des Zoll- und Grenzschutzes;

6. die Bundeseisenbahnen und den Luftverkehr;

7. das Post- und Fernmeldewesen;

8. die Rechtsverhältnisse der im Dienste des Bundes und der bundesunmittelbaren Körperschaften des öffentlichen Rechtes stehenden Personen;

9. den gewerblichen Rechtsschutz, das Urheberrecht und das Verlagsrecht;

10. die Zusammenarbeit des Bundes und der Länder in der Kriminalpolizei und in Angelegenheiten des Verfassungsschut-

zes, die Einrichtung eines Bundeskriminalpolizeiamtes sowie die internationale Verbrechensbekämpfung;

11. die Statistik für Bundeszwecke.

Artikel 74

Die konkurrierende Gesetzgebung erstreckt sich auf folgende Gebiete:

1. das bürgerliche Recht, das Strafrecht und den Strafvollzug, die Gerichtsverfassung, das gerichtliche Verfahren, die Rechtsanwaltschaft, das Notariat und die Rechtsberatung;

2. das Personenstandswesen;

3. das Vereins- und Versammlungsrecht;

4. das Aufenthalts- und Niederlassungsrecht der Ausländer;

5. den Schutz deutschen Kulturgutes gegen Abwanderung in das Ausland;

6. die Angelegenheiten der Flüchtlinge und Vertriebenen;

7. die öffentliche Fürsorge;

8. die Staatsangehörigkeit in den Ländern;

9. die Kriegsschäden und die Wiedergutmachung;

10. die Versorgung der Kriegsbeschädigten und Kriegshinterbliebenen, die Fürsorge für die ehemaligen Kriegsgefangenen und die Sorge für die Kriegsgräber;

11. das Recht der Wirtschaft (Bergbau, Industrie, Energiewirtschaft, Handwerk, Gewerbe, Handel, Bank- und Börsenwesen, privatrechtliches Versicherungswesen);

12. das Arbeitsrecht einschließlich der Betriebsverfassung, des Arbeitsschutzes und der Arbeitsvermittlung sowie die Sozialversicherung einschließlich der Arbeitslosenversicherung;

13. die Förderung der wissenschaftlichen Forschung;

14. das Recht der Enteignung, soweit sie auf den Sachgebieten der Artikel 73 und 74 in Betracht kommt;

15. die Überführung von Grund und Boden, von Naturschätzen und Produktionsmitteln in Gemeineigentum oder in andere Formen der Gemeinwirtschaft;

16. die Verhütung des Mißbrauchs wirtschaftlicher Machtstellung;

17. die Förderung der land- und forstwirtschaftlichen Erzeugung, die Sicherung der Ernährung, die Ein- und Ausfuhr land-

und forstwirtschaftlicher Erzeugnisse, die Hochsee- und Küstenfischerei und den Küstenschutz;

18. den Grundstücksverkehr, das Bodenrecht und das landwirtschaftliche Pachtwesen, das Wohnungswesen, das Siedlungs- und Heimstättenwesen;

19. die Maßnahmen gegen gemeingefährliche und übertragbare Krankheiten bei Menschen und Tieren, die Zulassung zu ärztlichen und anderen Heilberufen und zum Heilgewerbe, den Verkehr mit Arzneien, Heil- und Betäubungsmitteln und Giften;

20. den Schutz beim Verkehr mit Lebens- und Genußmitteln, Bedarfsgegenständen, mit Futtermitteln und land- und forstwirtschaftlichem Saat- und Pflanzgut und den Schutz der Bäume und Pflanzen gegen Krankheiten und Schädlinge;

21. die Hochsee- und Küstenschiffahrt sowie die Seezeichen, die Binnenschiffahrt, den Wetterdienst, die Seewasserstraßen und die dem allgemeinen Verkehr dienenden Binnenwasserstraßen;

22. den Straßenverkehr, das Kraftfahrwesen und den Bau und die Unterhaltung von Landstraßen des Fernverkehrs;

23. die Schienenbahnen, die nicht Bundeseisenbahnen sind, mit Ausnahme der Bergbahnen.

Artikel 75

Der Bund hat das Recht, unter den Voraussetzungen des Artikels 72 Rahmenvorschriften für die Gesetzgebung der Länder zu erlassen über:

1. die Rechtsverhältnisse der im öffentlichen Dienste der Länder, Gemeinden und anderen Körperschaften des öffentlichen Rechtes stehenden Personen;

2. die allgemeinen Rechtsverhältnisse der Presse und des Films;

3. das Jagdwesen, den Naturschutz und die Landschaftspflege;

4. die Bodenverteilung, die Raumordnung und den Wasserhaushalt;

5. das Melde- und Ausweiswesen.

Artikel 76

(1) Gesetzesvorlagen werden beim Bundestage durch die Bundesregierung, aus der Mitte des Bundestages oder durch den Bundesrat eingebracht.

(2) Vorlagen der Bundesregierung sind zunächst dem Bundesrat zuzuleiten. Der Bundesrat ist berechtigt, innerhalb von drei Wochen zu diesen Vorlagen Stellung zu nehmen.

(3) Vorlagen des Bundesrates sind dem Bundestag durch die Bundesregierung zuzuleiten. Sie hat hierbei ihre Auffassung darlegen.

Artikel 77

(1) Die Bundesgesetze werden vom Bundestage beschlossen. Sie sind nach ihrer Annahme durch den Präsidenten des Bundestages unverzüglich dem Bundesrate zuzuleiten.

(2) Der Bundesrat kann binnen zwei Wochen nach Eingang des Gesetzesbeschlusses verlangen, daß ein aus Mitgliedern des Bundestages und des Bundesrates für die gemeinsame Beratung von Vorlagen gebildeter Ausschuß einberufen wird. Die Zusammensetzung und das Verfahren dieses Ausschusses regelt eine Geschäftsordnung, die vom Bundestag beschlossen wird und der Zustimmung des Bundesrates bedarf. Die in diesen Ausschuß entsandten Mitglieder des Bundesrates sind nicht an Weisungen gebunden. Ist zu einem Gesetze die Zustimmung des Bundesrates erforderlich, so können auch der Bundestag und die Bundesregierung die Einberufung verlangen. Schlägt der Ausschuß eine Änderung des Gesetzesbeschlusses vor, so hat der Bundestag erneut Beschluß zu fassen.

(3) Soweit zu einem Gesetze die Zustimmung des Bundesrates nicht erforderlich ist, kann der Bundesrat, wenn das Verfahren nach Absatz 2 beendigt ist, gegen ein vom Bundestage beschlossenes Gesetz binnen einer Woche Einspruch einlegen. Die Einspruchsfrist beginnt im Falle des Absatzes 2 letzter Satz mit dem Eingange des vom Bundestage erneut gefaßten Beschlusses, in allen anderen Fällen mit dem Abschlusse des Verfahrens vor dem in Absatz 2 vorgesehenen Ausschusse.

(4) Wird der Einspruch mit der Mehrheit der Stimmen des Bundesrates beschlossen, so kann er durch Beschluß der Mehrheit der Mitglieder des Bundestages zurückgewiesen werden. Hat der Bundesrat den Einspruch mit einer Mehrheit von mindestens zwei Dritteln seiner Stimmen beschlossen, so bedarf die Zurück-

weisung durch den Bundestag einer Mehrheit von zwei Dritteln, mindestens der Mehrheit der Mitglieder des Bundestages.

Artikel 78
Ein vom Bundestage beschlossenes Gesetz kommt zustande, wenn der Bundesrat zustimmt, den Antrag gemäß Artikel 77 Absatz 2 nicht stellt, innerhalb der Frist des Artikels 77 Absatz 3 keinen Einspruch einlegt oder ihn zurücknimmt oder wenn der Einspruch vom Bundestage überstimmt wird.

Artikel 79
(1) Das Grundgesetz kann nur durch ein Gesetz geändert werden, das den Wortlaut des Grundgesetzes ausdrücklich ändert oder ergänzt.

(2) Ein solches Gesetz bedarf der Zustimmung von zwei Dritteln der Mitglieder des Bundestages und zwei Dritteln der Stimmen des Bundesrates.

(3) Eine Änderung dieses Grundgesetzes, durch welche die Gliederung des Bundes in Länder, die grundsätzliche Mitwirkung der Länder bei der Gesetzgebung oder die in den Artikeln 1 und 20 niedergelegten Grundsätze berührt werden, ist unzulässig.

Artikel 80
(1) Durch Gesetz können die Bundesregierung, ein Bundesminister oder die Landesregierungen ermächtigt werden, Rechtsverordnungen zu erlassen. Dabei müssen Inhalt, Zweck und Ausmaß der erteilten Ermächtigung im Gesetze bestimmt werden. Die Rechtsgrundlage ist in der Verordnung anzugeben. Ist durch Gesetz vorgesehen, daß eine Ermächtigung weiter übertragen werden kann, so bedarf es zur Übertragung der Ermächtigung einer Rechtsverordnung.

(2) Der Zustimmung des Bundesrates bedürfen, vorbehaltlich anderweitiger bundesgesetzlicher Regelung, Rechtsverordnungen der Bundesregierung oder eines Bundesministers über Grundsätze und Gebühren für die Benutzung der Einrichtungen der Bundeseisenbahnen und des Post- und Fernmeldewesens, über den Bau und Betrieb der Eisenbahnen, sowie Rechtsverordnungen auf Grund von Bundesgesetzen, die der Zustimmung des

Bundesrates bedürfen oder die von den Ländern im Auftrage des Bundes oder als eigene Angelegenheit ausgeführt werden.

Artikel 81

(1) Wird im Falle des Artikels 68 der Bundestag nicht aufgelöst, so kann der Bundespräsident auf Antrag der Bundesregierung mit Zustimmung des Bundesrates für eine Gesetzesvorlage den Gesetzgebungsnotstand erklären, wenn der Bundestag sie ablehnt, obwohl die Bundesregierung sie als dringlich bezeichnet hat. Das Gleiche gilt, wenn eine Gesetzesvorlage abgelehnt worden ist, obwohl der Bundeskanzler mit ihr den Antrag des Artikels 68 verbunden hatte.

(2) Lehnt der Bundestag die Gesetzesvorlage nach Erklärung des Gesetzgebungsnotstandes erneut ab oder nimmt er sie in einer für die Bundesregierung als unannehmbar bezeichneten Fassung an, so gilt das Gesetz als zustande gekommen, soweit der Bundesrat ihm zustimmt. Das Gleiche gilt, wenn die Vorlage vom Bundestage nicht innerhalb von vier Wochen nach der erneuten Einbringung verabschiedet wird.

(3) Während der Amtszeit eines Bundeskanzlers kann auch jede andere vom Bundestage abgelehnte Gesetzesvorlage innerhalb einer Frist von sechs Monaten nach der ersten Erklärung des Gesetzgebungsnotstandes gemäß Absatz 1 und 2 verabschiedet werden. Nach Ablauf der Frist ist während der Amtszeit des gleichen Bundeskanzlers eine weitere Erklärung des Gesetzgebungsnotstandes unzulässig.

(4) Das Grundgesetz darf durch ein Gesetz, das nach Absatz 2 zustande kommt, weder geändert noch ganz oder teilweise außer Kraft oder außer Anwendung gesetzt werden.

Artikel 82

(1) Die nach den Vorschriften dieses Grundgesetzes zustande gekommenen Gesetze werden vom Bundespräsidenten nach Gegenzeichnung ausgefertigt und im Bundesgesetzblatte verkündet. Rechtsverordnungen werden von der Stelle, die sie erläßt, ausgefertigt und vorbehaltlich anderweitiger gesetzlicher Regelung im Bundesgesetzblatte verkündet.

(2) Jedes Gesetz und jede Rechtsverordnung soll den Tag des Inkrafttretens bestimmen. Fehlt eine solche Bestimmung, so tre-

ten sie mit dem vierzehnten Tage nach Ablauf des Tages in Kraft, an dem das Bundesgesetzblatt ausgegeben worden ist.

VIII. Die Ausführung der Bundesgesetze und die Bundesverwaltung

Artikel 83
Die Länder führen die Bundesgesetze als eigene Angelegenheit aus, soweit dieses Grundgesetz nichts anderes bestimmt oder zuläßt.

Artikel 84
(1) Führen die Länder die Bundesgesetze als eigene Angelegenheit aus, so regeln sie die Einrichtung der Behörden und das Verwaltungsverfahren, soweit nicht Bundesgesetze mit Zustimmung des Bundesrates etwas anderes bestimmen.

(2) Die Bundesregierung kann mit Zustimmung des Bundesrates allgemeine Verwaltungsvorschriften erlassen.

(3) Die Bundesregierung übt die Aufsicht darüber aus, daß die Länder die Bundesgesetze dem geltenden Rechte gemäß ausführen. Die Bundesregierung kann zu diesem Zwecke Beauftragte zu den obersten Landesbehörden entsenden, mit deren Zustimmung und, falls diese Zustimmung versagt wird, mit Zustimmung des Bundesrates auch zu den nachgeordneten Behörden.

(4) Werden Mängel, die die Bundesregierung bei der Ausführung der Bundesgesetze in den Ländern festgestellt hat, nicht beseitigt, so beschließt auf Antrag der Bundesregierung oder des Landes der Bundesrat, ob das Land das Recht verletzt hat. Gegen den Beschluß des Bundesrates kann das Bundesverfassungsgericht angerufen werden.

(5) Der Bundesregierung kann durch Bundesgesetz, das der Zustimmung des Bundesrates bedarf, zur Ausführung von Bundesgesetzen die Befugnis verliehen werden, für besondere Fälle Einzelweisungen zu erteilen. Sie sind, außer wenn die Bundesregierung den Fall für dringlich erachtet, an die obersten Landesbehörden zu richten.

Artikel 85

(1) Führen die Länder die Bundesgesetze im Auftrage des Bundes aus, so bleibt die Einrichtung der Behörden Angelegenheit der Länder, soweit nicht Bundesgesetze mit Zustimmung des Bundesrates etwas anderes bestimmen.

(2) Die Bundesregierung kann mit Zustimmung des Bundesrates allgemeine Verwaltungsvorschriften erlassen. Sie kann die einheitliche Ausbildung der Beamten und Angestellten regeln. Die Leiter der Mittelbehörden sind mit ihrem Einvernehmen zu bestellen.

(3) Die Landesbehörden unterstehen den Weisungen der zuständigen obersten Bundesbehörden. Die Weisungen sind, außer wenn die Bundesregierung es für dringlich erachtet, an die obersten Landesbehörden zu richten. Der Vollzug der Weisung ist durch die obersten Landesbehörden sicherzustellen.

(4) Die Bundesaufsicht erstreckt sich auf Gesetzmäßigkeit und Zweckmäßigkeit der Ausführung. Die Bundesregierung kann zu diesem Zwecke Bericht und Vorlage der Akten verlangen und Beauftragte zu allen Behörden entsenden.

Artikel 86

Führt der Bund die Gesetze durch bundeseigene Verwaltung oder durch bundesunmittelbare Körperschaften oder Anstalten des öffentlichen Rechtes aus, so erläßt die Bundesregierung, soweit nicht das Gesetz Besonderes vorschreibt, die allgemeinen Verwaltungsvorschriften. Sie regelt, soweit das Gesetz nichts anderes bestimmt, die Einrichtung der Behörden.

Artikel 87

(1) In bundeseigener Verwaltung mit eigenem Verwaltungsunterbau werden geführt der Auswärtige Dienst, die Bundesfinanzverwaltung, die Bundeseisenbahnen, die Bundespost und nach Maßgabe des Artikels 89 die Verwaltung der Bundeswasserstraßen und der Schiffahrt. Durch Bundesgesetz können Bundesgrenzschutzbehörden, Zentralstellen für das polizeiliche Auskunfts- und Nachrichtenwesen, zur Sammlung von Unterlagen für Zwecke des Verfassungsschutzes und für die Kriminalpolizei eingerichtet werden.

(2) Als bundesunmittelbare Körperschaften des öffentlichen Rechtes werden diejenigen sozialen Versicherungsträger geführt, deren Zuständigkeitsbereich sich über das Gebiet eines Landes hinaus erstreckt.

(3) Außerdem können für Angelegenheiten, für die dem Bunde die Gesetzgebung zusteht, selbständige Bundesoberbehörden und neue bundesunmittelbare Körperschaften und Anstalten des öffentlichen Rechtes durch Bundesgesetz errichtet werden. Erwachsen dem Bunde auf Gebieten, für die ihm die Gesetzgebung zusteht, neue Aufgaben, so können bei dringendem Bedarf bundeseigene Mittel- und Unterbehörden mit Zustimmung des Bundesrates und der Mehrheit der Mitglieder des Bundestages errichtet werden.

Artikel 88
Der Bund errichtet eine Währungs- und Notenbank als Bundesbank.

Artikel 89
(1) Der Bund ist Eigentümer der bisherigen Reichswasserstraßen.

(2) Der Bund verwaltet die Bundeswasserstraßen durch eigene Behörden. Er nimmt die über den Bereich eines Landes hinausgehenden staatlichen Aufgaben der Binnenschiffahrt und die Aufgaben der Seeschiffahrt wahr, die ihm durch Gesetz übertragen werden. Er kann die Verwaltung von Bundeswasserstraßen, soweit sie im Gebiete eines Landes liegen, diesem Lande auf Antrag als Auftragsverwaltung übertragen. Berührt eine Wasserstraße das Gebiet mehrerer Länder, so kann der Bund das Land beauftragen, für das die beteiligten Länder es beantragen.

(3) Bei der Verwaltung, dem Ausbau und dem Neubau von Wasserstraßen sind die Bedürfnisse der Landeskultur und der Wasserwirtschaft im Einvernehmen mit den Ländern zu wahren.

Artikel 90
(1) Der Bund ist Eigentümer der bisherigen Reichsautobahnen und Reichsstraßen.

(2) Die Länder oder die nach Landesrecht zuständigen Selbstverwaltungskörperschaften verwalten die Bundesautobahnen

und sonstigen Bundesstraßen des Fernverkehrs im Auftrage des Bundes.

(3) Auf Antrag eines Landes kann der Bund Bundesautobahnen und sonstige Bundesstraßen des Fernverkehrs, soweit sie im Gebiet dieses Landes liegen, in bundeseigene Verwaltung übernehmen.

Artikel 91

(1) Zur Abwehr einer drohenden Gefahr für den Bestand oder die freiheitliche demokratische Grundordnung des Bundes oder eines Landes kann ein Land Polizeikräfte anderer Länder anfordern.

(2) Ist das Land, in dem die Gefahr droht, nicht selbst zur Bekämpfung der Gefahr bereit oder in der Lage, so kann die Bundesregierung die Polizei in diesem Lande und die Polizeikräfte anderer Länder ihren Weisungen unterstellen. Die Anordnung ist nach Beseitigung der Gefahr, im übrigen jederzeit auf Verlangen des Bundesrates aufzuheben.

IX. Die Rechtsprechung

Artikel 92

Die rechtsprechende Gewalt ist den Richtern anvertraut; sie wird durch das Bundesverfassungsgericht, durch das Oberste Bundesgericht, durch die in diesem Grundgesetze vorgesehenen Bundesgerichte und durch die Gerichte der Länder ausgeübt.

Artikel 93

(1) Das Bundesverfassungsgericht entscheidet:

1. über die Auslegung dieses Grundgesetzes aus Anlaß von Streitigkeiten über den Umfang der Rechte und Pflichten eines obersten Bundesorgans oder anderer Beteiligter, die durch dieses Grundgesetz oder in der Geschäftsordnung eines obersten Bundesorgans mit eigenen Rechten ausgestattet sind;

2. bei Meinungsverschiedenheiten oder Zweifeln über die förmliche und sachliche Vereinbarkeit von Bundesrecht oder Landesrecht mit diesem Grundgesetze oder die Vereinbarkeit von Landesrecht mit sonstigem Bundesrechte auf Antrag der

Bundesregierung, einer Landesregierung oder eines Drittels der Mitglieder des Bundestages;

3. bei Meinungsverschiedenheiten über Rechte und Pflichten des Bundes und der Länder, insbesondere bei der Ausführung von Bundesrecht durch die Länder und bei der Ausübung der Bundesaufsicht;

4. in anderen öffentlich-rechtlichen Streitigkeiten zwischen dem Bunde und den Ländern, zwischen verschiedenen Ländern oder innerhalb eines Landes, soweit nicht ein anderer Rechtsweg gegeben ist;

5. in den übrigen in diesem Grundgesetze vorgesehenen Fällen.

(2) Das Bundesverfassungsgericht wird ferner in den ihm sonst durch Bundesgesetz zugewiesenen Fällen tätig.

Artikel 94

(1) Das Bundesverfassungsgericht besteht aus Bundesrichtern und anderen Mitgliedern. Die Mitglieder des Bundesverfassungsgerichtes werden je zur Hälfte vom Bundestage und vom Bundesrate gewählt. Sie dürfen weder dem Bundestage, dem Bundesrate, der Bundesregierung noch entsprechenden Organen eines Landes angehören.

(2) Ein Bundesgesetz regelt seine Verfassung und das Verfahren und bestimmt, in welchen Fällen seine Entscheidungen Gesetzeskraft haben.

Artikel 95

(1) Zur Wahrung der Einheit des Bundesrechts wird ein Oberstes Bundesgericht errichtet.

(2) Das Oberste Bundesgericht entscheidet in Fällen, deren Entscheidung für die Einheitlichkeit der Rechtsprechung der oberen Bundesgerichte von grundsätzlicher Bedeutung ist.

(3) Über die Berufung der Richter des Obersten Bundesgerichtes entscheidet der Bundesjustizminister gemeinsam mit dem Richterwahlausssschuß, der aus den Landesjustizministern und einer gleichen Anzahl von Mitgliedern besteht, die vom Bundestage gewählt werden.

(4) Im übrigen werden die Verfassung des Obersten Bundesgerichts und sein Verfahren durch Bundesgesetz geregelt.

Artikel 96

(1) Für das Gebiet der ordentlichen, der Verwaltungs-, der Finanz-, der Arbeits- und Sozialgerichtsbarkeit sind obere Bundesgerichte zu errichten.

(2) Auf die Richter der oberen Bundesgerichte findet Artikel 95 Absatz 3 mit der Maßgabe Anwendung, daß an die Stelle des Bundesjustizministers und der Landesjustizminister die für das jeweilige Sachgebiet zuständigen Minister treten. Ihre Dienstverhältnisse sind durch besonderes Bundesgesetz zu regeln.

(3) Der Bund kann für Dienststrafverfahren gegen Bundesbeamte und Bundesrichter Bundesdienststrafgerichte errichten.

Artikel 97

(1) Die Richter sind unabhängig und nur dem Gesetze unterworfen.

(2) Die hauptamtlich und planmäßig endgültig angestellten Richter können wider ihren Willen nur kraft richterlicher Entscheidung und nur aus Gründen und unter den Formen, welche die Gesetze bestimmen, vor Ablauf ihrer Amtszeit entlassen oder dauernd oder zeitweise ihres Amtes enthoben oder an eine andere Stelle oder in den Ruhestand versetzt werden. Die Gesetzgebung kann Altersgrenzen festsetzen, bei deren Erreichung auf Lebenszeit angestellte Richter in den Ruhestand treten. Bei Veränderung der Einrichtung der Gerichte oder ihrer Bezirke können Richter an ein anderes Gericht versetzt oder aus dem Amte entfernt werden, jedoch nur unter Belassung des vollen Gehaltes.

Artikel 98

(1) Die Rechtsstellung der Bundesrichter ist durch besonderes Bundesgesetz zu regeln.

(2) Wenn ein Bundesrichter im Amte oder außerhalb des Amtes gegen die Grundsätze des Grundgesetzes oder gegen die verfassungsmäßige Ordnung eines Landes verstößt, so kann das Bundesverfassungsgericht mit Zweidrittelmehrheit auf Antrag des Bundestages anordnen, daß der Richter in ein anderes Amt oder in den Ruhestand zu versetzen ist. Im Falle eines vorsätzlichen Verstoßes kann auf Entlassung erkannt werden.

(3) Die Rechtsstellung der Richter in den Ländern ist durch besondere Landesgesetze zu regeln. Der Bund kann Rahmenvorschriften erlassen.

(4) Die Länder können bestimmen, daß über die Anstellung der Richter in den Ländern der Landesjustizminister gemeinsam mit einem Richterwahlausschuß entscheidet.

(5) Die Länder können für Landesrichter eine Absatz 2 entsprechende Regelung treffen. Geltendes Landesverfassungsrecht bleibt unberührt. Die Entscheidung über eine Richteranklage steht dem Bundesverfassungsgericht zu.

Artikel 99

Dem Bundesverfassungsgerichte kann durch Landesgesetz die Entscheidung von Verfassungsstreitigkeiten innerhalb eines Landes, den oberen Bundesgerichtshöfen für den letzten Rechtszug die Entscheidung in solchen Sachen zugewiesen werden, bei denen es sich um die Anwendung von Landesrecht handelt.

Artikel 100

(1) Hält ein Gericht ein Gesetz, auf dessen Gültigkeit es bei der Entscheidung ankommt, für verfassungswidrig, so ist das Verfahren auszusetzen und, wenn es sich um die Verletzung der Verfassung eines Landes handelt, die Entscheidung des für Verfassungsstreitigkeiten zuständigen Gerichtes des Landes, wenn es sich um die Verletzung dieses Grundgesetzes handelt, die Entscheidung des Bundesverfassungsgerichtes einzuholen. Dies gilt auch, wenn es sich um die Verletzung dieses Grundgesetzes durch Landesrecht oder um die Unvereinbarkeit eines Landesgesetzes mit einem Bundesgesetze handelt.

(2) Ist in einem Rechtsstreite zweifelhaft, ob eine Regel des Völkerrechtes Bestandteil des Bundesrechtes ist und ob sie unmittelbar Rechte und Pflichten für den Einzelnen erzeugt (Artikel 25), so hat das Gericht die Entscheidung des Bundesverfassungsgerichtes einzuholen.

(3) Will das Verfassungsgericht eines Landes bei der Auslegung des Grundgesetzes von einer Entscheidung des Bundesverfassungsgerichtes oder des Verfassungsgerichtes eines anderen Landes abweichen, so hat das Verfassungsgericht die Entscheidung des Bundesverfassungsgerichtes einzuholen; will es bei der Aus-

legung von sonstigem Bundesrechte von der Entscheidung des Obersten Bundesgerichtes oder eines oberen Bundesgerichtes abweichen, so hat es die Entscheidung des Obersten Bundesgerichtes einzuholen.

Artikel 101

(1) Ausnahmegerichte sind unzulässig. Niemand darf seinem gesetzlichen Richter entzogen werden.

(2) Gerichte für besondere Sachgebiete können nur durch Gesetz errichtet werden.

Artikel 102

Die Todesstrafe ist abgeschafft.

Artikel 103

(1) Vor Gericht hat jedermann Anspruch auf rechtliches Gehör.

(2) Eine Tat kann nur bestraft werden, wenn die Strafbarkeit gesetzlich bestimmt war, bevor die Tat begangen wurde.

(3) Niemand darf wegen derselben Tat auf Grund der allgemeinen Strafgesetze mehrmals bestraft werden.

Artikel 104

(1) Die Freiheit der Person kann nur auf Grund eines förmlichen Gesetzes und nur unter Beachtung der darin vorgeschriebenen Formen beschränkt werden. Festgehaltene Personen dürfen weder seelisch noch körperlich mißhandelt werden.

(2) Über die Zulässigkeit und Fortdauer einer Freiheitsentziehung hat nur der Richter zu entscheiden. Bei jeder nicht auf richterlicher Anordnung beruhenden Freiheitsentziehung ist unverzüglich eine richterliche Entscheidung herbeizuführen. Die Polizei darf aus eigener Machtvollkommenheit niemanden länger als bis zum Ende des Tages nach dem Ergreifen in eigenem Gewahrsam halten. Das Nähere ist gesetzlich zu regeln.

(3) Jeder wegen des Verdachtes einer strafbaren Handlung vorläufig Festgenommene ist spätestens am Tage nach der Festnahme dem Richter vorzuführen, der ihm die Gründe der Festnahme mitzuteilen, ihn zu vernehmen und ihm Gelegenheit zu Einwendungen zu geben hat. Der Richter hat unverzüglich entweder einen mit Gründen versehenen schriftlichen Haftbefehl zu erlassen oder die Freilassung anzuordnen.

(4) Von jeder richterlichen Entscheidung über die Anordnung oder Fortdauer einer Freiheitsentziehung ist unverzüglich ein Angehöriger des Festgehaltenen oder eine Person seines Vertrauens zu benachrichtigen.

X. Das Finanzwesen

Artikel 105
(1) Der Bund hat die ausschließliche Gesetzgebung über die Zölle und Finanzmonopole.

(2) Der Bund hat die konkurrierende Gesetzgebung über

1. die Verbrauchs- und Verkehrsteuern mit Ausnahme der Steuern mit örtlich bedingtem Wirkungskreis, insbesondere der Grunderwerbsteuer, der Wertzuwachssteuer und der Feuerschutzsteuer,

2. die Steuern vom Einkommen, Vermögen, von Erbschaften und Schenkungen,

3. die Realsteuern mit Ausnahme der Festsetzung der Hebesätze,

wenn er die Steuern ganz oder zum Teil zur Deckung der Bundesausgaben in Anspruch nimmt oder die Voraussetzungen des Artikels 72 Absatz 2 vorliegen.

(3) Bundesgesetze über Steuern, deren Aufkommen den Ländern oder den Gemeinden (Gemeindeverbänden) ganz oder zum Teil zufließt, bedürfen der Zustimmung des Bundesrates.

Artikel 106
(1) Die Zölle, der Ertrag der Monopole, die Verbrauchsteuern mit Ausnahme der Biersteuer, die Beförderungsteuer, die Umsatzsteuer und einmaligen Zwecken dienenden Vermögensabgaben fließen dem Bunde zu.

(2) Die Biersteuer, die Verkehrsteuern mit Ausnahme der Beförderungsteuer und der Umsatzsteuer, die Einkommen- und Körperschaftsteuer, die Vermögensteuer, die Erbschaftsteuer, die Realsteuern und die Steuern mit örtlich bedingtem Wirkungskreis fließen den Ländern und nach Maßgabe der Landesgesetzgebung den Gemeinden (Gemeindeverbänden) zu.

(3) Der Bund kann durch Bundesgesetz, das der Zustimmung des Bundesrates bedarf, einen Teil der Einkommen- und Körperschaftsteuer zur Deckung seiner durch andere Einkünfte nicht gedeckten Ausgaben, insbesondere zur Deckung von Zuschüssen, welche Länder zur Deckung von Ausgaben auf dem Gebiete des Schulwesens, des Gesundheitswesens und des Wohlfahrtswesens zu gewähren sind, in Anspruch nehmen.

(4) Um die Leistungsfähigkeit auch der steuerschwachen Länder zu sichern und eine unterschiedliche Belastung der Länder mit Ausgaben auszugleichen, kann der Bund Zuschüsse gewähren und die Mittel hierfür bestimmten den Ländern zufließenden Steuern entnehmen. Durch Bundesgesetz, welche der Zustimmung des Bundesrates bedarf, wird bestimmt, welche Steuern hierbei herangezogen werden und mit welchen Beträgen und nach welchem Schlüssel die Zuschüsse an die ausgleichsberechtigten Länder verteilt werden; die Zuschüsse sind den Ländern unmittelbar zu überweisen.

Artikel 107
Die endgültige Verteilung der der konkurrierenden Gesetzgebung unterliegenden Steuern auf Bund und Länder soll spätestens bis zum 31. Dezember 1952 erfolgen, und zwar durch Bundesgesetz, das der Zustimmung des Bundesrates bedarf. Dies gilt nicht für die Realsteuern und die Steuern mit örtlich bedingtem Wirkungskreis. Hierbei ist jedem Teil ein gesetzlicher Anspruch auf bestimmte Steuern oder Steueranteile entsprechend seinen Aufgaben einzuräumen.

Artikel 108
(1) Zölle, Finanzmonopole, die der konkurrierenden Gesetzgebung unterworfenen Verbrauchsteuern, die Beförderungsteuer, die Umsatzsteuer und die einmaligen Vermögensabgaben werden durch Bundesfinanzbehörden verwaltet. Der Aufbau dieser Behörden und das von ihnen anzuwendende Verfahren werden durch Bundesgesetz geregelt. Die Leiter der Mittelbehörden sind im Benehmen mit den Landesregierungen zu bestellen. Der Bund kann die Verwaltung der einmaligen Vermögensabgaben den Landesfinanzbehörden als Auftragsverwaltung übertragen.

(2) Nimmt der Bund einen Teil der Einkommen- und Körperschaftsteuer für sich in Anspruch, so steht ihm insoweit die Verwaltung zu; er kann sie aber den Landesfinanzbehörden als Auftragsverwaltung übertragen.

(3) Die übrigen Steuern werden durch Landesfinanzbehörden verwaltet. Der Bund kann durch Bundesgesetz, das der Zustimmung der Bundesrates bedarf, den Aufbau dieser Behörden und das von ihnen anzuwendende Verfahren und die einheitliche Ausbildung der Beamten regeln. Die Leiter der Mittelbehörden sind im Einvernehmen mit der Bundesregierung zu bestellen. Die Verwaltung der den Gemeinden (Gemeindeverbänden) zufließenden Steuern kann durch die Länder ganz oder zum Teil den Gemeinden (Gemeindeverbänden) übertragen werden.

(4) Soweit die Steuern dem Bund zufließen, werden die Landesfinanzbehörden im Auftrage des Bundes tätig. Die Länder haften mit ihren Einkünften für die ordnungsmäßige Verwaltung dieser Steuern; der Bundesfinanzminister kann die ordnungsmäßige Verwaltung durch Bundesbevollmächtigte überwachen, welche gegenüber den Mittel- und Unterbehörden ein Weisungsrecht haben.

(5) Die Finanzgerichtsbarkeit wird durch Bundesgesetz einheitlich geregelt.

(6) Die allgemeinen Verwaltungsvorschriften werden durch die Bundesregierung erlassen, und zwar mit Zustimmung des Bundesrates, soweit die Verwaltung den Landesfinanzbehörden obliegt.

Artikel 109
Bund und Länder sind in ihrer Haushaltswirtschaft selbständig und voneinander unabhängig.

Artikel 110
(1) Alle Einnahmen und Ausgaben des Bundes müssen für jedes Rechnungsjahr veranschlagt und in den Haushaltsplan eingesetzt werden.

(2) Der Haushaltsplan wird vor Beginn des Rechnungsjahres durch Gesetz festgestellt. Er ist in Einnahme und Ausgabe auszugleichen. Die Ausgaben werden in der Regel für ein Jahr bewilligt; sie können in besonderen Fällen auch für einen längeren

Zeitraum bewilligt werden. Im übrigen dürfen in das Bundeshaushaltsgesetz keine Vorschriften aufgenommen werden, die über das Rechnungsjahr hinausgehen oder sich nicht auf die Einnahmen und Ausgaben des Bundes oder seiner Verwaltung beziehen.

(3) Das Vermögen und die Schulden sind in einer Anlage des Haushaltsplanes nachzuweisen.

(4) Bei kaufmännisch eingerichteten Betrieben des Bundes brauchen nicht die einzelnen Einnahmen und Ausgaben, sondern nur das Endergebnis in den Haushaltsplan eingestellt werden.

Artikel 111

(1) Ist bis zum Schluß eines Rechnungsjahres der Haushaltsplan für das folgende Jahr nicht durch Gesetz festgestellt, so ist bis zu seinem Inkrafttreten die Bundesregierung ermächtigt, alle Ausgaben zu leisten, die nötig sind,

a) um gesetzlich bestehende Einrichtungen zu erhalten und gesetzlich beschlossene Maßnahmen durchzuführen,

b) um die rechtlich begründeten Verpflichtungen des Bundes zu erfüllen,

c) um Bauten, Beschaffungen und sonstige Leistungen fortzusetzen oder Beihilfen für diese Zwecke weiter zu gewähren, sofern durch den Haushaltsplan eines Vorjahres bereits Beträge bewilligt worden sind.

(2) Soweit nicht auf besonderem Gesetze beruhende Einnahmen aus Steuern, Abgaben und sonstigen Quellen oder die Betriebsmittelrücklage die Ausgaben unter Absatz 1 decken, darf die Bundesregierung die zur Aufrechterhaltung der Wirtschaftsführung erforderlichen Mittel bis zur Höhe eines Viertels der Endsumme des abgelaufenen Haushaltsplanes im Wege des Kredits flüssig machen.

Artikel 112

Haushaltsüberschreitungen und außerplanmäßige Ausgaben bedürfen der Zustimmung des Bundesministers der Finanzen. Sie darf nur im Falle eines unvorhergesehenen und unabweisbaren Bedürfnisses erteilt werden.

Artikel 113

Beschlüsse des Bundestages und des Bundesrates, welche die von der Bundesregierung vorgeschlagenen Ausgaben des Haushaltsplanes erhöhen oder neue Ausgaben in sich schließen oder für die Zukunft mit sich bringen, bedürfen der Zustimmung der Bundesregierung.

Artikel 114

(1) Der Bundesminister der Finanzen hat dem Bundestage und dem Bundesrate über alle Einnahmen und Ausgaben sowie über das Vermögen und die Schulden jährlich Rechnung zu legen.

(2) Die Rechnung wird durch einen Rechnungshof, dessen Mitglieder richterliche Unabhängigkeit besitzen, geprüft. Die allgemeine Rechnung und eine Übersicht über das Vermögen und die Schulden sind dem Bundestage und dem Bundesrate im Laufe des nächsten Rechnungsjahres mit den Bemerkungen des Rechnungshofes zur Entlastung der Bundesregierung vorzulegen. Die Rechnungsprüfung wird durch Bundesgesetz geregelt.

Artikel 115

Im Wege des Kredites dürfen Geldmittel nur bei außerordentlichem Bedarf und in der Regel nur für Ausgaben zu werbenden Zwecken und nur auf Grund eines Bundesgesetzes beschafft werden. Kreditgewährungen und Sicherheitsleistungen zu Lasten des Bundes, deren Wirkung über ein Rechnungsjahr hinausgeht, dürfen nur auf Grund eines Bundesgesetzes erfolgen. In dem Gesetze muß die Höhe des Kredites oder der Umfang der Verpflichtung, für die der Bund die Haftung übernimmt, bestimmt sein.

XI. Übergangs- und Schlußbestimmungen

Artikel 116

(1) Deutscher im Sinne dieses Grundgesetzes ist vorbehaltlich anderweitiger gesetzlicher Regelung, wer die deutsche Staatsangehörigkeit besitzt oder als Flüchtling oder Vertriebener deutscher Volkszugehörigkeit oder als dessen Ehegatte oder Abkömmling in dem Gebiete des Deutschen Reiches nach dem Stande vom 31. Dezember 1937 Aufnahme gefunden hat.

(2) Frühere deutsche Staatsangehörige, denen zwischen dem 30. Januar 1933 und dem 8. Mai 1945 die Staatsangehörigkeit aus politischen, rassischen oder religiösen Gründen entzogen worden ist, und ihre Abkömmlinge sind auf Antrag wieder einzubürgern. Sie gelten als nicht ausgebürgert, sofern sie nach dem 8. Mai 1945 ihren Wohnsitz in Deutschland genommen haben und nicht einen entgegengesetzten Willen zum Ausdruck gebracht haben.

Artikel 117
(1) Das dem Artikel 3 Absatz 2 entgegenstehende Recht bleibt bis zu seiner Anpassung an diese Bestimmung des Grundgesetzes in Kraft, jedoch nicht länger als bis zum 31. März 1953.
(2) Gesetze, die das Recht der Freizügigkeit mit Rücksicht auf die gegenwärtige Raumnot einschränken, bleiben bis zu ihrer Aufhebung durch Bundesgesetz in Kraft.

Artikel 118
Die Neugliederung in dem die Länder Baden, Württemberg-Baden und Württemberg-Hohenzollern umfassenden Gebiete kann abweichend von den Vorschriften des Artikels 29 durch Vereinbarung der beteiligten Länder erfolgen. Kommt eine Vereinbarung nicht zustande, so wird die Neugliederung durch Bundesgesetz geregelt, das eine Volksbefragung vorsehen muß.

Artikel 119
In Angelegenheiten der Flüchtlinge und Vertriebenen, insbesondere zu ihrer Verteilung auf die Länder, kann bis zu einer bundesgesetzlichen Regelung die Bundesregierung mit Zustimmung des Bundesrates Verordnungen mit Gesetzeskraft erlassen. Für besondere Fälle kann dabei die Bundesregierung ermächtigt werden, Einzelweisungen zu erteilen. Die Weisungen sind außer bei Gefahr im Verzuge an die obersten Landesbehörden zu richten.

Artikel 120
(1) Der Bund trägt die Aufwendungen für Besatzungskosten und die sonstigen inneren und äußeren Kriegsfolgelasten nach näherer Bestimmung eines Bundesgesetzes und die Zuschüsse zu den Lasten der Sozialversicherung mit Einschluß der Arbeitslosenversicherung und der Arbeitslosenfürsorge.

(2) Die Einnahmen gehen auf den Bund zu demselben Zeitpunkte über, an dem der Bund die Ausgaben übernimmt.

Artikel 121
Mehrheit der Mitglieder des Bundestages und der Bundesversammlung im Sinne dieses Grundgesetzes ist die Mehrheit ihrer gesetzlichen Mitgliederzahl.

Artikel 122
(1) Vom Zusammentritt des Bundestages an werden die Gesetze ausschließlich von den in diesem Grundgesetze anerkannten gesetzgebenden Gewalten beschlossen.

(2) Gesetzgebende und bei der Gesetzgebung beratend mitwirkende Körperschaften, deren Zuständigkeit nach Absatz 1 endet, sind mit diesem Zeitpunkt aufgelöst.

Artikel 123
(1) Recht aus der Zeit vor dem Zusammentritt des Bundestages gilt fort, soweit es dem Grundgesetze nicht widerspricht.

(2) Die vom Deutschen Reich abgeschlossenen Staatsverträge, die sich auf Gegenstände beziehen, für die nach diesem Grundgesetze die Landesgesetzgebung zuständig ist, bleiben, wenn sie nach allgemeinen Rechtsgrundsätzen gültig sind und fortgelten, unter Vorbehalt aller Rechte und Einwendungen der Beteiligten in Kraft, bis neue Staatsverträge durch die nach diesem Grundgesetze zuständigen Stellen abgeschlossen werden oder ihre Beendigung auf Grund der in ihnen enthaltenen Bestimmungen anderweitig erfolgt.

Artikel 124
Recht, das Gegenstände der ausschließlichen Gesetzgebung des Bundes betrifft, wird innerhalb seines Geltungsbereiches Bundesrecht.

Artikel 125
Recht, das Gegenstände der konkurrierenden Gesetzgebung des Bundes betrifft, wird innerhalb seines Geltungsbereiches Bundesrecht,

1. soweit es innerhalb einer oder mehrerer Besatzungszonen einheitlich gilt,

2. soweit es sich um Recht handelt, durch das nach dem 8. Mai 1945 früheres Reichsrecht abgeändert worden ist.

Artikel 126

Meinungsverschiedenheiten über das Fortgelten von Recht als Bundesrecht entscheidet das Bundesverfassungsgericht.

Artikel 127

Die Bundesregierung kann mit Zustimmung der Regierungen der beteiligten Länder Recht der Verwaltung des Vereinigten Wirtschaftsgebietes, soweit es nach Artikel 124 oder 125 als Bundesrecht fortgilt, innerhalb eines Jahres nach Verkündung dieses Grundgesetzes in den Ländern Baden, Groß-Berlin, Rheinland-Pfalz und Württemberg-Hohenzollern in Kraft setzen.

Artikel 128

Soweit fortgeltendes Recht Weisungsrechte im Sinne des Artikels 84 Absatz 5 vorsieht, bleiben sie bis zu einer anderweitigen gesetzlichen Regelung bestehen.

Artikel 129

(1) Soweit in Rechtsvorschriften, die als Bundesrecht fortgelten, eine Ermächtigung zum Erlasse von Rechtsverordnungen oder allgemeinen Verwaltungsvorschriften sowie zur Vornahme von Verwaltungsakten enthalten ist, geht sie auf die nunmehr sachlich zuständigen Stellen über. In Zweifelsfällen entscheidet die Bundesregierung im Einvernehmen mit dem Bundesrate; die Entscheidung ist zu veröffentlichen.

(2) Soweit in Rechtsvorschriften, die als Landesrecht fortgelten, eine solche Ermächtigung enthalten ist, wird sie von den nach Landesrecht zuständigen Stellen ausgeübt.

(3) Soweit Rechtsvorschriften im Sinne der Absätze 1 und 2 zu ihrer Änderung oder Ergänzung oder zum Erlaß von Rechtsvorschriften anstelle von Gesetzen ermächtigen, sind diese Ermächtigungen erloschen.

(4) Die Vorschriften der Absätze 1 und 2 gelten entsprechend, soweit in Rechtsvorschriften auf nicht mehr geltende Vorschriften oder nicht mehr bestehende Einrichtungen verwiesen ist.

Artikel 130

(1) Verwaltungsorgane und sonstige der öffentlichen Verwaltung oder Rechtspflege dienende Einrichtungen, die nicht auf Landesrecht oder Staatsverträgen zwischen Ländern beruhen, sowie die Betriebsvereinigung der südwestdeutschen Eisenbahnen und der Verwaltungsrat für das Post- und Fernmeldewesen für das französische Besatzungsgebiet unterstehen der Bundesregierung. Diese regelt mit Zustimmung des Bundesrates die Überführung, Auflösung oder Abwicklung.

(2) Oberster Disziplinarvorgesetzter der Angehörigen dieser Verwaltungen und Einrichtungen ist der zuständige Bundesminister.

(3) Nicht landesunmittelbare und nicht auf Staatsverträgen zwischen den Ländern beruhende Körperschaften und Anstalten des öffentlichen Rechtes unterstehen der Aufsicht der zuständigen obersten Bundesbehörde.

Artikel 131

Die Rechtsverhältnisse von Personen einschließlich der Flüchtlinge und Vertriebenen, die am 8. Mai 1945 im öffentlichen Dienste standen, aus anderen als beamten- oder tarifrechtlichen Gründen ausgeschieden sind und bisher nicht oder nicht ihrer früheren Stellung entsprechend verwendet werden, sind durch Bundesgesetz zu regeln. Entsprechendes gilt für Personen einschließlich der Flüchtlinge und Vertriebenen, die am 8. Mai 1945 versorgungsberechtigt waren und aus anderen als beamten- oder tarifrechtlichen Gründen keine oder keine entsprechende Versorgung mehr erhalten. Bis zum Inkrafttreten des Bundesgesetzes können vorbehaltlich anderweitiger landesrechtlicher Regelung Rechtsansprüche nicht geltend gemacht werden.

Artikel 132

(1) Beamte und Richter, die im Zeitpunkte des Inkrafttretens dieses Grundgesetzes auf Lebenszeit angestellt sind, können binnen sechs Monaten nach dem ersten Zusammentritt des Bundestages in den Ruhestand oder Wartestand oder in ein Amt mit niedrigerem Diensteinkommen versetzt werden, wenn ihnen die persönliche oder fachliche Eignung für ihr Amt fehlt. Auf Angestellte, die in einem unkündbaren Dienstverhältnis stehen, findet

diese Vorschrift entsprechende Anwendung. Bei Angestellten, deren Dienstverhältnis kündbar ist, können über die tarifmäßige Regelung hinausgehende Kündigungsfristen innerhalb der gleichen Frist aufgehoben werden.

(2) Diese Bestimmung findet keine Anwendung auf Angehörige des öffentlichen Dienstes, die von den Vorschriften über die „Befreiung von Nationalsozialismus und Militarismus" nicht betroffen oder die anerkannte Verfolgte des Nationalsozialismus sind, sofern nicht ein wichtiger Grund in ihrer Person vorliegt.

(3) Den Betroffenen steht der Rechtsweg gemäß Artikel 19 Absatz 4 offen.

(4) Das Nähere bestimmt eine Verordnung der Bundesregierung, die der Zustimmung des Bundesrates bedarf.

Artikel 133
Der Bund tritt in die Rechte und Pflichten der Verwaltung des Vereinigten Wirtschaftsgebietes ein.

Artikel 134
(1) Das Vermögen des Reiches wird grundsätzlich Bundesvermögen.

(2) Soweit es nach seiner ursprünglichen Zweckbestimmung überwiegend für Verwaltungsaufgaben bestimmt war, die nach diesem Grundgesetze nicht Verwaltungsaufgaben des Bundes sind, ist es unentgeltlich auf die nunmehr zuständigen Aufgabenträger und, soweit es nach seiner gegenwärtigen, nicht nur vorübergehenden Benutzung Verwaltungsaufgaben dient, die nach diesem Grundgesetze nunmehr von den Ländern zu erfüllen sind, auf die Länder zu übertragen. Der Bund kann auch sonstiges Vermögen den Ländern übertragen.

(3) Vermögen, das dem Reich von den Ländern und Gemeinden (Gemeindeverbänden) unentgeltlich zur Verfügung gestellt wurde, wird wiederum Vermögen der Länder und Gemeinden (Gemeindeverbände), soweit es nicht der Bund für eigene Verwaltungsaufgaben benötigt.

(4) Das Nähere regelt ein Bundesgesetz, das der Zustimmung des Bundesrates bedarf.

Artikel 135

(1) Hat sich nach dem 8. Mai 1945 bis zum Inkrafttreten dieses Grundgesetzes die Landeszugehörigkeit eines Gebietes geändert, so steht in diesem Gebiete das Vermögen des Landes, dem das Gebiet angehört hat, dem Lande zu, dem es jetzt angehört.

(2) Das Vermögen nicht mehr bestehender Länder und nicht mehr bestehender anderer Körperschaften und Anstalten des öffentlichen Rechtes geht, soweit es nach seiner ursprünglichen Zweckbestimmung überwiegend für Verwaltungsaufgaben bestimmt war, oder nach seiner gegenwärtigen, nicht nur vorübergehenden Benutzung überwiegend Verwaltungsaufgaben dient, auf das Land oder die Körperschaft oder Anstalt des öffentlichen Rechtes über, die nunmehr diese Aufgaben erfüllen.

(3) Grundvermögen nicht mehr bestehender Länder geht einschließlich des Zubehörs, soweit es nicht bereits zu Vermögen im Sinne des Absatzes 1 gehört, auf das Land über, in dessen Gebiet es belegen ist.

(4) Sofern ein überwiegendes Interesse des Bundes oder das besondere Interesse eines Gebietes es erfordert, kann durch Bundesgesetz eine von den Absätzen 1 bis 3 abweichende Regelung getroffen werden.

(5) Im übrigen wird die Rechtsnachfolge und die Auseinandersetzung, soweit sie nicht bis zum 1. Januar 1952 durch Vereinbarung zwischen den beteiligten Ländern oder Körperschaften oder Anstalten des öffentlichen Rechtes erfolgt, durch Bundesgesetz geregelt, das der Zustimmung des Bundesrates bedarf.

(6) Beteiligungen des ehemaligen Landes Preußen an Unternehmen des privaten Rechtes gehen auf den Bund über. Das Nähere regelt ein Bundesgesetz, das auch Abweichendes bestimmen kann.

(7) Soweit über Vermögen, das einem Lande oder einer Körperschaft oder Anstalt des öffentlichen Rechtes nach den Absätzen 1 bis 3 zufallen würde, von dem danach Berechtigten durch ein Landesgesetz, auf Grund eines Landesgesetzes oder in anderer Weise bei Inkrafttreten des Grundgesetzes verfügt worden war, gilt der Vermögensübergang als vor der Verfügung erfolgt.

Artikel 136

(1) Der Bundesrat tritt erstmalig am Tage des ersten Zusammentrittes des Bundestages zusammen.

(2) Bis zur Wahl des ersten Bundespräsidenten werden dessen Befugnisse von dem Präsidenten des Bundesrates ausgeübt. Das Recht der Auflösung des Bundestages steht ihm nicht zu.

Artikel 137

(1) Die Wählbarkeit von Beamten, Angestellten des öffentlichen Dienstes und Richtern im Bunde, in den Ländern und den Gemeinden kann gesetzlich beschränkt werden.

(2) Für die Wahl des ersten Bundestages, der ersten Bundesversammlung und des ersten Bundespräsidenten der Bundesrepublik gilt das vom Parlamentarischen Rat zu beschließende Wahlgesetz.

(3) Die dem Bundesverfassungsgerichte gemäß Artikel 41 Absatz 2 zustehende Befugnis wird bis zu seiner Errichtung von dem Deutschen Obergericht für das Vereinigte Wirtschaftsgebiet wahrgenommen, das nach Maßgabe seiner Verfahrensordnung entscheidet.

Artikel 138

Änderungen der Einrichtungen des jetzt bestehenden Notariats in den Ländern Baden, Bayern, Württemberg-Baden und Württemberg-Hohenzollern bedürfen der Zustimmung der Regierungen dieser Länder.

Artikel 139

Die zur „Befreiung des deutschen Volkes vom Nationalsozialismus und Militarismus" erlassenen Rechtsvorschriften werden von den Bestimmungen dieses Grundgesetzes nicht berührt.

Artikel 140

Die Bestimmungen der Artikel 136, 137, 138, 139 und 141 der deutschen Verfassung vom 11. August 1919 sind Bestandteil dieses Grundgesetzes.

Artikel 141

Artikel 7 Absatz 3 Satz 1 findet keine Anwendung in einem Lande, in dem am 1. Januar 1949 eine andere landesrechtliche Regelung bestand.

Artikel 142

Ungeachtet der Vorschrift des Artikels 31 bleiben Bestimmungen der Landesverfassungen auch insoweit in Kraft, als sie in Übereinstimmung mit den Artikeln 1 bis 18 dieses Grundgesetzes Grundrechte gewährleisten.

Artikel 143

(1) Wer mit Gewalt oder durch Drohung mit Gewalt die verfassungsmäßige Ordnung des Bundes oder eines Landes ändert, den Bundespräsidenten der ihm nach diesem Grundgesetze zustehenden Befugnisse beraubt oder mit Gewalt oder durch gefährliche Drohung nötigt oder hindert, sie überhaupt oder in einem bestimmten Sinne auszuüben, oder ein zum Bunde oder einem Lande gehöriges Gebiet losreißt, wird mit lebenslangem Zuchthaus oder Zuchthaus nicht unter zehn Jahren bestraft.

(2) Wer zu einer Handlung im Sinne des Absatzes 1 öffentlich auffordert oder sie mit einem anderen verabredet oder in anderer Weise vorbereitet, wird mit Zuchthaus bis zu zehn Jahren bestraft.

(3) In minder schweren Fällen kann in den Fällen des Absatzes 1 auf Zuchthaus nicht unter zwei Jahren, in den Fällen des Absatzes 2 auf Gefängnis nicht unter einem Jahr erkannt werden.

(4) Wer aus freien Stücken seine Tätigkeit aufgibt oder bei Beteiligung mehrerer die verabredete Handlung verhindert, kann nicht nach den Vorschriften der Absätze 1 bis 3 bestraft werden.

(5) Für die Aburteilung ist, sofern die Handlung sich ausschließlich gegen die verfassungsmäßige Ordnung eines Landes richtet, mangels anderweitiger landesrechtlicher Regelung das für Strafsachen zuständige oberste Gericht des Landes zuständig. Im übrigen ist das Oberlandesgericht zuständig, in dessen Bezirk die erste Bundesregierung ihren Sitz hat.

(6) Die vorstehenden Vorschriften gelten bis zu einer anderweitigen Regelung durch Bundesgesetz.

Artikel 144

(1) Dieses Grundgesetz bedarf der Annahme durch die Volksvertretungen in zwei Dritteln der deutschen Länder, in denen es zunächst gelten soll.

(2) Soweit die Anwendung dieses Grundgesetzes in einem der in Artikel 23 aufgeführten Länder oder in einem Teile eines dieser

Länder Beschränkungen unterliegt, hat das Land oder der Teil des Landes das Recht, gemäß Artikel 38 Vertreter in den Bundestag und gemäß Artikel 50 Vertreter in den Bundesrat zu entsenden.

Artikel 145

(1) Der Parlamentarische Rat stellt in öffentlicher Sitzung unter Mitwirkung der Abgeordneten Groß-Berlins die Annahme dieses Grundgesetzes fest, fertigt es aus und verkündet es.

(2) Dieses Grundgesetz tritt mit Ablauf des Tages der Verkündung in Kraft.

(3) Es ist im Bundesgesetzblatte zu veröffentlichen.

Artikel 146

Dieses Grundgesetz verliert seine Gültigkeit an dem Tage, an dem eine Verfassung in Kraft tritt, die von dem deutschen Volke in freier Entscheidung beschlossen worden ist.

20. Die Verfassung der Deutschen Demokratischen Republik vom 7. Oktober 1949

Von dem Willen erfüllt, die Freiheit und die Rechte des Menschen zu verbürgen, das Gemeinschafts- und Wirtschaftsleben in sozialer Gerechtigkeit zu gestalten, dem gesellschaftlichen Fortschritt zu dienen, die Freundschaft mit allen Völkern zu fördern und den Frieden zu sichern, hat sich das deutsche Volk diese Verfassung gegeben.

A. Grundlagen der Staatsgewalt

Artikel 1

(1) Deutschland ist eine unteilbare demokratische Republik; sie baut sich auf den deutschen Ländern auf.

(2) Die Republik entscheidet alle Angelegenheiten, die für den Bestand und die Entwicklung des deutschen Volkes in seiner Gesamtheit wesentlich sind; alle übrigen Angelegenheiten werden von den Ländern selbständig entschieden.

(3) Die Entscheidungen der Republik werden grundsätzlich von den Ländern ausgeführt.

(4) Es gibt nur eine deutsche Staatsangehörigkeit.

Artikel 2

(1) Die Farben der Deutschen Demokratischen Republik sind Schwarz-Rot-Gold.

(2) Die Hauptstadt der Republik ist Berlin.

Artikel 3

(1) Alle Staatsgewalt geht vom Volke aus.

(2) Jeder Bürger hat das Recht und die Pflicht zur Mitgestaltung in seiner Gemeinde, seinem Kreise, seinem Lande und in der Deutschen Demokratischen Republik.

(3) Das Mitbestimmungsrecht der Bürger wird wahrgenommen durch:

Teilnahme an Volksbegehren und Volksentscheiden;

Ausübung des aktiven und passiven Wahlrechts;

Übernahme öffentlicher Ämter in Verwaltung und Rechtsprechung.

(4) Jeder Bürger hat das Recht, Eingaben an die Volksvertretung zu richten.

(5) Die Staatsgewalt muß dem Wohl des Volkes, der Freiheit, dem Frieden und dem demokratischen Fortschritt dienen.

(6) Die im öffentlichen Dienst Tätigen sind Diener der Gesamtheit und nicht einer Partei. Ihre Tätigkeit wird von der Volksvertretung überwacht.

Artikel 4

(1) Alle Maßnahmen der Staatsgewalt müssen den Grundsätzen entsprechen, die in der Verfassung zum Inhalt der Staatsgewalt erklärt sind. Über die Verfassungsmäßigkeit der Maßnahmen entscheidet die Volksvertretung gemäß Artikel 66 dieser Verfassung. Gegen Maßnahmen, die den Beschlüssen der Volksvertretung widersprechen, hat jedermann das Recht und die Pflicht zum Widerstand.

(2) Jeder Bürger ist verpflichtet, im Sinne der Verfassung zu handeln und sie gegen ihre Feinde zu verteidigen.

Artikel 5

(1) Die allgemein anerkannten Regeln des Völkerrechts binden die Staatsgewalt und jeden Bürger.

(2) Die Aufrechterhaltung und Wahrung freundschaftlicher Beziehungen zu allen Völkern ist die Pflicht der Staatsgewalt.

(3) Kein Bürger darf an kriegerischen Handlungen teilnehmen, die der Unterdrückung eines Volkes dienen.

B. Inhalt und Grenzen der Staatsgewalt

I. Rechte des Bürgers

Artikel 6

(1) Alle Bürger sind vor dem Gesetz gleichberechtigt.

(2) Boykotthetze gegen demokratische Einrichtungen und Organisationen, Mordhetze gegen demokratische Politiker, Bekundung von Glaubens-, Rassen-, Völkerhaß, militaristische Pro-

paganda sowie Kriegshetze und alle sonstigen Handlungen, die sich gegen die Gleichberechtigung richten, sind Verbrechen im Sinne des Strafgesetzbuches. Ausübung demokratischer Rechte im Sinne der Verfassung ist keine Boykotthetze.

(3) Wer wegen Begehung dieser Verbrechen bestraft ist, kann weder im öffentlichen Dienst noch in leitenden Stellen im wirtschaftlichen und kulturellen Leben tätig sein. Er verliert das Recht, zu wählen und gewählt zu werden.

Artikel 7
(1) Mann und Frau sind gleichberechtigt.

(2) Alle Gesetze und Bestimmungen, die der Gleichberechtigung der Frau entgegenstehen, sind aufgehoben.

Artikel 8
(1) Persönliche Freiheit, Unverletzlichkeit der Wohnung, Postgeheimnis und das Recht, sich an einem beliebigen Ort niederzulassen, sind gewährleistet. Die Staatsgewalt kann diese Freiheiten nur auf Grund der für alle Bürger geltenden Gesetze einschränken oder entziehen.

Artikel 9
(1) Alle Bürger haben das Recht, innerhalb der Schranken der für alle geltenden Gesetze ihre Meinung frei und öffentlich zu äußern und sich zu diesem Zweck friedlich und unbewaffnet zu versammeln. Diese Freiheit wird durch kein Dienst- oder Arbeitsverhältnis beschränkt; niemand darf benachteiligt werden, wenn er von diesem Recht Gebrauch macht.

(2) Eine Pressezensur findet nicht statt.

Artikel 10
(1) Kein Bürger darf einer auswärtigen Macht ausgeliefert werden.

(2) Fremde Staatsbürger werden weder ausgeliefert noch ausgewiesen, wenn sie wegen ihres Kampfes für die in dieser Verfassung niedergelegten Grundsätze im Ausland verfolgt werden.

(3) Jeder Bürger ist berechtigt, auszuwandern. Dieses Recht kann nur durch Gesetz der Republik beschränkt werden.

Artikel 11

(1) Die fremdsprachigen Volksteile der Republik sind durch Gesetzgebung und Verwaltung in ihrer freien volkstümlichen Entwicklung zu fördern; sie dürfen insbesondere am Gebrauch ihrer Muttersprache im Unterricht, in der inneren Verwaltung und in der Rechtspflege nicht gehindert werden.

Artikel 12

(1) Alle Bürger haben das Recht, zu Zwecken, die den Strafgesetzen nicht zuwiderlaufen, Vereine oder Gesellschaften zu bilden.

Artikel 13

(1) Vereinigungen, die die demokratische Gestaltung des öffentlichen Lebens auf der Grundlage dieser Verfassung satzungsgemäß erstreben und deren Organe durch ihre Mitglieder bestimmt werden, sind berechtigt, Wahlvorschläge für die Volksvertretungen der Gemeinden, Kreise und Länder einzureichen.

(2) Wahlvorschläge für die Volkskammer dürfen nur die Vereinigungen aufstellen, die nach ihrer Satzung die demokratische Gestaltung des staatlichen und gesellschaftlichen Lebens der gesamten Republik erstreben und deren Organisation das ganze Staatsgebiet umfaßt.

Artikel 14

(1) Das Recht, Vereinigungen zur Förderung der Lohn- und Arbeitsbedingungen anzugehören, ist für jedermann gewährleistet. Alle Abreden und Maßnahmen, welche diese Freiheit einschränken oder zu behindern suchen, sind rechtswidrig und verboten.

(2) Das Streikrecht der Gewerkschaften ist gewährleistet.

Artikel 15

(1) Die Arbeitskraft wird vom Staat geschützt.

(2) Das Recht auf Arbeit wird verbürgt. Der Staat sichert durch Wirtschaftslenkung jedem Bürger Arbeit und Lebensunterhalt. Soweit dem Bürger angemessene Arbeitsgelegenheit nicht nachgewiesen werden kann, wird für seinen notwendigen Unterhalt gesorgt.

Artikel 16

(1) Jeder Arbeitende hat ein Recht auf Erholung, auf jährlichen Urlaub gegen Entgelt, auf Versorgung bei Krankheit und im Alter.

(2) Der Sonntag, die Feiertage und der 1. Mai sind Tage der Arbeitsruhe und stehen unter dem Schutz der Gesetze.

(3) Der Erhaltung der Gesundheit und Arbeitsfähigkeit der arbeitenden Bevölkerung, dem Schutze der Mutterschaft und der Vorsorge gegen die wirtschaftlichen Folgen von Alter, Invalidität, Arbeitslosigkeit und sonstigen Wechselfällen des Lebens dient ein einheitliches, umfassendes Sozialversicherungswesen auf der Grundlage der Selbstverwaltung der Versicherten.

Artikel 17

(1) Die Regelung der Produktion sowie der Lohn- und Arbeitsbedingungen in den Betrieben erfolgt unter maßgeblicher Mitbestimmung der Arbeiter und Angestellten.

(2) Die Arbeiter und Angestellten nehmen diese Rechte durch Gewerkschaften und Betriebsräte wahr.

Artikel 18

(1) Die Republik schafft unter maßgeblicher Mitbestimmung der Werktätigen ein einheitliches Arbeitsrecht, eine einheitliche Arbeitsgerichtsbarkeit und einen einheitlichen Arbeitsschutz.

(2) Die Arbeitsbedingungen müssen so beschaffen sein, daß die Gesundheit, die kulturellen Ansprüche und das Familienleben der Werktätigen gesichert sind.

(3) Das Arbeitsentgelt muß der Leistung entsprechen und ein menschenwürdiges Dasein für den Arbeitenden und seine unterhaltsberechtigten Angehörigen gewährleisten.

(4) Mann und Frau, Erwachsener und Jugendlicher haben bei gleicher Arbeit das Recht auf gleichen Lohn.

(5) Die Frau genießt besonderen Schutz im Arbeitsverhältnis. Durch Gesetz der Republik werden Einrichtungen geschaffen, die es gewährleisten, daß die Frau ihre Aufgabe als Bürgerin und Schaffende mit ihren Pflichten als Frau und Mutter vereinbaren kann.

(6) Die Jugend wird gegen Ausbeutung geschützt und vor sittlicher, körperlicher und geistiger Verwahrlosung bewahrt. Kinderarbeit ist verboten.

II. Wirtschaftsordnung

Artikel 19

(1) Die Ordnung des Wirtschaftslebens muß den Grundsätzen sozialer Gerechtigkeit entsprechen; sie muß allen ein menschenwürdiges Dasein sichern.

(2) Die Wirtschaft hat dem Wohle des ganzen Volkes und der Deckung seines Bedarfes zu dienen; sie hat jedermann einen seiner Leistung entsprechenden Anteil an dem Ergebnis der Produktion zu sichern.

(3) Im Rahmen dieser Aufgaben und Ziele ist die wirtschaftliche Freiheit des einzelnen gewährleistet.

Artikel 20

(1) Bauern, Handel- und Gewerbetreibende sind in der Entfaltung ihrer privaten Initiative zu unterstützen. Die genossenschaftliche Selbsthilfe ist auszubauen.

Artikel 21

(1) Zur Sicherung der Lebensgrundlagen und zur Steigerung des Wohlstandes seiner Bürger stellt der Staat durch die gesetzgebenden Organe, unter unmittelbarer Mitwirkung seiner Bürger den öffentlichen Wirtschaftsplan auf. Die Überwachung seiner Durchführung ist Aufgabe der Volksvertretungen.

Artikel 22

(1) Das Eigentum wird von der Verfassung gewährleistet. Sein Inhalt und seine Schranken ergeben sich aus den Gesetzen und den sozialen Pflichten gegenüber der Gemeinschaft.

(2) Das Erbrecht wird nach Maßgabe des bürgerlichen Rechts gewährleistet. Der Anteil des Staates am Erbe wird durch Gesetz bestimmt.

(3) Die geistige Arbeit, das Recht der Urheber, der Erfinder und der Künstler genießen den Schutz, die Förderung und die Fürsorge der Republik.

Artikel 23

(1) Beschränkungen des Eigentums und Enteignungen können nur zum Wohle der Allgemeinheit und auf gesetzlicher Grundlage vorgenommen werden. Sie erfolgen gegen angemessene Entschä-

digung, soweit das Gesetz nichts anderes bestimmt. Wegen der Höhe der Entschädigung ist im Streitfall der Rechtsweg bei den ordentlichen Gerichten offenzuhalten, soweit ein Gesetz nichts anderes bestimmt.

Artikel 24

(1) Eigentum verpflichtet. Sein Gebrauch darf dem Gemeinwohl nicht zuwiderlaufen.

(2) Der Mißbrauch des Eigentums durch Begründung wirtschaftlicher Machtstellung zum Schaden des Gemeinwohls hat die entschädigungslose Enteignung und Überführung in das Eigentum des Volkes zur Folge.

(3) Die Betriebe der Kriegsverbrecher und aktiven Nationalsozialisten sind enteignet und gehen in Volkseigentum über. Das gleiche gilt für private Unternehmungen, die sich in den Dienst einer Kriegspolitik stellen.

(4) Alle privaten Monopolorganisationen, wie Kartelle, Syndikate, Konzerne, Trusts und ähnliche auf Gewinnsteigerung durch Produktions-, Preis- und Absatzregelung gerichtete private Organisationen sind aufgehoben und verboten.

(5) Der private Großgrundbesitz, der mehr als 100 Hektar umfaßt, ist aufgelöst und wird ohne Entschädigung aufgeteilt.

(6) Nach Durchführung dieser Bodenreform wird den Bauern das Privateigentum an ihrem Boden gewährleistet.

Artikel 25

(1) Alle Bodenschätze, alle wirtschaftlich nutzbaren Naturkräfte sowie die zu ihrer Nutzbarmachung bestimmten Betriebe des Bergbaues, der Eisen- und Stahlerzeugung und der Energiewirtschaft sind in Volkseigentum zu überführen.

(2) Bis dahin untersteht ihre Nutzung der Aufsicht der Länder und, soweit gesamtdeutsche Interessen in Frage kommen, der Aufsicht der Republik.

Artikel 26

(1) Die Verteilung und Nutzung des Bodens wird überwacht und jeder Mißbrauch verhütet. Die Wertsteigerung des Bodens, die ohne Arbeits- und Kapitalaufwendung für das Grundstück entsteht, ist für die Gesamtheit nutzbar zu machen.

(2) Jedem Bürger und jeder Familie ist eine gesunde und ihren Bedürfnissen entsprechende Wohnung zu sichern. Opfer des Faschismus, Schwer-Körperbehinderte, Kriegsgeschädigte und Umsiedler sind dabei bevorzugt zu berücksichtigen.

(3) Die Erhaltung und Förderung der Ertragssicherheit der Landwirtschaft wird auch durch Landschaftsgestaltung und Landschaftspflege gewährleistet.

Artikel 27

(1) Private wirtschaftliche Unternehmungen, die für die Vergesellschaftung geeignet sind, können durch Gesetz nach den für die Enteignung geltenden Bestimmungen in Gemeineigentum überführt werden.

(2) Auf Grund eines Gesetzes kann der Republik, den Ländern, den Kreisen oder Gemeinden durch Beteiligung an der Verwaltung oder in anderer Weise ein bestimmender Einfluß auf Unternehmungen oder Verbände gesichert werden.

(3) Durch Gesetz können wirtschaftliche Unternehmungen und Verbände auf der Grundlage der Selbstverwaltung zusammengeschlossen werden, um die Mitwirkung aller schaffender Volksteile zu sichern, Arbeiter und Unternehmer an der Verwaltung zu beteiligen und Erzeugung, Herstellung, Verteilung, Verwendung, Preisgestaltung sowie Ein- und Ausfuhr der Wirtschaftsgüter nach gemeinwirtschaftlichen Grundsätzen zu regeln.

(4) Die Konsum-, Erwerbs- und Wirtschaftsgenossenschaften sowie die landwirtschaftlichen Genossenschaften und deren Vereinigungen sind unter Berücksichtigung ihrer Verfassung und Eigenart in die Gemeinwirtschaft einzugliedern.

Artikel 28

(1) Die Veräußerung und Belastung von Grundbesitz, Produktionsstätten und Beteiligungen, die sich im Eigentum des Volkes befinden, bedürfen der Zustimmung der für ihren Rechtsträger zuständigen Volksvertretung. Diese Zustimmung kann nur mit zwei Dritteln der gesetzlichen Mitgliederzahl erteilt werden.

Artikel 29

(1) Das Vermögen und das Einkommen werden progressiv nach sozialen Gesichtspunkten unter besonderer Berücksichtigung der familiären Lasten besteuert.

(2) Bei der Besteuerung ist auf erarbeitetes Vermögen und Einkommen besonders Rücksicht zu nehmen.

III. Familie und Mutterschaft

Artikel 30

(1) Ehe und Familie bilden die Grundlage des Gemeinschaftslebens. Sie stehen unter dem Schutz des Staates.

(2) Gesetze und Bestimmungen, die die Gleichberechtigung von Mann und Frau in der Familie beeinträchtigen, sind aufgehoben.

Artikel 31

(1) Die Erziehung der Kinder zu geistig und körperlich tüchtigen Menschen im Geiste der Demokratie ist das natürliche Recht der Eltern und deren oberste Pflicht gegenüber der Gesellschaft.

Artikel 32

(1) Die Frau hat während der Mutterschaft Anspruch auf besonderen Schutz und Fürsorge des Staates.

(2) Die Republik erläßt ein Mutterschutzgesetz. Einrichtungen zum Schutze für Mutter und Kind sind zu schaffen.

Artikel 33

(1) Außereheliche Geburt darf weder dem Kinde noch seinen Eltern zum Nachteil gereichen.

(2) Entgegenstehende Gesetze und Bestimmungen sind aufgehoben.

IV. Erziehung und Bildung

Artikel 34

(1) Die Kunst, die Wissenschaft und ihre Lehre sind frei.

(2) Der Staat nimmt an ihrer Pflege teil und gewährt ihnen Schutz, insbesondere gegen den Mißbrauch für Zwecke, die den Bestimmungen und dem Geist der Verfassung widersprechen.

Artikel 35

(1) Jeder Bürger hat das gleiche Recht auf Bildung und auf freie Wahl seines Berufes.

(2) Die Bildung der Jugend sowie die geistige und fachliche Weiterbildung der Bürger werden auf allen Gebieten des staatlichen und gesellschaftlichen Lebens durch die öffentlichen Einrichtungen gesichert.

Artikel 36

(1) Die Einrichtung des öffentlichen Schulwesens und die Durchführung des Schulunterrichtes obliegen den Ländern. Die Republik erläßt hierzu einheitliche gesetzliche Grundbestimmungen. Die Republik kann selbst öffentliche Schuleinrichtungen schaffen.

(2) Für die Ausbildung der Lehrer erläßt die Republik einheitliche Bestimmungen. Die Ausbildung erfolgt an Universitäten oder an ihnen gleichgestellten Hochschulen.

Artikel 37

(1) Die Schule erzieht die Jugend im Geiste der Verfassung zu selbständig denkenden, verantwortungsbewußt handelnden Menschen, die fähig und bereit sind, sich in das Leben der Gemeinschaft einzuordnen.

(2) Als Mittlerin der Kultur hat die Schule die Aufgabe, die Jugend im Geiste des friedlichen und freundschaftlichen Zusammenlebens der Völker und einer echten Demokratie zu wahrer Humanität zu erziehen.

(3) Die Eltern wirken bei der Schulerziehung ihrer Kinder durch Elternbeiräte mit.

Artikel 38

(1) Allgemeine Schulpflicht besteht bis zum vollendeten 18. Lebensjahr. Nach Beendigung der für alle Kinder obligatorischen Grundschule erfolgt die Weiterbildung in der Berufsschule oder Fachschule, in der Oberschule und anderen öffentlichen Bildungseinrichtungen. Der Besuch der Berufsschule ist Pflicht aller Jugendlichen bis zum vollendeten 18. Lebensjahre, wenn sie keine andere Schule besuchen. Privatschulen als Ersatz für öffentliche Schulen sind unzulässig.

(2) Die Berufs- und Fachschulen dienen der allgemeinen und beruflichen Weiterbildung.

(3) Die Oberschule bereitet für die Hochschule vor. Der Weg zur Hochschule führt jedoch nicht nur über die Oberschule, sondern auch über andere öffentliche Bildungsanstalten, die zu diesem Zweck auszubauen und zu schaffen sind.

(4) Allen Bürgern ist durch Vorstudienanstalten der Besuch der Hochschule zu ermöglichen.

(5) Den Angehörigen aller Schichten des Volkes wird die Möglichkeit gegeben, ohne Unterbrechung ihrer Berufstätigkeit Kenntnisse in Volkshochschulen zu erwerben.

Artikel 39

(1) Jedem Kind muß die Möglichkeit zur allseitigen Entfaltung seiner körperlichen, geistigen und sittlichen Kräfte gegeben werden. Der Bildungsgang der Jugend darf nicht abhängig sein von der sozialen und wirtschaftlichen Lage des Elternhauses. Vielmehr ist Kindern, die durch soziale Verhältnisse benachteiligt sind, besondere Aufmerksamkeit zuzuwenden. Der Besuch der Fachschule, der Oberschule und der Hochschule ist Begabten aus allen Schichten des Volkes zu ermöglichen.

(2) Es besteht Schulgeldfreiheit. Die Lernmittel an den Pflichtschulen sind unentgeltlich. Der Besuch der Fachschule, Oberschule und Hochschule wird im Bedarfsfalle durch Unterhaltsbeihilfen und andere Maßnahmen gefördert.

Artikel 40

(1) Der Religionsunterricht ist Angelegenheit der Religionsgemeinschaften. Die Ausübung des Rechtes wird gewährleistet.

V. Religion und Religionsgemeinschaften

Artikel 41

(1) Jeder Bürger genießt volle Glaubens- und Gewissensfreiheit. Die ungestörte Religionsausübung steht unter dem Schutz der Republik.

(2) Einrichtungen von Religionsgemeinschaften, religiöse Handlungen und der Religionsunterricht dürfen nicht für verfassungswidrige oder parteipolitische Zwecke mißbraucht werden.

Jedoch bleibt das Recht der Religionsgemeinschaften, zu den Lebensfragen des Volkes von ihrem Standpunkt aus Stellung zu nehmen, unbestritten.

Artikel 42

(1) Private oder staatsbürgerliche Rechte und Pflichten werden durch die Religionsausübung weder bedingt noch beschränkt.

(2) Die Ausübung privater oder staatsbürgerlicher Rechte oder die Zulassung zum öffentlichen Dienst sind unabhängig von dem religiösen Bekenntnis.

(3) Niemand ist verpflichtet, seine religiöse Überzeugung zu offenbaren. Die Verwaltungsorgane haben nur insoweit das Recht, nach der Zugehörigkeit zu einer Religionsgemeinschaft zu fragen, als davon Rechte oder Pflichten abhängen oder eine gesetzlich angeordnete statistische Erhebung dies erfordert.

(4) Niemand darf zu einer kirchlichen Handlung oder Feierlichkeit oder zur Teilnahme an religiösen Übungen oder zur Benutzung einer religiösen Eidesformel gezwungen werden.

Artikel 43

(1) Es besteht keine Staatskirche. Die Freiheit der Vereinigung zu Religionsgemeinschaften wird gewährleistet.

(2) Jede Religionsgemeinschaft ordnet und verwaltet ihre Angelegenheiten selbständig nach Maßgabe der für alle geltenden Gesetze.

(3) Die Religionsgemeinschaften bleiben Körperschaften des öffentlichen Rechtes, soweit sie es bisher waren. Andere Religionsgemeinschaften erhalten auf ihren Antrag gleiche Rechte, wenn sie durch ihre Verfassung und die Zahl ihrer Mitglieder die Gewähr der Dauer bieten. Schließen sich mehrere derartige öffentlich-rechtliche Religionsgemeinschaften zu einem Verbande zusammen, so ist auch dieser Verband eine öffentlich-rechtliche Körperschaft.

(4) Die öffentlich-rechtlichen Religionsgemeinschaften sind berechtigt, von ihren Mitgliedern Steuern auf Grund der staatlichen Steuerlisten nach Maßgabe der allgemeinen Bestimmungen zu erheben.

(5) Den Religionsgemeinschaften werden Vereinigungen gleichgestellt, die sich die gemeinschaftliche Pflege einer Weltanschauung zur Aufgabe machen.

Artikel 44
(1) Das Recht der Kirche auf Erteilung von Religionsunterricht in den Räumen der Schule ist gewährleistet. Der Religionsunterricht wird von den durch die Kirche ausgewählten Kräften erteilt. Niemand darf gezwungen oder gehindert werden, Religionsunterricht zu erteilen. Über die Teilnahme am Religionsunterricht bestimmen die Erziehungsberechtigten.

Artikel 45
(1) Die auf Gesetz, Vertrag oder besonderen Rechtstiteln beruhenden öffentlichen Leistungen an die Religionsgemeinschaften werden durch Gesetz abgelöst.

(2) Das Eigentum sowie andere Rechte der Religionsgemeinschaften und religiösen Vereine an ihren für Kultus-, Unterrichts- und Wohltätigkeitszwecke bestimmten Anstalten, Stiftungen und sonstigen Vermögen werden gewährleistet.

Artikel 46
(1) Soweit das Bedürfnis nach Gottesdienst und Seelsorge in Krankenhäusern, Strafanstalten oder anderen öffentlichen Anstalten besteht, sind die Religionsgesellschaften zur Vornahme religiöser Handlungen zugelassen. Niemand darf zur Teilnahme an solchen Handlungen gezwungen werden.

Artikel 47
(1) Wer aus einer Religionsgesellschaft öffentlichen Rechtes mit bürgerlicher Wirkung austreten will, hat den Austritt bei Gericht zu erklären oder als Einzelerklärung in öffentlich beglaubigter Form einzureichen.

Artikel 48
(1) Die Entscheidung über die Zugehörigkeit von Kindern zu einer Religionsgesellschaft steht bis zu deren vollendetem vierzehnten Lebensjahr den Erziehungsberechtigten zu. Von da ab entscheidet das Kind selbst über seine Zugehörigkeit zu einer Religions- oder Weltanschauungsgemeinschaft.

VI. Wirksamkeit der Grundrechte

Artikel 49

(1) Soweit diese Verfassung die Beschränkung eines der vorstehenden Grundrechte durch Gesetz zuläßt oder die nähere Ausgestaltung einem Gesetz vorbehält, muß das Grundrecht als solches unangetastet bleiben.

C. Aufbau der Staatsgewalt

I. Volksvertretung der Republik

Artikel 50

(1) Höchstes Organ der Republik ist die Volkskammer.

Artikel 51

(1) Die Volkskammer besteht aus den Abgeordneten des deutschen Volkes.

(2) Die Abgeordneten werden in allgemeiner, gleicher, unmittelbarer und geheimer Wahl nach den Grundsätzen des Verhältniswahlrechtes auf die Dauer von vier Jahren gewählt.

(3) Die Abgeordneten sind Vertreter des ganzen Volkes. Sie sind nur ihrem Gewissen unterworfen und an Aufträge nicht gebunden.

Artikel 52

(1) Wahlberechtigt sind alle Bürger, die das 18. Lebensjahr vollendet haben.

(2) Wählbar ist jeder Bürger, der das 21. Lebensjahr vollendet hat.

(3) Die Volkskammer besteht aus 400 Abgeordneten. Das Nähere bestimmt ein Wahlgesetz.

Artikel 53

(1) Wahlvorschläge zur Volkskammer können nur von solchen Vereinigungen eingereicht werden, die den Voraussetzungen des Artikels 13 Abs. 2 entsprechen.

(2) Näheres wird durch ein Gesetz der Republik bestimmt.

Artikel 54

(1) Die Wahl findet an einem Sonntag oder gesetzlichen Feiertag statt. Wahlfreiheit und Wahlgeheimnis werden gewährleistet.

Artikel 55

(1) Die Volkskammer tritt spätestens am 30. Tage nach der Wahl zusammen, falls sie nicht vom bisherigen Präsidium früher einberufen wird.

(2) Der Präsident muß die Volkskammer einberufen, wenn die Regierung oder mindestens ein Fünftel der Abgeordneten der Volkskammer es verlangen.

Artikel 56

(1) Spätestens am 60. Tage nach Ablauf der Wahlperiode oder am 45. Tage nach Auflösung der Volkskammer muß deren Neuwahl stattfinden.

(2) Vor Ablauf der Wahlperiode findet eine Auflösung der Volkskammer, abgesehen von dem Fall des Artikels 95 Abs. 6, nur durch eigenen Beschluß oder Volksentscheid statt.

(3) Die Auflösung der Volkskammer durch eigenen Beschluß bedarf der Zustimmung von mehr als der Hälfte der gesetzlichen Zahl der Abgeordneten.

Artikel 57

(1) Die Volkskammer wählt bei ihrem ersten Zusammentritt das Präsidium und gibt sich eine Geschäftsordnung.

(2) In dem Präsidium ist jede Fraktion vertreten, soweit sie mindestens 40 Mitglieder hat.

(3) Das Präsidium besteht aus dem Präsidenten, seinen Stellvertretern und den Beisitzern.

(4) Der Präsident führt die Geschäfte des Präsidiums und leitet die Verhandlungen der Volkskammer. Er übt das Hausrecht in der Volkskammer aus.

Artikel 58

(1) Die Beschlüsse des Präsidiums werden mit Stimmenmehrheit gefaßt.

(2) Das Präsidium ist beschlußfähig, wenn mindestens die Hälfte seiner Mitglieder anwesend ist.

(3) Auf Beschluß des Präsidiums beruft der geschäftsführende

Präsident die Volkskammer ein; er beraumt den Termin für Neuwahlen an.

(4) Das Präsidium führt seine Geschäfte fort bis zum Zusammentritt der neuen Volkskammer.

Artikel 59

(1) Die Volkskammer prüft das Recht der Mitgliedschaft und entscheidet über die Gültigkeit der Wahlen.

Artikel 60

(1) Die Volkskammer bestellt für die Zeit, in der sie nicht versammelt ist, und nach Beendigung einer Wahlperiode oder nach der Auflösung der Volkskammer drei ständige Ausschüsse zur Wahrnehmung ihrer Aufgaben, und zwar:

einen Ausschuß für allgemeine Angelegenheiten,
einen Ausschuß für Wirtschafts- und Finanzfragen,
einen Ausschuß für auswärtige Angelegenheiten.

(2) Diese Ausschüsse haben die Rechte von Untersuchungsausschüssen.

Artikel 61

(1) Die Volkskammer faßt ihre Beschlüsse mit Stimmenmehrheit, soweit nicht in dieser Verfassung etwas anderes bestimmt ist.

(2) Sie ist beschlußfähig, wenn mehr als die Hälfte ihrer Mitglieder anwesend ist.

Artikel 62

(1) Die Verhandlungen der Volkskammer und ihrer Ausschüsse sind öffentlich. Ein Ausschluß der Öffentlichkeit findet in der Volkskammer auf Verlangen von zwei Dritteln der anwesenden Abgeordneten statt; in den Ausschüssen ist die Mehrheit der Mitglieder notwendig.

(2) Für wahrheitsgetreue Berichte über öffentliche Sitzungen der Volkskammer oder ihrer Ausschüsse kann niemand zur Verantwortung gezogen werden.

Artikel 63

(1) Zur Zuständigkeit der Volkskammer gehören:
die Bestimmung der Grundsätze der Regierungspolitik und ihrer Durchführung;

die Bestätigung, Überwachung und Abberufung der Regierung;

die Bestimmung der Grundsätze der Verwaltung und die Überwachung der gesamten Tätigkeit des Staates;

das Recht zur Gesetzgebung, soweit nicht ein Volksentscheid stattfindet;

die Beschlußfassung über den Staatshaushalt, den Wirtschaftsplan, Anleihen und Staatskredite der Republik und die Zustimmung zu Staatsverträgen;

der Erlaß von Amnestien;

die Wahl des Präsidenten der Republik gemeinsam mit der Länderkammer;

die Wahl der Mitglieder des Obersten Gerichtshofes der Republik und des Obersten Staatsanwaltes der Republik sowie deren Abberufung.

Artikel 64

(1) Die Volkskammer und jeder ihrer Ausschüsse können die Anwesenheit des Ministerpräsidenten, jedes Ministers, ihrer ständigen Vertreter und der Leiter der Verwaltungen der Republik zum Zwecke der Erteilung von Auskünften verlangen. Die Mitglieder der Regierung und die von ihnen bestellten Beauftragten haben zu den Sitzungen der Volkskammer und ihrer Ausschüsse jederzeit Zutritt.

(2) Auf ihr Verlangen müssen die Regierungsvertreter während der Beratung auch außerhalb der Tagesordnung gehört werden.

(3) Sie unterstehen der Ordnungsgewalt des Präsidenten.

Artikel 65

(1) Zur Überwachung der Tätigkeit der Staatsorgane hat die Volkskammer das Recht und auf Antrag von einem Fünftel der gesetzlichen Zahl der Abgeordneten die Pflicht, Untersuchungsausschüsse einzusetzen. Diese Ausschüsse erheben die Beweise, die sie oder die Antragsteller für erforderlich halten. Sie können zu diesem Zweck Beauftragte entsenden.

(2) Die Gerichte und die Verwaltungen sind verpflichtet, dem Ersuchen dieser Ausschüsse oder ihrer Beauftragten um Beweiserhebungen Folge zu leisten und ihre Akten auf Verlangen zur Einsichtnahme vorzulegen.

(3) Für die Beweiserhebungen der Untersuchungsausschüsse finden die Vorschriften der Strafprozeßordnung entsprechende Anwendung.

Artikel 66

(1) Die Volkskammer bildet für die Dauer der Wahlperiode einen Verfassungsausschuß, in dem alle Fraktionen entsprechend ihrer Stärke vertreten sind. Dem Verfassungsausschuß gehören ferner drei Mitglieder des Obersten Gerichtshofes der Republik sowie drei deutsche Staatsrechtslehrer an, die nicht Mitglieder der Volkskammer sein dürfen.

(2) Die Mitglieder des Verfassungsausschusses werden von der Volkskammer gewählt.

(3) Der Verfassungsausschuß prüft die Verfassungsmäßigkeit von Gesetzen der Republik.

(4) Zweifel an der Verfassungsmäßigkeit von Gesetzen der Republik können nur von mindestens einem Drittel der Mitglieder der Volkskammer, von deren Präsidium, von dem Präsidenten der Republik, von der Regierung der Republik, sowie von der Länderkammer geltend gemacht werden.

(5) Verfassungsstreitigkeiten zwischen der Republik und den Ländern sowie die Vereinbarkeit von Landesgesetzen mit den Gesetzen der Republik prüft der Verfassungsausschuß unter Hinzuziehung von drei gewählten Vertretern der Länderkammer.

(6) Über das Gutachten des Verfassungsausschusses entscheidet die Volkskammer. Ihre Entscheidung ist für jedermann verbindlich.

(7) Die Volkskammer beschließt auch über den Vollzug ihrer Entscheidung.

(8) Die Feststellung der Verfassungswidrigkeit von Regierungs- und Verwaltungsmaßnahmen ist Aufgabe der Volkskammer in Durchführung der ihr übertragenen Verwaltungskontrolle.

Artikel 67

(1) Kein Abgeordneter der Volkskammer darf zu irgendeiner Zeit wegen seiner Abstimmung oder wegen der in Ausübung seiner Abgeordnetentätigkeit getanen Äußerungen gerichtlich oder dienstlich verfolgt oder sonst außerhalb der Versammlung zur Verantwortung gezogen werden. Dies gilt nicht für Verleum-

dungen im Sinne des Strafgesetzbuches, wenn sie als solche von einem Untersuchungsausschuß der Volkskammer festgestellt worden sind.

(2) Beschränkungen der persönlichen Freiheit, Hausdurchsuchungen, Beschlagnahmungen oder Strafverfolgungen sind gegen Abgeordnete nur mit Einwilligung der Volkskammer zulässig.

(3) Jedes Strafverfahren gegen einen Abgeordneten der Volkskammer und jede Haft oder sonstige Beschränkung seiner persönlichen Freiheit wird auf Verlangen des Hauses, dem der Abgeordnete angehört, für die Dauer der Sitzungsperiode aufgehoben.

(4) Die Abgeordneten der Volkskammer sind berechtigt, über Personen, die ihnen in ihrer Eigenschaft als Abgeordnete Tatsachen anvertrauen oder denen sie in Ausübung ihres Abgeordnetenberufes solche Tatsachen anvertraut haben sowie über diese Tatsachen selbst die Aussage zu verweigern. Auch wegen der Beschlagnahme von Schriftstücken stehen sie den Personen gleich, die ein gesetzliches Zeugnisverweigerungsrecht haben.

(5) Eine Untersuchung oder Beschlagnahme darf in den Räumen der Volkskammer nur mit Zustimmung des Präsidiums vorgenommen werden.

Artikel 68

(1) Abgeordnete der Volkskammer bedürfen zur Ausübung ihrer Tätigkeit keines Urlaubs.

(2) Bewerbern um einen Sitz in der Volkskammer ist der zur Vorbereitung der Wahl erforderliche Urlaub zu gewähren.

(3) Gehalt und Lohn sind weiterzuzahlen.

Artikel 69

(1) Die Abgeordneten der Volkskammer erhalten eine steuerfreie Aufwandsentschädigung.

(2) Ein Verzicht auf die Aufwandsentschädigung ist unzulässig.

(3) Der Anspruch auf Aufwandsentschädigung ist nicht übertragbar und nicht pfändbar.

Artikel 70

(1) Die Abgeordneten der Volkskammer haben das Recht zur freien Fahrt auf allen öffentlichen Verkehrsmitteln.

II. Vertretung der Länder

Artikel 71

(1) Zur Vertretung der deutschen Länder wird eine Länderkammer gebildet. In der Länderkammer hat jedes Land für je 500 000 Einwohner einen Abgeordneten. Jedes Land hat mindestens einen Abgeordneten.

Artikel 72

(1) Die Abgeordneten der Länderkammer werden von den Landtagen im Verhältnis der Stärke der Fraktionen auf die Dauer der Wahlperiode des Landtages gewählt. Die Abgeordneten der Länderkammer sollen in der Regel Mitglieder des Landtages sein.

(2) Die Landtage stellen den Willen des Landes zu den in der Länderkammer zu erörternden Angelegenheiten fest. Die Bestimmungen der Länderverfassungen über die Gewissensfreiheit der Abgeordneten bleiben hierdurch unberührt.

Artikel 73

(1) Die Länderkammer wählt ihr Präsidium und gibt sich eine Geschäftsordnung. Das Präsidium besteht aus dem Präsidenten, seinen Stellvertretern und den Beisitzern.

Artikel 74

(1) Die Länderkammer wird von dem Präsidenten einberufen, sobald dies zur Erledigung ihrer Aufgaben erforderlich ist.

(2) Die Länderkammer wird fernerhin einberufen, wenn ein Fünftel ihrer Mitglieder es verlangt.

Artikel 75

(1) Die Sitzungen der Länderkammer sind öffentlich. Nach Maßgabe der Geschäftsordnung kann die Öffentlichkeit für einzelne Beratungsgegenstände ausgeschlossen werden.

Artikel 76

(1) Bei der Abstimmung in der Länderkammer entscheidet die einfache Stimmenmehrheit, soweit nicht diese Verfassung andere Bestimmungen enthält.

Artikel 77

(1) Die Länderkammer kann die erforderlichen Ausschüsse nach Maßgabe der Geschäftsordnung bilden.

Artikel 78

(1) Die Länderkammer hat das Recht, Gesetzesvorlagen bei der Volkskammer einzubringen. Sie hat ein Einspruchsrecht bei der Gesetzgebung nach Maßgabe des Artikel 84 der Verfassung.

Artikel 79

(1) Die Mitglieder der Regierung der Republik und der Landesregierungen haben das Recht und auf Verlangen der Länderkammer die Pflicht, an den Verhandlungen der Länderkammer und ihrer Ausschüsse teilzunehmen. Sie müssen auf ihr Verlangen zu dem zur Verhandlung stehenden Gegenstand jederzeit gehört werden.

(2) Die Volkskammer kann bei besonderem Anlaß Abgeordnete aus ihrer Mitte beauftragen, die Meinung der Volkskammer in der Länderkammer darzulegen; das gleiche Recht steht der Länderkammer zur Darlegung ihrer Meinung in der Volkskammer zu. Die Länderkammer kann gegebenenfalls Mitglieder der Landesregierungen beauftragen, den Standpunkt ihrer Regierung in der Volkskammer darzulegen.

Artikel 80

(1) Die Artikel 67 ff dieser Verfassung über die Rechte der Abgeordneten der Volkskammer gelten entsprechend für die Abgeordneten der Länderkammer.

III. Gesetzgebung

Artikel 81

(1) Die Gesetze werden von der Volkskammer oder unmittelbar vom Volke durch Volksentscheid beschlossen.

Artikel 82

(1) Die Gesetzesvorlagen werden von der Regierung, von der Länderkammer oder aus der Mitte der Volkskammer eingebracht. Über die Gesetzentwürfe finden mindestens zwei Lesungen statt.

Artikel 83

(1) Die Verfassung kann im Wege der Gesetzgebung geändert werden.

(2) Beschlüsse der Volkskammer auf Abänderung der Verfassung kommen nur zustande, wenn zwei Drittel der Abgeordneten anwesend sind und wenn wenigstens zwei Drittel der anwesenden Abgeordneten zustimmen.

(3) Soll durch Volksentscheid eine Verfassungsänderung beschlossen werden, so ist die Zustimmung der Mehrheit der Stimmberechtigten erforderlich.

Artikel 84

(1) Gegen Gesetzesbeschlüsse der Volkskammer steht der Länderkammer ein Einspruchsrecht zu. Der Einspruch muß innerhalb von zwei Wochen nach der Schlußabstimmung in der Volkskammer eingebracht und spätestens innerhalb zweier weiterer Wochen mit Gründen versehen werden. Anderenfalls wird angenommen, daß die Länderkammer von ihrem Einspruchsrecht keinen Gebrauch macht.

(2) Der Einspruch wird hinfällig, wenn die Volkskammer ihren Beschluß nach erneuter Beratung aufrechterhält.

(3) Wurde der Einspruch der Länderkammer mit einer Mehrheit von zwei Dritteln der abstimmenden Abgeordneten beschlossen, so wird er nur dann hinfällig, wenn die Volkskammer ihren Beschluß mit einer Mehrheit von zwei Dritteln der abstimmenden Abgeordneten aufrechterhält.

(4) Richtet sich der Einspruch der Länderkammer gegen einen verfassungsändernden Gesetzesbeschluß der Volkskammer, so bedarf die Beschlußfassung über den Einspruch in der Länderkammer bei Anwesenheit von mindestens zwei Dritteln der Abgeordneten einer Mehrheit von zwei Dritteln der Abstimmenden.

(5) Der Einspruch wird hinfällig, wenn die Volkskammer ihren Beschluß mit der für Verfassungsänderungen vorgeschriebenen Mehrheit ihrer Abgeordneten aufrechterhält.

Artikel 85

(1) Der Präsident der Volkskammer hat die verfassungsmäßig zustande gekommenen Gesetze innerhalb eines Monats auszufer-

tigen. Sie werden vom Präsidenten der Republik unverzüglich im Gesetzblatt der Republik verkündet.

(2) Die Ausfertigung und Verkündung findet nicht statt, wenn innerhalb Monatsfrist die Verfassungswidrigkeit des Gesetzes gemäß Artikel 66 festgestellt worden ist.

(3) Gesetze treten, soweit sie nichts anderes bestimmen, am 14. Tage nach der Verkündung in Kraft.

Artikel 86

(1) Die Ausfertigung und Verkündung eines Gesetzes ist um zwei Monate auszusetzen, wenn es ein Drittel der Abgeordneten der Volkskammer verlangt.

(2) Das Gesetz ist nach Ablauf dieser Frist auszufertigen und zu verkünden, falls nicht ein Volksbegehren auf Volksentscheid gegen den Erlaß des Gesetzes durchgeführt ist.

(3) Gesetze, die die Mehrheit der Mitglieder der Volkskammer für dringlich erklärt, müssen ungeachtet dieses Verlangens ausgefertigt und verkündet werden.

Artikel 87

(1) Ein Gesetz, dessen Verkündung auf Antrag von mindestens einem Drittel der Abgeordneten der Volkskammer ausgesetzt ist, ist dem Volksentscheid zu unterbreiten, wenn ein Zwanzigstel der Stimmberechtigten es beantragt.

(2) Ein Volksentscheid ist ferner herbeizuführen, wenn ein Zehntel der Stimmberechtigten oder wenn anerkannte Parteien oder Massenorganisationen, die glaubhaft machen, daß sie ein Fünftel der Stimmberechtigten vertreten, es beantragen (Volksbegehren).

(3) Dem Volksbegehren ist ein Gesetzentwurf zugrunde zu legen. Er ist von der Regierung unter Darlegung ihrer Stellungnahme der Volkskammer zu unterbreiten.

(4) Der Volksentscheid findet nur statt, wenn das begehrte Gesetz nicht in der Volkskammer in einer Fassung angenommen wird, mit der die Antragsteller oder ihre Vertretungen einverstanden sind.

(5) Über den Haushaltsplan, über die Abgabengesetze und die Besoldungsordnungen findet kein Volksentscheid statt.

(6) Das dem Volksentscheid unterbreitete Gesetz ist angenommen, wenn die Mehrheit der Abstimmenden zugestimmt hat.

(7) Das Verfahren beim Volksbegehren und Volksentscheid regelt ein besonderes Gesetz.

Artikel 88

(1) Der Haushaltsplan und der Wirtschaftsplan werden durch Gesetz beschlossen.

(2) Amnestien bedürfen eines Gesetzes.

(3) Staatsverträge, die sich auf Gegenstände der Gesetzgebung beziehen, sind wie Gesetze zu verkünden.

Artikel 89

(1) Ordnungsgemäß verkündete Gesetze sind von den Richtern auf ihre Verfassungsmäßigkeit nicht zu prüfen.

(2) Nach Einleitung des in Artikel 66 vorgesehenen Prüfungsverfahrens sind bis zu dessen Erledigung anhängige gerichtliche Verfahren auszusetzen.

Artikel 90

(1) Die zur Ausführung der Gesetze der Republik erforderlichen allgemeinen Verwaltungsvorschriften werden, soweit die Gesetze nichts anderes bestimmen, von der Regierung der Republik erlassen.

IV. Regierung der Republik

Artikel 91

(1) Die Regierung der Republik besteht aus dem Ministerpräsidenten und den Ministern.

Artikel 92

(1) Die stärkste Fraktion der Volkskammer benennt den Ministerpräsidenten; er bildet die Regierung. Alle Fraktionen, soweit sie mindestens 40 Mitglieder haben, sind im Verhältnis ihrer Stärke durch Minister oder Staatssekretäre vertreten. Staatssekretäre nehmen mit beratender Stimme an den Sitzungen der Regierung teil.

(2) Schließt sich eine Fraktion aus, so findet die Regierungsbildung ohne sie statt.

(3) Die Minister sollen Abgeordnete der Volkskammer sein.

(4) Die Volkskammer bestätigt die Regierung und billigt das von ihr vorgelegte Programm.

Artikel 93

(1) Die Mitglieder der Regierung werden bei ihrem Amtsantritt vom Präsidenten der Republik eidlich verpflichtet, ihre Geschäfte unparteiisch zum Wohle des Volkes und getreu der Verfassung und den Gesetzen zu führen.

Artikel 94

(1) Die Regierung sowie jedes ihrer Mitglieder bedürfen zur Geschäftsführung des Vertrauens der Volkskammer.

Artikel 95

(1) Die Tätigkeit der Regierung in ihrer Gesamtheit endet mit der Annahme eines Mißtrauensantrages durch die Volkskammer.

(2) Der Mißtrauensantrag kommt nur zur Abstimmung, wenn gleichzeitig mit ihm der neue Ministerpräsident und die von ihm zu befolgenden Grundsätze der Politik vorgeschlagen werden. Über den Mißtrauensantrag und diese Vorschläge wird in ein und derselben Abstimmungshandlung entschieden.

(3) Der Beschluß auf Entziehung des Vertrauens ist nur wirksam, wenn ihm mindestens die Hälfte der gesetzlichen Mitgliederzahl der Abgeordneten zustimmt.

(4) Der Antrag auf Herbeiführung eines solchen Beschlusses muß von mindestens einem Viertel der Mitglieder der Volkskammer unterzeichnet sein. Über den Antrag darf frühestens am zweiten Tage nach seiner Verhandlung abgestimmt werden. Der Antrag muß innerhalb einer Woche nach seiner Einbringung erledigt werden.

(5) Tritt die neue Regierung ihr Amt nicht innerhalb von 21. Tagen nach der Annahme des Mißtrauensantrages an, so wird der Mißtrauensantrag unwirksam.

(6) Wird der neuen Regierung das Mißtrauen ausgesprochen, so gilt die Volkskammer als aufgelöst.

(7) Bis zum Amtsantritt einer neuen Regierung werden die Geschäfte von der bisherigen Regierung weitergeführt.

Artikel 96

(1) Ein Regierungsmitglied, dem durch Beschluß der Volkskammer das Vertrauen entzogen wird, muß zurücktreten. Die Geschäfte sind bis zum Amtsantritt des Nachfolgers fortzuführen, sofern nicht die Volkskammer etwas anderes beschließt.

(2) Die Bestimmungen des Artikels 95 Abs. 3 finden entsprechende Anwendung.

(3) Jedes Regierungsmitglied kann jederzeit den Rücktritt erklären. Sein Geschäftsbereich wird bis zur Bestellung des Nachfolgers von seinem Stellvertreter wahrgenommen, es sei denn, daß die Volkskammer etwas anderes beschließt.

Artikel 97

(1) Der Ministerpräsident führt den Vorsitz in der Regierung und leitet ihre Geschäfte nach einer Geschäftsordnung, die von der Regierung zu beschließen und der Volkskammer mitzuteilen ist.

Artikel 98

(1) Der Ministerpräsident bestimmt die Richtlinien der Regierungspolitik nach Maßgabe der von der Volkskammer aufgestellten Grundsätze. Er ist dafür der Volkskammer verantwortlich.

(2) Innerhalb dieser Richtlinien leitet jeder Minister den ihm anvertrauten Geschäftszweig selbständig unter eigener Verantwortung gegenüber der Volkskammer.

Artikel 99

(1) Die Minister haben der Regierung alle Gesetzentwürfe, ferner Angelegenheiten, für welche die Verfassung oder das Gesetz es vorschreiben, sowie Meinungsverschiedenheiten über Fragen, die den Geschäftsbereich mehrerer Minister berühren, zur Beratung und Beschlußfassung zu unterbreiten.

Artikel 100

(1) Die Regierung faßt ihre Beschlüsse mit Stimmenmehrheit. Bei Stimmengleichheit entscheidet die Stimme des Vorsitzenden.

V. Präsident der Republik

Artikel 101

(1) Der Präsident der Republik wird in gemeinsamer Sitzung von Volkskammer und Länderkammer auf die Dauer von vier Jahren gewählt. Die gemeinsame Sitzung wird vom Präsidenten der Volkskammer einberufen und geleitet.

(2) Wählbar ist jeder Bürger der Republik nach Vollendung des 35. Lebensjahres.

Artikel 102

(1) Der Präsident der Republik leistet bei seinem Amtsantritt in gemeinsamer Sitzung der Volkskammer und der Länderkammer folgenden Eid:

„Ich schwöre, daß ich meine Kraft dem Wohle des deutschen Volkes widmen, die Verfassung und die Gesetze der Republik wahren, meine Pflichten gewissenhaft erfüllen und Gerechtigkeit gegen jedermann üben werde."

Artikel 103

(1) Der Präsident der Republik kann durch gemeinsamen Beschluß der Volkskammer und Länderkammer abberufen werden. Der Beschluß bedarf einer Mehrheit von zwei Dritteln der gesetzlichen Zahl der Abgeordneten.

Artikel 104

(1) Der Präsident der Republik verkündet die Gesetze der Republik.

(2) Er verpflichtet die Regierungsmitglieder bei ihrem Amtsantritt.

Artikel 105

(1) Der Präsident der Republik vertritt die Republik völkerrechtlich.

(2) Er schließt im Namen der Republik Staatsverträge mit auswärtigen Mächten ab und unterzeichnet sie.

(3) Er beglaubigt und empfängt die Botschafter und Gesandten.

Artikel 106

(1) Alle Anordnungen und Verfügungen des Präsidenten der Republik bedürfen zu ihrer Gültigkeit der Gegenzeichnung durch den Ministerpräsidenten oder den zuständigen Minister.

Artikel 107

(1) Der Präsident übt für die Republik das Begnadigungsrecht aus, wobei er von einem Ausschuß der Volkskammer beraten wird.

Artikel 108

(1) Der Präsident der Republik wird im Falle seiner Verhinderung durch den Präsidenten der Volkskammer vertreten. Dauert die Behinderung des Präsidenten der Republik voraussichtlich längere Zeit, so ist die Vertretung durch Gesetz zu regeln.

(2) Das gleiche gilt für den Fall einer vorzeitigen Erledigung der Präsidentschaft bis zur Neuwahl des Präsidenten.

VI. Republik und Länder

Artikel 109

(1) Jedes Land muß eine Verfassung haben, die mit den Grundsätzen der Verfassung der Republik übereinstimmt. Der Landtag ist die höchste und alleinige Volksvertretung des Landes.

(2) Die Volksvertretung muß in allgemeiner, gleicher, unmittelbarer und geheimer Wahl von allen wahlberechtigten Bürgern nach den im Wahlgesetz für die Republik niedergelegten Grundsätzen des Verhältniswahlrechts gewählt werden.

Artikel 110

(1) Die Änderung des Gebiets von Ländern und die Neubildung von Ländern innerhalb der Republik erfolgt durch verfassungsänderndes Gesetz der Republik.

(2) Stimmen die unmittelbar beteiligten Länder zu, so bedarf es nur eines einfachen Gesetzes.

(3) Ein einfaches Gesetz genügt ferner, wenn eines der beteiligten Länder nicht zustimmt, die Gebietsänderung oder die Neubildung aber durch Abstimmung der Bevölkerung der betreffenden Gebiete gefordert wird.

Artikel 111

(1) Die Republik kann auf allen Sachgebieten einheitliche Gesetze erlassen. Sie soll sich jedoch bei ihrer Gesetzgebung auf die Aufstellung von Grundsätzen beschränken, soweit hierdurch dem Bedürfnis einheitlicher Regelung Genüge geschieht.

(2) Soweit die Republik von ihrem Recht zur Gesetzgebung keinen Gebrauch macht, haben die Länder das Recht der Gesetzgebung.

Artikel 112

(1) Die Republik hat das Recht der ausschließlichen Gesetzgebung über:

die auswärtigen Beziehungen;

den Außenhandel;

das Zollwesen;

sowie die Einheit des Zoll- und Handelsgebiets und die Freizügigkeit des Warenverkehrs;

die Staatsangehörigkeit, die Freizügigkeit, die Ein- und Auswanderung, die Auslieferung und das Paß- und Fremdenrecht;

das Personenstandsrecht;

das bürgerliche Recht, das Strafrecht, die Gerichtsverfassung und das Gerichtsverfahren;

das Arbeitsrecht;

den Verkehr;

das Post-, Fernmelde- und Rundfunkwesen;

das Film- und Pressewesen;

das Währungs- und Münzwesen, Maß-, Gewichts- und Eichwesen;

die Sozialversicherung;

die Kriegsschäden- und Besatzungskosten und die Wiedergutmachungsleistungen.

Artikel 113

(1) Bei der Gesetzgebung auf dem Gebiete des Finanz- und Steuerwesens muß die wirtschaftliche Lebensfähigkeit der Länder, der Kreise und Gemeinden gewährleistet sein.

Artikel 114

(1) Gesamtdeutsches Recht geht dem Recht der Länder vor.

Artikel 115

(1) Die Gesetze der Republik werden grundsätzlich durch die Organe der Länder ausgeführt, soweit nicht in dieser Verfassung oder in den Gesetzen etwas anderes bestimmt ist. Soweit ein Bedürfnis dazu besteht, errichtet die Republik durch Gesetz eigene Verwaltungen.

Artikel 116

(1) Die Regierung der Republik übt die Aufsicht in den Angelegenheiten aus, in denen der Republik das Recht der Gesetzgebung zusteht.

(2) Soweit die Gesetze der Republik nicht von den Verwaltungen der Republik ausgeführt werden, kann die Regierung der Republik allgemeine Anweisungen erlassen. Sie ist ermächtigt, zur Überwachung der Ausführung dieser Gesetze und Anweisungen Beauftragte zu den ausführenden Verwaltungen zu entsenden. Für die Rechte dieser Beauftragten gilt Artikel 65 entsprechend.

(3) Die Landesregierungen sind verpflichtet, auf Ersuchen der Republik Mängel, die bei der Ausführung der Gesetze der Republik hervorgetreten sind, zu beseitigen.

(4) Hieraus entstehende Streitigkeiten werden in dem unter Artikel 66 Abs. 5 vorgeschriebenen Verfahren geprüft und entschieden.

VII. Verwaltung der Republik

Artikel 117

(1) Die Pflege der auswärtigen Beziehungen ist ausschließlich Sache der Republik.

(2) In Angelegenheiten, deren Regelung der Landesgesetzgebung zusteht, können die Länder mit auswärtigen Staaten Verträge schließen; die Verträge bedürfen der Zustimmung der Volkskammer.

(3) Vereinbarungen mit fremden Staaten über Veränderungen der Grenzen der Republik werden nach Zustimmung des beteiligten Landes durch die Republik abgeschlossen. Die Grenzveränderungen dürfen nur auf Grund eines Gesetzes der Republik erfolgen, soweit es sich nicht um bloße Berichtigung der Grenzen unbewohnter Gebietsteile handelt.

Artikel 118

(1) Deutschland bildet ein einheitliches Zoll- und Handelsgebiet, umgeben von einer gemeinschaftlichen Zollgrenze.

(2) Fremde Staatsgebiete oder Gebietsteile können durch Staatsverträge oder Übereinkommen dem deutschen Zollgebiet angeschlossen werden. Aus dem deutschen Zollgebiet können durch Gesetz Teile ausgeschlossen werden.

(3) Alle Waren, die sich im freien Verkehr im deutschen Zollgebiet befinden, dürfen innerhalb des Zollgebietes über die Grenzen der deutschen Länder und Gemeinden sowie der gemäß Absatz 2 angeschlossenen fremden Staatsgebiete oder Gebietsteile frei ein- und durchgeführt werden.

Artikel 119

(1) Die Zölle und die durch Gesetz der Republik geregelten Steuern werden durch die Republik verwaltet.

(2) Die Abgabenhoheit steht grundsätzlich der Republik zu.

(3) Die Republik soll Abgaben nur insoweit erheben, als es zur Deckung ihres eigenen Bedarfs erforderlich ist.

(4) Die Republik errichtet eine eigene Abgabenverwaltung. Dabei sind Einrichtungen vorzusehen, die den Ländern die Wahrung besonderer Landesinteressen auf den Gebieten der Landwirtschaft, des Handels, des Gewerbes und der Industrie ermöglichen.

(5) Soweit es die einheitliche und gleichmäßige Durchführung der Abgabengesetze der Republik erfordert, trifft die Republik durch Gesetz Vorschriften über die Einrichtung der Abgabenverwaltung der Länder, über die Einrichtung und Befugnisse der mit der Beaufsichtigung der Ausführung der Abgabengesetze der Republik betrauten Behörden, über die Abrechnung mit den Ländern und die Vergütung der Verwaltungskosten bei Ausführung der Abgabengesetze der Republik.

Artikel 120

(1) Abgaben und Steuern dürfen nur auf Grund gesetzlicher Regelung erhoben werden.

(2) Vermögens-, Einkommens- und Verbrauchssteuern sind in einem angemessenen Verhältnis zueinander zu halten und nach sozialen Gesichtspunkten zu staffeln.

(3) Durch eine starke Staffelung der Erbschaftssteuer soll die Bildung volksschädlicher Vermögenshäufung verhindert werden.

Artikel 121
(1) Die Einnahmen und Ausgaben der Republik müssen für jedes Rechnungsjahr veranschlagt und in den Haushaltsplan eingestellt werden. Der Haushaltsplan wird vor Beginn des Rechnungsjahres durch ein Gesetz festgestellt.

Artikel 122
(1) Über die Einnahmen der Republik und ihre Verwendung legt der Finanzminister der Volkskammer zur Entlastung der Regierung Rechnung ab. Die Rechnungsprüfung wird durch Gesetz der Republik geregelt.

Artikel 123
(1) Im Wege des Kredits dürfen Geldmittel nur bei außerordentlichem Bedarf beschafft werden. Eine solche Beschaffung sowie die Übernahme einer Sicherheitsleistung zu Lasten der Republik dürfen nur auf Grund eines Gesetzes der Republik erfolgen.

Artikel 124
(1) Das Post-, Fernmelde- und Rundfunkwesen sowie das Eisenbahnwesen werden von der Republik verwaltet.

(2) Die bisherigen Reichsautobahnen und Reichsstraßen sowie alle dem Fernverkehr dienenden Straßen stehen in der Verwaltung der Republik. Entsprechendes gilt für Wasserstraßen.

Artikel 125
(1) Die Ordnung der Handelsschiffahrt und die Regelung des Seeverkehrs und der Seezeichen sind Aufgabe der Verwaltung der Republik.

VIII. Rechtspflege

Artikel 126
(1) Die ordentliche Gerichtsbarkeit wird durch den Obersten Gerichtshof der Republik und durch die Gerichte der Länder ausgeübt.

Artikel 127

(1) Die Richter sind in ihrer Rechtsprechung unabhängig und nur der Verfassung und dem Gesetz unterworfen.

Artikel 128

(1) Richter kann nur sein, wer nach seiner Persönlichkeit und Tätigkeit die Gewähr dafür bietet, daß er sein Amt gemäß den Grundsätzen der Verfassung ausübt.

Artikel 129

(1) Die Republik trägt durch den Ausbau der juristischen Bildungsstätten dafür Sorge, daß Angehörige aller Schichten des Volkes die Möglichkeit haben, die Befähigung zur Ausübung des Berufes als Richter, Rechtsanwalt und Staatsanwalt zu erlangen.

Artikel 130

(1) An der Rechtsprechung sind Laienrichter im weitesten Umfange zu beteiligen.

(2) Die Laienrichter werden auf Vorschlag der demokratischen Parteien und Organisationen durch die zuständigen Volksvertretungen gewählt.

Artikel 131

(1) Die Richter des Obersten Gerichtshofes und der Oberste Staatsanwalt der Republik werden auf Vorschlag der Regierung der Republik durch die Volkskammer gewählt.

(2) Die Richter der Obersten Gerichte und die Obersten Staatsanwälte der Länder werden auf Vorschlag der Landesregierungen von den Landtagen gewählt.

(3) Die übrigen Richter werden von den Landesregierungen ernannt.

Artikel 132

(1) Die Richter des Obersten Gerichtshofes und der Oberste Staatsanwalt der Republik können von der Volkskammer abberufen werden, wenn sie gegen die Verfassung und die Gesetze verstoßen oder ihre Pflichten als Richter oder als Staatsanwalt gröblich verletzen.

(2) Die Abberufung erfolgt nach Einholung des Gutachtens eines bei der Volkskammer zu bildenden Justizausschusses.

(3) Der Justizausschuß besteht aus dem Vorsitzenden des Rechtsausschusses der Volkskammer, aus drei Mitgliedern der Volkskammer, zwei Mitgliedern des Obersten Gerichtshofes und einem Mitglied der Obersten Staatsanwaltschaft. Den Vorsitz führt der Vorsitzende des Rechtsausschusses. Die übrigen Ausschußmitglieder werden von der Volkskammer für die Dauer der Wahlperiode gewählt. Die dem Justizausschuß angehörenden Mitglieder des Obersten Gerichtshofes und der Obersten Staatsanwaltschaft dürfen nicht Mitglieder der Volkskammer sein.

(4) Die durch die Landtage gewählten und durch die Landesregierungen ernannten Richter können von den betreffenden Landtagen abberufen werden. Die Abberufung erfolgt nach Einholung eines Gutachtens des bei dem betreffenden Landtag zu bildenden Justizausschusses. Der Justizausschuß besteht aus dem Vorsitzenden des Rechtsausschusses des Landtages, aus drei Mitgliedern des Landtages, zwei Mitgliedern des Obersten Gerichts und einem Mitglied der Obersten Staatsanwaltschaft des Landes. Den Vorsitz führt der Vorsitzende des Rechtsausschusses. Die übrigen Ausschußmitglieder werden von dem betreffenden Landtag für die Dauer der Wahlperiode gewählt. Die dem Justizausschuß angehörenden Mitglieder des Obersten Gerichts und der Obersten Staatsanwaltschaft dürfen nicht Mitglieder des Landtages sein.

(5) Die von den Landesregierungen ernannten Richter können unter den gleichen Voraussetzungen von den Landesregierungen abberufen werden, jedoch nur mit Genehmigung des Justizausschusses des betreffenden Landtages.

Artikel 133
(1) Die Verhandlungen vor den Gerichten sind öffentlich.
(2) Bei Gefährdung der öffentlichen Sicherheit und Ordnung oder der Sittlichkeit kann die Öffentlichkeit durch Gerichtsbeschluß ausgeschlossen werden.

Artikel 134
Kein Bürger darf seinen gesetzlichen Richtern entzogen werden. Ausnahmegerichte sind unstatthaft. Gerichte für besondere Sachgebiete können vom Gesetzgeber nur errichtet werden, wenn

sie für im voraus und allgemein bezeichnete Personengruppen oder Streitgegenstände zuständig sein sollen.

Artikel 135

(1) Strafen dürfen nur verhängt werden, wenn sie zur Zeit der Tat gesetzlich angedroht sind.

(2) Kein Strafgesetz hat rückwirkende Kraft.

(3) Ausgenommen sind Maßnahmen und die Anwendung von Bestimmungen, die zur Überwindung des Nazismus, des Faschismus und des Militarismus getroffen werden oder die zur Ahndung von Verbrechen gegen die Menschlichkeit notwendig sind.

Artikel 136

(1) Bei vorläufigen Festnahmen, Hausdurchsuchungen sowie Beschlagnahmen im Ermittlungsverfahren ist die richterliche Bestätigung unverzüglich einzuholen.

(2) Über die Zulässigkeit und Fortdauer einer Freiheitsentziehung hat nur der Richter zu entscheiden. Verhaftete sind spätestens am Tage nach dem Ergreifen dem Richter vorzuführen. Wird von ihm die Untersuchungshaft angeordnet, so hat er in regelmäßigen Abständen zu prüfen, ob ihre Fortdauer gerechtfertigt ist.

(3) Der Grund der Verhaftung ist dem Festgenommenen bei der ersten richterlichen Vernehmung zu eröffnen und auf seinen Wunsch einer von ihm benannten Person innerhalb weiterer 24 Stunden mitzuteilen.

Artikel 137

(1) Der Strafvollzug beruht auf dem Gedanken der Erziehung der Besserungsfähigen durch gemeinsame produktive Arbeit.

Artikel 138

(1) Dem Schutz der Bürger gegen rechtswidrige Maßnahmen der Verwaltung dienen die Kontrolle durch die Volksvertretungen und die Verwaltungsgerichtsbarkeit.

(2) Aufbau und Zuständigkeit der Verwaltungsgerichte werden durch Gesetz geregelt.

(3) Für die Mitglieder der Verwaltungsgerichte gelten die Grundsätze über die Wahl und Abberufung der Richter der ordentlichen Gerichtsbarkeit entsprechend.

IX. Selbstverwaltung

Artikel 139

(1) Gemeinden und Gemeindeverbände haben das Recht der Selbstverwaltung innerhalb der Gesetze der Republik und der Länder.

(2) Zu den Selbstverwaltungsaufgaben gehören die Entscheidung und Durchführung aller öffentlichen Angelegenheiten, die das wirtschaftliche, soziale und kulturelle Leben der Gemeinde oder des Gemeindeverbandes betreffen. Jede Aufgabe ist vom untersten dazu geeigneten Verband zu erfüllen.

Artikel 140

(1) Die Gemeinden und Gemeindeverbände haben Vertretungen, die nach demokratischen Grundsätzen gebildet werden.

(2) Zu ihrer Unterstützung werden Ausschüsse gebildet, in denen Vertreter der demokratischen Parteien und Organisationen verantwortlich mitarbeiten.

(3) Wahlrecht und Wahlverfahren richten sich nach den für die Wahl zur Volkskammer und zu den Landtagen geltenden Bestimmungen.

(4) Jedoch kann durch Landesgesetz die Wahlberechtigung von der Dauer des Aufenthalts in der Gemeinde bis zu einem halben Jahr abhängig gemacht werden.

Artikel 141

(1) Die gewählten ausführenden Organe der Gemeinden und der Gemeindeverbände bedürfen zu ihrer Amtsführung des Vertrauens der Vertretungskörperschaften.

Artikel 142

(1) Die Aufsicht über die Selbstverwaltung der Gemeinden und der Gemeindeverbände beschränkt sich auf die Gesetzmäßigkeit der Verwaltung und die Wahrung demokratischer Verwaltungsgrundsätze.

Artikel 143

(1) Den Gemeinden und Gemeindeverbänden können von der Republik und den Ländern Aufgaben und die Durchführung von Gesetzen übertragen werden.

X. Übergangs- und Schlußbestimmungen

Artikel 144

(1) Alle Bestimmungen dieser Verfassung sind unmittelbar geltendes Recht. Entgegenstehende Bestimmungen sind aufgehoben. Die an ihre Stelle tretenden, zur Durchführung der Verfassung erforderlichen Bestimmungen werden gleichzeitig mit der Verfassung in Kraft gesetzt. Weitergeltende Gesetze sind im Sinne dieser Verfassung auszulegen.

(2) Die verfassungsmäßigen Freiheiten und Rechte können nicht den Bestimmungen entgegengehalten werden, die ergangen sind und noch ergehen werden, um den Nationalsozialismus und Militarismus zu überwinden und das von ihnen verschuldete Unrecht wiedergutzumachen.

21. Konvention zum Schutze der Menschenrechte und Grundfreiheiten vom 4. November 1950

In Erwägung der Universellen Erklärung der Menschenrechte, die von der Allgemeinen Versammlung der Vereinten Nationen am 10. Dezember 1948 verkündet wurde;

in der Erwägung, daß diese Erklärung bezweckt, die universelle und wirksame Anerkennung und Einhaltung der darin erklärten Rechte zu gewährleisten;

in der Erwägung, daß das Ziel des Europarats die Herbeiführung einer größeren Einigkeit unter seinen Mitgliedern ist und daß eines der Mittel zur Erreichung dieses Zieles in der Wahrung und in der Entwicklung der Menschenrechte und Grundfreiheiten besteht;

unter erneuter Bekräftigung ihres tiefen Glaubens an diese Grundfreiheiten, welche die Grundlage der Gerechtigkeit und des Friedens in der Welt bilden, und deren Aufrechterhaltung wesentlich auf einem wahrhaft demokratischen politischen Regime einerseits und auf einer gemeinsamen Auffassung und Achtung der Menschenrechte andererseits beruht, von denen sie sich herleiten;

entschlossen, als Regierungen europäischer Staaten, die vom gleichen Geist beseelt sind und ein gemeinsames Erbe an geistigen Gütern, politischen Überlieferungen, Achtung der Freiheit und Vorherrschaft des Gesetzes besitzen, die ersten Schritte auf dem Wege zu einer kollektiven Garantie gewisser in der Universellen Erklärung verkündeten Rechte zu unternehmen;

vereinbaren die unterzeichneten Regierungen und Mitglieder des Europarates folgendes:

Artikel 1
Die Hohen Vertragschließenden Teile sichern allen ihrer Herrschaftsgewalt unterstehenden Personen die in Abschnitt I. dieser Konvention niedergelegten Rechte und Freiheiten zu.

Abschnitt I

Artikel 2

(1) Das Recht eines jeden Menschen auf das Leben wird gesetzlich geschützt. Abgesehen von der Vollstreckung eines Todesurteils, das von einem Gericht im Falle eines mit der Todesstrafe bedrohten Verbrechens ausgesprochen worden ist, darf eine absichtliche Tötung nicht vorgenommen werden.

(2) Die Tötung wird nicht als Verletzung dieses Artikels betrachtet, wenn sie sich aus einer unbedingt erforderlichen Gewaltanwendung ergibt:

a) um die Verteidigung eines Menschen gegenüber rechtswidriger Gewaltanwendung sicherzustellen;

b) um eine ordnungsgemäße Festnahme durchzuführen oder das Entkommen einer ordnungsgemäß festgehaltenen Person zu verhindern;

c) um im Rahmen der Gesetze einen Aufruhr oder einen Aufstand zu unterdrücken.

Artikel 3

Niemand darf der Folter oder unmenschlicher oder erniedrigender Strafe oder Behandlung unterworfen werden.

Artikel 4

(1) Niemand darf in Sklaverei oder Leibeigenschaft gehalten werden.

(2) Niemand darf gezwungen werden, Zwangs- oder Pflichtarbeit zu verrichten.

(3) Als „Zwangs- oder Pflichtarbeit" im Sinne dieses Artikels gilt nicht:

a) jede Arbeit, die normalerweise von einer Person verlangt wird, die unter den von Artikel 5 der vorliegenden Konvention vorgesehenen Bedingungen in Haft gehalten oder bedingt freigelassen worden ist;

b) jede Dienstleistung militärischen Charakters, oder im Falle der Verweigerung aus Gewissensgründen in Ländern, wo diese als berechtigt anerkannt ist, eine sonstige anstelle der militärischen Dienstpflicht tretende Dienstleistung;

c) jede Dienstleistung im Falle von Notständen und Katastrophen, die das Leben oder das Wohl der Gemeinschaft bedrohen;

d) jede Arbeit oder Dienstleistung, die zu den normalen Bürgerpflichten gehört.

Artikel 5

(1) Jeder Mensch hat das Recht auf Freiheit und Sicherheit. Die Freiheit darf einem Menschen nur in den folgenden Fällen und nur auf dem gesetzlich vorgeschriebenen Wege entzogen werden:

a) wenn er rechtmäßig nach Verurteilung durch ein zuständiges Gericht in Haft gehalten wird;

b) wenn er rechtmäßig festgenommen worden ist oder in Haft gehalten wird wegen Nichtbefolgung eines rechtmäßigen Gerichtsbeschlusses oder zur Erzwingung der Erfüllung einer durch das Gesetz vorgeschriebenen Verpflichtung;

c) wenn er rechtzeitig festgenommen worden ist oder in Haft gehalten wird zum Zwecke seiner Vorführung vor die zuständige Gerichtsbehörde, sofern hinreichender Verdacht dafür besteht, daß der Betreffende eine strafbare Handlung begangen hat, oder begründeter Anlaß zu der Annahme besteht, daß es notwendig ist, den Betreffenden an der Begehung einer strafbaren Handlung oder an der Flucht nach Begehung einer solchen zu verhindern.

d) wenn es sich um die rechtmäßige Haft eines Minderjährigen handelt, die zum Zwecke überwachter Erziehung angeordnet ist, oder um die rechtmäßige Haft eines solchen, die zwecks Vorführung vor die zuständige Behörde verhängt ist;

e) wenn er sich in rechtmäßiger Haft befindet, weil er eine Gefahrenquelle für die Ausbreitung ansteckender Krankheiten bildet, oder weil er geisteskrank, Alkoholiker, rauschgiftsüchtig oder Landstreicher ist;

f) wenn er rechtmäßig festgenommen ist oder in Haft gehalten wird, weil er daran gehindert werden soll, unberechtigt in das Staatsgebiet einzudringen, oder weil er von einem gegen ihn schwebenden Ausweisungs- oder Auslieferungsverfahren betroffen ist.

(2) Jeder Festgenommene muß unverzüglich und in einer ihm verständlichen Sprache über die Gründe seiner Festnahme und

über die gegen ihn erhobenen Beschuldigungen unterrichtet werden.

(3) Jede nach der Vorschrift des Absatzes 1 (c) dieses Artikels festgenommene oder in Haft gehaltene Person muß unverzüglich einem Richter oder einem anderen gesetzlich zur Ausübung richterlicher Funktionen ermächtigten Beamten vorgeführt werden. Er hat Anspruch auf Aburteilung innerhalb einer angemessenen Frist oder Haftentlassung während des Verfahrens. Die Freilassung kann von der Leistung einer Sicherheit für das Erscheinen vor Gericht abhängig gemacht werden.

(4) Jeder, der seiner Freiheit durch Festnahme oder Haft beraubt ist, hat das Recht, ein Verfahren zu beantragen. In dem von einem Gericht unverzüglich über die Rechtmäßigkeit der Haft entschieden wird und im Falle der Widerrechtlichkeit seine Entlassung angeordnet wird.

(5) Jeder, der entgegen den Bestimmungen dieses Artikels von Festnahme oder Haft betroffen worden ist, hat Anspruch auf Schadenersatz.

Artikel 6

(1) Jedermann hat Anspruch darauf, daß seine Sache in billiger Weise öffentlich und innerhalb einer angemessenen Frist gehört wird, und zwar von einem unabhängigen und unparteiischen, auf Gesetz beruhenden Gericht, das über zivilrechtliche Ansprüche und Verpflichtungen oder über die Stichhaltigkeit der gegen ihn erhobenen strafrechtlichen Anklage zu entscheiden hat. Das Urteil muß öffentlich verkündet werden, jedoch kann die Presse und die Öffentlichkeit während der gesamten Verhandlung oder eines Teils derselben im Interesse der Sittlichkeit, der öffentlichen Ordnung oder der nationalen Sicherheit in einem demokratischen Staat ausgeschlossen werden, oder wenn die Interessen von Jugendlichen oder der Schutz des Privatlebens der Prozeßparteien es verlangen oder, und zwar unter besonderen Umständen, wenn die öffentliche Verhandlung die Interessen der Gerechtigkeit beeinträchtigen würde, in diesem Falle jedoch nur in dem nach Auffassung des Gerichts erforderlichen Umfang.

(2) Bis zum gesetzlichen Nachweis seiner Unschuld wird vermutet, daß der wegen einer strafbaren Handlung Angeklagte unschuldig ist.

(3) Jeder Angeklagte hat mindestens (englischer Text) insbesondere (französischer Text) die folgenden Rechte:

a) unverzüglich in einer für ihn verständlichen Sprache in allen Einzelheiten über die Art und den Grund der gegen ihn erhobenen Beschuldigung in Kenntnis gesetzt zu werden;

b) über ausreichende Zeit und Gelegenheit zur Vorbereitung seiner Verteidigung zu verfügen;

c) sich selbst zu verteidigen oder den Beistand eines Verteidigers seiner Wahl zu erhalten und, falls er nicht über die Mittel zur Bezahlung eines Verteidigers verfügt, unentgeltlich den Beistand eines Pflichtverteidigers zu erhalten, wenn dies im Interesse der Rechtspflege erforderlich ist.

d) Fragen an die Belastungszeugen zu stellen oder stellen zu lassen und die Ladung und Vernehmung der Entlastungszeugen unter denselben Bedingungen wie die der Belastungszeugen zu erwirken;

e) die unentgeltliche Beiziehung eines Dolmetschers zu verlangen, wenn er (der Angeklagte) die Verhandlungssprache des Gerichts nicht versteht oder sich nicht darin ausdrücken kann.

Artikel 7

(1) Niemand kann wegen einer Handlung oder Unterlassung verurteilt werden, die zur Zeit ihrer Begehung nach inländischem oder internationalem Recht nicht strafbar war. Ebenso darf keine höhere Strafe als die im Zeitpunkt der Begehung der strafbaren Handlung angedrohte Strafe verhängt werden.

(2) Durch diesen Artikel darf die Verurteilung oder Bestrafung einer Person nicht ausgeschlossen werden, die sich einer Handlung oder Unterlassung schuldig gemacht hat, welche im Zeitpunkt ihrer Begehung nach den allgemeinen, von den zivilisierten Völkern anerkannten Rechtsgrundsätzen strafbar war.

Artikel 8

(1) Jedermann hat Anspruch auf Achtung seines Privat- und Familienlebens, seiner Wohnung und seines Briefverkehrs.

(2) Der Eingriff einer öffentlichen Behörde in die Ausübung dieses Rechts ist nur statthaft, insoweit dieser Eingriff gesetzlich vorgesehen ist und eine Maßnahme darstellt, die in einer demokratischen Gesellschaft für die nationale Sicherheit, die öffentliche Ruhe und Ordnung, das wirtschaftliche Wohl des Landes, die Verteidigung der Ordnung und zur Verhinderung von strafbaren Handlungen, zum Schutz der Gesundheit und der Moral oder zum Schutz der Rechte und Freiheiten anderer notwendig ist.

Artikel 9
(1) Jedermann hat Anspruch auf Gedankens-, Gewissens- und Religionsfreiheit; dieses Recht umfaßt die Freiheit des einzelnen zum Wechsel der Religion oder der Weltanschauung sowie die Freiheit, seine Religion oder Weltanschauung einzeln oder in Gemeinschaft mit anderen öffentlich oder privat, durch Gottesdienst, Unterricht, durch die Ausübung und Beachtung religiöser Gebräuche auszuüben.

(2) Die Religions- und Bekenntnisfreiheit darf nicht Gegenstand anderer als vom Gesetz vorgesehener Beschränkungen sein, die in einer demokratischen Gesellschaft notwendige Maßnahmen im Interesse der öffentlichen Sicherheit, der öffentlichen Ordnung, Gesundheit und Moral oder für den Schutz der Rechte und Freiheiten anderer sind.

Artikel 10
(1) Jeder hat Anspruch auf freie Meinungsäußerung. Dieses Recht schließt die Freiheit der Meinung und die Freiheit zum Empfang und zur Mitteilung von Nachrichten oder Ideen ohne Eingriffe öffentlicher Behörden und ohne Rücksicht auf Landesgrenzen ein. Dieser Artikel schließt nicht aus, daß die Staaten Rundfunk-, Lichtspiel- oder Fernsehunternehmen einem Genehmigungsverfahren unterwerfen.

(2) Da die Ausübung dieser Freiheiten Pflichten und Verantwortung mit sich bringt, kann sie bestimmten, vom Gesetz vorgesehenen Formvorschriften, Bedingungen, Einschränkungen oder Strafandrohungen unterworfen werden, wie sie vom Gesetz vorgeschrieben und in einer demokratischen Gesellschaft im Interesse der nationalen Sicherheit, der territorialen Unversehrtheit oder der öffentlichen Sicherheit, der Aufrechterhaltung der

Ordnung und der Verbrechensverhütung, des Schutzes der Gesundheit und der Moral, des Schutzes des guten Rufes oder der Rechte anderer, um die Verbreitung von vertraulichen Nachrichten zu verhindern oder das Ansehen und die Unparteilichkeit der Rechtsprechung zu gewährleisten, unentbehrlich sind.

Artikel 11

(1) Alle Menschen haben das Recht, sich friedlich zu versammeln und sich frei mit anderen zusammenzuschließen, einschließlich des Rechts, zum Schutze ihrer Interessen Gewerkschaften zu bilden und diesen beizutreten.

(2) Die Ausübung dieser Rechte darf keinen anderen Einschränkungen unterworfen werden, als den vom Gesetz vorgesehenen, die in einer demokratischen Gesellschaft im Interesse der äußeren und inneren Sicherheit, zur Aufrechterhaltung der Ordnung und zur Verbrechensverhütung, zum Schutz der Gesundheit und der Moral oder zum Schutze der Rechte und Freiheiten anderer notwendig sind. Dieser Artikel verbietet nicht, daß die Ausübung dieser Rechte für Mitglieder der Streitkräfte, der Polizei oder der Staatsverwaltung gesetzlichen Beschränkungen unterworfen wird.

Artikel 12

Mit Erreichung des Heiratsalters haben Männer und Frauen das Recht, eine Ehe einzugehen und eine Familie nach den nationalen Gesetzen, die die Ausübung dieses Rechts regeln, zu gründen.

Artikel 13

Sind die in der vorliegenden Konvention festgelegten Rechte und Freiheiten verletzt worden, so hat der Verletzte das Recht, eine wirksame Beschwerde bei einer nationalen Instanz einzulegen, selbst wenn die Verletzung von Personen begangen worden ist, die in amtlicher Eigenschaft gehandelt haben.

Artikel 14

Der Genuß der in der vorliegenden Konvention festgelegten Rechte und Freiheiten muß ohne Unterschied des Geschlechts, der Rasse, Hautfarbe, Sprache, Religion, politischen oder sonstigen Anschauungen, nationaler oder sozialer Herkunft, Zugehörigkeit zu einer nationalen Minderheit, des Vermögens, der Geburt oder des sonstigen Status gewährleistet werden.

Artikel 15
(1) Im Falle eines Krieges oder eines anderen öffentlichen Notstandes, der das Leben der Nation bedroht, kann jeder der Hohen Vertragschließenden Teile Maßnahmen ergreifen, welche die in dieser Konvention vorgesehenen Verpflichtungen in dem Umfang, den die Lage unbedingt erfordert, und unter der Bedingung außer Kraft setzen, daß diese Maßnahmen nicht in Widerspruch zu den sonstigen völkerrechtlichen Verpflichtungen stehen.

(2) Die vorstehenden Bestimmungen gestattet kein Außerkraftsetzen des Artikels 2 außer bei Todesfällen, die auf rechtmäßige Kriegshandlungen zurückzuführen sind, oder der Artikel 3, 4 (Absatz 1) und 7.

(3) Jeder Hohe Vertragschließende Teil, der dieses Recht der Außerkraftsetzung ausübt, hat den Generalsekretär des Europarates eingehend über die getroffenen Maßnahmen und deren Gründe zu unterrichten. Er muß den Generalsekretär des Europarats auch über den Zeitpunkt in Kenntnis setzen, in dem diese Maßnahmen außer Kraft getreten sind und die Vorschriften der Konvention wieder volle Anwendung finden.

Artikel 16
Keine der Bestimmungen der Artikel 10, 11 und 14 darf so ausgelegt werden, daß sie den Hohen Vertragschließenden Parteien verbietet, die politische Tätigkeit von Ausländern Beschränkungen zu unterwerfen.

Artikel 17
Keine Bestimmung dieser Konvention darf dahingehend ausgelegt werden, daß sie für einen Staat, eine Gruppe oder eine Person das Recht begründet, eine Tätigkeit auszuüben oder eine Handlung zu begehen, die auf die Abschaffung der in der vorliegenden Konvention festgelegten Rechte und Freiheiten oder auf weitergehende Beschränkungen dieser Rechte und Freiheiten, als in der Konvention vorgesehen, hinzielt.

Artikel 18

Die nach der vorliegenden Konvention gestatteten Einschränkungen dieser Rechte und Freiheiten dürfen nicht für andere Zwecke als die vorgesehenen angewandt werden.

Abschnitt II

Artikel 19

Um die Einhaltung der Verpflichtungen sicherzustellen, welche die Hohen Vertragschließenden Teile in dieser Konvention übernommen haben, werden errichtet:

a) eine Europäische Kommission für Menschenrechte, im folgenden „Kommission" genannt;

b) ein Europäischer Gerichtshof für Menschenrechte, im folgenden „Gerichtshof" genannt.

Artikel 20

Die Zahl der Mitglieder der Kommission entspricht derjenigen der Hohen Vertragschließenden Teile. Der Kommission darf jeweils nur ein Angehöriger jedes einzelnen Staates angehören.

Artikel 21

(1) Die Mitglieder der Kommission werden vom Ministerausschuß mit absoluter Stimmenmehrheit nach einem vom Büro der Beratenden Versammlung aufgestellten Namensverzeichnis gewählt; jede Gruppe von Vertretern der Hohen Vertragschließenden Teile in der Beratenden Versammlung schlägt drei Kandidaten vor, von denen mindestens zwei die Staatsangehörigkeit des betreffenden Landes besitzen müssen.

(2) Dasselbe Verfahren ist, soweit anwendbar, einzuschlagen, um die Kommission im Falle späteren Beitritts anderer Staaten zu ergänzen und um sonst freigewordene Sitze neu zu besetzen.

Artikel 22

(1) Die Mitglieder der Kommission werden für die Dauer von sechs Jahren gewählt. Sie können wiedergewählt werden. Jedoch läuft das Amt von sieben bei der ersten Wahl gewählten Mitglieder nach Ablauf von drei Jahren ab.

(2) Die Mitglieder, deren Amt nach Ablauf der ersten Amtsperiode von drei Jahren endet, werden vom Generalsekretär des

Europarates unmittelbar nach der ersten Wahl durch das Los bestimmt.

(3) Das Amt eines Mitglieds der Kommission, das an Stelle eines anderen Mitglieds, dessen Amtszeit noch nicht abgelaufen war, gewählt worden ist, dauert bis zum Ende der Amtszeit seines Vorgängers.

(4) Die Mitglieder der Kommission bleiben bis zum Amtsantritt ihrer Nachfolger im Amt. Danach bleiben sie in den Fällen tätig, mit denen sie bereits befaßt waren.

Artikel 23

Die Mitglieder der Kommission gehören der Kommission nur als Einzelpersonen an.

Artikel 24

Jeder Vertragschließende Teil kann durch Vermittlung des Generalsekretärs des Europarates die Kommission mit jeder angeblichen Verletzung der Bestimmungen der vorliegenden Konvention durch einen anderen Hohen Vertragschließenden Teil befassen.

Artikel 25

(1) Die Kommission kann durch ein an den Generalsekretär des Europarates gerichtetes Gesuch jeder natürlichen Person, nichtstaatlichen Organisation oder Personenvereinigung angegangen werden, die sich durch eine Verletzung in dieser Konvention anerkannten Rechte durch einen der Hohen Vertragschließenden Teile beschwert fühlt, vorausgesetzt, daß der betreffende Hohe Vertragschließende Teil eine Erklärung abgegeben hat, wonach er die Zuständigkeit der Kommission auf diesem Gebiete anerkannt hat. Die Hohen Vertragschließenden Teile, die eine solche Erklärung abgegeben haben, verpflichten sich, die wirksame Ausübung dieses Rechts in keiner Weise zu behindern.

(2) Diese Erklärungen können auch für einen bestimmten Zeitabschnitt abgegeben werden.

(3) Sie sind dem Generalsekretär des Europarats zu übermitteln, der den Hohen Vertragschließenden Teilen Abschriften davon zuleitet und für die Veröffentlichung der Erklärungen sorgt.

(4) Die Kommission wird die ihr durch diesen Artikel übertragenen Befugnisse nur ausüben, wenn mindestens sechs Hohe Vertragschließende Teile durch die in den vorstehenden Absätzen vorgesehenen Erklärungen gebunden sind.

Artikel 26
Die Kommission kann sich mit einer Angelegenheit erst nach Erschöpfung der innerstaatlichen Rechtsmittelverfahren in Übereinstimmung mit den allgemein anerkannten Grundsätzen des Völkerrechts und innerhalb einer Frist von sechs Monaten nach dem Ergehen der endgültigen innerstaatlichen Entscheidung befassen.

Artikel 27
(1) Die Kommission befaßt sich nicht mit einem gemäß Artikel 25 eingereichten Gesuch, wenn es

a) anonym ist;

b) mit einem schon vorher von der Kommission geprüften Gesuch übereinstimmt oder einer anderen internationalen Untersuchungs- oder Ausgleichsinstanz unterbreitet worden ist, und wenn es keine neuen Tatsachen enthält.

(2) Die Kommission behandelt jedes gemäß Artikel 25 unterbreitete Gesuch als unzulässig, wenn sie es für unvereinbar mit den Bestimmungen diese Konvention, für offensichtlich als unbegründet oder für einen Mißbrauch des Beschwerderechts hält.

(3) Die Kommission weist jedes Gesuch zurück, das sie gemäß Artikel 26 für unzulässig hält.

Artikel 28
Falls die Kommission das Gesuch annimmt,

a) hat sie zum Zwecke der Tatsachenfeststellung mit den Vertretern der Parteien eine kontradiktorische Prüfung und, falls erforderlich, eine Untersuchung der Angelegenheit vorzunehmen; die betreffenden Staaten haben, nachdem ein Meinungsaustausch mit der Kommission stattgefunden hat, alle Erleichterungen, die zur wirksamen Durchführung der Untersuchung erforderlich sind, zu gewähren;

b) hat sie sich zur Verfügung der beteiligten Parteien zu halten, damit ein freundschaftlicher Ausgleich der Angelegenheit auf der

Grundlage der Achtung der Menschenrechte, wie sie in dieser Konvention niedergelegt sind, erreicht werden kann.

Artikel 29

(1) Die Kommission führt die in Artikel 28 bezeichneten Aufgaben durch eine Unterkommission aus, die aus sieben Mitgliedern der Kommission besteht.

(2) Jede der beteiligten Parteien hat das Recht, eine Person ihrer Wahl in diese Unterkommission zu entsenden.

(3) Die übrigen Mitglieder werden nach dem in der Geschäftsordnung der Kommission festgelegten Verfahren durch das Los bestimmt.

Artikel 30

Gelingt es der Unterkommission gemäß Artikel 28 ein Übereinkommen zu erzielen, so hat sie einen Bericht anzufertigen, der den beteiligten Staaten, dem Ministerausschuß und dem Generalsekretär des Europarates zur Veröffentlichung zu übersenden ist. Der Bericht hat sich auf eine kurze Angabe des Sachverhalts und der erzielten Lösung zu beschränken.

Artikel 31

(1) Wird eine solche Lösung nicht herbeigeführt, so hat die Kommission einen Bericht über den Sachverhalt anzufertigen und zu der Frage Stellung zu nehmen, ob sich aus den festgestellten Tatsachen ergibt, daß der betreffende Staat seine Verpflichtungen aus der Konvention verletzt hat. In diesem Bericht können die Ansichten sämtlicher Mitglieder der Kommission über diesen Punkt aufgenommen werden.

(2) Der Bericht ist dem Ministerausschuß vorzulegen; er ist auch den beteiligten Staaten vorzulegen, die nicht das Recht haben, ihn zu veröffentlichen.

(3) Bei der Vorlage des Berichts an den Ministerausschuß hat die Kommission das Recht, von sich aus die ihr geeignet erscheinenden Vorschläge zu unterbreiten.

Artikel 32

(1) Wird die Frage nicht innerhalb eines Zeitraums von drei Monaten, vom Datum der Vorlage des Berichts an den Ministerausschuß an gerechnet, gemäß Artikel 48 dieser Konvention, dem

Gerichtshof vorgelegt, so entscheidet der Ministerausschuß mit Zweidrittelmehrheit der zur Teilnahme an den Sitzungen des Ausschusses berechtigten Mitglieder, ob die Konvention verletzt worden ist.

(2) Wird eine Verletzung der Konvention bejaht, so hat der Ministerausschuß einen Zeitraum festzusetzen, innerhalb dessen der betreffende Hohe Vertragschließende Teil die in der Entscheidung des Ministerausschusses vorgesehenen Maßnahmen durchzuführen hat.

(3) Trifft der betreffende Hohe Vertragschließende Teil innerhalb des vorgeschriebenen Zeitraums keine befriedigenden Maßnahmen, so beschließt der Ministerausschuß mit der in vorstehendem Absatz 1 vorgeschriebenen Mehrheit, auf welche Weise seine ursprüngliche Entscheidung vollstreckt werden soll, und veröffentlicht den Bericht.

(4) Die Hohen Vertragschließenden Teile verpflichten sich, jede Entscheidung des Ministerausschusses, die in Anwendung der vorstehenden Absätze ergeht, für sich als bindend anzuerkennen.

Artikel 33

Die Sitzungen der Kommission finden unter Ausschluß der Öffentlichkeit statt.

Artikel 34

Die Kommission trifft ihre Entscheidungen mit Stimmenmehrheit der anwesenden und an der Abstimmung teilnehmenden Mitglieder; die Unterkommission trifft ihre Entscheidungen mit Stimmenmehrheit ihrer Mitglieder.

Artikel 35

Die Kommission tritt zusammen, so oft die Umstände es erfordern. Die Sitzungen werden vom Generalsekretär des Europarats einberufen.

Artikel 36

Die Kommission setzt ihre Geschäftsordnung selbst fest.

Artikel 37

Die Sekretariatsgeschäfte der Kommission werden vom Generalsekretär des Europarats wahrgenommen.

Artikel 38

Der Europäische Gerichtshof für Menschenrechte besteht aus ebensoviel Richtern, wie der Europarat Mitglieder zählt. Dem Gerichtshof darf jeweils nur ein Angehöriger jedes einzelnen Staates angehören.

Artikel 39

(1) Die Mitglieder des Gerichtshofs werden von der Beratenden Versammlung mit Stimmenmehrheit aus einer Liste von Personen gewählt, die von den Mitgliedern des Europarats vorgeschlagen werden; jedes Mitglied hat drei Kandidaten vorzuschlagen, von denen mindestens zwei eigene Staatsangehörige sein müssen.

(2) Dasselbe Verfahren ist, soweit anwendbar, einzuschlagen, um den Gerichtshof im Falle späteren Beitritts anderer Staaten zu ergänzen und um freigewordene Sitze zu besetzen.

(3) Die Kandidaten müssen das höchste sittliche Ansehen genießen und müssen entweder die Befähigung für die Ausübung hoher richterlicher Ämter besitzen oder Rechtsgelehrte von anerkanntem Ruf sein.

Artikel 40

(1) Die Mitglieder des Gerichtshofs werden für einen Zeitraum von neun Jahren gewählt. Ihre Wiederwahl ist zulässig. Jedoch läuft die Amtszeit von vier bei der ersten Wahl gewählten Mitgliedern nach drei Jahren, die Amtszeit von weiteren vier Mitgliedern nach sechs Jahren ab.

(2) Die Mitglieder, deren Amtszeit nach drei bzw. sechs Jahren ablaufen soll, werden unmittelbar nach der ersten Wahl vom Generalsekretär durch das Los bestimmt.

(3) Ein Mitglied des Gerichtshofs, das zum Ersatz eines anderen Mitglieds gewählt wird, dessen Amtszeit noch nicht abgelaufen war, bleibt bis zum Ablauf des Amts seines Vorgängers im Amt.

(4) Die Mitglieder des Gerichtshofs bleiben im Amt bis zum Amtsantritt ihrer Nachfolger. Nach ihrer Ablösung bleiben sie in den Fällen tätig, mit denen sie bereits befaßt waren.

Artikel 41

Der Gerichtshof wählt seinen Präsidenten und seinen Vizepräsidenten für einen Zeitraum von drei Jahren. Wiederwahl ist zulässig.

Artikel 42

Die Mitglieder des Gerichtshofs erhalten für jeden Arbeitstag eine Entschädigung, deren Höhe vom Ministerausschuß festgesetzt wird.

Artikel 43

Die Prüfung jedes dem Gericht vorgelegten Falles erfolgt durch eine Kammer, die aus sieben Richtern besteht. Der Richter, der Staatsangehöriger einer beteiligten Partei ist, – oder, falls ein solcher nicht vorhanden ist, eine von diesem Staat benannte Person, die in der Eigenschaft eines Richters an den Sitzungen teilnimmt – ist von Amts wegen Mitglied der Kammer; die Namen der anderen Richter werden vom Präsidenten vor Beginn des Verfahrens durch das Los bestimmt.

Artikel 44

Das Recht, vor dem Gerichtshof als Parteien aufzutreten, haben nur die Hohen Vertragschließenden Teile und die Kommission.

Artikel 45

Die Zuständigkeit des Gerichtshofs umfaßt alle die Auslegung und Anwendung dieser Konvention betreffenden Fälle, die ihm nach Artikel 48 von den Hohen Vertragschließenden Teilen oder der Kommission unterbreitet werden.

Artikel 46

(1) Jeder der Hohen Vertragschließenden Teile kann jederzeit die Erklärung abgeben, daß er die Gerichtsbarkeit des Gerichtshofs ohne weiteres und ohne besonderes Abkommen für alle Angelegenheiten, die sich auf die Auslegung und die Anwendung dieser Konvention beziehen, als obligatorisch anerkennt.

(2) Die oben bezeichneten Erklärungen können bedingungslos oder unter der Bedingung der Gegenseitigkeit seitens mehrerer oder einzelner Vertragschließender Teile oder unter Beschränkung auf einen bestimmten Zeitraum abgegeben werden.

(3) Diese Erklärungen sind beim Generalsekretär des Europarates zu hinterlegen; dieser übermittelt den Hohen Vertragschließenden Teile Abschriften davon.

Artikel 47

Der Gerichtshof darf sich mit einem Fall nur befassen, nachdem die Kommission anerkannt hat, daß die Versuche zur Erzielung eines Ausgleichs fehlgeschlagen sind, und nur vor Ablauf der in Artikel 32 vorgesehenen Dreimonatsfrist.

Artikel 48

Das Recht, ein Verfahren vor dem Gerichtshof anzustrengen, haben nur die nachstehend aufgeführten Stellen, und zwar entweder unter der Voraussetzung, daß der in Frage kommende Hohe Vertragschließende Teil, wenn nur einer beteiligt ist, oder sämtliche Hohe Vertragschließenden Teile, wenn mehrere beteiligt sind, der obligatorischen Gerichtsbarkeit des Gerichtshof unterworfen sind, oder aber, falls dies nicht zutrifft, unter der Voraussetzung, daß der einzige in Frage kommende Hohe Vertragschließende Teil oder sämtliche Hohen Vertragschließenden Teile zustimmen:

a) die Kommission,

b) der Hohe Vertragschließende Teil, dem der Verletzte angehört;

c) der Hohe Vertragschließende Teil, der die Kommission mit dem Fall befaßt hat;

d) der Hohe Vertragschließende Teil, gegen den sich die Beschwerde richtet.

Artikel 49

Wird die Zuständigkeit des Gerichtshofs bestritten, so entscheidet dieser selbst.

Artikel 50

Erklärt die Entscheidung des Gerichtshofs, daß eine Entscheidung oder Maßnahme einer gerichtlichen oder sonstigen Behörde eines der Hohen Vertragschließenden Teile ganz oder teilweise mit den Verpflichtungen aus diese Konvention in Widerspruch steht, und gestatten die innerstaatlichen Gesetze des erwähnten Hohen Vertragschließenden Teils nur eine unvollkommene Wiedergutmachung für die Folgen dieser Entscheidung oder Maßnahme, so hat die Entscheidung des Gerichtshofs der verletzten Partei gegebenenfalls eine gerechte Entschädigung zuzubilligen.

Artikel 51
(1) Das Urteil des Gerichtshofs ist zu begründen.
(2) Bringt das Urteil im Ganzen oder in einzelnen Teilen nicht die übereinstimmende Ansicht der Richter zum Ausdruck, so hat jeder Richter das Recht, eine Darlegung seiner eigenen Ansicht beizufügen.

Artikel 52
Die Entscheidung des Gerichtshofs ist endgültig.

Artikel 53
Die Hohen Vertragschließenden Teile übernehmen die Verpflichtung, sich in allen Fällen, an denen sie beteiligt sind, nach Entscheidung des Gerichtshofs zu richten.

Artikel 54
Das Urteil des Gerichtshofs ist dem Ministerausschuß zuzuleiten; dieser überwacht seine Durchführung.

Artikel 55
Der Gerichtshof gibt sich seine Geschäftsordnung und bestimmt die Verfahrensvorschriften.

Artikel 56
(1) Die erste Wahl der Mitglieder des Gerichtshofs findet statt, sobald insgesamt acht Erklärungen der Hohen Vertragschließenden Teile gemäß Artikel 46 abgegeben worden sind.
(2) Vor dieser Wahl kann kein Verfahren vor dem Gerichtshof anhängig gemacht werden.

Abschnitt V

Artikel 57
Nach Empfang einer entsprechenden Aufforderung durch den Generalsekretär des Europarats hat jeder Hohe Vertragschließende Teil die erforderlichen Erklärungen abzugeben, in welcher Weise sein internes Recht die wirksame Anwendung aller Bestimmungen dieser Konvention gewährleistet.

Artikel 58

Die Kosten der Kommission und des Gerichtshofs werden vom Europarat getragen.

Artikel 59

Die Mitglieder der Kommission und des Gerichtshofs genießen bei der Ausübung ihres Amtes die in Artikel 40 der Satzung des Europarats und den hiernach abgeschlossenen Abkommen vorgesehenen Vorrechte und Immunitäten.

Artikel 60

Keine Bestimmung dieser Konvention darf als Beschränkung oder Minderung eines der Menschenrechte und grundsätzlichen Freiheiten ausgelegt werden, die in den Gesetzen eines Hohen Vertragschließenden Teils oder einer anderen Vereinbarung, an der er beteiligt ist, festgelegt sind.

Artikel 61

Keine Bestimmung dieser Konvention beschränkt die durch die Satzung des Europarats dem Ministerausschuß übertragenen Vollmachten.

Artikel 62

Die Hohen Vertragschließenden Teile kommen überein, daß sie, es sei denn auf Grund besonderer Vereinbarungen, keinen Gebrauch von zwischen ihnen geltenden Verträgen, Übereinkommen oder Erklärungen machen werden, um von sich aus einen Streit um die Auslegung oder Anwendung dieser Konvention einem anderen Verfahren zu unterwerfen, als in der Konvention vorgesehen ist.

Artikel 63

(1) Jeder Staat kann im Zeitpunkt der Ratifizierung oder in der Folge zu jedem anderen Zeitpunkt durch eine an den Generalsekretär des Europarats gerichtete Mitteilung erklären, daß diese Konvention auf alle oder einzelne Gebiete Anwendung findet, für deren internationale Beziehungen er verantwortlich ist.

(2) Auf das oder die in der Erklärung bezeichneten Gebiete findet die Konvention vom dreißigsten Tage an, vom Eingang der

Erklärung beim Generalsekretär des Europarats an gerechnet, Anwendung.

(3) In den genannten Gebieten werden die Bestimmungen dieser Konvention unter Berücksichtigung der örtliche Notwendigkeiten angewendet.

(4) Jeder Staat, der eine Erklärung gemäß Absatz 1 dieses Artikels abgegeben hat, kann zu jedem späteren Zeitpunkt für ein oder mehrere der in einer solchen Erklärung bezeichneten Gebiete erklären, daß er die Zuständigkeit der Kommission für die Behandlung der Gesuche von natürlichen Personen nichtstaatlichen Organisationen oder Personengruppen gemäß Artikel 25 dieser Konvention annimmt.

Artikel 64

(1) Jeder Staat kann bei Unterzeichnung dieser Konvention oder bei Hinterlegung seiner Ratifikationsurkunde bezüglich bestimmter Vorschriften der Konvention einen Vorbehalt machen, soweit ein zu dieser Zeit in seinem Gebiet geltendes Gesetz nicht mit der betreffenden Vorschrift übereinstimmte. Vorbehalte allgemeiner Art sind nach diesem Artikel nicht zulässig.

(2) Jeder nach diesem Artikel gemachte Vorbehalt muß mit einer kurzen Inhaltsangabe des betreffenden Gesetzes verbunden sein.

Artikel 65

(1) Ein Hoher Vertragschließender Teil kann diese Konvention nicht vor Ablauf von fünf Jahren nach dem Tage, an dem die Konvention für ihn wirksam wird und nur nach einer sechs Monate vorher an den Generalsekretär des Europarats gerichteten Mitteilung kündigen; der Generalsekretär hat den anderen Hohen Vertragschließenden Teilen von der Kündigung Kenntnis zu geben.

(2) Eine derartige Kündigung bewirkt nicht, daß der betreffende Hohe Vertragschließende Teile in Bezug auf irgendeine Handlung, welche eine Verletzung dieser Verpflichtungen darstellen könnte, und von dem Hohen Vertragschließenden Teile vor dem Datum seines rechtswirksamen Ausscheidens vorgenommen wurde, von seinen Verpflichtungen nach dieser Konvention befreit wird.

(3) Unter dem gleichen Vorbehalt scheidet ein Vertragsteil aus dieser Konvention aus, der aus dem Europarat ausscheidet.

(4) Entsprechend den Bestimmungen der vorstehenden Absätze kann die Konvention auch für ein Gebiet gekündigt werden, auf das sie nach Artikel 63 ausgedehnt worden ist.

Artikel 66

(1) Diese Konvention steht den Mitgliedern des Europarats zur Unterzeichnung offen; sie bedarf der Ratifikation. Die Ratifikationsurkunden sind beim Generalsekretär des Europarats zu hinterlegen.

(2) Diese Konvention tritt nach der Hinterlegung von zehn Ratifikationsurkunden in Kraft.

(3) Für einen Unterzeichnerstaat, dessen Ratifikation später erfolgt, tritt die Konvention am Tage der Hinterlegung seiner Ratifikationsurkunde in Kraft.

(4) Der Generalsekretär des Europarats hat allen Mitgliedern des Europarats das Inkrafttreten der Konvention, die Namen der Hohen Vertragschließenden Teile, die sie ratifiziert haben, sowie die Hinterlegung jeder später eingehenden Ratifikationsurkunde mitzuteilen.

GESCHEHEN zu Rom am 4. November 1950 in englischer und französischer Sprache, wobei die beiden Texte in gleicher Weise maßgebend sind, in einer einzigen Ausfertigung, die in den Archiven des Europarats verwahrt wird. Der Generalsekretär wird allen Unterzeichnern beglaubigte Abdrucke übermitteln.

Für die Regierung
des Königreichs Belgien
Paul von Zeeland

Für die Regierung
des Königreichs Dänemark
O. C. Mohr

Für die Regierung
der Französischen Republik
Schuman

Für die Regierung
der Bundesrepublik Deutschland
Walter Hallstein

Für die Regierung
der Republik Island
Petur Benediktsson

Für die Regierung
der Republik Irland
Sean MacBride

Für die Regierung
der Republik Italien
Sforza

Für die Regierung
des Großherzogtums Luxemburg
Jos. Bech

Für die Regierung
des Königreichs der Niederlande
Stikker

Für die Regierung
des Königreichs Norwegen
Halvard M. Lange

Für die Regierung
der Saar
E. Hector

Für die Regierung
der Türkischen Republik
F. Koprülü

Für die Regierung
des Vereinigten Königreichs
von Großbritannien und Nordirland
Ernest Davies

22. Der Vertrag zur Gründung der Europäischen Wirtschaftsgemeinschaft vom 25. März 1957 (Auszug)

Seine Majestät der König der Belgier, der Präsident der Bundesrepublik Deutschland, der Präsident der Französischen Republik, der Präsident der Italienischen Republik, Ihre Königliche Hoheit die Großherzogin von Luxemburg, Ihre Majestät die Königin der Niederlande –

in dem festen Willen, die Grundlagen für einen immer engeren Zusammenschluß der europäischen Völker zu schaffen,

entschlossen, durch gemeinsames Handeln den wirtschaftlichen und sozialen Fortschritt ihrer Länder zu sichern, indem sie die Europa trennenden Schranken beseitigen,

in dem Vorsatz, die stetige Besserung der Lebens- und Beschäftigungsbedingungen ihrer Völker als wesentliches Ziel anzustreben,

in der Erkenntnis, daß zur Beseitigung der bestehenden Hindernisse ein einverständliches Vorgehen erforderlich ist, um eine beständige Wirtschaftsausweitung, einen ausgewogenen Handelsverkehr und einen redlichen Wettbewerb zu gewährleisten,

in dem Bestreben, ihre Volkswirtschaften zu einigen und deren harmonische Entwicklung zu fördern, indem sie den Abstand zwischen einzelnen Gebieten und den Rückstand weniger begünstigter Gebiete verringern,

in dem Wunsch, durch eine gemeinsame Handelspolitik zur fortschreitenden Beseitigung der Beschränkungen im zwischenstaatlichen Wirtschaftsverkehr beizutragen,

in der Absicht, die Verbundenheit Europas mit den überseeischen Ländern zu bekräftigen, und in dem Wunsch, entsprechend den Grundsätzen der Satzung der Vereinten Nationen den Wohlstand der überseeischen Länder zu fördern,

entschlossen, durch diesen Zusammenschluß ihrer Wirtschaftskräfte Frieden und Freiheit zu wahren und zu festigen, und mit der Aufforderung an die anderen Völker Europas, die sich zu dem gleichen hohen Ziel bekennen, sich diesen Bestrebungen anzuschließen –

haben beschlossen, eine Europäische Wirtschaftsgemeinschaft zu gründen; sie haben zu diesem Zweck zu ihren Bevollmächtigten ernannt:

Seine Majestät der König der Belgier:
Herrn Paul-Henri Spaak, Minister für Auswärtige Angelegenheiten,
Baron J. Ch. Snoy et d'Oppuers, Generalsekretär des Wirtschaftsministeriums, Leiter der belgischen Delegation bei der Regierungskonferenz;
Der Präsident der Bundesrepublik Deutschland:
Herrn Dr. Konrad Adenauer, Bundeskanzler,
Herrn Professor Dr. Walter Hallstein, Staatssekretär des Auswärtigen Amts;
Der Präsident der Französischen Republik:
Herrn Christian Pineau, Minister für Auswärtige Angelegenheiten,
Herrn Maurice Faure, Staatssekretär für Auswärtige Angelegenheiten;
Der Präsident der Italienischen Republik:
Herrn Antonio Segni, Ministerpräsident,
Herrn Professor Gaetano Martino, Minister für Auswärtige Angelegenheiten;
Ihre Königliche Hoheit die Großherzogin von Luxemburg:
Herrn Joseph Bech, Staatsminister, Minister für Auswärtige Angelegenheiten,
Herrn Lambert Schaus, Botschafter, Leiter der luxemburgischen Delegation bei der Regierungskonferenz;
Ihre Majestät die Königin der Niederlande:
Herrn Joseph Luns, Minister für Auswärtige Angelegenheiten,
Herrn J. Linthorst Homan, Leiter der niederländischen Delegation bei der Regierungskonferenz;

diese sind nach Austausch ihrer als gut und gehörig befundenen Vollmachten wie folgt übereingekommen:

ERSTER TEIL – Grundsätze

Artikel 1
Durch diesen Vertrag gründen die Hohen Vertragsparteien untereinander eine Europäische Wirtschaftsgemeinschaft.

Artikel 2
Aufgabe der Gemeinschaft ist es, durch die Errichtung eines Gemeinsamen Marktes und die schrittweise Annäherung der Wirtschaftspolitik der Mitgliedstaaten eine harmonische Entwicklung des Wirtschaftslebens innerhalb der Gemeinschaft, eine beständige und ausgewogene Wirtschaftsausweitung, eine größere Stabilität, eine beschleunigte Hebung der Lebenshaltung und engere Beziehungen zwischen den Staaten zu fördern, die in dieser Gemeinschaft zusammengeschlossen sind.

Artikel 3
Die Tätigkeit der Gemeinschaft im Sinne des Artikels 2 umfaßt nach Maßgabe dieses Vertrags und der darin vorgesehenen Zeitfolge:

a) die Abschaffung der Zölle und mengenmäßigen Beschränkungen bei der Ein- und Ausfuhr von Waren sowie aller sonstigen Maßnahmen gleicher Wirkung zwischen den Mitgliedstaaten;

b) die Einführung eines Gemeinsamen Zolltarifs und einer gemeinsamen Handelspolitik gegenüber dritten Ländern;

c) die Beseitigung der Hindernisse für den freien Personen-, Dienstleistungs- und Kapitalverkehr zwischen den Mitgliedstaaten;

d) die Einführung einer gemeinsamen Politik auf dem Gebiet der Landwirtschaft;

e) die Einführung einer gemeinsamen Politik auf dem Gebiet des Verkehrs;

f) die Errichtung eines Systems, das den Wettbewerb innerhalb des Gemeinsamen Marktes vor Verfälschungen schützt;

g) die Anwendung von Verfahren, welche die Koordinierung der Wirtschaftspolitik der Mitgliedstaaten und die Behebung von Störungen im Gleichgewicht ihrer Zahlungsbilanzen ermöglichen;

h) die Angleichung der innerstaatlichen Rechtsvorschriften, soweit dies für das ordnungsmäßige Funktionieren des Gemeinsamen Marktes erforderlich ist;

i) die Schaffung eines Europäischen Sozialfonds, um die Beschäftigungsmöglichkeiten der Arbeitnehmer zu verbessern und zur Hebung ihrer Lebenshaltung beizutragen;

j) die Errichtung einer Europäischen Investitionsbank, um durch Erschließung neuer Hilfsquellen die wirtschaftliche Ausweitung in der Gemeinschaft zu erleichtern;

k) die Assoziierung der überseeischen Länder und Hoheitsgebiete, um den Handelsverkehr zu steigern und die wirtschaftliche und soziale Entwicklung durch gemeinsame Bemühungen zu fördern.

Artikel 4

(1) Die der Gemeinschaft zugewiesenen Aufgaben werden durch folgende Organe wahrgenommen:

eine Versammlung,

einen Rat,

eine Kommission,

einen Gerichtshof.

Jedes Organ handelt nach Maßgabe der ihm in diesem Vertrag zugewiesenen Befugnisse.

(2) Der Rat und die Kommission werden von einem Wirtschafts- und Sozialausschuß mit beratender Aufgabe unterstützt.

Artikel 5

Die Mitgliedstaaten treffen alle geeigneten Maßnahmen allgemeiner oder besonderer Art zur Erfüllung der Verpflichtungen, die sich aus diesem Vertrag oder aus Handlungen der Organe der Gemeinschaft ergeben. Sie erleichtern dieser die Erfüllung ihrer Aufgabe.

Sie unterlassen alle Maßnahmen, welche die Verwirklichung der Ziele dieses Vertrags gefährden könnten.

Artikel 6

(1) Die Mitgliedstaaten koordinieren in enger Zusammenarbeit mit den Organen der Gemeinschaft ihre Wirtschaftspolitik,

soweit dies zur Erreichung der Ziele dieses Vertrags erforderlich ist.

(2) Die Organe der Gemeinschaft achten darauf, die innere und äußere finanzielle Stabilität der Mitgliedstaaten nicht zu gefährden.

Artikel 7

Unbeschadet besonderer Bestimmungen dieses Vertrags ist in seinem Anwendungsbereich jede Diskriminierung aus Gründen der Staatsangehörigkeit verboten.

Der Rat kann mit qualifizierter Mehrheit auf Vorschlag der Kommission und nach Anhörung der Versammlung Regelungen für das Verbot solcher Diskriminierungen treffen.

Artikel 8

(1) Der Gemeinsame Markt wird während einer Übergangszeit von zwölf Jahren schrittweise verwirklicht.

Die Übergangszeit besteht aus drei Stufen von je vier Jahren; die Dauer jeder Stufe kann nach Maßgabe der folgenden Bestimmungen geändert werden.

(2) Jeder Stufe entspricht eine Gesamtheit von Maßnahmen, die zusammen eingeleitet und durchgeführt werden müssen.

(3) Der Übergang von der ersten zur zweiten Stufe hängt von der Feststellung ab, daß die in diesem Vertrag für die erste Stufe ausdrücklich festgelegten Ziele im wesentlichen tatsächlich erreicht und daß vorbehaltlich der in diesem Vertrag vorgesehenen Ausnahmen und Verfahren die Verpflichtungen eingehalten worden sind.

Diese Feststellung wird vom Rat am Ende des vierten Jahres auf Grund eines Berichts der Kommission einstimmig getroffen. Ein Mitgliedstaat kann die Einstimmigkeit nicht verhindern, indem er sich auf die Nichterfüllung seiner eigenen Verpflichtungen beruft. Kommt keine Einstimmigkeit zustande, so wird die erste Stufe ohne weiteres um ein Jahr verlängert.

Am Ende des fünften Jahres trifft der Rat die Feststellung unter denselben Bedingungen. Kommt keine Einstimmigkeit zustande, so wird die erste Stufe ohne weiteres um ein zusätzliches Jahr verlängert.

Am Ende des sechsten Jahres trifft der Rat die Feststellung mit qualifizierter Mehrheit auf Grund des Berichts der Kommission.

(4) Verbleibt ein Mitgliedstaat in der Minderheit, so kann er binnen einem Monat nach der zuletzt genannten Abstimmung beim Rat die Bestellung einer Schiedsstelle beantragen, deren Entscheidung für alle Mitgliedstaaten und für die Organe der Gemeinschaft verbindlich ist; wird die erforderliche Mehrheit nicht erreicht, so gilt das gleiche für jeden Mitgliedstaat. Die Schiedsstelle besteht aus drei Mitgliedern, die vom Rat einstimmig auf Vorschlag der Kommission bestellt werden.

Kommt die Bestellung durch den Rat binnen einem Monat nach Antragstellung nicht zustande, so werden die Mitglieder der Schiedsstelle innerhalb eines weiteren Monats vom Gerichtshof bestellt.

Die Schiedsstelle wählt ihren Vorsitzenden selbst.

Sie erläßt ihren Schiedsspruch binnen sechs Monaten nach der im letzten Unterabsatz von Absatz (3) genannten Abstimmung des Rates.

(5) Die zweite und die dritte Stufe können nur durch eine einstimmige, vom Rat auf Vorschlag der Kommission erlassene Entscheidung verlängert oder abgekürzt werden.

(6) Die Bestimmungen der vorstehenden Absätze dürfen nicht zur Folge haben, daß die Übergangszeit länger als fünfzehn Jahre, vom Inkrafttreten dieses Vertrags an gerechnet, dauert.

(7) Vorbehaltlich der in diesem Vertrag vorgesehenen Ausnahmen oder Abweichungen ist das Ende der Übergangszeit gleichzeitig der Endtermin für das Inkrafttreten aller vorgesehenen Vorschriften sowie für die Durchführung aller Maßnahmen, die zur Errichtung des Gemeinsamen Marktes gehören.

ZWEITER TEIL – GRUNDLAGEN DER GEMEINSCHAFT

TITEL I – Der freie Warenverkehr

Artikel 9

(1) Grundlage der Gemeinschaft ist eine Zollunion, die sich auf den gesamten Warenaustausch erstreckt; sie umfaßt das Verbot,

zwischen den Mitgliedstaaten Ein- und Ausfuhrzölle und Abgaben gleicher Wirkung zu erheben, sowie die Einführung eines Gemeinsamen Zolltarifs gegenüber dritten Ländern.

(2) Kapitel 1 Abschnitt 1 und Kapitel 2 dieses Titels gelten für die aus den Mitgliedstaaten stammenden Waren sowie für diejenigen Waren aus dritten Ländern, die sich in den Mitgliedstaaten im freien Verkehr befinden.

Artikel 10

(1) Als im freien Verkehr eines Mitgliedstaates befindlich gelten diejenigen Waren aus dritten Ländern, für die in dem betreffenden Mitgliedstaat die Einfuhr-Förmlichkeiten erfüllt sowie die vorgeschriebenen Zölle und Abgaben gleicher Wirkung erhoben und nicht ganz oder teilweise rückvergütet worden sind.

(2) Die Kommission regelt vor Ablauf des ersten Jahres nach Inkrafttreten dieses Vertrags die Methoden der Zusammenarbeit der Verwaltungen hinsichtlich der Anwendung des Artikels 9 Absatz (2); hierbei berücksichtigt sie die Notwendigkeit, die für den Warenverkehr geltenden Förmlichkeiten soweit wie möglich zu vereinfachen.

Vor Ablauf des ersten Jahres nach Inkrafttreten dieses Vertrags erläßt die Kommission für den Handelsverkehr zwischen den Mitgliedstaaten Vorschriften für solche Waren aus einem Mitgliedstaat, die unter Verwendung von Erzeugnissen hergestellt sind, für welche der ausführende Staat die anwendbaren Zölle und Abgaben gleicher Wirkung nicht erhoben oder vollständig oder teilweise rückvergütet hat.

Beim Erlaß dieser Vorschriften berücksichtigt die Kommission die Bestimmungen dieses Vertrags über die Abschaffung der Zölle innerhalb der Gemeinschaft und über die schrittweise Einführung des Gemeinsamen Zolltarifs.

Artikel 11

Die Mitgliedstaaten treffen alle geeigneten Vorkehrungen, um es den Regierungen zu ermöglichen, ihre Verpflichtungen aus diesem Vertrag auf dem Gebiet der Zölle innerhalb der festgesetzten Fristen zu erfüllen.

KAPITEL 1 – DIE ZOLLUNION (Art. 12–29)
KAPITEL 2 – BESEITIGUNG DER MENGENMÄSSIGEN
BESCHRÄNKUNGEN ZWISCHEN DEN
MITGLIEDSTAATEN (Art. 30–37)

TITEL II – Die Landwirtschaft (Art. 38–47)

TITEL III – Die Freizügigkeit, der freie Dienstleistungs-
und Kapitalverkehr
KAPITEL 1 – DIE ARBEITSKRÄFTE (Art. 48–51)
KAPITEL 2 – DAS NIEDERLASSUNGSRECHT (Art. 52–58)
KAPITEL 3 – DIENSTLEISTUNGEN (Art. 59–66)
KAPITEL 4 – DER KAPITALVERKEHR (Art. 67–73)

TITEL IV – Der Verkehr (Art. 74–84)

DRITTER TEIL – DIE POLITIK DER GEMEINSCHAFT

TITEL 1 – Gemeinsame Regeln
KAPITEL 1 – WETTBEWERBSREGELN (Art. 85–94)
KAPITEL 2 – STEUERLICHE VORSCHRIFTEN (Art. 95–99)
KAPITEL 3 – ANGLEICHUNG DER
RECHTSVORSCHRIFTEN (Art. 100–102)

TITEL II – Die Wirtschaftspolitik
KAPITEL 1 – DIE KONJUNKTURPOLITIK (Art. 103)
KAPITEL 2 – DIE ZAHLUNGSBILANZ (Art. 104–109)
KAPITEL 3 – DIE HANDELSPOLITIK (Art. 110–116)

TITEL III – Die Sozialpolitik
KAPITEL 1 – SOZIALVORSCHRIFTEN (Art. 117–122)
KAPITEL 2 – DER EUROPÄISCHE SOZIALFONDS
(Art. 123–128)

TITEL IV – Die Europäische Investitionsbank (Art. 129–130)

VIERTER TEIL – DIE ASSOZIIERUNG DER
ÜBERSEEISCHEN LÄNDER UND HOHEITSGEBIETE
(Art. 131–136)

FÜNFTER TEIL – DIE ORGANE DER GEMEINSCHAFT

TITEL I – Vorschriften über die Organe

KAPITEL 1 – DIE ORGANE

Abschnitt 1 – Die Versammlung

Artikel 137

Die Versammlung besteht aus Vertretern der Völker der in der Gemeinschaft zusammengeschlossenen Staaten; sie übt die Beratungs- und Kontrollbefugnisse aus, die ihr nach diesem Vertrag zustehen.

Artikel 138

(1) Die Versammlung besteht aus Abgeordneten, die nach einem von jedem Mitgliedstaat bestimmten Verfahren von den Parlamenten aus ihrer Mitte ernannt werden.

(2) Die Zahl dieser Abgeordneten wird wie folgt festgesetzt:

Belgien	14
Deutschland	36
Frankreich	36
Italien	36
Luxemburg	6
Niederlande	14

(3) Die Versammlung arbeitet Entwürfe für allgemeine unmittelbare Wahlen nach einem einheitlichen Verfahren in allen Mitgliedstaaten aus.

Der Rat erläßt einstimmig die entsprechenden Bestimmungen und empfiehlt sie den Mitgliedstaaten zur Annahme gemäß ihren verfassungsrechtlichen Vorschriften.

Artikel 139

Die Versammlung hält jährlich eine Sitzungsperiode ab. Sie tritt, ohne daß es einer Einberufung bedarf, am dritten Dienstag des Monats Oktober zusammen.

Die Versammlung kann auf Antrag der Mehrheit ihrer Mitglieder sowie auf Antrag des Rates oder der Kommission zu einer außerordentlichen Sitzungsperiode zusammentreten.

Artikel 140

Die Versammlung wählt aus ihrer Mitte ihren Präsidenten und ihr Präsidium.

Die Mitglieder der Kommission können an allen Sitzungen teilnehmen und müssen auf ihren Antrag im Namen der Kommission jederzeit gehört werden.

Die Kommission antwortet mündlich oder schriftlich auf die ihr von der Versammlung oder von deren Mitgliedern gestellten Fragen.

Der Rat wird nach Maßgabe seiner Geschäftsordnung von der Versammlung jederzeit gehört.

Artikel 141

Soweit dieser Vertrag nicht etwas anderes bestimmt, beschließt die Versammlung mit der absoluten Mehrheit der abgegebenen Stimmen.

Die Geschäftsordnung legt die Beschlußfähigkeit fest.

Artikel 142

Die Versammlung gibt sich ihre Geschäftsordnung; hierzu sind die Stimmen der Mehrheit ihrer Mitglieder erforderlich.

Die Verhandlungsniederschriften der Versammlung werden nach den Bestimmungen dieser Geschäftsordnung veröffentlicht.

Artikel 143

Die Versammlung erörtert in öffentlicher Sitzung den jährlichen Gesamtbericht, der ihr von der Kommission vorgelegt wird.

Artikel 144

Wird wegen der Tätigkeit der Kommission ein Mißtrauensantrag eingebracht, so darf die Versammlung nicht vor Ablauf von drei Tagen nach seiner Einbringung und nur in offener Abstimmung darüber entscheiden.

Wird der Mißtrauensantrag mit der Mehrheit von zwei Dritteln der abgegebenen Stimmen und mit der Mehrheit der Mitglieder der Versammlung angenommen, so müssen die Mitglieder der Kommission geschlossen ihr Amt niederlegen. Sie führen die laufenden Geschäfte bis zur Ernennung ihrer Nachfolger gemäß Artikel 158 weiter.

Abschnitt 2 – Der Rat

Artikel 145

Zur Verwirklichung der Ziele und nach Maßgabe dieses Vertrags

– sorgt der Rat für die Abstimmung der Wirtschaftspolitik der Mitgliedstaaten;

– besitzt der Rat eine Entscheidungsbefugnis.

Artikel 146

Der Rat besteht aus Vertretern der Mitgliedstaaten. Jede Regierung entsendet eines ihrer Mitglieder.

Der Vorsitz wird von den Mitgliedern des Rates nacheinander in der alphabetischen Reihenfolge der Mitgliedstaaten für je sechs Monate wahrgenommen.

Artikel 147

Der Rat wird von seinem Präsidenten aus eigenem Entschluß, auf Antrag eines seiner Mitglieder oder der Kommission einberufen.

Artikel 148

(1) Soweit in diesem Vertrag nichts anderes bestimmt ist, beschließt der Rat mit der Mehrheit seiner Mitglieder.

(2) Ist zu einem Beschluß des Rates die qualifizierte Mehrheit erforderlich, so werden die Stimmen der Mitglieder wie folgt gewogen:

Belgien	2
Deutschland	4
Frankreich	4
Italien	4
Luxemburg	1
Niederlande	2

Beschlüsse kommen zustande, wenn dafür mindestens abgegeben werden:

– zwölf Stimmen in den Fällen, in denen die Beschlüsse nach diesem Vertrag auf Vorschlag der Kommission zu fassen sind;

– zwölf Stimmen, welche die Zustimmung von mindestens vier Mitgliedern umfassen, in allen anderen Fällen.

(3) Die Stimmenthaltung von anwesenden oder vertretenen Mitgliedern steht dem Zustandekommen von Beschlüssen des Rates, zu denen Einstimmigkeit erforderlich ist, nicht entgegen.

Artikel 149

Wird der Rat kraft dieses Vertrags auf Vorschlag der Kommission tätig, so kann er Änderungen dieses Vorschlags nur einstimmig beschließen.

Solange ein Beschluß des Rates nicht ergangen ist, kann die Kommission ihren ursprünglichen Vorschlag ändern, insbesondere in den Fällen, in denen die Versammlung zu diesem Vorschlag gehört wurde.

Artikel 150

Jedes Mitglied kann sich das Stimmrecht höchstens eines anderen Mitglieds übertragen lassen.

Artikel 151

Der Rat gibt sich eine Geschäftsordnung.

Diese Geschäftsordnung kann die Einsetzung eines Ausschusses aus Vertretern der Mitgliedstaaten vorsehen. Der Rat bestimmt die Aufgabe und die Zuständigkeit dieses Ausschusses.

Artikel 152

Der Rat kann die Kommission auffordern, die nach seiner Ansicht zur Verwirklichung der gemeinsamen Ziele geeigneten Untersuchungen vorzunehmen und ihm entsprechende Vorschläge zu unterbreiten.

Artikel 153

Der Rat regelt nach Stellungnahme der Kommission die rechtliche Stellung der in diesem Vertrag vorgesehenen Ausschüsse.

Artikel 154

Der Rat setzt mit qualifizierter Mehrheit die Gehälter, Vergütungen und Ruhegehälter für den Präsidenten und die Mitglieder der Kommission sowie für den Präsidenten, die Richter, die Generalanwälte und den Kanzler des Gerichtshofs fest. Er setzt mit derselben Mehrheit alle sonstigen als Entgelt gezahlten Vergütungen fest.

Abschnitt 3 – Die Kommission

Artikel 155

Um das ordnungsgemäße Funktionieren und die Entwicklung des Gemeinsamen Marktes zu gewährleisten, erfüllt die Kommission folgende Aufgaben:

– für die Anwendung dieses Vertrags sowie der von den Organen auf Grund dieses Vertrags getroffenen Bestimmungen Sorge zu tragen;

– Empfehlungen oder Stellungnahmen auf den in diesem Vertrag bezeichneten Gebieten abzugeben, soweit der Vertrag dies ausdrücklich vorsieht oder soweit sie es für notwendig erachtet;

– nach Maßgabe dieses Vertrags in eigener Zuständigkeit Entscheidungen zu treffen und am Zustandekommen der Handlungen des Rates und der Versammlung mitzuwirken;

– die Befugnisse auszuüben, die ihr der Rat zur Durchführung der von ihm erlassenen Vorschriften überträgt.

Artikel 156

Die Kommission veröffentlicht jährlich, und zwar spätestens einen Monat vor Beginn der Sitzungsperiode der Versammlung, einen Gesamtbericht über die Tätigkeit der Gemeinschaft.

Artikel 157

(1) Die Kommission besteht aus neun Mitgliedern, die auf Grund ihrer allgemeinen Befähigung ausgewählt werden und volle Gewähr für ihre Unabhängigkeit bieten müssen.

Die Zahl der Mitglieder der Kommission kann vom Rat einstimmig geändert werden.

Nur Staatsangehörige der Mitgliedstaaten können Mitglieder der Kommission sein.

Nicht mehr als zwei Mitglieder der Kommission dürfen dieselbe Staatsangehörigkeit besitzen.

(2) Die Mitglieder der Kommission üben ihre Tätigkeit in voller Unabhängigkeit zum allgemeinen Wohl der Gemeinschaft aus.

Sie dürfen bei der Erfüllung ihrer Pflichten Anweisungen von einer Regierung oder einer anderen Stelle weder anfordern noch entgegennehmen. Sie haben jede Handlung zu unterlassen, die mit ihren Aufgaben unvereinbar ist. Jeder Mitgliedstaat verpflichtet sich, diesen Grundsatz zu achten und nicht zu versuchen, die Mitglieder der Kommission bei der Erfüllung ihrer Aufgabe zu beeinflussen.

Die Mitglieder der Kommission dürfen während ihrer Amtszeit keine andere entgeltliche oder unentgeltliche Berufstätigkeit ausüben. Bei der Aufnahme ihrer Tätigkeit übernehmen sie die feierliche Verpflichtung, während der Ausübung und nach Ablauf ihrer Amtstätigkeit die sich aus ihrem Amt ergebenden Pflichten zu erfüllen, insbesondere die Pflicht, bei der Annahme gewisser Tätigkeiten oder Vorteile nach Ablauf dieser Tätigkeit ehrenhaft und zurückhaltend zu sein. Werden diese Pflichten verletzt, so kann der Gerichtshof auf Antrag des Rates oder der Kommission das Mitglied je nach Lage des Falles gemäß Artikel 160 seines Amtes entheben oder ihm seine Ruhegehaltsansprüche oder andere an ihrer Stelle gewährte Vergünstigungen aberkennen.

Artikel 158

Die Mitglieder der Kommission werden von den Regierungen der Mitgliedstaaten im gegenseitigen Einvernehmen ernannt.

Ihre Amtszeit beträgt vier Jahre. Wiederernennung ist zulässig.

Artikel 159

Abgesehen von den regelmäßigen Neubesetzungen und von Todesfällen endet das Amt eines Mitgliedes der Kommission durch Rücktritt oder Amtsenthebung.

Für das ausscheidende Mitglied wird für die verbleibende Amtszeit ein Nachfolger ernannt. Der Rat kann einstimmig entscheiden, für diese Zeit einen Nachfolger nicht zu ernennen.

Außer im Falle der in Artikel 160 geregelten Amtsenthebung bleiben die Mitglieder der Kommission bis zur Neubesetzung ihres Sitzes im Amt.

Artikel 160

Jedes Mitglied der Kommission, das die Voraussetzungen für die Ausübung seines Amtes nicht mehr erfüllt oder eine schwere Verfehlung begangen hat, kann auf Antrag des Rates oder der Kommission durch den Gerichtshof seines Amtes enthoben werden.

In diesem Falle kann der Rat durch einstimmige Entscheidung dieses Mitglied vorläufig von seinen Dienstpflichten entbinden und die Stelle besetzen, bis der Gerichtshof entschieden hat.

Auf Antrag des Rates oder der Kommission kann der Gerichtshof das Mitglied vorläufig von seinen Dienstpflichten entbinden.

Artikel 161

Der Präsident und die beiden Vizepräsidenten der Kommission werden aus deren Mitgliedern für zwei Jahre nach dem Verfahren ernannt, das für die Ernennung der Mitglieder der Kommission vorgesehen ist. Wiederernennung ist zulässig.

Außer im Falle einer allgemeinen Neubesetzung erfolgt die Ernennung nach Anhörung der Kommission.

Endet das Amt des Präsidenten und der Vizepräsidenten durch Rücktritt, Amtsenthebung oder Tod, so wird es für die verbleibende Amtszeit gemäß Absatz 1 neu besetzt.

Artikel 162

Der Rat und die Kommission ziehen einander zu Rate und regeln einvernehmlich die Art und Weise ihrer Zusammenarbeit.

Die Kommission gibt sich eine Geschäftsordnung, um ihr ordnungsmäßiges Arbeiten und das ihrer Dienststellen nach Maßgabe dieses Vertrags zu gewährleisten. Sie sorgt für die Veröffentlichung dieser Geschäftsordnung.

Artikel 163

Die Beschlüsse der Kommission werden mit der Mehrheit der in Artikel 157 bestimmten Zahl ihrer Mitglieder gefaßt.

Die Kommission kann nur dann wirksam tagen, wenn die in ihrer Geschäftsordnung festgesetzte Anzahl von Mitgliedern anwesend ist.

Abschnitt 4 – Der Gerichtshof

Artikel 164

Der Gerichtshof sichert die Wahrung des Rechts bei der Auslegung und Anwendung dieses Vertrags.

Artikel 165

Der Gerichtshof besteht aus sieben Richtern.

Der Gerichtshof tagt in Vollsitzungen. Er kann jedoch aus seiner Mitte Kammern mit je drei oder fünf Richtern bilden, die bestimmte vorbereitende Aufgaben erledigen oder bestimmte Gruppen von Rechtssachen entscheiden; hierfür gelten die Vorschriften einer besonderen Regelung.

In allen Fällen, in denen Rechtssachen zur Entscheidung stehen, die auf Antrag eines Mitgliedstaates oder eines Organs der Gemeinschaft anhängig sind, tagt der Gerichtshof in Vollsitzung; das gleiche gilt für die im Wege der Vorabentscheidung zu entscheidenden Fragen, die ihm gemäß Artikel 177 vorgelegt werden.

Auf Antrag des Gerichtshofs kann der Rat einstimmig die Zahl der Richter erhöhen und die erforderlichen Anpassungen der Absätze 2 und 3 und des Artikels 167 Absatz 2 vornehmen.

Artikel 166
Der Gerichtshof wird von zwei Generalanwälten unterstützt.

Der Generalanwalt hat in völliger Unparteilichkeit und Unabhängigkeit begründete Schlußanträge zu den dem Gerichtshof unterbreiteten Rechtssachen öffentlich zu stellen, um den Gerichtshof bei der Erfüllung seiner in Artikel 164 bestimmten Aufgabe zu unterstützen.

Auf Antrag des Gerichtshofs kann der Rat einstimmig die Zahl der Generalanwälte erhöhen und die erforderlichen Anpassungen des Artikels 167 Absatz 3 vornehmen.

Artikel 167
Zu Richtern und Generalanwälten sind Persönlichkeiten auszuwählen, die jede Gewähr für Unabhängigkeit bieten und in ihrem Staat die für die höchsten richterlichen Ämter erforderlichen Voraussetzungen erfüllen oder Juristen von anerkannt hervorragender Befähigung sind; sie werden von den Regierungen der Mitgliedstaaten im gegenseitigen Einvernehmen auf sechs Jahre ernannt.

Alle drei Jahre findet eine teilweise Neubesetzung der Richterstellen statt. Sie betrifft abwechselnd je drei und vier Richter. Die drei Richter, deren Stellen nach Ablauf der ersten drei Jahre neu zu besetzen sind, werden durch das Los bestimmt.

Alle drei Jahre findet eine teilweise Neubesetzung der Stellen der Generalanwälte statt. Der Generalanwalt, dessen Stelle nach Ablauf der ersten drei Jahre neu zu besetzen ist, wird durch das Los bestimmt.

Die Wiederernennung ausscheidender Richter und Generalanwälte ist zulässig.

Die Richter wählen aus ihrer Mitte den Präsidenten des Gerichtshofs für die Dauer von drei Jahren. Wiederwahl ist zulässig.

Artikel 168

Der Gerichtshofs ernennt seinen Kanzler und bestimmt dessen Stellung.

Artikel 169

Hat nach Auffassung der Kommission ein Mitgliedstaat gegen eine Verpflichtung aus diesem Vertrag verstoßen, so gibt sie eine mit Gründen versehene Stellungnahme hierzu ab; sie hat dem Staat zuvor Gelegenheit zur Äußerung zu geben.

Kommt der Staat dieser Stellungnahme innerhalb der von der Kommission gesetzten Frist nicht nach, so kann die Kommission den Gerichtshof anrufen.

Artikel 170

Jeder Mitgliedstaat kann den Gerichtshof anrufen, wenn er der Auffassung ist, daß ein anderer Mitgliedstaat gegen eine Verpflichtung aus diesem Vertrag verstoßen hat.

Bevor ein Mitgliedstaat wegen einer angeblichen Verletzung der Verpflichtungen aus diesem Vertrag gegen einen anderen Staat Klage erhebt, muß er die Kommission damit befassen.

Die Kommission erläßt eine mit Gründen versehene Stellungnahme; sie gibt den beteiligten Staaten zuvor Gelegenheit zu schriftlicher und mündlicher Äußerung in einem kontradiktorischen Verfahren.

Gibt die Kommission binnen drei Monaten nach dem Zeitpunkt, in dem ein entsprechender Antrag gestellt wurde, keine Stellungnahme ab, so kann ungeachtet des Fehlens der Stellungnahme vor dem Gerichtshof geklagt werden.

Artikel 171

Stellt der Gerichtshof fest, daß ein Mitgliedstaat gegen eine Verpflichtung aus diesem Vertrag verstoßen hat, so hat dieser Staat die Maßnahmen zu ergreifen, die sich aus dem Urteil des Gerichtshofs ergeben.

Artikel 172

Die vom Rat auf Grund dieses Vertrags erlassenen Verordnungen können hinsichtlich der darin vorgesehenen Zwangsmaßnahmen dem Gerichtshof eine Zuständigkeit übertragen, welche die Befugnis zu unbeschränkter Ermessensnachprüfung und zur Änderung oder Verhängung solcher Maßnahmen umfaßt.

Artikel 173

Der Gerichtshof überwacht die Rechtmäßigkeit des Handelns des Rates und der Kommission, soweit es sich nicht um Empfehlungen oder Stellungnahmen handelt. Zu diesem Zweck ist er für Klagen zuständig, die ein Mitgliedstaat, der Rat oder die Kommission wegen Unzuständigkeit, Verletzung wesentlicher Formvorschriften, Verletzung dieses Vertrags oder einer bei seiner Durchführung anzuwendenden Rechtsnorm oder wegen Ermessensmißbrauchs erhebt.

Jede natürliche oder juristische Person kann unter den gleichen Voraussetzungen gegen die an sie ergangenen Entscheidungen sowie gegen diejenigen Entscheidungen Klage erheben, die, obwohl sie als Verordnung oder als eine an eine andere Person gerichtete Entscheidung ergangen sind, sie unmittelbar und individuell betreffen.

Die in diesem Artikel vorgesehenen Klagen sind binnen zwei Monaten zu erheben; diese Frist läuft je nach Lage des Falles von der Bekanntgabe der betreffenden Handlung, ihrer Mitteilung an den Kläger oder in Ermangelung dessen von dem Zeitpunkt an, zu dem der Kläger von dieser Handlung Kenntnis erlangt hat.

Artikel 174

Ist die Klage begründet, so erklärt der Gerichtshof die angefochtene Handlung für nichtig.

Erklärt der Gerichtshof eine Verordnung für nichtig, so bezeichnet er, falls er dies für notwendig hält, diejenigen ihrer Wirkungen, die als fortgeltend zu betrachten sind.

Artikel 175

Unterläßt es der Rat oder die Kommission unter Verletzung dieses Vertrags, einen Beschluß zu fassen, so können die Mitgliedstaaten und die anderen Organe der Gemeinschaft beim Gerichtshof Klage auf Feststellung dieser Vertragsverletzung erheben.

Diese Klage ist nur zulässig, wenn das in Frage stehende Organ zuvor aufgefordert worden ist, tätig zu werden. Hat es binnen zwei Monaten nach dieser Aufforderung nicht Stellung genommen, so kann die Klage innerhalb einer weiteren Frist von zwei Monaten erhoben werden.

Jede natürliche oder juristische Person kann nach Maßgabe der Absätze 1 und 2 vor dem Gerichtshof Beschwerde darüber führen, daß ein Organ der Gemeinschaft es unterlassen hat, einen anderen Akt als eine Empfehlung oder eine Stellungnahme an sie zu richten.

Artikel 176

Das Organ, dem das für nichtig erklärte Handeln zur Last fällt oder dessen Untätigkeit als vertragswidrig erklärt worden ist, hat die sich aus dem Urteil des Gerichtshofes ergebenden Maßnahmen zu ergreifen.

Diese Verpflichtung besteht unbeschadet der Verpflichtungen, die sich aus der Anwendung des Artikels 215 Absatz 2 ergeben.

Artikel 177

Der Gerichtshof entscheidet im Wege der Vorabentscheidung

a) über die Auslegung dieses Vertrags,

b) über die Gültigkeit und die Auslegung der Handlungen der Organe der Gemeinschaft,

c) über die Auslegung der Satzungen der durch den Rat geschaffenen Einrichtungen, soweit diese Satzungen dies vorsehen.

Wird eine derartige Frage einem Gericht eines Mitgliedstaates gestellt und hält dieses Gericht eine Entscheidung darüber zum Erlaß seines Urteils für erforderlich, so kann es diese Frage dem Gerichtshof zur Entscheidung vorlegen.

Wird eine derartige Frage in einem schwebenden Verfahren bei einem einzelstaatlichen Gericht gestellt, dessen Entscheidungen selbst nicht mehr mit Rechtsmitteln des innerstaatlichen Rechts angefochten werden können, so ist dieses Gericht zur Anrufung des Gerichtshofes verpflichtet.

Artikel 178
Der Gerichtshof ist für Streitsachen über den in Artikel 215 Absatz 2 vorgesehenen Schadensersatz zuständig.

Artikel 179
Der Gerichtshof ist für alle Streitsachen zwischen der Gemeinschaft und deren Bediensteten innerhalb der Grenzen und nach Maßgabe der Bedingungen zuständig, die im Statut der Beamten festgelegt sind oder sich aus den Beschäftigungsbedingungen für die Bediensteten ergeben.

Artikel 180
Der Gerichtshof ist nach Maßgabe der folgenden Bestimmungen zuständig in Streitsachen über

a) die Erfüllung der Verpflichtungen der Mitgliedstaaten aus der Satzung der Europäischen Investitionsbank. Der Verwaltungsrat der Bank besitzt hierbei die der Kommission in Artikel 169 übertragenen Befugnisse;

b) die Beschlüsse des Rates der Gouverneure der Bank. Jeder Mitgliedstaat, die Kommission und der Verwaltungsrat der Bank können hierzu nach Maßgabe des Artikels 173 Klage erheben;

c) die Beschlüsse des Verwaltungsrats der Bank. Diese können nach Maßgabe des Artikels 173 nur von Mitgliedstaaten oder der Kommission und lediglich wegen Verletzung der Formvorschriften des Artikels 21 Absätze (2) (5) (7) der Satzung der Investitionsbank angefochten werden.

Artikel 181
Der Gerichtshof ist für Entscheidungen auf Grund einer Schiedsklausel zuständig, die in einem von der Gemeinschaft oder für ihre Rechnung abgeschlossenen öffentlich-rechtlichen oder privatrechtlichen Vertrag enthalten ist.

Artikel 182

Der Gerichtshof ist für jede mit dem Gegenstand dieses Vertrags in Zusammenhang stehende Streitigkeit zwischen Mitgliedstaaten zuständig, wenn diese bei ihm auf Grund eines Schiedsvertrags anhängig gemacht wird.

Artikel 183

Soweit keine Zuständigkeit des Gerichtshofes auf Grund dieses Vertrags besteht, sind Streitsachen, bei denen die Gemeinschaft Partei ist, der Zuständigkeit der einzelstaatlichen Gerichte nicht entzogen.

Artikel 184

Ungeachtet des Ablaufs der in Artikel 173 Absatz 3 genannten Frist kann jede Partei in einem Rechtsstreit, bei dem es auf die Geltung einer Verordnung des Rates oder der Kommission ankommt, vor dem Gerichtshof die Unanwendbarkeit dieser Verordnung aus den in Artikel 173 Absatz 1 genannten Gründen geltend machen.

Artikel 185

Klagen bei dem Gerichtshof haben keine aufschiebende Wirkung. Der Gerichtshof kann jedoch, wenn er es den Umständen nach für nötig hält, die Durchführung der angefochtenen Handlung aussetzen.

Artikel 186

Der Gerichtshof kann in den bei ihm anhängigen Sachen die erforderlichen einstweiligen Anordnungen treffen.

Artikel 187

Die Urteile des Gerichtshofes sind gemäß Artikel 192 vollstreckbar.

Artikel 188

Die Satzung des Gerichtshofes wird in einem besonderen Protokoll festgelegt.

Der Gerichtshof erläßt seine Verfahrensordnung. Sie bedarf der einstimmigen Genehmigung des Rates.

KAPITEL 2 – GEMEINSAME VORSCHRIFTEN FÜR MEHRERE ORGANE (Art. 189–192)
KAPITEL 3 – DER WIRTSCHAFTS- UND SOZIALAUSSCHUSS (Art. 193–198)

TITEL II – Finanzvorschriften (Art. 199–209)

SECHSTER TEIL – ALLGEMEINE UND SCHLUSSBESTIMMUNGEN

Artikel 210
Die Gemeinschaft besitzt Rechtspersönlichkeit.

Artikel 211
Die Gemeinschaft besitzt in jedem Mitgliedstaat die weitestgehende Rechts- und Geschäftsfähigkeit, die juristischen Personen nach dessen Rechtsvorschriften zuerkannt ist; sie kann insbesondere bewegliches und unbewegliches Vermögen erwerben und veräußern sowie vor Gericht stehen. Zu diesem Zweck wird sie von der Kommission vertreten.

Artikel 212–248 (nicht abgedruckt)

23. Vertrag über die abschließende Regelung in bezug auf Deutschland (Zwei-plus-Vier-Vertrag) vom 12. September 1990

Die Bundesrepublik Deutschland, die Deutsche Demokratische Republik, die Französische Republik, die Union der Sozialistischen Sowjetrepubliken, das Vereinigte Königreich Großbritannien und Nordirland und die Vereinigten Staaten von Amerika –

in dem Bewußtsein, daß ihre Völker seit 1945 miteinander in Frieden leben,

eingedenk der jüngsten historischen Veränderungen in Europa, die es ermöglichen, die Spaltung des Kontinents zu überwinden,

unter Berücksichtigung der Rechte und Verantwortlichkeiten der Vier Mächte in bezug auf Berlin und Deutschland als Ganzes und der entsprechenden Vereinbarungen und Beschlüsse der Vier Mächte aus der Kriegs- und Nachkriegszeit,

entschlossen, in Übereinstimmung mit ihren Verpflichtungen aus der Charta der Vereinten Nationen freundschaftliche, auf der Achtung vor dem Grundsatz der Gleichberechtigung und Selbstbestimmung der Völker beruhende Beziehungen zwischen den Nationen zu entwickeln und andere geeignete Maßnahmen zur Festigung des Weltfriedens zu treffen,

eingedenk der Prinzipien der in Helsinki unterzeichneten Schlußakte der Konferenz über Sicherheit und Zusammenarbeit in Europa,

in Anerkennung, daß diese Prinzipien feste Grundlagen für den Aufbau einer gerechten und dauerhaften Friedensordnung in Europa geschaffen haben,

entschlossen, die Sicherheitsinteressen eines jeden zu berücksichtigen,

überzeugt von der Notwendigkeit, Gegensätze endgültig zu überwinden und die Zusammenarbeit in Europa fortzuentwickeln,

in Bekräftigung ihrer Bereitschaft, die Sicherheit zu stärken, insbesondere durch wirksame Maßnahmen zur Rüstungskontrolle, Abrüstung und Vertrauensbildung; ihrer Bereitschaft, sich gegenseitig nicht als Gegner zu betrachten, sondern auf ein Verhältnis des Vertrauens und der Zusammenarbeit hinzuarbeiten sowie dementsprechend ihrer Bereitschaft, die Schaffung geeigneter institutioneller Vorkehrungen im Rahmen der Konferenz über Sicherheit und Zusammenarbeit in Europa positiv in Betracht zu ziehen,

in Würdigung dessen, daß das deutsche Volk in freier Ausübung des Selbstbestimmungsrechts seinen Willen bekundet hat, die staatliche Einheit Deutschlands herzustellen, um als gleichberechtigtes und souveränes Glied in einem vereinten Europa dem Frieden der Welt zu dienen,

in der Überzeugung, daß die Vereinigung Deutschlands als Staat mit endgültigen Grenzen ein bedeutsamer Beitrag zu Frieden und Stabilität in Europa ist,

mit dem Ziel, die abschließende Regelung in bezug auf Deutschland zu vereinbaren,

in Anerkennung dessen, daß dadurch und mit der Vereinigung Deutschlands als einem demokratischen und friedlichen Staat die Rechte und Verantwortlichkeiten der Vier Mächte in bezug auf Berlin und Deutschland als Ganzes ihre Bedeutung verlieren,

vertreten durch ihre Außenminister, die entsprechend der Erklärung von Ottawa vom 13. Februar 1990 am 5. Mai 1990 in Bonn, am 22. Juni 1990 in Berlin, am 17. Juli 1990 in Paris unter Beteiligung des Außenministers der Republik Polen und am 12. September 1990 in Moskau zusammengetroffen sind –

sind wie folgt übereingekommen:

Artikel 1

(1) Das vereinte Deutschland wird die Gebiete der Bundesrepublik Deutschland, der Deutschen Demokratischen Republik und ganz Berlins umfassen. Seine Außengrenzen werden die Grenzen der Bundesrepublik Deutschland und Deutschen Demokratischen Republik sein und werden am Tage des Inkrafttretens dieses Vertrags endgültig sein. Die Bestätigung des endgültigen Charakters der Grenzen des vereinten Deutschland ist ein wesentlicher Bestandteil der Friedensordnung in Europa.

(2) Das vereinte Deutschland und die Republik Polen bestätigen die zwischen ihnen bestehende Grenze in einem völkerrechtlich verbindlichen Vertrag.

(3) Das vereinte Deutschland hat keinerlei Gebietsansprüche gegen andere Staaten und wird solche auch nicht in Zukunft erheben.

(4) Die Regierungen der Bundesrepublik Deutschland und der Deutschen Demokratischen Republik werden sicherstellen, daß die Verfassung des vereinten Deutschland keinerlei Bestimmungen enthalten wird, die mit diesen Prinzipien unvereinbar sind. Dies gilt dementsprechend für die Bestimmungen, die in der Präambel und in den Artikeln 23 Satz 2 und 146 des Grundgesetzes für die Bundesrepublik Deutschland niedergelegt sind.

(5) Die Regierungen der Französischen Republik, der Union der Sozialistischen Sowjetrepubliken, des Vereinigten Königreichs Großbritannien und Nordirland und der Vereinigten Staaten von Amerika nehmen die entsprechenden Verpflichtungen und Erklärungen der Regierungen der Bundesrepublik Deutschland und der Deutschen Demokratischen Republik förmlich entgegen und erklären, daß mit deren Verwirklichung der endgültige Charakter der Grenzen des vereinten Deutschland bestätigt wird.

Artikel 2

Die Regierungen der Bundesrepublik Deutschland und der Deutschen Demokratischen Republik bekräftigen ihre Erklärungen, daß von deutschem Boden nur Frieden ausgehen wird. Nach der Verfassung des vereinten Deutschland sind Handlungen, die geeignet sind und in der Absicht vorgenommen werden, das friedliche Zusammenleben der Völker zu stören, insbesondere die Führung eines Angriffskrieges vorzubereiten, verfassungswidrig und strafbar. Die Regierungen der Bundesrepublik Deutschland und der Deutschen Demokratischen Republik erklären, daß das vereinte Deutschland keine seiner Waffen jemals einsetzen wird, es sei denn in Übereinstimmung mit seiner Verfassung und der Charta der Vereinten Nationen.

Artikel 3

(1) Die Regierungen der Bundesrepublik Deutschland und der Deutschen Demokratischen Republik bekräftigen ihren Verzicht auf Herstellung und Besitz von und auf Verfügungsgewalt über atomare, biologische und chemische Waffen. Sie erklären, daß auch das vereinte Deutschland sich an diese Verpflichtungen

halten wird. Insbesondere gelten die Rechte und Verpflichtungen aus dem Vertrag über die Nichtverbreitung von Kernwaffen vom 1. Juli 1968 für das vereinte Deutschland fort.

(2) Die Regierung der Bundesrepublik Deutschland hat in vollem Einvernehmen mit der Regierung der Deutschen Demokratischen Republik am 30. August 1990 in Wien bei den Verhandlungen über konventionelle Streitkräfte in Europa folgende Erklärung abgegeben:

„Die Regierung der Bundesrepublik Deutschland verpflichtet sich, die Streitkräfte des vereinten Deutschland innerhalb von drei bis vier Jahren auf eine Personalstärke von 370 000 Mann (Land-, Luft- und Seestreitkräfte) zu reduzieren. Diese Reduzierung soll mit dem Inkrafttreten des ersten KSE-Vertrags beginnen. Im Rahmen dieser Gesamtobergrenze werden nicht mehr als 345 000 Mann den Land- und Luftstreitkräften angehören, die gemäß vereinbartem Mandat allein Gegenstand der Verhandlungen über konventionelle Streitkräfte in Europa sind. Die Bundesregierung sieht in ihrer Verpflichtung zur Reduzierung von Land- und Luftstreitkräften einen bedeutsamen deutschen Beitrag zur Reduzierung der konventionellen Streitkräfte in Europa. Sie geht davon aus, daß in Folgeverhandlungen auch die anderen Verhandlungsteilnehmer ihren Beitrag zur Festigung von Sicherheit und Stabilität in Europa, einschließlich Maßnahmen zur Begrenzung der Personalstärken, leisten werden."

Die Regierung der Deutschen Demokratischen Republik hat sich dieser Erklärung ausdrücklich angeschlossen.

(3) Die Regierungen der Französischen Republik, der Union der Sozialistischen Sowjetrepubliken, des Vereinigten Königreichs Großbritannien und Nordirland und der Vereinigten Staaten von Amerika nehmen diese Erklärungen der Regierungen der Bundesrepublik Deutschland und der Deutschen Demokratischen Republik zur Kenntnis.

Artikel 4

(1) Die Regierungen der Bundesrepublik Deutschland, der Deutschen Demokratischen Republik und der Union der Sozialistischen Sowjetrepubliken erklären, daß das vereinte Deutschland

und die Union der Sozialistischen Sowjetrepubliken in vertraglicher Form die Bedingungen und die Dauer des Aufenthalts der sowjetischen Streitkräfte auf dem Gebiet der heutigen Deutschen Demokratischen Republik und Berlins sowie die Abwicklung des Abzugs dieser Streitkräfte regeln werden, der bis zum Ende des Jahres 1994 im Zusammenhang mit der Verwirklichung der Verpflichtungen der Regierungen der Bundesrepublik Deutschland und der Deutschen Demokratischen Republik, auf die sich Absatz 2 des Artikels 3 dieses Vertrags bezieht, vollzogen sein wird.

(2) Die Regierungen der Französischen Republik, des Vereinigten Königreichs Großbritannien und Nordirland und der Vereinigten Staaten von Amerika nehmen diese Erklärung zur Kenntnis.

Artikel 5

(1) Bis zum Abschluß des Abzugs der sowjetischen Streitkräfte vom Gebiet der heutigen Deutschen Demokratischen Republik und Berlins in Übereinstimmung mit Artikel 4 dieses Vertrags werden auf diesem Gebiet als Streitkräfte des vereinten Deutschland ausschließlich deutsche Verbände der Territorialverteidigung stationiert sein, die nicht in die Bündnisstrukturen integriert sind, denen deutsche Streitkräfte auf dem übrigen deutschen Hoheitsgebiet zugeordnet sind. Unbeschadet der Regelung in Absatz 2 dieses Artikels werden während dieses Zeitraums Streitkräfte anderer Staaten auf diesem Gebiet nicht stationiert oder irgendwelche andere militärische Tätigkeiten dort ausüben.

(2) Für die Dauer des Aufenthalts sowjetischer Streitkräfte auf dem Gebiet der heutigen Deutschen Demokratischen Republik und Berlins werden auf deutschen Wunsch Streitkräfte der Französischen Republik, des Vereinigten Königreichs Großbritannien und Nordirland und der Vereinigten Staaten von Amerika auf der Grundlage entsprechender vertraglicher Vereinbarung zwischen der Regierung des vereinten Deutschland und den Regierungen der betreffenden Staaten in Berlin stationiert bleiben. Die Zahl aller nichtdeutschen in Berlin stationierten Streitkräfte und deren Ausrüstungsumfang werden nicht stärker sein als zum Zeitpunkt der Unterzeichnung dieses Vertrags. Neue Waffenkategorien werden von nichtdeutschen Streitkräften dort nicht eingeführt. Die

Regierung des vereinten Deutschland wird mit den Regierungen der Staaten, die Streitkräfte in Berlin stationiert haben, Verträge zu gerechten Bedingungen unter Berücksichtigung der zu den betreffenden Staaten bestehenden Beziehungen abschließen.

(3) Nach dem Abschluß des Abzugs der sowjetischen Streitkräfte vom Gebiet der heutigen Deutschen Demokratischen Republik und Berlins können in diesem Teil Deutschlands auch deutsche Streitkräfteverbände stationiert werden, die in gleicher Weise militärischen Bündnisstrukturen zugeordnet sind wie diejenigen auf dem übrigen deutschen Hoheitsgebiet, allerdings ohne Kernwaffenträger. Darunter fallen nicht konventionelle Waffensysteme, die neben konventioneller andere Einsatzfähigkeiten haben können, die jedoch in diesem Teil Deutschlands für eine konventionelle Rolle ausgerüstet und nur dafür vorgesehen sind. Ausländische Streitkräfte und Atomwaffen oder deren Träger werden in diesem Teil Deutschlands weder stationiert noch dorthin verlegt.

Artikel 6

Das Recht des vereinten Deutschland, Bündnissen mit allen sich daraus ergebenden Rechten und Pflichten anzugehören, wird von diesem Vertrag nicht berührt.

Artikel 7

(1) Die Französische Republik, die Union der Sozialistischen Sowjetrepubliken, das Vereinigte Königreich Großbritannien und Nordirland und die Vereinigten Staaten von Amerika beenden hiermit ihre Rechte und Verantwortlichkeiten in bezug auf Berlin und Deutschland als Ganzes. Als Ergebnis werden die entsprechenden, damit zusammenhängenden vierseitigen Vereinbarungen, Beschlüsse und Praktiken beendet und alle entsprechenden Einrichtungen der Vier Mächte aufgelöst.

(2) Das vereinte Deutschland hat demgemäß volle Souveränität über seine inneren und äußeren Angelegenheiten.

Artikel 8

(1) Dieser Vertrag bedarf der Ratifikation oder Annahme, die so bald wie möglich herbeigeführt werden soll. Die Ratifikation

erfolgt auf deutscher Seite durch das vereinte Deutschland. Dieser Vertrag gilt daher für das vereinte Deutschland.

(2) Die Ratifikations- oder Annahmeurkunden werden bei der Regierung des vereinten Deutschland hinterlegt. Diese unterrichtet die Regierungen der anderen Vertragschließenden Seiten von der Hinterlegung jeder Ratifikations- oder Annahmeurkunde.

Artikel 9

Dieser Vertrag tritt für das vereinte Deutschland, die Union der Sozialistischen Sowjetrepubliken, die Französische Republik, das Vereinigte Königreich Großbritannien und Nordirland und die Vereinigten Staaten von Amerika am Tag der Hinterlegung der letzten Ratifikations- oder Annahmeurkunde durch diese Staaten in Kraft.

Artikel 10

Die Urschrift dieses Vertrags, dessen deutscher, englischer, französischer und russischer Wortlaut gleichermaßen verbindlich ist, wird bei der Regierung der Bundesrepublik Deutschland hinterlegt, die den Regierungen der anderen vertragschließenden Seiten beglaubigte Ausfertigungen übermittelt.

Anhang

24. Die Habeas-Corpus-Akte vom 27. Mai 1679 (Auszug)

Gesetz für die bessere Sicherung der Freiheit der Untertanen und zur Verhütung von Verhaftung über See

Es geschehen große Verzögerungen durch Richter, Kerkermeister und andere Beamte, denen der Gewahrsam der königlichen Untertanen in Straf- und vermuteten Straffällen übergeben ist, durch Zurücksendung von an sie gerichteten Habeas-Corpus-Mandaten, durch Ausstellung eines Alias- und Pluries-Habeas-Corpus und manchmal noch mehr durch andere Ausflüchte, um den willfährigen Gehorsam gegen solche Mandate entgegen ihrer Pflicht und den anerkannten Gesetzen des Landes zu vermeiden. Dadurch werden manche der königlichen Untertanen in Fällen, die durch Gesetz bürgschaftsfähig sind, zu ihrer großen Last und Bedrückung im Gefängnis gehalten und mögen dort künftig lange gehalten werden. Um dem zuvorzukommen und um alle für irgendwelche Straftaten oder vermuteter Straftaten willen verhafteter Personen schneller zu befreien, möge durch des Königs allerhöchste Majestät bei und mit Rat und Zustimmung der im gegenwärtigen Parlament versammelten geistlichen und weltlichen Lords und der Gemeinen und durch deren Autorität verfügt werden, daß

[1.] wenn irgendeine Person oder Personen einen Habeas-Corpus vorlegen, der an einen oder mehrere Richter, Kerkermeister, Beamten oder irgendeine andere Person für eine in ihrem Gewahrsam befindliche Person gerichtet ist, und diese Schrift auf den genannten Beamten oder einen Kerker oder Gefängnis mit irgendwelchen Unterbeamten, Unterkerkermeister oder einen Vertreter des Beamten oder Kerkermeisters ausgestellt ist, dann sollen er oder sie, seine oder ihre Unterbeamten, Unterkerkermeister oder Vertreter binnen drei Tagen nach der Ausstellung (ausgenommen die Verhaftung sei erfolgt wegen Verrats und Treubruchs und dies sei klar und ausdrücklich in dem Verhaftbefehl ausgedrückt) gegen Zahlung oder Bürgschaft für die Kosten des Transportes des genannten Gefangenen, die von dem Richter oder Gerichtshof, die denselben vorladen, festgesetzt und auf dem Mandat schriftlich vermerkt sind, im Betrag von nicht mehr als

12 Pence für eine Meile, und gegen Sicherheit, gegeben durch des Gefangenen eigenen Schuldschein, die Kosten der Rückführung zu tragen, wenn er durch das Gericht oder den Richter, dem er gemäß diesem Gesetz gebracht wird, zu weiterer Haft verurteilt wird [und das Versprechen], daß er nicht unterwegs einen Fluchtversuch machen wird, dies Mandat zurücksenden. Und sie sollen bringen oder veranlassen zu bringen, den Leib der so verhafteten oder eingesperrten Person zum oder vor den amtierenden Lordkanzler oder Großsiegelbewahrer von England oder die Richter oder Barone des genannten Gerichts, von dem das Mandat ausgegangen ist, oder zu und vor andere Personen, denen das Mandat entsprechend dem darin enthaltenen Befehl wieder vorgelegt werden muß. Und er soll dann in gleicher Weise die wahren Ursachen des Gewahrsams oder der Haft bezeugen, es sei denn, daß die Haft der genannten Personen sich in einer größereren Entfernung als 20 Meilen von dem Platz oder den Plätzen befindet, in denen das Gericht oder die betreffende Person wohnt. Und wenn es weiter als 20 Meilen, aber nicht über 100 Meilen entfernt ist, dann soll es im Zeitraum von 10 Tagen geschehen und, wenn es über 100 Meilen entfernt ist, dann im Zeitraum von 20 Tagen nach der oben bezeichneten Zustellung, und nicht später.

In den weiteren 19 Artikeln des ausführlichen und umständlichen Gesetzes wird bestimmt, wie ein Gefangener innerhalb der Gerichtsferien durch den Lordkanzler oder Lordsiegelbewahrer und andere Richter ein Habeas-Corpus-Mandat erlangen kann, welche Strafen auf die Nichtbefolgung eines solchen Mandats stehen. Das Gesetz trifft nicht zu auf Personen, die sich in Schuldhaft befinden. Niemand soll ohne ein Habeas-Corpus in ein anderes Gefängnis oder in Gefängnisse außerhalb Englands gebracht werden. Niemand soll seinen gesetzlichen Richtern entzogen werden.

25. Die Bill of Rights vom 23. Oktober 1689 (Auszug)

Die geistlichen und weltlichen Lords und die Gemeinen, die zu Westminster in rechtmäßiger, vollzähliger und freier Vertretung aller Stände des Volkes dieses Reiches versammelt sind, haben am 13. Februar im Jahre unseres Herrn 1688 in Gegenwart Ihrer Majestäten, berufen und bekannt unter den Namen und Titeln Wilhelm und Maria, Prinz und Prinzessin von Oranien, und in eigener Person anwesend, eine bestimmte schriftliche Erklärung, aufgestellt durch die genannten Lords und Gemeinen, in folgenden Worten gegeben:

Der frühere König Jacob II. hat mit Hilfe von ihm angestellter böser Ratgeber, Richter und Diener versucht, die protestantische Religion und die Gesetze und Freiheiten dieses Königreiches zu unterdrücken: […] (*Es folgenden 12 Klagen des Parlaments gegen seine Regierung, die mit den Feststellungen unter 1–4 und 6–13 fast wörtlich übereinstimmen.*) All das ist ganz und gar im Widerspruch zu den bekannten Gesetzen und Statuten und Freiheiten dieses Reiches.

Und da der frühere König Jacob II. der Regierung entsagt hat und der Thron dadurch frei geworden ist, haben Seine Hoheit der Prinz von Oranien (den es dem Allmächtigen Gott gefallen hat, zum ruhmreichen Werkzeug der Befreiung dieses Königsreiches vom Papismus und willkürlichen Regiment zu machen), befohlen (mit Rat der geistlichen und weltlichen Lords und einiger führender Mitglieder des Unterhauses), daß Ladungen an die protestantischen geistlichen und weltlichen Lords herausgingen und andere Ladungen an einige Grafschaften, Städte, Universitäten, Flecken und die fünf Häfen geschrieben wurden, damit sie solche Männer als ihre Vertreter wählten, die von Rechts wegen zum Parlament gesandt werden sollten, um zu Westminster am 22. Januar dieses Jahres 1688 zusammenzutreten und eine solche Ordnung zu treffen, daß ihre Religion, Gesetze und Freiheiten nicht wieder in die Gefahr der Unterdrückung kommen könnten. Auf Grund dieser Ladungen wurden die Wahlen gebührlich abgehalten.

I. Darauf haben sich die geistlichen und weltlichen Lords und die Gemeinen auf Grund dieser Ladungen und Wahlen heute in einer vollzähligen und freien Vertretung der Nation versammelt und aufs sorgsamste die besten Maßregeln zur Erlangung des vorgenannten Zieles in ernste Erwägung genommen. Sie erklären daher zuerst (so, wie es ihre Vorfahren im gleichen Falle gewöhnlich getan haben) zur Sicherung und Wahrung ihrer alten Rechte und Freiheiten:

1. Die angemaßte Macht, durch königliche Autorität ohne Zustimmung des Parlaments Gesetze oder die Ausführung von Gesetzen auszusetzen, ist ungesetzlich.

2. Die angemaßte Macht, durch königliche Autorität Gesetze oder die Ausführung von Gesetzen aufzuheben, wie sie in der Vergangenheit angemaßt und ausgeübt wurde, ist ungesetzlich.

3. Die Bestallung für die Errichtung des früheren Gerichtshofes der Kommissare für kirchliche Angelegenheiten und alle anderen Bestallungen und Gerichtshöfe gleicher Art sind ungesetzlich und verderblich.

4. Die Erhebung von Geld für den Gebrauch der Krone unter dem Vorwand [königlichen] Vorrechts ohne Bewilligung des Parlaments für längere Zeit und in anderer Weise, als sie bewilligt ist oder wird, ist ungesetzlich.

5. Es ist das Recht der Untertanen, an den König Gesuche zu richten. Alle Verhaftungen und Verfolgungen um solcher Petitionen willen sind ungesetzlich.

6. Das Aufstellen und Halten einer stehenden Armee im Königreich in Friedenszeiten, außer mit Zustimmung des Parlaments, ist ungesetzlich.

7. die protestantischen Untertanen können Waffen führen, wie es ihrem Stande gemäß und durch das Gesetz erlaubt ist.

8. Die Wahl der Mitglieder des Parlaments soll frei sein.

9. Die Freiheit der Rede, der Debatten und des Verfahrens im Parlament soll nicht vor irgendeinem Gerichtshof oder einer Stelle außerhalb des Parlaments verfolgt oder untersucht werden.

10. Es sollen nicht übermäßige Bürgschaften gefordert, noch übermäßige Geldbußen auferlegt, noch grausame und ungewöhnliche Strafen verhängt werden.

11. Die Geschworenen sollen in angemessener Form verzeichnet und gewechselt werden. Geschworene, die in Verhandlungen über Hochverrat über Menschen urteilen, sollen Freisassen sein.

12. Alle Bewilligungen und Zusagen von Geldstrafen und Pfändungen einzelner Personen vor ihrer gerichtlichen Überführung sind ungesetzlich und nichtig.

13. Für die Abstellung aller Klagen und für die Besserung, Bestätigung und Bewahrung der Gesetze, sollen häufig Parlamente gehalten werden.

Sie beanspruchen, fordern und bestehen auf allen und jedem der vorgenannten Punkte als ihren zweifellosen Rechten und Freiheiten. Und keinerlei Erklärungen, Urteile, Handlungen und Vorgänge, die dem Volke in einem dieser Punkte nachteilig sind, sollen in irgendeiner Weise in Zukunft als Präzedenzfall oder Beispiel dienen.

Zu dieser Forderung ihrer Rechte sind sie besonders durch die Erklärung S. H. des Prinzen von Oranien ermutigt worden, daß dies das einzige Mittel sei, um vollständige Wiederherstellung und Abhilfe zu erlangen.

Sie haben daher das volle Vertrauen, daß S. H. der Prinz von Oranien die von ihm so sehr geförderte Befreiung vollenden will und sie stets vor jeder Verletzung ihrer Rechte, wie sie hier bekräftigt wurden, und vor jedem anderen Angriff auf ihre Religion, ihre Rechte und Freiheiten bewahren will.

II. Die genannten geistlichen und weltlichen Lords und die Gemeinen, in Westminster versammelt, beschließen, daß Wilhelm und Maria, Prinz und Prinzessin von Oranien, zum König und zur Königin von England, Frankreich und Irland und den Ländern, die davon abhängen, erklärt werden.

Regelung der Nachfolge.

III. Neue Formen des Huldigungseides und des Bekenntniseides.

IV. Annahme der Krone durch die Majestäten

V. Und darauf hat es Ihren Majestäten gefallen, daß die geistlichen und weltlichen Lords und die Gemeinen, die die beiden Häuser des Parlaments bilden, ihre Tagung fortsetzen und mit Ihrer Königlichen Majestät Hilfe wirksame Vorsorge treffen für die Ordnung der Religion, der Gesetze und Freiheiten dieses Königsreiches, damit diese in Zukunft nicht wieder in die Gefahr kommen, umgestürzt zu werden. Deswegen haben die geistlichen und weltlichen Lords und die Gemeinen ihr Einverständnis und ihren Willen bekundet, entsprechend zu handeln.

VI. Als Folge des Vorangegangenen bitten die im Parlament versammelten geistlichen und weltlichen Lords und die Gemeinen diese Deklaration und die in ihr enthaltenen Artikel, Klauseln, Punkte und Sachen kraft eines in ordnungsgemäßer Form durch Autorität des Parlaments gemachten Gesetzes zu bestätigen, zu bekräftigen und festzustellen, daß erklärt und verfügt werden möchte: Daß alle und jede in dieser Erklärung geforderten und beanspruchten Rechte und Freiheiten wahre, alte und zweifellose Rechte und Freiheiten des Volkes dieses Königsreiches sind, und als solche hochgehalten, gebilligt, zuerkannt, geachtet und begriffen werden sollen, und daß alle und jede Einzelpunkte fest und genau gehalten und bewahrt werden sollen, wie sie in dieser Erklärung ausgedrückt sind. Und alle Beamten und Minister sollen Ihren Majestäten und deren Nachfolgern zu allen Zeiten in Übereinstimmung mit dieser Erklärung dienen.

VII. Anerkennung der Rechte Wilhelms und Marias an der Krone Englands.

VIII. Festsetzung der Thronfolgenordnung.

IX. Ausschluß aller Glieder der kgl. Familie von der Thronfolge, die sich selbst oder deren Gatten sich zum Katholizismus bekennen.

X. Verpflichtung jedes Herrschers, am Tage der Krönung die Akte, die Katholiken von beiden Häusern des Parlaments ausschließt, zu bekräftigen.

XI. All das hat Ihren Majestäten beliebt und gefallen, durch die Autorität des gegenwärtigen Parlaments zu erklären, zu verfügen und festzusetzen, damit es als Gesetz dieses Reichs für immer bestehe und bleibe. Und dasselbe ist durch Ihre Majestäten, durch und mit Rat und Zustimmung der im Parlament versammelten geistlichen und weltlichen Lords und der Gemeinen und durch die Autorität derselben, entsprechend erklärt, verfügt und festgesetzt worden.

XII. Und weiterhin ist durch deren Autorität erklärt und verfügt worden, daß von und nach der jetzigen Tagung des Parlaments keine Dispensation „Non obstante" von irgendeinem Statut oder einem Teil von ihm erlaubt ist, ausgenommen solche

Fälle, die durch ein oder mehrere Gesetze, die während der jetzigen Tagung des Parlaments angenommen wurden, besonders bestimmt sind.

XIII. Es wird bestimmt, daß vor dem 23. Oktober 1689 bewilligte Urkunden, Verleihungen und Gnaden durch dies Gesetz in keiner Weise bestritten oder außer Kraft gesetzt werden sollen, sie sollen vielmehr von Rechts wegen in gleicher Kraft und Wirksamkeit bleiben, nicht anders als wenn dies Gesetz nicht gemacht worden wäre.

26. Die Verfassung der Vereinigten Staaten von Amerika vom 17. September 1787

Wir, das Volk der Vereinigten Staaten, von der Absicht geleitet, unseren Bund zu vervollkommnen, Gerechtigkeit zu verwirklichen, die Ruhe im Innern zu sichern, für die Landesverteidigung zu sorgen, die allgemeine Wohlfahrt zu fördern und das Glück der Freiheit uns selbst und unseren Nachkommen zu bewahren, setzen diese Verfassung für die Vereinigten Staaten von Amerika in Geltung.

Artikel I

Abschnitt 1. Alle in dieser Verfassung verliehene gesetzgebende Gewalt soll einem Kongreß der Vereinigten Staaten übertragen sein, der aus einem Senat und einem Abgeordnetenhaus bestehen soll.

Abschnitt 2. Das Abgeordnetenhaus soll aus Mitgliedern zusammengesetzt sein, die jedes zweite Jahr in den einzelnen Staaten vom Volke gewählt werden; und die Wähler in jedem Staate sollen den Bedingungen genügen, die für die Wähler der zahlenmäßig stärksten Kammer der Staatsgesetzgebung vorgeschrieben sind.

Niemand soll Abgeordneter sein, der nicht das Alter von 25 Jahren erreicht hat und sieben Jahre Bürger der Vereinigten Staaten gewesen ist, und der nicht zur Zeit seiner Wahl Einwohner desjenigen Staates ist, in dem er gewählt wird.

(Abgeordnete und direkte Steuern sollen auf die einzelnen Staaten, die in diese Union eingeschlossen sind, im Verhältnis zu deren zahlenmäßiger Stärke verteilt werden; diese soll bestimmt werden, indem zur Gesamtzahl der freien Personen, einschließlich derer, die für eine bestimmte Zahl von Jahren zu Dienst verpflichtet sind, jedoch ausschließlich der nicht besteuerten Indianer, drei Fünftel aller übrigen Personen hinzugezählt werden. Die Durchführung der Zählung soll innerhalb von drei Jahren nach dem erstmaligen Zusammentreten des Kongresses der Vereinigten Staaten stattfinden und hernach innerhalb jedes folgenden Zeitraumes von zehn Jahren in der Weise, wie es in einem zu erlassenden Gesetz angeordnet wird. Die Anzahl der Abgeordneten soll nicht größer sein als einer auf je dreißigtausend, doch soll jeder Staat durch wenigstens einen Abgeordneten vertreten sein; und bis diese Zählung stattgefunden hat, soll der Staat New Hampshire berechtigt sein, drei zu erwählen, Massachusetts acht, Rhode Island und Providence Plantations einen, Connecticut fünf, New York sechs, New Jersey vier, Pennsylvania acht, Delaware einen, Maryland sechs, Virginia zehn, North Carolina fünf, South Carolina fünf, und Georgia drei.)

Wenn in der Vertretung eines Staates ein Mandat erledigt ist, soll dessen Regierung Wahlen ausschreiben, um das erledigte Mandat neu zu besetzen.

Das Abgeordnetenhaus soll seinen Präsidenten (Sprecher) und seine übrigen Amtsträger wählen und soll allein das Recht haben, die Staatsanklage zu erheben.

Abschnitt 3. Der Senat der Vereinigten Staaten soll aus zwei Senatoren von jedem Staate zusammengesetzt sein, welche von dessen gesetzgebender Körperschaft für sechs Jahre gewählt werden, und jeder Senator soll eine Stimme haben.

Unmittelbar nachdem sie auf Grund der erstmaligen Wahl zusammengetreten sind, sollen sie so gleichmäßig wie möglich in drei Gruppen eingeteilt werden. Die Sitze der Senatoren der ersten Gruppe sollen bei Ablauf des zweiten Jahres erledigt sein, die der zweiten Gruppe bei Ablauf des vierten Jahres und die der dritten Gruppe bei Ablauf des sechsten Jahres, so daß jedes zweite Jahr ein Drittel neu zu wählen ist; und wenn Sitze durch Verzicht oder auf andere Weise zu einer Zeit erledigt werden, da die gesetzgebende Körperschaft eines Staates nicht versammelt ist, so kann dessen Regierung eine Ernennung mit vorläufiger Wirksamkeit bis zum nächsten Zusammentreten der gesetzgebenden Körperschaft vornehmen, welche dann solche erledigte Stellen wieder besetzen soll.

Niemand soll Senator sein, der nicht das Alter von dreißig Jahren erreicht hat und neun Jahre Bürger der Vereinigten Staaten gewesen ist, und der nicht zur Zeit seiner Wahl Einwohner desjenigen Staates ist, für den er gewählt werden soll.

Der Vizepräsident der Vereinigten Staaten soll Präsident des Senates sein; er soll jedoch keine Stimme haben, ausgenommen den Fall der Stimmengleichheit.

Der Senat soll seine übrigen Amtsträger wählen und auch einen Präsidenten zur zeitweiligen Geschäftsführung, im Falle daß der Vizepräsident abwesend ist oder das Amt des Präsidenten der Vereinigten Staaten ausübt.

Der Senat soll allein befugt sein, über alle Staatsanklagen Gericht zu halten. Wenn er zu diesem Zwecke zusammentritt, sollen die Senatoren einen Eid oder ein feierliches Gelöbnis leisten. Wenn der Präsident der Vereinigten Staaten unter Anklage steht, soll der Vorsitzende des Obersten Gerichtshofes den Vorsitz führen, und niemand soll ohne die Zustimmung von zwei Dritteln der anwesenden Mitglieder verurteilt werden.

In den Fällen der Staatsanklage soll sich das Urteil auf die Entfernung vom Amte und auf Aberkennung der Fähigkeit beschränken, ein Ehrenamt, ein Vertrauensamt oder ein besoldetes Amt unter der Hoheit der Vereinigten Staaten innezuhaben und auszuüben; der Verurteilte aber soll nichtsdestoweniger haftbar und einer Anklage, einem Verfahren, einer Verurteilung und einer Bestrafung dem Rechte gemäß unterworfen werden.

Abschnitt 4. Zeit, Ort und Art der Abhaltung der Wahlen für Senatoren und Abgeordnete sollen in jedem Staate durch dessen gesetzgebende Körperschaft vorgeschrieben werden; doch kann der Kongreß jederzeit durch Gesetz solche Vorschriften erlassen oder ändern, mit Ausnahme der Bestimmung der Orte für die Wahl der Senatoren.

Der Kongreß soll sich wenigstens einmal in jedem Jahr versammeln, und zwar soll er am ersten Montag im Dezember zusammentreten, wenn nicht durch Gesetz ein anderer Tag bestimmt wird.

Abschnitt 5. Jedes Haus soll über die Wahlen, die Abstimmungsergebnisse und die Wählbarkeit seiner eigenen Mitglieder Richter sein, und in jedem Hause soll die Anwesenheit der Mehrheit der Mitglieder zur Beschlußfähigkeit erforderlich sein;

doch kann eine kleinere Zahl die Sitzung von einem Tag auf den anderen vertagen und soll befugt sein, das Erscheinen abwesender Mitglieder in solcher Weise und unter solchen Strafandrohungen zu erzwingen, wie sie jedes Haus vorsieht.

Jedes Haus kann sich seine Geschäftsordnung geben, seine Mitglieder wegen ordnungswidrigen Verhaltens bestrafen und, mit einer Mehrheit von zwei Dritteln, ein Mitglied ausschließen.

Jedes Haus soll einen fortlaufenden Verhandlungsbericht führen und diesen von Zeit zu Zeit veröffentlichen; ausgenommen sind solche Teile, die nach dem Ermessen der Mitglieder Geheimhaltung erfordern; und die Ja- und die Nein-Stimmen der Mitglieder jedes Hauses in irgendeiner Frage sollen im Verhandlungsbericht vermerkt werden, wenn es ein Fünftel der Anwesenden verlangt.

Keines der beiden Häuser soll, während der Kongreß versammelt ist, sich ohne Zustimmung des andern auf mehr als drei Tage vertragen noch seine Sitzungen nach einem anderen Orte verlegen als dem, an welchem beide Häuser tagen sollen.

Abschnitt 6. Die Senatoren und Abgeordneten sollen für ihre Dienste eine Entschädigung erhalten, die vom Gesetze festgestellt und vom Schatzamt der Vereinigten Staaten ausbezahlt werden soll. Sie sollen in allen Fällen, außer bei Verrat, peinlichen Verbrechen oder Friedensbruch, vor Verhaftung geschützt sein, während sie einer Sitzung des Hauses, dem sie angehören, beiwohnen, sowie während sie sich auf dem Wege dahin oder auf dem Heimwege daher befinden; und wegen einer Rede oder Äußerung in einem der Häuser sollen sie nirgendwo anders zur Rechenschaft gezogen werden.

Kein Senator oder Abgeordneter soll während der Zeit, für die er gewählt wurde, zu irgendeinem Staatsamt unter der Hoheit der Vereinigten Staaten berufen werden, das während dieser Zeit entweder geschaffen oder mit erhöhten Einkünften ausgestattet worden ist; und niemand, der ein Amt unter der Hoheit der Vereinigten Staaten bekleidet, soll Mitglied eines der beiden Häuser sein, solange er in seinem Amte verbleibt.

Abschnitt 7. Alle Gesetzesvorlagen für die Erhebung von Staatseinkünften sollen vom Abgeordnetenhaus ausgehen; doch kann der Senat Abänderungen vorschlagen oder nur mit Vorbehalt solchen zustimmen, wie bei anderen Gesetzesvorlagen.

Jede Gesetzesvorlage, die vom Abgeordnetenhaus und vom Senat verabschiedet worden ist, soll, ehe sie Gesetz wird, dem Präsidenten der Vereinigten Staaten vorgelegt werden; wenn er sie gutheißt, so soll er sie unterzeichnen, wenn aber nicht, so soll er sie, mit seinen Einwendungen, an jenes Haus zurückleiten, von dem sie ausgegangen ist; dieses soll die Einwendungen ausführlich in seinen laufenden Bericht eintragen und an eine erneute Beratung schreiten. Wenn nach solch erneuter Beratung zwei Drittel jenes Hauses sich für die Verabschiedung der Gesetzesvorlage entscheiden, so soll sie, zusammen mit den Einwendungen, dem anderen Hause zugesandt werden, damit sie dort gleichfalls erneut beraten wird, und wenn sie die Zustimmung von zwei Dritteln auch dieses Hauses findet, soll sie Gesetz werden. In allen solchen Fällen aber sollen die Abstimmungen in beiden Häusern durch Ja- und Nein-Stimmen entschieden werden und die Namen derer, die für und gegen die Gesetzesvorlage stimmen, sollen im Verhandlungsbericht des betreffenden Hauses vermerkt werden. Wenn eine Gesetzesvorlage vom Präsidenten nicht innerhalb von zehn Tagen (Sonntage nicht eingerechnet), nachdem sie ihm unterbreitet worden ist, zurückgeleitet wird, soll sie in gleicher Weise Gesetzeskraft erhalten, als ob er sie unterzeichnet hätte, es sei denn, daß der Kongreß durch Vertagung die Rückleitung verhindert hat, in diesem Falle soll sie nicht Gesetzeskraft erlangen.

Jede Anordnung, Entschließung oder Abstimmung, für welche übereinstimmende Beschlüsse des Senates und des Abgeordnetenhauses erforderlich sind (ausgenommen den Fall einer Vertagung), soll dem Präsidenten der Vereinigten Staaten vorgelegt werden; und ehe sie wirksam wird, soll sie von ihm genehmigt werden; sonst, falls ihr die Genehmigung von ihm verweigert wird, soll sie von Senat und Abgeordnetenhaus mit Zweidrittelmehrheit neuerlich verabschiedet werden, gemäß den Regeln und Beschränkungen, wie sie im Falle einer Gesetzesvorlage vorgeschrieben sind.

Abschnitt 8. Dem Kongreß steht es zu,

Steuern, Zölle, Abgaben und Akzisen aufzulegen und einzuziehen, um die Schulden der Vereinigten Staaten zu bezahlen und für die Landesverteidigung und allgemeine Wohlfahrt zu sorgen; alle Zölle, Abgaben und Akzisen sollen aber im gesamten Bereich der Vereinigten Staaten gleichförmig sein;

für Rechnung der Vereinigten Staaten Geld zu borgen;

den Handelsverkehr mit fremden Nationen und zwischen den einzelnen Staaten und mit den Indianerstämmen zu regeln;

für den gesamten Bereich der Vereinigten Staaten eine einheitliche Einbürgerungsordnung zu schaffen und eine einheitliche Insolvenzgesetzgebung einzuführen;

Münze zu schlagen, deren Wert und den Wert fremder Münze zu bestimmen und Normalmaße und Normalgewichte festzusetzen;

Die Strafbestimmungen für Verfälschung der Staatspapiere und gültigen Münze der Vereinigten Staaten zu erlassen;

Postämter und Poststraßen einzurichten;

den Fortschritt der Wissenschaft und nützlichen Künste dadurch zu fördern, daß den Autoren und Erfindern für beschränkte Zeit das ausschließliche Recht an ihren Schriftwerken und Entdeckungen gesichert wird;

Gerichtshöfe niedrigeren Ranges unter dem Obersten Gerichtshof zu errichten;

den Begriff und die Strafe der Seeräuberei und anderer auf hoher See begangener peinlicher Verbrechen sowie der Verletzungen des Völkerrechts festzusetzen;

Krieg zu erklären, Kaper- und Repressalienbriefe auszustellen und Vorschriften über das Prisenrecht zu Lande und zu Wasser zu erlassen;

Armeen aufzustellen und zu unterhalten; doch soll die Bewilligung von Geldmitteln für diese Zwecke nicht für länger als zwei Jahre erteilt werden;

eine Flotte zu bauen und zu erhalten;

für die Führung und den Dienst der Land- und Seestreitkräfte die Vorschriften zu erlassen;

für das Aufgebot der Miliz Vorkehrungen zu treffen, um die Gesetze der Union zu vollstrecken, Aufstände zu unterdrücken und feindliche Einfälle abzuwehren;

für die Einrichtung, Bewaffnung und Schulung der Miliz und die Führung derjenigen ihrer Teile, die im Dienst der Vereinigten Staaten Verwendung finden, Sorge zu tragen; doch soll den einzelnen Staaten die Ernennung der Offiziere und die Befugnis zur Ausbildung der Miliz gemäß den Vorschriften des Kongresses vorbehalten bleiben;

in allen Fällen, welcher Art auch immer, die ausschließliche Gesetzgebung über jenes Gebiet (das nicht größer sein soll als 10 Meilen im Geviert) auszuüben, welches auf Grund der Abtretung von seiten einzelner Staaten und der Annahme seitens des Kongresses zum Sitz der Regierung der Vereinigten Staaten ausersehen sein soll, und die gleiche Hoheit über alle Orte auszuüben, die mit der Zustimmung der gesetzgebenden Körperschaft des Staates, in welchem sie gelegen sind, für die Errichtung von Festungswerken, Vorratslagern, Zeughäusern, Schiffswerften und anderen notwendigen Bauwerken käuflich erworben werden; – und

alle die für die Durchführung der vorstehenden sowie aller jener sonstigen Befugnisse notwendigen und zweckdienlichen Gesetze zu erlassen, welche durch diese Verfassung der Regierung der Vereinigten Staaten, einem ihrer Verwaltungszweige oder einem einzelnen Amtsträger übertragen sind.

Abschnitt 9. Die Einwanderung oder Einführung solcher Personen, deren Zulassung einer der derzeit bestehenden Staaten für angemessen hält, soll durch den Kongreß vor dem Jahre 1808 nicht verboten werden, doch kann eine Steuer oder ein Zoll auf solche Einfuhr gelegt werden, die zehn Dollar für jede Person nicht übersteigen soll.

Das Recht, einen Habeas-Corpus-Befehl zu erwirken, soll nicht aufgehoben werden, außer zeitweilig, wenn im Falle eines Aufstandes oder feindlichen Einfalles die öffentliche Sicherheit es erfordert.

Kein Ausnahmegesetz, das eine Verurteilung ohne Gerichtsverfahren zum Inhalt hat, oder Strafgesetz mit rückwirkender Kraft soll verabschiedet werden.

Keine Kopfsteuer oder sonstige direkte Steuer soll auferlegt werden, es sei denn im Verhältnis der Ergebnisse der Schätzung oder Volkszählung, wie sie im vorhergehenden angeordnet wurde.

Keine Steuer und kein Zoll soll auf Waren gelegt werden, die aus einem Staat ausgeführt werden.

Kein Vorzug soll durch irgendeine Vorschrift über Handel oder über Staatseinkünfte den Häfen eines Staates vor denen eines anderen eingeräumt werden, und Schiffe, die für einen Staat bestimmt sind oder von einem solchen kommen, sollen nicht verpflichtet sein, in einem anderen anzulegen, zu löschen oder Abgaben zu bezahlen.

Kein Geld soll der Staatskasse entnommen werden, außer auf Grund von Bewilligungen in der Form eines Gesetzes; und regelmäßige Aufstellungen und Rechenschaftsberichte über Einnahmen und Ausgaben aller öffentlichen Gelder sollen von Zeit zu Zeit veröffentlicht werden.

Kein Adelstitel soll von den Vereinigten Staaten verliehen werden; und niemand, der ein besoldetes oder Vertrauensamt unter der Hoheit der Vereinigten Staaten bekleidet, soll ohne Zustimmung des Kongresses ein Geschenk, ein Gehalt, ein Amt oder einen Titel irgendeiner Art von einem König, Fürsten oder fremden Staat annehmen.

Abschnitt 10. Kein Staat soll einen Vertrag, ein Bündnis oder einen Bund eingehen; Kaper- oder Repressalienbriefe ausstellen; Münze schlagen; Banknoten ausgeben; irgend etwas außer Gold- und Silbermünzen zum gesetzlichen Zahlungsmittel für Schulden machen; ein Ausnahmegesetz, das eine Verurteilung ohne Gerichtsverfahren zum Inhalt hat, oder ein Strafgesetz mit rückwirkender Kraft oder ein die Gültigkeit von Verträgen beeinträchtigendes Gesetz verabschieden oder einen Adelstitel verleihen.

Kein Staat soll ohne Zustimmung des Kongresses Auflagen oder Zölle auf Ein- oder Ausfuhr legen, soweit dies nicht zur Durchführung der Überwachungsgesetze unbedingt nötig ist; der Reinertrag aus allen von einem Staat auf Ein- oder Ausfuhr gelegten Zöllen und Auflagen soll dem Staatsschatz der Vereinigten Staaten zufließen; und alle derartigen Gesetze sollen der Abänderung und Aufsicht des Kongresses unterliegen.

Kein Staat soll ohne Zustimmung des Kongresses Tonnengelder erheben, Truppen oder in Friedenszeiten Kriegsschiffe halten, eine Vereinbarung oder einen Vertrag mit einem der anderen Staaten oder mit einer fremden Macht schließen oder Krieg führen, wenn er nicht tatsächlich angegriffen ist oder die Gefahr, in der er sich befindet, so drohend ist, daß sie keinen Aufschub duldet.

Artikel II

Abschnitt 1. Die vollziehende Gewalt soll einem Präsidenten der Vereinigten Staaten von Amerika übertragen sein. Er soll sein Amt für die Dauer von vier Jahren innehaben und soll zugleich mit dem für dieselbe Amtsdauer zu wählenden Vizepräsidenten auf folgende Weise gewählt werden:

Jeder Staat soll in der von seiner gesetzgebenden Körperschaft vorgeschriebenen Weise eine Anzahl von Wahlmännern bestellen, die der Gesamtzahl der dem Staat im Kongreß zustehenden Senatoren und Abgeordneten gleich ist; doch soll kein Senator oder Abgeordneter oder jemand, der ein Vertrauens- oder besoldetes Amt unter der Hoheit der Vereinigten Staaten bekleidet, zum Wahlmann bestellt werden.

(Die Wahlmänner sollen in ihren Staaten zusammentreten und auf zwei Namen lautende Stimmzettel abgeben; wenigstens einer der Bezeichneten soll nicht Einwohner desselben Staates sein wie sie selber. Und sie sollen eine Liste von allen Personen, für die Stimmen abgegeben worden sind, aufstellen und jedesmal die Anzahl der erhaltenen Stimmen hinzufügen; diese Liste sollen sie unterzeichnen und beglaubigen und sie versiegelt an den Sitz der Regierung der Vereinigten Staaten übersenden zu Händen des Präsidenten des Senats. Der Präsident des Senates soll in Gegenwart des Senates und des Abgeordnetenhauses alle diese beglaubigten Papiere öffnen, und dann sollen die Stimmen gezählt werden. Derjenige, der die größte Stimmenzahl auf sich vereinigt, soll Präsident sein, wenn diese Stimmen mehr als die Hälfte der Gesamtzahl der bestellten Wahlmänner ausmachen; wenn aber mehr als einer eine solche Mehrheit erreicht und Stimmengleichheit besteht, dann soll das Abgeordnetenhaus sogleich einen von ihnen durch Stimmzettel zum Präsidenten wählen; und wenn niemand die Mehrheit erreicht hat, dann soll das besagte Haus in gleicher Weise aus den fünf auf der Liste zuhöchst Stehenden den Präsidenten wählen. Bei der Präsidentschaftswahl soll aber nach Staaten gestimmt werden, wobei die Vertretung jedes Staates eine Stimme haben soll; zur Beschlußfähigkeit für diese Abstimmung soll die Anwesenheit von je einem oder mehreren Mitgliedern von zwei Dritteln der Staaten erforderlich sein, und die absolute Mehrheit aller Staaten soll zu einer Wahl nötig sein. In jedem Fall soll nach der Wahl des Präsidenten derjenige, der die größte Anzahl der Stimmen der Wahlmänner auf sich vereinigt, Vizepräsident sein. Wenn aber zwei oder mehrere mit gleicher Stimmenzahl übrigbleiben, soll der Senat unter ihnen durch Stimmzettel den Vizepräsidenten wählen.

Der Kongreß kann festsetzen, wann die Wahlmänner gewählt werden sollen und an welchem Tag sie ihre Stimmen abgeben sollen; dieser Tag soll im ganzen Bereich der Vereinigten Staaten derselbe sein.

Nur wer als Bürger in den Vereinigten Staaten geboren wurde oder zur Zeit der Annahme dieser Verfassung Bürger war, soll zum Amt des Präsidenten wählbar sein; und niemand soll zu diesem Amte wählbar sein, der nicht das Alter von 35 Jahren erreicht hat und seit vierzehn Jahren im Gebiet der Vereinigten Staaten wohnhaft ist.

Im Falle der Amtsentsetzung des Präsidenten oder seines Todes, Verzichtleistung oder Unfähigkeit, die Befugnisse und Obliegenheiten seines Amtes auszuüben, soll dieses auf den Vizepräsidenten übergehen, und der Kongreß kann durch Gesetz für den Fall der Amtsentsetzung, des Todes, der Verzichtleistung oder Unfähigkeit sowohl des Präsidenten als des Vizepräsidenten Bestimmungen erlassen und festsetzen, welcher Amtsträger dann die Präsidentschaft versehen soll, und dieser Beamte soll dann bestimmungsgemäß das Amt versehen, bis die Unfähigkeit behoben oder ein Präsident gewählt ist.

Der Präsident soll zu festgesetzten Zeiten für seine Dienste eine Entschädigung erhalten, die während der Zeit, für die er gewählt ist, weder vermehrt noch vermindert werden soll, und während dieses Zeitraums von den Vereinigten Staaten oder einem der Staaten keine anderen Einkünfte beziehen.

Ehe er sein Amt antritt, soll er diesen Eid oder dieses Gelöbnis leisten: „Ich schwöre (oder gelobe) feierlich, daß ich das Amt des Präsidenten der Vereinigten Staaten getreulich verwalten und die Verfassung der Vereinigten Staaten nach besten Kräften erhalten, schützen und verteidigen will."

Abschnitt 2. Der Präsident soll Oberbefehlshaber der Armee und der Marine der Vereinigten Staaten und der Miliz der einzelnen Staaten sein, wenn letztere zur aktiven Dienstleistung für die Vereinigten Staaten einberufen wird; er kann von den obersten Amtsträgern jedes Verwaltungszweiges eine schriftliche Meinungsäußerung über irgendeine Angelegenheit, die zum Dienstkreis des betreffenden Amtes gehört, verlangen und er soll das Recht haben, außer in Fällen der Staatsanklage, Strafaufschub und Begnadigung für strafbare Handlungen gegen die Vereinigten Staaten zu gewähren.

Es steht ihm zu, auf den Rat und mit Zustimmung des Senats Verträge zu schließen, vorausgesetzt, daß zwei Drittel der anwesenden Senatoren zustimmen; er soll auf den Rat und mit Zustimmung des Senats Gesandte, andere diplomatische Geschäftsträger und Konsuln, die Richter des Obersten Gerichtshofs und alle anderen Amtsträger der Vereinigten Staaten, deren Bestallung durch die Verfassung nicht anderweitig geregelt ist und deren Ämter durch Gesetz geschaffen sind, vorschlagen und ernennen; doch kann der Kongreß, wenn er es angemessen findet, die Ernennung von Beamten geringeren Ranges durch Gesetz dem Präsidenten allein, den Gerichtshöfen oder den Leitern der Verwaltungszweige überlassen.

Der Präsident soll die Befugnis haben, Stellen, die, während der Senat nicht versammelt ist, erledigt werden, durch Erteilung von Bestallungen zu besetzen, die mit Ende der nächsten Tagung ablaufen.

Abschnitt 3. Er soll von Zeit zu Zeit dem Kongreß über den Stand der Dinge im Staate Bericht erstatten und Maßregeln, die er für notwendig und nützlich erachtet, zur Beratung empfehlen; er kann bei außerordentlichen Anlässen beide oder eines der Häuser einberufen und kann, falls sie sich über die Dauer der Vertagung nicht einigen können, sie bis zu einem von ihm für richtig erachteten Zeitpunkt vertagen; er soll Gesandte und andere diplomatische Geschäftsträger empfangen; er soll Sorge tragen, daß die Gesetze gewissenhaft vollzogen werden, und allen Amtsträgern der Vereinigten Staaten die Ernennungsurkunden erteilen.

Abschnitt 4. Der Präsident, Vizepräsident und alle Zivilangestellten der Vereinigten Staaten sollen ihrer Stellen enthoben werden, wenn sie wegen Verrats, Bestechung oder anderer schwerer Verbrechen und Vergehen unter Staatsanklage gestellt und verurteilt worden sind.

Artikel III

Abschnitt 1. Die richterliche Gewalt der Vereinigten Staaten soll einem Obersten Gerichtshof und solchen unteren Gerichten übertragen sein, wie sie der Kongreß von Zeit zu Zeit anordnen und errichten wird. Die Richter sowohl des Obersten Gerichtshofs wie der unteren Gerichte sollen im Amte bleiben, solange ihre Amtsführung einwandfrei ist, und sollen zu bestimmten Zeiten für ihre Dienste eine Entschädigung erhalten, die während ihrer Amtsdauer nicht herabgesetzt werden soll.

Abschnitt 2. Die richterliche Gewalt soll sich auf alle Fälle, im gemeinen Recht wie im Billigkeitsrecht, erstrecken, die im Geltungsbereich dieser Verfassung, der Gesetze der Vereinigten Staaten und der Verträge entstehen, die unter deren Hoheit abgeschlossen wurden oder künftig geschlossen werden; – auf alle Fälle, die Gesandte, andere diplomatische Geschäftsträger oder Konsuln betreffen; – auf alle Fälle der Schiffahrts- und Seegerichtsbarkeit; – auf Streitigkeiten, in denen die Vereinigten Staaten Partei sind; – auf Streitigkeiten zwischen zwei oder mehreren Staaten; – zwischen einem Staat und den Bürgern eines anderen Staates; – zwischen Bürgern verschiedener Staaten, – zwischen Bürgern desselben Staates, die auf Grund von Verleihungen seitens verschiedener Staaten Landansprüche erheben, und zwischen einem Staat oder dessen Bürgern und fremden Staaten, Bürgern oder Untertanen.

In allen Fällen, die Gesandte, andere diplomatische Geschäftsträger und Konsuln betreffen, und in denjenigen, in welchen ein Staat Partei ist, soll der Oberste Gerichtshof ursprüngliche Gerichtsbarkeit besitzen. In allen anderen obenerwähnten Fällen soll der Oberste Gerichtshof Rechtsmittelgericht sein, und zwar sowohl hinsichtlich der Rechts- wie der Tatfragen; Ausnahmen und Einzelheiten bestimmt der Kongreß.

Alle Verbrechen, mit Ausnahme der Fälle der Staatsanklage, sollen vor einem Geschworenengericht abgeurteilt werden; und die Verhandlung soll in dem Staate stattfinden, in dem das Verbrechen begangen worden ist. Wenn das Verbrechen aber nicht innerhalb des Bereichs eines der Staaten begangen worden ist, so soll die Verhandlung an dem Orte oder den Orten stattfinden, die der Kongreß durch Gesetz bestimmt haben wird.

Abschnitt 3. Als Verrat gegen die Vereinigten Staaten sollen nur Kriegführung gegen sie oder Hilfe für ihre Feinde mit Rat und Tat gelten. Niemand soll des Verrats schuldig befunden werden, es sei denn auf Grund der Aussage zweier Zeugen über dieselbe offenkundige Handlung oder auf Grund eines Geständnisses in offener Gerichtssitzung.

Der Kongreß soll die Befugnis haben, die Strafe des Verrats festzusetzen, aber der Ehrverlust wegen Verrats soll sich nicht auf die Nachkommen oder Verwirkung des Vermögens erstrecken, außer für die Dauer des Lebens des Verurteilten selbst.

Artikel IV

Abschnitt 1. Die öffentlichen Handlungen, Urkunden, Aufzeichnungen und gerichtlichen Verfahren eines jeden Staates sollen in jedem anderen Staat vollen Glauben genießen. Und der Kongreß kann durch allgemeine Gesetze die Art und Weise, wie solche Urkunden, Aufzeichnungen und Verfahren als echt erwiesen werden, und deren Wirkung bestimmen.

Abschnitt 2. Den Bürgern eines jeden Staates sollen alle Vorrechte und Freiheiten der Bürger in allen anderen Staaten zukommen.

Wer in irgendeinem Staate des Verrats, eines peinlichen oder sonstigen Verbrechens bezichtigt wird, sich der Strafverfolgung durch Flucht entzieht und in einem anderen Staate aufgegriffen wird, soll auf Verlangen der Regierung des Staates, aus dem er entflohen ist, ausgeliefert und nach dem Staat geschafft werden, der über diese Verbrechen Gerichtsbarkeit hat.

Niemand, der in einem Staate nach dessen Gesetzen zu Dienst oder Arbeit verpflichtet ist und nach einem anderen Staate entflieht, soll auf Grund irgendeines dort geltenden Gesetzes oder einer Verordnung von dieser Dienst- oder Arbeitspflicht befreit werden, sondern soll auf Verlangen desjenigen, dem Dienst und Arbeit geschuldet werden, ausgeliefert werden.

Abschnitt 3. Neue Staaten können vom Kongreß in diese Union aufgenommen werden; aber kein neuer Staat soll innerhalb des Hoheitsbereichs eines anderen Staates gebildet oder errichtet werden; noch soll ein anderer Staat durch die Verbindung von zwei oder mehr Staaten oder Teilen von Staaten gebildet werden, ohne daß sowohl die gesetzgebenden Körperschaften der betreffenden Staaten als auch der Kongreß ihre Zustimmung erteilen.

Dem Kongreß steht es zu, über Gebiet und sonstiges den Vereinigten Staaten gehöriges Eigentum zu verfügen und alle nötigen Regeln und Verordnungen zu erlassen; und nichts in dieser Verfassung soll so ausgelegt werden, daß daraus den Ansprüchen der Vereinigten Staaten oder irgendeines einzelnen Staates Abbruch geschehe.

Abschnitt 4. Die Vereinigten Staaten sollen jedem Staate in dieser Union eine republikanische Regierungsform gewährleisten und sollen jeden von ihnen gegen feindliche Einfälle schützen; und auf Antrag seiner gesetzgebenden Körperschaft oder der Regierungsbehörde (wenn die gesetzgebende Körperschaft nicht einberufen werden kann) auch gegen Gewalttätigkeit im Inneren.

Artikel V

Der Kongreß soll, wenn immer zwei Drittel beider Häuser es für nötig befinden, Abänderungen zu dieser Verfassung vorschlagen oder auf Ansuchen der gesetzgebenden Körperschaften von zwei Dritteln der Einzelstaaten einen Konvent zum Ausarbeiten von Abänderungsvorschlägen einberufen, und diese Abänderungen sollen in beiden Fällen in jeder Hinsicht als Teile dieser Verfassung gültig sein, wenn sie von den gesetzgebenden Körperschaften oder von Konventen von drei Vierteln der Einzelstaaten bestätigt worden sind, je nachdem die eine oder andere Form der Bestätigung vom Kongreß vorgeschlagen ist; dies mit der Einschränkung, daß keine vor dem Jahre 1808 beschlossene Abänderung in irgendeiner Weise den 1. und 4. Absatz des 9. Abschnitts des 1. Artikels berühren soll, und ferner, daß keinem Staat ohne seine Zustimmung das gleiche Stimmrecht im Senat entzogen werden soll.

Artikel VI

Alle vor Annahme dieser Verfassung gemachten Schulden und eingegangenen Verbindlichkeiten sollen den Vereinigten Staaten gegenüber unter der Geltung dieser Verfassung dieselbe Rechtswirksamkeit besitzen wie unter der Konföderation.

Diese Verfassung und die in deren Verfolg zu erlassenden Gesetze der Vereinigten Staaten sowie alle unter der Hoheit der Vereinigten Staaten abgeschlossenen oder künftig abzuschließenden Verträge sollen oberstes Gesetz des Landes sein, und die Richter in jedem Staate sollen daran gebunden sein, ungeachtet etwa entgegenstehender Bestimmungen in der Verfassung oder den Gesetzen des Einzelstaates.

Die vorerwähnten Senatoren und Abgeordneten und die Mitglieder der gesetzgebenden Körperschaften der Einzelstaaten sowie alle Amtsträger der Vollziehung und Gerichtsbarkeit sowohl der Vereinigten Staaten als auch der einzelnen Staaten sollen durch Eid oder Gelöbnis verpflichtet werden, die Verfassung aufrechtzuhalten; doch soll niemals der Nachweis einer Religionszugehörigkeit als eine Voraussetzung für ein Amt oder eine öffentliche Vertrauensstellung unter der Hoheit der Vereinigten Staaten verlangt werden.

Artikel VII

Die Bestätigung durch die Konvente von neun Staaten soll genügen, damit diese Verfassung zwischen den sie bestätigenden Staaten in Wirksamkeit trete.

Gegeben im Konvent unter der einhelligen Zustimmung der anwesenden Staaten am 17. Tage des Monats September, im Jahre des Herrn 1787 und im 12. Jahre der Unabhängigkeit der Vereinigten Staaten von Amerika.

Nachweise

	Verfassung	Herausgeber	Seiten
1.	Die Erklärung der Menschen- und Bürgerrechte vom 26. August 1789	Günther Franz (Hrsg.), Staatsverfassungen. Eine Sammlung wichtiger Verfassungen der Vergangenheit und Gegenwart in Urtext und Übersetzung, 3. Auflage 1975.	S. 286–291
2.	Die Verfassung Polens vom 3. Mai 1791	Pölitz, Die europäischen Verfassungen seit dem Jahre 1789 bis auf die neueste Zeit, Band III, 1833.	S. 8–16
3.	Die Verfassung Frankreichs vom 3. September 1791	Günther Franz (Hrsg.), Staatsverfassungen. Eine Sammlung wichtiger Verfassungen der Vergangenheit und Gegenwart in Urtext und Übersetzung, 3. Auflage 1975.	S. 302–360
4.	Die Verfassung Frankreichs vom 4. Juni 1814	Oskar Jäger/Franz Moldenhauer (Hrsg.), Auswahl wichtiger Aktenstücke zur Geschichte des neunzehnten Jahrhunderts, 1893.	S. 12–18
5.	Die Deutsche Bundesakte vom 8. Juni 1815	Karl Binding (Hrsg.), Deutsche Staatsgrundgesetze in diplomatisch genauem Abdrucke, Heft III, 1893.	S. 19–34
6.	Die Verfassung des Königreichs Bayern vom 26. Mai 1818	Gesetzblatt für das Königreich Bayern 1818.	S. 101–140
7.	Die Schlußakte der Wiener Ministerkonferenzen vom 15. Mai 1820	Karl Binding (Hrsg.), Deutsche Staatsgrundgesetze in diplomatisch genauem Abdrucke, Heft III, 1893.	S. 37–58
8.	Die Verfassung Belgiens vom 7. Februar 1831	Günther Franz (Hrsg.), Staatsverfassungen. Eine Sammlung wichtiger Verfassungen der Vergangenheit und Gegenwart in Urtext und Übersetzung, 3. Auflage 1975.	S. 52–85

Verfassung	Herausgeber	Seiten
9. Die Verfassung der Schweiz vom 12. September 1848	Offizielle Sammlung der das schweizerische Staatsrecht betreffenden Aktenstücke, Bundesgesetze, Verträge und Verordnungen seit der Einführung der neuen Bundesverfassung, Band 1.	S. 3–37
10. Die Verfassung des Deutschen Reiches vom 28. März 1849	Verfassung des Deutschen Reiches, Amtliche Ausgabe, 1849 (Druck von Carl Horstmann).	gesamtes Werk
11. Die Verfassung Preußens vom 31. Januar 1850	Gesetz-Sammlung für die Königlich Preußischen Staaten 1850.	S. 17–35
12. Die Verfassung des Deutschen Reiches vom 16. April 1871	Reichsgesetzblatt 1871.	S. 63–85
13. Die Verfassung des Deutschen Reiches vom 11. August 1919	Reichsgesetzblatt 1919, Teil I.	S. 1383–1418
14. Die Völkerbundsatzung vom 28. Juni 1919	Reichsgesetzblatt 1919, Teil I.	S. 701–747
15. Die Verfassung Österreichs vom 1. Oktober 1920	Bundesgesetzblatt für die Republik Österreich 1920.	S. 1–19
16. Die Verordnung des Reichspräsidenten zum Schutz von Volk und Staat vom 28. Februar 1933	Reichsgesetzblatt 1933, Teil I.	S. 83
17. Das Gesetz zur Behebung der Not von Volk und Reich vom 24. März 1933	Reichsgesetzblatt 1933, Teil I.	S. 141
18. Die Charta der Vereinten Nationen vom 26. Juni 1945	Bundesgesetzblatt 1973, Teil II.	S. 430–503

Verfassung	Herausgeber	Seiten
19. Das Grundgesetz für die Bundesrepublik Deutschland vom 23. Mai 1949	Bundesgesetzblatt 1949, Teil I.	S. 1–19
20. Die Verfassung der Deutschen Demokratischen Republik vom 7. Oktober 1949	Gesetzblatt der DDR, 1949.	S. 5–16
21. Konvention zum Schutze der Menschenrechte und Grundfreiheiten vom 4. November 1950	BGBl II 1952, für die Bundesrepublik ratifiziert durch Gesetz vom 7.8.1952, ebenda).	S. 685–700
22. Der Vertrag zur Gründung der Europäischen Wirtschaftsgemeinschaft vom 25. März 1957 (Auszug)	Bundesgesetzblatt 1957, Teil II.	S. 753–902 (Ausschnitt)
23. Der Vertrag über die abschließende Regelung in Bezug auf Deutschland vom 12. September 1990	Bundesgesetzblatt 1990, Teil II.	S. 1317–1329
24. Die Habeas-Corpus-Akte vom 27. Mai 1679 (Auszug)	Günther Franz (Hrsg.), Staatsverfassungen. Eine Sammlung wichtiger Verfassungen der Vergangenheit und Gegenwart in Urtext und Übersetzung, 3. Auflage 1975.	S. 258–261
25. Die Bill of Rights vom 23. Oktober 1689 (Auszug)	Günther Franz (Hrsg.), Staatsverfassungen. Eine Sammlung wichtiger Verfassungen der Vergangenheit und Gegenwart in Urtext und Übersetzung, 3. Auflage 1975.	S. 260–267

Verfassung	Herausgeber	Seiten
26. Die Verfassung der Vereinigten Staaten von Amerika vom 17. September 1787	Günther Franz (Hrsg.), Staatsverfassungen. Eine Sammlung wichtiger Verfassungen der Vergangenheit und Gegenwart in Urtext und Übersetzung, 3. Auflage 1975.	S. 14–49

Sachregister

Die fett gedruckten Ziffern bezeichnen den jeweiligen Verfassungstext mit seiner Ordnungsnummer, die einfach gesetzten Ziffern Artikel bzw. Paragraphen. Wo notwendig, wird zunächst auf Abschnitte der Verfassung verwiesen.

Abgaben **1** 13 f.; **2** 7; **3** 1 – 2, 5 – 1 ff.; **4** 2; **5** 18; **6** 4 – 14; **7** 52; **8** 110 ff.; **10** 22 f., 25, 51, 173; **11** 100 ff., 109; **12** 4 f., 35 ff.; **13** 8, 84 f.; **15** 10 f., 13, 111, 118; **19** 106 ff.; **20** 29, 43, 119; **26** 1 – 2, 1 – 8
– Befreiung **8** 112
– Gesetzgebung **8** 110 ff.; **12** 35 ff.; **15** 11, 13; **19** 105; **20** 113, 120
– Verteilung **1** 13; **3** 1 – 2; **4** 2; **5** 14; **10** 173; **11** 101; **19** 107; **20** 29, 120; **26** 1 – 2
Abgeordnete **3** 3 – 1 – 1 – 1 ff.; **4** 35 ff.; **8** 47 ff.; **9** 61 ff.; **10** 93 ff.; **12** 29 ff.; **13** 20 ff.; **15** 56 ff.; **19** 38 ff.; **20** 51 ff.; **22** 138; **25** 1 – 8; **26** 1 – 2, 1 – 4 f.
– Amtszeit **4** 37; **8** 51; **9** 65; **10** 94; **11** 67, 73; **12** 24; **13** 21; **19** 39; **20** 51; **26** 1 – 2
– Diäten **8** 52; **9** 68; **10** 95; **11** 85; **12** 32; **13** 40; **19** 48; **20** 69; **26** 1 – 6
– Immunität **3** 3 – 1 – 5 – 7; **4** 51 f.; **8** 45; **10** 120; **11** 84; **12** 30; **13** 36; **15** 58, 96; **18** 105; **19** 46; **20** 67; **25** 1 – 9; **26** 1 – 6
– Indemnität **3** 3 – 1 – 5 – 8; **8** 44; **10** 117 f.; **11** 84; **12** 31; **13** 37, 46; **15** 57; **19** 46; **20** 67; **26** 1 – 6
– Unabhängigkeit **8** 32; **10** 96; **11** 83; **12** 29; **13** 21; **15** 56; **19** 38; **20** 51
– Urlaub zur Wahlvorbereitung **19** 48; **20** 68

– Wählbarkeit **3** 3 – 1 – 3 – 3; **4** 38 f.; **8** 50, 56; **9** 64; **11** 68, 74 f.; **13** 22, 41; **15** 26; **19** 38; **20** 52; **26** 1 – 2
– Zeugnisverweigerungsrecht **13** 38; **19** 47; **20** 67
Abgeordnetenkammer s. Kammern
Abrüstung **14** 8; **18** 11; **23** Präambel, 3 ff.
Adel **2** 2, 3, 6, 8; **3** Präambel; **4** 71; **5** 14; **6** 5 – 1 ff.; **8** 75; **10** 137; **13** 109; **15** 149; **26** 1 – 9 f.
Allgemeine Handlungsfreiheit **1** 4; **2** 2; **3** 1 – 3; **19** 2; **20** 2; **21** 5
Amtshaftung **6** 10 – 6; **8** 24; **10** 160; **11** 110; **13** 131; **15** 23; **19** 34; **20** 132
Asylrecht **19** 16, 119; **20** 10
Ausschüsse **3** 3 – 3 – 2 – 2; **4** 20, 44, 46; **7** 21; **13** 34 f., 62; **14** 9; **19** 45, 77; **20** 60, 66, 132, 140; **22** 151, 153

Beamtentum **1** 15; **2** 7; **3** 1 – 1, 3 – 4; **6** 2 – 13, 5 – 1; **8** 66, 101, 116; **9** 12, 66, 110; **10** 67, 160, 191; **11** 98, 117; **12** 18, 50, 53, 74; **13** 16, 128 ff.; **15** 71, 73, 106; **18** 97; **19** 33, 36; **24**; **25** 5; **26** 2 – 2
– Ernennung **2** 7; **3** 2 – 7; **8** 66; **9** 66; **10** 19, 67; **11** 47; **12** 18; **13** 46; **19** 60
Begnadigungsrecht **2** 7; **4** 67;

Sachregister 574

8 91; **9** 104; **10** 81; **11** 49; **13** 49; **19** 34; **20** 107
Berufsfreiheit **10** 133, 158; **13** 111; **19** 12; **20** 35
Brief- und Postgeheimnis **8** 22; **9** 34; **10** 141 f.; **11** 6, 33; **13** 117; **19** 10; **20** 8; **21** 10
Bundesbehörden **9** 12, 13, 15, 59; **19** 86 f., 108; **20** 119
Bundesgebiet **12** 1 f.; **15** 3; **19** 11
Bundeskanzlei **9** 93
Bundeskanzler **15** 69 ff.; **19** 62 ff.
– Entlassung **19** 64
– Ernennung **15** 72; **19** 64
– Gegenzeichnungsrecht **15** 40, 72; **19** 58
– Vertrauen **19** 68
– Wahl **19** 63
Bundesländer **15** 2 f.; **19** 23 f., 28 ff.
Bundesmitglied **14** 1, 10
Bundespräsident **9** 86 ff.; **15** 60 ff.; **19** 54 ff.
– Amtszeit **9** 86; **15** 60; **19** 54
– Anklage **19** 61
– Eid **15** 62; **19** 56
– Vertretung **15** 64, 65; **19** 57
– Wahl **9** 86; **15** 38, 60 ff.; **19** 54
Bundesrat/Bundesrath **9** 83 ff.; **12** 6 ff., 83 ff.; **15** 24, 34 ff.; **19** 50 ff.
– Ausschüsse **12** 8; **19** 52
– Befugnisse **9** 90
– Beschlussfassung **12** 7; **15** 37; **19** 52
– Geschäftsordnung **19** 52
– Mitglieder **9** 84; **12** 6; **15** 35; **19** 51
– Präsident **9** 86; **19** 52
– Wahl **9** 84, **15** 35
Bundesregierung s. Regierung
Bundessitz **14** 3, 6, 7
Bundesstaat **5** 6, 11, 13; **9** 1 ff.; **19** 20; **20** 1
Bundestag **19** 38 ff.

– Beschlussfassung **19** 42
– Geschäftsordnung **19** 40
– Legislaturperiode **19** 39
– Öffentlichkeit d. Sitzungen **19** 42
– Präsident **19** 40
– Untersuchungsausschuss **19** 44
– Wahl **19** 38 f.
Bundesversammlung **5** 4 ff.; **7** 7 ff.; **9** 60 ff.; **14** 1 ff.; **15** 38 ff.; **19** 54
– Befugnisse **5** 4, 10; **7** 9 ff., 50; **9** 73 ff.; **19** 54
– Beschlussfassung **5** 7; **7** 11, 13 ff.; **9** 77; **14** 5
– Geschäftsordnung **15** 39
– Legislaturperiode **9** 65
– Öffentlichkeit d. Sitzungen **9** 82
– Präsident **9** 67, 71
– Wahl **9** 62 ff.
– Wahl des Bundespräsidenten **15** 38; **19** 54
– Zusammensetzung **7** 7; **14** 3; **19** 54

Demokratie **1** 6; **8** 25; **19** 20, 28; **20** 1
Deutscher Bund **5** 1 ff.; **7** 1 ff.
Diskriminierungsverbot **21** 14
Doppelbestrafung **19** 103

Ehe **3** 2 – 7; **8** 16; **10** 150; **11** 19; **13** 119; **19** 6; **20** 30; **21** 12
Eid **2** 7; **3** 2 – 5, 3 – 2 – 1 – 4 f.; **4** 74; **6** 2 – 16, 10 – 1; **8** 80, 83, 127; **10** 14, 113; **11** 54, 108; **19** 56, 64; **20** 93, 102; **26** 6
Eigentum **1** 2, 16; **2** 4; **3** 1 – 3; **4** 9; **5** 18; **6** 4 – 8; **8** 11; **10** 133, 164 ff.; **11** 9, 42; **13** 153; **19** 14; **20** 22 ff.
Eisenbahn **9** 28; **10** 28 ff.; **12** 41 ff.; **13** 89 ff.; **15** 54; **18** 41; **20** 124
Enteignung **1** 16; **3** 1 – 3; **4** 9; **6** 4 – 8; **8** 11; **10** 164; **11** 9; **13** 153 ff.; **19** 14; **20** 23 ff.

Sachregister

- Entschädigung **1** 16; **3** 1 – 3; **4** 9; **6** 4 – 8; **8** 11; **10** 164; **11** 9; **13** 153; **19** 14; **20** 23
- Von Grund und Boden **13** 155; **19** 14; **20** 24 ff.
- Von Naturschätzen **19** 15; **20** 25
- Von Produktionsmittel **19** 15

Familie **13** 119 ff.; **19** 6; **20** 30; **21** 12

Feindstaat **18** 53, 77

Freiheit der Person **1** 1, 2, 4; **2** 2; **3** 1 – 3; **4** 4; **6** 4 – 6, 8; **8** 7; **10** 138; **11** 5; **13** 114; **19** 2; **20** 8

Freizügigkeit **3** 1 – 3; **5** 18; **6** 4 – 14; **9** 52; **10** 133, 136; **11** 11; **13** 111 f.; **19** 11; **20** 8; **21** 5

Friedensschluss **2** 7; **3** 3 – 3 – 1 – 3; **4** 14; **5** 11; **7** 12, 48 f.; **8** 68; **9** 8; **10** 10; **11** 48; **12** 11; **13** 45; **14** Präambel, 8, 11; **15** 3

Fürsorge **3** 1; **13** 7, 119 f.; **15** 10, 12, 102; **19** 6, 74, 120

Gemeinde **3** 2 – 8; **8** 31, 108 f., 129; **10** 184 f.; **11** 105; **13** 127; **15** 115 ff.; **19** 28; **20** 139 ff.

Generalanwälte **22** 166 f.

Generalsekretär **14** 6, 11, 15, 73; **18** 20, 87, 97 ff.; **21** 37

Generalstabsausschuss **18** 46 f.

Generalversammlung **18** 7, 9 ff.
- Abstimmung **18** 18 f.
- Aufgaben **18** 4, 10 ff., 85
- Verfahren **18** 20 f.
- Zusammensetzung **18** 9

Gerichte **2** 8; **3** 3 – 5 – 1 ff.; **4** 57 ff.; **5** 12; **6** 8 – 1 ff.; **7** 20, 22; **8** 30, 92 ff.; **9** 94 ff.; **10** 125; **11** 86 ff.; **13** 103 f.; **15** 82 ff., 129 ff.; **19** 9; **20** 126; **22** 164; **24**; **25** 1 – 3; **26** 3 – 1
- Appellationshof **8** 99, 104; **12** 75
- Bundesgericht **9** 94 ff.; **19** 92, 95 f., 99
- Europäischer Gerichtshof für Menschenrechte **21** 19, 32, 38–56
- Gerichtshof **7** 20, 22; **15** 92; **22** 4, 164 ff.; **26** 3 – 1
- Geschworenengericht **3** 3 – 5 – 9, 3 – 5 – 18; **8** 98; **11** 94 f., 103 f.; **15** 91; **25** 1 – 11; **26** 3 – 2
- Internationaler Gerichtshof **18** 7, 92 ff.
- Kassationshof **3** 3 – 5 – 19 ff.; **8** 95, 99, 106; **9** 103
- Militärgericht **8** 105; **10** 176; **11** 37; **12** 61; **13** 105 f.; **15** 84
- Oberste Gerichte **2** 8; **5** 12; **11** 92; **13** 19, 108; **15** 92 ff.; **19** 92, 95 f., 99; **20** 126; **26** 3 – 1
- Öffentlichkeit der Sitzungen **3** 3 – 5 – 9; **4** 64; **8** 96; **10** 178; **11** 93; **20** 133; **26** 3 – 3
- Ordentliche Gerichtsbarkeit **2** 8; **4** 59; **6** 8 – 5; **8** 92; **9** 180; **10** 125; **11** 101; **13** 103; **15** 90, 92; **19** 96; **20** 126
- Schiedsgericht **3** 3 – 5 – 5; **9** 90; **14** 12 f.
- Strafgerichtsbarkeit **2** 8; **4** 64; **6** 8 – 5; **8** 98; **9** 103; **10** 129, 180; **11** 8; **12** 74 ff.; **15** 90, 91 f.; **20** 135 f.
- Verfassungsgerichtsbarkeit **15** 137 ff.; **19** 93 f., 99 f., 126
- Verwaltungsgerichte **11** 96; **13** 107, 166; **15** 91, 129 ff.; **19** 95; **20** 138

Gesetzgebung **2** 6; **3** 3 – 3 – 1 – 1; **4** 15 ff.; **8** 26 ff.; **10** 98 ff.; **13** 6 ff.; **15** 10 ff., 41 ff.; **19** 70 ff.; **20** 63, 78, 81 ff.
- Ausfertigung **3** 3 – 4 – 1 – 2; **11** 106; **12** 2, 17; **13** 70; **15** 47 ff.; **17** 3; **19** 71; **20** 85 f.; **26** 1 – 7
- Gesetzesinitiative **3** 3 – 3 – 1 –

1; **4** 16; **8** 27; **9** 81, 90; **10** 80, 99, 187; **11** 64; **12** 23; **13** 68; **15** 41; **19** 76; **20** 82
- Gesetzesvorlage **3** 3 – 3 – 2 – 3; **4** 17 ff.; **8** 41; **13** 69; **19** 76; **20** 78, 82; **26** 1 – 7
- Gesetzgebungsnotstand **19** 81
- Verfahren **2** 6; **3** 3 – 3 – 2 – 3 ff.; **10** 98 ff.; **12** 5, 37; **13** 68 ff.; **15** 42 ff.; **17** 1; **19** 76 ff.; **20** 81 f., 84; **26** 1 – 7
- Verfassungsändernde Gesetzgebung **17** 1 ff.

Gesetzgebungskompetenz
- Ausschließliche **9** 73; **10** 62; **12** 4 f., 35, 52; **13** 6; **15** 10 ff.; **19** 71, 73, 105; **20** 112; **26** 1 – 8
- Konkurrierende **13** 7, 9; **19** 72, 75, 105; **20** 111

Gesetzlicher Richter **3** 3 – 5 – 4; **4** 62; **6** 4 – 8; **8** 8; **10** 175; **11** 7; **13** 105; **15** 83; **19** 101; **20** 134; **24**; **21** 6

Gewaltenteilung **1** 16; **2** 5 ff., 8; **3** 3 – 1 ff.; **8** 26 ff.; **10** 181; **15** 94; **19** 20; **25** 1 – 1 f.; **26** 1 ff.
- Gesetzausübende Gewalt **2** 7; **3** 3 – 4 – 1 ff.; **4** 13; **8** 29; **9** 83, 90; **11** 45; **15** 10; **19** 20, 83 ff.; **26** 2 – 1 ff.
- Gesetzgebende Gewalt **2** 6; **3** 3 – 3, 3 – 1 – 1 ff.; **6** 15; **8** 26; **10** 80; **11** 62; **15** 10, 24 ff., 95 ff.; **19** 20; **26** 1
- Rechtsprechende Gewalt **2** 8; **3** 3 – 5, 3 – 5 – 1 ff.; **8** 30; **9** 94 ff.; **10** 175; **11** 86; **15** 82 ff., 94; **19** 20, 92; **26** 3 – 1 ff.

Gewerbefreiheit **12** 3; **13** 111, 151; **19** 14; **20** 20

Gleichheit **1** 1, 6; **3** 1 – 3; **4** 1; **8** 6; **9** 4; **10** 134, 188; **11** 4, 48; **13** 109; **15** 7; **18** Präambel, 1, 8; **19** 3; **20** 6 f., 18

Gliedstaaten **5** 1; **7** 2; **8** 1 ff.; **9** 1; **10** 5; **12** 1; **13** 5, 13 ff.; **15** 2 f.; **19** 28; **20** 1, 109 ff.; **26** 4
- Ausführung von Gesetzen **13** 14; **15** 11, 12; **19** 30, 83 ff.; **20** 1, 115
- Bundeszwang **7** 53; **19** 37; **20** 111
- Eigenstaatlichkeit **5** 2; **7** 2, 53; **9** 1, 3, 5; **10** 5; **15** 2, 15; **19** 30; **20** 1
- Gebietsänderung **8** 3; **13** 18; **15** 3; **19** 29, 79, 118; **20** 110; **26** 4 – 3
- Haushaltsautonomie **19** 109
- Homogenitätsprinzip **19** 28; **20** 109
- Kollisionsregelung **9** 66; **12** 2; **13** 13; **19** 31; **20** 114; **26** 6
- Landesregierung **2** 4, 8; **7** 22; **13** 15, 17; **15** 101, 105 f.; **19** 80, 93; **20** 69, 117, 116
- Länderverfassung **5** 13; **7** 56; **9** 5 f.; **10** 186; **13** 17; **15** 99; **19** 28; **20** 109
- Provinzen **8** 1 ff., 31 f., 47, 53, 56, 108 ff., 137; **10** 88; **11** 105
- Streitigkeiten untereinander **9** 74, 101; **12** 77; **13** 19; **19** 93
- Zuständigkeit **8** 31; **13** 5; **19** 30, 70, 83, 92; **20** 1, 111 f.

Grundfreiheiten **18** 1, 13, 55, 62, 76

Grundrechte
- Allgemeine Handlungsfreiheit **1** 4; **2** 2; **3** 1 – 3; **19** 2
- Asylrecht **19** 16, 119; **20** 10
- Berufsfreiheit **10** 133, 158; **13** 111; **19** 12; **20** 35
- Beschränkung **16** 1
- Bindung an **19** 1
- Brief- und Postgeheimnis **8** 22; **9** 34; **10** 141 f.; **11** 6, 33; **13** 117; **19** 10; **20** 8; **21** 10
- Eigentum **1** 2, 16; **2** 4; **3** 1 – 3;

4 9; **5** 18; **6** 4 – 8; **8** 11; **10** 133, 164 ff.; **11** 9, 42; **13** 153; **19** 14; **20** 22 ff.
- Ehe **3** 2 – 7; **8** 16; **10** 150; **11** 19; **13** 119; **19** 6; **20** 30; **21** 12
- Familie **13** 199 ff.; **19** 6; **20** 30; **21** 12
- Freiheit der Person **1** 1, 2, 4; **3** 1 – 3; **4** 4; **6** 4 – 6, 8; **8** 7; **10** 138; **11** 5; **13** 114; **19** 2; **20** 8; **21** 5
- Freizügigkeit **3** 1 – 3; **5** 18; **6** 4 – 14; **9** 52; **10** 133, 136; **11** 11; **13** 111 f.; **19** 11; **20** 8
- Gewerbefreiheit **12** 3; **13** 111, 151; **19** 14; **20** 20
- Gleichheitsrecht **1** 1, 6; **3** 1 – 3; **4** 1; **8** 6; **9** 4; **10** 134, 188; **11** 4; **13** 109; **15** 7; **18** Präambel, 1, 8; **19** 3, 33; **20** 6 f., 18; **21** 14
- Kunstfreiheit **13** 142, 158; **19** 5; **20** 22, 34
- Meinungsfreiheit **1** 10 f.; **3** 1 – 3; **4** 8; **8** 14; **10** 143; **11** 27, 113; **13** 118; **19** 5; **20** 9
- Menschenwürde **13** 151; **19** 1; **20** 18 f.; **21** 8
- Petitionsrecht **3** 1 – 3; **8** 21; **9** 47; **10** 159; **11** 32; **13** 126; **19** 17; **20** 3; **25** 1 – 5
- Pressefreiheit **1** 11; **3** 1 – 3, 3 – 5 – 17 f.; **4** 8; **5** 18; **6** 4 – 11; **8** 18; **9** 45; **10** 143; **11** 27; **13** 118; **19** 5; **20** 41 f.; **21** 10
- Religionsfreiheit **1** 10; **2** 2; **4** 5; **5** 16; **6** 4 – 9; **8** 14 ff.; **9** 44; **10** 144 ff.; **11** 12 ff.; **13** 135 ff.; **19** 4; **20** 41 f.; **21** 9
- Recht auf Leben **21** 2
- Unverletzlichkeit der Wohnung **8** 10; **19** 13; **20** 8
- Vereinigungsfreiheit **8** 20; **9** 46; **10** 162; **11** 30; **13** 124, 159; **19** 9; **20** 12 ff.
- Versammlungsfreiheit **8** 19; **10** 161; **11** 29; **13** 123; **19** 8; **20** 9; **21** 11
- Verwirkung **3** 2 – 6; **8** 4; **19** 18
- Wahlrecht **3** 3 – 1 – 2 – 2; **9** 63; **10** 132; **11** 70; **13** 22, 125; **19** 20, 38; **20** 3, 6, 52; **26** 1 – 2
- Widerstand **1** 2; **20** 4
- Wissenschaftsfreiheit **10** 152; **11** 20; **13** 142, 158; **19** 5; **20** 34
- Wohnung **8** 10; **10** 140; **11** 6; **13** 115; **19** 13; **20** 8, 26; **21** 8

Handelsflotte **12** 54; **13** 81; **19** 27; **20** 125
Hauptstadt **6** 2 – 6; **8** 126; **13** 71; **15** 5; **20** 2
Haushaltsplan s. Staatshaushalt

Immunität **3** 3 – 1 – 5 – 7; **4** 51 f.; **8** 45; **10** 120; **11** 84; **12** 30; **13** 36; **15** 58, 96; **18** 105; **19** 46; **20** 67; **25** 1 – 9; **26** 1 – 6
Indemnität **3** 3 – 1 – 5 – 8; **8** 44; **10** 117 ff.; **11** 84; **12** 31; **13** 37, 46; **15** 57; **19** 46; **20** 67; **26** 1 – 6

Kaiser **10** 68 ff.; **12** 11 f.
- Aufgaben **10** 68 ff.; **12** 11
- Kriegserklärung **10** 76
- Unverletzlichkeit **10** 73
- Völkerrechtliche Vertretung **10** 75; **12** 11
Kammern **2** 6; **4** 24 ff.; **6** 6; **8** 32 ff.; **11** 62 ff.; **20** 50 ff.
- Abgeordnetenkammer **4** 35 ff.; **6** 6 – 7; **8** 47 ff.
- Beschlussfassung **6** 6 – 15 ff.; **8** 38 ff.; **11** 80; **20** 61
- Geschäftsordnung **8** 38, 46; **11** 78; **20** 57
- Kammer der Deputierten der Departemente **4** 35 ff.
- Kammer der Pairs **4** 24 ff.
- Kammer der Reichsräthe **6** 6 – 1 f., 6 – 4 ff., 6 – 16 ff.

- Landbotenstube **2** 6
- Länderkammer **20** 71 ff.
- Legislaturperiode **4** 37; **6** 6 – 13; **8** 51, 55; **11** 67, 73; **20** 51
- Öffentlichkeit der Sitzungen **4** 44; **8** 33; **11** 79; **20** 62
- Präsident **4** 43; **8** 33, 37; **11** 78; **20** 55, 57 f.
- Senat **8** 26, 53 ff.; **26** 1 – 3
- Senatorenstube **2** 6
- Untersuchungsausschuss **8** 40; **11** 82; **20** 60, 65, 67
- Volkskammer **20** 50 ff.
- Wahl **4** 40 ff.; **6** 6 – 11; **8** 47 f., 53 ff.; **11** 65, 68 ff.; **20** 50 f.

Kanzler
- s. Reichskanzler
- s. Bundeskanzler

Kolonien **4** 43; **14** 1, 22

Kommission **22** 4, 155 ff.
- Aufgabe **22** 155 f., 170
- Europäische Kommission für Menschenrechte **21** 19–37
- Beschlussfassung **22** 163
- Präsident **22** 161
- Zusammensetzung **22** 157 ff.

Kongress der Vereinigten Staaten **26** 1
- Beschlussfassung **26** 1 – 5
- Geschäftsordnung **26** 1 – 5
- Legislaturperiode **26** 1 – 2, 1 – 3
- Präsident **26** 1 – 3, 1 – 4
- Repräsentantenhaus **26** 1 – 2
- Senat **26** 1 – 3
- Wahl **26** 1 – 2, 1 – 4 f.

König **2** 5, 7; **3** 3 – 2 – 1 – 1 ff.; **4** 13 ff.; **6** 1 – 1, 2 – 1 ff.; **8** 60 ff., **11** 43 ff.; **14** 2 ff.
- Abdankung **3** 3 – 2 – 1 –5 ff.
- Abstammung **2** 7; **3** 3 – 2 – 1 – 1; **6** 2 – 2; **8** 60
- Auflösung der Kammern **4** 50; **8** 71, 79; **11** 51
- Eid **2** 7; **3** 3 – 2 – 1 – 4 f.; **4** 74; **6** 2 – 16, 10 – 1; **8** 80, **11** 54
- Ernennung der Minister **2** 7; **3** 3 – 2 – 4 – 1; **8** 65
- Fehlen eines männlichen Nachkommen **2** 7; **6** 2 – 4 ff.; **8** 61
- Gegenzeichnung durch Minister **2** 7; **3** 3 – 2 – 4 – 4; **8** 64
- Kriegserklärung **3** 3 – 3 – 1 – 2, 3 – 4 – 3 – 2; **4** 14; **8** 68; **11** 48
- Minderjährigkeit **3** 3 – 2 – 2 – 1 ff., 3 – 2 – 3 – 1 ff., 3 – 4 – 1 – 5; **6** 2 – 10, 12, 15; **8** 82; **11** 56
- Nachkommen **2** 7, 10; **3** 3 – 2 – 3 – 1 ff.; **6** 2 – 2 ff.; **8** 60 f.
- Regentschaft **3** 3 – 2 – 2 – 1 ff.; **6** 2 – 17 ff.; **8** 81 ff.; **11** 56 ff.
- Thronerledigung **8** 61, 85
- Tod **8** 79
- Unverletzlichkeit **3** 3 – 2 – 1 – 2; **4** 13; **8** 63; **11** 43
- Verantwortlichkeit der Minister **2** 7; **3** 3 – 2 – 4 – 5 f.; **4** 13; **8** 63, 89; **11** 44
- Verkündung der Gesetze **3** 3 – 4 – 1 – 1 ff.; **4** 22; **8** 69
- Verleihung militärischer Orden **8** 76; **11** 50
- Vertagung der Kammern **6** 7 – 7, 22, 23; **8** 71; **11** 52
- Volljährigkeit **2** 7; **6** 2 – 7; **8** 80; **11** 54
- Vollziehende Gewalt **3** 3 – 4 – 1; **4** 13; **11** 45

Krieg
- Kriegsdienst **5** 14, 18; **10** 137; **11** 11, 34; **12** 57; **13** 133; **19** 4; s. auch Wehrpflicht
- Kriegserklärung **2** 6; **3** 3 – 3 – 1 – 2, 3 – 4 – 3 – 2; **4** 14; **7** 12, 35, 40; **8** 68; **9** 8; **10** 10, 76; **11** 48; **12** 68; **13** 45; **14** 16, 17; **15** 38; **26** 1 – 8

Kunstfreiheit **13** 142, 158; **19** 5; **20** 22, 34; **21** 10

Kurien **15** 108 ff.

Landbotenstube **2** 6; s. auch Kammern
Landesregierung **2** 4, 8; **7** 22; **13** 15, 17; **15** 101, 105 f.; **19** 80, 93; **20** 69, 117, 116, 131 f.
Landessprache **8** 23; **9** 109; **15** 8
Landesverfassung **5** 13; **7** 56; **9** 5 f.; **10** 186; **13** 17; **15** 99; **19** 28; **20** 109
Landtag **2** 6, 8; **10** 105; **13** 30, 36 ff.; **15** 24, 35, 58, 95 ff., 105 ff., 119, 141 f.; **19** 29, **20** 72, 109, 131, 131 f.
Lehen **6** 2 – 18; 3 – 4 ff., 5 – 1, 6 – 1; **10** 171; **11** 40 ff.

Marine **10** 19; **12** 53; **13** 106; **15** 1 – 8, 1 – 10
Meinungsfreiheit **1** 10 f.; **3** 1 – 3; **4** 8; **8** 14; **10** 143; **11** 27, 113; **13** 118; **19** 5; **20** 9; **21** 10
Menschenrechte **1** Präambel, 2, 10; **18** 55, 62, 76, **19** 1; **20** Präambel
Menschenwürde **13** 151; **19** 1; **20** 18 f.; **21** 1
Militärgericht s. Gerichte
Minister **3** 3 – 2 – 4 – 1 ff.; **4** 54 ff.; **8** 86 ff.; **10** 212 ff., 186 f.; **11** 60 ff.; **13** 56, 57; **15** 69 ff.; **19** 62, 64, 66; **20** 91 ff.
Misstrauensvotum **15** 74; **19** 67; **20** 95; **22** 144
Mitglied der Vereinten Nationen **18** 3 ff.
Monarchie **3** 3 – 4; **4** Präambel; **6** 1 – 1; **8** 60 ff.

Nationalrat/Nationalrath **9** 61 ff.; **15** 24 ff.
– Beschlussfassung **15** 31
– Legislaturperiode **9** 65; **15** 27
– Öffentlichkeit d. Sitzungen **15** 32
– Präsident **9** 67; **15** 30

– Wahl **9** 62 f.; **15** 26
– s. auch Bundesversammlung
Nationalsymbol **8** 125; **12** 55; **13** 3; **19** 22
Nationalversammlung **3** 3 – 1 – 1 – 1 ff., 3 – 3 – 1 – 1 ff.
– Beschlussfassung **3** 3 – 1 – 5 – 4, 3 – 3 – 2 – 7
– Legislaturperiode **3** 3 – 1 – 2
– Öffentlichkeit d. Sitzungen **3** 3 – 3 – 2 – 1
– Präsident **3** 3 – 1 – 5 – 3
– Wahl **3** 3 – 1 – 2 – 1 ff., 3 – 1 – 3 – 1 ff.
Nulla poena sine lege **1** 8; **4** 4; **8** 7, 17; **11** 8; **13** 116; **19** 103; **20** 135

Öffentliche Ämter
– Gleicher Zugang **1** 6; **3** 1 – 1; **4** 3; **6** 4 – 5; **8** 6; **10** 137; **11** 4; **12** 3; **13** 128, 136; **14** 7; **19** 33; **20** 6, 42, 129; **26** 2 – 2, 6
– Haftung **6** 10 – 6; **8** 24; **10** 160; **11** 110; **13** 131; **15** 23; **19** 34; **20** 132
Öffentliche Sicherheit und Ordnung **3** 1 – 3; **7** 25 ff.; **9** 44; **10** 54 ff.; **11** 30, 63, 111, 105; **12** 68; **16** 2; **19** 13; **26** 1 – 9

Parlament
– s. Bundestag
– s. Bundesversammlung
– s. Kammern
– s. Kongress der Vereinigten Staaten
– s. Nationalrat
– s. Nationalversammlung
– s. Reichstag
Parteien **19** 21
Petitionsrecht **3** 1 – 3; **8** 21; **9** 47; **10** 159; **11** 32; **13** 126; **19** 17; **20** 3; **25** 1 – 5
Postwesen **9** 33 f.; **10** 41 ff; **12** 48; **15** 54; **18** 41; **26** 1 – 8

Sachregister 580

Präsident der Republik **20** 101 ff.
- Amtszeit **20** 101
- Eid **20** 102
- Vertretung **20** 108
- Wahl **20** 101

Präsident der vereinigten Staaten **26** 2 – 1 ff.
- Amtszeit **26** 2 – 1
- Eid **26** 2 – 1
- Vertretung **26** 2 – 1, 1 – 2
- Wahl **26** 2 – 1

Präsidium **12** 11 ff.; **13** 31; **19** 49; **20** 57 f.; **22** 140

Pressefreiheit **1** 11; **3** 1 – 3, 3 – 5 – 17 f.; **4** 8; **5** 18; **6** 4 – 11; **8** 18; **9** 45; **10** 143; **11** 27; **13** 118; **19** 5; **20** 41 f.; **21** 10

Provinzen s. auch Gliedstaaten
- Provinziale Einrichtungen **8** 108 ff.

Rat **14** 4; **22** 4, 145 ff.
- Aufgaben **14** 4, 6, 7; **22** 145, 154, 157
- Beschlussfassung **14** 5; **22** 148 ff., 154
- Geschäftsordnung **22** 151
- Zusammensetzung **14** 4; **22** 146

Ratifikation **21** 64, 66

Rechtsstaat **3** 3 – 5 – 4; **6** 4 – 8; **8** 9; **10** 175; **11** 7 f.; **13** 105, 116; **15** 18; **19** 1, 20, 28; **20** 127, 135; **26** 6

Regentschaft s. König

Regierung **2** 5, 7; **3** 3 – 2 – 1 ff.; **4** 13 ff.; **6** 2 – 1 ff.; **8** 20, 60 ff.; **10** 84; **11** 43 ff.; **13** 52; **15** 69 ff.; **19** 62 ff.; **20** 91 ff.
- Aufgaben **2** 7; **4** 14 f.; **6** 2 – 1 ff.; **8** 65 ff.; **10** 75 ff.; **11** 45 ff.; **13** 55 ff., 65; **15** 69, 77 ff.; **19** 62 ff.; **20** 91 ff.
- Beschlussfassung **13** 58; **19** 65; **20** 100
- Ernennung **8** 65; **13** 53; **20** 92

- Geschäftsordnung **13** 55; **19** 65; **20** 97
- Vertrauensversagung **13** 54; **15** 74; **19** 67 f.; **20** 95
- Vertretung **3** 3 – 2 – 2 – 1 ff.; **6** 2 – 9 ff.; **15** 69, 73; **19** 69; **20** 96
- Wahl **15** 70; **19** 63 f.
- Zusammensetzung **2** 7; **3** 3 – 4; **13** 52; **15** 69; **19** 62; **20** 91

Regionale Abmachungen **18** 52 ff.

Reichsgebiet s. Staatsgebiet

Reichskanzler **12** 15; **13** 53 ff., 59
- Ausfertigung von Gesetzen **17** 3
- Entlassung **18** 53
- Ernennung **17** 15; **18** 53
- Gegenzeichnungsrecht **12** 17; **13** 50
- Vertretung **12** 15; **13** 53 ff., 59

Reichsminister s. Minister

Reichspräsident **13** 41
- Amtszeit **13** 43
- Eid **13** 42
- Vertretung **13** 51
- Wahl **13** 41

Reichsrat **13** 60 ff.
- Beschlussfassung **13** 66
- Geschäftsordnung **13** 66
- Öffentlichkeit der Sitzungen **13** 66
- Vorsitz **13** 65
- Zusammensetzung **13** 61

Reichsregierung s. Regierung

Reichstag **2** 6; **10** 85 ff.; **12** 20 ff.; **13** 20 ff.
- Beschlussfassung **2** 6; **10** 98; **12** 28; **13** 32
- Geschäftsordnung **10** 116; **12** 27; **13** 26
- Legislaturperiode **10** 92; **12** 24; **13** 23
- Öffentlichkeit der Sitzungen **10** 111; **12** 22; **13** 29
- Präsident **10** 110; **12** 27; **13** 25 ff.
- Staatenhaus **10** 86 ff.

- Untersuchungsausschuss **8** 40; **13** 34
- Volkshaus **10** 93 f.
- Wahl **12** 20; **13** 22

Reichsverwesung **2** 9; **6** 2 – 9 ff.
Religionsfreiheit **1** 10; **2** 2; **4** 5; **5** 16; **6** 4 – 9; **8** 14 ff.; **9** 44; **10** 144 ff.; **11** 12 ff.; **13** 135 ff.; **19** 4, 140; **20** 41 f.; **21** 9
Repräsentantenhaus **26** 1 – 2
Republik **2** 5; **13** 1; **15** 1; **19** 20; **26** 4 – 4
Richter
- Besoldung **6** 8 – 3; **8** 102; **10** 177; **22** 154; **26** 3 – 1; **21** 42
- Ernennung **4** 57; **8** 99; **11** 87; **15** 86; **19** 60; **20** 131; **22** 167; **26** 2 – 2; **21** 40
- Gesetzlicher Richter **3** 3 – 5 – 4; **4** 62; **6** 4 – 8; **8** 8; **10** 175; **11** 7; **13** 105; **15** 83; **19** 101; **20** 134; **24**
- Lebenszeit **4** 58; **8** 100; **13** 104; **19** 132; **26** 3 – 1
- Unabhängigkeit **6** 8 – 2; **8** 103; **10** 177; **11** 86; **13** 102; **15** 87; **19** 97; **20** 127; **22** 167

Schifffahrt **5** 19; **10** 20 ff.; **12** 4, 54; **13** 7, 99; **14** 8 f.; **15** 10; **19** 73 f.; **20** 125
Schulwesen **3** 1 – 3; **8** 17; **10** 135 ff.; **11** 21 ff.; **13** 143 ff.; **15** 14; **19** 7; **20** 36 ff.
Senat **8** 53 ff.; **26** 1 – 3; s. auch Kammern
Senatorenstube **2** 6; s. auch Kammern
Sicherheitsrat **18** 7, 23 f.
- Abstimmung **18** 27
- Aufgaben **18** 4, 24 ff., 39 ff., 83
- Verfahren **18** 28 ff.
- Zusammensetzung **18** 23
Souveränität **1** 3; **2** 6; **3** 3 – 1; **5** 2; **7** 2; **9** 3, 5; **14** 22; **18** 2; **23** 7

Sozialstaat **3** 1; **19** 20; 28; **20** Präambel, 19, 39
Staatenhaus **10** 86 ff.; s. auch Reichstag
Staatsbürger/Staatsbürgerrechte **3** 2 – 1 ff.; **6** 4 – 1 f.; **8** 4 f.; **9** 42 f.; **10** 57, 131; **11** 3; **12** 3; **13** 110; **15** 6; **19** 16, 116; **20** 1
Staatsgebiet **5** 1; **10** 1; **11** 1; **12** 1; **13** 2; **15** 3; **19** 29
- Änderung **8** 3, 68; **11** 2; **15** 3; **19** 28; **26** 4 – 3
Staatsgut **6** 3 – 1 ff.
Staatshaftung s. öffentliche Ämter
Staatshaushalt **8** 115 f.; **9** 39, 90; **11** 99 ff.; **12** 69 ff.; **13** 73, 85 ff.; **15** 51, 121 ff.; **19** 109 ff.; **20** 63, 87 f., 121
Staatsneutralität **13** 137; **19** 140; **20** 43
Staatsoberhaupt
- s. Bundespräsident
- s. Kaiser
- s. König
- s. Präsident der Republik
- s. Präsident der Vereinigten Staaten
- s. Reichspräsident

Staatsreligion **2** 1; **4** 6; **6** 4 – 9; **11** 14
Ständerath **9** 69 ff.; s. auch Bundesversammlung
Standesamt **5** 14; **8** 109; **10** 151
Standesunterschiede **8** 6; **10** 137; **13** 109; **15** 7
Ständeversammlung **6** 1 – 2, 6 – 1 ff.; s. auch Kammern
Steuern s. Abgaben
Strafe
- Begnadigungsrecht **2** 7; **4** 67; **8** 91; **9** 104; **10** 81; **11** 49; **13** 49; **19** 34; **20** 107
- Bürgerlicher Tod **10** 135

- Rückwirkungsverbot **13** 116; **19** 102; **26** 1 – 9 f.; **21** 7
- Todesstrafe **2** 7; **9** 54; **10** 139; **15** 85; **16** 5; **19** 102; **21** 2
- Vermögenseinziehung **4** 66; **8** 12; **10** 172; **11** 10

Streitkräfte **1** 12; **2** 11; **3** 3 – 4 – 3 – 1, 4 – 1 ff.; **4** 12; **6** 9; **7** 44, 51; **8** 118 ff.; **9** 13, 19 ff.; **10** 11 ff.; **11** 35 ff.; **12** 53; **13** 79, 133; **14** 8, 16; **15** 79 ff.; **18** 43 ff., 84; **23** 3; **25** 1 – 6; **26** 1 – 8; 1 – 10

Treuhandrat **18** 7, 86
- Abstimmung **18** 89
- Aufgaben **18** 87 f.
- Verfahren **18** 90 f.
- Zusammensetzung **18** 86

Treuhandsystem **18** 75 ff.

Todesstrafe **2** 7; **9** 54; **10** 139; **15** 85; **16** 5; **19** 102; **21** 2

Untersuchungsausschuss **8** 40; **13** 34; **15** 53; **19** 44

Vereinigungsfreiheit **8** 20; **9** 46; **10** 162; **11** 30; **13** 124, 159; **19** 9; **20** 12 ff.

Verfassung
- Außer Kraft setzen **8** 130; **16** 1
- In Kraft treten **8** 138; **9** 114; **15** 150; **23** 9; **26** 7
- Verfassungsänderung **2** 6; **3** 7 – 1 ff.; **5** 6; **6** 10 – 7; **8** 131; **9** 111 ff.; **11** 107; **12** 78; **13** 18, 76; **17** 1 ff.; **19** 79; **20** 83; **26** 5

Verordnung **4** 14; **16** 1 ff.; **19** 80

Versammlung (Organ) **22** 137 ff.
- Beschlussfassung **22** 141
- Geschäftsordnung **22** 141 f.
- Öffentlichkeit der Sitzungen **22** 143
- Präsident **22** 140
- Sitzungsperiode **22** 139
- Zusammensetzung **22** 137 f.

Versammlungsfreiheit **8** 19; **10** 161; **11** 29; **13** 123; **19** 8; **20** 9; **21** 11

Verwirkung von Grundrechten **3** 2 – 6; **8** 4; **19** 18

Völkerbund **7** 1; **14** 1 ff.

Völkerfrieden **14** 11; **23** Präambel, 2

Völkerrecht **2** 6; **3** 6; **9** 8; **10** 6 ff., 75; **12** 11; **13** 4, 78; **15** 9; **18** Präambel, 1; **19** 25, 32, 59; **20** 5, 105, 117; **26** 1 – 8

Volksbegehren **13** 73; **15** 41, 46; **19** 29; **20** 3, 86 f.

Volksentscheid **9** 113; **13** 43, 73 ff.; **15** 43 ff.; **19** 29; **20** 3, 81, 83, 86 f.

Volkshaus **10** 85, 93 f.; s. auch Reichstag

Volkssouveränität **1** 3; **3** 3 – 2; **8** 25; **13** 1; **15** 1; **19** 20

Vorabentscheidung **22** 177

Volkskammer **20** 48 ff.
- Beschlussfassung **20** 61
- Geschäftsordnung **20** 57
- Länderkammer **20** 71 ff.
- Legislaturperiode **20** 51
- Öffentlichkeit der Sitzungen **20** 62
- Präsident **20** 55, 57 f.
- Untersuchungsausschuss **20** 60, 65, 67

Wahlen **3** 3 – 3; **3** – 1 – 2 – 1 ff.; **7** 20; **8** 47 ff., 53 ff.; **9** 62 ff., 69; **11** 65, 68 ff.; **13** 22, 41; **15** 26; **19** 38; **20** 3, 50 ff.; **25** 1 – 8; **26** 1 – 2, 1 – 4 f., 2 – 1
- Wählbarkeit **3** 3 – 1 – 3 – 3; **4** 38 f.; **8** 50, 56; **9** 64; **11** 68, 74 f.; **13** 22, 41; **15** 26, 95; **19** 38; **20** 6, 52; **26** 1 – 2
- Wahlgrundsätze **4** 40 ff.; **8** 47 ff.; **9** 62; **12** 20; **13** 22, 125; **15** 26; **19** 38; **20** 51; **25** 1 – 8

- Wahlmänner **3** 3 – 1 – 2 – 6 ff.; **11** 71 f.; **26** 2 – 1
- Wahlprüfung **13** 31; **19** 41; **20** 59
- Wahlrecht **3** 3 – 1 – 2 – 2; **9** 63; **10** 132; **11** 70; **13** 22, 125; **19** 20, 38; **20** 3, 6, 52
- Wahlversammlung **3** 3 – 1 – 3 – 1 ff.; 3 – 1 – 4 – 1 ff., 3 – 2 – 2 – 9 f.

Warenverkehr **13** 6; **19** 73; **20** 112; **22** 9 ff.

Wehrmacht s. Streikräfte

Wehrpflicht **5** 14, 18; **9** 18; **10** 137; **11** 11, 34; **12** 57; **13** 133; **19** 4

Weltfrieden **14** 3, 4, 19; **18** Präambel, 1, 2, 11, 15, 23 f., 26, 33, 39, 43 f., 47 f.,51 f., 54, 73, 76, 84, 99, 106; **23** Präambel; **21** Präambel

Widerstandsrecht **1** 2; **20** 4

Wirtschaftspolitik **22** 2, 6, 145

Wirtschafts- und Sozialrat **18** 7, 61 ff.
- Abstimmung **18** 67
- Aufgaben **18** 62 ff.
- Verfahren **18** 68 ff.
- Zusammensetzung **18** 61

Wissenschaftsfreiheit **10** 152; **11** 20; **13** 142, 158; **19** 5; **20** 34

Wohnung **8** 10; **10** 140; **11** 6; **13** 115; **19** 13; **20** 8, 26; **21** 8

Zitiergebot **19** 19

Zoll **9** 8, 23 ff., 34; **10** 33 ff., 25, 27; **12** 4, 33 ff.; **13** 82 f.; **15** 4; **19** 105, 108; **20** 118 f.; **22** 3, 9 ff.

Zwischenstaatliche Abkommen **4** 14; **5** 11; **7** 35; **8** 68; **14** 18 f.; **15** 49 f., 60; **19** 24, 32, 59; **20** 105, 108; **23** 6; **26** 1 – 10